21世纪经济管理

优秀教材译丛

[美] 威廉·拉舍 著

William R. Lasher

财务管理

基于实践的方法（第六版）

FINANCIAL MANAGEMENT:

A PRACTICAL APPROACH

胡茜茜 朱永祥 等 译

清华大学出版社

北 京

北京市版权局著作权合同登记号　图字：01-2012-2069 号

Financial Management：A Practical Approach，6ed.
William R. Lasher

9780538743587

Cengage Learning Asia Pte. Ltd.
5 Shenton Way，#01-01 UIC Building，Singapore 068808

图书在版编目(CIP)数据

财务管理：基于实践的方法：第 6 版/(美)拉舍(Lasher，W. R.)著；胡茜茜等译.--北京：清华大学出版社，2015
(21 世纪经济管理优秀教材译丛)
书名原文：Financial management：a practical approach
ISBN 978-7-302-40067-7

Ⅰ.①财…　Ⅱ.①拉…②胡…　Ⅲ.①财务管理　Ⅳ.①F275

中国版本图书馆 CIP 数据核字(2015)第 089870 号

责任编辑：刘志彬
封面设计：汉风唐韵
责任校对：宋玉莲
责任印制：刘海龙

出版发行：清华大学出版社
网　　址：http://www.tup.com.cn，http://www.wqbook.com
地　　址：北京清华大学学研大厦 A 座　　**邮　　编**：100084
社 总 机：010-62770175　　**邮　　购**：010-62786544
投稿与读者服务：010-62776969，c-service@tup.tsinghua.edu.cn
质量反馈：010-62772015，zhiliang@tup.tsinghua.edu.cn
印 装 者：清华大学印刷厂
经　　销：全国新华书店
开　　本：185mm×260mm　　**印　　张**：43.75　　**字　　数**：1117 千字
版　　次：2015 年 8 月第 1 版　　**印　　次**：2015 年 8 月第 1 次印刷
印　　数：1～4000
定　　价：78.00 元

产品编号：042788-01

序　言

《财务管理：基于实践的方法》(第6版)是我从事教育工作35年来最新的里程碑。当年在公司里任职，我是以兼职教授的方式开始的教育生涯。

当走上这条路后不久，我就发现我必须改进财务管理的教学方法。不管是过去还是现在，财务管理的教学内容对于学生而言都是比较困难的。这个领域的内容相对独特，其他商科的课程都不像财务管理课程那样深奥难懂。

我最终认识到问题所在，那就是财务管理的教材与商科学生知识背景和能力类型不太吻合。这并不是说教材编撰得不好。总体而言，财务管理的教材都很不错，它们都具有严谨的逻辑、优良的行文，而且还有很强的综合性。但是，一直以来，这些教材在一些关键的方面与学生的要求之间有所脱离。

第一个要考虑的问题就是学生的知识背景。很多教材在讲解相关主题时，总是假定学生对于要研究的相关领域已经有相应的知识背景。其实，即使聪明的学生也会对这种教学思路感到困惑和恐惧，因为大多人在初学某一章节时是一无所知的。

第二个问题就是数量化内容。财务管理的大量内容是以数学和统计学为基础的，所以，学生应当有这方面的先行课程。但是，很多商科学生即使他们已经学完了相关课程，对于数量的分析方法仍然感到很不适应，这导致我们面临一个重大教育问题。财务管理教材总是假设学生们已经具有较好的数量基础，而实际上这高估了他们的水平。结果导致，读者除非花费大量的时间和学习，否则根本不可能读懂教材的数量化内容。

最后，这些教材很缺乏实践性。例如，教材中所讲述的净现值和内含报酬率的计算方法就隐含着吹毛求疵的精确性要求。但是，这在充满偏误和不确定性的现实中是不存在的。对于财务经理日常面对的问题，教材几乎保持沉默。例如，针对应收账款公司财务部门和销售部门的矛盾经常使公司鸡犬不宁，但是教材对此却很少涉及。

这些问题导致财务学教授们在教学中并未从教材上获得足够的帮助。我们研究过教学方法，但是，总是花费大量的时间去解释教材而不是用教材来支撑教学。

多年以来，我一直研究解决这些问题的办法，最终体现在《财务管理：基于实践的方法》一书中。我首先从阐述学生们感到最困惑的问题入手，从时间价值和资产组合理论开始。这种阐述方式很有效果！时间价值就是一个好的范例，学生们即使原来学过也会对此感到困难。当他们看完我的教材后，学生说“无论是从会计学还是从数学的角度上，我都不理解时间价值，但是现在我懂了”。你可以想象，这感觉多棒。

15年以后，当我历经公司的各个财务岗位，包括财务总监之后，我改变了我的职业生涯，从事全职的教育工作以追求我的“初恋”，那就是教学和写著。其中的成果之一就是《财务管理：基于实践的方法》，现在已经是第6版了。这本教材因为教学方法而独树一帜。这种教学方法就是课堂教学和实践经验的结合，其主旨鲜明。

首先，我们通过研究商业问题和项目的实质来展开每一部分内容的学习。我们从零开始，假定学生对此一无所知。我们从绝对的零起点开始引导读者，这样就会消除困惑。读者很明确地知道他们将要做什么和为什么这样做——这是关键。例如，第 9 章关于投资组合理论部分，我们一开始就解释了为什么我们要研究“风险与收益”。我们直接用学生可以理解的术语描述了投资者的目标。接下来，我们对关键的理论进行了清晰的阐述，很快就用实例予以支持。

其次，无论哪里涉及数学的内容，在进行公式的推导和运用之前，我们都会解释变量之间的数学实质关系和其代表的商业关系。我们会讨论其中关系中的每个方面意味着什么，和各部分在一起又意味着什么。这样可以为公式注入实体内容，这意味着学生对于数学领域的内容不再感到不适应。例如，第 10 章关于内含报酬率部分。

当运用数学或者其他的复杂程序时，我们循序渐进地讲解是怎样做的。我们只是假定学生们有基本的代数和会计知识，而不是有较深的基础。这是另一个关键问题。大部分学生在这些领域内的知识薄弱。但是因为我们的系统性表述方式考虑到这一点，所以学生在学习的过程中不再感到困惑和无助。这本教材是学生自学的工具，同时也适合学生自我检查学习效果。与过去相比，他们能够更好地阅读全文和做好课前准备。例如，第 6 章关于货币的时间价值部分、第 3 章关于现金流量表部分，我们都是从较难的会计原理入手进行阐述，而不是从数学方面入手。

最后，我还关注财务经理或者财务总监如何分析这些财务问题。你能在本教材中找到这些内容，它们都是以“CFO 经验谈”这样的图标标注的。例如，第 11 章关于资本预算的现金流量评估过程部分(见例 11-3)。

本书的最后部分是商业分析的练习，这是另一个与未来实践相关的重点内容。在此，我们设计了一些小案例，以拓展学生的视角，使他们能够更好地将财务管理的理论运用于实践。第 11 章关于现金流量评估部分就是一个好例子。

自始至终，我都试图以易懂、让人愉悦和平易近人的方式来写作这本书。总之，就是一个词“容易理解”。我想我是成功地做到了，因为评论一致赞赏本书的行文方式和易读性。

感谢您使用本书。我绝对相信，您和您的学生最终将为学习过程而感到愉悦。

作　者

2014 年 10 月

第 6 版的变化

在第 6 版中我们做了许多令人激动的改变，以使学生和老师获得更好的阅读感受。以下做简要概述。

2008 年金融危机的综合应对措施

2008 年（始于 2007 年年中），一场空前的金融危机席卷美国。它的特点是突然导致一些非常重要的金融机构和组织遭受重创，而这些机构和组织的规模非常巨大，从而导致了对整个国家经济的损害。这一事件导致了美国 75 年以来最大的衰退，并且蔓延到其他国家，形成全球经济危机。

大多数美国人都知道这次危机的根源与美国不动产市场的崩塌有关，但是很少有人了解得比这更多。实际上，这场危机的根源是一系列复杂因素共同形成的，包括房屋所有权、外国证券、扭曲的金融市场、利率、会计规则以及金融界和公众对于风险的忽视。事实上，并没有人，包括金融学教授，理解形成这次金融海洋上的“完美风暴”的原因和行为。

我们在第 6 版通过第 5 章关于金融体系部分增加了相应的内容阐述金融危机，填补了这方面的空白。现在您的学生可以像金融精英一样了解金融危机的发生。

这部分内容综合性强，但是我们以简单明了和易懂方式进行介绍。我们首先介绍了房屋产权和住房抵押贷款的基本概念，包括传统抵押贷款的出借人涉及的问题。然后抵押贷款的问题导致证券化，接下来证券化导致证券的潜在问题，债务抵押债券（CDO）及其流行的原因。但是为什么债务抵押债券会成为问题的原因呢？为了回答这个问题，我们要了解次贷市场和抵押贷款的利率调整，当利率上升时，正是它们触发了金融危机。

接下来，我们从债务抵押债券市场的冻结开始介绍这次灾难，阐述它对资产负债表的影响，对市值计价的会计信息的影响和信用违约掉期的功能，描述了投资银行在 10 天之内的消亡，以及这对美国金融深远影响。最后，我们介绍了美国政府对金融体系救助功能和政府通过问题资产救助计划为重新启动银行工作而作出的努力。

应对措施部分还包括第 18 章国际金融的一小部分，主要是关于危机的国际影响和危机对于美国国家形象和海外关系的影响。

这些内容的引入将会使学生理解引起金融危机的错误是什么，它是如何发生的，政府采取的措施是如何起效的以及如何失效的，金融危机是如何改变金融世界的。

概念链接

我们在第 6 版教材中加入了大量内容。概念链接是本书为提高阅读效率而采取的一种新方法。它通过概念名称将每一章中的主要例题和课后习题联系起来。它能通过课后的练习使学生关注并快速掌握每一个重要的概念。

在任何章节中，概念都会通过章中例题进行解释和说明，并且利用课后练习加以巩固。但是，学生们通常在做练习时会遇到问题，因为在他们读完这一章之前就已经被打败了。在那个时候，他们的脑海里闪现出大量的新概念，并且无法将个别问题与对应章节材料联系起来。如果课后练习不是以非常类似于章中例题的形式给出的，那么这种现象尤为真实。换句话说，许多学生并不知道如何开始，所以，他们会放弃。

概念链接通过安排课后习题材料反映章节组织来链接这个问题，使得关于每个主题的最开始和最简单的问题看上去都类似于章中的例题，并且能够为学生提供清晰的参考指引。

这个最后的部分就是问题的核心。如果课后习题成为一个新的主题之首，它就会冠以一个加粗字标题，标明主题和这一章中的例题序号。这让学生可以在解决更多具有挑战性的习题之前，先通过使用例题作为模板来研究一个类似的问题，以此巩固他们的学习。基本上，这意味着他们可以迅速地找到重点，而无须有找对地方才开始的挫败感，因为许多人对此并无耐性。

过去的版本中有些例题是被编上序号呈现出来的，但有的其他例题却并没有"例题"这样的标题。在第6版中，大多数例题已被明确地标识出来，而且，我们还加入了许多新的例题。

现在所有章中例题以如下方式给出：

概念链接例 5-3，使用利率模型

每一个例题都有一个相关联的课后练习，按下面的形式给出标题：

使用利率模型：例 5-3 的概念链接

多数情况下，第一道题目之后的练习题难度会逐渐增加。

有少数课后材料回溯的参考内容是带序号的表格或者小节，但是绝大多数参考的是带序号的例题。

在编写概念链接的过程中，我们在整个课程中都加入了新的课后练习，并在有些章节中对旧的习题做了大幅改编。

第一章结尾部分对概念链接做了更为详尽的解释和说明。学生们应当务必在做作业之前对之进行阅读。

本书作者起草了所有的新例题和课后练习。

沿用特点与重要特色

我们从先前的版本中保留了以下的一些特色：

CFO 经验谈

这个特色突出了作者身为 CFO 经历的材料。这些点评涉及了实操中的财务，并且给出了基于真实世界经历的技巧和观察。"CFO 经验谈"贯穿在整个课程中，并且通过页边留白处的标识和斜体印刷的形式标示出来。

页边注解

《财务管理》总结的页边注解非常完整清楚。它们将课文材料的总结或概要方便地提供给了学生们，而不仅仅是一串关键词的罗列。

实务观察：财务实践

《财务管理》"财务实践"框对财务理论的实际运用和基本概念的原文呈现进行了分析和理解。

实务观察：伦理道德

我们的"伦理道德"特色深入探究了财务经理们每天所要面对的道德困境。当相关主题很重要并持续性地聚焦于当今新闻报道中的道德问题时，这些伦理道德特色就被呈现出来。

实务观察：实际应用

“实际应用”特色提供了真实世界的案例，以展示章节主题所涉及的问题是如何影响那些大的知名公司的。

商业分析练习

每一章最后都安排了一系列激发思想的练习题。商业分析情景是一些小的案例，这些案例将学生们置于微妙的组织或政治形势之下，并让他们给出合理的解决方法，基本上是定性的性质。

补充内容

《财务管理》配套了完整的补充内容。这些内容可通过打印和/或在网页文本中获得，或者通过在线购买的方式获得。

拉舍的《财务管理》(第 6 版)的 CengageNow 是一个强大的完全集成的在线教学系统，可为你提供灵活性和控制性。这个数字解决方法提供了全套工具来强化你的课程。CengageNow 提供如下内容：

- 家庭作业，包括算法的变化
- 集成电子书
- 课程管理工具，包括成绩册

拉舍的《财务管理》(第 6 版)的财务中心(FinanceCentral)为学生们提供了支撑课文材料的其他资源。这部分包括授课电子视频和动画、提问视频、小测验、抽认卡、纵横字谜游戏，等等。人们通过可选打印访问卡或者通过 www.CengageBrain.com 即可访问这个网站。

Thomson One-商学院版　使用 Thomson One 学术在线数据库来解决 Thomson One 章节练习。Thomson One 将数百个真实公司的各种基础财务数据，预计盈余和市场数据结合在一起。这是一个和华尔街分析师每天使用的同样工具的理论版。人们通过注册每本书所附带的一个序列号即可访问 Thomson One-商学院版。

产品支持网站　《财务管理》的网址为 www.cengage.com/international，包含了学生资源、教师资源、制表软件和其他有用特色。了解有价值的产品和服务会有助于你学习财务知识，还可联系财务版编辑等等。

制表软件　《财务管理》在章后材料中有两类上机练习。有些问题使用了制表软件模板，而其他问题则要求学生创建自己的制表软件。那些模板由作者和尼古拉斯学院的 Leonard W. Gajewski 开发，学生和老师都可在网站上获得。

讲稿幻灯片　教师可获得讲稿幻灯片。幻灯片为课堂呈现而设计，有许多说明性的例证总结，是一个有用的讲课工具。

教师手册　在里士满大学的 Tom Arnold 的帮助下，教材作者撰写和维持了教师手册。它包括每一章的重点、教学技巧和教学目的。所有讨论的问题都被详尽地予以解答，问题的解决方法也被全盘托出。教师手册在教师网页上即可获得，网页提供密码保护，仅供教师使用。

试题库　试题库由教材作者个人编写，确保了所有问题与教程的风格和符号保持一致，且所有问题清晰、可读，并适合学生的能力。这一版由 Westwood 学院的 Richard Maguire 和教材作者修订，包含了超过 2 500 个根据主题板块分类的有深刻见解的问题。试题包括多选题、判断正误题、填空题、小论文以及疑难问题。

Examview　Examview 电算化考试程序包含了试题库的所有试题。Examview 是一个与微软的 Windows 系统相兼容的考试软件，具有易用性。在构建考试的过程中，教师可以编辑考题，加入他们自己的问题或者指导说明，并且打印出答题纸。试题可以按数字、随机或者通过屏幕预览进行选择。教师还可以使用互联网、局域网或者广域网在线创建和管理小测验。

致谢

我们对以下参与此书每一版编写的撰稿人致以无尽的赞扬。是他们在适当的时候，给了我们鼓励、批评、思想与热情。

Ibrahim Affaneh	宾夕法尼亚州印第安纳大学
Brian L. Belt	密苏里大学堪萨斯分校
Omar M. Benkato	波尔州立大学
Michael A. Bento	欧文斯社区学院
Sheela Bhagat	鲁斯特学院
Gilbert W. Bickum	东肯塔基大学
Eric Blazer	米勒斯维尔大学
Gordon R. Bonner	特拉华大学
Karl Borden	内布拉斯加大学
G. Michael Boyd	斯特森大学
Paul Bursik	圣诺伯特大学
Haiyang Chen	扬斯敦州立大学
Faye Austin Cook	北卡莱罗纳大学
Ron Cooley	南方城郊学院
John Critchett	Madonna University
Louann Hofheins Cummings	锡耶纳赫兹大学
Maryanee P. Cunningham	罗德岛大学
Dennis Debrecht	卡罗学院
Gary R. Dokes	圣迭戈大学
R. Stephen Elliott	西北州立大学
Soga Ewedemi	宾夕法尼亚州克莱瑞恩大学
E. Bruce Fredrikson	锡拉丘兹大学
Phillip Fuller	杰克逊州立大学
Robert J. Hartwig	伍斯特州立学院
Delvin D. Hawley	密西西比大学
Marianne Hite	科罗拉多大学丹佛分校
Norbert Jerina	凯霍加社区学院
Jenna J. Johannpeter	贝尔维尔区社区学院
Larry Johnson	新罕布什尔学院
Frederick J. Kelly	罗杰·威廉姆斯大学
Robert T. Kleiman	奥克兰大学
Morris Knapp	迈阿密-戴德社区学院
Howard Langer	加利福尼亚州立大学北岭分校

S. Brooks Marshall	詹姆斯·麦迪逊大学
Lee McClain	西华盛顿大学
Joseph Meredith	伊隆大学
Stuart Michelson	中佛罗里达大学
Cynthia Miglietti	博林格林州立大学
Dianna R. Morrison	威斯康星大学
Allen D. Morton	康涅狄格州立大学
Kenneth F. O'Brien	纽约州立大学法明达分校
James M. O'Donnell	亨廷顿学院
Gregory J. Petrakis	密苏里大学-堪萨斯分校
Armand Picou	阿肯色中央大学
Dennis Proffitt	大峡谷大学
Luis E. Rivera	道林学院
Michael R. Rouse	马萨诸塞大学洛厄尔分校
Andrew Saporoschenko	克莱姆森大学
Atul Saxena	摩斯大学
Frederick P. Schadler	东卡罗来纳大学
David Schalow	圣贝纳迪诺加州州立大学
Timothy S. Scheppa	康考迪亚大学
Patricia Setlick	威廉·雷尼·哈珀学院
Sandeep Singh	纽约州立大学布洛克波特分校
Elliott P. Smith	波士顿学院
Edward J. Stendardi	圣约翰费舍尔学院
Charles W. Strang	西新墨西哥州立大学
Waymond D. Summers	俄克拉荷马城社区学院
William K. Templeton	巴特勒大学
Clifford F. Thies	雪兰多大学
Bijesh Tolia	芝加哥州立大学
Sanjay B. Varshney	纽约州立大学尤蒂卡/罗马技术研究所
Sarah S. Wells	哥伦比亚学院
Fran Wolf	扬斯敦州立大学
Richard Yanow	麻省文科学院
Rassoul Yazdipour	加州州立大学弗雷斯诺分校
Shirley Zaragoza	曼哈顿社区学院

我特别要感谢 Tom Arnold(里士满大学),他曾仔细检查了习题与答案,以保证其准确性。还要感谢 Raj K. Kohli(印地安纳州立大学南岸分校),他曾经为这本书校正过税务问题。最后,我尤其要感谢尼古拉斯学院的 Kathy Piniarski,因为她在第 6 版书中自始至终给予了帮助。

除此以外,我还要向 South-Western Cengage 团队成员表达我诚挚的感谢,他们为第 6 版及其所有的补充内容付出了努力。他们是:Mike Reynolds,我的策划编辑,他曾给了我鼓励与指导;Susanna Smart,我的开发编辑以及老朋友,她贯穿在第 6 版中的想法和不知疲倦的支持成了全部努力的无价基石;Nate Anderson,营销经理,他销售书稿的热情帮助取得了今天此书的成功;Scott Fidler,高级技术项目编辑,他对书稿技术产品的工作持续改进了每一版教材的包装;Michelle Kunkler,高级设计师,她策划了教材的新颖外观;还有 Holly Henjum,我的产品编辑,他对于细节的关注铸成了书的最终成品。

威廉·拉舍
尼古拉斯学院

目　录

第一篇　财务管理的导论

第二篇 折现的现金流量和证券的价值

第三篇 企业投资决策——资本预算

第四篇 长期筹资

第五篇　公 司 运 营

第一篇

财务管理的导论

第1章

财务管理综述

本章概要

1.1 财务基础知识

财务是处理金钱的艺术和科学。当今世界，每一个组织无论是公共的还是私人的，都会通过货币经营。这其中包括家庭、商业组织、政府组织和诸如大学、教堂这样的非营利组织。金钱涉及我们生活的方方面面，财务，这一涉及对金钱的管理活动，则隐藏在我们日常所见的各种事物之中。当我们买房或者买车的时候，我们并没有实实在在地看到财务活动，但是，事实上它就隐藏其中。如果没有它，那么我们所见之物都将不存在。这是因为如果没有购买资源的金钱，没有促进交易的金融系统，任何人都不可能将人们组织在一起进行工作。

我们对于财务的研究主要分为两个领域：(1)投资于金融市场；(2)企业的财务管理①。这两个领域既有区别也有联系。金融体系则会涉及这两个领域之间的货币流动。

在开始学习财务之前，我们必须知道一些基本的术语和概念。让我们先从这些内容开始学习吧。

1.1.1 金融资产

> 实物资产是能够提供服务的物品。

实物资产是一个具体的物体或者其他事物，诸如一辆汽车，一栋房子，一个工厂，或者一台机器。实物资产都有价值，因为它们能够提供某种服务，例如，运输、庇护、制造某种东西的能力。

> 金融资产是表明取得收益的合法文件。

金融资产，则是另一种形式，表现为法律文件，或者就是一张纸。它们的价值在于它们能够赋予其所有者对于某种未来现金流的所有权。大部分的金融资产不是股票就是债券，它们对于未来现金流量的所有权分别源于股权和债权。

> 股权代表所有者利益。

股权是指股份的持有者拥有发行股份公司的一份权益。作为股东，他有权获取公司的利润分配，可以是以股利分配形式获得，也可以是通过提高市场对公司增长的预期使股东获得收益。股东通常预期将在未来将股份出售，并借此获得股权的销售收入。因此，持股证明意味着未来会形成两种收益：股利收益和最终的股份出售所得。

> 债券表明债务关系。

债券代表债务关系。当某人购买债券时，他就将自己的钱借给了发行债券的公司。这些术语可能有些难以理解——"购买债券"是指"借出货币"。不管怎么说，债券的持有人就是债权人，有权就自己所借出的金额获取利息收益，并且在到期时获得本金的偿付。

> 投资是指购买金融资产以期获取收益。

公司发行债券以筹集资金。公司用所筹集的资金购买实物资产以经营企业。

金融资产的购买者主要是想利用闲置资金获取收益的个人和公司。购买这些资产相当于你将钱存在银行账户中，并根据所存金额获取利息。事实上，存款账户也是一种金融资产。对于像股票和债券这样的金融资产统称为证券。② 当某个人或者某个组织购买了金融资产，我们称之为投资了金融资产，所以，我们称购买者为投资者。

> 共同基金通过投资者投资形成的基金池购买证券。

投资金融资产的方式可以是直接购买证券，也可以是直接购买共同基金份额。共同基金是将很多投资者的投资汇集在一起，聘用专业的基金经理进行投资选择，以达到特定的投资目标。

1.1.2 金融市场

股票、债券以及其他一些金融资产的发行，和投资者对于这些金融资产的购买都在金融

---

① 银行系统，金融体系中的第三大板块，其内容主要见于经济学课程，如货币与银行、金融机构。

② 证券是指能够在投资者之间进行交易的金融资产，所有股票和债券是金融资产而存款账户不是金融资产。

市场上进行。金融市场不是指一个确切的地方，而是指一个交易的框架或者组织。在这个交易框架和组织中，人们可以依据完善的规则和制度进行证券交易。最著名的金融市场就是股票市场。它分布在美国的几个地区，并成为股票交易所。最大的股票交易所是纽约证券交易所，也就是通常所说的 NYSE。

证券可在金融市场上交易，如股票市场。

如果你要到金融市场中进行交易，你不必到交易所。你只需和当地的股票经纪人建立联系，然后通过电话和他联系就可以完成交易。股票经纪人是获取执照的经纪人，它们按照投资者的委托，帮助投资进行股票的买卖。当地的股票经纪人都能通过电子系统和各个交易所保持联系。股票市场实质上是股票经纪人和交易所全面联系的网络。交易债券的债券市场与此相同。

股票经纪人是获得经营牌照的，能够为投资进行股票交易的。

总之，金融市场是投资者购买公司发行金融资产的场所。投资者之间还在金融市场上进行着相同金融资产的转让。事实上，大部分的交易是在投资者之间进行的。这是因为公司只能在发行环节进行唯一的一次证券交易，而这以后，投资者之间则可以进行无限次的证券转让交易。

事实上，市场这一术语，主要是指市场内投资者交易行为的综合作用。例如，某人说 IBM 公司的股票市场价格是 100 美元。这意味着市场内交易的投资者之间买卖交易 IBM 公司股票的当前价格是 100 美元。

图 1-1 描述了公司与金融市场之间的关系，即金融系统简图。

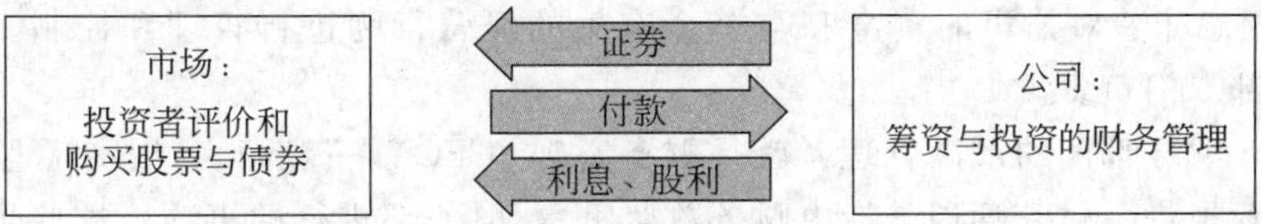

图 1-1　金融系统简图

投资涉及进行买卖证券的决策。公司财务经理的工作之一就是如何筹资。如图 1-1 所示，这两个方面的决策在图的两端，分别代表了未来我们需要研究的两个领域。

现在让我们来分析一下“金融”这个词。它的意义比较复杂。当我们说“金融领域”时，它是一个名词。当我们说“融资”时，它是一个动词。而当我们说“财务管理”时，它又是一个形容词。让我们来对它的不同含义进行分析。[①]

1.1.3　融资

“金融”（或是财务）这一词语，主要是指为购买资产而进行融资。我们经常会听到别人说为购买房屋和汽车而融资。当这样说时，就意味着他们向银行贷款以购买房屋和汽车。

融资意味着筹集资金以实现某种目的。

这个词也被用于企业。当购买资产而融资时，公司就进行了财务活动。为此，公司可能会借贷、发行股票，或者运用收益。近年来，很多资产是通过租赁获得的。我们将之称为租赁融资。

公司融资是指公司为生产经营而筹集的资金。例如，通过借贷和发行股票获取了资金。通过债务所筹集的资金，我们将之称为债务融资。通过发行股票所筹集的资金，我们将之称为

① Finance，在英语中既指“金融”，又是指“财务”。——译者注。

股权融资。权益融资就是指所有者投入的资金。

如图 1-1 所示，右边方框中的公司进行融资活动，他们采取的方式可能是向左边方框中的投资者发行股票或者债券。融资活动涵盖融资交易的双方，既包括资金需求方，也包括资金提供方。而且，因为资金的融通过程要经过金融市场和机构，这些市场和机构的运行也被纳入融资活动的范畴。

财务核心内容的变化

> 投资组合一般是一组证券的集合。

一直以来，财务的内容被局限在与金融市场相关的狭窄领域。现在这一领域已经被拓展了，主要体现在以下两个方面。

一方面的拓展是现代的财务管理非常关注投资者的行为和目标。过去我们认为投资者进行投资决策时，其所需要的就是对某一个特定证券的详细说明。今天，我们已经意识到投资风险的含义，并且知道投资者应当如何构建投资组合以减小风险。我们将在第 9 章对此进行阐述。

另一方面的拓展则是公司财务管理的地位和功能。以前，不仅要求财务经理计算某个项目需要多少资金，并且要去寻找融资渠道。他们基本上没有时间思考需要多少钱，以及这些钱筹集以后究竟做什么。今天的财务经理将深入地参与相关决策。

1.1.4 财务管理

财务管理意味着对公司的资金和与资金有关的经营行为进行管理和控制。公司成立财务部专门负责。

> 一个公司财务部门的执行官就是财务总监。

财务部门的最高管理者就是财务总监(CFO)，一般而言，财务总监直接向公司总裁报告。财务管理是指由财务总监负责，财务部进行的事项。这些事项包括会计记录、支付工资、接受付款、借贷、购买资产、发行股票、支付股利，等等。

重要的是，要知道会计核算也是广义财务管理的一部分，会计核算一般也是财务部的工作之一。

经营决策

财务管理也意味着财务管理活动介入到经营决策。以下的例子可以很好地加以说明。

假设一家国内企业正在谋划海外扩张，那么，公司各个主要执行官就很有可能进行长时间的讨论。每个人都因自己所负责的领域，而会有自己的观点和偏好，比如市场部门和生产部门。财务经理同样有自己的观点，比如如何在新的投资中发挥财务功能，怎样进行会计核算，使用什么样的银行。此外，财务经理还要通过银行或者发行股票，为项目寻找资金来源。

而且，财务经理还要根据项目的获利能力和成本，建立项目可行性的评价标准。换句话说，对于大多数项目而言，最关键的评价标准就是能否赚钱，而这一关键的评价标准则主要由财务经理负责。(我们将在第 10、11 和 12 章的资本预算内容中学习相关决策技术)。

监督

> 财务部门的监督主要是其他部门的资金花费。

财务管理另外一个重要的方面是涉及日常经营中财务部门和其他部门的关系。财务部门一方面要对自己的经营行为负责，还要对其他部门的经营行为负责，认识到这一点很重要。

让我们深入地分析一下这个观点。财务部门对资金负责，其他部门也涉及资金。这是因为他们的工作都有支出，而且他们的工作业绩都是以货币来衡量。例如，生产部门任务是生产一定数量的产品，但是这项工作的好坏涉及较低成本消耗和保持合理的存货水平。

财务部门通常有权对其他部门费用管理的有效性进行监督。因此，如果生产成本太高或者存货水平过高，财务部门将会关注，并且要确保纠正措施得以执行。换言之，财务部门的工作之一就是对每个部门进行监督，以确保其支出的有效性。

1.1.5 证券的价格——公司与市场之间的联系

金融市场的两端，投资者和公司财务，都是由公司向投资者发行的证券联系起来的。

一个基本原理是投资者为了获取未来的现金流而购买证券，我们将在后文进行阐述。而这些现金流则依赖于企业的经营状况。因此，投资者愿意支付的买价是根据其对公司未来盈利可能性的预期。而且，因为未来的情况无人能够担保，市场会因预期的经营情况而具有风险。对风险的理解将使投资者减少投资，从而也降低了证券的价格。

公司财务与投资者之间的联系源于证券价格和预期的财务成果。公司及其管理者的所作所为都会被证券市场所关注，并且影响到投资者对于公司未来经营业绩和风险的预期。这种预期，反过来，决定了证券的市场价格。

换言之，对于投资的分析，包括研究公司的经营之道，以估计其未来的经营成果。同时，公司的管理包括分析投资者是如何理解经营决策，以及其是如何影响公司股票和债券的价格。

1.2 财务与会计

在大多数工业企业中，人们都认为和金钱打交道的主要是会计，所以人们一直以为会计与财务是同义语。事实上并非如此，而且理解它们之间的异同是非常重要的。

会计是一种记录体系，它以客观和独立的方式，向外界描述了企业的经营状况。会计的记录定期形成报告企业经营结果的财务报表，并将之提供给使用者。

> 主要会计长掌管会计部门，而财务部负责人负责其他的财务职能。

但是，在大多数企业中，财务还具有其他的功能。这主要包括筹资、经营分析、处理与外部利益相关者的关系，例如银行、股东、投资机构的代表。这些功能一般都由财务部行使[①]。

真正的财务部一般应当包括由总会计师领导的会计部门和由财务主管领导的财务部门。这两个部门的领导都应当向财务总监报告工作。其典型的组织架构如图1-2所示。

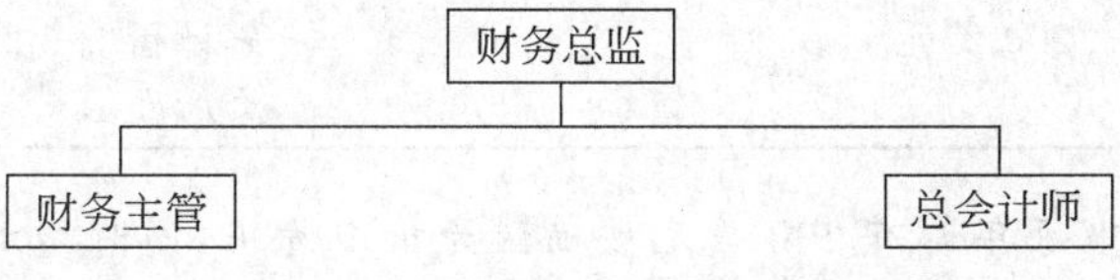

图1-2 财务部门的组织架构

事实上，大家普遍认为会计是一个单独的领域，而财务管理的其他职能才是财务的范畴。因此，财务部门带有“财务”二字，而负责记录会计信息的部门则是会计部门。

年轻人可以从上述两个部门中的任何一个工作岗位开始自己的职业生涯，工作的相互转

---

① 此处的财务对应的英文是treasure，是指不包括会计记录功能的其他财务职能。——译者注。

换是可能的。通常而言，从会计部门转换到财务部门是较为容易的，而反之则较为困难。这是因为大量的特殊业务需要会计的职业经验。主计长和财务主管都可以升为财务总监。

各个公司的组织形式不同，因此，其各个部门的分工也不同。我们这本教材上所研究的经营行为，可能在一个公司中归为会计部门的工作，但在另一个公司中则归为财务部门的工作。例如财务分析（第 3 章）、财务预算（第 4 章）、资本预算（第 10、11、12 章）等工作的分配则是根据怎样能够把工作开展的更好来进行的。

在典型工业企业中，会计在财务工作中占据优势，财务专业不应因此而沮丧。在投资领域和金融机构，例如银行、保险公司，财务工作的机会则比会计要多。

1.2.1 现金流量的重要性

会计和财务分别给予现金流量不同的重视程度。会计系统试图对企业的财务成果进行描述，以此反映企业的经营过程。在财务方面，我们则不太关注会计的描述，而是关注现金的来源和去向。在财务上，我们信奉“现金为王”。

在财务上，现金为王。

这可以通过一个简单的例子进行说明。

概念链接 例 1-1

会计记录和现金流量

假如某公司购买了价值 1 000 美元的资产，并且按照直线法进行折旧，使用年限为 5 年，每年折旧额为 200 美元。如果公司的税率为 40%，请将会计核算的损益与现金流进行对比。

解答：会计账簿上将在资产原值账户上记录 1 000 美元的资产期初数。接下来，将每年通过折旧的分录进行会计处理。每年，利润表的折旧费用项目将记录 200 美元以反映对资产折旧的分摊。另外，还要在资产负债表的累计折旧科目中记录 200 美元，这个账户是用来抵减资产的原始价，反映资产的折余价值（我们将在第 2 章对固定资产会计进行深入的讨论。）第一年的分录如下：

利润表	资产负债表
成本费用项目	固定资产项目
折旧费用　200 美元	资产原值　1 000 美元 累计折旧　200 资产净值　800 美元

在接下来的四年中，每年都有 200 美元被确认为折旧费用，同时增加资产负债表的累计折旧项目金额，使得资产净值一直减少，直到第五年减少到零为止。

此外，利润表上的所得税项目在这五年内都会比较低，因为折旧减少了利润。这就是指，每年所得税的减少额是折旧费用 200 美元与税率 40% 的乘积。这可以考虑持有资产的节税效应：

$$每年的节税额 = 200\ 美元 \times 40\% = 80\ 美元$$

要注意这组数字所传递的信息。这些资产最初的购买成本为 1 000 美元，每年以 200 美元的折旧抵减利润。同时，资产负债表显示了每年折旧后的资产净值。会计的处理过程为我们描述了资产的整个使用过程，以及其对经营的影响。

当财务部门面对同一资产，他们会有不同的处理方式。他们感兴趣的只有两个数字：获取资产时所要支付的1 000美元和每年因为折旧而节约的税收支付。

会计与财务的不同侧重很容易理解。财务部门负责为初期的投资筹措1 000美元，而未来的节税额将影响财务部门以后项目的融资额。实际上财务部门对会计信息感到不满，因为它没有反映资产的重要财务信息——购买资产的钱从哪里来。

上例充分说明，财务管理的重心是现金。我们并不是说会计人员忽视资产的现金流。会计人员对于现金的重视程度和财务管理所要求的明显不同，他们侧重于描述企业的整体经营状况。财务管理则专注于现金流。在我们以后的研究中都必须牢记这一点。

1.2.2 财务的语言

财务管理与会计联系紧密，因为财务交易都会在会计信息系统中得以记录。所以会计是一种财务语言。正是基于此，所有的财务专业人员都必须具备会计知识。但是，由于岗位的不同，其对会计知识的要求也有不同。

> 会计是一种财务语言。

财务分析师负责对公司的运营进行调查分析，为投资者分析公司的投资价值提供建议，这一岗位需要较多的会计知识。这是因为财务分析师要去破译财务报表，不能忽视隐藏在数字与注释中的任何细节信息。而股票经纪人主要是基于其对相关行业信息的了解和对财务分析师报告的理解向客户销售证券，只需要能够读懂财务报表就可以了。

1.3 财务理论——与经济学的关系

到目前为止，我们主要分析了财务管理在实务方面的运用。财务管理是很多在学校里学习了相关专业知识的人的主要就业方向。在各个领域内，经验和对基础知识的掌握是与成功相随的。在这方面，财务管理和会计学一样，当你在学校学习了技能，那么就能将之运用到工作中去。

但是，财务管理还有理论研究的一面。一直以来，很多受过良好理论研究训练的专家和教授都在研究和发展财务理论。在这方面，财务理论很像经济学。在这两个领域，学者们都对商业经营和政府行为进行研究，并且试图通过抽象术语建立模型以解释这些行为。

> 财务理论出自经济学理论。

事实上，现代财务理论在20世纪50年代开始兴起，但只是经济学研究的一个分支。从那以后，财务理论的研究发展非常快，现在大多数人都将之视为一个独立的学科，当然，偶尔还是有人会用到“金融（财务）经济学”这一术语。推动财务理论发展的技术和推动经济学发展的技术很相似。

财务理论在某些方面对实务影响很大，而在另一些方面则没有产生什么影响。影响较大的方面是财务实务的方向和方法。随着学习的深入，我们会认识到理论要素对实务的影响。近年来，财务理论对实务的影响主要在投资领域，我们将在第9章对其进行论述。上述所讨论的关系如下图1-3所示。

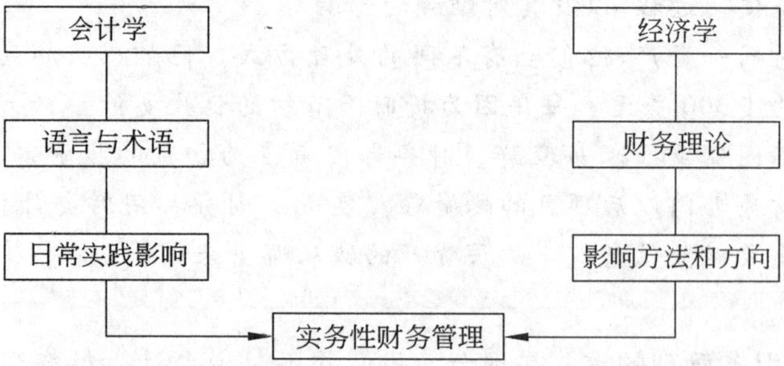

图 1-3　会计学、经济学、金融理论对财务管理的影响

1.4 企业组织形式及其财务影响

一个企业可以由三种方式组建：独资、合伙、公司。在这三种组建形式下，有三种企业形式的可能：普通形式即 C 型公司、S 型公司和有限责任公司（LLC）。后两种形式在小企业中比较常见，但是大企业也经常采用。

企业形式的选择从财务上讲是非常重要的，因为它会对公司的筹资、纳税和债务产生重大影响。由于大多数大企业都是采用的 C 型公司结构①，企业形式的选择更多地是针对小企业。

从财务的角度上看，合伙企业本质上是和独资企业一样的，只是其所有者多于一人，所以，我们将主要论述独资企业和公司制企业之间的区别。为此，我们先忽略 S 型公司和有限责任公司之间的区别，后文我们再来论述。我们将通过案例分析不同公司形式的财务优势和劣势，并探寻公司形式所隐含的财务原理。

1.4.1　独资形式

假定一个创业者想要经营，他有足够的钱开始创业，并且选择了独资企业的方式进行经营。

启动经营

成立一个独资企业非常简单。由于这个企业与创业者之间不可分割，所以，他所要做的就是获取当地政府的经营许可，然后就可以开业了。独资企业的优势之一就是创办容易。

税务

现在假定创业者经营了一段时间并且获利。这些利润将被以个人所得的形式征收所得税。这是独资企业形式的另一个优势——企业利润只被征收一次税收，即个人所得税。

筹资

假设这个企业已经成功运营了六个月，创业者希望扩张经营，但是没有足够的资金去购买资产。因此，他寻求外部的贷款融资。各种贷款都行，包括来自家庭、朋友和银行。

家庭和朋友出于感情将会借钱给他，但是，不认识的人将会有如下两个质疑：

第一，人们会问"如果你经营失败，我们的钱怎么办？"诚实的回答，应该是钱会发生损失。

① 除了律师事务所或会计师事务所这样的个人服务组织外，他们大多是合伙制。

第二，人们会问“如果你大获成功会怎么回报我们?”回答很简单，那就是放贷的人会收到本金和利息。

现在想象一下放贷人的处境。将钱借给创业者是一种赌博，而不是一个好的投资方式。最糟糕的结果是血本无归，而可以想象的最好结果就是收回本金的同时获得一点利息。如果生意失败的可能性很小倒还好说，但是事实上小本经营大多容易遭受失败。放贷人当然知道这一点，所以这种放贷对其而言没有吸引力。

> 独资企业的最大劣势就在于筹资困难。

基于同样的原因，新起的生意总是很难获得无抵押的贷款。抵押贷款是一种以抵押资产为支撑的贷款，当借款人违约而导致债务无法支付时，贷款人可以取走或者变卖抵押资产。许多创业者将自己的房产作为创业贷款的抵押资产。在我们设想一下，如果企业主没有足够的抵押品来担保贷款，他们的扩张计划将会终止。

上述结果就是独资企业最主要的不利之处。企业主唯一的融资渠道就是借贷，而且这个风险是较高的。所以，对于新生企业而言，无论是创业融资还是扩张融资都比较困难。

1.4.2 公司的形式

现在我们来看一下另一种以公司形式开始经营的创业者。

启动经营

首先他将面临的是开业。这有一点复杂。他要经历法定的注册程序并且要在州政府登记，这需要一个律师来整理法律文件。整个办理下来要花费时间和金钱。

税务

一旦开始创业，公司形式的注册事项和独资企业基本一样。但是，当公司盈利以后，其税务处境就和独资企业迥异了。

公司是一个独立的法律主体，无论其取得多少所得，都要适用公司所得税。只有公司所得税税后收益(税后净收益)才是属于公司的收益。

即使企业的所有者拥有公司，他也不能直接拥有公司的收益。公司的收益是归公司自身所有的。这一点很重要。如果想拥有公司的收益，公司的所有者必须通过股利分配。

但是，分配给股东的股利是股东个人所得税的应税范围。所以，企业的所有者将为公司分配股利支付个人所得税，而公司已经为这些股利支付过公司所得税。

换言之，公司的收益将会面临双重征税。当企业的所有者从公司获取任何收益之前，这些收益将会被征收公司所得税和个人所得税。这种现象被称为公司收益的双重征税。这也是公司形式企业的主要财务劣势。①

> 双重征税是传统公司形式的最大弊端。

概念链接 例 1-2

企业形式的税务后果

Ruth Samson 拥有一家企业，其税前收益是 100 000 美元。她想将这笔钱取走并且用于个

① 所有者会付给自己薪水，这不会被征两次税，但却应该相对于所做工作的价值合理。所有者的薪水是企业开支的一部分。只有利润才会被征收两次税收。

人消费。假定企业适用的税率为34%，其个人适用30%的个人所得税税率①。我们来比较分析独资企业和公司制企业的不同纳税情况。

解答：在公司制企业形式下，100 000美元首先要按照34%缴纳34 000美元的公司所得税，剩下66 000美元的盈余。如果Ruth想把它拿走，她必须宣布分配股利并且支付30%的个人所得税，即19 800美元。

而在独资企业的形式下，这100 000美元将按照30%征收全部税收，即30 000美元。计算过程如下(单位：美元)：

	公司形式	独资形式
税前收益	100 000	100 000
减去：		
公司所得税(34%)	34 000	—
收益/股利	66 000	100 000
减去：		
个人所得税(30%)	19 800	30 000
净收益	46 200	70 000

注意：净收益相差23 800美元，这就是企业为选择公司形式而付出的代价。

筹资

我们假定创业者注册的公司经营成功，并且想要扩大经营，但是为此需要筹措资金。如果她想以公司形式进行借款，那么她将面对和独资企业一样的窘境。将钱借贷给新创企业是高风险的，通常没有人会这样做。所以是否是公司形式对于债务筹资而言差别不大。

但是公司制企业有不同于独资企业的融资思路。公司制企业可以通过销售股票融资。新持股人将会因为持有公司的股份而影响公司的经营。但是如果出售的股份少于50%，原来的所有者仍然有效控制着公司。

愿意购买公司股票的人和前述的借款人一样有两个问题："如果你的投资失败了，我的钱怎么办?""如果你经营成功了，我能够得到什么?"

对第一个问题的回答和前面一样。如果经营失败了，投资者将会有投资损失。但是第二个问题的回答则不相同。如果公司确实经营得很成功，公司的股价将会上涨，或许会使原来的投资成倍获益。简而言之，对第二个问题的回答就是"你会变得富有"。

> 通过发行股票筹资是公司制企业最有利的财务优势。

现在考虑一下潜在的股权投资者的处境。投资新创企业是一场赌博，最坏的结果就是血本无归，但是好的结果却是非常丰厚的收益。与借贷投资相比，这是更有吸引力的赌博，因为潜在的回报补偿了风险。

在实务中，尽管人们不愿向新创企业投入无抵押贷款，但是却愿意购买这些公司的股票。这就是公司制企业明显的财务优势：通过销售股票而容易筹资。

① 2009年生效的税法规定个人所得税率为15%。然而，这条不同寻常的立法条文于2010年年底到期。因此，2011年开始，股利收入将会按照普通个人所得税率征税。例1-2假定了股利并未受到特别税收处理。

1.4.3 有限责任的真谛

人们经常提及的公司制企业优势就是有限责任。这意味着股东不必为公司的债务以及公司对其他人造成的损害承担无限责任。当然,这反过来也意味着股东将会损失其全部股权投资。

让我们以另一种方式来阐述。假定某人对企业具有合法的债权,该债权已超过公司资产总额。如果企业是独资形式,那么债权人在获取公司全部资产后还有权获取企业主的个人财产以抵偿债务。而另一方面,如果企业是公司制,那么仅仅只有公司的资产能够被债权人取走,股东个人财产则不受影响。

有限责任的概念对于持有公司股份但不参与公司经营的投资者而言,是绝对合法有效的。但是,对于将自己和企业合为一体的企业所有者,有限责任将不再适用。让我们来分析一下原因。

公司经常因为两种情况使得债务超过其资产:超额借债和败诉的巨额赔偿。第一种情况非常普遍。它经常发生在企业对未来经营的乐观预期而大举负债时,通过未来盈利来支付债务。当预期的销售无法实现,公司无法支付债务时,麻烦就出现了。如果情况一直变坏,公司将因为无法支付的债务超过其资产总额而破产。

理论上,公司形式使得企业主的个人资产免于被作为抵偿债务的资产。但是,实际上,贷款人会对公司制企业的这种特点进行规避,他们会要求小的企业主提供贷款担保。

个人担保是与贷款合同一同签署的从合同,当企业不能偿还债务时,它能使企业主对剩余债务承担个人责任。这种合同将摧毁小企业的债务有限责任。

> 个人担保是企业主为自己企业的商业行为承担债务责任。

在第二种环境下,企业主或者雇员损害了他人利益。例如,一个汽车修理厂在修理刹车时不够谨慎,导致了顾客发生车祸。这样,受害者就会同时起诉企业和责任人(所有者),企业的有限责任又被绕过了。

公司的有限责任对于公司的经营所有者而言,只是可望而不可即。但是,对于不参加经营的股东,有限责任却是实际存在的。

1.4.4 S型公司和有限责任公司

通过销售股票的筹资能力和对盈余的双重征税,我们可以分别看出公司制企业的财务优势和劣势。如果企业不是公司制,那么它将难以扩张,而如果是公司制,那么,双重征税将使企业难以积累利润。

但是,因为小企业能够带动就业,政府总是对其支持。为了鼓励新创企业的成长,国会创立了一些新型的企业形式以具有两种形成的财务优势。这其中就包括S型公司和有限责任公司(LLCs)。

> S型公司和有限责任公司让很多小企业能够避免双重征税。

这两种形式的公司都可以销售股份并且都具有有限责任特征,但是它们的盈余都不再被双重征税。公司的盈余直接变成股东的收益,并且只对其征收个人所得税。本质上,税法将这两种企业视为合伙制企业。这对小企业有显著的促进作用。

实务观察

有限责任公司：S型公司的替代选择

S型公司和有限责任公司的最大优势就是依据联邦所得税法将它们全部视为独资企业征税。这两种企业都能使企业的收益直接转为所有者的收益而不征税。尽管S型企业和有限责任公司常见于小企业的组织形式，但是，运营这两种形式并不是没有限制（这里的“S”来源于国内收入署法规章节的编码，而不是代表小企业的意思）。

S型公司似乎是一种理想的企业形式，因为它能够避免双重征税，但是，实际上这种企业形式面临很多的限制条件，使其在很多情况下无法使用。其中最大限制条件之一就是，其公司的股东必须为自然人。这就意味着，S型公司不可能成为其他企业的控股公司。当两个企业想合资进行经营的时候，就不可能采取S型公司的形式。迄今为止，公司如果要成立合资企业，其只能在传统公司形式（即所谓的C型公司）和合伙企业之间进行选择。C型公司将会使企业面临双重征税，而合伙制将会使企业的所有者面临企业债务的承担风险（合伙企业可不是有限责任，所以合伙企业的债务就是合伙人的债务）。

基于上述原因，有限责任公司从20世纪70年代开始大行其道，并且每个州都承认这种公司形式。有限责任公司在很多方面比S型公司更为灵活。它具有S型公司能够将公司收益直接转为所有者收益且不纳税的特点，同时，其所有者还不限于自然人。而且，正如其名称所示，它还具有有限责任的特点。对于小企业而言，作为可以选择的企业形式，有限责任公司已经迅速地取代了S型公司的地位，而且，有限责任公司还能适用于大企业，尤其是合资企业。

例如，NatureWorks有限责任公司的产品是最热门的绿色概念产业的代表产品之一。这家公司是由美国农业巨头Cargill股份公司和日本Teijin公司合资组建的有限责任公司。这家成功的企业运用以玉米这样可循环资源而不是石油中生产塑料，用于这些产业。这种新产品与传统产品相比，最大的优势就是低碳足迹和完全生物降解。

资料来源：www. natureworksllc. com.

1.5 管理的目标

为了经营企业，管理者需要一个目标去衡量其经营行为。在经济学研究中，经济学者们总是假定企业的经营目标是利润最大化。这种观点在理论上能够成立，但是在现实中，是不可想象的。目前（短期）利润的最大化将会对未来（长期）利润构成严重威胁。

股东财富最大化是公司管理的现实目标。

例如，大部分研发部门的工作对当前业务不会产生什么影响，因为他们的工作专注于开发远期上市的产品。如果将研发部门裁掉，现在的业务不会受到什么影响，而且因为研发费用的节约会使当前利润提升。但是，两三年后公司将因没有新产品上市而陷入困境。通过这个例子，我们可以看出，对于现实经营中的公司简单地最大化当前利润并不是个好的目标。

幸运的是，金融市场提供了渐变而易行的管理目标。因为股东拥有公司并且希望通过投资获益，而管理层为股东打工，所以，一个合理的管理目标就是最大化股东利益。这也等价于最大化公司股权价值[①]。

这种理念使得上述的长期利益和短期利益得以协调。记住，股票投资者会关注公司的所作所为，并且根据公司的行为预期公司未来的经营成果。这种预期将会决定公司股票的价格。当前的利润不仅能够影响公司的股价，而且预示着未来利润。

如果现实中的公司裁掉研发部门并由此增加当前利润，那么，公司的股价不可能上升。市场将会认为其长期经营将是愚蠢的，因此其股价将像石头一样下落。

在财务管理学习过程中，我们将始终假设公司的管理决策会对其股价造成影响。因此，我们认为最优的经营决策就是能够促使股价最大化的决策。

1.5.1 利益相关者与利益冲突

在任何一个公司中，总有一些人与公司的经营状况有特殊的利益关系。这些人主要有：股东、管理层、雇员、贷款人、顾客、供应商、当地政府。

这些利益相关的组织被称为“企业的利益相关者”或者是“企业的选民”。这里我们用了“利益相关”这个词，就是意味着每一组人都与企业的经营具有利益关系。利益相关者之间存在着大量的利益冲突。当某组利益相关者的获益是以牺牲其他利益相关者的利益时，利益冲突就产生了。

1.5.2 利益冲突—— 一个说明

假如某个制造业公司的工会向管理层提出要求，要公司在厂区为员工修建一个综合性的健身房，这样员工在上下班和午饭期间就可以进行运动。他们认为尽管这个项目要花一点钱，但是会在员工中形成健康、快乐的氛围，也会提高工作效率。

管理层也认为员工应当健康、快乐，但是也认识到，员工有可能将工作时间花在健身上，或者在健身房里锻炼得筋疲力尽再去上班。所以，管理层不能确定这个项目对于提高生产效率究竟是有益还是有害。总之，管理层会觉得这个项目的净效益影响会或多或少地被抵消掉。

上例反映了雇员和股东这两组利益相关者之间的利益冲突，认识到这一点很重要。如果修建了健身设施，那么，其花费将减小股东从利润中获取的收益。所以，让员工快乐的项目却使股东受到损失并且不开心。在这种情况下，管理层是一个有效的裁决者，其决策将有利于其中的一方。

在上述的假设案例中，员工的要求可能有些奢侈，所以当我们阅读的时候，并不会因之而同情。但是，如果工厂的工作环境非常恶劣，员工要求花费资金以提供一个干净和安全的工作环境时呢？那么，面对同样的利益冲突，出于情感和道德，我们将会支持员工的要求。

1.6 管理层——一组具有特权的利益相关者

管理层在各组利益相关者中具有特殊地位。尽管从理论上说，高层管理者应当服务于股东的利益，而实际上他们常常并不对股东负责。如果公司的股权非常分散，无人持有1%或者2%以上的股权，那么股东对于管理者的约束就很小，因为没有人能够控制足够的股权以迫使管理层发生变更。

> 股权高度分散的公司中无人对管理处有足够的控制力。

① 在此我们假设，管理层并未通过向投资者们粉饰公司的表现及其未来前景，欺骗性地保持股价虚高。

在这种情况下，如果高层管理者确立其在公司的地位，能够操控公司的大量资源，那么就会为了自己的利益而不是股东的利益，使用公司的资源。

1.6.1 代理问题

股东和管理层之间的利益冲突就是代理问题。

在股权较为分散的公司，管理层所处的特殊地位将导致一种特定的利益冲突，即代理问题。这一术语源自于代理的法律概念。

当某人雇用另一人并且授予其独立的决策权利，那么，代理关系就建立起来了。例如，当 Smith 雇用 Jones 经营企业，Jones 就是代理人，Smith 就是委托人。相反，如果 Smith 只是雇用 Jones 擦地板，那么就不存在代理关系了，因为这种关系不涉及独立的决策权。代理关系的存在将使掌控委托人资产的代理人有机会滥用代理权。一般而言，公司的管理层就是股东的代理人。

代理权的滥用

代理人就是由委托人所雇用，并被授予决策权。

代理权滥用通常见于公司向高管们支付过高报酬（报酬包括工资、奖金和股票期权）。这与股东的利益发生了冲突，因为向高管支付的过高报酬来自于企业的利润，而它本属于股东。

根据近来报道，公司向其高管支付的报酬已经超过 2 亿美元的水平。股东们不禁要质疑，这些人是否真的应该拿走那么多钱。或许更令人生气的是，即使高管们拿着这么高的报酬，但是他们的经营业绩却并不与之匹配。

高薪并不是高管们营私的唯一手段。高管们滥用公司所有的游艇、飞机和度假村已经是非常常见的现象，此外还有高价的餐费、乡村俱乐部会费等等消费。上述利益都成为高管的额外补贴，并且这些在企业高管的圈子里，已经成为流行的生活方式。

提供给管理层的特权和奢侈消费是一种额外补贴。

代理问题的控制

控制代理问题的措施主要涉及对代理人行为的监督。例如，委托人可以聘请审计师，对公司的账簿进行定期审计，以确定公司的资金没有被胡乱花费。这些方法所涉及的成本称为“代理成本”。

另一种控制代理问题的方法就是将代理人的大部分报酬以奖金形式支付，并将之和公司的经营状况挂钩。这种方法将减小公司资产被管理层滥用的动机。例如，用公司的钱购买度假村给管理层使用，而这将会减少公司的利润。如果公司高管的报酬与公司的利润状况相关，高管们将不再愿意为了度假村而花费。

政府也采取行动以控制代理问题，通过税法限定公司每年费用的税前扣除金额，这些费用包括奢华的餐费支出、超过 100 万美元的高管报酬等。但是，这些努力都收效甚微，代理问题已经成为影响美国经济效率的重要因素。我们将在第 5 章对这一问题进行分析。

1.7 债权人和股东的冲突——财务管理中重要的利益冲突

从财务管理的角度来看，股东和债权人之间的冲突是一种很重要的利益冲突，认识这一点将有助于形成财务风险的概念。让我们通过下面的阐述来认识这个概念。

假设 Smith 用自己的 1 000 美元开始创业，并且说服 Jones 向其提供 1 000 美元的无担保贷款以用于创业。现在这个小企业有 2 000 美元的现金，其中 1 000 美元源自于负债，另外

1 000 美元源自于权益投资。Smith 是这个小企业的唯一个人业主，同时负责企业的经营决策。而 Jones 只是企业的债权人。

现在假定 Smith 决定企业进行某些风险较高的投资。设想这些投资彻底失败的概率较高，例如 50%，那么当投资失败时，所投资金将血本无归，而当投资成功时，将在短短的几个月内获得翻倍收益。Smith 将投入全部 2 000 美元。

> 债权人是向经营活动提供资金的人，包括贷款人，供货商，员工，政府。

重要的是要认识到，Smith 的做法对于他和 Jones 的交易而言绝非公平。这是股东对债权人利益的侵害。为能认识到这一点，我们不妨来看看当投资成功或者投资失败时将会发生什么。

如果投资失败，所有投资人的损失是相同的，都是 1 000 美元。如果投资成功，公司将会拥有 4 000 美元的现金。但是，在这些钱中，只有 1 000 美元属于 Jones，因为那是他借贷的本金（当然还要加上一点利息），而剩余的将近 3 000 美元则全部属于 Smith。

换言之，这个投资就像是赌博。损失在债权人和股东之间均摊，而收益基本都被股东拿走。所以，这对于债权人而言不是一个好的买卖。

CFO 经验谈

上述情形在实务中主要发生在企业的贷款到位之后，企业可能投资于比借款之前更高的风险项目。为了阻止这种情况发生，债权人将之借款合同中附加限制借款人投资于高风险项目的条款。

实务观察

伦理问题
伦理与道德性投资

投资者购买股票或者债券是期望获取超过投资额的收益。他们将这称为投资收益。人们总是对投资的规模和相关的风险感兴趣。但是，难道这就是投资者所关注的全部吗？

前面我们谈到，公司采取销售证券来为资产购置进行融资。假如公司购置的资产将被用于某些不道德或者存在伦理问题的项目，那么这是否意味着投资者也间接地参与了这些不道德的项目呢？投资者是否要关注这些呢？投资者是否应该拒绝向他们认为经营项目存在伦理道德问题的公司投资呢？

让我们对所说的不道德问题做一个精确的描述。重要的是不要混淆不道德行为与违法行为。大多数违法行为都是不道德的，所以这些行为我们无疑都不会参与。不道德行为主要体现在，行为不违法，却存在道德伦理问题。

不道德行为的产生主要涉及两种人。其中一种人能够对其他人施加影响，并且能够从其他人为此所支付的费用中获益。

烟草工业就是一个很好的范例。人们选择吸烟，烟草公司的生产和销售行为是合法的。但是，美国肺病协会的研究指出，吸烟导致大约每年 438 000 人丧生，而且因为相应的健康治疗成本和由此导致的生产效率下降将产生每年约 1 930 亿美元的经济损失。根据媒体报道，烟草公司未来扩大销量，向儿童进行烟草广告宣传，同时还对香烟中的尼古丁含量进行调整，以便增加烟草的致瘾性。

有些人认为烟草生产和销售是一种合法但却是不道德的行为。基于这种观点，在烟草交易中获益的集团是烟草公司的管理层和股东，他们享受着舒适的工作和可观的利润。因吸烟而致病甚至死亡的烟民，则是烟草交易中受害者。利益集团向受害者施加的影响可以被视为烟草广告和烟草的致瘾性。

另外，有些人认为，吸烟者能够意识到烟草的危害，并且能够自行决定是否吸烟，因此，向需要烟草的人提供烟草，这在道德上没有问题。

问题是当投资者为了追求利润而购买了烟草公司的股票，那么他们是否应该受到道德上的谴责呢？或者说，金融市场作为联系投资者和投资项目的渠道，它（本身将资金配置给烟草公司）是否合法或者道德上合理呢？

读者您是怎么认为呢？投资烟草公司的股票合理吗？

道德性投资是一种逐渐增长的投资方式，在这种投资方式下，投资人关注其所投资的公司。这也被称为社会责任性投资，在这种方式下，投资者将不会购买他们认为存在道德问题公司的股票。

道德共同基金现在已经出现，它将避免投资于某些参与特定经营的公司。例如，Calvert 集团有限公司提供一系列基金品种，这些基金都将避免投资于经营不健康产品、服务的公司，或者在劳工权益保护、人权、环境等方面有劣迹的公司。

道德问题很难去分析。它总是充满主观情绪和其所导致的利益和损失很难估计。为了使您能够了解道德问题的困惑，不妨按照以下步骤进行分析：

1. 仔细分析不道德的经营行为。公司的整个经营行为或者只是其中的部分经营行为是否不道德？在烟草的案例中，究竟是生产烟草的整个经营行为都不道德，还是仅仅是向儿童进行广告宣传是不道德的呢？

2. 区分道德和法律问题。有些项目仅仅因为其是合法的，并不能认为就是好的。

3. 区分利益团体，并且要能知道其利益所在。

4. 区分受害团体，并且要能知道其损失所在。

5. 认识利益团体影响力的本质和来源。他们是否有能力操控并维持这种能力。这种影响力会造成什么影响？利益团体是否为此而做了什么？

6. 分析利益受损者的替代手段。他们是否能够实施这些手段？

7. 分析相反的观点，那些认为不会产生道德问题的人有什么主张和理由？

鉴于学习会继续下去，我们将会一次次地在财务中强调道德问题。

来源：American Lung Association，Smoking 101 Fact Sheet，August 2008，www.lungusa.org.

1.8 概念链接

概念链接是本教材所采用的一种教学方法。通过这种方法，我们将章节中所陈述的概念和章节后面的习题（problem）有效的联系起来，使得读者更容易学习。多数情况下，我们在章节中都会运用一个例题来阐明概念，正如在本章中所示的两个概念。现在，我们回过头去看章节中的那些例题。请注意每一个例题都有概念链接例题序号（例 1-1 或例 1-2）和一个主题标题。

现在请提前浏览下第一章的课后练习。注意习题 1 和习题 2 被冠以了加粗字体的标题，以表明其主题并且指向有关这些主题的概念链接例题。这使得读者们在试图解答课后习题前，能轻易地找到并复习恰当的章节片段和例题。

我们建议读者，当您阅读完一章的内容后，可以先尝试一下后面的习题。这些习题与您学习过的概念具有对应关系，按照这些概念，您将很容易解答这些习题，同时更为深入地理解这些概念。

课后习题大体上按照章节中所覆盖的主题的顺序给出。概念链接的标题会在每一个主题的第一个习题前出现。由于大多数的主题都由几个习题所支撑，所以同一个主题范围内，位于第一个习题之后的问题就没有标题。

在第一章中，由于第一个主题——会计记录和现金流量只有一个习题，所以第二个主题的概念链接标题就出现在习题 2 之前。习题 3 没有标题，表明它同样涉及第二个主题，即企业形式的税务结果。

每一个概念链接标题下的第一个习题都是介绍性的，并且与教材中参考的概念链接例题非常类似。随后的习题则会在结构上呈现出变化，而且难度更大。

一般来说，在你看完一个主题后马上尝试解答一或者两个习题都是一个不错的主意。使用概念链接很容易做得到。只用翻到课后习题，并且快速浏览概念链接标题，直至你找到与你刚刚所看到的概念链接例题相匹配的主题。如果你参照概念链接例题作为模板，第一个习题通常会很容易。

在少数情况下，课后习题指向章节片段，而不是例题。

概念链接这种方法将使您的财务管理课程学习过程变得更为容易、更吸引人、更有乐趣。我们相信，您尝试之后必将喜欢这种教学方法。

1.9 证券分析和 Thomson One-商学院版

很多金融业务都涉及证券的估价，例如股票。估价意味着探求理性投资者对金融资产的定价。这个价格一旦确定下来，投资者将之于市场的现行价格进行比较，从而做出投资与否的决策。例如，当我们认为某种股票的实际价值应当比现行价格高，购买该只股票就会获利，因为与此同时，其他投资者也会认识到这种股票的价值并且做出购买行为，从而使这种股票的价格上涨。[①]

估计股票和债券价值的过程就是证券分析。在金融交易中，证券分析的重要性不容忽视。这很关键，因为很多投资决策都是建立在证券分析的基础之上的，这些分析可能是投资者自行做出的，也可能是由发布投资者们读到的报告和推荐股票的专业机构做出的。

证券分析都是由收集发行证券公司的信息开始。这些信息用于预测相关股票和债券未来现金流量的数量和稳定性。投资者感兴趣的信息一般包括公司的基本情况、未来经营预期以及以往经营的财务信息。

本教材将借助 Thomson One-商学院版（TO-BSE）中的一系列练习来介绍证券分析。Thomson One-商学院版是 Thomson Financial 专业级网上财务信息数据库的教学版，针对财务专业的学生，只限于 500 家公司。随着你使用这本教材的不断进步，你将学习访问 TO-BSE 系统，并从中提取信息。你可使用它来形成你自己对于公司的观点。

使用 Thomson One-商学院版的练习包含在这本书的末尾，并可被清晰地识别出来。现在来看一看第 1 章的习题是个不错的主意。你将在书后找到它。我们相信你将会彻底享受这些

---

① 所有证券价格的变动是源于投资者们对于个别证券的价值持有不同观点以及这些观点持续变化的事实，搞清楚这个道理是很重要的。

习题给出的对财务世界的深刻理解。

通过网址 www. cengage. com/international,你将进入 Thomson One-商学院版。选择你的教材,单击屏幕上公司网站的学生入口。教师点击教师入口。点击 Thomson One-商学院版屏幕左侧的菜单。使用随新书附带的 Thomson One 登录卡来注册你的序列号,并且登录 Thomson One。你将需要设定一个用户名和密码。

概念链接

例 1-1　会计记录和现金流量

例 1-2　企业形式的税务后果

讨论

1. 区分下列哪些是实物资产,哪些是金融资产。二者的区别是什么?

运输用卡车	公司股票
厂房	土地
公司债券	应收票据
存货	计算机

2. 决定证券价格的主要因素是什么?还能想到其他因素吗?

3. 公司的资本来源都是权益融资和负债融资。当公司资本从全部权益性融资转向多数负债融资时,怎样通过金融市场的变化来识别公司所面临的风险?这些风险将会影响公司的股票价格吗?

4. 讨论财务与会计的异同与联系。

5. 讨论财务与经济之间的联系。

6. 金融市场上投资者的行为如何影响公司的经营决策?

7. 与公司制相比独资、合伙有什么财务优势和劣势?

8. 有限责任是什么意思?其有限责任是针对谁?

9. 公司的经营者与股东之间有什么利益冲突?

10. 代理问题是道德伦理问题还是经济问题?

11. 比较股东与利益相关者这两个术语?

分析

1. 多元化的公司由很多分部组成,每个分部均是独立运营的。大公司有分散于全国的各个分部。在这样的公司中,大多数财务功能都集中在总部,大多数会计功能在各个分部。

现金管理功能控制在各个银行账户中的收款和支付。通过监控现金流并维持银行的信贷额度以避免现金的短缺,确保公司不发生透支。现在银行业务系统已经电子化,因此现金能够在全国迅速的转移。

信用和收款部门决定是否向某个特定的客户进行赊销。销售后,要负责跟踪客户以确保回款。由于客户与销售或服务部门存在问题或者误解,客户总是不愿付款。

请你设计一个多元化公司的财务部门，你是否把功能集中起来，或者是将它置于遥远的分部？原因是什么？分别阐述每一项功能。

2. 公司总经理和销售副总经理正在商讨营销部的业绩和预算。是应当一对一进行会谈，还是应当有 CFO 在场？如果你认为 CFO 应该在场，那么他在会谈中应当充当什么角色？

习题

会计记录与现金流：例 **1-1** 的概念链接

1. Sussman 工业公司以现金购买了价值 50 000 美元的钻探机。公司的工程师认为该设备可以使用 10 年，并且无残值。若以 10 年为期的直线法进行折旧，企业的边际所得税税率为 40%。该设备的现金流如何？

a. 购买时的现金流？

b. 折旧期内每年的现金流？

企业形式的税务后果：例 **1-2** 的概念链接

2. Harvey Redmond 准备创业，预计若干年后他的企业将成为一家大型公司。他的律师建议，出于股票市场的考虑，大型公司应当设立为 C 型公司，这种公司形式可以避免以后进行重组。然而，他还十分关注，最初的几年中，他能够从公司税后利润中获取的个人收益。

Harvey 预计他的企业在前 3 年每年将会有 150 000 美元的税前利润。请为其做出选择：a. 前 3 年以独资企业的形式运营，然后再花费 80 000 美元重组为 C 型公司；b. 现在就选择 C 型公司，以后不再有额外的花费。假设依据简化税率，该公司适用 34% 的所得税税率，Harvey 本人就其个人所得，包括股利所得，适用 28% 的个人所得税税率。

3. Jill Meier 是 Meier 公司唯一的所有者，该公司是其唯一的收入来源。Jill 总是将公司分给她的股利全部用于消费。朋友建议只要她将获取收入的形式改变为：作为经营管理人员在公司领取报酬，那么她所获得的收入将不再是股利所得而是工薪，这就能够避免双重征税的问题，从而对她个人更为有利。如果公司的收益是 120 000 美元，并且都将分配给她，那么在上述两种方式下，Jill 各能够获取多少？假设公司所得税率为 30%，工资薪金和股利的个人所得税税率为 25%。

第2章

会计与财务报表

本章概要

为了理解财务，了解一些会计知识是有必要的。因为财务交易是记录在会计系统中，并且财务业绩也是用会计术语描述的。换句话说，如果我们在商业中想要和金钱打交道，那么就必须处理好这个保存记录的系统，而这就是会计。了解一些税务知识同样也是必需的，因为税收方面的考虑会影响大多数财务决策。

一般说来，虽然会计是一门预备课程，但财务专业的学生掌握这门学科的知识却处于不同水平。有些学生十分专业，而其他人也许在很久以前学过会计，但记得的知识所剩无几了。

这一章将简明扼要地回顾你所需要了解的会计和税收知识。如果你在这个领域的基础并不扎实，那么仔细阅读本章将会比从尘封已久的会计课本中挖掘知识要快捷得多。如果读者已经有相关基础知识，可以跳过这部分直接继续后续章节。我们将尽可能轻松地进行复习，要知道虽然财务人员需要懂得一些会计知识，但并不是会计。事实上，我们甚至不必用到借贷！

2.1 会计系统与财务报表

事实上，商业企业做的一切都在会计核算体系的架构中被记录为一系列的货币交易。这个记录和系统本身提供了一个框架，大多数管理者用它来控制他们的经营活动。会计系统会生成几个非常标准的报告，也就是反映经营业绩的财务报表。

2.1.1 财务报表的性质

一个企业的财务报表是对其实际经营活动的数字反映。接下来的学习务必要牢记这个概念。报表所隐含的想法是要描述出公司内部以及公司与外界之间在实物上和财务上所发生的活动。然而，这个不错的想法带来了一个问题，因为它使得报表变得有点违背直觉。也就是说，一个未经会计专业训练的人不一定能表达出他们想表达的意思。以下举例说明。

> 财务报表是对企业某一会计期间经营活动的数字反映。

收益是"收入"吗？

大多数人认为收益就是支付给他们的报酬，也是薪资扣缴后带回家的部分。换句话说，收益就是你口袋里的现金或者作为你的税负而支付给"山姆大叔"的钱。

利润表是传统财务报表之一。它以公司的销售额为起点，减去成本、费用和税金，并以一个称为净收益(也称作税后盈余，缩写为 EAT)的数字作为终点。多数人都希望这个数字反映公司或所有者口袋里的现金，就像一张支票。但是，事实并非如此。有几个会计概念存在着障碍，并且赋予净收益一个独有的特征。我们将要描述净收益和流入公司的现金之间的两个主要差异。

应收账款

对于许多公司来说，赊销其大部分产品，收到以后付款的承诺而不是即时的现金，是司空见惯的事情。尽管没有收到钱，但是会计理论认为，当赊销发生时，公司已经完成它为获得相关收入而必须做的一切，因此，收入应该在财务报表中得到确认。

然而，事实上，公司比不做这笔交易的情况拥有更少的现金。那是因为，虽然它尚未从顾客那里收回款项，但是它确实提供了产品，并且为此产生了劳动力和材料支付成本。

销售产品后尚未收回的款项就叫作应收账款，它体现着现金和会计收入之间的巨大不同。

折旧

> 折旧是资产成本在使用期间的准备金。

对于会计初学者而言，另一个貌似奇特的观点就是长期资产的财务处理方式。假设一个公司购买了一台机器在其经营中使用，购买时支付了 10 000 美元。假定机器预计使用 5 年。作为经营中的一项成本，如何来确认机器的成本呢？

不熟悉会计的人也许会认为，成本应当在购买机器的时候随现金流出予以确认，也就是说，购买当年确认 10 000 美元的成本。然而，会计理论却认为，为了合理反映企业经营，应当使机器的成本与其使用年限相匹配。因此，我们将 10 000 美元在该资产的 5 年寿命期限内按比例分摊。

这项工作由财务上一个称为"折旧"的工具来完成。如果在资产寿命期内的分摊比例是均匀的，折旧就会在该项资产 5 年寿命期内的每 1 年使利润表中增加 2 000 美元成本。(均匀分配折旧就称为直线法)。

这个规则给公司手中持有的现金营造了一种奇怪的现象。第 1 年，公司支付了 10 000 美元，却只能记录 2 000 美元作为其经营成本。换句话说，它使用了比利润表所反映的更多的现金。在以后 4 年中的各年，公司并无任何支出，却仍然要记录 2 000 美元的成本。因此，在这 4 年中，利润表反映的是公司使用了比其实际更多的现金。

很显然，这些实务表明，会计收益和薪水收入在概念上是不同的，财务报表所关注的也并不仅仅是流入和流出企业的资金。这些报表的确披露了现金流量的状况，但还以其他方式反映正在发生的情况。

三张财务报表

我们感兴趣的三张财务报表是利润表、资产负债表和现金流量表。虽然还有第四张表是关于股东权益变化的，但我们在此并不过多的关注。利润表和资产负债表是源自会计账簿的基础报表。现金流量表则是由这两种报表发展而来的。

我们将在本章学习利润表和资产负债表，在第 3 章学习现金流量表。在一开始，我们一般需要先了解一点会计的背景知识。

2.1.2 会计系统

> 企业的账簿是对企业货币交易的记录。

会计系统是一套系统的规则。通过这些规则，公司所做的每笔交易都在一套记录本中被记录下来。这些记录本被总称为公司的“账簿”。这些账簿过去常常是以分类账的形式进行保存，看起来像书一样，故此得名。如今，它们更多地被保存在计算机中。

这些账簿分为一系列“账户”。一种账户一般记录某种特定类型的交易或者与企业某一方面相关的交易。举个例子，收入账户记录所有与向顾客销售产品相关的交易，而固定资产账户记录取得和处置大型机器设备的相关情况。

交易包括各种行为，比如销售产品、购买存货和设备、支付工资、生产厂产品、筹集资金、支付税金以及支付股利。一笔交易通过分录的形式被记录在账簿中。一笔分录通常意味着我们从一个账户余额中加上或者减去一个数字金额。

复式记账法

大多数会计系统使用保持记录的复式记账系统。复式记账是指每笔分录都有均等的两部分，也称为两方。分录的每一方涉及不同的账户。

> 复式记账法中，每一个分录都有两方，并且必须平衡。

复式记账的概念在开始较难掌握。你可以想象在某些分录中，两方分别表示取得资金的来源和资金的用途，这样你就可以习惯这种概念了。例如，假设我们赊购一台 1 000 美元的机器。这其实意味着我们买了这台机器，同时为购买产生了一笔贷款。记录这笔交易的分录一方将会在固定资产账户中增加 1 000 美元来表明公司现在拥有这台机器，另一方则会在应付账款中增加 1 000 美元以反映付款的义务。这笔交易的资产账户方表示我们使用这笔资金的去向，而应付账款方表明我们取得这笔资金的来源。

分录的两方就叫作借方和贷方。在任何一笔分录中，总的借方金额必须和总的贷方金额相等（这是唯一一次我们提到借和贷）。

思考另一个例子，记录一笔销售业务。假设我们以 200 美元销售给顾客一件产品。分录的一方将会使收入账户增加 200 美元，但是分录的另一方会如何呢？

答案取决于销售的条件。如果顾客支付现金，则另一方就会简单地在现金账户中增加200美元，以反映公司现在已经拥有那笔增加的资金。但是，如果顾客是赊购的，则200美元就会被加在应收账款账户中，以反映公司拥有这笔债权的事实。

每一笔分录的两方都必须相等或者平衡。因此，人们常说要正确保持账户平衡。

会计期间和结账

在经营过程中，时间被划分为各种会计期间，通常有月、季和年。在这些会计期间里，交易记录不断累积。在每一个期末，所有在此间发生的交易都要予以汇总，并记录在这个会计期间最后一天的账簿上。这个过程称为结账，通常在一个会计期间最后一日以后立即进行。

> 通过更新会计系统里的期间交易和建立财务报告以实现结账。

为了编制我们开头讨论的财务报表，需要在已结的账簿中运用某些程序。弄明白财务报表与特定的会计期间相联系是很重要的。资产负债表与期末的时间点相关，而利润表和现金流量表则与整个会计期间相关。

含义

记住上一年的财务报表并不反映今年正在发生的情况和明年将要发生的情况，这是很重要的。它们只给过去提供参考。

然而，报表可以被用来预示在随后的几年内可能会发生的情况。过去的财务报表有点像一个人的病历。如果你去年生病了，那么与你去年是健康的情况相比，你在来年更有可能会生病。但是，一个病人会恢复健康，而一个健康的人会生病并且死亡。与此相类似，一个公司去年在财务上非常健康，但如果经营不善或者发生了突变，那么也有可能在第二年倒闭。

存量和流量

两个基本财务报表之间存在着根本差异。利润表反映一段时期内的资金流量。资产负债表则反映一个时间点上的资金存量。

利润表表示资金流入和流出一个组织情况。收入使得资金流入，而成本和费用使得资金流出。二者的差就是利润。资产负债表反映一个时间点上的情况。它表示在这个瞬间，公司所拥有的特定资产项目，以及所欠债权人的特定负债项目。

一套报表包括覆盖整个会计期间的利润表，以及被认为是会计期末快照的资产负债表。从前面两者衍生而来的现金流量表，像利润表一样，表示整个期间的现金流量。

2.2 利润表

利润表表示在一个会计期间内公司赚了多少钱，这个会计期间通常是一年。

2.2.1 格式

多数利润表的格式都与表2-1相类似。我们来分别查看每一项。

销售收入

销售收入也称为营业收入，表示从公司在经营中出售任何产品所取得的全部收入。也就是说，销售额是来自正常经营活动的收入。

这是重要的一点。如果公司收到的资金来自于其正常经营以外的活动，这笔资金就应当记录为营业外收入,而不是销售收入。比如说,一个零售企业出售商店而使经营转向另一个行业。这个不动产的销售就不应当包含在销售这一项。

表 2-1　传统的利润表格式　(单位:美元)

销售收入(营业收入)	1 000
销售成本	600
毛利润	400
费用	230
息税前盈余	170
利息费用	20
税前利润	150
所得税	50
净利润	100

成本与费用

从销售收入中减去商品销售成本和费用可以得到息税前盈余。虽然成本和费用均表示为经营所花费的资金,但是两者之间存在着重要的区别。

产品销售成本。产品销售成本(通常称之为成本)是与所销售产品或服务的生产密切相关的花费。例如,在零售企业中,产品销售成本通常只是全部产品成本加上进货运费。但是,在制造企业,产品销售成本要复杂得多。它包括与生产直接相关的劳动力和原材料,还包括支持生产的间接消耗。间接消耗被称为制造费用,并且金额可能巨大。它包括诸如工厂管理、厂房以及机器折旧之类的成本。

在服务业企业中,产品销售成本包括提供服务人员的工资,所用工具、设备的折旧,为提供服务而发生的差旅费以及房屋服务运营设施的成本。

费用。费用是一些尽管必须但却并不和生产密切相关的各种花费。这包括市场营销、会计、人事、研究和工程这些职能。花费在这些领域的钱似乎与时间更相关,而不是产量。

折旧。尽管在大多数利润表中折旧都不是单独的一行,但它却是一个重要的项目。我们将在后面更加具体地学习这个观点。至于现在,注意成本和费用通常都包含一些折旧是很重要的。

毛利润

毛利润有时也被称为边际毛利润,就是销售收入减去销售成本。它是利润的计量基础,反映在考虑销售、运输和结算等成本之前,所发生的产品制造和提供服务的成本。

息税前的利息和盈余

大多数但不是所有的利润表都单独显示利息费用,并且给出一个扣除已支付利息之前的盈余数据。

利息

杠杠用于债务融资。

如果公司借了钱,它就必须为这些借款支付利息。各个公司支付的利息金额存在很大差异,认识这个问题是很重要的。如果一笔业务全部由所有者提供资金,那么就完全没有利息。如果有部分资金是借来的,那么公司就会承担债务以及相关的利息。公司通过债务融资被称为杠杆融资。

息税前盈余(EBIT)

息税前盈余是利润表中重要的一项，因为它显示了公司在考虑其融资状况之前的经营利润。这一项也称为营业利润。

> 经营利润(EBIT)是企业扣除融资成本之前的利润。

为了理解息税前盈余这一概念，假定我们要比较两家公司的业绩，它们除了融资状况不同，其余都一样。假设一家公司全部是股权融资，而另一家公司有大量负债。

如果基于净利润来判断这两个公司，我们将无法获知公司经营相对优势的真实情况，因为第二家会由于为借款支付利息而减少利润。但是，借款金额与产品销售情况、生产成本或者经营管理情况并不相关。

由于支付给债权人的利息显示在利润表，而支付给股东的股利却不会显示，问题也就随之而来。因此，一家负债融资的企业与其他情况相同但却是股权融资的企业相比，在净利润那一项上总要看上去实力更弱一些。

为了弄清这个问题，我们设立了息税前盈余这一项，它表示被融资方式弄得模糊不清之前企业经营获得的利润。

税前盈余和税金

毛利润减去包括利息的所有费用，得到税前盈余。这个概念很简单，也就是在“山姆大叔”和州政府拿走他们的份额之前，企业获得的经营成果。

税金

利润表中的税金项是指基于税前盈余的所得税。尽管公司也支付其他税金，但是那些税金显示为成本或者费用项目归集在利润表中。

然而，按照法定税率与税前盈余计算的税额和利润表上的所得税项目金额并不一定相等。利润表的所得税数据背后有很多的贷项和调整项目。

税金也并不一定反映实际的应缴税金，因为有些项目出于税收和财务报告目的，二者的处理不同。当应缴税金和报表显示的税金不同，多数差异通常是由于资产负债表中的递延所得税账户。现在的税金可以被递延到以后支付或者过去递延的税金应当在现在支付。有些复杂的会计核算经常会有所涉及。

在这本书中，我们无须担心这些复杂的问题。通常，我们只计算企业基于当期税前盈余的税金。

净收益

从税前盈余中减去税金就得到了净利润，并且也是众所周知的“底线”。正如前面所述，它并不与公司口袋里的现金相等。在某些情形下，它也许接近于现金流量，但是在其他情形下，他们完全不同。它需要现金流量表来计算出公司在短期内真正创造了多少利润。

> 留存收益是指没有以股利形式支付出去的剩余收益。

净收益，也称为盈余，属于公司的所有者。它要么以股利的形式支付出去，要么留在企业里。留存收益称为资产负债表中所有者权益的增加额。

专业术语

公司与公司之间的利润表中的专业术语是不尽相同的。一般来说，“收益”、“利润”、“盈余”都是同义词，因此，在利润表各个不同的行中你可能看到它们中的任何一个而不是我们在此使用的表达。“税前利润”和“税后利润”缩写为 PBT 和 PAT，就如同“税前盈余”和“税后盈余”缩写为 EBT 和 EAT 一样常见。

2.3 资产负债表

负债是一个企业必须要偿还的数字。

资产负债表列出一家公司在同一个时间点上所拥有的所有资产和所有债务。换句话说，它显示企业所有资金的来源和用途。基本的原则就是所有取得的资金和使用的资金必须相等。

公司的资金来源于债权人和所有者。债权人用种种的形式贷款，因此产生了支付的债务。所有者对公司进行投资或者让过去的盈余留存在公司而不提取出来。从松散的意义上说，公司欠其所有者的股权投资。

公司使用它的资金获取资产，包括有形资产和无形资产。

2.3.1 格式

资产负债表有两方。一方列示公司的所有资产；另一方列示公司的所有负债和所有者权益。

资产负债表可以被看成是一个等式：

$$资产 = 负债 + 所有者权益$$

我们拥有资产的一方表示公司如何使用其资金，而我们拥有负债和所有者权益的另一方，则表示资金的来源。如果一切都被正确核算，两方应该相等或者平衡——资产负债表故此得名。有时候，资产负债表被称为财务状况表。

流动性是指资产变现的便利程度。

典型的资产负债表看上去就像表 2-2 所示。注意，总资产等于总负债加上所有者权益。

虽然这个描述有点简化，但是它可以解释资产负债表的重要特征。我们将从资产一方开始，向整张报表推进。

资产和负债都按照流动性递减的顺序排列。在这里，流动性是指资产能够变现或者负债用现金偿付的可能性。在资产一方，流动性最强的资产就是现金本身。应收账款次之，因为人们预期在企业正常的经营过程中，应收款项将会在几天内收到现金。存货再次，因为它一般在短期内被售出而产生现金或者应收款项。固定资产在列表中是流动性较弱的，因为它们一般必须要卖给二手设备市场来变现。负债方与此类似。

表 2-2 传统的资产负债表格式 （单位：美元）

资产		负债	
现金	1 000	应付账款	1 500
应收账款	3 000	应计款项	500
存货	2 000	流动负债	2 000
流动资产	6 000		
固定资产		长期债务	5 000
原值	4 000	所有者权益	2 000
累计折旧	(1 000)	总资本	7 000
净值	3 000		
总资产	9 000	总负债和所有者权益	9 000

2.3.2 资产

接下来，我们将要学习每一项资产，并且给出其财务/会计处理的重要内容。

现金

现金被定义为银行支票账户中的资金和手中的现金。手中的现金数量通常较少。公司在银行账户中保持着现金余额，以支付账款并且预防不可预见的紧急情况。

大一些的公司通常会持有准现金项目，也即有价证券以及现金本身。有价证券是一些短期投资，通常只支付极少的回报但非常安全。一旦需要现金，它们几乎可以立即被卖出去。因此，有价证券满足了对于现金的预防需求，同时可以赚取一点利息。

> 有价证券是一种流动性投资，作为现金的替代品。

应收账款

应收账款表示有尚未收回款项的赊销。在通常情况下，这些应收账款应当在几周内用现金支付。

大多数公司以大约 30 天的信用期销售产品。顾客经常通过推迟付款时间来放宽条件。这就是说，对于一个公司而言，45 天赊销的应收账款是常有的事。这就是一年收入的 12.3%(45/365=)。

坏账准备。应收款项通常按照减去一个被称为呆账准备或者坏账准备的备抵账户后的净额列报。顾名思义，这个备抵考虑到了多数公司可能会有一些被赖账的赊销这样的事实。这些坏账通常只占总销售收入的一小部分。

坏账准备的记录是每个月按照销售额的一个很小比例计算的数额加在这个账户的余额上。这个数额是对永远无法收回的赊销做出的估计，虽然并没有人知道哪些销售将来会是坏账。一般来说，这个被加上的数额是基于经验判断的。记录这个准备的分录另一方是费用项目，也就是说，是利润的抵减。

核销应收账款。当知道应收账款无法收回(也许是因为客户破产)的时候，它就应当被核销。核销坏账是指按照未收回金额去减少应收账款账户余额。分录的另一方通常减少每个月按常规计提的坏账准备。因此，核销一笔应收账款并不总是影响应收账款净额。

然而，如果减少的应收账款数额非常巨大，核销分录的另一方就必须直接计入费用账户。这通常表示利润的意外减少。

高估应收账款。由不可收回应收账款所造成的利润减少并不是一件愉快的事，因此，管理层有时候会推迟转销应当确认的坏账。这就导致了应收账款余额包含了不可能收回的那部分数额。这个账户就被认为是高估了。我们通过例 2-1 来阐述这个问题。

概念链接　例 2-1

核销一笔大额的无法收回应收账款

Goodguy 公司有如下几笔应收账款(单位：千美元)：

应收账款总额	5 650
坏账准备	(290)
应收账款净额	5 360

注意坏账准备大约为应收账款总额的5%，相当于销售3%的正常损失加上一点不可预期事情的安全边际。

去年，一位客户订购了价值435 000美元的产品，但仅被允许赊购最多100 000美元。Goodguy公司的董事长不顾首席财务官的反对，接受了这个订单。客户还没有支付一分钱便倒闭了。Goodguy公司的产品无法得到补偿。核销坏账在财务报表中意味着什么呢？假定Goodguy公司所销售产品的直接成本占销售收入的60%。

解答：Goodguy公司应收账款总额必须减少435 000美元。由于是复式记账法，要实现那笔减少，我们必须按相同的金额做一笔相反方向的分录。如果Goodguy公司开始用全部的坏账准备来核销损失，那么，资产负债表中的余额将会是(单位：千元)：

应收账款总额	5 215
坏账准备	0
应收账款净额	5 212

还剩下145 000(435 000－290 000＝)美元要计入坏账的费用账户，这减少了利润表中的税前盈余(税前利润)。

但是，注意现在公司没有坏账准备来备抵正常的坏账损失了。重新建立一个5%的坏账准备会在未来数月额外增加共计260 750美元(5 215 000×5%＝)的坏账费用。因此，对当期利润表总的影响是税前利润减少405 750美元(145 000＋260 750＝)。

分析：如果Goodguy的产品销售成本是收入的60%，那么去年的销售本可以创造174 000美元(435 000×40%＝)的税前利润。但是今年计入坏账费用的405 750美元并没有伴随着成本的减少，所以，它会降低税前盈余。换句话说，接受这个冒险订单的决策，就是以今年损失405 750美元税前利润换来去年174 000美元报表税前利润。

现在假设：

1. 管理层根据当期的获利能力晋级。

2. 考虑中的客户经营还不是太糟糕。

3. 但是客户被认为非常有可能不付款。

在这些情况下，尽管应收账款应该被核销，但是我们很容易看到管理层可能会有推迟核销从而维护其业绩考评的动机。这导致了应收账款余额的高估。

核销大量较小金额且推迟许久的坏账和核销单笔大额的坏账结果一样。

存货

存货是企业正常经营过程中的待售产品。在制造企业，存货有三种形式：原材料、在产品(缩写为WIP)和产成品。零售企业只有产成品形式的存货。

在产品。原材料和产成品的特性可以顾名思义，但是在产品需要一些解释。随着原材料在生产过程中被加工，人工也在生产过程中被消耗。我们把人工记入到存货中去。例如，在某一生产步骤中，一块成本为10美元的木头被一个工人加工了一个小时，而人工费为每小时20美元。当这块木头完成这一生产步骤后，我们就认为这块木头价值30美元。因此，在逐渐完工的过程中，在产品包括原材料的成本和不断增加的人工成本。

除了人工，大多数会计系统会把工厂的管理费用(建筑物、设备、热力、电费、监控等等)加入到存货的价值中去。

存货减值准备。资产负债表中的存货被假定为可使用的，但经常并非如此。许多事情都可能会使存货的价值小于公司购买它的成本。存货可能受损、变质、被盗(也即贬值)以及陈旧过时。

尽管公司定期盘存来查找存货的贬值，但是其他存货的受损通常要到被使用或是销售时才会被发现。

一般而言，考虑到有正常数量的问题材料，资产负债表上的存货表示抵减存货减值准备后的净额。存货减值准备在概念上类似于和应收账款相关的坏账准备。每个月存货减值准备同样要加上一笔，分录的另一方为费用。

转销损毁存货。如果人们发现存货丢失、损坏或者过时，资产负债表上的存货账户必须减少来反映损失。记录减少存货余额分录的另一方通常会减少存货减值准备，所以存货净额不受影响。然而，如果损失很大，减值就必须直接记入一个费用账户，导致利润减少。

高估存货。管理层通常试图避免减少已记的利润额。因此，他们愿意接受使得存货保持原值的任何理由。这会导致存货余额的高估。这非常类似于应收账款例 2-1 中所阐述的情况。

高估

应收账款和存货的高估，对于反映公司价值的财务报表的使用者而言影响重大。资产越被高估，公司价值就越低于它对外披露的价值。高估还意味着公司没有被有效管理。这些可能的情况对于公司证券的估价都具有极其重大的意义。

流动资产

资产负债表中的前三项资产被称为流动资产。"流动"这一术语意思是在正常经营过程中，这些项目预计能够在一年以内变现。虽然更复杂一些的经营业务中还有其他的流动项目，但是它们与这三项流动资产相比，重要程度更小。

> 流动资产是指能够在一年内变现的资产

流动性概念在财务分析中很重要，因为它与公司偿还短期债务的能力有关。企业从正常运营中收到的所有资金均通过流动资产账户流入企业。换句话说，今天未被流动资产占用的资金可能需要较长时间流入企业，但是现在被流动资产占用的资金则预计可以很快变现。

固定资产

长期项目列示在资产负债表的流动资产之下。虽然有许多项目可能都属于这一类，但主要的项目通常是固定资产，也称为厂场资产。

"固定"一词有一点让人捉摸不透。它并非指固定在某个地方，因为卡车或者火车车厢都可以是固定资产。"固定"就是指寿命期长。固定资产的使用寿命至少为一年。理解固定资产会计的基本原理和相关的折旧概念是很重要的。

折旧。折旧是在不考虑固定资产的取得方式或支付方式的条件下，将其成本分配到估计的寿命期内的一种人为的会计方法。如果成本在资产的寿命期内平均分配，那么这种折旧方法就是直线法。折旧的思想是将各个时期流入到收益表中的资产成本与其提供的服务进行配比。这种配比原则是一个重要的会计概念。

> 依据配比原则，应当根据资产的使用寿命确认其摊销成本。

在有些情形下，有一种观点认为一项资产在寿命期的最初几年比后几年流出的成本更快。在最初几年可以计提更多的折旧来反映这一观点。当折旧计提表按照这种方式安排时，就称为加速折旧。

财务报表的列示。收益表上列示的折旧反映资产的成本。相同的折旧额也在资产负债表上列示，累计折旧有助于计算资产的折余价值。

> 加速折旧意味着更多的资产成本在使用寿命的早期被摊销。

回顾一下每笔会计分录都有两方。将折旧费用记入收益表的分录也将相同的金额记入资产负债表的累计折旧账户上。由于累计折旧是资产价值的抵减，所以，在任何时候，资产净值就是原值与累计折旧之间的差额。下面举例说明。

假设某企业花 10 000 美元购买了一辆卡车，并决定在其四年的寿命期内每年计提折旧 2 500 美元。在这段时期内，收益表将在每年有一个 2 500 美元的费用项目。还是在同一时期内，每年的资产负债表将列示三个与该资产有关的数字：总值、累计折旧和净值。

理解这些数据在折旧期间的反映方式是很重要的。每年年末有关账户的数字如表 2-3 所示。由于例子使用的是直线法，所以，注意每年的折旧费用是相同的。如果使用加速折旧法，则前几年比后几年的折旧金额要多。然而，折旧费用总额依然与资产的成本 10 000 美元相等[①]。这是一个重要的观点。总折旧额是不能超过资产成本的。

表 2-3　固定资产折旧　　　　（单位：美元）

年份	收益表		资产负债表	
1	折旧费用	2 500	总价值 累计折 旧净值	10 000 (2 500) 7 500
2	折旧费用	2 500	总价值 累计折 旧净值	10 000 (5 000) 5 000
3	折旧费用	2 500	总价值 累计折 旧净值	10 000 (7 500) 2 500
4	折旧费用	2 500	总价值 累计折旧 净值	10 000 (10 000) 0

此外，我们还要注意，虽然累计折旧每年按一定的折旧额增加，但资产的总价值保持不变。任何一个时点上的资产真实价值都近似于净值，即该资产的账面价值或账面净值，缩写为 NBV。

已使用资产的处置。账面净值并非市场价值。资产可以随时在旧设备市场上按高于或低于账面净值的价格出售。如果发生这种情况，我们就应当了解其会计处理方法。

概念链接　例 2-2

销售固定资产

假定表 2-3 中的卡车在 3 年后以 4 000 美元的价格按现销方式卖出(单位：美元)：

a. 公司将在这笔交易中确认多少收入和利润?

b. 如果公司的税率为 30%，那么将会产生多少现金流量?

---

① 我们此处假设资产寿命期末残值为零。如果期末残值大于零，我们会按照原值与残值之差来计提折旧。其他计算过程一样。

解答：很简单，销售收入就是收到的4 000美元。成本则要多考虑一下。卡车最初购买价格为10 000美元，但是其中的3/4通过表2-3中折旧分录的左边已经被确认为收益表中的成本/费用了。由于3年后累计折旧共计为7 500美元，因此，卡车原始成本只剩下2 500美元留待折旧。这一数额可以轻易地从资产负债表中卡车第3年的账面净值获得，因此我们得出如下结论：

a. 利润：(单位：美元)

收入	4 000
成本(NBV)	2 500
税前盈余的利润贡献	1 500

要注意理解这1 500美元利润并非代表现金流量，因为它由账面净值的金额计算而来，而账面净值并不反映现金的流动。2 500美元的账面净值是3年前付现购买的卡车10 000美元成本的一部分，从购买时起，它就留在资产负债表上等待折旧，并且现在因为资产被出售而计入成本。我们将分设会计利润和现金流量两栏来继续讨论这个案例。

b. 现金流量：(单位：美元)

	会计利润	现金流量
收入	4 000	4 000
成本(NBV)	2 500	
税前盈余的利润贡献	1 500	
所得税(30%)	450	450
净利润的贡献	1 050	
现金流量		3 550

首先，来看会计利润这一栏。1 500美元对税前盈余的利润贡献是应纳税的，因此我们减掉所得税这一行的数字后得到对净利润的贡献1 050美元。

现在，再来看在会计利润一栏上只有两个数字代表当前的现金流量，它们是收入和所得税。而其他数字则来源于将资产成本在整个使用期内摊销的会计思想。

现金流量一栏则仅仅反映现销收入减去支付的所得税后余额共计3 550美元。要记住在计算销售已使用资产的现金流量时，它经常必然会产生会计利润并导致所得税的计算，而所得税是一个现金流量项目。

要注意例2-2中收入和会计利润并不属于营业收入和利润的一部分，因为销售已使用的卡车并非公司的经营业务。它们应当被记为营业外收入和利润。

估计寿命期。我们在一项资产估计的寿命期内计提折旧。但是，固定资产超过其估计的寿命期仍继续使用是很司空见惯的事情。超过估计的寿命期仍然使用的资产已提足折旧。这样的资产在账面上的总值，已完全被累计折旧所抵销。如果提足折旧后销售，资产就是零成本。

纳税折旧和税金账簿。政府通过税收制度为企业提供了许多激励措施。其中最主要的一种就是折旧，折旧是一项抵税费用。

可抵扣程度是指在某一年度折旧额越高会使得该年度税金越低，因为应税利润更低。这意味着加速折旧会减少资产使用寿命早期的税金，但当资产寿命的后期折旧额减少和税金增加时，早期节约的税金又转回去了，使用加速折旧法的最终作用是推迟纳税。

遗憾的是，加速折旧法导致早期利润较低并不是管理层想要看到的事情。它使得公司短期内看上去不如使用直线法时那样的成功。

为了解决这一矛盾，政府允许企业为满足纳税和财务报告的目的而使用不同的折旧方法。"税金账簿"一词用来表示财务记录和运用税收规则产生的报表，而且"财务账簿"一词，或仅仅"账簿"一词，用来表示我们在这里所说的常规报表。两种方法产生的差异在财务账簿产生一个账户，称为递延税款。

折旧是非现金费用。折旧是财务上虚构的一个概念：尽管折旧被作为成本或费用，但它并不代表一笔现金流。它与资产如何购置或支付并无关系。

总资产

迄今为止，我们已经探讨了绝大多数公司资产负债表左边的多数项目。这些项目的总和就是总资产。

2.3.3 负债

负债就是公司所欠的外部债务。

> 供应商通过赊销来扩大商业信用。

应付账款

当企业从供应商那里进行赊购（称为商业信用）的时候，应付账款便会产生。应付账款和应收账款是同一事物的两个对立面。当进行赊销时，销售方记录一笔应收款而购买方则记录一笔应付款。在大多数公司，应付账款产生于存货的购买。

> 销售条款特指商业信用销售时的支付条件。

销售条款。赊销所允许的付款时限会在销售条款上详细列明。常见的条款包括在30天内付款以及立即付款的折扣。"2/10，n/30"的条款，表示如果在10天内收到支付款项便可以享受2%的折扣，或者如果30天内付款无折扣。一般而言，享受商业信用是无代价的，因为如果在允许的时间内支付全款，是没有利息产生的。

如果款项在销售条款明确的时限内没有被支付，供应商们便会忐忑不安。应付账款的推迟支付被称为付款展期或者贸易依赖。如果顾客滥用供应商的条款，信用特权就可能被取消，并且销售方将随后会要求在发货前提前付现。

> 展期是指延迟支付

低估应付账款

我们在讨论应收账款和存货时，通常关心高估的情况，即资产负债表上反映公司并不拥有的资产。在负债一方，我们关心低估的情况，即公司承担的债务并未反映在资产负债表上。比如，有可能出现这种情况：买方收到且使用了来自供应商的货物，而仅仅没有在财务上确认这笔交易。最终，供应商会要求付款，这个问题便出现了，但这会花费相当长的一段时间。

> 应计项目代表没有完成的交易。

应计项目

应计项目对于非金融领域的商业人士而言，这并不易懂。这种方法是一种用来确认未完全完成的交易所产生的费用和债务。

应计工资。通过一个关于工资的例子，我们能够很好地理解应计制。假设某个公司每周五的下午向其雇员支付周薪。此外，假设某个月的最后一天恰好是周三，这一天正好是财务的结账日。图 2-1 以图表的形式表示上述的具体情况。

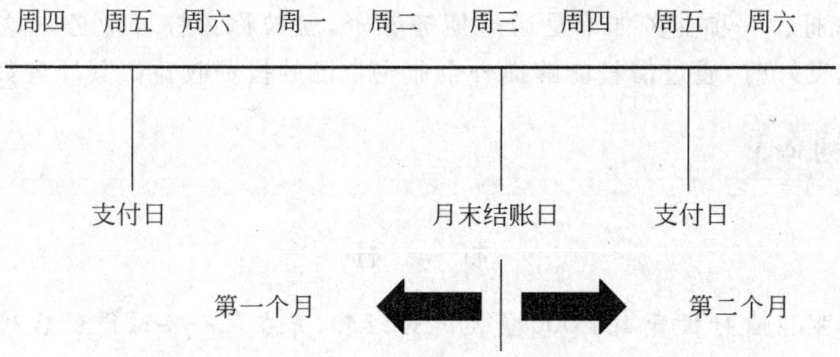

图 2-1 应付工资

周三结账日，财务报表应该包含两个没有通过账目交易反映的事项。这种情况是由于雇员第一个月里有三天(周一、周二、周三)的工资没有支付，这三天的工资会直到周五才支付，但是这已经是第二个月了。

第一个事项是在结账日，公司欠员工三天的工资，这些债务必须在资产负债表上反映。第二个事项是员工提供的劳务一直持续到第一个月末的结账日，故必须在资产负债表上记录相应的成本和费用。

如果我们简单地在周五支付日确认工资费用，剩余三天的劳务将会被计入下个月，而相关的债务在第一个月底不会得到确认。

解决的办法是在月底通过应计科目记录三天的工资总额。在结账日，资产负债表上应计工资账户的一边将增加，工资费用账户的另一边也增加。重要的是要认识到工资债务将在第一个月末(周三)之后的两天，即下一个支付日支付。

其他的应计项目。还有很多应计事项。例如，假设某公司在 6 月的政府财政年度期末，被催缴拖欠的财产税款。如果公司的结账日是十二月，即使还未到(第二年)6 月，政府的税单尚未收到，公司就欠当地政府六个月的财产税了。财产税的应计科目应当同时记录这笔负债和相关的费用。

流动负债

> 流动负债是指一年内需要付现的债务。

流动负债是指需要在一年以内支付的债务项目，因此，应付科目和应计科目都属于流动负债。其他的流动负债项目包括应付票据、短期借款以及一年以内到期的长期借款。

营运资本

> 营运资本是指日常业务需要的资金。

流动资产被定义为总营运资本，而流动资产和流动负债之间的差额则被称为净营运资本。

从概念上来讲，净营运资本代表了一家公司维持日常经营所需的资金。其公式是：

$$净营运资本 = 流动资产 - 流动负债$$

实际上，人们经常省略掉“净”字。营运资本是我们将要在第 16 章要讨论的一个重要内容。

长期负债

债务融资一般被称为杠杠。

最典型的非流动负债就是长期负债。通常我们将长期债务称为债务，特别是企业没有多少短期债务的时候。长期债务主要是由债券债务和长期借款组成。

杠杆。一项业务如果是通过债务融资，就被称为杠杆业务。这个词的含义是，当企业经营状况良好时，通过借贷能够提升企业主自己的投资收益。其原理如下列所示：

概念链接　例 2-3

杠　杆

索尼娅·哈罗伦自行投资 100 000 美元开始经营，并在第一年赚得税后利润 15 000 美元。所以，她获得的投资收益率为 15%(15 000/100 000)。如果她的初始投资中有一半，即 50 000 美元是向他人借贷获得，并且税后利率为 10%，那么情况将如何呢？

解答：索尼娅将支付 5 000 美元的利息，她的收益将减少至 10 000 美元，但是她自己的投资资金也减少了一半，因此，她的投资收益率将达到 20%(10 000/50 000)。借贷以杠杆的形式将她的收益从 15%提升到 20%。具体计算如下表（单位：美元）：

	全权益融资	杠杆融资
收益	15 000	15 000
税后利息	—	(5 000)
税后收益	15 000	10 000
债务	—	5 000
权益	10 000	5 000
全部资本	10 000	10 000
投资收益率	15%	20%

一般而言，如果总的投资收益率超过借款利率，企业运用借入资金就能为企业所有者带来更高的回报。否则，情况将会恰恰相反，当所有者通过债务融资时，投资收益会变得更低。我们将在第 14 章深入讨论这个问题。

固定财务费用。与债务相关的最重要的概念就是利息。必须记住利息是固定的。这意味着，无论经营情况如何，利息都必须按期支付。你不可能和银行说“本月销售下降了很多，所以本月我可以不用支付利息吗?”。当公司经营困难的时候，利息支付确实是个问题。很多企业都是因为利息的固定支付而最终破产。

2.3.4　所有者权益

股权融资是由企业所有者投入的资金。

所有者权益是指所有者投入到企业的资金。这些资金有两种形式：直接投资和留存收益。直接投资是由于股份发行和所有者投入资金而产生的。留存收益是由于企业的利润没有向股东支付股利而是留存在企业中而形成的。

所有者直接投资的列示

如果组建一个股份公司，直接股权投资通过两个股权账户反映。一个账户是普通股账户，表示每股面值与股份发行数量的乘积。另一个账户通常被称为股本溢价，代表投资者为股票所支付的金额超过其面值的部分。这两个账户共同表示全部直接股权投资，也就是股票的销售金额。

重要的是要理解面值是一个任意的数，而且是一个没有很大意义的数字。如果不组建股份有限公司，因为没有股票发行，那么就没有必要设立这两个独立的账户。

留存收益

一个公司的利润属于所有者，他可以将利润分配给自己，也可以将之留存在企业。盈利的对外支付被称为股利分配；而那些留存在企业的就是留存收益。如果是股份公司，资产负债表上就必须在股票账户上将留存收益和直接投资区分开。如果是非股份公司，则无所谓是否区分。

> 留存收益是指没有分配给股东的剩余收益。

留存或者“再投资”于企业的资金和所有者直接投入于企业的资金，对于企业的贡献是一样的。这是因为所有者完全可以按照他们自己的意志把这些利润提走或者用于其他方面。

对于留存收益有一种错误的理解。这可能是因为其字面意思，人们有时认为留存收益代表能够根据需要而从企业提走的现金储备。事实并非如此，就像其他投入的资金一样，留存收益一旦形成就立即形成了资产。

留存收益账户显示了公司曾经留存的全部利润，同样，普通股账户显示了所有者曾经直接投入企业的全部资金。这两个账户无论何时都不能提取现金，因为它们都被花费在构建企业的资产上了。

举例：所有者权益账户

我们通过简单的举例以总结所有者权益账户的含义。假设某公司以每股 8 美元售价销售了每股面值 2 美元的股票 20 000 股，接下来经营盈利 70 000 美元，并将 15 000 美元向股东分配股利。所有者权益账户的计算如下(单位：美元)：

普通股(2×20 000)	40 000
股本溢价(6×20 000)	120 000
留存收益(70 000－15 000)	55 000
所有者权益合计	215 000

净收益与留存收益之间的联系

理解财务报表上的净收益与留存收益之间相互影响是十分重要的。

净收益(税后利润)如果不分配给所有者，将会变成留存收益的一部分，因此，也就成为会计期末权益的一部分。这就是指，如果在某一个会计期间，既没有所有者新投入的股权投资，又没有向所有者进行任何股利支付，则有如下关系：

期初所有者权益＋净收益＝期末所有者权益

如果以股利的形式向股东支付，则有如下关系：

期初所有者权益＋净收益－股利＝期末所有者权益

如果新增权益是通过销售新增股份，则有如下关系：

期初所有者权益＋净收益－股利＋新增股份＝期末所有者权益

资产负债表的期初数，包括所有者权益，都是资产负债表在上一会计期间的期末数。例如，2012 年资产负债表的期初数就是 2011 年的期末数，因此，2012 年的期初所有者权益就是

2011 年的期末所有者权益。

优先股是一种具有债务特征的权益性证券。

优先股

优先股是某些公司发行的一种证券，它的作用介于债务和普通股之间。它被认为是一种混合型的证券，因为它有许多传统证券的一些特征。但是，从法律上看，优先股被划分为所有者权益，并且被包含在资产负债表的所有者权益部分，位于普通股账户之上。全部所有者权益应当是普通股和优先股之和。（我们将在第 8 章学习普通股）

总资本

长期负债和权益之和就是总资本。这些资金一般用来支付长期资产。

负债和所有者权益总额

资产负债表的右边总额表示企业的资金来源，以及企业对外部投入资金和所有者投入资金的义务。负债和所有者权益总额必须总是与资产总额相等。

2.4 纳税环境

从财务上来讲，我们主要关注企业所得税和个人所得税。然而，我们首先要从总体上学习一点税务的背景知识。

2.4.1 征税机构和税基

税基是指课税对象，常常用于所得税、财产税、消费税。

税金是由不同的政府机构征收的。在美国，我们一般分析三个层次的税金征收：联邦、州和地方（市和县）。

每种税都有它的税基，即课税对象。最常见的三种税基式：所得、财产和消费。

所得税

所得税的含义非常直观。纳税人在某个确定的时间段，通常是一年，将他收入的一部分以税收的形式交给税务机关。最重要的所得税是联邦所得税，因为它占据我们收入份额最大。依据个人的应收所得，联邦所得税可以达到累进 35%的税率。[①] 大多数州，不是所有的，也有州所得税，但税率很低，一般都在 5%～10%之间。一些大城市也有自己的所得税，一般税率在 1%左右，纽约就是一个明显的例子。

个人和公司都必须缴纳企业所得税，但是遵循不同的纳税规则，我们对此将做简要介绍。

财产税

财产税是基于特定资产价值而征收的。最常见的财产税是市或县政府根据不动产的价值征收的。从不动产中收取的财产税一般被用于当地教育系统的运营和城市公共服务，诸如消防和警察等。财产税也被称为从价税。

消费税

消费税是以我们所使用的特定商品的数量为税基的。最常见的消费税是包含在商品售价中由最终消费者支付的销售税。对于消费税而言，最为重要的是要理解它是对消费和使用的商品课征的，只由最终消费者承担。所以，如果采购商品的目的是再销售，则不用负担销

① 立法通过在 2001—2003 年，最高税率从 39.6%降至 35%，但是以后也有可能再提升。

售税。

所得税——综合有效税率

许多投资决策取决于投资者个人和企业投资收益所承担的税率。如果存在州所得税,那么它必须与联邦所得税一起考虑进来。综合有效税率是指纳税人所承担的联邦和州所得税税率的综合。它并不是二者简单的加计总和,因为在计算联邦所得税时,可以从应税收入中扣除掉州所得税。

例如,假设一个纳税人的应税收入为 100 美元,适用 30%的联邦所得税和 10%的州所得税税率。他的应纳税额计算如下(单位:美元):

州所得税的应税所得	100
州所得税(10%)	10
联邦所得税的应税所得	90
联邦所得税(30%)	27
税后净收益	63
综合所得税	37
综合所得税税率(37/100)	37%

而将两个税率相加为 40%。综上,我们可以通过如下公式计算综合有效税率(TETR):

$$\text{TETR} = T_f + T_S(1 - T_f) \tag{2-1}$$

T_f 表示联邦所得税税率,T_S 表示州所得税税率。

2.4.2 累进税制,边际税率和平均税率

美国联邦所得税制是累进税制。在累进税制下,纳税人适用的税率随着其收入的增加而增加。重要的是要认识到,这并不是说收入越高的纳税人,其所支付的税负越多。如果不论收入多少,每个人都按相同的税率纳税,那么才能说收入越高的纳税人,支付更多的税。

> 累进税制的特点是随着收入的升高税率逐步上升。

累进税制是这样的,当某人的收入低于 20 000 美元时,其按照 20%的税率纳税,但是,当某人的收入超过 20 000 美元时,他将就其超过 20 000 美元的部分按 30%的税率纳税。因为税率是随着收入超过 20 000 美元而递增的,所以,这种税制是累进的。

注意,纳税人的收入超过 20 000 美元时,并不是说就其全部收入按照较高的税率纳税,仅仅是对其收入超过 20 000 美元的部分。例如,纳税人的应税收入是 25 000 美元,其应纳税额计算如下:

20 000 美元适用 20% 的税率 = 4 000 美元

5 000 美元适用 30% 的税率 = 1 500 美元

应纳税额总额 = 5 500 美元

等级

累进税制下税率并不同收入一起平滑的递增。相反,在某个收入范围内,税率时保持不变的,然后突然跃升至下一个较高的收入水平。税率保持不变的某个收入的范围就是税率的等级。假设有如下三个税率等级(单位:美元):

> 税率等级是指在某一税率水平下所对应的收入范围。

等　级	税率
0～5 000	10％
5 000～15 000	15％
超过 15 000	25％

这种对税率结构的表示方式被称为税率表。

1986 年之前，个人所得税有 14 个税率等级，并且很久以前最高的税率达到 70％。2009 年，只保留有 6 个税率等级，并且最高税率是 35％。我们在讨论实际的税率结构之前，先通过简单例子说明税率的一些含义。

纳税人的税率等级通常是被其收入所适用的最高税率决定。如果在我们的例子中，某人的收入是 10 000 美元，他将适用 15％的税率等级。

边际税率和平均税率

对于每个纳税人而言，有两个税率的概念经常被用到。边际税率是指所挣到的下一个美元所对应的税率。平均税率是指纳税人支付的税额与其全部收入的比例。边际税率与投资决策相关。我们对其进行简要阐述。现在我们计算一些假设的税金和一些平均税率、边际税率以了解这个过程。

计算

运用上述假设中的三个税率等级，我们通过两个税率来计算 4 000 美元，11 000 美元和 25 000 美元收入的所得税。

当收入为 4 000 美元时，纳税人处于最低的税率等级，适用单一税率。其税额的计算非常简单。应纳税额是 4 000 美元的 10％(税率)，即 400 美元，边际税率和平均税率都是 10％。

当收入为 11 000 美元时，事情就会变得有趣了。其税额计算如下：

第一个 5 000 美元适用 10％ 的税率 ＝	500 美元
第二个 6 000 美元适用 15％ 的税率 ＝	900 美元
	1 400 美元

平均税率是全部应纳税额除以应税收入(单位：美元)

1 400/11 000 ＝ 12.7％

边际税率只有 15％，因为这是按照 11 000 美元加一个美元的收入来计算的。

注意边际税率基本上就是税率等级。只有当收入超过每一个税率等级的最高收入处，才会适用下一个税率等级。

当收入为 25 000 美元时，税额的计算如下：

第一个 5 000 美元适用 10％的税率 ＝	500 美元
第二个 10 000 美元适用 15％的税率 ＝	1 500 美元
最后一个 10 000 美元适用 25％的税率 ＝	2 500 美元
	4 500 美元

注意每一个税率都只是适用于税率等级内的收入水平。平均税率计算如下：(单位：美元)

4 500/25 000 ＝ 18.0％

边际税率是 25％，因为最后一美元收入落入这个税率等级。

关于累进税率我们还要提到一个要点是，高收入的纳税人在其所得额的最初部分享受较低的税率。注意25 000美元收入的纳税人对于其最初的5 000美元收入只按10%的税率纳税，即使后面的收入适用于高得多的税率。你可以认为这是为高收入者保留的利益。实际征收过程中，这些利益的一部分随着收入的提高而被夺走。

在前述的例子中，我们使用税率表和应税所得计算税金。应税所得不是纳税人的全部收入或者毛收入。它是按照税法的规则计算出来的。我们对这些规则做一个简短的介绍。

2.4.3 普通所得和资本利得与损失

税法规定了两种主要的收入类型：普通所得和资本利得。

普通所得通常是指普通的盈利行为的结果。例如工薪所得、非公司性企业的经营利润、从投资中获取的利息和股利所得。工作、股利、利息都只能为正值，但经营利润则可正可负。所以，普通所得可能为普通损失。

> 普通所得包括工资、利润、股利和利息

资本利得与损失是指当某人以某种价格购入某项资产，持有一段时间以后，按照不同的价格出售。如果其资产的售价高于其买价，这个差额就是资本利得。如卖价低于买价，就是资本损失。这一资产既包括金融资产也包括实物资产。

> 资本利得与损失是由于投资者卖出资产时的售价比其购入价格高或者低而形成的。

资本利得与损失和股利的税务处理

从历史上看，资本利得获得了税收的优惠待遇。也就是说，资本利得适用比普通所得更低的税率。这样处理的原因是利用税收系统作为刺激经济需求的工具。对于资产的投资刺激了经济发展，国会一般认为这是有利的。投资适用低税率所获取的税收利益使得项目投资越来越有吸引力，从而刺激更多的投资。

资本利得的征税制度是非常复杂的，特殊税收待遇的资格条件有很多法律规定和法律解释进行规范。而且，这些规则经常变化。最重要的特征是纳税人持有某项资产直至出售的时间长度。目前，如果持有期少于一年，任何从资产销售中获取的资本利得都被划为短期所得，不能合法地获得税收优惠。而持有期超过一年的资本利得则被认为是长期性所得，通常符合税收优惠的条件。

按照2009年税制的原则，长期资本利得所适用的税率是按照21世纪早期立法通过的特殊低税率15%。以前，最高的资本利得税率是20%。同样，法律规定股利所得适用15%的税率。这是一个很大的改变，因为股利所得传统上一直被认为是普通所得。上述两种税收处理变化之所以能够被通过，是迎合了刺激经济的要求。

但是，立法在通过这两种税务处理的同时，还需遵守“日落法案”，也就是指失效日。上述两种税率在2010年年底失效，而且都不能获得延长。因此，从2011年开始，最高的资本利得税率将有可能回到20%的水平，而股利所得又将被视为普通所得。

资本损失能够用来抵消资本利得。如果利得与损失相抵后是净损失，3 000美元以内的损失可以抵扣个人纳税人任意一年的普通所得。公司纳税人不能用资本损失对损益表的利得进行税前抵扣。这样一来，资本损失没有得到有利的税收待遇。

如果某年一个纳税人的资本损失扣除资本利得后的净额超过3 000美元，其超过部分能够结转到未来年度作为普通所得的抵扣额每年进行抵扣，直到3 000美元的额度扣完为止。公司的资本损失只能结转到未来年度抵扣资本利得。

课征方式的意义

作为一个重要的财务问题，理解资本利得的课征方式是很重要的。很多投资者购买股票是预期股价能够增长，而不是为了获得股利。从股价增长中所获取的盈利是资本利得。如果对此征收比别的利得明显低的税率，那么对于公众而言，购买股票就会变得很有吸引力。所以，对资本利得有利的课征方式，使得通过出售股票筹集资金更加容易。因此，这种筹资方式受到企业的热烈欢迎。

2.5 所得税的计算

个人和公司所支付的所得税的计算基本原则是相同的。在每种情况下，税额都是根据应税所得计算的，应税所得就全部毛收入减除掉确定的扣除项目之后的金额。税额的计算都是根据累进税率表。这就是两种所得税的全部共同之处。个人所得税和公司所得税因为税法所规定的应税所得不同，而有不同的税率表。我们将对两种税额的计算过程进行简要说明。

2.5.1 个人所得税

对于个人征收的税被称为个人所得税或者个人税。其纳税单位是家庭成员，通常是各种各样的家庭。单独个人申报、夫妻共同申报、夫妻单独申报，以及未婚的家庭主要成员有各自不同的税率表。最后还有一组税率主要适用于单亲父母。本书主要关注两种个人所得税税率表，即单独个人和夫妇共同申报。2009 年的税率如表 2-4 所示。

表 2-4　个人所得税税率表　　(单位：美元)

单独个人		夫妇共同申报	
应税所得	税率(10%)	应税所得	税率(10%)
0～8 350	10	0～16 700	10
8 350～33 950	15	16 700～67 900	15
33 950～82 250	25	67 900～137 050	25
82 250～171 550	28	137 050～208 850	28
171 550～372 950	33	208 850～372 950	33
超过 372 950	35	超过 372 950	35

个人所得税税率表每年都进行调整以应对通货膨胀的影响。主要是通过在每个税率等级的突破点乘以一个系数，以表现整体经济的一般物价水平。

我们用 2009 年的税率表来进行介绍，但是读者必须注意到以后年度的税率表总会有些不同。

应税所得

市政债券的利息收入免纳联邦所得税。

诸如工薪、利润、利息和股利等所得项目都是属于应税项目，但是也可能属于免税项目。最主要的免税项目是市政债券的利息所得。市政债券是由政府机构以低于联邦利率水平发行的债券。它包括州、郡和市政府债券。注意联邦债券的利息是不能免税的，而是应当照章纳税。免税所得也被称为税收豁免。

个人的应税所得是指纳税人除免税项目之外的全部应税收入之和，还要减去扣除项目之和和免征项目后的余额。

扣除项目[①]

扣除项目是指税法允许从税前扣除的个人支出。对于大多数人而言，最主要的扣除项目包括住房贷款的利息支出，向州和当地政府支付的税款（主要是所得税和不动产的财产税），以及向政府认可的慈善团体捐赠的款项。如果一个家庭没有上述支出，那么还有标准扣除项目可以税前减除。

应税所得是所有不能豁免项目的收入减去抵扣项目和免征项目后的余额。

免征项目

个人和受其赡养者的免征项目是指家庭成员中的个人收入达到应税标准后，允许从每个个人应税收入中扣除的一个固定金额。免征项目的金额每年都在变化以应对通货膨胀。2009 年，这一数字是 3 650 美元。注意不要混淆了个人的免征项目和免税所得，它们是不同的两个概念。

股利和资本利得的计算

尽管股利和资本利得都是应税所得的一部分，但是按照 2009 年的税法，它们的征税税率与其他所得不同，必须单独进行纳税处理。（这也是资本利得项目通常处理形式）下面我们将通过案例将之阐述清楚。

概念链接　例 2-4

计算个人所得税

2009 年，哈瑞斯一家的收入如下（单位：美元）：

工薪所得	乔	55 000
	苏	52 000
储蓄账户的利息收入		2 000
IBM 公司债券的利息收入		800
波士顿地方债券利息收入		1 200
通用电气的股息收入		600

在 2009 年度，哈瑞斯一家有如下支出。将 3 年前以 53 000 美元购入的投资性资产，以 50 000 美元出售。将 5 年前以 12 000 美元购入的美国电信电报公司（AT&T）的股票以 14 000 美元出售。为房屋抵押贷款支付了 12 000 美元的利息，还支付了 1 800 美元的不动产税。为州政府的所得税，支付了 3 500 美元。向教堂捐赠了 1 200 美元。还有两个小孩一起生活。每个人的免征额是 3 650 美元。那么，哈瑞斯一家的应税所得和税负是多少呢？此外，他们家的边际税率和平均税率是多少呢？

解答：首先，将波士顿债券的利息收入和股利收入剔除出来，因为波士顿（地方政府）债券是免税的，而股利收入在 2011 年以前是以不同税率征收的。哈瑞斯一家的普通所得加总。（单位：美元）

① 扣除项目和免征项目不适用于（受限使用于）高收入纳税人。

工薪所得	107 000
利息收入	2 800
	109 800

接下来，计算净资本利得和损失。

投资性资产的损失	(3 000)
股票出售利得	2 000
净资本损失	(1 000)

净资本的损失小于3 000美元，所以按照税法可以全额抵扣普通所得。如果哈瑞斯一家有资本利得，则需要单独计算。

普通所得(除股利外)	109 800
资本损失	(1 000)
所得总额	108 800

扣除项目如下：

抵押贷款的利息支出	12 000
支付州政府税	5 300
慈善性捐赠	1 200
扣除项目合计	18 500

因为全家共计4口人，则免增额如下：

$$3\ 650 \times 4 = 14\ 600$$

现在我们可以计算除股利收入以外的应税所得。

所得	108 800
减去：	
扣除项目	(18 500)
免征额	(14 600)
应税所得(除股利外)	75 700

哈瑞斯一家的税负应当根据其应税所得，适用已婚家庭且共同申报的税率表。因此，他们的适用税率等级是25%，所以我们可以计算如下：

10%税率对应的第一个收入等级

$$16\ 700 \times 10\% = 1\ 670$$

15%税率对应的第二个收入等级

$$(67\ 900 - 16\ 700) \times 15\% = 7\ 680$$

25%税率对应的第三个收入等级

$$(75\ 700 - 67\ 900) \times 25\% = \underline{1\ 950}$$

普通所得的应纳税额　　11 300

然后，股利所得按照15%的税率

$$600 \times 15\% = 90$$

哈瑞斯家一共应纳税额　11 390

哈瑞斯一家的平均税率是其总税负除以应税所得(包括股利收入),也就是:75 700+600=76 300美元,平均税率是11 390/ 76 300=14.9%。

他们的边际税率是其为增量收入所支付的税,也就是他们最终收入的税率等级,25%。注意:依据本例的增量收入的性质不同,边际税率总是有两个。一个是普通所得(工薪、利息)的边际税率25%;一个是资本利得(股利)的边际税率15%。

税率和投资决策

当投资者面对公司债券和市政债券时会产生选择问题。两者都有对应的征税税率。但是市政债券是可以免税的,而公司债券则不能。这意味着投资者在市政债券的投资上,可以获取全部利息收入,而公司债券的投资则必须将一部分利息收入以税收的形式交给政府。

如果市政债券和公司债券的利率相同而且风险相同,那么市政债券显然是好的交易。然而,因为税收上的优势,市政债券通常不会与公司债券、联邦债券支付相同的利息。

投资者必须对各种可比债券的利息进行权衡。因为市政债券的利息是税后利息,而公司债券的利息是税前的,所以必须将之在同一水平上进行重估。对于公司债券利息的重估是非常容易的。为此,我们将乘以1减投资者的边际税率。

概念链接　例2-5

应税收入与免税收入的比较

假设前例哈瑞斯家要在AT&T公司的债券(利率11%)和波士顿的市政债券(9%)之间进行选择,哪一个更好呢?

解答:AT&T公司的债券支付11%的利息,但是哈瑞斯家的收益率只有:

$$11\% \times (1-25\%) = 8.25\%$$

这就是他们的税后收益,低于波士顿市政债券9%的利率。所以市政债券是一个好的投资交易。

如果哈瑞斯家的边际税率只有15%,那么他们投资AT&T公司债券的税后收益是:

$$11\% \times (1-15\%) = 9.35\%$$

这时就比波士顿市政债券9%的收益率更有吸引力了。

注意:高税率等级的纳税人相比于低税率等级的投资者,更倾向于投资免税的债券。

2.5.2　公司所得税

公司所得税与个人所得税有着相似的计税原理。总所得是经营收入,而扣除项目则是用于经营的费用和支出。主要是损益表上的成本和费用项目。损益表上的税前盈余就是公司的应税所得。将这个数字填入纳税申报表就可以计算所得税。

本章前面的论述提醒我们,纳税的账目和会计账目之间总有些不同。实际上,应缴纳的税收是由税率表和纳税账目上列示的税前盈余(EBT)计算所得。当我们用税率表上的税率与会计账目中的税前盈余(EBT)相乘时,得出的是财报上的应纳税款(即所得税费用)。二者之间的差异通过递延税款账户在资产负债表上反映。这里,我们不必过多关注这种差异。但是我们要知道这种差异总是存在的。在例子中,我们都假定纳税账簿与会计账簿之间没有差异。

公司所得税率如表2-5所示。我们注意到比之个人所得税税率表,公司所得税税率表有所不同。公司所得税税率等级共有8级,个人所得税只有6级,而且它们的税率体系也不一样。公司所得税税率先是递增到39%,然后,下降到34%,再递增到38%,最后下降到35%。这种税率体系与我们所知道的累进税率体系不同,累进税率体系是随着所得的提高,边际税率也升高。

表2-5　公司所得税税率表　　(单位:美元)

所　得	税率(%)
0～50 000	15
50 000～75 000	25
75 000～100 000	34
100 000～335 000	39
335 000～10 000 000	34
10 000 000～15 000 000	35
15 000 000～18 333 333	38
超过18 333 333	35

这个税率系统的原理很简单,但是却通过这个特殊的税率表来体现。其主要有三个目标:

1. 累进税制,当所得低于1 000 000美元,适用34%的税率;当所得高于1 000万美元,适用35%的税率。

2. 当所得达到75 000美元时,适用较低的税率。

3. 较高所得的纳税人依据他们的全部所得按照指定的税率纳税。

前两个目标和传统的累进税率制相符,是第三个目标使得事情变得复杂。

回忆一下,在传统的累进税率制度下,为高收入的纳税人保留了的利益,因为无论收入的高低,在最低层的税率等级都适用同样的低税率。而公司所得税则将这个对富裕纳税人有利的利益夺走了,所以纳税人将就其全部收入按照一个不变的税率计税。

这要通过两步实现。首先,通过对10 000～335 000美元之间的所得加征5%的税收,夺走了15%和25%两个税率级次之间的利益,以弥补税率低于34%,所得在75 000美元以下的数额。这个增加的部分就是附加税。(自己证明一下,在100 000～335 000美元之间征收的附加税正好弥补了低于75 000美元那部分)。

接下来,达到10 000 000美元以上的所得按照34%纳税所形成的利益,通过对15 000 000～18 333 333美元之间征收3%的附加税而夺走。超过这一区间的所得,全部按照35%征税。

概念链接　例2-6

公司所得税

按照以下的税前盈余(EBT)计算公司的所得税(单位:美元):

1. 280 000

2. 500 000

3. 16 000 000

4. 23 000 000

解答：

1. 根据 280 000 的收入，运用所得税税率表：

50 000 × 15% = 7 500

25 000 × 25% = 6 250

25 000 × 34% = 8 500

180 000 × 39% = 70 200

92 450

2. 在 335 000～10 000 000 美元之间，总的税率是 34%，所以 500 000 美元的所得应纳税为：

500 000 × 34% = 170 000

3. 我们不需要计算所得税税率表上的最底行的等级，因为我们知道达到 10 000 000 美元时，税制将恢复税收利益，并用 34% 的统一税率。

10 000 000×34%=3 400 000

5 000 000×35%=1 750 000

1 000 000×38%= 380 000

5 530 000

4. 当所得超过 18 333 333 美元时，按照 35% 的统一税率计算。

23 000 000 × 35% = 8 050 000

税务和融资

相比于企业的股权融资，美国的税制更加鼓励债务融资。原因是债务的利息支付可以在税前予以扣除，而对股权投资者的股利支付则不能在税前扣除。

公司所得税制度有利于债务融资。

为了说明这一点，我们假设有两个完全一样的公司，它们只是有一点不同，

一家公司是完全以债务融资，而另一家则全部通过股权融资。如果它们各自支付利息和股利都是 20 美元，每家的 EBIT 也都是 120 美元，税率都是 30%。

要发现两家公司的盈利差异，我们必须考虑税后利润(EBT)和向投资者分配以后的留存收益数额。也就是说，我们必须从税后利润中扣除支付的股利，以得到留存收益的数额。比较的过程如下（单位：美元）：

	公司的融资方式	
	债务	股权
息税前利润	120	120
利息	20	—
税前利润	100	120
所得税(30%)	30	36
税后利润	70	84
股利	—	20
留存收益净额	70	64

可见，通过债务融资的公司会多获得6美元的留存盈余，大约多10%，这个差异的原因就是税收。债务融资的企业可以在计算税款之前扣除它向投资者支付的利息，而股权融资的企业则必须为无法抵税的股利部分而纳税。

支付给公司的股利

在第1章，我们谈到公司这种组织形式最大的劣势就是盈余的双重征税。公司盈余首先是要以利润的形式征收企业所得税，然后当公司向股东支付股利时，又要以个人收益的形式征收个人所得税。

但是，如果一个公司拥有另一个公司，并且最终由私人投资者拥有呢？在这种情况下，我们将会看到三重征税。为了说明之，看图2-2，在图中B公司由A公司拥有，A公司由私人投资者拥有。

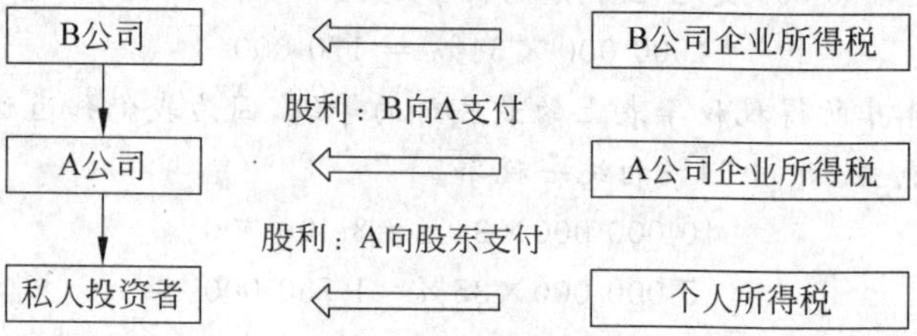

图2-2　多重征税

支付给其他公司的股利能够部分免税。

不难看到，B公司赚的每一元钱都会在以下三种情况下被征税：作为B公司获得的利润，作为付给A公司的股利以及作为付给A公司股东的股利。如果B公司拥有C公司，那么C公司的盈余将按照上述模式征税。

政府的征税意图只限于双重征税而不是三重或者更多。因此，政府会给予特别的减免，一家公司从其投资公司所获取的税后利润中向股东支付的股利将会被减免税收。

减免的比例依据A公司持有B公司的股份份额

持股比例	减免比例
<20%	70%
20%～80%	80%
≥80%	100%

在例子中，如果A公司拥有B公司30%的股份，B公司向A公司支付100美元的股利，那么A公司只需要就其中的20美元申报缴纳所得税，剩余的80美元不用纳税。

应税损失的递延和前推

假设在一家公司4年的经营过程中，3年有盈利1年有大额的亏损。如果我们单独考虑其每年的经营情况，其税前盈余、所得税、税后盈余都如图2-3所示（假定30%的税率）。

企业损失能够向前或者向后递延以抵减所得税。

粗略一看，这张表是合理的。公司有盈余的时候纳税，亏损的时候不纳税。但是，如果按照这样征税，企业的所有者将会向税务署声明他们将不再从事企业经营。

企业主将会指着合计栏声称，整个5年期间，政府试图从累计不过50美元的税前利润中征收90美元税。这不仅不公平而且也不可能。

认识到这个问题，税制允许企业将其亏损向前和向后推展3年。在这个例子中，第3年

	年份				
	1	2	3	4	合计
税前利润	100	100	(250)	100	50
所得税	30	30	—	30	90
税后利润	70	70	(250)	70	(40)
	(100)	(100)		(50)	
调整后					
税前利润	0	0	0	50	50
所得税	0	0	0	15	15
税后利润	0	0	0	35	35

图 2-3　应税损失的递延和前推(单位：美元)

100 美元的亏损将能够向前推至第 1、2 各年,全面抵消这两年的利润。亏损年度后,企业将提出第 1 年和第 2 年的修正后的税款申报书,并且收到退税。第 3 年剩余的 50 美元亏损将会向后递延至第 4 年以减小其税前收益。这个过程在图 2-3 中列示。

总体而言,亏损企业可以将损失前推两年或者最多向后递延 20 年。

概念链接

例 2-1　核销一笔大额的无法收回应收账款

例 2-2　销售固定资产

例 2-3　杠杆

例 2-4　计算个人所得税

例 2-5　应税收入与免税收入的比较

例 2-6　公司所得税

讨论

1. 财务工作不同于会计工作,但是为什么也需要会计准则和方法方面的知识?
2. 讨论一下会计系统和财务报表的目标。
3. 为什么 EBIT 是收益表上的重要项目,EBIT 告诉我们什么?
4. 财务报表上的流动性是指什么?
5. 什么是资产负债表数字造假,为什么会提出这样的问题?
6. 流动资产和流动负债的定义是否为分析公司的短期偿债能力提供了方法?
7. 资本和营运资本有什么区别?
8. 什么是财务杠杆?怎样工作?运用的时候要注意什么?
9. 定义税基并且对普通的税基进行讨论,政府的征税依据是什么,这些对应着什么税?
10. 什么是全部有效税率?
11. 什么是个人所得税的应税所得?和企业所得税的应税所得有什么区别?

12. 哪一个税制与投资决策相关？

13. 为什么资本利得的征税方式具有重要的财务意义？

14. 公司的税率表是累进的吗？为什么？

15. 债务融资与股权融资对比的含义是什么？如果债务融资更好，为什么不是所有人都是通过债务方式进行融资？

16. 为什么一个公司从其投资的公司中获取的股利中对其投资者进行股利分配，会获得免税呢？

17. 解释一下应税损失递延和前推的原因。

习题

无法收回的应收账款的核销：例 **2-1** 的概念链接

1. Canaday 公司有如下应收账款余额(单位：百万美元)：

应收账款总额	175
坏账准备	(3)
应收账款净额	172

两年前，一个客户在信用与收款部门的反对中获批了 700 万美元的不寻常赊销额。售后不久，因为不期而遇的经济萧条，该客户的公司经营恶化。迄今为止根据合同要求，客户已经支付了 200 万美元，并且将所购原料全部消耗。收款部门竭尽所能仍未收到剩余的 500 万美元。今天早上，该客户提出破产申请，并且肯定没有足够的资产偿付大部分货款。请通过财务报表分析该客户破产对 Canaday 公司的影响。假设 Canady 公司的货物成本是其销售额的 40%，300 万美元的坏账准备基本都被冲销。

处置(销售)固定资产：例 **2-2** 的概念链接

2. 两年半以前，Johnson 公司购买了一辆卡车价值 24 000 美元。这辆卡车在购买时预计使用年限为 4 年。公司使用直线法进行会计折旧，并且无残值。这辆卡车去年被以 19 000 美元出售。销售该卡车应当申报多少应税所得？

3. 如果上例中 Johnson 公司使用 34%的边际税率，销售该卡车的现金流如何？

4. Heald and Swenson 公司一年零八个月前花费 850 000 美元购买了一个钻床，资产的使用年限是 6 年，按照下述方式进行加速折旧。

年度	折旧比率
1	55%
2	20%
3	10%
4	5%
5	5%
6	5%

这个钻床刚刚被以 75 000 美元出售，公司的边际税率是 35%。计算该公司从销售资产过程中所获取的利润和现金流。

习题 5-13 是计算练习，目的是不用通过写出会计分录也能够熟悉财务报表数据。教材中没有相关的例子，但是有提示和指导。

5. Fred Gown 开了一家 Gown 零售商店，是个人业主制企业。第一个月他记录如下的经营业务：

(1) 购买了 50 000 美元的固定资产，首付 10%，剩余借贷。

(2) 以每个 45 美元销售商品 1 000 个。其中半数是赊销，截至月底尚未收到赊销款。

(3) 上述销售的成本是 21 000 美元。

(4) 通过现金付款购买了 30 000 美元的存货。

(5) 发生其他费用共计 5 000 美元(包含贷款利息)，全部用现金支付。

(6) 他所适用的所得税率是 40%。(所得税在下期支付)。

a. 第一个月的净收益是多少(提示：制出损益表并且录入收入、成本和费用。然后，计算所得税和净收益。)

b. 列出当月经营的现金流入与流出。现金流入为正，流出为负，正负合计后得出现金流量净额。

c. Fred 应该更加关注净收益或者现金流量吗？为什么？

6. McFaddn 公司，披露的 2002 年 12 月 31 日资产负债表如下：

	数额(单位：千美元)
应付账款	60
应收账款	120
累计折旧	350
固定资产(净值)	900
存货	150
长期负债	400
预付账款	160
留存收益	380
总资产	1 240
总负债	500 (长期负债+流动负债)

剩余账户如下，试计算各个账户的余额。

应计项目　　　　流动资产合计

现金　　　　　　流动负债合计

普通股份　　　　权益合计

固定资产(总额)

7. 思考流动资产项目的总额和每个构成项目。下列交易将对每个项目或者流动资产总额造成什么影响(下降、上升还是不变)(提示：每个交易都有两面影响，金额相同但是表现却相反，考虑是否会在流动资产项目内抵消或者一方被计入其他项目。)

a. 现金购买固定资产

b. 贷款购买固定资产

c. 现金购买存货

d. 以应收账款形式赊销

e. 核销坏账

f. 现金收款销售固定资产

g. 销售存货(盈利销售)收现

h. 销售存货(亏损销售)收现

j. 销售存货(盈利销售)赊销

8. 2002年1月1日,Miller公司购买了铣床价值400 000美元。以直线法进行会计折旧,折旧年限20年。2003年,公司购买了一个重型机床价值250 000美元,以直线法折旧,折旧年限40年。

a. 计算该公司2002、2003、2004年的折旧费用。

b. 编制2002、2003、2004的固定资产部分的资产负债表。(提示:每年从总的历史成本中减除累计折旧额。)

9. Becher工业公司拥有三个原料供应渠道。公司每年从Johnson公司采购1.8亿美元的原料,通常30天以后付款。公司每年从Jenson公司采购1.5亿美元的原料,通常45天后付款。公司的第三个供应商,Docking Distribution,提供"2/10,n/30"的信用条件。公司充分利用该条件每年采购9千万美元。计算公司预计的应付账款余额。(一年按照360天计,例如:计算Johnson公司应付账款180×30/360百万美元。)

10. Belvedere公司每年工资为5 200万美元。公司每两周的周五下午向雇员支付工资。上个月,公司的账簿于支付日后的周二关账。那么本月末应计工资是多少?

11. Sanderson金属公司有四项债务:工资、员工已经获得但未使用的休假、财产税、尚未收到票据的已入库存货。

工资:公司每隔两周的周五支付一次工资。每年支付工资总额为4 700万美元。

财产税:公司每年为工厂和办公用建筑向当地政府支付360万美元的财产税。支付的时间①延至每年的6月30日即州的财政年度末。② 公司因此每月均记录负债以反映其所欠缴的财产税。

休假:Sanderson公司员工每年获得3周(15天)的休假,相当于每月(15/12=1.25)1.25天休假。休假不能留存到年底,员工可以在未满一年的时候先休假。每年有250个工作日。应计休假反映了公司为已经获得但是并未使用的休假支付工资而产生的负债。

存货:会计部门以供应商提供的发票和收货记录为入账依据。但是,存货通常比票据先到几天,此时只能根据收货的估计金额入账,应计项目反映公司收到货物承担对供应商的负债。

公司现在的结账日在2008年4月。当月最后一天是工资支付日后的第七天。截至4月底,员工获得了价值587 000美元的带薪假期工资额。4月的最后一周到货5车皮的钢材,但是只有3车货物的发票随车收到。平均每车价值107 000美元。以前所有的收货都收到了发票。请计算Sanderson金属公司4月底的应计项目余额。(提示:有些应计项目,比如工资和存货,会在月末后几天结清。其他有些应计项目,像财产税,会逐渐增加直至在该州的财政年

---

① 延迟支付财产税的账单在负债发生那一期的期末到期。然而,账单的债务源于随时间推移对财产的拥有。因此,纳税年度每过一个月,公司的财产税负债就增加年度账单的1/12,直至财政年度末被结清。

② 财政年度是一个组织出于会计目的的一年。许多公司和多数政府部门使用的财政年度与自然年度并不一致。Sanderson公司是以自然年度记录账簿的。

度末结清。还有一些应计项目，比如休假，会逐步增加，而当诸如员工休假之类的情形发生时又会减少。）

12. 2003年1月，Elliott工业公司记录了如下业务：

（1）支付上年账单120 000美元，收到上年销售货款150 000美元。

（2）以赊购方式采购存货500 000美元，截至1月底尚有30%的货款未付。

（3）以600 000美元的销售额赊销存货，成本400 000美元，截至1月底，尚有20%的销售款未能收到。

（4）应计项目本月增加10 000美元。

（5）另以现金支付本月发生的费用80 000美元。

计算Elliott工业公司1月营运资本的变化。（提示：每一笔业务都有抵消分录，使其总和为0。如果所有的分录都是往来账户，那么营运资本就不会受到影响。但是，如果不然，则营运资本就会发生变化。）

13. Glavits公司6月1日，周一，开始营运，存货5 000美元，银行存款7 000美元，这是其全部的资产。其资金源于所有者个人的财产，没有其他负债。公司在银行拥有20 000美元的信用额度，可以通过签发支票的方式进行。

Glavits公司的销售结算期为30天，但是，作为一家新公司，其必须在10天之内和供应商结账。工资是该公司唯一的费用，每周五下午公司就该周的工资与雇员进行结算。

6月3日，公司实现销售收入9 000美元，对应的销售出去的存货成本为3 000美元。6月10日，公司收到2 000美元的存货。再无其他销售和存货购入。公司通过开具支票的方式购入价值6 000美元的卡车。公司的结账日是6月30日，周三。

公司6月份的损益表和资产负债表以工作表格的方式列示。不考虑税收。首先，列出资产负债表的期初数。接下来，将同一数字在每列中列示两次以反映在每一列上方所指示的交易。注意有时要进行一些数字加减，最后，将各页数字汇总，得出6月份报表。

工作表——行

1. 资产负债表
2. 资产
3. 现金
4. 应收账款
5. 存货
6. 固定资产净值
7. 资产总额
8(跳过)
9. 负债
10. 应付账款
11. 应计项目
12. 负债
13. 权益
14. 全部负债和权益
15.（跳过）
16. 损益表

工作表——列

1. 打开资产负债表
2. 销售记录
3. 销售成本记录
4. 收到存货
5. 存货货款
6. 购买卡车
7. 工资支付——前四周
8. 工资支付——最后两天
9. 重分类透支现金为负债
10. 将净利润记录为损益和权益
11.（跳过）
12. 6月财务报表

17. 销售

18. 成本

19. 费用

20. 净利润

杠杆：例 2-3 的概念链接

14. Gatwick 有限公司税后利润 500 000 美元且无负债。所有者投入 6 000 000 美元权益投资。如果该公司以 10%的利率借入 2 000 000 美元并且用之回购股份，假定息税前利润保持不变，那么其权益资本的报酬会发生什么改变？假定适用的所得税税率为 40%，而且负债赎回股票的比例为 1 比 1。(所有者权益报酬率为 ROI＝ROE＝净利润/股东权益)

15. Mint 娱乐公司今年实现净利润 170 000 美元，并且向其发行在外的 100 000 股股票每股支付 0.25 美元的股利。年底的资产负债表显示留存收益为 250 000 美元。那么去年的留存收益是多少呢？

16. Petson Road 公司去年组建，其创始人投入 9 000 000 美元同时发行 3 000 000 股，每股售价 1.25 美元。第一年公司盈利 750 000 美元，支付股利 325 000 美元。请编制该公司今年的资产负债表的所有者权益部分。

17. 利用互联网的商机，数据信息系统公司于两年前组建。投资者以每股 12 元的价格购买了面值 4 元的股票 200 万股。接下来的两年，公司各实现盈利 200 万美元和 300 万美元，支付股利 120 万美元和 130 万美元。在第一年末，公司出售了另外的 50 万股，价格为每股 14 美元。请编制该公司第一年和第二年的资产负债表的所有者权益部分。

税务

18. Goolige 一家 2009 年的净收入为 165 000 美元。他们所在的州对超过 100 000 美元的个人收入按照 11%征税。他们家的实际(边际)税率是多少？

19. 运用以下的税率表适用应税所得：

收入范围(单位：美元)	税率(%)
0～10 000	15
100 000～50 000	25
500 000～250 000	30
超过 250 000	35

计算下列应税所得(单位：美元)的平均税率：

a. 20 000

b. 125 000

c. 350 000

d. 1 000 000

20. Joan Petros2002 年申报的应税所得税为 150 000 美元，包括以下项目：

(1) 2002 年 6 月，他出售 100 股股票，每股售价为 40 美元。这些股票是其 3 个月前购入的，每股购价为 35 美元。

(2) 2002 年 10 月，他以 79 美元每股的价格出售 200 股股票，这些股票是其 3 个月前购入的，每股购价为 61 美元。

如果长期资本利得以15%的税率征税，而其他普通所得按照25%征税，则其当年的应缴税金是多少？

计算个人所得税：例 2-4 的概念链接

21. Lindscomb 家 2009 年收入如下(单位：美元)：

工资：Mark	63 500
Ashley	57 900
投资收益：	
IBM 公司债券	4 750
花旗银行债券	1 400
存款利息	2 600

他们家还有住房抵押贷款的利息支出 16 480 美元，不动产税支出 4 320 美元；州政府的所得税 5 860 美元和向慈善组织的捐赠 1 250 美元；还有三个小孩。

a. 计算他们家的联邦所得税应税所得。

b. 如果他们以已婚夫妻联合申报，会有什么样的税负？

c. 他们家的平均税率和边际税率各是多少？

22. 2009 年本杰明一家工薪所得为 185 000 美元。他们从公司债券中获得利息收入 4 500 美元，从州政府债券中获得 1 500 美元。股利收入 500 美元，还有 1 000 元的长期资本利得收入。

他们支付了房产税 1 450 美元，州所得税 3 000 美元，向教会捐赠了 550 美元。支付房贷利息 8 000 美元。他们有一个独子。2009 年他们的应缴税金是多少？

23. Joan 和 Harry 都在 2009 年获得收入。Harry 获得工作收入 72 500 美元，Joan 有一个小企业，支付其工资收入 50 000 美元。此外，该企业获利 15 000 美元，全部支付给 Harry 作为股利。他们收到银行存款利息 5 600 美元，以及贷款给 Harry 兄弟 Lou 的利息收入 350 美元。Lou 当年还偿还了本金 2 000 美元。这对夫妇还从 IBM20 年前的债券中获息 2 200 美元，从密歇根州政府债券中获息 2 700 美元。

他们将五年前以 4 000 美元购入的生物科技公司股票以 14 000 美元售出。两年前他们投资 50 000 美元购入的乡村房产，2009 年以 46 000 美元售出。

Harry 支付了 12 500 美元房贷，其中利息为 9 000 美元，而其余则为本金。他们支付了 2 750 美元的房产税，6 800 美元所得税。他们向教堂捐赠了 1 500 美元，还给了 Joan 年迈的母亲 3 000 美元。他们有两个年幼的孩子。

a. 计算 Harry 的应税所得

b. 2009 年的应纳税金是多少？

c. 他们的平均税率是多少？

d. 什么是边际税率？是否有多个边际税率？为什么？

应税收入和免税收入的比较：例 2-5 的概念链接

24. Harry Swartz 想要进行债券投资，有两个选择。第一是微软公司发行的，利率是 8% 的债券。第二是麻省斯普林菲尔德市发行的市政债券，利率只有 6%。他认为两种债券内含的风险相同。它们都是 10 年期。Harry 是单身，2009 年应税收入为 125 000 美元，并且他所在的州不征个人所得税，那么他应当投资哪种债券呢？

25. Dick Down 正在考虑 3 种投资机会：

(1) 4.5%利率的芝加哥市政债券，免除州和联邦的个人所得税。

(2) 4.75%利率的伊利诺伊州债券，免除联邦所得税但要征收州个人所得税。

(3) 6.7%利率的麦当劳公司债券，征收联邦和州个人所得税。

如果伊利诺伊州的税率是 6%，Dick 适用的联邦所得税税率是 30%，哪一种投资的税后收益最高？

公司所得税：例 2-6 的概念链接

26. 计算公司所得税，根据下列税前收益(单位：美元)

(1) 37 000

(2) 57 000

(3) 88 500

(4) 110 000

(5) 5 375 000

(6) 14 000 000

(7) 17 350 000

(8) 23 500 000

27. ED Flether 准备开一家公司，需要 500 000 美元投资。他可以从一个富有的亲戚那里借到全部数额资金。他认为当企业开始经营以后，最重要的就是要尽可能保留发展基金。但是，他也计划每年向投资者，包括他自己和他的亲戚，支付 50 000 美元的回报(相对于 10%的投资额)。这和投资于其他方面的回报相当。仅仅从现金的重要性考虑，他是否应当以自有资金投资？借贷或者自己投资，哪种方式能够给公司保留更多的发展资金？差距有多大？公司的有效税率为 40%。(提示：看一下税率与融资部分)

28. Microship 公司有如下盈利和亏损(单位：美元)：

2007 年	5 000 000
2008 年	350 000
2009 年	(3 450 000)

那么，该公司 2007 年应当缴纳多少联邦所得税？

29. Inky 公司 2009 年的财务信息如下(单位：美元)：

EBIT	650 000
利息	430 000

从 Printers 公司分得的股利，

不包含在 EBIT 中，(Inky 持股 3%)　　20 000

向股东支付股利　　50 000

a. Inky 的税负是多少？

b. 边际税率是多少？

c. 平均税率是多少？

d. 解释为什么 b 和 c 中只有一个与财务决策相关。

30. Snyder 公司有如下收入和费用(单位：美元)：

销售收入	180 870 000
成本	110 450 000
费用	65 560 000

此外，他从 Bevins 公司收到利息 2 430 000 美元和股利 4 700 000 美元，该公司他持股 30%。计算 Sybder 公司的应纳税额。(提示：看股利支付部分)

上机练习

31. Rachel 和 Harry 准备结婚。预期今年收入如下(单位：美元)：

	Rachel	Harry
工资收入	155 380	146 200
利息收入(应税)	6 750	45 325
长期资本利得	5 798	—
收入合计	167 928	191 525
扣减项目	28 763	15 271

(1) 运用 PERSTAX 程序计算他们作为单身的全部税单，以决定结婚是否能够减少税负，以及减少多少。

(2) Duncan 和 Angela 也准备结婚，他们的收入如下：

	Duncan	Angela
工资收入	56 450	37 829
扣减项目	6 048	3 224

他们结婚能够节税吗？有多少呢？

32. 你被乌托邦政府雇用负责征税，该国的累进税制仅仅只有两个税档：

收入	税率
30 000 美元以下	20%
30 000 美元以上	30%

该国的豁免和抵扣事项和美国一样，但是起征额固定为每人 2 550 美元。对于资本和股利的利得和损失没有特殊考虑。

编写一个程序以计算该国家庭的所得税。用以下数据测试你的程序：

收入	美元	28 950	96 250
人数		1	5
扣减项目	美元	2 800	14 457

通过手工计算证实你的程序可行性。(提示：运用一个条件指令[IF statement]，括号中的部分表示纳税人，再来进行税收计算。)

第3章

现金流量和财务分析

本章概要

在第1章，我们已经明确了财务分析的方向在于现金流量而不在于会计结果。鉴于现金流量的重要性，我们需要彻底理解这个概念并能够熟悉掌握作为公司财务报表之一的现金流量报表的编写。我们将在本章的前半部分理解此概念。

然后，我们会将注意力转向财务分析，即一种专门用于从财务报表中获得关于企业经营实用信息的技术。在开始这两部分之前，我们要先介绍一些财务信息的背景知识。

3.1 财务信息——来自何处，何人使用，我们希望从中得到什么？

“财务信息”是指用货币度量的企业经营成果。这个概念较大程度地指出了财务报表蕴含的重要性，但是并不完全局限于那些报表。财务信息之所以重要是因为企业内部和外部的使用者利用它们制定有关企业及与企业相关的决策的基础。

提供财务信息是管理层的责任。它是由公司内部的会计师编写并由审计师复核，但是会计师和审计师都不能够确保它的正确性[①]。于是便产生了利益上的矛盾，因为管理层总想把企业经营的结果描述得尽可能有利。我们将马上讨论这个问题。

一旦编制好，财务信息就向利用它来制定与企业有关决策的使用者公布。让我们先来简单介绍一下这些使用者。

3.1.1 财务信息的使用者

财务报表是用于发布企业经营业绩的报告。其主要的使用者是投资者、债权人和管理层本身。

投资者和财务分析师

财务报表最重要的功能是向外部投资者提供相关信息。这些人或者组织可能会购买公司股票，也可能借钱给公司。债权人关心的是企业的稳定性和现金流量，而股东最基本的关注点则是企业远期的成长能力。

投资者有时候会亲自分析财务报表，但是多数情况下还是依赖于财务分析师的报告。这些分析师为大型经纪公司或者金融机构工作，作为一个外部人士主要是对一家特定公司及其所在行业尽可能多地了解，以利用这些信息来预期企业的业绩。然后对这家公司的投资价值给出建议，包括是否购买或者出售公司股票以及公司的债务状况是否安全。鉴于财务分析师的中介咨询职能，他们被看作是“投资者导向信息”的主要阅读者。

> 财务分析师：解释公司有关信息，并向投资者提出建议。

财务分析师的一项主要工作是仔细研究公司近期的财务报表。值得注意的是，已经公布的财务报表与公司的“过去”有关，而财务分析师的关注点则在“未来”。然而，由当前信息反映的“过去”通常是对“未来”最好的反映。在本章，我们将学习财务分析师和资深投资者常使用的基本分析工具。

卖主/债务人

被要求以赊销方式与公司进行交易的卖主是报表使用者的另一个重要群体。因为他们预先为产品和服务垫付资金，所以他们和债权人关心的事情是一样的。关键问题是公司是否有可使用的现金以使在不久的将来偿还债务。

管理层

最后一个报表使用群体是公司自己的管理层。财务结果反映了他们在公司经营的每一

---

① 审计师通过一定的观察和测试程序后在一个合理的程度上保证财务报告是经过正确的方法编写并已经披露了全部相关资料。

个方面中存在的成功与失败。管理层可以通过研究这些结果来分析经营中的优势和弱势，同时这一分析过程可以帮助管理层找出应该在哪些方面加以努力，从而弥补这些问题并提高业绩。

3.1.2 财务信息的来源

一个公司的年度报告是关于它的财务信息的主要来源。

任何一个上市公司财务信息的最基本来源是他们自己的年度报告，任何一个向公众出售股票的公司都被要求公布年度报告，而一份典型的年度报告应包括近几年的财务信息，并附有大量对公司及其业务的说明。

年度报告中的财务信息必须被独立的会计师事务所审计。这一过程虽然不能完全确保财务信息的准确性，但是却可以在一定合理的水平上保证报告上的数字是根据公认会计准则（CAAP）编写的，并且具有合理的客观性。然而，在说明中披露的信息，公司则有较大的自由度。

事实上，年度报告上也存在一些问题。他们总是倾向于从一个有利的角度描写过去的业绩和未来的期望。也就是说，他们倾向于报告公司今年做得像去年预期的一样好，并且会在明年做得更好。报告总是倾向于缩小或者忽略错误和失败，夸大成功，并用不实际的乐观词汇描述未来的发展机会。

年度报告实际上是公司管理层向股东提供的一份报告。但因为管理层是为股东工作的，所以他们实际是在填写自己的成绩卡。自然而然地，报告的结论就会偏向于支持经营公司的人。

基于这些原因，大多数年度报告已经成了一种广告宣传工具并制作的非常具有视觉上的吸引力。这些报告用多种颜色的钢笔写在光滑的纸上，并配以专业的图片。它们越来越像高档的杂志而不是商业文件。

只要读者明白这种偏向并不把报告中的内容都看作是绝对正确的，那么这个问题就不一定是不好的。彻头彻尾的欺骗是极少见的，只是真相或多或少会被描述得具有吸引力，而且年度报告总是将内容表现得很光鲜。

每年，公司都会向证券交易委员会提交事务性报告，即 10-K 报告。这份报告与年度报告相比提供了更详细的信息，如果你提出要求，绝大多数公司都会为你提供一份年度报告和 10-K 报告。

经纪公司和投资咨询公司会提供关于大多数大型公司的报告，而这类报告就是通过财务分析得到的。经纪公司会作为免费服务向其客户以及预期的客户提供信息，而投资咨询公司则是要收取费用的。最知名的投资咨询公司当属 Value Line 公司，它提供关于近 1 700 种股票的信息。咨询公司向已付费的预订者提供信息，但是这些信息往往可以在图书馆找到。

Value Line 公司 2009 年 5 月做出的关于微软公司的报告如图 3-1。研究表格中列出的信息需要几分钟。顶部的图表显示了微软公司过去 10 年股票价格的走势，在它下面列出了公司 10～15 年不同的财务数据，注意其中的一些数据是以每股为单位的。

继续向下看，有一份对公司经营性质的简短总结，并附有对其当前的市场状况和未来预期的文字分析。这部分是报告的核心，它告诉投资者，分析师认为微软公司将会发生什么状况，并且报告暗含了股票的价格。

公司在编写报告的时候，全球正陷入严重的经济衰退期。关于经济何时复苏的问题成了每份已公布的财务说明的焦点，这份报告也不例外。分析师一开始就说明了经济衰退正严重

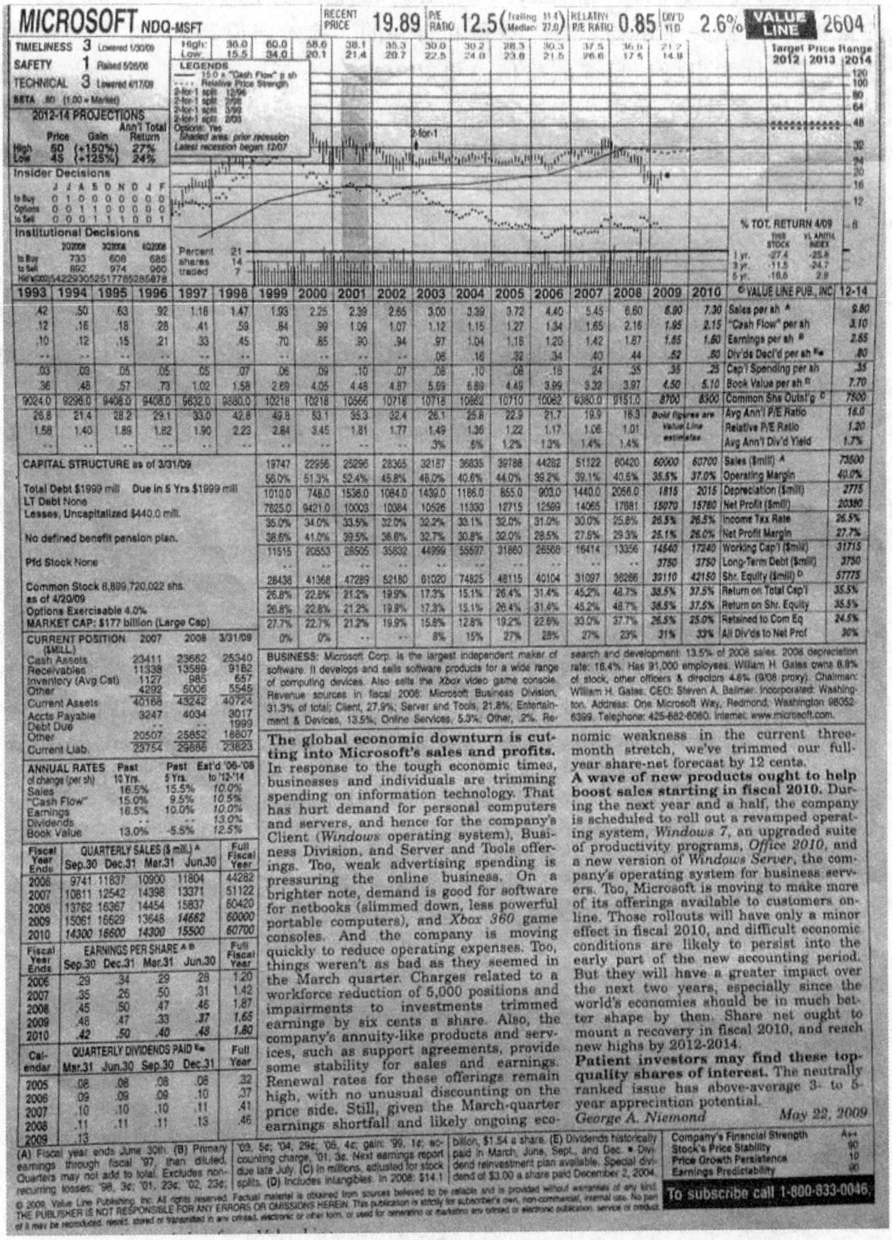

图 3-1　Value Line 公司 2009 年 5 月做出的关于微软公司的报告

资料来源：转自 Value Line

地影响着微软公司的财务业绩，并说明了公司近期努力削减成本的结果。在说明了负面消息之后，开始转向关于公司产品在中期未来将销售活跃的正面消息。报告结尾乐观地预测了公司股价将从 2010 年开始上涨，这也暗示了耐心的投资者将会拥有一个机会。

需要注意的一条基本规则是：即使公司面临很大灾难，财务分析师也会说一些积极的消息。

在这个描述性的部分中提供的信息并不一定是纯粹财务性的。它们可以关于公司任何一个领域的重要信息，如关于市场、产品、竞争和合并的。换句话说，大量的“财务信息”并不是完全财务性的，或许称为市场信息或战略信息更好。牢记一点是财务管理工作的结果是公司经营的数字体现。因此，决定一家公司是否为一项好的投资时，应从判断其产品的市场工作是否优秀开始。注意 Value Line 是以它对持有微软公司 3～5 年股票的投资潜能有正面的看法来结束这一讨论。

3.1.3 财务分析的方向

本章下面的内容提供给大家的大多数信息有点类似于你在会计中学到的资料。然而，我们的方向却不同。在会计中，我们关心的是如何生成财务报表；而在财务学中，我们关注的是如何利用财务报表评价一个企业及未来的预期表现。

财务分析是寻找问题，特别是，寻找出存在异常事项的地方或者根据分析结果发现将会出现问题的地方。

例如，现金流量表可能会反映出企业去年借了大笔的资金。会计职能仅仅是披露这一会计期间与资金流向有关的信息。然而，财务分析师必须进一步探究企业借款的原因和借款行为对企业未来的影响。

> 财务分析师的分析方向是批评性和调查性的。

可能这笔借款是企业为了向一个令人兴奋的新项目扩张而进行的融资。这看起来可能很不错，但是分析师需要知道企业是否有能力支付利息，以及这个新项目在产生利润之前是否需要更多的借款。另一方面，如果企业不能收回应收账款或者积压大量无价值的存货，则也许需要更多的借款。在这种情况下，分析师就要知道这个问题该如何解决以及它对企业长期获利能力的影响。

牢记这个方向。在财务学中，我们的态度是批评性的和调查性的。

实务观察

细节中隐藏问题

年度报告对于投资者来说是一项主要的信息来源。但是由于它是由管理层提供，报告往往倾向于管理层。这种倾向主要表现在夸大功绩、缩小问题和威胁。我们看了 Value Line 对世界顶级软件生产商微软公司做出的报告，再看这个科技巨头近几年的年度报告，这就是一个很好的例子。

在 20 世纪末 21 世纪初，微软公司受到美国司法部根据其违反施尔曼(Sherman Act)而提出的合法指控。这项法案认为某家公司试图减少商业竞争并使之处于商业垄断地位的行为是非法的。联邦政府和 19 个州的州政府指控微软公司并建议将其分割成两个部分以补偿其先前违法的反竞争行为造成的后果。

这一年内，这个悬而未决的诉讼案经常会出现在新闻中，无疑会成为影响投资群体对微软公司股票预期的一个重要因素。实际上，诉讼案对公司未来的威胁极有可能大大地打击股票的价格。所以，在对公司远期的专业分析中包含一个对此案透彻的讨论以及一个对公司将从中受到损害的可能性的评估的要求是合理的。

然而，微软公司的年度报告却很少提及此案，即使当报告公布时此案仍在进行中。大多数谨慎的投资者在仔细阅读报告后会发现，在总经理讨论中仅有 6 行是有关诉讼的。在附注部分谈及的则相对详细，因为法律要求在附注中对尚未审结的诉讼予以说明。但是许多投资者并不阅读附注，它就类似于合同中的“结语”。

微软公司对其在年度报告中极少地提及此案的辩解是管理层认为这个诉讼是无根据的，公司将最终赢得胜利，因此投资者不必担心。事实上，微软公司并没有受到此案的不良影响。即使管理层对此深信不疑，但是投资者难道不应获得对此案引发风险公允、透彻披露的权利和获得管理层及其他各方面有关争论观点的权利吗？或许应该这样，但在年度报告中能发现这样的问题太不容易了。

资料来源：微软公司2000年的年度报告

3.2 现金流量表

我们已经知道了收益表中的收益不等于企业或者企业所有者口袋中的现金。会计收入包括折旧一类的事项，而折旧是为了使收益表能够代表企业持续经营状况而做的诸多认为调整中的一个。然而，企业在日复一日的经营中靠的是冰冷、坚硬的货币。因此，就需要另一个报表向使用者提供企业现金流入和流出的详细信息。这就是现金流量表。它向使用者表明了企业的资金来自何处和在这个期间它又用于何处。

> 一个公司的年度报告是关于它的财务信息的主要来源。

专业术语　现金流量表更正式的名字是财务状况变动表，但是人们并不经常使用这个难以理解的名称。这个名字的产生是因为资产负债表被称为是财务状况表，而现金流量表则是对资产负债表中变动的技术分析。普通的用法涉及“现金流量”或“资金流”词语。现金或资金的来源与占用或来源与应用也涉及现金流量表这个词。

现金流量表报告了现金的流入和流出。通常，流入用正数表示，而流出用负数表示。负数是在圆括号中表示。流入描述的是现金从何处来的，如出售一些东西。流出描述的是现金的怎样使用的，如买了一些东西。

现金流量表来自何处　收益表和资产负债表可以直接从账簿上生成。而现金流量表的情况则不一样，它是在收益表和资产负债表的基础上产生的。

3.2.1 如何编制现金流量表——基础例子

帮助理解现金流量表中现金这个概念的最好方法，是搞懂现金流量是如何从资产负债表和收益表的基础上产生的。下面几页的篇幅将介绍编写现金流量表的原则和计算过程。

编写某一会计期间的现金流量表将用到两张资产负债表和一张收益表，即该会计期间的收益表和期初、期末的资产负债表。（期初资产负债表是上期期末的资产负债表）

现金流量表从两个方面分析现金来自何处和流向哪里。首先，根据某些项目对当前的净收益做出调整，使其不同于每日收益就如同人们口袋中的现金总在变化一样。其次，对比两张连续的资产负债表，分析企业报表中每一个项目的变化，并分析这些变化是怎样影响现金流量平衡的。

第二点非常重要，而且有点难以理解。资产负债表账户的变化表示的是现金的流入或流出，如现金的来源或占用。例如，一个账户变化了5 000美元表示现金流出了5 000美元，但是这个变化是反映了一项来源或者一项占用取决于该账户是资产账户还是负债账户，并且这一变化是增加还是减少。为了分析这一变化，我们在表3-1中列出了4个简单的例子。

表 3-1　编制现金流量表的原则

资产增加——→占用
负债增加——→来源
资产减少——→来源
负债减少——→占用

换句话说，编制现金流量表的第二步，需要查看资产负债表每个账户的变化，判断该变化是一项现金流入还是现金流出，然后按照规定的方式将它组织起来。

因为以一个企业为例来解释这些概念可能会有些难度，所以我们先考虑一个涉及我们熟悉的资产和负债的个人例子。接下来的解释将帮助你理解这些原则和应用。

贷款买车

假设 Joe Jones 每年有税后收入 50 000 美元，其中 40 000 美元用于一年的日常生活开销。年初时，除了有 10 000 美元的银行存款，没有其他的资产和债务。另外，假设他这一年花 30 000 美元买了一辆小汽车，其中有 25 000 美元是银行贷款。年底时他有 15 000 美元的银行存款。

下面给出了 Joe 的个人收益表和资产负债表。重新阅读前面的内容，确保你能够理解 Joe 财务报表中所表示的活动，尤其是年初和年末的资产负债表。(单位：美元)

收益表—J·Jones

收益	50 000
费用	40 000
净收益	10 000

资产负债表—J·Jones

	年　初	年　末
资产		
银行存款	10 000	15 000
车	0	30 000
资产合计	10 000	45 000
负债和权益		
买车的贷款	0	25 000
权益	10 000	20 000
负债与权益合计	10 000	45 000

现在将以现金流量来表示 Joe 的活动，并写出现金流量的结果，然后每行地进行分析，确保现金的来源和占用都在正确的栏目中。(单位：美元)

现金流量表—J·Jones

现金收益	50 000
生活消费用的现金	(40 000)
来自收益的净现金	10 000
买车使用的现金	(30 000)
来自贷款的净现金	25 000
净现金流量	5 000

对　账

期初现金余额	10 000
净现金流量	5 000
期末现金余额	15 000

Joe 的税后收益是 50 000 美元，费用是 40 000 美元，净收益是 10 000 美元。很明显，这是一项用正数表示的现金来源。接下来，我们将转向对资产负债表变化的分析。

首先考虑买车的贷款。（不要混淆购车和贷款，它们是两种不同的交易。）当 Joe 贷款 25 000 美元时，很明显这是一项现金来源。同时贷款使他的资产负债表增加了一项贷款负债，此时该负债就从零增加到 25 000 美元。这一交易阐明了我们的第二条规则，即任何时候负债增加都会产生现金来源，这同样是符合逻辑的。

接下来，Joe 花了 30 000 美元用于买汽车，这使他资产负债表中的汽车资产账户从零增加到 30 000 美元。这阐明了我们的第一条规则，即任何情况下增加资产就会有现金支出。在这个例子中很容易看到，你必须花钱去购买一辆汽车。

写下 Joe 的现金来源和占用之后，我们将它们加总起来的结果即为净现金流量，在这个例子中的净现金流量是 5 000 美元。

最后，比较 Joe 的净现金流量和银行账户，看其是否一致。假设他全部的钱都存在银行里，那么期初余额加上净现金流量一定等于期末银行余额。如果不相等，则账簿记录或会计处理一定存在问题。下面是个略微复杂的例子。

买车与卖车

假设年初时 Sally Smith 有一辆 3 年前买的昂贵的汽车，市场价为 20 000 美元，但是尚有 6 000 美元的银行存款。当年她有 60 000 美元的税后收入，生活费用 62 000 美元。为了节约，她决定以 20 000 美元的价格卖掉旧车，再用 9 000 美元（非贷款）买一辆便宜的新车。这样在卖了旧车之后，她还清了 14 000 美元的贷款。年底时，Sally 的银行存款为 1 000 美元。

根据这些条件，Sally 的收益表和资产负债表是：（单位：美元）

收益表—S・Smith

收益	60 000
费用	62 000
净收益	(2 000)

资产负债表—S・Smith

	年　初	年　末
资产		
银行存款	6 000	1 000
汽车：昂贵的	20 000	0
经济的	0	9 000
资产合计	26 000	10 000
负债和权益		
买车的贷款	14 000	0
权益	12 000	10 000
负债与权益合计	26 000	10 000

接下来编制 Sally 的现金流量表：(单位：美元)

现金流量表—S · Smith

现金收益	60 000
生活消费用的现金	(62 000)
来自收益的净现金	(2 000)
来自卖旧车的净现金	20 000
偿还旧车贷款使用的现金	(14 000)
购新车使用的现金	(9 000)
来自汽车投资净现金	11 000
净现金流量	(5 000)

对　账

期初现金余额	6 000
净现金流量	(5 000)
期末现金余额	1 000

Sally 今年的现金收益为负数是因为她花的比赚的多。任何人都可以通过减少银行账户或者借款来使现金收益为负数。我们将超支的收益描述成一项负的现金来源而不是一项现金占用,这是因为收益通常是一项现金来源。

Sally 做的第一件事情是以 20 000 美元卖她的旧汽车,这很明显是一项现金来源,因为她从卖汽车中得到了钱。但是放弃旧汽车的所有权后,就必须从她的资产负债表中将昂贵的汽车资产从 20 000 美元减少到零。这阐明了我们的第三条规则,即资产减少会产生一项现金来源。

当 Sally 卖车后,她也偿还了她的汽车贷款,即给借款者一些现金。很明显,这是一项现金占用。但是这个交易也使她资产负债表上的贷款负债从 14 000 美元减少到零。这阐明了我们的第四条规则,即负债减少会产生现金占用。

使用现金流量规则

从前面的例子中很容易看出为什么每笔交易都是一项现金来源或现金占用。很明显,像偿还贷款一样,买车是一项现金占用。同样地,像借款一样,出售如汽车这样的有形资产会产生现金流入。

当我们应用到企业资产负债表时情况会变得更复杂些,因为资产负债表包括无形资产和负债,如应收和应计项目。对大多数人来说,很难看出为什么应收账款增加是一项现金占用,而应计项目增加是一项现金来源。

幸运的是,由于有上面的几条规则,我们不需要考虑资产负债表上的每个变化项目来编制现金流量表。我们需要做的是,将表 3-1 的资产规则应用到每项资产中,负债规则应用到每项负债中。换句话说,我们应该把每项资产都视为一辆车,每项负债都视为一项贷款,而不去考虑为什么每项资产或负债的增加或减少是一项现金的来源或占用。①

① 在练习中,记住这些规则并将它们写在纸的角落上是有好处的,这样在你遇到问题时就不会感到困惑。

3.2.2 企业现金流量

在企业中，收益可以通过用折旧之类的非现金项目对收益表中的净收益进行调整得到。而资产负债表也清楚地列出了年初、年末的资产和负债，所以计算每个账户的变化也就很容易。

现金流量表将经营、投资和筹资活动分开呈现。

披露标准

企业的现金流量表将企业的日常活动分为三个部分：经营活动、投资活动和筹资活动。

经营活动是指企业日常的营业活动。

投资活动是指企业对固定资产等进行的购买（投资）或出售活动，同时也包括对金融资产的长期购买或出售活动。①

筹资活动包括借款、还贷、发行股票和支付股利等，它涉及的是融资和相应的还款活动。

图解

在开始一个数字例子之前，让我们通过一张企业内部现金流量图表加深对以上三种活动的理解。

图 3-2 说明了现金流入和流出公司的情况。注意，经营活动是企业日常的营业活动，主要涉及资产负债表的流动账户；投资活动一般为购买长期资产、不动产和金融资产；筹资活动则多涉及债务与权益。

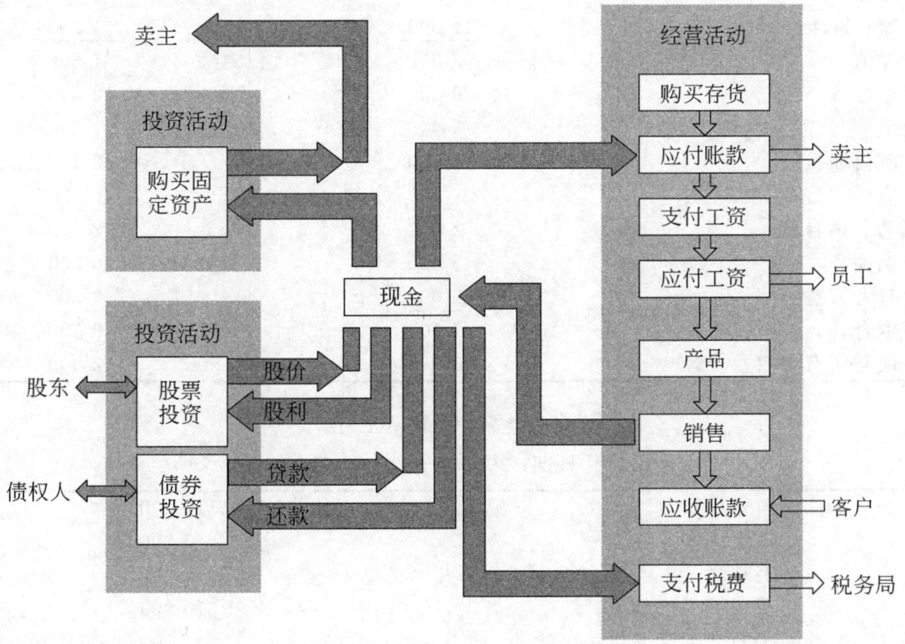

图 3-2 企业现金流量

① 词语“投资”，一般来说，指购买某些东西并期望将来得到的回报可以高于其本身的成本。当个人提到“投资”时，他们通常指购买金融资产。然而，我们有时会将这个词用于有形资产（投资建房）或无形资产（投资教育）。当我们就公司提到投资行为时，我们一般是指购买经营中需要的设备，如机器、交通工具和不动产。

3.2.3 编制现金流量表

现在我们来学习一下如何为一家企业编制现金流量表。最好的办法就是一个如例 3-1 所示的数字例子。编制现金流量表需要期初、期末的资产负债表和当期的收益表。

概念链接 例 3-1

企业的现金流量表

下面是 Belfry 公司的财务报表，其中资产负债表的各项纵向排列。(单位：美元)

资产负债表—Belfry 公司

日期：2002 年 12 月 31 日

	资产	
	2001 年 12 月 31 日	2002 年 12 月 31 日
现金	1 000	1 400
应收账款	3 000	2 900
存货	2 000	3 200
流动资产合计	6 000	7 500
固定资产		
原值	4 000	6 000
减：累计折旧	(1 000)	(1 500)
净值	3 000	4 500
资产合计	9 000	12 000
负债		
应付账款	1 500	2 100
应计项目	500	400
流动负债合计	2 000	2 500
长期债务	5 000	6 200
所有者权益	2 000	3 300
资本合计	7 000	9 500
负债与所有者权益合计	9 000	12 000

收益表—Belfry 公司

日期：2002 年 12 月 31 日

销售收入	10 000
销售成本	6 000
毛利润	4 000
费用	16 000
折旧	500
息税前收益	19 000
利息	400
税前收益	15 000
所得税	500
净收益	10 000

另外，公司在今年出售部分股票获得了 800 美元，并支付股利 500 美元。

(注意，末了方便我们在收益表中单独列出了折旧。当然绝大多数的财务报告不会这样做。)

编制 Belfry 公司的现金流量表，并对公司的财务情况得出一些结论。

解答：

经营活动

经营活动涉及收益表和当期资产负债表账户。

经营活动是指企业日常的营业活动，主要包括购买存货、生产并销售产品、支付费用和税金以及收回赊销的货款。这些活动的核心是产生净收益，所以我们以净收益作为现金流量表的起点。

然而，净收益中含有并不影响现金流量的项目，因此这类项目应该被剔除以调整净收益，而调整后的结果就是经营收益。

在 Belfry 公司例子中，唯一需要调整的就是将在收益表中作为减项的折旧再重新加回来，从而计算出经营收益。

净收益	1 000
折旧	500
经营收益	1 500

接下来，我们知道经营活动的现金流量会影响资产负债表的流动账户，因此这类账户的变化也是经营现金流量的一部分。我们会分析出现金账户以外的其他流动账户余额，并根据现金流量规则，将这些变化分为现金来源和现金占用。而现金账户稍后再做处理。

就 Belfry 公司而言，它的应收账款从 3 000 美元减少到 2 900 美元，那么根据第二条资产减少是现金来源的规则，应收账款给公司带来了 100 美元的现金。类似地，根据第一条规则，存货账户从 2 000 美元增加到 3 200 美元，意味着存货占用了 1 200 美元的现金。

将第三条和第四条规则应用与应付账款和应计项目，得到公司如下的现金来源和现金占用(单位：美元)。

账　户	来源/占用
应收账款	100
存货	(1 200)
应付账款	600
应计项目	(100)
	(600)

流动账户变化额与经营收益之和即为经营活动的现金流量，如下(单位：美元)：

净收益	1 000
折旧	500
流动账户变化净额	(600)
经营活动现金流量	900

投资活动

这个例子的活动很简单。唯一的一项是 Belfry 公司的固定资产增加了 2 000 美元，从而期初的 4 000 美元增长到 6 000 美元。根据第一条规则，这属于现金的占用。

> 投资活动通常包括购买固定资产。

需要注意的是，我们采用的是固定资产原值账户而不是净值，这是因为净值是减去累计折旧后的资产数量，而累计折旧的变化正是收益表中的折旧项目。既然在经营活动现金流量中已经包括了折旧，我们就没有必要重复了。

因此，投资活动现金流量如下：（单位：美元）

购买固定资产	(2 000)

筹资活动

> 筹资活动涉及的是资本、长期债务和权益账户。

这个例子中有三项筹资活动。第一项是长期债务的增加，根据第三条规则，它属于现金来源，看来公司是获得了一笔贷款。第二项是销售股票，第三项是支付股利。销售股票导致权益，即一种负债[①]的增加，它是一项现金的来源。支付股利则明显是占用现金，它造成了权益的减少，是一种现金支出。（将股票出售和股利支出归为现金来源还是现金占用应该是显而易见的。当股票出售了，公司会收到钱，很明显它是一种现金流入。股利是公司支付给股东的钱，显然它是一种现金流出。）

筹资活动现金流量如下：（单位：美元）

长期债务增加	1 200
销售股票	800
支付股利	(500)
筹资活动现金流量	1 500

权益账户和现金账户

注意，我们没有计算权益账户的变化额，也没有将其划分为现金来源还是现金占用。这是因为，前面的分析过程已经将权益账户的变化额分解成三个部分，而三个活动中分别包含了这些变化，且每个活动在现金流量表中都有两个部分。让我们将这三个部分列出来。所有者权益的变化等于净收益与销售股票收入之和再减去支付的股利。如下：（单位：美元）

净收益	1 000
股票销售	800
股利	(500)
权益账户的变化总额	1 300

出售股票和支付股利已经包括在了筹资活动中，而净收益对权益的影响则反映在了经营活动中。

你会注意到的是，我们还没有涉及现金账户，它被忽略的原因是我们已经知道了三种活动的现金流量之和必须等于现金账户余额的变化，它作为一个调整额列在现金流量表的最后。

Belfry 公司经营活动、投资活动和筹资活动的现金净流量合计为正值（900－2 000＋1 500 ＝）400。因此，我们有了下面的与资产负债表的现金账户相关的调整额，如下面的对账表。

① 所有者权益是公司欠股东的“债务”，鉴于现金流量规则，我们视其为一项负债。

期初现金余额	1 000
净现金流量	400
期末现金余额	1 400

Belfry 公司完整的现金流量如下表所示：(单位：美元)

现金流量表—Belfry 公司

日期：2012 年 12 月 31 日

经营活动的现金流量	
净收益	1 000
折旧	500
流动账户变化净额	(600)
经营活动产生的现金流量	900
投资活动的现金流量	
购买固定资产	(2 000)
筹资活动的现金流量	
长期债务增加	1 200
销售股票	800
支付股利	(500)
筹资活动现金流量净额	1 500
净现金流量	
期初现金余额	1 000
净现金流量	400
期末现金余额	1 400

做一下总结，现金流量表从资产负债表和收益表中采集到信息，再用描述现金运动的方法展示这些这个过程。没有新的信息产生，只是用一种更有助于企业日常经营的方法将它们重新组合在一起。

结论

根据这个例子，阅读 Belfry 公司的现金流量表可以了解它的一些情况。首先，这家公司的盈利性很强，10%的净利润率，但仍需要大量的借款。当然，购买固定资产需要额外的资金，但人们还是会怀疑这笔支出是否有必要。另外，存货的急剧增加，是否意味着现存的一部分存货有问题？如果是，就可能预示企业未来更大的损失。

所以你应该牢牢记住一点，对于企业，值得考虑的或重要的是现金，而不是净收益。

为了帮助大家了解这一点，让我们探究 Belfry 公司的另一个问题。我们注意到，本年 Belfry 公司从银行借款 1 200 美元，但是银行真的愿意接这笔钱吗？

事实上，银行并不情愿再向这家公司发放更多的贷款。注意，公司的总资本(长期债务加上权益)中大约有 70%是债务。

CFO 经验谈

在后面，我们通过学习会知道这么高的比例已经远超出了大多数债权人能够接受的水平。银行若拒绝这个要求，企业马上会陷入现金危机。如果 Belfry 公司不能支付工资，那么公司会在一夜间停产。

> 一个公司通过不良的现金管理可以使公司濒临破产时拥有可观的会计利润。

然而，Belfry公司的利润很高，净利润率为10%。记住这个教训：企业会在盈利时破产。小企业总是这样，而这种事发生在大企业身上的频率更令人惊讶。

3.2.4 自由现金流量

再投资需求之外产生的现金流量是自由现金流量。

自由现金流量是指企业产生的现金是否超过了自身对现金的需要。在正常条件下，大多数企业从经营活动中产生正的现金流量，但大部分被用于维持企业长期的竞争地位，而其中对于非经营活动现金的最大需求就是替换破旧的固定资产。

自由现金流量被定义为净现金流量减去企业此类需要对现金的使用，具有可供向股东分配股利的现金是十分必要的。但如果自由现金流量是负值，企业就必须借款或权益融资以保证企业长期的运行。

自由现金流量这一概念在一家公司收购另一家公司时，尤为重要。收购企业要知道收购完成后，被收购企业是否需要现金投入或者是否能产生资金服务于其他方面。

3.2.5 现金转换循环（跑道图）

产品转换成现金，再转化成更多的产品，形成了现金转换循环。

一般地，弄清企业活动的一个形象的可供选择的方法，是先将企业的现金转换成生产产品和提供劳务的原材料和劳动力，再通过出售产品和劳务转换成现金。图3-3解释了这一观点，它通常被称为现金转换循环。但“跑道图”这个名字似乎更吸引人，易于记忆。从跑道底部开始，企业用现金购买原材料和劳动力进行商品生产。商品卖出后，产生了应收账款。而当应收账款收回后，企业又有了现金以用来购买更多的原材料和劳动力。

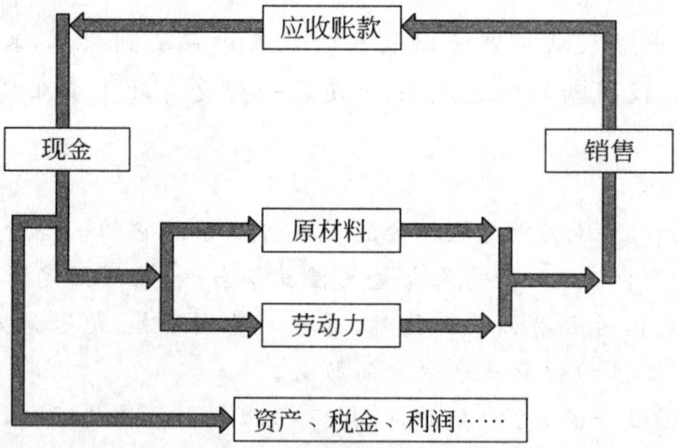

图3-3 现金转换循环—跑道图

从一定意义上说，企业就像是在跑道上长跑，将现金转化为产品，再将产品转化为现金。你可以想象企业在拥有一定资产的情况下，可以连续不断重复这些活动。

当资产数量达到一定水平，企业在跑道上跑步的速度也就更快，销售额也就更高。很明显，只要企业其他方面不受到损害，速度自然是越快越好。换句话说，企业从每一元的资产上得到尽可能多的收益才是关键的，这也是评判企业成功与否的标准之一。

然而，如果企业在跑过的每一圈都将资金全部投入于购买原材料，对企业的所有者来说没有太多的好处。一个成功的企业每次都应该留下一部分的资金以购买新的资产使企业进一步发展或者代替旧的资产，还有缴税。显然，每一圈企业能够从现金流量中拿出来的越多，说明企业经济状况越好。在这里指的就是获利能力，图中最下面的部分体现了这一点。

总结可知，这个图说明了企业若想成功需要做两件事情：在一定的资产水平下尽量增加销售量和在抵扣了成本和费用后获得一个合理的毛利。

这两件事情是相互作用的。如果价格过低，企业卖出的商品就会多，但相应的毛利润就会减少。反过来，高价会带给企业高毛利和低销售量。在本章末，我们会继续讨论这个问题。

3.3 比率分析

通过阅读财务报表来判断企业经营状况的人们开发了一些相对标准化的方法，用来分析财务报告中的信息。这项综合性的技术被称为比率分析。比率分析在财务职业界得到广泛使用。因此，你应该熟悉掌握这项基础性技术并了解其中一些常用的比率。

> 财务比率形成于一系列财务报表数据，比率强调业绩的不同方面。

比率分析是从财务报表中获取数据，然后形成相应的比率。这些数据是经过挑选后得到的，这样才会使每一个财务比率对企业的经营者来说都有一个特定的含义。

举一个例子将会使这一观点更明了。有一个比率，它用于说明公司明年是否有能力偿还债务。这个比率称为流动比率，其数据来源于流动资产和流动负债。

> 对一个公司而言，流动性指的是它在短期内偿还债务的能力。

回顾第 2 章讲过的，货币经过流动资产项目从正常的经营活动中进入企业。同样，正常的现金流出也是经过流动负债项目完成的。另外，“流动”的定义是指现金可以在一年内产生出来或在一年内被使用。

显然，若想保持偿付能力，企业至少应保证现金收支相等。事实证明，比较同一时点上的流动资产和流动负债可以说明近期企业的经营现金流量是正的还是负的。流动比率正是这样的比率，它用流动资产除以流动负债，而且必须大于 1，否则企业在下一年就可能会出现货币短缺[①]。流动比率衡量的是企业的流动性，企业短期内偿还债务的能力。

数字比率都是经过涉及产生的，与流动比率一样，每个比率都有其特定的意义。我们将在本章下面的内容中介绍几个最常用的比率。

3.3.1 比较分析

比率本身有一定的价值，当与其他类似的数据比较时，它的价值就会体现出来。例如，1.8 的流动比率从企业自身看来很正常，但当某个竞争企业的流动比率超过 3.0 时，一定会引起注意。在这个例子中，我们认为这家竞争企业的某种自身特点要求较大的流动性，而企业自己就不必如此。

> 比率通常是与历史数据，竞争企业数据和预算数据比较。

比率分析通常以三种比较方式中的一种或更多种进行，而比较分析可根据历史数据、竞争企业数据和预算数据进行。

历史数据

与历史数据进行比较意味着针对同一比率，将企业当期数据与过去一个或几个会计期间

---

① 流动比率一般需要稍微高于 1.0。如果未来的现金流入量等于现金流出量，那么一旦先发生现金流出量，公司就要出现问题了。

的数据相比较。这样做事为了分析变化的趋势。如果一家企业的流动比率在几个会计期间内急剧下降,分析师就要问其中的缘由了。

竞争企业数据

在同一行业内,其他公司的业绩也是评价企业业绩的良好标准。如果某个指标大大偏离其他企业的业绩,就需要找出原因了。而行业平均数值可通过商业协会和政府的出版物、银行的报告和投资分析师的报告中得到。

预算数据

无论规模大小,绝大多数企业都会编制未来的财务计划。我们将在第 4 章中研究企业财务计划的编制。而现在,知道财务计划中包含一套预计财务报表及其比率就足够了。当评价企业的财务业绩时,将企业实际业绩与管理层在计划(预算)中要求的业绩作一个比较。比较计划比率与实际比率可以突出管理层在企业经营过程中需要关注的地方。

3.3.2 百分比财务报表

> 百分比财务报表用每行数据占收入的比率来表示每行数据。

财务分析的第一步是计算出一套比率,即百分比财务报表。百分比财务报表使用最为频繁。举例说明。

假设我们准备比较同一行业内两个规模完全不同的公司的财务业绩。例如,下面是 Alpha 和 Bera 公司的收益表。(单位:美元)

	Alpha	Beta
销售收入	2 187 460	150 845
销售成本	1 203 103	72 406
毛利润	984 357	78 439
费用	505 303	39 976
息税前收益	479 054	38 465
利息	131 248	15 386
税前收益	347 806	23 079
所得税	118 254	3 462
净收益	229 552	19 617

看着这些数字很难说清楚哪家公司在控制成本和费用方面做得更好,因为 Alpha 的企业规模比 Beta 大得多。

但是通过将绝对数转化为相对数而得到的百分比财务报表将使二者之间的比较变得更容易些。百分比收益报表中的每一行数据都是其自身占收入的百分比,而这个百分比通常紧接在绝对数据的后面,并以百分号内的小数表示。

概念链接 例 3-2

百分比财务报表

借助百分比财务报表比较 Alpha 和 Beta 的公司业绩。

下面是 Alpha 和 Bera 公司的收益表。

	Alpha		Beta	
	美元	%	美元	%
销售收入	2 187 460	100.0	150 845	100.0
销售成本	1 203 103	55.0	72 406	48.0
毛利润	984 357	45.0	78 439	52.0
费用	505 303	23.1	39 976	26.5
息税前收益	479 054	21.9	38 465	25.5
利息	131 248	6.0	15 386	10.2
税前收益	347 806	15.9	23 079	15.3
所得税	118 254	5.4	3 462	2.3
净收益	229 552	10.5	19 617	13.0

销售额下的每一个百分比数据是该行数值占销售收入的比例。销售成本占销售收入的比例被称为成本率，费用占收入的百分数称为费用率，而净收益占销售额的百分数有一个专有名称，销售报酬率，这是后面我们要研究的几个比率之一。

比较报表中两列比率，我们立刻会发现公司在经营方面的差异。Alpha 成本率为 55%，而 Beta 是 48%，这是很不正常的，因为人们总是认为规模大的企业能够具有比其他小企业更有效率的规模效应。

针对这种差异有几种解释。Alpha 公司可能存在一些生产问题，Beta 公司极擅长这个领域，也或者它们两家公司生产的产品存在差异。其中在后一种情况下，可能 Alpha 公司生产的是简单的低端品，所以标价很低；而 Beta 公司生产的相同产品则是需要定做的高档品，标价也就会很高。

CFO 经验谈

百分比财务报表分析可以让我们提出正确的问题。它不会提供答案，但却为我们指出了寻求答案的方向。

百分比财务报表对于比较公司的业绩与其历史表现特别有用。成本率或费用率从今年到去年再到前年的不良变化趋势对于管理层来说是一种信号，它要求管理层不可轻视。

一套百分比财务报表通常是分析师开始某个项目之前首要编制的报表。

同样，可以编制百分比资产负债表，它说明每项资产占总资产的百分比。它对于分析公司是否在存货或应收账款占用了相对过多的资金，或者公司是否购买了多余的设备是十分有用的。

3.3.3 比率

在下面的内容中，我们将介绍几个财务分析中常用的比率。每个比率可用于说明公司经营活动的某个方面的情况。针对每个比率，我们会解释这个比率如何计算，分析它的基本原理并讨论它会告诉分析师什么。

比率只有用于比较分析时，才会最有意义。鉴于这个原因，我们很难总结出当某个特定比率是多少时才是好的或最可接受的。例如，我们将介绍一个用于衡量企业存货周转效率的比率。关于这个比率，适于生产型企业的最佳值对于零售商来说可能是十分可怕的。

在我们讨论每个比率之后，我们将使用 Belfry 公司财务报表计算其企业价值。

注意平均值和期末值

注意，我们有一份 Belfry 公司年初、年末的资产负债表，它产生了一个计算上的问题。当某个比率需要用到资产负债表中的数据时，我们应该用期初值、期末值还是平均值？

> 比率分解为五类：流动性率、资产管理比率、债务管理比率、获利能力比率和市场价值比率。

答案取决于这个比率用于衡量什么？如果比率与企业年末的状况有关，期末值比较合适。另外，比率是用于衡量全年中一直发生的某项活动时，年末资产负债表的平均值可以较好地反映该活动。而期初值不适于任何情况。

如果公司相对比较稳定，而且账户余额变化不大，期末值与平均值的差别也就不是很重要了。然而，如果公司正在快速成长或快速萎缩，差别就很大了。

老练的分析师经常采用资产负债表的平均值。但是，为了使得到的计算值更简单，我们一般使用期末值。你应该注意例子中的这一点。

比率分类

根据内容不同，比率可以分为若干类。我们将要讨论的比率分为五类：流动比率、资产管理比率、债务管理比率、获利能力比率和市场价值比率。

流动比率是指企业短期内偿还债务的能力。资产管理比率是指企业如何使用原材料产生收入和利润并减少成本。债务管理比率是指企业如何有效使用借款并判断是否使用过多的借款。获利能力比率给出了几个用于评价企业盈利能力的方法。市场价值比率是为投资者对企业未来的发展状况提供说明。

3.3.4 流动比率

流动比率涉及债权人与供应商，即以赊销方式向企业提供产品与服务的人，他们想要确定企业是否有能力偿还债务。

流动比率

> 流动比率衡量企业满足短期债务的能力。

流动比率是衡量企业流动性的主要指标，即短期内偿还债务的能力。

$$流动比率 = \frac{流动资产}{流动负债}$$

这个比率的原理已经在前面以一个例子介绍了。如果是近期流入企业的资产就应为当前的流动资产；而近期就要偿付的负债就应是当前的流动负债。流动资产数额应尽量大于流动负债额以保证企业的偿债能力。即流动比率应大于 1。一般来说，该比率高于 1.5 或 2.0 是令人满意的。

前面讲过，我们应指出流动比率两个异常的方面。如果一家经营良好的大型综合性公司、资产负债表中得到的流动比率大约等于 1，这是否意味着该企业存在无法偿债的风险呢？

虽然这家公司的流动比率确实很低，但回答是“否”，原因是公司的经营管理很出色。由于流动资产，如应收账款和存货会占用大量可用于其他方面的资金，所以企业会尽可能减少流动资产。如果公司与银行有一个贷款信用额度，可随时向银行借款来弥补暂时的现金短缺，那么公司是可以将流动比率保持在一个较低水平的。

CFO 经验谈

过高的流动比率易造成误导。存货和应收账款可能会被高估，这个意思是记入这些账户中的某些个别项目根本无任何价值或根本无法转变为现金。如果这些项目仍然留在资产负债表上，必会造成流动资产数额的膨胀和不真实的流动比率。

Belfry 公司的流动比率是：

$$流动比率 = \frac{7\ 500}{2\ 500} = 3.0$$

流动比率是一个纯数字，一般没有单位。

速动比率或酸性测试

速动比率在概念上与流动比率类似。

$$速动比率 = \frac{流动资产 - 存货}{流动负债}$$

根据流动比率解释的流动性标准是指在一段合理的时间内，企业将存货转化为现金的能力。显然，正如第 2 章讲的，存货价值特别易受计价方法的影响并易被高估；而存货转化为现金所用的时间也比其他的流动账户要长。

鉴于这些问题，分析师希望有一种不依赖于存货的衡量流动性的指标标准，而速动比率正是将存货从流动资产中分离出去。速动比率也被称为酸性测试，表示它是一种特别严格的辨别力强的测试。

流动资产有时也包括一些不能转化为现金的项目，如预付费用，所以计算速动比率时这类项目也应该被减去。Belfry 公司的速冻比率是：

$$速动比率 = \frac{7\ 500 - 3\ 200}{2\ 500} = 1.7$$

和流动比率一样，速动比率没有单位。

3.3.5 资产管理比率

资产管理比率用于说明企业经营的效率。它涉及的内容可以是长期的，也可以是短期的，并帮助分析师了解企业基本的竞争优势。

平均回收期(ACP)

ACP 衡量企业收回信用销售的时间。

平均回收期(ACP)是指公司收回应收账款经历的平均天数。也就是说，企业多少时间可以收回赊销的账款。ACP 也可以成为销售额在外天数(DSO)或应收账款周期。ACP 以天为单位，公式如下：

$$平均回收期 = \frac{应收账款}{平均日销售额}$$

其中，平均日销售额等于全年销售额除以 360 天。将分子、分母分别乘以 360，可以得到一个更方便的公式：

$$平均回收期 = \frac{应收账款}{销售额} \times 360$$

将一年视为 360 天或 12 个月是计算惯例。[①]

显然，企业应收账款周期越长，说明它的状况也就越差。虽然也有例外，但大多数的赊销交易都是以 30 天为赊销期，而 10 日内付款有折扣优惠则可以加快还款的速度。

---

① 以 360 天为一年和以 365 为一年都很常见，我们有时会同时使用这两种惯例。

CFO 经验谈

客户总是希望能够延长赊销期限以推迟付款；而卖方，为了保持业务关系，也不会抱怨轻微的迟付行为。所以在一些行业内，企业日常经营中的 ACP 为 35 天或者 45 天是很正常的。然而，如果 ACP 超过了企业赊销期限的 50%，则说明企业存在了很严重的赊销问题。

应收账款的收款问题有几个重要的含义。最明显的一条就是企业可能是在向丧失偿付能力或者根本不愿意还款的客户提供信用。另一个可能是，客户对企业的产品质量问题有不满意见，这也会导致客户不愿意支付货款。

恰当解释 ACP 十分重要，虽然 ACP 代表的是平均回收期，但并不意味着所有客户付款的速度都很慢。实际上，这或许说明大多数的应收账款都可以很快收回来，只是个别的项目时间已经很长了，有 6 个月或 1 年。这类应收账款已不可能转化为现金了。

回顾我们在第 2 章中的讨论，管理层有时并不情愿对存在严重问题的应收账款做出处理，以将其在账簿中删去，因为这意味着利润的减少。但这样做的后果就是一个高估的应收账款账户，使得资产负债表实际上并不如看上去那么有价值。

坏账应该立即经会计处理而冲销掉，或者如果仍然保留，至少应相应增加坏账准备。

计算中应选择扣除了坏账准备之后的应收账款净额平均值。Belfry 公司的 ACP 如下：

$$ACP = \frac{2\ 900}{10\ 000} \times 360 = 104.4$$

这个结果不太好。Belfry 公司在回收某些客户的赊销账款时，出现了一些问题。

存货周转率

> 存货周转率衡量存货质量的同时指明如何更好地管理存货。

存货周转率可判断企业的存货是否占压了过多的资金。公式是：

$$存货周转率 = \frac{销售成本}{存货}$$

持有存货就是耗费货币。存货成本包括利息、仓储费、保险费和税金。另外，企业持有的存货越多，面对的存货毁坏和过时的风险就越大。存货周转率反映了一年内存货周转的次数，周转率越高，意味着存货占压的资金就越少。

CFO 经验谈

低于存货周转率说明账簿上记录的某些存货无处可用。使用中的存货也许周转较快，而某些存货材料可能过时了。无论卖掉这些旧存货能够得到什么，这样的老库存都应该被处理掉。

存货太少也会给经营带来麻烦，过低的存货水平会引发脱销的发生，即工厂的原材料用光了或者手中没有客户需要的产品，这将造成工厂停工或者损害销售。那么在过多和过少之间必有一个合适的存货量。存货周转率能够帮助找出这个合适的量。

另一个存货周转率公式是用销售额代替分子中的销售成本。在实践中，还是销售成本用的较多，因为人们认为成本与存货是可比的，而销售额中含有费用和利润。如果比较分析具有持续性，任何一种方法都可以使用。

Belfry 公司采用销售成本计算的存货周转率是：

$$存货周转率 = \frac{6\ 000}{3\ 200} = 1.9$$

用销售额计算的存货周转率为：

$$存货周转率 = \frac{10\ 000}{3\ 200} = 3.1$$

这些结果在大多数企业看来都很糟糕。分析师试图通过寻找废弃的或丢失的产品来调查一下。

存货周转率是纯数，但一般以“圈”或“次”为单位，用符号“×”表示。

注意，在这个例子中如果在分母中采用存货平均值，结果就会有很大的差别。那是因为一年中存货数量变化的很大。

固定资产周转率和总资产周转率

固定资产周转率和总资产周转率计算的是企业资产和年度销售额的比例关系。公式是：

$$固定资产周转率 = \frac{销售额}{固定资产}$$

$$总资产周转率 = \frac{销售额}{总资产} \tag{3-1}$$

企业的经营活动可以看作是运用企业资产连同员工的能力来产生收入和利润。这两个比率显然是资产与销售额的关系，一般来说，在相同的资产水平下，高销售额公司的经济状况会比低销售额的公司好。

这两个比率使我们侧重于注意固定资产和总资产，而固定资产周转率应用更为广泛，需要大型设备进行经营的企业用固定资产周转率则比较合适。

由于这两个比率是对企业长期业绩的衡量，所以它们也主要受到权益投资者和股票市场分析师的关注。资产负债表数值使用平均值比较分析，而且两个资产值应是扣除累计折旧后的净值列报。Belfry 公司的比率等于：

$$固定资产周转率 = \frac{10\ 000}{4\ 500} = 2.2$$

$$总资产周转率 = \frac{10\ 000}{12\ 000} = 0.83$$

比率的单位一般为“次”，可用符号“×”代替。例如，Belfry 公司固定资产周转率可以用 2.2×代替 2.2 次。

3.3.6 债务管理比率

债务管理解决的是企业如何用别人的钱获得种种优势的问题。其中，“用别人的钱”既可以指商业信用也可以指其他形式的负债。在财务分析中，人们主要关注的是企业不要大量地使用借款以免承担过多的风险。这个非常关键的。在用别人的钱存在的问题是企业未来要有现金流出量以支付利息和/或偿还债务。如果公司的经营活动不能为还债提供足够的资金，可能就陷入大的困境中。

专业术语

在比率分析中，“债务”一词的含义被放大了。一些权威人士用这个词指出了所有者权益以外的任何一种货币来源。结合我们的例子，债务指的是长期债务和流动负债。还有一些观点认为，债务仅仅限于付息债务，一般来说仅指长期借款。

理论学家倾向于第一种解释，它们会将流动负债加上长期债务得到总债务，并将其用于比率分析。然而，商人则会将债务仅仅局限于长期的带有利息的借款。显然，这样会造成一些混乱。

在本书中，我们会准确地表达我们的意思。总债务等于流动负债和长期债务之和。长期债务的含义不必多讲，但债务一词，我们认为它指的是全部正式的借款，而无论借款期限的长短。在用法有差异的地方，我们会做出解释。

负债比率

负债比率运用全部债务概念，衡量构成支持企业资产的所有者权益和全部负债之间的关系。它告诉我们在企业的资产中有多少是来自于别人的钱。

$$负债比率=\frac{长期债务+流动负债}{总资产}$$

高负债比率对于投资者，尤其是借债人来说意味着高风险。

Belfry 公司的负债比率是：

$$负债比率=\frac{6\ 200+2\ 500}{12\ 000}=72.5\%$$

这说明了公司将近 3/4 的资产是来自于别人的钱。这对于大多数公司来说足以值得重视。

负债对权益比率

负债对权益比率一般用于长期债务，所以在表述上与其他比率略有不同。

$$负债对权益比率=长期债务:权益$$

> 固定财务费用如同利息可以增加公司的财务费用。

这个比率是计算企业总资本中债务与权益的比例关系，它是衡量风险的一个重要指标，因为高额债务会带来收益表中高额的利息费用。在经济衰退时期，高额债务同样会使企业的获利能力变得十分脆弱。利息又被称为固定财务费用，无论收入和利润现状如何，企业都要支付利息。因此在企业走下坡路时，巨额的利息费用会立刻让企业陷入危机。我们称与债务和利息相关的风险为财务风险。

这个比率有点与众不同，因为它的表现形式是比例，而不是小数或百分数。例如，如果 100 美元的资本中含有 33.33 美元的债务，那么根据惯用术语，债务对权益比率应表述为"1/3—2/3"或"33/67"。如果资本的 2/3 是负债，我们会说这个比率等于 2∶1。

Belfry 公司的负债对权益比率是：

$$负债对权益比率=6\ 200:3\ 300$$

该比率可以表述为 1.9∶1(600/3300=1.9)。债务对权益比率应该采用期末余额。

利息保障倍数(TIE)

> 高水平的利息保障倍数意味着安全。

利息保障倍数(times interest earned，TIE)更直接说明了利息对收益表的影响，它反映的是息税前收益(EBIT)可支付多少次利息。

$$利息保障倍数=\frac{息税前收益}{利息}$$

TIE 也被称为覆盖率。例如，某企业息税前收益 100 美元，利息 10 美元，则 TIE 等于 10。我们可以说利息被覆盖了 10 次。显然覆盖利息的倍数越高，借更多的钱给这样的企业也就越安全。

对于 Belfry 公司，

$$利息保障倍数 = \frac{1\ 900}{400} = 4.8$$

TIE 的单位是次。

现金支付率

TIE 本身存在一个明显的问题。利息需要用现金支付，而 EBIT 并不一定是一种现金来源。相反，它只是收益表中一个小计项目，与现金流量有很大的区别。换句话说，除了 EBIT，企业每年或多或少应有一定的现金用于支付利息。这个问题是可以得到解决的，关键是要认识到 EBIT 与可比的现金数字的最大差异就是折旧，而折旧在计算 EBIT 时是作为成本或费用被减去的。

如果我们将分子中的 EBIT 加上折旧，就可以得到一个更准确的支付率。这个比率就是现金支付率。公式为：

$$现金支付率 = \frac{息税前收益 + 折旧}{利息}$$

Belfry 公式的现金支付率等于：

$$现金支付率 = \frac{1\ 900 + 500}{400} = 6.0$$

固定费用支付率

在 TIE 和现金支付率中，都认为利息是一种固定的财务费用。"固定"一词的含义就是无论企业的状况如何，利息都必须要支付。这一点与股利不同，因为在企业收益状况不佳时可以减少股利的发放。

> 租金如同利息一样是固定费用。

近几年，租赁作为获得资产的一种手段也被视为是一种辅助性债务。企业不用借钱的方式购买设备，而是租赁相同的设备，不用支付利息而是支付租金。我们将在第 7 章中讨论租赁。

然而，当租赁的设备是企业经营所必须的或者租赁合同不可以进行赊销交易时，租赁就成了一种固定费用，而无论企业经济状况如何。

我们能对 TIE 做一些调整，将额外的固定费用纳入考虑范围。因为支付的租金已经与其他的成本和费用在 EBIT 之前就减掉了，那么现在就必须在分子中重新加上租金费用以得到用于支付全部固定费用的现金值。同样，分母中的利息费用也要加上同样的数以得到全部的固定费用。这样得到的比率就是固定费用支付率：

$$固定费用支付率 = \frac{息税前收益 + 租金}{利息 + 租金}$$

若符合条件要求，其他类似的固定费用也可以加到分子和分母中。

我们假设 Belfry 公司有 700 美元的租金计入了成本和费用，那么它的固定费用支付率就等于：

$$固定费用支付率 = \frac{1\ 900 + 700}{400 + 700} = 2.4$$

债务管理比率对债权人和股东都是很重要的。债权人希望确定企业有资金支付本金和利息，因此尤为关注短期的支付率。股东则关注过高负债和利息对企业长期偿债能力的影响。

息税折旧摊销前利润和覆盖率的变化

覆盖率的含义其实是对固定或强制的付款额和为它们所支付的适当现金之间进行比较。因此，我们在 EBIT 中增加折旧以更好地估计现金支付比率中的现金流量，并在固定费用支付率中将租金确认为与利息相类似的固定费用。在很多情况中，必须有规律地预付贷款本金，因此也应该将强制支付的本金适当地加入固定费用。任何一个组合都是可行的。

本文中的 EBITDA 在近几年开始使用。EBITDA 是指息税、折旧、摊销前的利润。摊销是指与折旧相类似的一定期间内无形的项目的成本。例如，一家公司可能会对一项专利在一定期间内摊销其成本，就像对一项固定资产折旧其成本一样。

如果一家公司有折旧和摊销费用，分子的现金支付率就是 EBIT＋折旧＋摊销，它的缩写就是 EBITDA。EBITDA 支付率将所有的概念放在一起，如下：

$$\text{息税折扣摊销前利润覆盖率} = \frac{\text{息税折扣摊销前利润} + \text{租金}}{\text{利息} + \text{租金} + \text{本金}}$$

注意，本金不加在分子中，因为它们并不是费用项目。因此，在计算 EBIT 时，不需要减掉本金。

为了使 Belfry 例子简单易懂，我们在例子中不考虑摊销、本金和 EBITDA。但是你必须了解 EBITDA 这一缩写。

3.3.7 获利能力比率

衡量企业成功与否的最基本标准就是利润。没有利润就不能分配股利，而不能分配股利或者无股利预期，就不会有人购买企业的股票。

同样，债权人同样不喜欢无盈利企业。那些正在亏损或者几乎不能维持收支平衡的企业存在很大的风险不能偿还贷款。

获利能力比率给出了几个用于评价企业赚钱能力的方法。它计算出每一美元的销售额、每一美元的资产或者每一美元的权益资本可以带来多少利润。获利能力比率一般用百分数表示。

销售报酬率(**ROS**)

> ROS 衡量收益表的控制部分：收入、费用和成本。

销售报酬率(ROS)也称作利润边际或者净利润率。它是净收益占销售收入的百分比。

$$\text{销售报酬率} = \frac{\text{净收益}}{\text{销售收入}} \tag{3-2}$$

你可以在百分比收益表最下一行看到这个比率。它是企业整个获利能力的基本指标，反映管理层控制收益表中的收入、成本和费用的能力。

Belfry 公司的销售报酬率是：

$$\text{销售报酬率} = \frac{1\ 000}{10\ 000} = 10\%$$

资产报酬率(**ROA**)

> ROA 在 ROS 的基础上增加了资产管理的效率。

企业运用资产和员工的技能谋取利润。资产报酬率(ROA)表示的是净收益占总资产的比例，它反映企业运用资产的能力。

$$\text{资产报酬率} = \frac{\text{净收益}}{\text{总资产}} \tag{3-3}$$

资产报酬率衡量的是企业利用资产的能力，而收入为全年所得，所以资产应选用平均值。

Belfry公司的资产报酬率是：

$$\text{资产报酬率} = \frac{1\ 000}{12\ 000} = 8.3\%$$

权益回报率（ROE）

权益回报率（ROE）是最为基础的获利能力比率，它表示净收益占权益的百分比，公式是：

ROE在ROA的基础上增加了借款的影响。

$$\text{权益回报率} = \frac{\text{净收益}}{\text{权益}} \tag{3-4}$$

权益回报率衡量企业使用所有者投入资本获利的能力。凭借发挥借款作用，它将资产报酬率的概念向前发展了一步。如果企业有大量债务，那么在景气时，权益回报率往往会高于资产报酬率；而不景气时，权益回报率又会低于资产报酬率。而当企业债务少或者没有任何债务时，权益回报率是接近于资产报酬率。我们将在第14章中讨论借款的作用，即杠杆作用。计算权益时应选用平均值，对Belfry来讲：

$$\text{权益回报率} = \frac{1\ 000}{3\ 300} = 30.3\%$$

这是一种很好的指标，但它似乎与Belfry在资产管理领域的低业绩相冲突。原因是Belfry债务的自由使用（即杠杆作用）。公司2/3～1/3的负债对权益比率使所有者的报酬率稳定在30%。换句话说，销售报酬率和资产报酬率的好结果带来了权益回报率的更好结果。但是必须为这一成功支付一定的代价，即风险的代价。杠杆作用在两方面起作用。在景气时，它会使普通的结果更好；而在不景气时，它会使低业绩更加可怕，甚至会导致失败。我们将稍后再第14章中介绍这些，并彻底了解杠杆作用。

3.3.8 市场价值比率

我们讨论过的比率都是关于企业内部管理的，因此这些比率或多或少受到管理层的控制。另外有一套比率则是将财务报表的数据与股票市场对企业的评估值进行比较。因为投资者的预期和态度会影响公司在实现市场价值中的表现，所以这类比率的可控性就比较低，管理层可以影响投资者的预期和态度，但无法控制它们。

一家公司的市场价值是每股股票价格乘以发行在外的股票份数。

股票价格可以反映企业的市场价值，用每股股票的价格乘以发行在外的股票股份数就可以得到公司的整体价值。然而，惯例是从每股股票的角度来评价。

市盈率

市盈率是用每股股票价格除以最新收益表中计算得到的每股收益。每股收益等于净收益除以发行在外的普通股股数，它一般可以缩写成EPS，而市盈率可以写为P/E。

市盈率衡量一家在公司股票市场中的价值。

$$\text{市盈率} = \frac{\text{股票价格}}{\text{每股收益}}$$

市盈率在股票市场中十分重要，它说明投资者愿意为公司每一美元的盈利支付多少钱。例如，如果一家公司的市盈率是10，每股收益是4.5美元，那么股价就应是45美元。股东会说：“股价是收益的10倍。”

不同的公司有不同的市盈率。显而易见，市盈率越高越好，因为在高市盈率下，一美元的收益带给股东更高的价值。造成高市盈率的一个重要因素是对公司成长能力的高预期。

但同时，人们应该审慎看待市盈率。一家亏损企业的市盈率是没有任何意义的。进一步说，如果利润非常少但同时股票还有一定的价值，市盈率也会很高，但这时的市盈率毫无意义。

> 一家公司的P/E的主要作用是预期公司的成长能力。

下面为Belfry计算一下市场价值比率，我们需要发行在外的股票数量及股价。为了清楚的解释，我们假设有300股股票，而股价是每股38美元。每股收益等于

$$每股收益 = 1\ 000/300 = 3.33$$

市盈率等于

$$市盈率 = \frac{38}{3.33} = 11.4$$

市盈率是投资者评价股票的一种重要说明。未来有前景的股票会有一个较高的市盈率，这意味着该股票会比其他有相近每股收益的公司股票的出售价格更高。

怎样得到一个好的市盈率，这会随着时间的改变而改变。20世纪大规模交易的股票的平均P/E从低于10到高于40之间波动。近些年，Belfry的市盈率约为11，这表明投资者对公司不太乐观。那是公司拥有过多的债务且被认为是一项有风险的投资的结果。

然而，不同行业的市盈率变化非常大。因此，同整个市场的平均值作比较没有同行业的平均值作比较更有意义。在过去的40年里，高速增长的高科技产业一般会有最高的市盈率。

市净率

一家企业的账面价值是指其资产负债表上记录的所有者权益数，它等于资产数减去负债数。注意，这个值可能会与企业卖掉全部资产并偿还全部债务后实际剩余资产的值不相等，可能高也可能低。

一家健康发展的企业总是希望其市场价值超过账面价值，这有时也被称为企业的持续经营价值。其含义是企业的资产和员工共同在未来创造的收益会高于今天资产的价值。

市净率可以体现出超额价值的概念。就像市盈率，它以每股为单位。每股的市场价值就是股价，每股的账面价值就是用全部所有者权益除以发行在外的股票数量。它的计算是：

$$市净率 = \frac{股票价格}{每股账面价值}$$

市净率可以说明市场对于特定股票的看法。小于1.0的市净率说明市场对企业的未来不太看好，这样的企业就是在以低于账面价值销售股票。

投机者有时会喜欢市净率低于1.0的股票，而导致股价低迷的原因是市场对于有关这个实质良好的公司的某种坏消息反应过度了。在这种情况下，公司的股价一定会在短期内迅速反弹，而低价位的投资者肯定会带来巨额的利润。一些投资者会用市净率判断出可能属于这种情况的公司。

Belfry公司用所有者权益除以发行在外的股票数得到每股账面价值：

$$每股账面价值 = 3\ 300/300 = 11$$

市净率等于：

$$市净率 = \frac{38}{11} = 3.5$$

表3-2列出了前面讲过的全部比率。

表 3-2 财务比率

流动比率

$$流动比率=\frac{流动资产}{流动负债}$$

$$速动比率=\frac{流动资产-存货}{流动负债}$$

资产管理比率*

$$平均回收期=\frac{应收账款}{平均日销售额}=\frac{应收账款}{销售额}\times 360$$

$$存货周转率=\frac{销售成本}{存货}$$

$$固定资产周转率=\frac{销售额}{固定资产}$$

$$总资产周转率=\frac{销售额}{总资产}$$

债务管理比率

$$负债比率=\frac{长期债务+流动负债}{总资产}$$

负债对权益比率=长期债务：权益

$$利息保障倍数=\frac{息税前收益}{利息}$$

$$现金支付率=\frac{息税前收益+折扣}{利息}$$

$$固定费用支付率=\frac{息税前收益+租金}{利息+租金}$$

获利能力比率

$$销售报酬率=\frac{净收益}{销售收入}$$

$$资产报酬率^{*}=\frac{净收益}{总资产}$$

$$权益回报率^{*}=\frac{净收益}{权益}$$

市场价值比率

$$市盈率=\frac{股票价格}{每股收益}$$

$$市净率=\frac{股票价格}{每股账面价值}$$

*表示这部分的比率适和选用资产负债表平均值。

3.3.9 杜邦公式

我们前面讲过每一个比率都可以用来衡量公司管理的某一个方面。然而，这些比率指标并不是独立的，公司某一方面的业绩会影响到公司其他方面的业绩。

杜邦公式①则体现了比率之间两个内在的关系。第一个就是用资产报酬率乘以销售额/销售额(=1，所以不改变资产报酬率本身的值)。

$$资产报酬率=\frac{净收益}{总资产}\times\frac{销售额}{销售额}$$

① 由提出这一等式的杜邦公司而得名。

交换两个分母的位置得到：

$$资产报酬率 = \frac{净收益}{销售额} \times \frac{总资产}{销售额}$$

注意，这样我们得到了两个比率，二者之积等于资产报酬率。这两个比率我们之前学过，一个是公式 3-2 销售报酬率(ROS)，另一个是公式 3-1 总资产周转率。因此，杜邦公式是：

$$资产报酬率 = 销售报酬率 \times 总资产周转率 \tag{3-5}$$

这一结论很重要。资产报酬率是衡量企业业绩的基本比率，表示企业运用资产获利的能力，但现在它是两个更多基本指标的乘积。首先，销售报酬率表示企业从销售中获得多少利润；其次，总资产周转率反映企业运用资产的能力。

杜邦公式使我们了解企业经营的好坏，即通过资产报酬率衡量，我们必须控制成本和费用，并让每一美元的资产产生尽量多的销售额。这句话听起来应该很熟悉，就像我们之前讲经营跑道时提到的。

扩展的杜邦公式则是用其他比率代替权益回报率。我们将公式 3-4 的权益回报率先乘以销售额/销售额，再乘以总资产/总资产。那么，

$$权益回报率 = \frac{净收益}{权益} \times \frac{销售额}{销售额} \times \frac{总资产}{总资产}$$

调整分母的位置后得到：

$$权益回报率 = \frac{净收益}{销售额} \times \frac{销售额}{总资产} \times \frac{总资产}{权益}$$

最后一项是权益乘数。稍后我们将予以解释，但现在我们发现权益回报率公式等于资产报酬率公式乘以权益乘数。

$$权益回报率 = 销售报酬率 \times 总资产周转率 \times 权益乘数$$

替换公式 3-5 得，

$$权益回报率 = 资产报酬率 \times 权益乘数$$

权益乘数与杠杆作用有关，即用借款来经营企业。因此，扩展的杜邦公式说明若用权益回报率衡量企业的业绩，只需在资产报酬率的结果中考虑杠杆作用就可以了。

为了理解权益乘数，我们来思考一下资产负债表的右半部分。这部分列出了企业资金的全部来源：权益、债务和其他负债①，它们之和等于总资产，因为资产负债的左右两边是相等的。负债是用别人的钱，而权益是公司自己的钱(所有者的钱)。权益乘数反映了从别人那里筹到的资金与所有者资金的比例。

例如，假设公司的总资产是 100 美元，所有者权益是 25 美元。这意味着公司 3/4 的资产是来自于负债(75 美元)，1/4 的资产是来自权益(25 美元)，那么权益乘数就等于 4(100 美元/25 美元)。根据扩展杜邦公式，由于负债的作用，企业的权益回报率是资产报酬率的四倍。

如果公司盈利且资产报酬率是个正数，4 倍就是件好事。例如，资产报酬率为 5%，ROE 就是 20%。如果企业的状况不好，借款就会是一件坏事。假设，企业出现了亏损，资产报酬率为 −5%，但权益乘数的作用不会改变，权益回报率将会变为 −20%，这是一个令人沮丧的结果。

扩展的杜邦公式揭示了对公司经营来说很重要的一些事情。企业经营管理本身可以用

---

① 在 Belfry 的例子中，其他负债仅仅是指流动负债，但并不是所有情况下都是这样的。

资产报酬率来反映，它表示企业管理客户、员工、成本、费用和设备的能力。但实质的结果，好或坏，可能会由于借款的作用成倍增加。换句话说，企业融资的方式可能会大大地放大具体的经营成果。

写出 Belfry 公司的杜邦公式，证明其中的关系。

实务观察

财务实践

财务分析中的新观点：经济增加值和市场增加值

近几年，经济增加值(economic value added, EVA)和市场增加值(market value added, MVA)已经成为受欢迎的评价企业经营状况的标准。而这两个概念的核心是创造股东财富。我们先看看市场增加值。

有两种计算权益的方法。权益的市场价值等于股价乘以发行的股票数量。同时，持有投资形成的权益价值也反映在公司账簿的权益账户中(含留存收益)。如果市场价值大于账面价值，那么增加的这部分价值就是企业持续的经营活动所产生的。这个增值就是市场增加值，它是管理层从企业成立以来，除了股利以外，带给股东的累计价值。

注意，如果股价低于每股账面价值，企业的市场增加值为负值。从概念上说，市场增加值有点类似于前面讲过的市净率，而负的市场增加值就等同于小于 1 的市净率。

更令人兴奋的概念是经济增加值，从理论上说，它是企业当年的市场增加值的增加量或减少量。

在给出经济增加值确切的定义之前，需要看一下传统的净收益概念。我们从收入中扣除成本、费用和利息后得到净收益。你可能会将利息看作是企业支付的使用债务资本的成本。然而，我们却并不会在收益表中减去支付使用权益资本的成本。

这意味着，建立在净收益基础上的财务分析确认债务成本(利息)，但暗示确认权益为一种免费的资本来源。这就引出了问题，权益资本实际是有成本的，起码股东对于他们的投资是会要求回报的。忽略了权益成本会使得经营业绩看上去好于实际情况。例如，一家有着正净收益的公司，从会计的角度它是盈利的，但实际上它却可能存在着经营失败的风险，因为它无法向股东提供足够的投资回报。

如果我们修改一下收益表，同时减去负债成本和权益成本，而不仅仅是负债成本，那么比净收益更好地可衡量企业综合业绩的指标就产生了。这正是经济增加值用到的一个概念，资本成本。我们会在稍后的一章中具体讲解资本成本，而现在只需要知道资本成本是“利息率”的简单平均就足够了，它反映了企业支付给资本投资者，包括债务资本和权益资本的回报。这个比率以税后收益为基础，表示了企业使用资本的成本。

经济增加值的定义如下，

经济增加值 = 息税前收益 ×(1 − 税率) −(债务 + 权益)× 资本成本百分数

公式右边的第一项 EBIT 通过乘以(1−T)(T 表示税率)得到税后收益。这个数就是在无资本成本情况下的税后收益。

公式右边的第二项是减去资本成本后的使用费用。债务加权益等于总资本，那么资本成本乘以二者的和就是公司使用全部资本而付出的代价。这一项就像收益表中传统的利息费，只是现在它扩展到包含了权益使用费。它同样是税后的，因为资本成本百分数是税后的。

因此，经济增加值就是税后收益减去全部资本的税后使用费。但这个使用费仅仅是股东和债权人对投入资金所要求的最小回报，即他们将资金进行其他投资，同样可以得到这个回报。所以，如果经济增加值是正数，那么企业及时超出了股东的预期了。也就是说，正的经济增加值是这一年中对股东财务的一种额外的附加的贡献。

这点很重要。一方面，如果经济增加值等于0，那么公司的收入仅仅是投资者期望和要求的，不多不少，企业的表现正好。另一方面，如果经济增加值为正值，即表示企业超出了股东的预期并增加了股东的价值。而负的经济增加值当然说明了企业正在衰退，对股东财务的贡献是负的。

在20年前，经济增加值开始引起关注。现在在财务管理领域，它已经成为了诸多热门理念中的一个。越来越多的公司在使用经济增加值，一些大公司将市场价值的增长归功于对经济增加值的管理而不是传统的净收益。经济增加值和市场增加值是由Stern Stewart&Co财务咨询公司提出的，该公司使用经济增加值的客户的经营业绩比股票市场上其他同行的经营业绩高。

资料来源：www.eva.com

3.3.10 使用杜邦公式

杜邦公式可以用来分解问题。

对比公式与行业平均的杜邦等式可以知道，与其他竞争者相比，公司做得如何。例如，假设Samson公司与其所在行业的平均数据如下，

	资产报酬率	=	销售报酬率	×	资产周转率
Samson Inc.	12%		6%		2×
行业	15%		5%		3×

如果Samson试图找出资产报酬率低于行业平均值的原因，就应将注意力集中用于等式的右半部分。比较后知道Samson对于收益表中的成本和费用的管理好于行业平均，但就资产的使用情况上说，如总资产周转率，与竞争对手比起来就有些差了。

关于周转率的问题，它可能存在于企业某一个或两个方面中。可能公司有非必要的或者低效的资产，如被高估的存货或没有效用的机器；也可能是企业的促销活动并没有选对目标，所以销售额过低。现在关键的工作是找出存在的问题并解决问题。

3.3.11 可比信息的来源

一般来说，比率分析中最好的可比信息是行业的平均数，而行业平均数可以通过多种渠道得到。

邓白氏(D&B)是一件信用评级机构。卖主会通过D&B的报告决定是否向客户提供赊销。

D&B有美国绝大多数企业的信用资料。这些资料包括财务信息和与企业有交易的公司对其付款情况的评价。D&B资料的阅读者可以订购某个特定公司的信用报告以有助于做出赊销的决定。

D&B通过总结各方面的数据，可以提供近800个行业的平均数。这些信息发表在《行业常用指标和关键行业比率》上。

风险管理协会(Risk Management Association)是由银行贷款部经理组成的机构，它在《报

表研究》中公布总结出的有关 250 个行业的比率信息。

英国商业协会(U.S. Commerce Department)发布的《季度财务报告》,提供大多数行业的比率信息。而有关于行业的政府报告通常由标准行业分类(SIC)码编写,它提供了有关行业活动系统的分割和分类。

Value Line 和类似的投资咨询机构可提供行业的资料和关于某公司的单独报告。

3.3.12 比率分析的局限和缺陷

比率分析不是一门精确的科学,它需要做出判断和给出经验丰富的解释。

虽然比率分析是一种很有用的分析工具,但仍有一些明显的缺点。分析师必须十分小心,以免盲目地将这个技术用到他们见到的任何一套财务报告上,下面就是一些应注意的问题。

多样化经营,即进行多种经营活动的大企业,造成的可能是最大的分析问题。这样的公司在不同的行业里都会有分支部门进行经营活动,那么它们公布的财务报告信息就是这些不同领域的经营情况合并在一起的一张财务报告。因为对比率的理解与分析很大程度上依赖于行业标准,那么不同行业的经营活动的混合必会降低这些信息的分析价值。

会计行业为多样化经营的企业制定的财务报告标准,要求这类公司披露分支部门信息,但它的范围与使用都有限制。

窗饰行为指的是年末对资产负债表所做的处理以使它看上去要好于实际,而所做出的改变并不会持续很长时间。这里有一个简单的例子,想象一家企业的流动比率很低,但是由于它的经营状况还算不错,所以可以借到长期借款。假设企业在年末的前几天借到了这笔贷款,并以现金形式持有这笔贷款,并在后几年偿还。这样做是在不影响年底流动负债的前提下提高了流动资产数,因此也就提高了报告中的流动比率。

会计准则允许企业在报告财务信息时有许多的自由度,这就意味着相同的公司在报告同一件事情时会存在不同,人为的使得财务报告结果出现差异。折旧就是一个很好的例子。对加速折旧法和直线折旧法的选择由企业决定,但不同的选择会使得某个会计期间的折旧额翻一番,而使得完全相同的公司在净收益上存在巨大差异。

通货膨胀通常会扭曲财务报表。例如,若干年前购买的不动产会以初始成本记录在资产负债表上。然而,在今天的市场中,它的价值已经是报表数字的好多倍了。在通货膨胀期间,存货、销售成本和折旧会严重地扭曲企业真正的经营成果。

对比率的解释并不总是很清楚。大家回顾一下前面有关流动比率和存货周转率的讨论。

关于以上这些问题,最关键的是记住比率分析不能给出答案,但它可以帮助你提出正确的问题。

概念链接

例 3-1　企业的现金流量表

例 3-2　百分比财务报表

注意:解释 15 个财务比率的数字来源于例 3-1 的财务报表。

讨论

1. 列出财务信息主要的使用者。他们为什么对财务信息如此感兴趣？

2. 财务分析师从哪里可以得到公司的财务信息？对于这些信息，他们关注的是什么？

3. 财务分析师通常很乐观，他们相信自己所说的，这对吗？解释一下。

4. 如果一家公司的现金账户年末与年初相比有了增加，那么手中现金的增加就是一种现金来源。然而，根据现金流量准则的第二条，现金是一种资产，资产的增加意味着现金的占用。请解释这个明显的矛盾。

5. 为什么我们不计算权益账户年末与年初的差异变化，并将这个变化视为一种现金的来源或占用？同样，为什么我们排除现金账户？

6. 什么是自由现金流量？谁会对它最有兴趣？为什么？

7. 用简单、笼统的词语介绍比率分析的含义（写出几行即可，不用单独讨论每一个比率）。

8. 单独使用财务比率的意义不会很大。请解释。

9. 为什么用流动比率衡量企业流动性？

10. 有了流动比率，为何还需要速动比率？

11. 公司的赊销期是 30 天，应收账款回收期为 35 天。这是否会引起警惕？为什么？

12. 讨论比率分析中对负债的定义。

13. 为什么人们视高额负债为一种风险？如果让你决定某家公司的负债是否过多，你会采用什么方法？为什么？你认为负债超过多少时属于过量？

14. 有人认为 TIE 比率对财务分析的意义不大，为什么？如果是你，你会如何修改这个比率使其更有意义？

15. 管理层能影响市场价值比率吗？

16. 一个有能力的财务分析师是否能够从公开的信息中准确地评价企业财务？解释一下。

分析

1. 目前的现金流量表格式是根据经营活动、投资活动和筹资活动来设计的，这种格式自 20 世纪 80 年代末开始使用。在那之前使用的格式则是先列出现金来源，然后列出全部的现金占用，并各有一个小计。对比现在的格式与原有的格式，你认为它们各自的优点和缺点是什么？如果让你选择，你会选择哪一个？

2. 某公司在过去 3 年一直保持着快速增长。在这种增长突然以更强劲的速度迸发前，公司一直是盈利的。可是，今年公司的收入几乎是 3 年前的 3 倍，但公司却亏损了。如果现在需要你指出公司的问题，你要做的第一件事是什么？

3. “流动性”可用于多个方面。就资产和负债而言，它的含义是什么？当应用于一家经营性的公司时，它又指的是什么？而另一个类似的词“清算”用于公司时，它的含义又是什么？

4. 行业平均的存货周转率是 7 天，而你所在的公司是 15 天。这是个坏消息还是好消息？解释每一种可能性？而你如何才能判断它是一个坏消息？

5. 两年前你向 HiFly 公司投资了 10 000 美元的股票，从那以后公司的股票走势非常好，其价值已是以前的两倍多了。你试图分析 HiFly 公司前两年的财务报表,但是报表中的一些注解感到很疑惑。然而你并不感到担心,因为从报表中可以看出收入和收益是在平稳地增长中,且报表由企业的审计师根据一般公认会计准则出具了无保留意见。可是,当你今早查看《华尔街日报》时震惊地发现 HiFly 的股价比一星期前下降了 30%。这是为什么?

习题

企业现金流量表——流动账户:例 3-1 的概念链接

1. Timeberline 公司去年的流动账户如下(单位:千美元):

	期初	期末		期初	期末
现金	160	333	应付账款	722	2 084
应收账款	1 875	3 810	应付项目	217	456
存货	438	2 676			
流动资产合计	2 473	6 819	流动负债合计	939	2 540

a. 计算并列出与现金流量表中经营活动现金流量有关的流动账户信息。

b. 如果你知道 Waterford 公司去年的收入额增长了 20%,你是否会担心该公司的财务健康问题?为什么?(文字解释。)

企业现金流量表——经营活动:例 3-1 的概念链接

2. Timeberline 公司去年的流动账户如下(单位:千美元):

	期初	期末		期初	期末
现金	175	238	应付账款	205	182
应收账款	1 456	2 207	应付项目	95	83
存货	943	786			
流动资产合计	2 574	3 231	流动负债合计	300	265

另外,去年公司收入 945.3 万美元,成本和费用(包括利息和税款)758 万美元。其中,146.2 万美元的折旧已经计入了成本和费用账户。

列表算出 Timeberline 公司经营活动的现金流量,包括资产负债表账户的变化。

企业现金流量表:例 3-1 的概念链接

3. Latigoe 公司 2008 年的财务报表如下。另外,公司向股东支付了 290 万美元的股利,并从发行新股中获得了 480 万美元,今年没有固定资产报废。(提示:这意味着固定资产的购置价格和折旧等于固定资产原值和累计折旧账户的变化额。)

资产负债表——Latigoe 公司

日期:2008 年 12 月 31 日(单位:千美元)

	资 产	
	12/31/2007	12/31/2008
现金	3 245	2 647
应收账款	7 943	5 614

续表

	资　产	
	12/31/2007	12/31/2008
存货	12 408	13 653
流动资产合计	23 596	21 914
固定资产		
原值	66 098	72 166
减：累计折旧	(47 040)	(51 308)
净值	19 058	20 858
资产合计	42 654	42 772
	负　债	
应付账款	1 699	2 208
应计项目	950	754
流动负债合计	2 649	2 962
长期负债	9 007	1 352
所有者权益	30 998	38 458
资本合计	40 005	39 810
负债与所有者权益合计	42 654	42 772

收益表—Latigoe 公司

日期：2008 年 12 月 31 日(单位：千美元)

销售收入	67 916
销售成本	35 281
毛利润	32 635
折旧	4 268
费用	18 004
息税前收益	10 363
利息	1 096
税前收益	9 267
所得税	3 707
净收益	5 560

编制 Latigoe2008 年的现金流量表。

4. Fitch 公司的财务报表如下：

资产负债表—Fitch 公司

日期：2001 年 12 月 31 日(单位：千美元)

	资　产	
	12/31/2000	12/31/2001
现金	2 165	2 647
应收账款	4 832	5 614
存货	3 217	2 843

续表

	资产	
	12/31/2000	12/31/2001
流动资产合计	10 214	11 104
固定资产		
原值	35 183	39 456
减：累计折旧	(22 640)	(24 852)
净值	12 543	14 604
资产合计	22 757	25 708
	负债	
应付账款	1 642	1 420
应计项目	438	1 228
流动负债合计	2 080	2 648
长期负债	1 823	409
所有者权益	18 854	22 651
资本合计	20 677	23 060
负债与所有者权益合计	22 757	25 708

收益表—Fitch 公司

日期：2001 年 12 月 31 日(单位：千美元)

销售收入	40 506
销售成本	14 177
毛利润	26 329
费用	19 487
息税前收益	6 842
利息	180
税前收益	6 662
所得税	2 265
净收益	4 397

Fitch 公司出售股票获得了 250 万美元，支付了 310 万美元的股利。今年没有固定资产报废。(提示：这意味着固定资产的购置价格和折旧仅仅等于固定资产原值和累计折旧账户的变化额。)

编制 Fitch2001 年的现金流量表。

5. Axtel 公司的财务报表如下：

资产负债表—Axtel 公司

日期：2001 年 12 月 31 日(单位：千美元)

	资产	
	12/31/2000	12/31/2001
现金	3 514	2 875
应收账款	6 742	5 583

续表

	资产	
	12/31/2000	12/31/2001
存货	2 573	3 220
流动资产合计	12 829	11 678
固定资产		
原值	22 478	24 360
减：累计折旧	(12 147)	(13 313)
净值	10 331	11 047
资产合计	23 160	22 725
	负债	
应付账款	1 556	1 702
应计项目	268	408
流动负债合计	1 824	2 110
长期负债	7 112	6 002
所有者权益	14 224	14 613
资本合计	21 336	20 615
负债与所有者权益合计	23 160	22 725

收益表—Axtel 公司

日期：2001 年 12 月 31 日(单位：千美元)

销售收入	36 227
销售成本	19 925
毛利润	16 302
费用	10 868
息税前收益	5 434
利息	713
税前收益	4 721
所得税	1 605
净收益	3 116

另外，Axtel 公司回购了 100 万美元的股票，支付了 172.7 万美元的股利，今年公司的折旧额是 116.6 万美元。编制 Axtel 公司 2001 年的现金流量表。(提示：回购股票是指从股东手中将股票购买回来，假设回购是按股票账面价值定价的，并将它视作反向发行股票。)

6. Fred Klein 最近创办了自己的企业。最初，它用自己 5 000 美元的存款(所有者权益)存入了企业账户，它的资产负债表如下：(单位：美元)

资产		负债与所有者权益	
现金	5 000	应付账款	5 000
合计	5 000	合计	5 000

在接下来的一个月里，即企业开张的第一个月，它完成了如下的交易。(所有的付款都用支票从银行账户中支付。)

• 购入了价值 2 500 美元的存货，共支付了 1 500 美元，余款未付。

• 将其中 500 美元的存货投入生产。

• 在月末向职工支付了 1 100 美元的工资。

• 以赊销的方式售出了当月生产的所有商品，销售额为 3 000 美元。

• 支付租金 1 200 美元。

a. 编制 Fred Klein 公司月末的资产负债表。提示：这家企业仅有流动资产账户、流动负债账户和一个权益账户。根据所给的信息计算出每个账户的余额，期末权益账户应为月末流动资产账户余额与流动负债账户的差额。

b. 编制 Fred Klein 公司的收益表。（提示：Fred 的收入来自赊销。成本和费用包括卖出商品使用的存货的成本和其他一些支出，而不是 Fred 购入存货时开出的支票上的数字。税款忽略不计。）

c. 编制 Fred Klein 公司的现金流量表。（提示：月初资产负债表上只有现金和收益两个账户，余额都是 5 000 美元，其他账户余额为 0。）

d. 从会计意义上说，Fred 这个月是盈利的吗？从现金意义上呢？

e. 当公司盈利时，会出现经营失败的情况吗？下个月，在出现什么情况的前提下，这种可能会发生？（文字解释。）

7. Blanding Home 建筑公司今年购入了价值 350 000 美元的起重机，同时以 80 000 美元将账面净值 20 000 美元的旧机器卖出去了。假设处置旧机器获得的利润会被征收 25%的税款。这是今年发生的与投资活动有关的几项交易活动。编制 Blanding 公司现金流量表中投资活动的部分，向公司财务信息的阅读者准确提供尽可能多的信息。

8. Lansing 公司是一家盈利的食品生产企业，并通过借款、权益和留存收益等融资方式进行了一次重大的企业扩张。在过去的一年里，企业借了一笔 30 年期的 5 000 000 美元借款已用于建设一个新的厂房扩大经营规模。同时，公司以每股 51 美元的价格卖掉了 6 万股股票价值为 4 美元的股票，以购买新的设备。公司还清了用于存货和应收账款的 700 000 美元到期的短期借款，而重新借了 850 000 美元相同目的的短期借款，这笔新借款年底时不会到期。今年 Lansing 公司又偿还了几年前为了购买生产设备而借的一笔长期贷款共 500 000 美元，其中含利息 425 000 万美元。最后，公司向在外发行的 700 000 股股票发放了每股 2.50 美元的股利。计算并列出 Lansing 公司现金流量表中有关筹资活动现金流量的部分。

9. Seymour 公司试图通过提供一个新的低成本的产品线以吸引财务状况较差的赊户，从而迅速提高 2001 年的销售量。今年公司没有发行新股，但支付了 3 000 000 美元的股利。今年公司的折旧额是 7 851 000 美元，且没有报废或出售固定资产。公司 2001 年的财务报表如下：

资产负债表—Seymour 公司

日期：2001 年 12 月 31 日（单位：千美元）

	资产	
	12/31/2000	12/31/2001
现金	2 745	1 071
应收账款	19 842	24 691
存货	10 045	15 621

续表

	资　产	
	12/31/2000	12/31/2001
流动资产合计	32 632	41 383
固定资产		
原值	80 128	97 432
减：累计折旧	(60 225)	(68 076)
净值	19 903	29 356
资产合计	52 535	70 739
	负　债	
应付账款	3 114	6 307
应计项目	768	914
流动负债合计	3 882	7 221
长期负债	36 490	48 128
所有者权益	12 163	15 390
资本合计	48 653	63 518
负债与所有者权益合计	52 535	70 739

收益表—Seymour 公司

日期：2001 年 12 月 31 日(单位：千美元)

销售收入	88 765
销售成本	39 506
毛利润	49 259
费用	34 568
息税前收益	14 691
利息	4 312
税前收益	10 379
所得税	4 152
净收益	6 227

a. 在编制现金流量表之前，指出资产负债表中各账户的变化，并粗略地总结出 Seymour 公司的钱来于何处，又用于什么，包括作为一种现金来源的净收益和摊销之和。

b. 编制 Seymour 公司的现金流量表，与 a 中分析的结果相比较，怎样从报表中获得有用的信息？

c. 通过这些结果可以看出 Seymour 公司可能面临财务问题吗？解释一下新产品和信用策略可能对个人账户的影响。(提示：考虑新产品策略实施得非常好和非常差这两种极端的情况下的影响。)

10. Slattery 实业公司 2002 年公布的财务信息如下：(单位：美元)

销售收入	10 000 000
成本和费用(不包括折旧)	8 000 000
折旧	500 000

续表

税收	600 000
净收益	900 000
固定资产(原值)	10 000 000
营运资本	4 000 000

企业期望在今后的3年,收入、成本、费用(不包括摊销)和营运资本每年增长10%。同时,为了支持企业这一增长计划并保持其竞争地位,企业预期每年投资2 000 000美元用于固定资产上面,包括替换报废的设备,购置新设备。假设企业对固定资产原值账户的摊销率是5%,税率是40%,且Slattery没有负债,也不用支付利息。

a. 假设没有增加新债务和权益,概算出企业2003年、2004年和2005年现金流量。简单估算出每年的收益表,要加上摊销并减去营运资本和固定资产购置的增加额。

b. 你计算的结果是自由现金流量吗?

c. 这一结果对Slattery的所有者/管理层来说意味着什么?

d. 你将怎样评估Slattery是否有能力达到这一增长水平(通过固定资产的增长来衡量)?

百分比财务报表:例3-2的概念链接

11. Linden公司在它的行业中占有10%的市场份额,下面是Linden和行业的收益表。(单位:百万美元)

	Linden	行业
销售收入	6 000	64 000
销售成本	3 200	33 650
毛利润	2 800	30 350
费用:		
销售费用	430	3 850
工程费用	225	2 650
财务和管理费用	650	4 560
费用合计	1 305	11 060
息税前收益	1 495	19 290
利息	230	4 500
税前收益	1 265	14 790
所得税	500	5 620
净收益	765	9 170

a. 编制Linden和其行业作为一个整体的百分比收益表。

b. 管理层在提高公司业绩时应关注哪些领域?在每个领域管理层应该检查和发现哪些问题?

比率分析:在最后一个部分中我们介绍了15个财务比率,并予以解释和数字说明,且在表3-2中总结了这些比率。第12题仅仅让你计算一系列财务报表的各项比率,剩下的问题需要让你探究这些比率的含义以及它们之间的关系。大多数问题需要你写出一个比率的定义,替代已知的数量,并用代数方法解决未知的数量。一些问题后面的提示将会给你一些帮助。

12. 计算第5题中Axtel公司的所有比率。假设Axtel2001年的租赁成本是7 267美元,年末发行在外的 1 268 000 万股股票的每股市价是 28.75 美元。

13. Norton 实业公司 2002 年的销售成本共计 6 500 000 美元，Norton 这些月的存货库存余额如下(期末余额，单位：百万美元)：

2001 年 12 月	1.20
2002 年 1 月	1.65
2002 年 2 月	1.70
2002 年 3 月	1.38
2002 年 4 月	1.66
2002 年 5 月	1.93
2002 年 6 月	1.41
2002 年 7 月	1.81
2002 年 8 月	1.78
2002 年 9 月	1.26
2002 年 10 月	1.61
2002 年 11 月	1.63
2002 年 12 月	1.19

a. 使用下面各种方法计算存货数额，从而计算存货周转率。

1. 年末值

2. 年初和年末的平均值

3. 各季度末的平均值(使用 5 个季度末的数值)

4. 各月末的平均值(使用 13 个月末的数值)

b. 哪种方法计算出的结果能够更准确地反映 Norton 的存货管理水平？为什么？

c. 你认为 Norton 目前使用的是哪种方法？为什么？(提示：查看各项比率分析的局限和缺陷)

14. Partridge 公司每年有 4 500 万美元的赊销销售。行业公认的较好的应收账款平均回收期为 35 天。

a. 为了保持较好的赊销和收款级别，Partridge 公司能够承受的最高的应收账款余额是多少？(提示：写出应收账款平均回收期的等式，把应收账款余额当作未知数，用给出的数值进行替代。)

b. 如果 Partridge 公司自己的应收账款回收期为 40 天，那么它必须将应收账款余额降低多少才能得到一个好的评级？

15. Epsom 公司生产家具，每年的销售额为 4 000 万美元，毛利率为 45%。

a. 为了保持 8.0 的存货周转率(以 COGS 为基础)，企业可持有的最大存货量是多少？

b. 如果有 120 万美元的存货已经过时或者受损，根本无法周转，那么企业手中那些可变现存货应以多快的速度周转才能保持整体存货的周转率为 8.0？

16. Nelson Sheetmetal 公司的流动资产 250 万美元，流动负债 100 万美元。现在，公司需要补充存货，而且有一个机会让公司借入一笔短期借款以购买原材料。然而，之前的一个融资协议禁止公司的流动比率低于 1.8。在这种情况下，公司能够获得存货的最大量是多少？(提示：借款和存货是资产负债表上两个相等的流动项目。)

17. Sweet Tooth Cookies 公司的几个财务比率如下：

$$ROE = 15\%$$

$$总资产周转率 = 1.2$$

$$ROS = 10\%$$

计算该公司权益占总资产的百分比？(提示：用上述数值替代扩展的杜邦公式。)

18. Paragon 公司销售额 2 000 美元，成本率为 60%，流动比率为 1.5，存货周转率为 3.0（以成本为基础），应收账款平均回收期(ACP)为 45 天。补充完整资产负债表中如下的几个流动项目。(单位：美元)

现金	______	应付账款	______
应收账款	______	应计项目	60
存货	______		
流动资产合计	______	流动负债合计	750

19. 下面是 Blatz 公司的部分财务信息。(单位：美元)

收益表

销售成本	750
净收益	160

资产负债表

现金	250
固定资产净值	850

比　率

ROS	10%
流动比率	2.3
存货周转率	6.0×
ACP	45 天
债务比率	49.12%

计算 Blatz 公司的应收账款、存货、流动资产、流动负债、负债、所有者权益、ROA 和 ROE。

20. 公司通常将比率作为制订计划的基础。这种技术就是假设公司将达到某些利率的目标水平，并按这些目标利率计算财务报告。这个过程从假设 1 美元收入开始。运用下面的信息为 Lambert 公司预计资产负债表(单位：千美元)。所有结果保留到千位。

销售收入	10 000
现金	500
应计项目	50
毛利率	45%
ACP	42 天
存货周转率	7.0×
总资产周转率	1.25×
流动比率	2.0
负债：权益	1.3

资　产		负　债	
现金	______	应付账款	______
应收账款	______	应计项目	______

续表

资　　产		负　　债	
存货	______	流动负债合计	______
流动资产合计	______	负债	______
固定资产	______	所有者权益	______
总资产合计	______	负债与所有者权益合计	______

21. Tribke企业2003年财务报告中的部分数据如下：(单位：美元)

股票价格	18.37
存货余额	300 000
费用(不包括销售成本)	1 120 000
发行在外的股票数量	290 000
每股平均发行价格	5.00
毛利率	40%
利率	8%
TIE	8
存货周转率	12×
流动比率	1.5
速动比率	0.75
固定资产周转率	1.5

补充完整下面的财务报表,计算每股比率。(提示：从流动比率公式中减去速动比率公式得到的差额开始。)

收　益　表

销售收入	______
销售成本	______
毛利润	______
费用	______
息税前收益	______
利息	______
税前收益	______
所得税	______
税后收益	______

资产负债表

流动资产	______	流动负债	______
固定资产	______	长期负债	______
		所有者权益	______
		实收资本*	______
		留存收益	______
		所有者权益合计	______
资产合计	______	负债和所有者权益合计	______

*实收资本=普通股票+股本溢价

比　率			
每股账面价值	______	每股市场价值	______

在解答第 22 和 23 题前，先回顾一下前面的实务观察 EVA/EMA。

22. 注意，这里的计算不涉及资本成本。William Edward 公司（WEI）2000 年 12 月 31 日发行在外的股票数量是 100 万股，每股的出售价格是 8 美元，当日的市场价是 13.25 美元。WEI 当日的留存收益账户余额是 500 万美元。WEI 未来 5 年的相关数据如下（单位：美元）

年份	净收益	每股股利	股票发行数量	每股发行价格	年末股票价格
2001	700 000	0.20	无	无	13.75
2002	840 000	0.22	50 000	14.00	14.25
2003	750 000	0.24	100 000	13.50	13.80
2004	900 000	0.26	50 000	14.50	15.00
2005	860 000	0.28	无	无	15.40

计算 2000 年 12 月 31 日的 MVA 和 EVA。（假设任何一年发行在外的所有股票都能得到当年宣告分配的股利。）对公司这 5 年的管理业绩进行评价。如果你代表大多数股东，你将做些什么？这些结果同分析 MVA 和 EVA 之前的结果不一样吗？

23. Prahm & Associates 公司去年的 EBIT 是 500 万美元，全年的平均债务是 1 500 万美元，支付的利率是 8%。公司去年没有支付股利，也没有发行新股。年初的所有者权益是 1 700 万美元，税率是 40%，Prahman 的资本成本是 11%。计算 Praman 去年的 EVA，并根据 ROE 评价公司的业绩。用资本账户中的平均余额计算。

24. Hardigree Hamburger 连锁店是一家控股公司，发行在外的股票数量是 40 万。其所有者想通过发行在外的 60 万股票来控制这家公司，并在首次公开募股中向公众出售这些股票。Benson's Burgers 是一家类似的连锁店，控制着另一领域，其股票的市盈率（P/E）是 25，Hardigree 去年的净收益是 250 万美元。

a. Hardigree 将公开招募多少股票？

b. 公开募股对目前所有者的财富意味着什么？

25. 综合习题。Protek 公司是一家大型的电子元件生产商和批发商。因为一些用于个人电脑的新产品成功打入市场，公司最近正在经历一次爆炸性的成长过程，销售额高于过去两年总额的两倍。然而，在高速增长的同时也伴随着获利能力的显著下降和股票价格的急剧下降。

你是一名财务咨询师，并已被聘用来分析公司业绩和找出问题。你的调查计划包括和管理者之间的一系列的面谈以及对这个行业的单独研究。然而，在开始工作之前，你关注的中心是能否问出合适的问题。首先，你要分析一下公司过去 3 年的财务报告。

还有一些附加信息提供给你。2001 年、2002 年、2003 年的折旧额分别是 2 亿美元、2.5 亿美元和 2.75 亿美元。三年内没有发行股票也没有回购股票，像很多快速发展的公司一样，Protek 也没有支付股利。假设税率始终等于 34%，利率是 10%。

收益表—Protekr 公司

12 月 31 日(单位：百万美元)

	2001	2002	2003
销售收入	1 578	2 106	3 265
销售成本	631	906	1 502
毛利润	947	1 200	1 763
费用			
销售费用	316	495	882
研发费用	158	211	327
管理费用	126	179	294
总费用	600	885	1 503
息税前收益	347	315	260
利息	63	95	143
税前收益	284	220	117
所得税	97	75	40
净收益	187	145	77

资产负债表—Protekr 公司

12 月 31 日(单位：百万美元)

	2001	2002	2003
资产			
现金	30	40	62
应收账款	175	351	590
存货	90	151	300
流动资产合计	295	542	952
固定资产			
原值	1 565	2 373	2 718
减：累计折旧	(610)	(860)	(1 135)
净值	955	1 513	1 583
总资产合计	1 250	2 055	2 535
负债			
应付账款	56	81	134
应计项目	15	20	30
流动负债合计	71	101	164
资本			
长期负债	630	1 260	1 600
所有者权益	549	694	771
负债与所有者权益合计	1 250	2 055	2 535

a. 编制 2001 年、2002 年和 2003 年的百分比收益表，分析每一行的变化趋势。你认为会发生些什么？(提示：同时考虑数值和百分数。随着公司的成本，成本和费用的绝对数也在增长。如果他们同时占销售收入的百分数也在增长，这意味着什么？你认为管理层可以有效管理支出项上多大的增长？Protek 公司产品的定价对这点会有影响吗？)

b. 编制2002年和2003年的现金流量表。分析公司的资金来自何处，又用到了何处？对其自由现金流量做个评价？未来它会有正的现金流量还是负的现金流量？

c. 计算这3年必要的比率。分析每个比率的趋势，并将其与行业平均值进行比较。从这些信息中你可以推测出什么？对流动性、资产管理，尤其是应收账款和存货、负债管理和获利能力做出具体的评价。不要仅仅说明它们高于或低于行业平均数，或者它们将会上升或者下降。想想公司将会如何发展，并解释为什么比率会是现在这个样子？为了简便，全部使用期末值计算你需要的比率。是否存在一些具体的问题会影响不只一个比率？是哪些比率？

	行业平均数	2001	2002	2003
流动比率	4.5			
速动比率	3.2			
ACP	42天			
存货周转率	7.5×			
固定资产周转率	1.6×			
总资产周转率	1.2×			
负债比率	53%			
负债：权益	1∶1			
TIE	4.5			
ROS	9.0%			
ROA	10.8%			
ROE	22.8%			
权益乘数	2.1			

d. 写出Protek公司和行业的杜邦等式。它告诉了你什么？

e. 3年内，共有1亿股发行在外的股票。2001年2002年和2003年的股票价格分别是39.27美元、26.10美元、11.55美元。计算公司的每股收益(EPS)和市盈率(P/E)。P/E这3年发生了什么变化？投资者会对其中的什么事情产生反应？个人电脑销量的下降会如何影响你的推测？

f. 你是否会推荐对Protek公司的股票进行投资？为什么近期这只股票可能会是一项坏的投资？或者为什么可能会是一项好的投资？

上机习题

26. 2003年年末，Northern Manufacturing公司的财务报表如下：

资产负债表—Northern Manufacturing公司

日期：2003年12月31日(单位：千美元)

	资产	
	12/31/2002	12/31/2003
现金	500	200
应收账款	6 250	7 300
存货	5 180	6 470
流动资产合计	11 930	13 970
固定资产		

续表

	资　产	
	12/31/2002	12/31/2003
原值	7 500	9 000
减：累计折旧	(2 400)	(3 100)
净值	5 100	5 900
资产合计	17 030	19 870
	负　债	
应付账款	1 840	2 210
应计项目	850	220
流动负债合计	2 710	2 430
长期负债	11 320	12 335
所有者权益	3 000	5 105
资本合计	14 320	17 440
负债与所有者权益合计	17 030	19 870

收益表—Northern Manufacturing 公司

日期：2003 年 12 月 31 日(单位：千美元)

销售收入	22 560
销售成本	11 506
毛利润	11 054
费用	5 332
摊销	700
息税前收益	5 022
利息	1 180
税前收益	3 842
所得税	1 537
净收益	2 305

另外，2003 年 Northern 公司支付了 120 万美元股利，并卖掉了 100 万美元的股票。使用 CASHFLO 程序编写 Northern 公司 2003 年的现金流量表。

27. Northern 公司的比较财务报表如下：

收益表—Northern Manufacturing 公司

12 月 31 日(单位：千美元)

	2001	2002	2003
销售收入	17 850	20 510	22 560
销售成本	9 100	10 665	11 506
毛利润	8 750	9 845	11 054
费用	5 180	5 702	5 332
摊销	600	650	700
息税前收益	2 970	3 493	5 022

续表

	2001	2002	2003
利息	800	910	1 180
税前收益	2 170	2 583	3 842
所得税	868	1 033	1 537
净收益	1 302	1 550	2 305
股利	650	750	1 200
销售股票	0	0	1 000
租赁费	500	700	800

资产负债表—Northern Manufacturing 公司

12 月 31 日(单位：千美元)

	2000	2001	2002	2003
		资产		
现金	955	980	500	200
应收账款	3 103	3 570	6 250	7 300
存货	2 890	3 033	5 180	6 470
流动资产合计	6 948	7 583	11 930	13 970
固定资产				
原值	5 800	6 650	7 500	9 000
累计折旧	(1 150)	(1 750)	(2 400)	(3 100)
净值	4 650	4 900	5 100	5 900
总资产合计	11 598	12 483	17 030	19 870
		负债		
应付账款	1 860	1 650	1 860	2 210
应计项目	385	742	850	220
流动负债合计	2 245	2 392	2 710	2 430
长期负债	7 805	7 891	11 320	12 335
所有者权益	1 548	2 200	3 000	5 105
总资本	9 353	10 091	14 320	17 440
负债与所有者权益合计	11 598	12 480	17 030	19 870
股票数量		300 000	300 000	315 000
股价		78.12	70.00	65.88

a. 使用 ANALYS 程序为每年编写一份百分比财务报表和一套财务比率。

b. 分析 ANALYS 程序得到的有关 Northern Manufacturing 的结果。到目前为止，公司在收入和利润上做得很成功。那么这些比率是否解释了一些异动的因素，而这些因素暗示了未来要发生的一些问题？

软件开发

28. 编写一个可以生成现金流量表的程序，这没有你想象中的那么难。

首先，像题 26 那样在纸上建立一张收益表和两张资产负债表。为一些单独的账户，如现金、应收账款、销售收入、销售成本、利息和税收输入具体的数字，然后让程序计算出合计数和小计数，如流动资产、总资产、毛利润和净收益。

下一步，在纸上再建立流动资产账户变化表格和现金流量表，如下：

流动账户变化汇总——Northern Manufacturing

日期：2003 年 12 月 31 日(单位：千美元)

账　户	来源/占用
应收账款	×××
存货	×××
应付账款	×××
应计项目	×××

现金流量表—Northern Manufacturing

日期：2003 年 12 月 31 日(单位：千美元)

经营活动产生的现金流量	
净收益	× ×××
折旧	×××
流动账户变化净额	×××
经营活动产生的现金流量	×××
投资活动的现金流量	
购买固定资产	(× ×××)
筹资活动的现金流量	
长期债务增加(减少)	× ×××
销售股票	×××
支付股利	(×××)
筹资活动现金流量净额	× ×××
净现金流量	×××
期初现金余额	× ×××
净现金流量	×××
期末现金余额	× ×××

根据前一部分填写表格中×××的项目。一些项目会比较简单，如净收益和折旧。但大多数的项目是期初和期末值的差，如长期债务和应收账款的增加或减少。最后，由程序加算出小计，即大写×××项目，并列出对账表。

最麻烦的事情是在做减法时保持符号的正确。

程序完成后，若要验证一下，可以将数据输入到 CASHFLO 程序中，看一看能否得到相同的结果。

29. 写出一个你自己的可用来计算百分比收益表和本章讲过的比率的程序。不要让这个练习太难，仅仅提供一年的比率和一张百分比收益表就可以。

在纸上建立一张收益表和一张资产负债表。输入数字并由程序计算出小计和合计，将收益表中的每一项除以收入得到百分比收益表。再根据报表中的数据写出比率的分子、分母，得到要计算的比率。

用题 27 中 Northern Manufacturing 公司 2003 年的财务报表验证一下你的程序。对比你的结果和 ANALYS 程序的结果。

第4章

财务计划

本章概要

计划是现代企业经营中的一个重要部分，在大企业中更是如此。企业不断地计划它们的未来，解决从现金流、短期利润到长期战略的一切问题。

一般来说，管理级别越高，花在计划制订上的时间就越多。对于高层管理者来说，他们把80%的时间花在思考企业未来上是很正常的。同时，有些计划的制订会涉及管理层中的每一个人。例如，在第一份管理工作中，你能确定要做的第一件事就是制订一份计划。

这一章主要是解决财务计划的制订问题。简单来说，就是预测企业未来的财务状况。但是，财务计划是更宽泛的企业计划的一部分。为了更好描述财务计划，我们必须理解企业计划的本质和目的，并且理解财务要素是如何与这个更宽泛的概念结合在一起的。

4.1 企业计划

企业计划是管理层用文字和财务预测来展现的、期望企业未来能实现的一个模型。

用结果来描述企业计划是最简单的方式。通过一定过程产生一个叫企业计划的文件，它被认为是期望企业未来能够达到的一副蓝图或者一个模型。企业计划通常看起来像是一份由描述商业活动的文字和数字组成的杂志。

计划中的数字大体上预测了财务状况。也就是说计划制订者做的假设都成为现实的话，那么这些数字就是对公司未来状况的估计。这些假定环境下的叙述被称为正式的表述，意味着他们认为所有的假设都是真实的。

企业计划中用真实简洁的语言描述了经营活动。它们讨论了企业宽泛的战略，一个好的企业计划所表达的思想是非常综合性的，包含的信息是非常丰富的，如产品、市场、员工、技术、设备、资本、收入、利润以及其他一切与描述组织和日常事务相关的信息。

4.1.1 企业计划的组成部分

尽管各个公司的企业计划的详细内容差别很大，但它们大都遵循了一个标准的格式。典型的格式如下：

a. 目录

b. 执行摘要

c. 目标和战略陈述

d. 市场分析

e. 经营活动

f. 管理和员工

g. 财务预测

h. 突发事件

前两个部分是介绍性的。目录仅仅是个索引的表格，执行摘要是对所描述内容的概述。

企业的财务计划就是对未来财务报表的预测。

目标和战略陈述部分描述了商业活动的基本特性，并拟定了长远发展方向。市场分析部分解释了与竞争对手相比企业的活动为什么能成功。经营活动部分描述了企业怎样制造和分配它的产品和服务。管理和员工部分详细描述了公司预计的员工需求和某些情况下关键管理人员的任命。

企业计划的最后一部分预测了企业未来的财务状况，这就是企业的财务计划。这些预测是如何联系在一起的是我们这章的主要目的。突发事件部分告诉了我们如果事情没有按计划发展，企业应该怎么办。

4.1.2 计划的目的及信息

企业计划及其所包含信息的两个主要使用者就是公司内部管理层和外部投资者。

计划制订的管理价值

企业计划有几方面的管理利益。一方面是和制订计划的过程有关，另一方面是和实行计划有关。

计划过程　计划过程能使一个管理团队为共同的目标而凝聚在一起。它可以帮助每个人理解组织的目标是什么,为什么这些目标重要,以及组织是如何达到这些目标的。制订计划迫使团队全面考虑在将来的时期必须要做的事情,并且确保每个人都能理解他们所要做的事。

> 制订计划的过程使得管理层能团结一致。

实施商业活动的方法　企业计划的作用是为组织实现它的目标提供一个路线图。把实际经营绩效和计划进行比较,找出偏差是一项重要的管理过程。当商业活动偏离计划时,这样的比较是理解问题和提出解决办法的最好方法。这种思想如图 4-1 所示:

> 一份完善的计划能为企业实现目标提供路线图。

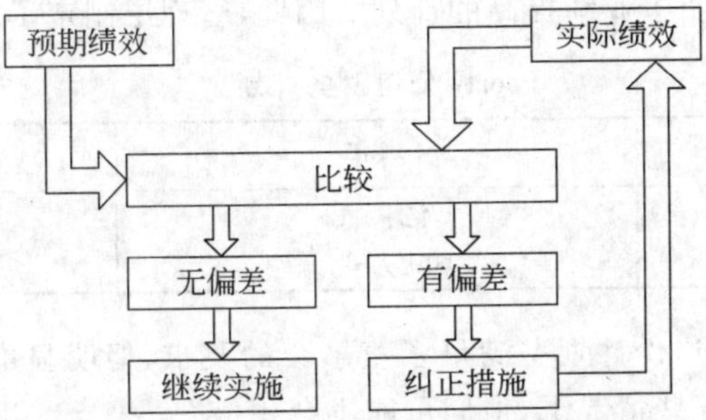

图 4-1　利用计划来指导企业绩效

目标描述　一份企业计划是一份未来的预测书,它通常反映了管理层愿意发生的事。相应的,它可以看作是企业整体和单个部门的一组目标。

一份企业计划包括了收入目标、部门费用限制、产品和生产过程的不同发展目标。不同的人负责不同的目标,通过这些目标也能对绩效进行考核和评价。

把奖金和企业计划中的目标结合在一起是非常普遍的。在本章中的后面部分将会对企业计划中的目标进行更详细的描述。

预测财务需求　财务预测对于那些依靠外部融资的企业尤其重要。只有通过准确的财务计划,财务主管才能知道他什么时候需要到金融市场进行融资以支持经营活动。

> 财务计划对于预测资金需求特别重要。

传递信息给投资者

企业计划书就是企业未来会发展成什么样的管理性描述,被用来向投资者传递信息。计划书预测了企业未来的特性,对公司未来的利润和现金流都进行了估计。计划书中的财务信息告诉了权益投资者他们预期能得到的回报是什么,及债务投资者公司怎样获得资金来偿还债务。

> 企业计划书是与潜在投资者沟通的渠道。

小公司直接把计划书提供给投资者。大公司有选择的把信息提供给证券分析师,他们根据这些信息和公司过去的业绩给顾客提供建议。

大公司中各部门的商业计划

大公司通常是由独立经营的部门组成,这些部门或多或少地像独立公司一样运作。大多数公司都经历着几乎连续的计划制订过程。各部门提出他们自己的计划,然后这些计划合并产生公司整体的计划。

计划的制订过程是一个重要的工具,通过它,各部门和公司管理层进行沟通。部门最终的计划是对自己目标的描述,它反映了公司及其部门的期望。部门的计划通常是经过冗长的审查后由公司管理层批准通过,而后部门所作的每件事都会和它们的计划进行比较。

部门计划的成功与否与公司计划是相关联的。

4.1.3 可信度及细节支持

每个人都明白对未来的预测未必都能成为现实。因此,企业计划中始终都有一个可信度的问题。财务计划尤其受到怀疑,因为要想说明计划者是如何提出计划书中的数字是很困难的。下面就用一个简单的例子来说明这个问题。

假设 Poorly 公司当年有 1 亿美元的收入和 100 万美元的利润。董事会要求管理层能有更好的业绩,并且提供一份表明了业绩提高的计划。因此,管理层制定了如下的计划。

Poorly 公司财务计划

	当年	下一年
收入	1 亿美元	1.2 亿美元
税后利润	100 万美元	1 200 万美元

一份好的企业计划包括足够的细节,来证明它是经过仔细思考后的产物。

从技术上讲,这份计划书满足了董事会的要求,但明显的问题是董事会为什么应当相信它。在某些情况下,他们可能不会相信。

这份"计划"的问题是缺少细节支持。阅读这份计划的人不知道这份计划是仅仅为了满足董事会的要求还是经过大量分析得出的。换言之,这份计划并没有充分告诉读者财务数据背后的真实想法,从而让他们相信这份计划。

一份好的计划需要列出总结性的财务预测,但是这些数据应该有足够的细节来支持,以表明它们是经过缜密的思考后得出的。例如,收入预测通常包括:产品的销售数量及价格,以及由什么部门来进行销售。这些内容应该能够详细解释:为什么期望有些产品会比其他产品销量大,为什么有些销售人员比竞争对手销售的多。财务计划的要点就是计划者不能仅仅写下一些无根据的收入数据,然后希望读者能相信它。

全部包括在计划书中,但当读者有需要时是可以得到的。

当我们继续做下去,就会发现因用途不同导致不同级别的支持性细节构成了财务计划。把不同级别的细节与计划中的目标匹配起来是很重要的。

4.1.4 四种类型的企业计划

从基本思路来说,有四种不同类型的企业计划。每种都有不同的目的,从而也就产生了不同的文件。大型的、成熟的公司一般都倾向于制订这四种类型的计划,小公司一般只做一个包含了四个方面的计划书。

四种类型的计划是:(1)战略计划,(2)经营计划,(3)预算,(4)预测①②。它们因为三种特性而各具特点:计划期的长度(计划期间),解决的各种问题和财务设计的详细程度。

---

① 不同公司之间使用的计划术语是不同的。有些公司使用的是年度经营计划,而有些公司则是长期预测。"前景"和"远景"也是常用的。各种术语之间的重要区别就是计划期间的跨度:多年(通常是 5 年)-长期的,战略性的;一年-中期的,经营性的;三个月至六个月-短期的,预算性的;两周至三个月-非常短期的预测。

② 预算和预测是简略性的公司计划,它们一般没有前面描述性的部分。它们是财务计划的组成部分。

战略计划

战略计划包含宽泛的、概念性的内容，主要是企业的性质，它为谁服务以及它的业务是什么。它通常是一种长期的工作，管理者尽力去估计公司将会做什么，以及在几年时间后会发展成什么样。5年计划是最普遍的。

战略计划的制定从对公司的存在性提出质疑开始。为什么公司要做它现在正在从事的业务？如果做一些其他业务会不会更好？它所服务的客户都需要什么？怎么去提供服务？在市场中存在什么样的机会？又有什么威胁？战略计划需要公司制定任务和规章来规范其要做什么、为什么要这样做，并说明公司的最高目标。

> 战略计划强调宽泛的、长期的问题，并且它只包括近似的、简单的财务预测。

一旦这些基础建立了，战略计划制定者将对未来几年进行广泛的思考来解决一些问题。在5年后，企业会还处于同样的水平吗？还会在同样的地理位置上吗？它会发展到多大？它的竞争者将会是谁，怎样战胜这些竞争者呢？等等，诸如此类的问题。

战略计划通常用文字而不是数字来阐述一些概念和想法。使用的数字通常也是简单的和近似的。例如，一个公司的战略计划可能会建立这样的一个目标：基于销售额或市场份额，成为行业内数一数二的公司。或者可能会定立一个年销售额5亿美元的目标，这个收入数据并没有太多细节支持。

战略计划包括预计的财务报告，但它们都是近似的和理想化的，通常也没有太多的细节支持。计划的最后1年（通常是第5年）会给出财务结果，它反映企业所能达到的最好结果。

战略计划通常又被称为长期计划或5年规划。

简而言之，系统的、战略性的思想表明企业必须首先分析企业自身、行业和竞争状况，然后才能充分提出利用公司优势、最小化劣势的方法。一份战略计划就是要描述这类思想的工具。

经营计划

经营计划包括把企业思想转变为具体的短期计划（通常为一年）。这里的计划要比战略计划详细得多。

在其他方面，经营计划强调公司将销售多少产品，销售给谁以及以什么价格。它也说明了公司从哪获得设备和投入，这些投入和设备的成本是多少，以及公司期望的利润是多少。

"经营"就是和公司日常业务相关的活动。主要的短期目标通常都是在经营计划中体现的。收入目标的提出是与利润目标相关的，销售配额和生产发展规划都在计划中列出来，补偿和奖励机制也在经营计划中详细说明。大多数公司所做的年度计划都是一份经营计划，也通常是公司最重要的计划制订工作。

> 年度经营计划详细预测了企业下一年的情况，是计划中最重要的组成部分。

一份典型的年度经营计划是由文字和数字组成的。这份计划用文字说明了公司正在经营的业务，由包括很多细节的财务计划来支持。

预算

在很多行业中，商业环境变化非常快，一份年度经营计划可能在后半年就过时了。预算是年度计划中必要的短期更新，通常是三个月的季度预算。而且，它们通常包括年度计划之外的细节。

一份预算将确定有多少资金、材料和劳动在组织内流动，并且制定了由什么人来承担这些责任。预算过程包括尽可能准确预测销售产品的收入和成本。根据这些，它就可能详细地估计每个部门会花费多少钱，主要包括工资、材料以及差旅费等等。

> 预算是在企业状况快速变化时，年度计划中的短期更新。

因为预算时间太短是不能对企业的活动产生大的理念上的变化，认识到这一点很重要。预算中通常不涉及政策和长期定位问题，因此，与年度计划相比，预算中有较少的文字和较多的数据。显然，预算也可以看作是经营计划，因为它对企业日常经营活动进行了详细计划。

预测

预测是对短期财务结果的快速估计。它们是对企业财务状况在短期内会发展成什么程度的计划。它们几乎由数字组成，仅有很少的文字描述。

> 预测是关于利润和现金流的非常短期的估计。

预测通常包括两方面，一是对现金流进行估计；二是管理层基于利润状况考虑，如何进行一段时期的抛售。

短期预测对现金需求管理是非常重要的。如果一个公司需要偿还债务或者发放工资的话，那么它必须对未来几周或几个月的现金收入和支出有清楚的了解。如果预测到暂时性的现金短缺的话，可以安排银行借款来保证公司的日常运作直到收入可以弥补支出。

现金预测是对企业短期现金需求所做的财务计划。大多数大公司都会做月度现金预测①。

公司计划框架

在一个框架图中排列不同的计划可以帮助我们对计划的理解。宽泛的、总括性的长期战略计划在框架图的一边，详细的、数字化的短期预测在框架图的另一边。如图 4-2 所示，从左至右，计划跨度(覆盖期间)越来越短，内容也从定性变化为定量(从几乎全是文字到几乎全是数字)。

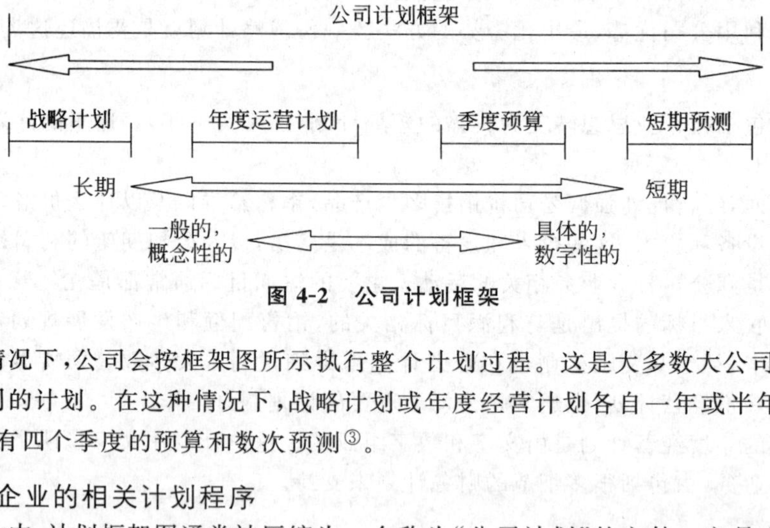

图 4-2　公司计划框架

在理想情况下，公司会按框架图所示执行整个计划过程。这是大多数大公司经营的方式，提出各种不同的计划。在这种情况下，战略计划或年度经营计划各自一年或半年制定一次②。此外，还经常有四个季度的预算和数次预测③。

小企业和大企业的相关计划程序

在小企业中，计划框架图通常被压缩为一个称为“公司计划”的文件。它是在公司创立时

---

① “计划”或“预测”用作名词和动词时，含义有些不同。一份预测(名词)通常指一份短期计划。一份计划(名词)一般是指长期计划。动词形式用的更多，但是不和计划期间的长度联系在一起。因此，我们常说在一个计划中预测数字或者在一个预测中计划数字。

② 非常重要的一点是即使战略计划是覆盖率 5 年或更长时间的，但它也是一年修订一次。

③ 经营稳定的公司可能会省略框架图中的预算部分。食品厂和公共用品公司就是例子。它们的收入不会变动很大，所以就没必要每个月都随着经营环境的变化做预算。高科技公司是完全相反的例子。它的技术和市场变化非常快，所以它们需要经常调整计划。

提出的，但是直到以后公司需要从银行或者其他外部渠道融资时才会更新它。

小企业的公司计划与大企业的完整的计划框架是相关的。这种关系如图 4-3 所示。小企业的公司计划覆盖了计划框架图中的三个部分，包括年度经营计划、战略计划和季度预算。

当需要进行融资时，小企业通常制定一份包括战略因素和经营因素的简单计划。

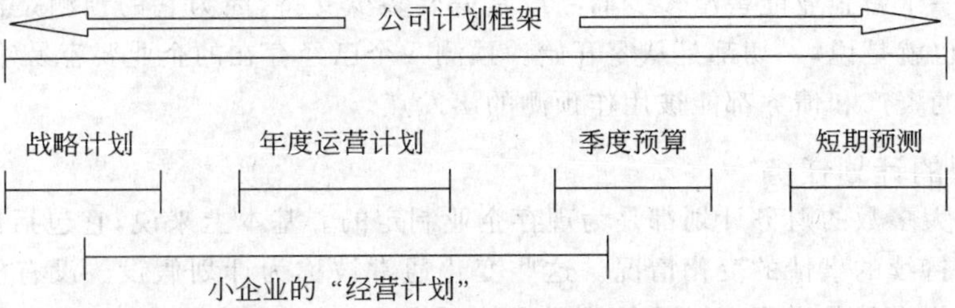

图 4-3　小企业与大企业的相关计划程序

小企业的计划必须包括大企业年度经营计划的全部内容。它必须对下一年所计划的工作做出详细、合理的解释，并对那段时间的产品数量、员工和资本支出做出详细的计划。

然而，在涉及战略的时候，小企业不需要考虑得太广泛了。例如，小企业没有必要讨论为什么企业选择了这个业务而没有选择其他业务，因为有关决定已经做出了。但是，计划确实需要确定一个能为企业服务的已经存在的市场。小企业也必须做出未来 3～5 年的长期战略计划。

最后，小企业至少在第一年提出一份像预算那样详细的经营计划。投资者通常要从企业那里获得至少一份较为详细的计划①。

财务计划是企业计划的一部分。

4.1.5　作为企业计划一部分的财务计划

一份财务计划仅仅是我们已讨论过的公司计划中的财务部分，它是对计划期内财务状况的预测②。

理解财务计划在我们前面讨论过的四种类型计划中的作用是非常重要的。没有财务计划的企业计划是不完整的，但它在战略计划中处于次要地位。战略计划是一个公司为什么这样和怎么样开展业务的综合性描述。财务计划是战略计划的一部分，但通常不是描述的中心。

另一方面，财务计划是年度计划的中心。就经营期而言，一份财务计划就是它的企业计划。年度计划中通常有大量的文字描述，但是这些文字是用来解释经营数据是怎样得到的，而不是讨论文字本身的内容。

预算和预测，特别是预测，几乎完全就是财务计划的内容。

4.2　制订财务计划

制订财务计划包括将计划的经济行为转化为货币。这就意味着，首先做销售预测，然后提出为了支持这些销售行为公司所要做的其他行动。

---

① 对小企业的企业计划的综合性描述可以参照 The Perfect Business Plan Made Simple by William Lasher(New York：Doubleday，1994)

② “财务计划”和“财务计划者”有一个共同的含义，但在本章中不应将它们混淆使用。为客户提出投资项目(财务计划)的个人财务建议者就是财务计划者，这个和企业计划或者计划财务状况是无关的。

4.2.1 新企业和现存企业的计划制订

无论是现存企业还是新企业，都需要制订财务计划。财务计划在制订过程上是相似的，但是在具体实施方面，新企业或刚开始经营的企业会更困难一些。

很难预测一个新企业能售出多少商品或是需要多少支持，因为它的预测是没有历史资料可以参考的。也就是说，一切都是从零开始。预测一个已经存在的企业要容易些，最近的经营结果以及现存的资产和债务都能被用作预测的出发点。

> 大多数的财务计划都包括依据计划假设的对现存企业会发生的变化的预测。

典型的计划任务

大多数的财务计划都是为现存企业制定的。基本上来说，它包括预测从过去就一直持续的事情的变化情况。这些变化通常被称为计划假设。没有提到一些很明显的假设就是说假定以前的状况保持不变。(对于一个新企业，每种情况都必须有明确的假设)。

例如，一个现存企业在假设以下变化的情况下，做出了下一年的经营计划。

- 单位销售额增长10%
- 产品价格下降3%
- 原材料成本每单位增加2美元
- 劳动力成本增加4%
- 存货周转率从5.3增至6.3
- ACP从45天减至60天
- 利率从7%增至9%
- 以及其他的变化

财务计划者的任务就是根据去年公司的业绩做出一份反映了这些变化的计划。

4.2.2 一般方法、假设、债务、利率问题

在这个部分，我们将列出财务计划中的问题是如何解决的。并且考虑特殊的债务和利息的预测问题。我们将从以下两个方面开始介绍，即明确预测内容和将从哪里开始计划。

我们已经拥有和需要预测的

任何一个财务计划制定都存在这样一个问题，那就是根据上一个时期的结果来预测下一年的财务状况①。只有资产负债表和利润表是需要预测的，现金流量表是根据前两个表得出的，并不需要额外的预测。

图4-4表明了计划制订者的工作内容。当年的利润表和资产负债表(也是下一年的期初状况)是可以获得的。这些科目通过$××来表示。用这些作参照，然后利用计划中的假设，年末的资产负债表和利润表就可以预测出来。

如果是为一家新企业制订计划，所有的$××都是零。

计划假设

在上一部分，我们简单地介绍了假设的理念。这一部分，我们将更详细地定义这个理念并

---

① 我们假定以年为周期。大多数时候，为特定年份做的计划是在当年年末前完成的。也就是说，计划制订者并没有当年的真实财务结果作参照。但是，由于已经临近年末，可以对一年的真实情况进行相对较准确的估计。

利润表			资产负债表		
				下一年	
	当年	下一年		年初	年末
收入	$××	$?	资产		
销售成本	××	?	流动资产	$××	$?
毛利润	$××	?	固定资产	××	?
费用	××	?	总资产	$×××	?
息税前收益	$××	?	负债		
利息	××	?	流动负债	$××	?
税前利润	$××	?	债务	××	?
税金	××	?	权益	$××	?
税后利润	$××	?	总负债和权益	$×××	?

图 4-4　计划任务

说明我们是如何建立假设的。

计划假设就是在计划期间内，期望的一些实体或经济状况。假设能反映影响公司财务结果的任何力量。有一些是外部力量，如利率或税收。其他的来自于计划的管理行为，如产品定价或成本控制。甚至有一些来自消费者行为，像对价格变化的反应。

> 计划假设是一种预期的状况，它指明一项或多项了财务报告项目的情况。

通常来说，在一份财务计划中的每一行都是基于一项或是多项假设。下面用一个简单的例子来说明。

概念链接　例 4-1

计划假设

Crumb Banking 公司今年每个月销售 100 万个的咖啡蛋糕，每个售价 1 美元，即年销售额 1 200 万美元。公司年末的应收账款是两个月的销售额 200 万美元。Crumb 对下一年的销售和应收账款的假设如下：

1. 为了增加销售额，价格下调 10%。
2. 因为价格下降，销售量会增加至 1500 万个。
3. 由于努力收回款项，使得年末时的应收账款只有一个月的销售额。

预测在这些假设条件下，公司下一年的收入和年末的应收账款。假设销售在一年内是均匀分布的。

解答：在这个例子中有三个相关联的假设。第一个是有关价格的管理行为，第二个是预期了顾客对这种行为的反应。二者联系起来就建立了对收入的预测：下一年公司将以 0.9 美元的单价销售 1 500 万个咖啡蛋糕，所以总收入是：

$$收入 = 15\ 000\ 000 \times \$0.9 = \$13\ 500\ 000$$

第三个是公司的信用期和账款回收活动会在下一年更有效。这可以从年末的应收账款时间从两个月下降到一个月反映出来。

$$A/R = \$135\,000\,000/12 = \$1\,125\,000$$

注意到应收账款的计算依赖于三个假设，因为除了运用有关信用期和回收账款效率的第三个假设，还运用了前两个收入假设。

程序性的方法

财务计划是由收益项目开始，一次调整一个项目，如例 4-1 所示。

财务计划的编制实质就是把一些逻辑上的假设转变为计划中预测数字。由于项目和假设性质的不同，这些转变所需要的计算是不同的，意识到这一点是非常重要的。有一些转变是简单的，但有一些是比较复杂的。稍后我们通过一些更复杂的例子来说明。

财务计划编制的过程是沿着利润表中的成本和费用到利息费用前，然后制定资产负债表，所有的资产和负债（除了长期债务和权益）被预测出来。在长期项目上，计划制订过程会出现问题。

> 关于债务和利息预测的困境：预测债务金额需要知道利息，而利息是根据债务计算的。

债务/利息的预测问题

财务报告中下一个需要完成的项目就是利润表中的利息费用和资产负债表中的债务。问题是二者是相互依赖的，直接预测是不可能的。

理解这个难点产生的原因是非常重要的，但是要理解它的解释却是比较困难的。图 4-5 和下面的内容描述了该问题。

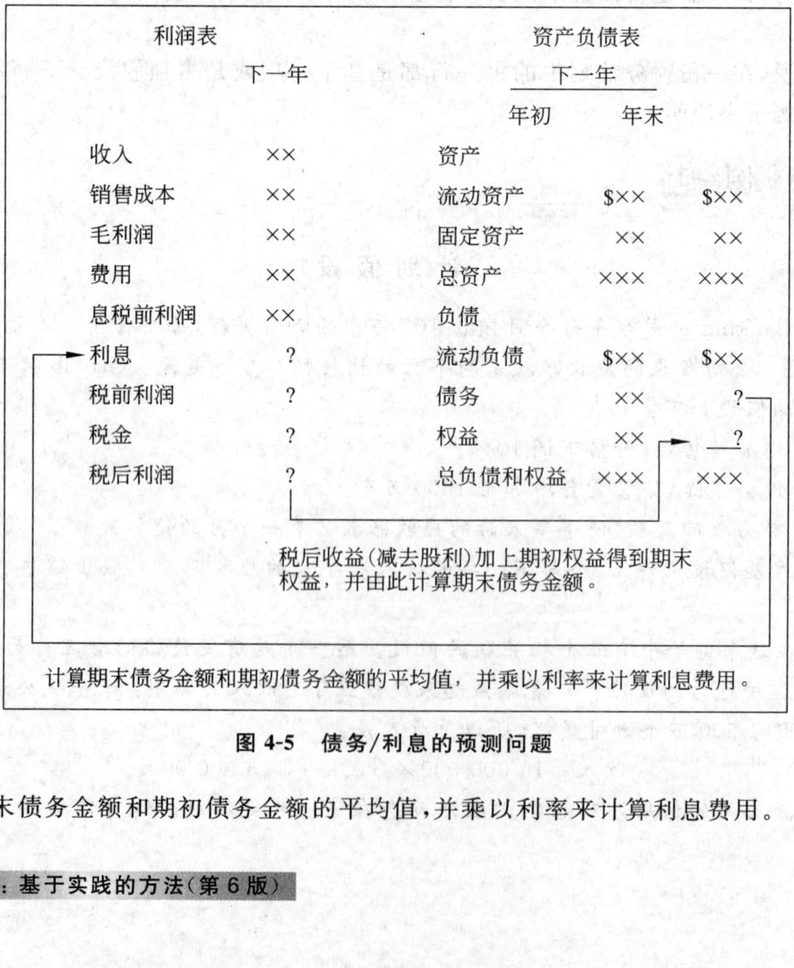

图 4-5 债务/利息的预测问题

计算期末债务金额和期初债务金额的平均值，并乘以利率来计算利息费用。

仔细观察图 4-5，在图中，××表示已经做出的预测，(?)表示还没做出的预测。注意在利润表中，我们缺少了对利息费用及它下面一些科目的预测，包括税后利润(EAT)。在资产负债表中，我们对所有资产和负债(而不是负债和权益)都有预测。注意到我们有负债和权益总和的数字，因为它等于总资产。

为了完成利润表，我们就需要预测利息费用。但利息是下一年的利率和平均计划债务的乘积。我们虽然知道期初债务余额，但并不知道期末数额。

预测期末的债务需要我们完成资产负债表，这就又需要去预测期末权益。期末权益就是期初权益加上当年税后利润和新发行的股票，再减去分配的股利。

但是因为无法预测期末债务，就无法预测利息费用，从而无法完成收益表，也就不能预测税后利润。换言之，这是一个循环性的问题。我们需要债务来计算利息，但是我们又需要利息来计算债务(通过税后利润和权益)。

这就意味着我们不能直接预测债务或利息。所以，我们就不能使用一直在使用的直接的方法来完成财务计划。每一份财务计划都会遇到这个技术上的难点。

一个重复的数字方法

> 重复模拟的数字方法解决了债务/利息问题。

运用猜测数据的方法可以解决这个问题。猜测通常是错误的，但它给了我们一个通向正确答案的起点。

过程如下：

1. 利息：猜测利息费用。
2. EAT：完成利润表。
3. 期末权益：用期初权益加上 EAT 和出售的新股，减去股利。
4. 期末债务：总债务和权益(总 L&E＝总资产)减去当期负债和期末权益。
5. 利息：对期初和期末债务进行平均，通过利率乘以平均债务得出利息。
6. 结果检验：比较第 5 步算出的利息和第 1 步最初猜想的利息。

a. 如果两个明显不同，回到第 1 步，重新猜测利息数值，然后重复第 2 至第 6 步。

b. 如果两个接近，就停止计算。

通过这种重复的计算过程来解决问题的方法就是著名的数字方法或重复技术。通过这个方法一遍就是一次重复过程。不管最初的猜测如何，一般不超过两三遍就能得到可以接受的结果。一个例子将很好的解释这种方法。

概念链接　例 4-2

债务/利息预测问题

下面是 Hanover 公司的部分财务计划。假设利率是 10%，税率是 40%(包括联邦税和州税，我们通常都例子中假定利率是简单平滑的)，同时假设没有股利发放和新股出售。

解答：首先注意到，在这个分析中，我们假定公司有一个非常高的增长率。Hanover 公司的资产预测在一年内增至原来的 3 倍。这种现象是可能的但并不常见。这会导致公司的债务在下一年急剧的增长。

我们用上面的方法完成财务计划，按步骤依次进行。

Hanover Inc. 财务计划(单位：千美元)

利润表		资产负债表		
下一年		下一年		
			年初	年末
收入	10 000	资产		
销售成本/费用	9 000	总资产	1 000	3 000
EBIT	1 000	负债		
利息	?	流动负债	300	700
EBT	?	债务	100	?
税金	?	权益	600	?
EAT	?	总负债和权益	1 000	3 000

1. 猜测利息：在多数实际情况下，上一年支付的利息是下一年利息的合适猜测值。既然在这里没有上年数值，我们就随意假定一个值200 000。

预测在下面三步后完成。我们先给出结果，再详细叙述第2至第4步。利润表的底部和资产负债表中的负债和权益部分结果如下：

第一次重复

EBIT	1 000	负债和权益		
利息	200	流动负债	300	700
EBT	800	债务	100	1 220
税金	320	权益	600	1 080
EAT	480	总负债和权益	1 000	3 000

下面的步骤使我们得出这一结果。

2. 计算EAT：假设利息费用是＄200 000，EAT的计算结果就是＄480 000

EBIT	1 000 000
利息	200 000
EBT	800 000
税金(40%)	320 000
EAT	480 000

3. 期末权益：期末权益就是期初权益加上EAT

期初权益	600 000
EAT	480 000
期末权益	1 080 000

4. 期末债务：期末债务就是总负债和权益减去期末权益再减去期末流动负债

总负债和权益	3 000 000
期末权益	(1 080 000)
流动负债	(700 000)
期末债务	1 220 000

我们得出了基于猜测的利息费用的财务状况表。下面需要检验计算得出的债务和利息是否和猜想一致。

5. 利息：计算的债务的利息就是平均债务和利率的乘积。

$$平均债务 \times 利率 = \frac{100\ 000 + 1\ 220\ 000}{2} \times 0.10 = 66\ 000$$

6. 结果检验：就是对第5步计算出的利息与猜想的利息进行比较。和多数情况一样，两者相差较大。原来猜测的200 000要远远高于计算得出的利息66 000。

运用计算得出的66 000的利息费用作为下次重复程序的起点。确认第2至4步得出下表中的数值(结果取值最接近的千美元)

第二次重复

EBIT	1 000	负债和权益		
利息	66	流动负债	300	700
EBT	934	债务	100	1 140
税金	374	权益	600	1 160
EAT	560	总负债和权益	1 000	3 000

平均债务是$\frac{100\ 000+1\ 140\ 000}{2}=\$620\ 000$

利息是：620 000×0.10=62 000

因此，第二次猜测和计算结果仅仅有4 000的差距。

作为练习，再以62000为猜测点，期末债务为＄1 137 000做一次重复。计算结果和猜测的差距会小于150。

4.2.3 简单假设下的计划

财务计划可以是粗略的，也可以是非常细致的。区别就在于作为计划基础的假设的详细程度。粗略的计划是根据较少的假设制定的，但细致的计划包含的假设会很多。在这一部分，我们研究的是为一个现存企业制定一份简单的、粗略的计划。

基于销售增长的快速估计

> 销售百分比法是假设多数财务报表项目都随着收入变化而变化。

销售百分比法是预测现有企业财务状况的简单的、近似的方法。这个方法包括估计公司的销售增长率，并且假设所有的利润表和资产负债表项目都是按同一速率在增长。这种方法暗含了假设公司的效率和所有的经营比率在整个增长期保持不变。

CFO经验谈

每个项目都随销售(按同一比率)增长的假设过于简单化了，这个假设在现实中通常是不适用的。大多数情况下，会对这个方法进行修改，假设大多数(但不是全部)项目会随着销售变化直接发生变化。我们把这种修改后的方法称为修正的销售百分比法。下面用一个例子来说明最普通的修正，一个关于固定资产的明确假设，固定资产通常不会直接随着销售变化。

概念链接 例 4-3

简单假设下的计划

Underhill 制造公司期望下一年的收入能增加 15%。公司有多余的生产能力，因此不需要新的固定资产来支持这种增长。当年的利润表和年末资产负债表如下：

Underhill 制造公司当年的财务报表(单位：千美元)

利润表		资产负债表	
销售收入	13 580	资产	
销售成本	7 470	现金	348
毛利润	6 110	应收账款	1 698
费用*	3 395	存货	1 494
EBIT	2 715	流动资产	3 540
利息	150	固定资产净值	2 460
EBT	2 565	总资产	6 000
税金	1 077		
EAT	1 488	负债和权益	
		应付账款	125
		应计项目	45
		流动负债	170
		债务	1 330
		权益	4 500
		总负债和权益	6 000

* 包括了市场、工程和管理

假定公司的联邦和州税率为 42%，利率为 12%，没有发放股利。

运用修正的销售百分比法来计划一下公司下一年的利润表和资产负债表。

解答：除了固定资产，其余所有项目都增长 15%。也就是说以下各项都需要乘以 1.15：收入、成本、费用、所有的流动资产和流动负债。因为假设公司有剩余的生产能力，只需要把损坏的机器更换，因此固定资产净值保持不变。结果如下(不完整的报告)：

下一年不完整的财务报表(单位：千美元)

利润表		资产负债表	
收入	15 617	资产	
销售成本	8 591	现金	400
毛利润	7 026	应收账款	1 953
费用*	3 904	存货	1 718
EBIT	3 122	流动资产	4 071
利息	—	固定资产净值	2 460
EB	—	总资产	6 531
税金	—		
EAT	—	负债和权益	

续表

利润表		资产负债表	
		应付账款	144
		应计项目	52
		流动负债	196
		债务	—
		权益	—
		总负债和权益	6 531

*包括了市场、工程和管理

我们在这里陷入了债务/利息困境。为了完成计划，我们必须运用上一部分所提及的过程猜测利息。这次我们已有上一年的利息 150 000 作为猜测值。利息和其他项目的结果如下表所示。

债务/利息计算—第一次重复(单位：千美元)

利润表		资产负债表		
	下一年		当年	下一年
EBIT	3 122	资产		
利息	150	总资产	6 000	6 531
EBT	2 972			
税金	1 248	负债和权益		
EAT	1 724	流动负债	170	196
		债务	1 330	111
		权益	4 500	6 224
		总负债和权益	6 000	6 531

按照利率 12%计算平均债务的利息大约是 86 000 美元，这个值明显低于假设的 150 000 美元。通过第二次重复来完成财务计划。

Underhill 制造公司下一年财务报表(单位：千美元)

利润表		资产负债表	
销售收入	15 617	资产	
销售成本	8 591	现金	400
毛利润	7 026	应收账款	1 953
费用*	3 904	存货	1 718
EBIT	3 122	流动资产	4 071
利息	84	固定资产净值	2 460
EBT	3 038	总资产	6 531
税金	1 276		
EAT	1 762	负债和权益	
		应付账款	144
		应计项目	52
		流动负债	196

续表

利润表		资产负债表	
		债务	73
		权益	6 262
		总负债和权益	6 531

*包括了市场、工程和管理

更准确但仍然简单的计划

上述修正的销售百分比法能进一步进行调整，使得计划更准确但仍然是简单易行的。例4-3中，我们明确假设除了固定资产外的其他所有项目都与销售同比率变化。但如果我们了解更多的情况，就不太可能建立这样的增长假设。

假如我们给工厂新增了一套设备，这个设备能使产品单位成本减少10%。在这种情况下，如果假设产品成本与销售额同比率增长就是不合理的，应该假设成本以较小的幅度增长。

管理者一般都对某些领略内的发展状况比较了解，因此若能利用他们的认识为计划增加1至2个假设，都会增加计划的可信度，并且也不会使过程更复杂。在本章的后面部分我们会讨论更复杂的方法。

4.2.4 预测现金需求

前面提到制订财务计划的一个重要原因就是预测公司的外部资本需求。在前面的例子中，我们能观察到Underhill公司在预测年度年初和年末的债务情况。如果债务余额增加了，就表明公司需要的资金超过了公司经营产生的，公司就需要从外部借款。债务余额的减少就表明了经营产生的现金流超过了公司的现金需求，因此可以偿还债务[①]。在上例中，Underhill公司计划产生1 257 000美元的现金，能使公司债务从1 330 000美元减少到73 000美元。

如果在计划中债务提高了，那就表明公司在预测年度需要从外部进行筹资。当然，公司可以通过发行股票(权益)而不是借款来筹集资金。这会反映在期末公司权益数的增加超过了由EAT增加的留存收益，这反过来会降低期末债务数量使得资产负债表保持平衡。

4.2.5 销售百分比法：一种公式

在例4-3中，在收入增长加速和固定资产单独假设的条件下，我们运用修正的销售百分比法制定了财务计划。如果假设固定资产也随着收入增加而相应的增加，为了预测外部资本的需求，销售百分比就可以简化为一个简单的公式。我们称这个公式为外部资本需求的EFR关系。

EFR关系的原理非常简单：一个正在发展的公司手头必须有足够的资金来购买所需资产以支持它的发展。但是，这种资金需求被两种渠道自动降低了：(1)流动负债的增长[②]，(2)公

① 年末债务余额也可能是负值，表明公司经营产生的现金超过了初始的债务水平。负的债务余额一般都表示为现金科目的增加。

② 流动负债可以说是提供了自由筹资，因为它们反映了不必立即付款的资产的收购。我们将在第16章中详细说明。

司当年没有作为股利发放的利润[①]。换句话说,下年的计划:

$$资产增长 - 流动负债增长 - 留存收益 = 外部融资需求 \tag{4-1}$$

式 4-1 对描述任何财务计划都是有用的,但是当销售、利润、资产和流动负债都假定为按同一增长率增长的话,可以对公式进行简化。

我们通常定义 g 为销售增长率,那么

$$g = \frac{销售增长额}{当年销售额}$$

例如,当年销售额为 100 000 美元,下一年计划的销售额为 115 000 美元,那么 g=0.15 或者 15%。

> EFP 关系假设所有的财务项目都直接随着收入变化,它提供了一种融资需求的估计方法。

对式 4-2,假设资产和流动负债按 g 增长,则:

$$资产增长 = g \times 当年资产 \tag{4-2}$$

$$流动负债增长 = g \times 当年流动负债 \tag{4-3}$$

(接下来的推导过程可以跳过,并且不会丧失连续性,可以直接阅读 144 页的公式 4-6)

回忆前面第 3 章销售报酬率(ROS),就可以得出关于利润和股利的当期留存收益。

$$ROS = \frac{EAT}{销售额}$$

求解关于 ROS 和销售额的 EAT,则

$$EAT = ROS \times 销售额$$

既然我们假设 EAT 和销售额按同一速度增长,那么 ROS 就会保持不变。那么下一年 EAT 就等于不变的 ROS 与下一年的销售额的乘积,也就是(1+g)乘以当年销售额。

$$下一年\ EAT = ROS \times (1 + g) \times 当年销售额 \tag{4-4}$$

股利支付率就是股利与 EAT 的比率:

$$d = \frac{股利}{EAT}$$

从这个定义可以看出,税后收益(EAT)被分为作为股利 d(EAT)发放的部分和留存收益(1-d)EAT 的部分[②]。

对下一年而言,留存收益=(1-d)下一年 EAT

用公式 4-4 来代替下一年 EAT,

$$留存收益 = (1 - d)ROS \times (1 + g)\ 当年销售额 \tag{4-5}$$

改写式 4-1 为公式的形式,用公式 4-2、4-3 和 4-4 代替其中的变量,就能得到 EFR 关系:

$$EFR = g(当年资产) - g(当年流动负债) - [(1 - d)ROS][(1 + g)\ 当年销售额] \tag{4-6}$$

虽然公式 4-6 看起来比较复杂,但因为右边的每一项都是来自于当年的财务报表和增长率假设,从而运用起来是非常方便的。

---

① 在未修正的销售百分比法中,假设 EAT 是按销售增长的速度在同速增长,这简化了债务/利息的重复计算过程。这和假设销售回报率(ROS)保持不变是一样的。

② 我们将(1-d)定义为留存收益率。

概念链接 例 4-4

外部融资需求(EFR)

重新预测例 4-3 中 Underhill 制造公司的外部融资需求,假设固定资产净值和 EAT 都是以和销售增长率相同的增长率 15%增长,但是公司计划下一年把利润的 25%作为股利发放。

解答:首先注意公司当年的销售、资产、流动负债及支付比率,然后计算它的销售报酬率(和以前一样保留至千美元)。

当年销售额 = 13 580

当年资产 = 6 000

当年流动负债 = 170

d = 25%

$$ROS = \frac{EAT}{sales} = \frac{\$1\,488}{\$13\,580} = 11.0\%$$

将数据带入 4-6

$$EFR = g(当年资产) - g(当年流动负债) - [(1-d)ROS][(1+g)当年销售额]$$

$$EFR = 0.15(\$6\,000) - 0.15(\$170) - [(1-0.15)0.11][(1+0.15)\$13\,580]$$

$$EFR = -413.9$$

这个结果表明,Underhill 公司下一年度能产生足够的现金流量使它的负债减少大约 414 000 千美元。

掌握 EFR 方法很重要,但未修正的销售百分比法的作用要小一些,因为所有项目都随着销售变化的假设不切实际。注意到例 4-4 中的净现金流量 414 000 美元要低于例 4-3 中的 1 257 000 美元。843 000 美元中的一半来自于例 4-4 中假设了发放股利,是 4-3 中没有的,另一半是由于销售百分比法假设固定资产以 15%增长率增长,这个假设在例子中是不现实的。

4.2.6 持续增长率

公司的持续增长率是对公司能力在理论上的评价。如果财务比率不发生变化,并且公司不通过发行新股来筹集资本的话,那么此时公司的增长率就是持续增长率。这些假设和未修正的销售百分比法的假设相同。

持续增长率仅仅是表明由利润所产生的权益的增长。我们通过利用一个公式表示这个比率来说明公司经营产生的新权益等于资本的留存收益。我们用(1-d)EAT 表示新权益,d 是股利支付率。

这表明权益的持续增长率$\frac{1\,200\,000}{5} \times \frac{1}{2}gs$等于新权益除以权益。

$$g_s = \frac{EAT(1-d)}{权益} \tag{4-7a}$$

从而

$$g_s = ROE(1-d) \tag{4-7b}$$

因为 ROE＝EAT/权益

尽管持续增长率隐含公司不通过出售新股获得权益，但是它还是需要借入新的资金来保证通过留存收益增加权益后，公司的债务/权益比率不变。

持续增长理论的价值在很大程度上是理论化的，它给出了公司内在增长能力的决定因素。回顾以前关于杜邦公式的学习，ROE 可以写为

$$ROE = ROS \times 总资产周转率 \times 权益乘数$$

把它代入公式 4-7 中，则

$$g_s = (1\text{-}d)\ [ROS \times 总资产周转率 \times 权益乘数]$$

可以更明确的写为

$$g_s = (1\text{-}d) \times \frac{EAT}{销售额} \times \frac{销售额}{资产} \times \frac{资产}{权益} \tag{4-8}$$

等式 4-8 表明一个公司的增长能力依赖于 4 个方面：

(1) 以 ROS(EAT/销售额)表示盈利能力

(2) 以总资产周转率(销售额/资产)表示使用资产生产销售的能力

(3) 以权益乘数表示公司运用杠杆(借款)的能力

(4) 以留存收益率(1-d)表示留存收益的百分比

这些概念能用来分析为什么特定公司的增长率和其他公司相比是好的或是不好的。

概念链接　例 4-5

持续增长率

在数年增长率低于平均增长率后，Slowly 公司将公司的持续增长率与行业的平均水平进行如下比较。

	g_s ＝	(1－d) ×	ROS ×	总资产周转率 ×	权益乘数
行业	13.5%	0.75	6%	1.2	2.5
Slowly 公司	4.8%	0.4	8%	1.0	1.5

注意到 Slowly 公司的持续增长率要远低于平均值，问题在于为什么会这样。通过比较，可以很快发现盈利能力不是问题，因为 Slowly 公司的 ROS 要高于平均值，公司的总资产周转率有点低，但不至于造成这么大的差距。

Slowly 公司增长率的问题似乎和它杠杆运用的程度和股利政策有关。公司的权益乘数明显低于平均值，这表明 Slowly 公司和其他公司相比更多的是运用权益而不是债务来筹资。公司的留存收益率(1-d)也明显低于平均值。

这些因素就解释了公司为什么不能快速发展。公司盈利的大部分是作为股利发放而不是投资于增长机会。同时，公司受限于不能通过借款来筹集更多的资本。这是低风险战略，但是不能使公司很快地发展。

4.2.7　更复杂假设条件下的计划

销售百分比法(修正的和未修正的)适合于快速估计，但是正式制订计划就不常用了，因为这两种方法遗漏了太多的细节。

在一份财务计划中，对大量单个科目做精确的估计是不可能的。但把那些单独的信息清楚地体现在计划中是很有意义的。这需要把一些详细的假设运用到制定过程中。每种假设需要按一定的方式运用到计划中，这种方式依赖于相关科目的管理方法和它的会计处理。举例说明，我们将对4-3中的Underhill制造公司的固定资产的处理进行仔细研究。

对于重要的财务科目，真实的计划会考虑复杂的假设。

在例4-3中，我们假设公司有剩余的生产能力，也就是不需要增加新的资产而只需在公司内部进行调节，就可以满足增长的需要。因此，固定资产净值可以认为是大致保持不变的。这个假设是合理的，但某种程度上过于简单化了，所以在一些复杂的经营计划中很少用到。

新增固定资产需要投入大量的资金，因此需要非常仔细的分析。这就意味着关于固定资产的大量信息是可以获得的。

事实上，公司计划制定过程中通常包括一份资本计划，一张包括所需资产和下一期公司准备投入资金的项目的清单。

在下一个例子中，我们假设Underhill公司的资本计划已经制定好，并且表明它所包含的信息是如何运用到财务计划中的。

概念链接　例4-6

固定资产是通过使用资本计划来预测总值，然后单独计算折旧。

固定资产计划

假设下面是例4-3中Underhill制造公司的一些情况。

1. 当年期末资产负债表中包含了下面的固定资产账户；

原值	5 600 000
累计折旧	(3 140 000)
净值	2 460 000

2. 当年末所拥有的资产在下一年的折旧是450 000美元，并且没有处置旧资产的打算。
3. 资本计划表明公司下一年需要的资产的估计成本是1 200 000美元。
4. 新设备的评价折旧期是5年，这里使用的是直线折旧法。在第一年以半年的折旧计算，表明了新资产使用期还不到一年。

注意第1项和第2项不是计划假设。它们是从公司会计记录中可以得到的财务事实。第3项和第4项是总结了Underhill公司资本计划中的信息得到的计划假设。

预测Underhill公司下一年的固定资产账户。

解答：固定资产原值要加上新增资本支出的数值。

期初固定资产原值	5 600 000
计划的增加值	1 200 000
期末固定资产原值	6 800 000

当年的折旧来源于两个方面，年初账面上原有资产的折旧和新增资产的折旧。我们已经知道原有资产的折旧是450 000。在使用期5年，直线折旧法，和已使用半年的条件下，

$$新增资产的折旧 = \frac{1\ 200\ 000}{5} \times \frac{1}{2} = 120\ 000$$

下一年的总折旧是：

原有资产的折旧	450 000
新增资产的折旧	120 000
总折旧	570 000

根据这些信息，年末资产负债表中固定资产账户的预测值如下：

	真实的初始值	计划的增加值	计划的期末值
固定资产原值	5 600 000	1 200 000	6 800 000
累计折旧	(3 140 000)	(570 000)	(3 710 000)
净值	2 460 000	630 000	3 090 000

非常重要的一点是这种方法给出了计划财务报表中的关于固定资产科目的信息：

1. 年末资产负债表账户的详细情况。
2. 现金流量表中资本支出的估计值。
3. 利润表和现金流量表中总折旧的估计。

而例 4-3 中所运用的方法除了给出固定资产近似值（不是非常准确的），并没有给出以上信息。

两种类型的计划（直接和间接）：比率管理。

财务计划假设可以是直接提出相关财务项目的假设，也可以是间接推导出来的，通常是通过比率。在例 4-5 中，我们做出了关于资本支出的直接假设，来预测与固定资产相关的科目。

间接计划假设通常是建立在财务比率的基础之上。它不是预测一个特定的科目，而是预测相关的比率。应收账款就是一个很好的例子。管理者通常考虑的是应收账款从顾客那里收回的平均时间，而不是在资产负债表上应收账款的数量。换句话说，应收账款是通过平均收账期（ACP）来管理的。这说明关于应收账款的财务假设应该考虑 ACP。运用这些假设计算出的应收账款余额就成为计划的一部分。

概念链接　例 4-7

间接计划假设

Mylar 公司当前收入 720 万美元中有 120 万美元的应收账款，ACP 为 60 天，ACP 计算过程如下：

$$ACP = \frac{A/R}{平均每日销售额} = \frac{A/R}{销售额} \times 360 = \frac{120\ 万}{720\ 万} \times 360 = 60\ 天$$

对单个账户进行审查发现，应收账款余额中，没有太长时间或是明确收不回来的款项。

管理层认为 ACP 为 60 天，意味着客户付款太慢，因此不能接受。公司计划缩短信用期和改变收账政策，使得下一年的回收期将为 40 天。在考虑了信用期和收账政策后，下一年的收入大致增长10%达到790万美元。

在假设的ACP下，公司财务计划中的资产负债表的应收账款应是多少？

解答：间接计划假设下一年的ACP变为40天。为了使财务计划和假设相一致，我们计算ACP为40天的年末应收账款余额。ACP公式为：

$$\text{ACP} = \frac{\text{A/R}}{\text{销售额}} \times 360$$

将下一年的数据代入公式，其中A/R为未知

$$40 = \frac{\text{A/R}}{\$7\,900\,000} \times 360$$

解方程得：A/R＝$877 777①

4.2.8 一个综合的例子：对一个现存企业的复杂计划

在相当多的假设条件下(大部分假设都是在上年基础上变化的)，我们通过对一个现存企业的分析，制定下一年的计划。

概念链接　例4-8

复杂计划

Macadam公司正在制定下一年的年度计划。公司期望今年能达到下面的结果。

Macadam公司当年的利润表(单位：千美元)

	千美元	%
销售收入	14 200	100.0
销售成本	7 810	55.0
毛利润	6 390	45.0
费用		
营销	2 556	18.0
工程	1 065	7.5
财务和管理	1 349	9.5
总费用	4 970	35.0
EBIT	1 420	10.0

① 实际上，计算通常是比较复杂的。大多数人计算ACP是建立在A/R的平均值基础之上的，通过下面的公式

$$\text{ACP} = \frac{(\text{期初A/R} + \text{期末A/R})/2}{\text{销售额}} \times 360$$

下一年年初A/R余额就是今年年末余额，在这个例子就是120万美元。代进公式

$$40\text{天} = \frac{(1\,200\,000 + \text{期末A/R})/2}{7\,900\,000} \times 360$$

得出年末A/R=555 556

注意，因为去年年末余额较高，使得这个数字低的有些不真实。如果ACP的计算是基于平均的A/R余额的话，那么应该提高变化年份的ACP。在这个例子中，全年50天的目标ACP是比较合适的，使得公司年末可以按40天的ACP来经营。

续表

	千美元	%
利息	568	4.0
EBT	852	6.0
所得税	341	2.4
EAT	511	3.6

Macadam 公司当年的资产负债表(单位：千美元)

资产		负债和权益	
现金	1 560	应付账款	716
应收账款	3 550	应计项目	230
存货	2 603	流动负债	946
流动资产	7 713	债务	4 000
固定资产	权益		
原值	12 560	股本	6 000
累计折旧	(3 620)	留存收益	5 707
净值	8 940	总收益	11 707
总资产	16 653	总负债和权益	16 653

(这个利润表是以一般报告书的形式出现的,因为一些计划假设是基于收入的预测百分比的。)

Macadam 公司的 ACP 和存货周转率的当前值可以从表中计算出来。

$$ACP = \frac{A/R}{销售额} \times 360 = \frac{3\ 550}{14\ 200} \times 360 = 90\ 天$$

基于成本基础上的存货周转率:

$$存货周转率 = \frac{成本}{存货} = \frac{7\ 810}{2\ 603} = 3.0$$

下面关于公司经营的一些事实(不是假设)也是可以得到的。

事　实

- 实际上所有的应付账款都是因为存货的购买,成本中大约 60%用于购买原材料
- 公司账面上的资产在下一年会产生 510 000 美元的折旧
- 资产负债表中唯一的应计项目是应付工资。初步估计下一年的工资支出是 610 万美元。下一年资产负债表的编制时间是结账后的九个工作日。
- 州和联邦的联合所得税率是 40%。
- 当前和将来的借款利率是 10%。

管理层已经开会并同意了下一年计划制定的假设条件。

计划假设

收益、成本和费用

1. 在下一年,公司会有一个扩大销售的项目。期望的收益增长率是 20%,价格和产品组合保持不变。

2. 收入的增长主要依靠市场/销售部门的持续努力。因此将增加费用，营销部门将费用所占的比例从当前的18%调整为19%。

3. 降低成本主要依靠生产部门实现，期望将成本率(成本/收入)从当前的55%降为53%。

4. 工程部门不受销售扩大的影响，由于通货膨胀，它的费用会比去年增加4%。

5. 为了提高销售，财务和管理费用会增加。但由于规模经济，费用增加的速度要低于销售增长的速度，预期财务管理费用增长10%。

资产和负债

6. 一种新的现金管理体系会使得现金减少20%。

7. 当前90天的收账期(ACP)被认为是不能接受的。通过在财务和销售方面对信用和收账的努力，期望将ACP降到65天。

8. 高层管理者认为公司的存货要高于经营的需要。生产管理者在努力把基于成本的存货周转率从当前的3.0提高到5.0。

9. 资本计划已经有了初步形式，预计有500万美元的资本支出。预期购买资产的平均折旧期为10年，采用直线折旧法折旧，第一年的资产将沿用折旧半年的惯例。

10. 供货方正在抱怨公司的付款政策，因为大多数应付账款应在30天内支付，但公司在55天才支付。因为担心供应商会停止供应商品和原材料，管理层决定将付款前缩短为45天。

11. 下一年没有股利发放，也没有新股出售。

根据去年的财务报表和这些假设，为Macadam公司编制下一年的财务计划。假定所有的资产负债表比率都是按年末数据计算的(不是平均值)。

解答：我们从利润表和资产负债表中的每一个科目开始编制Macadam公司的计划，然后通过对债务和利息的重复计算完成这些报表，最后根据已经完成的利润表和资产负债表编制现金流量表。

要注意每一个科目的处理方式是不同的，有一些非常简单，但有一些需要计算。为了方便我们以千美元为单位。

收入：收入预测是基于在去年基础上增加20%的直接假设。

$$\text{收入} = 14\,200 \times 1.20 = 17\,040$$

销售成本(COGS)：销售成本的预测是建立在生产效率提高的基础上，使得成本率从上一年的55%降到下一年的53%。成本率就是COGS占销售收入的比率，我们已经知道下一年的成本率和它的收入，它们相乘就可以得到COGS的计划值。

$$\text{销售成本} = \$17\,040 \times 0.53 = 9\,031$$

营销费用：在普通部门，其费用经常是处于一种合理的水平上，也就是将那些费用与收入的百分比形式与行业平均值比较，使其保持在合理的范围内。Macadam公司的高层管理者同意为了扩大销售的，将营销费用从占销售收入的18%提高到19%。所以，营销费用就是下一年销售收入的19%。

$$\text{营销费用} = 17\,040 \times 0.19 = 3\,238$$

注意这个数字超过了去年费用的27%。

生产费用：生产是一项长期发展活动，并不和当年的销售直接相关。因此，没有理由认为生产费用会为了支持销售而增加很多。较去年增长4%仅仅是因为正常的通货膨胀。

$$\text{生产费用} = 1\,065 \times 1.04 = 1\,108$$

财务和管理费用：财务和管理费用是用于支付给会计、财务、人事和行政管理部门的费用。这些费用随着收入增加而提高。但由于规模经济，规模增大后，它们的效率也会增加，因此它们增长速度应该低于销售增长的速度。在这里公司假设10%的增长率，是预期的销售增长率的一半。

$$财务和管理费用 = 1\ 349 \times 1.10 = 1\ 484$$

在利润表中，下一个科目就是利息。在没有对资产负债表中的负债进行预测前，还不能预测利息。因此，我们转移到流动资产上。

现金：新的现金管理系统能提高Macadam公司的现金管理水平，使其能在现在水平上下降20%。这个假设在企业增长期是激进的。

$$现金 = 1\ 560 \times (1\text{-}20\%) = 1\ 248$$

应收账款：Macadam公司通过确定的ACP间接管理应收账款，预测下年ACP下降到60天。

多数管理层预测应收账款是通过平均收现期间接计算的。

$$ACP = \frac{A/R}{销售额} \times 360$$

从而

$$65 = \frac{A/R}{\$\,17040} \times 360$$

可得

$$A/R = 3\ 077$$

这个预测结果表明尽管预计收入增长了，但是A/R却下降了。通常情况下，收入增加A/R应该也会提高。这是假设账款回收的效应要大于收入增长的效应，这也是一个非常激进的假设。

存货：管理者已经假定存货的利用有了一定的提高，这使得存货周转率从现在的3.0提高至5.0。通过定义存货周转率来确定存货水平。

存货通常是通过存货周转率间接计算的。

$$存货周转率 = \frac{销售成本}{存货}$$

$$5.0 = \frac{9\ 031}{存货}$$

因此，存货＝1 806

再次注意到管理层的计划假设是很激进的，这很重要。20%的收入增长通常会大量的增加存货，但这里却预测存货减少了，主要是因为预测利用效率提高了。

固定资产：固定资产预测的处理与例4-6中一样，新增资产的折旧如下。

固定资产原值	5 000
折旧	
新设备（$5 000/10）×1/2＝	250
旧设备	510
	760

根据这些数据和固定资产的期初值，可以预测期末值，如下。

	初始	新增	期末
固定资产原值	12 560	5 000	17 560
累计折旧	(3 620)	(760)	(4 380)
净值	8 940	4 240	13 180

应付账款：为了多保留些现金，Macadam公司现在的付款期是55天。这属于信用期的滥用，公司信用期要求公司在30天内付款，这就造成了公司在供应商中的不良信誉。如果供应商停止供货会造成生产中断。因此，将公司的信用政策调整至45天，虽然和30天的付款信用期还是有差距，但已经不是不能容忍的了，并且供应商出于长期考虑可能会接受。这里的问题就是计算这种信用政策条件下的应付账款。

应付账款几乎全是由于存货的购买产生的，占生产成本的60%。因此，总的应付账款金额就是一年内成本的60%。如果款项是在45天内支付的话，那么总额的45/360就是任何时候的未付金额。计算如下

$$应付账款 = 购买成本 \times \frac{45}{360} = 0.6 \times 销售成本 \times \frac{45}{360} = 0.6 \times 9031 \times \frac{45}{360} = 677$$

(作为练习，计算在55天付款期政策下的应付余额。)

应计项目：Macadam公司唯一的应计项目就是应付工资。回想一下前面提到的应计项目就是最后支付的和结账日之间的未付工资(第2章)。间隔时间为计划的结账日期和上次支付日期间的天数。这两个日期间的间隔天数代表了公司应计项目计算期间。在这里，两个日期间的间隔时间是9个工作日，它是正常一周五天工作日的1.8倍。因此，应计项目数额是一年内付给员工工资的1.8/52倍。下一年的支付总额是6 100美元，因此应计项目数额是：

$$应计项目数额 = 6\,100 \times \frac{1.8}{52} = 211①$$

这就完成了Macadam公司利润表和资产负债表的经营项目的预测，为了完成这些表，我们运用前面描述过的对债务和利息的重复过程方法。以今年的利息作为下年猜测的起点，就很容易完成了。下面是三次重复过程的表，从重复过程中得到的数据以斜体表示。

在这些报表中，都是以比较形式体现的，今年和下一年都在报表中有所体现。利润表中还包括了百分比的描述。这个格式在计划工作中经常用到，因为它很容易看到计划工作的实质性变化。

Macadam公司计划的利润表(单位：千美元)

	当年		下一年	
	$	%	$	%
销售收入	14 200	100.0	17 040	100.0
销售成本	7 810	55.0	9 031	53.0
毛利润	6 390	45.0	8 009	47.0
费用				
营销	2 556	18.0	3 238	19.0

① 实际上，应计项目数额的计算要比这复杂。公司经常是给不同的员工支付不同的工资，并且并不是每个人都在工资支付日得到全额支付的。而且，除了工资之外的其他很多科目也是应计项目。

续表

	当年		下一年	
	$	%	$	%
工程	1 065	7.5	1 108	6.5
财务和管理	1 349	9.5	1 484	8.7
总费用	4 970	35.0	5 830	34.2
EBIT	1 420	10.0	2 179	12.8
利息	568	4.0	485	2.8
EBT	852	6.0	1 694	10.0
所得税	341	2.4	678	4.0
EAT	511	3.6	1 016	6.0

Macadam 公司计划的资产负债表(单位：千美元)

	当年	下年		当年	下年
资产			负债和权益		
现金	1 560	1 248	应付账款	716	677
应收账款	3 550	3 077	应计项目	230	211
存货	2 603	1 806	流动负债	946	888
流动资产	7 713	6 131	债务	4 000	5 700
固定资产			权益		
原值	12 560	17 560	股本	6 000	6 000
累计折旧	(3 620)	(4 380)	留存收益	5 707	6 723
净值	8 940	13 180	总权益	11707	12 723
总资产	16 653	19 180	总负债和权益	16 653	19 311

制订计划的现金流量表,就可以完成 Macadam 公司的财务计划。通过利用第 3 章学习的过程可以很容易完成。现金流量表完全是根据已经预测的收益表和资产负债表来编制,没有新的计划要求。我们使用的比较格式使编制现金流量表非常容易,可以从营运资本项目的编制开始。

Macadam 公司计划的营运资本变化(单位：千美元)

	期初	期末	变化值
应收账款	3 550	3 077	473
存货	2 603	1 806	797
应付账款	716	677	(39)
应计项目	230	211	(19)
营运资本的减少(增加)			1 212

Macadam 公司计划的现金流量表(单位：千美元)

经营活动	
EAT	1 016
折旧	760

续表

营运资本的减少	1 212
经营活动产生的现金流量	2 988
投资活动	
固定资产增加值	(5 000)
投资活动产生的现金流量	(5 000)
筹资活动	
债务增加值	1 700
筹资活动产生的现金流量	1 700
净现金流量	(312)

对　账

期初现金	1 560
净现金流量	(312)
期末现金	1 248

4.2.9　部门计划

在例4-8中编制的Macadam公司财务计划包括了一份利润表，包括了三个主要部门的总费用：营销、生产和财务/管理。

部门计划支持了计划利润表中的费用数据。

预测经营计划(年度和季度预算)中的部门费用，要比利润表中简单数字的描述更为详细和复杂，意识到这点很重要。收益表中的数字仅仅是部门的总和。这些数字需要详细的文件来支持，以表明费用的性质及预期发生的时间[①]。

详细的部门计划表是一个表头为时间、内容是费用的数据表。在一个年度计划中，时间通常是以季度为单位的。如图4-6所示：

部门：销售练习一20×1年度计划(单位：万美元)					
科　目	一季度	二季度	三季度	四季度	总值
员工数量	35	36	38	38	
工资	35	36	38.2	38.3	147.5
加班费	7.8	8.6	3.8	4	24.2
差旅费	…	…	…	…	…
折旧	…	…	…	…	…
通信费	…	…	…	…	…
采购费	…	…	…	…	…
广告费	…	…	…	…	…
⋮	⋮				⋮
各种费用	…	…	…	…	…
总费用	$×××	$×××	…	…	$××××

图4-6　部门年度计划的详细情况

① 在长期战略计划中，这样详细的细节支持文件几乎是不存在的。

这个图表明了在一个大的营销部门中各子部门的详细费用。每个子部门都有一个这样的表格,所有这些子表格合并生成营销部门的总表格。在合并表右下角的总费用必须与计划的利润表中的营销费用相匹配。

生产部门

营销、工程和管理部门的详细部门费用都是相对直接和好理解的,对生产部门而言,部门计划反映在利润表中的方式就相对要复杂的多。

生产部门的费用通过成本会计过程反映在产品成本中。花费的资金主要体现在存货,然后转移到利润表中的销售成本。因此,一个完整的生产计划必须包括工厂部门花费、产品数量、存货年初和年末水平。

将真实的生产业绩和计划进行比较,包括将产品成本的不同分为不同产品费用的不同和产品数量的不同,并将它们单独和计划进行比较。我们在 Macadam 的例子中使用的方法是一个简单表,在这个简单处理过程中,我们使用的是总的成本率,这个比率是大量详细成本的高层次的总结。对于高级管理者而言,通过这种方法来了解工厂的成本是一种有效的方法,但还是需要部门计划的分析来支持。

成本率总括了生产部门的大量的细节。

我们的目的主要是给读者一个关于计划过程的总的了解。只要理解真实的公司计划是由相当多细节所补充的,我们就可以停留在成本率的总括成本上。

4.2.10 现金预算

现金流量预测是财务计划中非常重要的一部分。公司需要能够准确地预测现金余额,因为现金用尽对公司来说是一个灾难。例如,即使其他事情都运转正常,没有现金去偿还债务的话,公司可能会很快的破产。因此,管理良好的公司非常注意对现金的管理。

预测现金有两种方法。我们已经谈到过第一种方法,包括预测利润表和资产负债表,以及根据这两个表做出计划的现金流量表。

现金预算是关于现金收入和支出的详细预测。

第二种方法是更为详细的、被称为现金预算的方法,它包括在可能发生日的现金收入和支出情况,然后把每个计划期(通常以月为单位)内的现金流入和支出加总就得到净现金流量。

收入通常来自现金销售收入、回收的应收账款、借款和出售股票。支出通常包括购买支出、工资、税金和其他像租金、公共事业、耗材和外部服务等费用。

应收和应付——与时间相联系的预测

预测应收账款的回收是比较困难的,因为很难准确的知道客户会在什么时候归还他们的账款。一些是在销售期内付款,通常是 30 天,但是其他的可能是交易之后的 50 天至 60 天后还没有付款,更有甚者是根本就不付款。

但是,公司通常都有一些根据过去售后几个月内每月可以收回的销售收入百分比的信息。例如,一个公司的回收期可能是根据下面的时间滞后模式来制定的。

销售后的月份	1	2	3
回收的百分比	60%	30%	8%

需要注意的是总的回收比例是 98%,这表明平均有 2%的销售收入成为了坏账。

把这个模式用于每个月的收入预测可以让我们建立一个回收计划。下面的描述表明第一季度的销售收入是如何收回的。

	1月	2月	3月	4月	5月	6月
销售收入	500	600	700			
回收款						
1月		300	150	40		
2月			360	180	48	
3月		—	—	420	210	56
总回收额		300	510	640	258	56

如果提供及时付款折扣的话，就是一种例外的情况。在这种情况下，第一个月的回收款会减少，说明一些客户采用了折扣政策。

应付账款和应收账款的处理是类似的，但是更加准确，因为公司知道自己的付款政策。例如，如果一个公司在收到货物 30 天后付款，那么它只需滞后存货预测一个月来预测支出时间。如果付款政策是 45 天的话，在收到货物的第一个月和第二个月之间平均支付货款。

债务和利息

如果一个公司是通过借款来满足日常的现金需求的话，这并不是很罕见，那么预测短期债务和利息可能会有点困难。在这种情况下，当月的利息是根据上一个月末的债务余额计算出来的。但那个余额变化是依赖于当月的现金流量是正的还是负的，也就是通过每个月的预测来计算利息支出。

考虑下表中的信息，表中利息是按 1% 的利率计算的。假设除了利息之外的其他科目都已经预测完成并且在表中第一行总结出来，并且在年初(12 月末)没有债务。利息是累计现金流量，当它是负值时是债务，它是正值是银行存款。

	12月	1月	2月	3月	4月
息前现金流量		(500)	(800)	(700)	900
利息		0	5	13	20
净现金流量		(500)	(805)	(713)	880
月末累计现金流量	0	(500)	(1 305)	(2 013)	(1 138)

从左至右，在 1 月份是没有利息支出的，但是现金流是负的，在 1 月末有 500 美元的债务。第 2 个月有 5 美元的利息支出。这个值加上当月负的现金流，使得当月的累计债务达到 1 305 美元。这就产生了 3 月份 13 美元的利息，使得当月累计现金流量支出达到 2 018 美元，以此类推。

其他项目

预测其他项目大都是相当直接的。付薪日是已知的，所以工资是很容易预测的。利息支出日和长期债务的偿还日通常也是比较容易预测的，还有其他像税收和项目支出等大的支出也是比较容易预测的。

概念链接　例 4-9

现金预算

Pulmeri 公司的收入倾向于一种季度循环的形式。现在是 3 月中旬，管理层希望第一季度的情况能在第二季度循环。6 个月的情况如下(单位：千美元)。

	1 月	2 月	3 月	4 月	5 月	6 月
收入	5 000	8 000	9 000	5 000	8000	9 000

从历史记录来看，公司的应收账款回收情况如下：

销售后的月份	1	2	3
回收%	65%	25%	10%

公司没有提供及时付款折扣政策，而且也没有坏账存在。公司提前一个月购买商品和收到存货。原材料的成本是销售收入的一半，存货的账款是在收到原材料的 45 天之后支付。

公司每个月的工资支出是 250 万美元，其他的支出像租金、公共支出和耗材支出每个月基本稳定在 150 万美元。在 4 月中旬，公司需要缴纳的税金是 50 万美元。公司期望在 3 月末的时候短期债务水平保持在 500 万美元。以前月末债务余额的月利息是 1%。

完成公司第二个季度的现金预算。

解答：首先根据历史信息算出公司收入和收回账款的滞后期。

	1 月	2 月	3 月	4 月	5 月	6 月
收入	5 000	8 000	9 000	5 000	8000	9 000
各有回收款						
1 月		3 250	1 250	500		
2 月			5 200	2 000	800	
3 月				5 850	2 250	900
4 月					3 250	1 250
5 月						5 200
第二季度回收款				8 350	6 300	7 350

第二步，销售后的下一个月收回购货成本，即销售额的一半，剩余的在接下来两个月收回。

	1 月	2 月	3 月	4 月	5 月	6 月
购买		4 500	2 500	4 000	4 500	
付款						
2 月			2 250	2 250		
3 月				1 250	1 250	
4 月					2 000	2 000
5 月						2 250
原材料付款				3 500	3 250	4 250

第三步，根据支付的薪水和其他支出总计出结果，并计算出利息费用。

Pulmeri 公司现金预算第二季度 20×1($ 000)

	1月	2月	3月	4月	5月	6月
收入	5 000	8 000	9 000	5 000	8000	9 000
回收款				8 350	6 300	7 350
支出						
购买材料				3 500	3 250	4 250
工资				2 500	2 500	2 500
普通费用				1 500	1 500	1 500
税金支出				500		
息前支出				8 000	7 250	8 250
息前现金流量				350	(950)	(900)
利息				(50)	(47)	(57)
净现金流量				300	(977)	(957)
累计现金流量(负债)			(5 000)	(4 700)	(5 697)	(6 654)

4.3 财务计划中的管理问题

财务计划及其在企业中的应用，带来了很多潜在的管理问题。因此在制定财务计划之前，最好先了解一下这些问题。

4.3.1 财务计划作为一系列的目标

例 4-8 可以用来描述财务计划重要的实际应用价值。ACP 和存货周转率被用来构建下一年的财务报表及重大的改善预期。实际上，这些比率及相应的资产负债表账户都是财务负责人设立的目标。

在大多数企业中，管理层的薪资都是工资加上奖金。在管理完善的公司里，管理层的奖金是与可度量的管理业绩相关的，如 ACP 和存货周转率。对于 Macadam 公司而言，很可能 CFO 的奖金会在一定程度上依赖于 ACP 与计划水平的比较，而生产的 VP 的奖金取决于存货周转率的提高。

由此可见，财务计划已经成为管理企业和刺激业绩的一种工具。我们很容易识别在 Macadam 公司财务计划中包含的奖金设置及其相对应的职责部门。

- 收入增长 20%——营销/销售
- 存货周转率——生产
- 53%的成本率——生产
- ACP——财务、营销/销售
- 降低供应商抱怨——财务
- 控制现金余额——财务
- 总体利润率与现金流量——一般管理人员和员工 VPs

- 计划费用水平下的部门管理——所有单独部门

内在冲突

财务计划一直都被认为是管理所要实现的目标。但有个问题经常会出现，高层管理者建立发展目标，而目标就是组织努力的方向，但是有时却很是难实现的。

在 Macadam 公司的例子中，存货周转率就可以作为一个目标。Macadam 公司计划提高 67%，即从 3× 提高到 5×。在多数企业中，这会是一个极大的进步。高层管理者希望大家都能努力改善周转率状况，但并不期望在一年内实现这个目标。

CFO 经验谈

发展的目标有时候会因为激励问题造成相反的结果。如果认为目标是不可能完成的话，人们可能会放弃而不是朝着目标努力。

如果有其他人使用了这个计划，并且认为它就是对未来状况的准确估计，那么就会产生另外的一个问题。为了更好的理解这个问题，我们估计一下假设存货周转率上升到 5.0 的时候的现金流量。

> 发展的目标可能会导致混乱。这个计划是可靠的预测还是一个无法实现的目标？

注意到在营运资本计划的变化表中，由于存货下降产生的现金是 797 000 美元。然而，那是在销售增加 20%后产生的。如果存货周转率没有提高而是下降的话，存货将会增加 407 000 美元[(9 031/3)－2 603]。那么存货周转率变化产生的现金流大约是 120 万美元。

假定 Macadam 公司是以计划的现金流量作为下一年银行借款的依据。如果存货假设未能实现，公司将因此低估了 120 万美元的借款需求。这意味着公司与银行的协议很可能无法为下年度提供足够的现金。

显然，CFO 应该给银行提供修正的计划。

4.3.2 财务计划中存在的风险

让我们更进一步讨论这个问题。我们重新评价一下 Macadam 公司的整体计划，以便判断它是否能够实现。在这个过程中，我们要重点关注计划所描述的由财务计划制定人员假设的企业未来的现金流量。因此，结果最终可能是符合实际，也可能相反。

回顾一下 Macadam 公司的一系列假设，一切都是积极的。收入会增长 20%，生产成本将降低 2%(这在现存企业中已经是很多的了)，并且资产管理也会取得很大进步。我们扪心自问，所有这些情况不会受到负面的影响而实现吗？答案通常是否定的。

> 发展的目标和过度的信心会导致实现可能性很小的不现实的计划。

CFO 经验谈

Macadam 公司的情况是公司计划中的典型问题。无论最近的业绩是好是坏，计划通常都是预测未来状况会有所改善。管理层列出的假设是结合了扩张计划和过度乐观。在这种情况下，人们用他们期望发生的状况替代了可能发生的状况。

例如，假定一个企业在制定下年度的计划，该企业上一年销售收入是 1 亿美元，利润是 600 万美元。高层管理者的业绩主要是通过销售收入的增长和利润的增长确定的。A 报告计划下年度将有 1.2 亿美元的销售收入和 800 万美元的利润。在这种情况下，管理者通常就会以 A 报告水平来定义下年度的预期业绩，结果会迫使企业接受一系列不切合实际的计划。

这就是所谓的自上而下的计划，因为高层管理者制定后迫使其他人接受他的计划。中层及以下的管理人员经常感觉这些计划是脱离实际的。所以在自上而下计划中，财务计划的风险就是指大量的计划高估了可实现业绩的可能。

> 自上而下的计划是由管理层在组织中强制制定的，它们通常都会过度乐观。

由于重大经营投资决策是建立在计划信息的基础之上，因此过度乐观主义可能是企业计划中的一个重要问题。如果乐观的估计实现了，资源就可以充分的利用，以获得成功的优势。如果情况相反的话，企业通常会遭受非常严重的损失。

这个问题还有另一种表述，公司的计划究竟是准确的描述了未来可能发生的情况，还是只是一系列期望达到的目标。所有的计划都会有这两种因素，但哪种占主要地位及两者之间的分离程度，通常都很难弄清。

低估：另一个极端

当人们知道他们的业绩是与计划相关时，可能会出现与上面相反的情况。低估行为导致人们设置某种很容易达到的目标，以确保将来能够成功实现目标。当部门管理人员递交的费用需求被包括进计划时，这种情况尤为普遍。其原因是“你的需求不能得到全部满足，所以尽量多要”。在生产计划目标与报酬相挂钩时，这种思想特别明显。

> 自下而上的计划由低层管理人员制定，通常都会低估企业的实力。

自下而上的计划是将中层及基层管理人员的要求和预测收集起来，而高层管理者不进行判断。自下而上的计划倾向于低估可实现的业绩。

低估行为在实际中对业绩的影响较小一些，与明显的高估相比，低估相对要好。

理想的过程

理想的财务计划过程是结合自上而下与自下而上两种要素。一个完整自下而上的计划传递是完善计划的起点，然后高层管理者判断采纳或放弃。最终结果是一个符合实际的结果，既能扩展企业能力，又能实现既定目标。

> 理想的计划制定过程是结合自上而下和自下而上两种要素。

CFO 经验谈

在经营良好的公司，财务管理在解决脱离实际的预测问题时，通常扮演着很重要的角色。在 CFO 的领导下，财务人员对计划假设进行分析评价。脱离实际的假设会被挑选出来，并反馈到相应职责部门进行修改。

情境分析：“如果……那么……”

很多公司采用制定一系列反映不同情境的计划来描述风险。其中每个情境代表了假设计划的一个变量。与“如果……那么……”的意思是一样的，即如果某种假设发生了，那么会出现什么样的情况。

> 有些公司会制定一系列情境来表示他们对于不确定的未来的预测。

在情境分析中，可以单独改变某个变量或同时改变多个变量。在例 4-8 中，Macadam 公司的管理层可能认为假设销售收入增长率为 20％太激进了，因此制订一个基于 10％增长的计划会更合理一些[①]。

另一方面，调整可能同时会涉及很多问题。此时，情境分析必须同时改变所有不确定的假设。例如，收入的低增长是伴随着资产管理水平也以较低的水平改善，所以制定一个 15％的销售收入增长时，75 天的 ACP 和 4.0 的存货周转率会更符合实际。

情境分析会使计划制定者感觉他们所假设的结果不会出现。情境分析会产生一个价值

---

① 非常重要的一点是认识到很多假设是相关的，因此其中一个发生变化就隐含了其他的也会变化。收入尤其如此，它对整个计划有重要影响。例如，在 Macadam 公司例子中，成本率的改善可能部分依赖与收入增长假设下，产量扩大后开支的增长较慢。因此，改变收入假设可能需要修正成本率改进假设到较低程度。

范围，所以重大的计划结果预期都将落在这个范围。

沟通

计划过程中可能最大的风险问题就是沟通。企业期望的是管理部门有信心能够实现财务计划。对计划实现的可能性进行多次充分的沟通，可以消除外部对管理层管理能力的疑问。一个简单的计划也会有我们以上讨论过的风险。

4.3.3 财务计划与计算机

目前，实际上所有的财务计划都是在计算机的帮助下完成的。因此，了解计算机在计划制订过程中的作用、工作原理及计算机不能参与的是非常重要的。

计算机使得计划制订更快和更周密，但是它并不能提高这个过程的核心，即判断的准确性。

计算机可以轻松地进行重复性计算，但却并不能代替我们的大脑。换句话说，计算机可以根据我们制定的假设创建计划，但是并不能帮助我们进行判断。财务计划的核心和本质是合理的假设，而不是计算数字。因此，计算机可以帮助我们更快的制订计划，但并不会使计划制定的更完善。

重复计算

重复计算的来源有两个：第一个是多年的预测数据，超过一年的计算就倾向于成为第一年的重复计算。

第二个更重要的来源就是变化。正常的计划过程包括建立一系列的假设。根据假设制订计划和评估其含义。如果计划不是令人满意的，就需要改变假设，并且所有的内容都需要重新计算和评估。这个过程通常要进行十几次，才能得到令人满意的计划。

在没有计算机之前，重复计算是非常耗时耗力的，因此限制了能够评估的项目的数量。现在一切都变了，在电脑和制表软件的帮助下，再多的假设也可以轻松的计算出来，这对于计划的制定是一个巨大的进步。

实务观察

企业计划中的判断支持和伦理道德

在企业计划系统中，财务管理人员陷入尴尬的伦理道德困境是很常见的现象。计划是与外部人员进行沟通的载体，通常由财务部门负责整合。但是外部的沟通是首席执行官(CEO)的职责。这就意味着，如果CEO不赞成某个计划的时候，他可能会根据自己的判断向外界传递某种信息。

所以当CEO过于相信自己的判断或者拒绝接受不利的现状时，就会出现问题。CFO既为CEO工作，又必须为财务报告的真实性与公允性承担责任，因此CFO会陷入进退两难的境地。并且当CEO传递信息时，CFO必须支持CEO的工作，至少得表现的如此。

例如，假设一个大集团下的子公司在制订计划的过程中发现，公司可能会在未来失去市场份额，遭受巨大损失。如果母公司的管理人员近期要来视察工作，那么可能就会撤掉负责人，因为可能是他的战略导致了不好的业绩。相反，如果提供的是一份盲目乐观的计划，那么子公司的总裁和他制定的政策就会延续下去，这会导致更大的损失。

主管人员希望提供乐观的计划，但CFO认为这会误导企业的管理。那么，CFO的伦理职责是什么？

分析这种困境的关键是要认识到任何计划在某种程度上都带有个人色彩。谁也不能确定的认为管理者是在故意撒谎。他只是在支持一份被人认为是脱离实际的计划。实际上，有些人由于个人原因对计划表示怀疑，但是这并不表明他就不相信这份计划。即使存在大量相反的事实，乐观者还是坚信自己的看法。

如果CFO拒绝与CEO保持一致，坚持制定更为合理的计划，那么他将处于顶头上司的对立面，这可能导致其与老板以前的良好关系的破裂。事实上，CFO最终也不可能获胜。因为CEO之所以能管理企业，是因为他相信他的判断要好于其他人。即使有足够的证据证明他是错的，他可能还是会坚持己见。即使最后证明CFO是对的也于事无补，因为损失已经造成了，CFO到时就会因此离开。

另一方面，如果CFO没有坚持，放弃了主张，那么毫无疑问，盲目乐观的计划将会被接受。这可能意味着公司的损失会更加惨重，最终导致分公司被关闭和大量裁员。到那时候，公司员工可能很想知道为什么管理人员就没有发现问题呢。

CFO的意见应该是什么？你会怎么做呢？

概念链接

例 4-1　计划假设
例 4-2　债务/利息预测问题
例 4-3　简单假设下的计划
例 4-4　外部融资需求
例 4-5　持续增长假设
例 4-6　预测固定资产
例 4-7　间接计划假设
例 4-8　复杂计划
例 4-9　现金预测

讨论

1. 一份财务计划要么是对未来的预测，要么是一份目标声明，两种不能兼得。解释这个说法，并评价它的真实性。

2. 下列都是与财务计划准确性和可靠性相关的问题，逐一解释以下问题：

- 自上而下与自下而上的计划制定过程
- 目标描述计划与未来发展预期计划
- 计划假设
- 过度乐观与低估
- 情境分析

3. 在计划制订过程中，在财务结果之前对数量进行预测是重要的？例如，假如你希望企业的销售额是5 000万美元，利润是500万美元，并依此制定了收入和成本计划，这样做有什么问题？

4. 为什么为新成立的公司制订计划要比为一个已经成立的公司制订计划困难？需要制定更多的假设吗？为什么？在特定的情况下，清晰的假设提供了什么？

5. 简述债务/利息问题及解决问题的方法。(简要说明,不需要列出过程步骤或者举例。)

6. 计划假设是怎样影响预测的财务报表的?有没有一个标准的计算过程将公司假设转化为计划中的数据?简单、估计的计划和复杂、精确的计划之间的区别是什么?有没有可能一份计划复杂、精确但是不准确?如果是这样,怎么办?

7. 评价估计资金需求的 EFR 方法。EFR 会不会产生的问题要比解决的问题更多?

8. 比较预测资金需求的不同方法。特别是借款时,利用根据预测的财务报表得到的现金流量表。哪一种对于财务部门更有用?

9. 由于计算机的出现,制定财务计划不再是企业的难题。在计算机和合适软件的帮助下,谁都能为复杂的大型公司制订财务计划。讨论这个观点。

10. 你是 Bertram 公司财务部财务计划制定组的一名新成员。Bertram 公司是一家大型的家具制造企业,公司每年都要制定年度生产计划和长期计划。你刚刚接到 CFO 的一个通知,要求你协助他为企业的投资银行家们制订一份计划书,关于未来发行新债券的问题。通知要求你估计公司的资金需求,并建议你从最近的年度计划和长期计划开始。你对这个建议感到很困惑,因为计划很明显是反映未来的需求,CFO 的意思是什么?你采用何种方法来完成这个任务?

11. 你在为 Ajax 公司制定下一年的财务计划。Ajax 公司是一家中型制造企业,公司目前只利用了全部生产能力的 80%。公司期望收入能在下年初急速增长 20%。公司现在几乎所有的销售都是赊销,因此计划下年能够使大约 50%的销售成为现金销售。除了增加必须的资源来支持销售增长,公司经营没有什么变化。为下列的资产负债表科目建立一些合理的假设,并且解释原因。(提示:哪些科目会与销售增长等比例增长,哪些会增长较慢。假定所需的资金都能借到。)

现金	应付账款
应收账款	应计项目
存货	
固定资产原值	借款
累计折旧	权益

分析

1. Ed Perez 一直想拥有一家属于自己的餐馆,在高中和大学期间,他就一直在餐饮业兼职打工。四年前大学毕业后,他又在一家大型餐饮连锁店工作,现在他打算开一家有特许权的家庭风味的餐馆。但是,初期需要投入很大的一笔资金,Ed 已经存了一些钱,不过还是需要从银行贷款。

幸运的是,Ed 的大学室友,Joe Dixon 现在是当地一家银行的信贷主管。除了是好朋友之外,Joe 知道 Ed 是一个稳重的、勤奋的商人,并且有着良好的信贷记录。

Ed 约见了 Joe,打算申请贷款。寒暄之后,Joe 要求看一下 Ed 的企业计划。ED 向 Joe 阐述了自己的看法,并向他展示了特许权持有者的书面信息。Joe 只简单的看了一下。

Joe 身体微倾着,认真的听完 Ed 的话后说:Ed,我已经认识你很多年了,我相信这个想法很不错,并且你也有很丰富的餐饮业从业经历。但是你必须拿出一份完整的、至少包括未来 5 年长期发展计划的企业计划书,到时我们才可以开始考虑贷款的问题。

a. Joe 为什么坚持要 Ed 准备一份企业计划书。

1. 企业计划书应该向银行反映哪些内容？

i 列出银行关心的财务之外的内容。

ii 列出银行关心的财务计划

iii 为什么银行要求如此长的计划间？这是意味着银行要求的是长期战略计划吗？

2. Ed 应该为这个计划准备什么内容？

i 开业之前

ii 开业之后

iii 从制定财务计划的过程中，Ed 能学到什么？

b. 银行要求 Ed 提供企业计划主要是基于什么考虑？即 ED 的企业计划书应该是战略的还是生产性的，或者是短期性的？

2. 你是 Ramkin 公司的 CFO，Ramkin 公司生产和销售电器设备。公司刚开始是一个独立的企业，但十年前被 Big Tech 公司收购成为其分公司。Big Tech 拥有一套精密的计划系统，它要求所有的分公司都要制定战略计划、年度生产计划、季度预算、日常现金流量预测以及邻近季末的快速预测。

这些预测主要由财务部门完成，不会占用其他人很多时间。但是战略计划需要高层管理者的大量时间和精力，而预测和年度生产计划则需要各层管理者都参与。

十月中旬的一个早上的八点钟，高层管理团队正在召开一个会议，讨论关于下一年的经营计划的准备工作。会议期间，营销副总裁 Charlie Gogetter 感到很厌烦，他站起身，做了如下发言：

“我已经厌倦将所有的时间都浪费在制定这些愚蠢的计划上。6 月份我们刚刚制订了一个战略计划，那个计划花了我整整一个月的时间，在那期间西部地区的销售陷入了困境。并且 6 月份还做了第三季度的预测，9 月份做了第四季度的预测。现在我们又要开始制订另一个计划，这会占用销售人员一半的时间，直到圣诞节。”

“最重要的是我们好像无论什么时候都不是在做计划，而不过是将计划与实际业绩进行对比。在我们被 Big Tech 收购之前，我们很少做计划，我们也做得非常好。我们和以前相比确实规模大了也更复杂了，但我却不会因此认为我们应该把时间花在计划上而不是做事上。”

“我建议 CFO(他指向了你)负债收集资料提交给 Big Tech，这样剩下的人就可以继续专心工作。”

在某种程度上，管理团队中的其他人也有和 Charlie 类似的想法，Charlie 关于公司管理风格的发言也提醒了其他高层管理者。你准备如何回复 Charlie 的发言和建议，不要排除 Big Tech 过分强调制订计划的可能性。

3. 你刚被 Gatsby 公司聘为 CFO，这个公司是新成立的高科技计算机企业。当你到公司之后，你很快就发现公司几乎没有制订计划。一个宽泛的企业计划还是八年前公司成立时制定的，中间只在四年前融资时修改过一次，除此之外，再也没有制订过新的计划。

公司最初是由总裁 Harvey Gatsby 依靠其发明的高科技产品创建的。初期市场对配件的需求非常大，公司的成长也是非常迅速的。直到一年前，新的竞争对手进入影响了公司的业务。目前的情况是：

- 早期产品的销售量开始下滑
- 组织内部有一些员工和部门的职能和价值观很模糊

- 技术工程部门正在进行具有商业潜力的新开发，但是进展很缓慢，没有考虑怎样从研发项目中获得收益
- 适应市场的新产品需要更多的资金支持。Harvey 建议你撇开原来的计划书，向投资者写一份新的计划书。

你感到公司的现状很危险，而问题的根源就是公司管理层在过去数年没有建立具有前瞻性的计划。在你看来，挽救公司的第一步是建立一套适合的计划系统。写了一份备忘录给 Harvey，表明了你的担心和建议。包括：

a. 为什么过去良好的局面将终止，及其意味着什么。

b. 如果企业要生存下来，管理层必须进行改革。换句话说，管理层必须进行大量的前瞻性思考和结构化的计划。

c. 大企业和小企业计划系统的区别。

d. 根据一份细致的、结构化的计划，Gatsby 预期能够实现的利益。

e. 完善的财务计划系统的需求。

习题

计划假设：例 4-1 的概念链接

1. Lineberry 汽车公司今年高尔夫球车的销售量 7 400 辆，平均每辆售价 3 000 美元。

在年末，有 50 天的销售额认为应收账款未收回。公司的成本率（销售成本/销售收入）为 42%，并且在年末有相当于三个月销量的存货（销售成本的 3/12）。

高尔夫业务正处于增长期，管理层预期销量会增加 10%，并且价格会提高 5%。公司也有计划项目来提高生产效率、存货管理和应收账款的回收效率。预期成本率会降至 40%，年末存货降至两个月销量水平，和年末应收账款减少为 40 天的销售额。

计算 Lineberry 公司当年和下一年计划的收入、销售成本、毛利率和年末的应收账款和存货。假设一年有 360 天，并且销量平均分布在每一天。

债务/利息预测问题：例 4-2 的概念链接

2. Cambridge Cartage 公司已经部分地完成了下一年预测的财务报表。

Cambridge Cartage 公司的财务计划（$ 000）

利润表		资产负债表		
			下一年	
	下一年		年初	年末
收入	17 220	资产		
成本/费用	14 120	总资产	12 540	18 330
EBIT	3 100	负债和权益		
利息	?	流动负债	410	680
EBT	?	债务	5 630	?
税金	?	权益	6 500	?
EAT	?	总负债和权益	12 540	18 330

企业借款的利率是 10%，联邦和州总税率是 40%。完成公司预测的利润表和资产负债表，利息的初始猜测值是期初债务的 10%。

3. Lap Dogs 公司正在制订下一年计划，到目前为止已经有如下结果(单位：千美元)

收 益 表

EBIT	236
利息	?
EBT	?
所得税	?
EAT	?

资产负债表

	当年	下一年
资产	582	745
流动负债	63	80
债务	275	?
权益	244	?
总负债和权益	582	745

公司借款的利率是 12%，总的税率是 38%。当年的利息费用是 20 000 美元，下一年预期发放 75 000 美元股利。完成 Lap Dog 公司预期的财务报表，所有结果四舍五入到千位。

4. Libris 公司今年的销售收入是 2 亿美元，预计下年度会增加 50%达到 3 亿美元，同时除了利息之外的成本费用达到 2.5 亿美元。企业目前的资产为 2.8 亿美元，债务为 4 000 万美元，债务和权益的比例为 3：1(也就是说包括了 75%的债务和 25%的权益)。公司借款的利率为 12%，联邦和州的总税率为 39%。

Libris 公司预计资产和流动债务会增长 10%，比收入增长要低 10%。公司还计划下一年支付 1 000 万美元的股利。

a. 下一年年末计划的负债和权益比率是多少？

b. 这些结果说明了什么问题？

简单假设下的计划：例 4-3 的概念链接

5. Coker 公司正在使用修正的销售百分比法对 20×9 年的状况进行快速预测，

为月末的详细预测做准备。假定销售增长 10%，除了固定资产外的其他所有项目都假设与销售同速度增长。由于已经在进行的扩张项目，预期固定资产会增长 88 000 美元。当年的财务报表和预期报表格式如下所示。公司借款利率为 9%，假定税率为 25%。预计下年不会发放股利或者发行新股。完成 Coker 公司的计划的利润表和资产负债表，结果保留至千位。(提示：计算数据增加 10%最简单的办法是乘以 1.1，而不是先乘 10%再加原值。不要直接乘以小计科目。例如，收入和销售成本都需要乘以 10%，分别乘取千位后在减得到毛利润。利息、债务或者权益不要直接乘以 10%，应该用债务/利息重复计算的方法来计算。)

Coker 公司当前的和预期的利润表(单位：千美元)

	2008	2009
收入	642	
销售成本	289	___
毛利润	353	
费用	240	
EBIT	113	
利息(9%)	33	___
EBT	80	
所得税(25%)	25	___
EAT	55	

Coker 公司当前的和预期的资产负债表(单位：千美元)

资产			负债		
	20×8	20×9		20×8	20×9
流动资产	198		流动负债	87	
固定资产	552	___	债务	325	
总资产	750		权益	338	
			总负债和权益	750	

6. Larime 公司在 20×1 年末对 20×2 年的情况进行了预测。预计年末财务报表和公司底稿如下：

Larime 公司计划的利润表(单位：千美元)

	20×1		20×2	
	$	%	$	%
收入	245 622	100.0		100.0
销售成本	142 461	58.0	___	___
毛利润	103 161	42.0		
费用	49 124	20.0	___	___
EBIT	54 037	22.0		
利息(12%)	9 642	3.9	___	___
EBT	44 395	18.1		
税金	19 090	7.8	___	___
EAT	25 305	10.3		

Larime 公司计划的现金流量表(单位：千美元)

	2001	2002		2001	2002
资产			负债和权益		
流动资产	178 106		流动负债	85 700	
固定资产	142 128		债务	78 178	
总资产	320 234		权益	156 356	
			总负债和权益	320 234	

管理层预计下一年的情况如下：

- 收入增长 8%
- 降价将会导致成本率比目前水平上升 1%
- 费用将会按 3/4 倍销售额增长速度增长
- 流动账户将与销售同比例增长
- 固定资产净值将增加 500 万美元
- 以 12%的利率支付利息
- 联邦和州政府的总税率是 43%

据此制定一份 Larime 公司完整的收益表和资产负债表。结果以千位计。

7. Eagle Feather 纺织公司当年的财务结果如下表所示(单位：千美元)：

收益表		资产负债表	
销售收入	36 100	资产	
销售成本	14 440	现金	1 000
毛利润	21 660	应收账款	5 000
费用	12 635	存货	2 888
EBIT	9 025	流动资产	8 888
利息(11%)	625	固定资产净值	7 250
EBT	8 400	总资产	16 138
税金(42%)	3 528	负债和权益	
EAT	4 872	应付账款	1 550
		应计项目	530
		流动负债	2 080
		债务	5 598
		权益	8 460
		总负债和权益	16 138

假设没有发放股利和发行新股的情况下,运用修正的销售百分比法根据下面两种情况分别预测下一年的财务状况。

a. 20%的销售增长率和 40%的固定资产增长率

b. 销售收入增长 15%,费用增长 10%,固定资产净值增长 20%。(债务值为负值表明公司未来的现金流量超过需要值。)

外部融资需求(**EFR**)：例 **4-4** 的概念链接

8. Fleming 公司本年度的股利支付率为 25%,使其支付了 80 000 美元股利。本年度销售利润率(ROS)为 8%,预期明年提高到 9%。如果 Fleming 公司预期下一年度能有 305 100 美元留存收益,那么预期收入应增长多少?

9. Dalmation 公司预计本年度的财务状况如下表所示(单位：千美元)：

收益表		资产负债表	
收入	10 500	资产	
成本/费用	9 100	流动资产	5 500
税金	560	固定资产净值	6 900

续表

收益表		资产负债表	
EAT	840	总资产	12 400
股利	420	负债和权益	
		流动负债	320
		债务	5 080
		权益	7 000
		总负债和权益	12 400

根据下面的假设用 EFR 关系法估计公司的外部资本需求量：

a. 销售增长率是 15%

b. 销售增长率是 20%，股利支付率下降到 25%

c. 销售增长率是 25%，没有发放股利，ROS 增加了 4%。

10. Lytle 公司预计下一年的 EBIT 是 320 万美元。公司的总税率是 40%，利率是 8%，公司目前有 800 万美元的长期负债。管理层正在计算在短期负债不变的情况下，新添置成本为 150 万美元的资产需要多少资金。公司计划保持 30%的股利支付率。为新增资产的额外借款的票面利率为 7%。Lytle 公司计划下一年不发行新股。利用 EFR 概念方法而不是 EFR 等式，建立一个你自己的代数公式来计算资产增加 150 万美元所需要额外的借款。（提示：额外的债务＝新增资产－原有内部资金。然后根据收益表上从 EBIT 到 EAT 科目和股利支付率，计算内部产生资金，完成公式。）

持续增长率：例 4-5 的概念链接

11. Bubar 建筑公司当年的财务状况如下：

收入	45 000	资产	37 000
EAT	3 600	权益	28 580
股利	1 800		

一般来说，其他建筑公司会把 1/4 的盈利作为股利发放，1 美元销售收入盈利大概是 6 美分，公司资产大约是半年的销售收入，1/3 的资产是通过债务融资取得的。

利用可持续增长率思想来分析 Bubar 公司与建筑公司平均水平相比，在不出售新权益的情况下的内部增长能力。分析公司的劣势并做进一步分析。

12. Broxholme 公司销售额为 4 000 万美元，权益价值 27.5 万美元，销售利润率为 12%，持续增长率为 10.9%。那么股利支付率为多少？

预测固定资产：例 4-6 的概念链接

13. Livetree 公司正在制定下一年的相信财务计划，并且预期当年年末固定资产账户情况如下：

原值	45 789
累计折旧	(26 328)
固定资产净值	19 461

已经完成的资本计划显示，下一年新增设备需要增加开支 7 042 000 美元，这些新设备预

期使用十年，采用直线法折旧，不采用第一年以半年折旧的惯例。公司账面现有资产明年将会产生折旧 4 258 000 美元。

完成 Livetree 公司计划年度的年末固定资产账户。

间接计划假设：例 4-7 的概念链接

14. Winthrop 公司正在制定 5 年计划。公司的平均收账期(ACP)为 90 天，基于成本的存货周转率为 3×。公司预计随着信用政策和回收政策的改善，预测下一年的收入会大幅度的增长，具体如下：

	年					
	0	1	2	3	4	5
收入	50.0	57.5	66.0	76.0	87.5	100.0
成本率	60%	59%	58%	57%	56%	55%
ACP(天)	90	70	60	50	45	40
存货周转率	3×	4×	5×	6×	6.5×	7×

对于每一个计划年度

a. 计算销售成本。

b. 计算年末应收账款余额。

c. 计算年末存货余额。

15. 假设我们正处于年末，预测下一年的财务报表。利用间接计划假设计算下列情况。

a. 预测销售额为＄58 400 000。管理层预期下一年度的 ACP 为 45 天。那么计划的下一年年末的应收账款余额为多少？

b. 如果预期的销售额为 457 000 美元，成本率为 53%，并且管理层计划的存货周转率为 5×，那么计划的期末存货是多少？

c. 供应商通常要求的付款期是 30 天。为了保留更多的现金，管理层决定在 50 天内付款。几乎所有的应付账款都是来自存货的购买，原材料占销售成本的 60%。下一年度预期的收入是 3.78 亿美元。公司计划的成本率为 56%。那么公司下一年的应付账款账户的期末余额应该是多少？

16. Owl 公司正在计划 20×2 年度。公司预期 20×1 年度的财务结果如下：

收 益 表

	美元	%
销售收入	38 483	100.0
销售成本	14 807	39.5
毛利润	22 676	60.5
费用	17 721	47.3
EBIT	4 955	13.2
利息	1 380	3.7
EBT	3 575	9.5
所得税	1 430	3.8
EAT	2 145	5.7

资产负债表

资产		负债和权益	
现金	1 571	应付账款	1 388
应收账款	6 247	应计项目	985
存货	2 468	流动负债	2 373
流动资产	10 286		
固定资产		资本	
原值	25 608	债务	12 390
累计折旧	(14 936)	权益	6 195
净值	10 672		18 585
总资产	20 958	总负债和权益	20 958

管理层做了如下计划假设：

收益表

- 收入增长 10%
- 成本率降低至收入的 37%
- 费用占收入的 44%

资产负债表

- 年末现金余额为 150 万美元
- 平均收账期从现在的 60 天降至 40 天
- 存货周转率从现在的 6× 提高至 7×
- 净资本支出为 500 万美元
- 新购置的资产使用期为 10 年，采用直线法折旧，第一年按一整年计提折旧
- 20×2 年末的应付工资为 1 300 万美元
- 计划不会发放股利，也不会发行新股

以下事实也是可以知道的：

- 利率为 10%
- 联邦和州的总税率为 40%
- 应付账款主要来自购买存货，原材料占产品成本的 75%
- 现有资产下年折旧额是 1 727 000 美元
- 应计项目主要是应付工资，20×2 年的最后一天是发薪日后的一周

预测 Owl 公司 20×2 年的利润表和资产负债表。一年为 360 天，将计算结果保留至千位。

17. Haverly 公司预期本年的财务状况如下，并且公司正在制订下一年度的计划。

Haverly 公司本年度利润表（单位：千美元）

	$	%
销售收入	73 820	100.0
销售成本	31 743	43.0
毛利润	42 077	57.0
费用		
营销	17 422	23.6

续表

	$	%
工程	7 087	9.6
财务和管理	7 603	10.3
总费用	32 112	43.5
EBIT	9 965	13.5
利息	2 805	3.8
EBT	7 160	9.7
税金	3 007	4.1
EAT	4 153	5.6

Haverly 公司本年度资产负债表

资产		负债和权益	
现金	8 940	应付账款	1 984
应收账款	12 303	应计项目	860
存货	7 054	流动负债	2 844
流动资产	28 297	长期负债	22 630
固定资产		权益	
原值	65 223	股本	18 500
累计折旧	(23 987)	留存收益	25 559
净值	41 236	总权益	44 059
总资产	69 533	总负债和权益	69 533

一些事实：

- 应付账款基本上都是采购存货，可以通过销售成本估算出来，原材料大约占销售成本的 45%
- 已有资产下年折旧额是 1 840 000 美元
- 应计项目包括两个部分。第一部分就是应付工资。当前的工资支出是 3200 万美元，下一年预计增长 12%，结账日在最后一个付薪日后的 6 天。第二部分就是对因为供货商票据未到但货物已到的存货项目的估计。这个原材料未付款通常是年末应付账款余额的 10%
- 联邦和州的总税率是 42%
- 现在和未来的借款利率都是 12%

计划假设

利润表科目

1）产品组合不变的情况下，收入增长 13%。但由于竞争的压力使得公司产品的价格有一定幅度的下降。

2）价格压力使得下一年的成本率上升 1.5%。

3）营销部门支出过多，下一年将控制在销售收入的 21%。

4）因为一项重大的研发，工程部门的费用将上升 20%。

5）财务和管理费用将增加 6%。

资产和负债

6）更加完善的现金管理系统使得现金余额减少 10%。

7）ACP 将降低至 15 天(计算与目标相比的当前值)。

8）存货周转率(COGS/存货)将降至 5×。

9）资本支出预计为＄700 万。资产的平均折旧期是 5 年，采用直线法折旧，资产第一年的折旧期是半年。

10）当前的付款期是 50 天，公司计划缩短至 40 天。

11）下一年将支付股利 150 万美元，没有新股出售。

根据这些假设和去年的财务报表，做出 Haverly 公司下一年的财务计划，其中包括计划的利润表、资产负债表和现金流量表。

现金预算：例 4-9 的概念链接

18. Lapps 公司生产的礼品在节假日非常畅销。零售商在秋季进货，所以 Lapps 公司 10 月和 11 月销售收入最高，而在随后的 12 月急剧下降。公司预计下半年的收入如下表(单位：千美元)，其中第三季度是实际数据，第四季度是计划季度。

	7 月	8 月	9 月	10 月	11 月	12 月
收入	5 500	6 000	7 500	8 000	9 500	4 000

Lapps 公司以前的应收账款回收情况如下：

售后月份	1	2	3
款项回收比例	60%	30%	9%

公司提供 2% 的及时付款折扣，因此，一半以上的客户在第一个月内付款。

Lapps 公司在销售期前一个月准备存货。原材料成本占收入的 40%，收货后 45 天内付款。

公司雇佣临时工来满足季节性生产的需要，所以预计工资占月销售额的 35%。其他费用每月固定为 180 万美元。预计 11 月份的税款为 70 万美元，因为一个扩展计划，10 月和 12 月的现金需求分别是 50 万美元和 80 万美元。Lapps 公司 9 月末有 600 万美元的短期贷款，月利率为 1%。

制定 Lapps 公司第四季度的现金预算。

19. Blue & Noble 是一家小型的法律事务所，它所有的交易都不是现金结算。通常情况下，公司在交易完成的当月能收到收入的 40%，完成后的第一个月能收到收入的 50%，完成后的第二个月能收到收入的 8%。剩下的 2% 通常是收不回来的坏账。预计下一年 1 月份的收入为 47 500 美元，2 月份的收入为 50 000 美元，预计 3 月份能收到款项 50 600 美元。那么 3 月份的预期收入是多少?

第5章

金融系统与利息

本章概要

在第一章中，我们在描述金融资产和市场时涉及了金融系统的本质。在本章中，我们将扩展那些概念，仔细分析经济活动中的现金流，并对股票和债券市场中将投资者、公司和证券联系在一起的方式有了更好的理解。最后，我们将深入学习利息，即货币的价格。

5.1 金融系统

产业化经济包括三个部分：消费、生产和政府。消费部分由家庭购买行为和生产部门提供产品和服务的行为两部分组成。政府部门向消费和生产部门提供服务并征收税款。

这三个部门只是概念化的，理解这点很重要，并且同一个人同时至少会处于两个部门中。例如，工人在生产部门从事他们的工作，生产产品，但当他们回到家时就会成为消费部门的一部分。

根据我们将解释的内容，政府部门的行为很像是一个生产部门。政府向雇员提供工资，并提供用税款购买的服务。同时，政府也发行类似公司发行的证券。因此，我们会将政府部门和生产部门合并在一起，仅仅讨论生产和消费两个部门。

5.1.1 部门间的现金流动

货币每天在生产和消费两个部门间往返流动。工人会因为其在生产过程中的工作而得到工资，而工资正是消费部门的收入。消费者花费在商品和服务上的支出又会成为生产部门的收入。生产者将收入用于购买原材料以生产更多的产品、支付流向消费部门的工资，等等。这样就构成了一个货币流动的循环。这些普通的日复一日的货币流动，如图 5-1 所示：

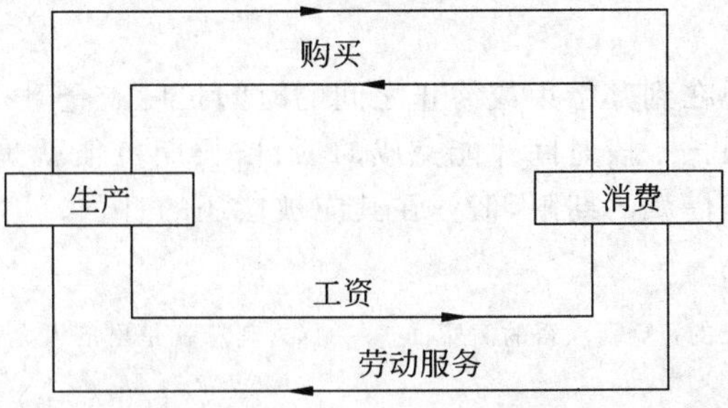

图 5-1 每天在各部门间的现金流动

5.1.2 储蓄与贷款

金融系统中的两个重要特点在图 5-1 中没有体现出来。其中,第一个与消费部门有关。人们通常不会将全部收入都用于消费,大多数人至少会保留一些,并将它们存放在能预期获得一定回报[①]的某个地方。

第二个未涉及的特点与生产部门有关。除了日常的经营行为,企业偶尔也会将大量的资金用于诸如开办新的工厂、购买设备和开发新的企业等方面。

换句话说,每个部门都有图 5-1 未表明的需求。消费者需要一种方法将其不准备花费的收入储存起来,而企业也需要获得更多的资金来应付偶然发生的重要事项。

令人高兴的是这两个需求同时发生了。经济系统包括一个货币来源——消费者储蓄和一个货币用途——商业项目。而所缺少的就是将这两个方面连接起来的一种方式。也就是说,我们要将公司对额外货币的需求与获得消费者储蓄的货币的方式连接起来。

金融市场连接了生产者对资金的需求和消费者可提供的储蓄。

金融市场提供了这种联系,使得金融资产的买方和卖方相遇。需要资金的公司向个人发行证券,通常是股票和债券。消费者用储蓄购买证券,企业用获得的资金完成他们的商业项目。

消费者投资于证券就是希望从购买的资产中获得回报,这种回报就债券而言就是利息,就股票而言就是股利和股票价值的升值。

消费者的储蓄等于产业投资。

图 5-2 重新展示了含有被遗漏的两个特点后的金融体系。简而言之,金融市场为从消费部门获得的储蓄向生产部门的转移提供了通道。当生产部门使用这些钱时,通常被称为投资于项目、企业或资产。因此,在经济学中,经济学家认为储蓄等同于投资[②]。

金融市场对经济的健康发展极其重要,它的职能和作用将是本书研究的一个重要核心。

商业中的筹资和资金使用

换个方法思考图 5-2 中的内容。我们想象一家公司正在通过两种途径花费货币,一种是来源于正常的利润并用于日常的活动,另一种是偶然才会需要的用于重大项目或建立新企业,这种资金一般通过出售金融资产得到。

图 5-2 上半部的货币流动表现了日常活动。而第二种资金即用于支持大型项目和设备投资的资金,一般并不来自于经营资金。企业会频繁地从金融市场筹集资金,这种融资过程在图 5-2 的下半部分得到了体现。

当某个项目的资金是通过借款得到的,我们称此项目为债务融资。当项目的资金来源于出售公司股票或者公司收益时,我们称为权益融资。

期间

"期间"是指某事从现在到其结束或终止之间的时间长度。金融投资和实物项目都是有期间的。长期项目是需要很长一段时间才能完成的项目,长期负债就是不需在几年内偿还的负债。"到期日"也用于表示借款的期限,债务在其应被偿还的日子。

---

① 回报是让他人使用自己的资金所获得的额外收益。例如,利息就是出借人允许借款人使用他们的资金而获得的回报。

② 投资一词有两个略有差异的含义。个人一般是投资于金融资产,而企业则是投资于生产设备和机器。而当经济学家说储蓄等于投资时,他们实际是指消费者对于金融资产的投资(储蓄)等同于企业对生产设备的投资。

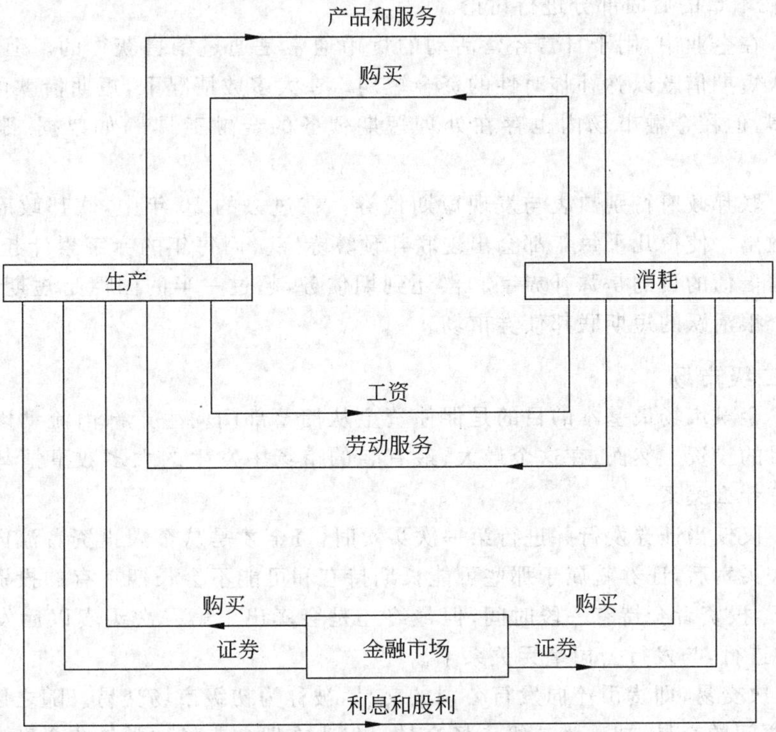

图 5-2　不同部门间的流动

债务融资时间的长短取决于偿还前的时间长短。短期债务通常少于 1 年，中期债务在 1 年至 5 年之间，长期债务则长于 5 年。人们经常不考虑中期债务，而仅仅考虑长于 1 年或短于 1 年的长期或短期负债。

股票没有具体的偿还日期，所以也就没有明确的期限，因此股票被视为长期融资。

我们在前面部分讨论的项目都趋向于长期，如建立新的企业或者购买固定资产。将项目或资产的期限与用于该项目的融资资金的期限相匹配是一种惯例。例如，融得的用于一项预期长度为 10 年的项目的资金不用在 10 年内偿还，这种被称为匹配到期日。

> 匹配到期日：一项项目的到期日应该与向它提供资金支持的融资期限相匹配。

5.1.3　金融市场

金融市场可以根据几个不同的方式来划分。我们根据期限和目的进行分类。

> 资本市场处理长期的债务和股票。

资本市场

为长期使用而获得的货币称为资本，而与资本有关的金融市场称为资本市场。在资本市场内的股票和债券期间均要长于 1 年①。

货币市场

用于短期债务交易的市场被称为货币市场，它在为其他经济活动设定利率方面起到重要

① 资本也指用资本金购买的长期存在的资产。

作用，我们会在本章的后面部分进行讨论。

货币市场处理短期债务。

在企业中，用于日常经营活动的货币通常是通过销售获得的。但是，企业也会借入短期借款以弥补临时性的资金短期。在大多数情况下，短期借款可以通过银行取得，但在金融市场内也存在处理短期债务的金融工具[①]，如票据、账单或者商业票据。

政府借债来应付年度赤字和国债。

联邦政府特别热衷与发现短期债券。在过去的50年中，联邦政府一直都是入不敷出。使得几乎每年都会出现联邦预算赤字。而每年的赤字累计起来就是国债。政府借债的目的是弥补赤字和偿还到期债务，超过一半的国债是短期的，所以存在一个很活跃的短期联邦债券市场。

初级市场和二级市场

证券的首次出售在初级市场。而随后的在投资者间的交易分生在二级市场。

金融市场最基本的目的是促使资金从储蓄部门向生产部门流动以满足对商业项目的投资。然而，在这个最大、最有名的市场中发生的大多数事情却与这种转换没有什么关系。

仅仅当证券发行并进行第一次买卖时，资金才是从个人投资者流向企业。在第一次买卖后，证券就属于那些可能长期持有和可能不会长期持有的投资者。通常情况下，投资者会持有一段时间，但最终还是会卖出。第一次买卖以后发生的交易是在投资者之间进行，与发行公司毫无关系了。

证券的首次交易，即货币流向发行公司的交易，被称为初级市场交易。随之以后的证券交易，即投资者之间的交易，被称为二级市场交易。发生在股票市场这类传统金融市场中的交易绝大多数都是二级市场交易。

公司的财务经理都关心二级股票市场，即使这时的交易并不会给公司带来直接的现金影响。但是二级市场决定股票的价格水平，并因此影响其在未来的价格提升空间。

另外，高级经理的报酬通常与公司的股票价格紧密联系在一起，从而他们往往对二级市场格外关注。

直接转移、间接转移和金融中介

初级市场交易，即将货币从个人投资者向公司转移，可以通过金融中介直接或间接地完成。首先，我们来看一下直接转移方式。

在直接转移中，投资者直接从公司手中买入证券。这种转移如图 5-3a 所示，但是实际情况却很少按图示的内容发生。因为公司并不会直接将新发行的证券卖给公众，而是会借助投资银行的帮助。

投资银行帮助企业将证券推入市场。

投资银行的作用是预先将对购买新证券有兴趣的投资者集中在一起，从而作为将买方和卖方联系起来的经纪人。图 5-3b 表明了通过投资银行发生的直接转移。这种转移之所以是直接的是因为投资银行仅仅是将证券传递给买方，即使投资银行可能会暂时性的持有证券。

金融中介出售自身的股份，并代表投资者将募集的资金进行投资。

图 5-3c 显示了间接转移，虽然看起来与 5-3b 相似，但是还是有很大不同。在间接转移中，金融中介会从众多的个人手中收集货币，集中在一起，并用它来投资。但是，购买的证券并不会传递给个人投资者。相反，由金融中介持有这些证券，同时会

① 金融工具是另一个可以用于说明证券和债务说明文件的词语。

给个人投资者一份金融中介自己的证券，也就是说，它给了投资者自身的某种要求权。

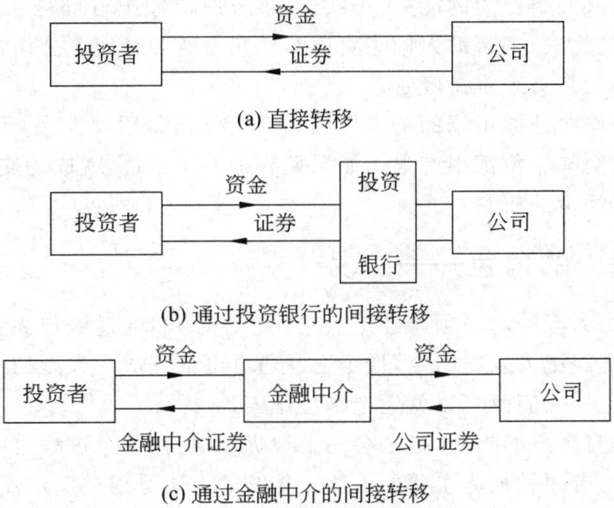

图 5-3　资金从投资者流入企业

共同基金公司就是个很好的例子。它从个人投资者处得到资金，并用这些资金购买股票和债券的投资组合（投资组合是指金融资产的组合）。每个投资者都会根据其投资额占共同基金的比例获得基金的一定份额，但没有哪个投资者可以得到组合中的股票和债券。

关于共同基金很重要的一点是证券组合由投资于此基金的众多个人共同拥有，没有人能够将某一特定的股票或债券视为己有。这种安排方式的结果就是基金的管理者控制着很多人共同的巨额财产，导致共同基金对股票和债券市场的影响很大。

> 金融中介都是机构投资者。

共同基金公司和类似的金融中介被称为机构投资者，它们在今天的金融市场中扮演重要的角色。它们持有在交易所上市股票的 1/4，并完成其中 3/4 的交易，这使得它们对于二级市场股票价格的设定和走势极具影响力。

下面介绍其他几种金融中介：

养老基金是从工人和职员手中得到他们的退休报酬，将其投资于股票、债券和不动产。职员们持有的养老金账户代表了他们在基金中的份额。

保险公司从客户那里收取保费用于投资以获取用于支付保险赔款的资产。

银行吸收个人存款，同时向企业发放贷款。银行的金融资产组合就是其贷款组合，而储户的账户代表了他们对这些资产的求偿权。

5.2 股票市场和股票交易

在第一章中，我们简述了股票市场。在本节，我们将更详细地介绍股票市场的运作原理。

5.2.1 概述

股票市场是包含在国家更广泛经济系统中的一个金融系统或金融组织。它不仅仅是供人们买卖股票的场所，虽然很多人会将它与纽约股票交易所（NYSE）联系起来。

相反，股票市场是由交易所和经纪人构成的网络。交易所实际上可以提供具体交易场所，并具有管理所有者转移股票行为的能力。经纪人事务所或经纪行同样采用公司形式，雇用获得政府许可的个人（经纪人）来帮助人们买卖证券。交易所和经纪人公司都是通过从买卖证券的人手中获取佣金和交易费来维持经营。

政府授权交易所建立证券市场的基本权利。经纪公司是股票交易所的成员，每个交易所可供经纪企业购买的交易席位都很有限。如果拥有了一个席位，就成为交易所的会员，并被授予在交易所从事证券经营的权利。

5.2.2 经纪人的角色——交易

为了交易股票，个人投资者必须与经纪人建立一个账户，通过账户买卖股票。当客户希望进行股票交易时，会向经纪人发出指令，指令通常通过电话完成。大型的经纪公司会在全国范围内设立办公场所，这样人们就可以就近选择经纪人。

当经纪人收到来自客户的指令，指令会马上被提交执行，这个过程也不断经历着变化。在众多交易处理方式中，有两种最为主要的方法。传统的方法是通过面对面的处理，被称为专家系统。但这种方法正逐渐被电子通信网络（ECNs）取代，该方法除了输入指令外几乎不需要人操作。我们将简短地讨论这两种方法。

场内经纪人在交易所内进行交易。

在专家系统中，经纪公司在交易所设置代表，也就是场内经纪人。地方经纪人将客户指令提交给场内经纪人。在交易所中，每只股票在类似拍卖过程的巨大的交易平台上都有一个固定的位置，这个过程由操盘手进行监督。操盘手以前被称为专家，那个称呼在某种程度上还在用。当买家找不到卖家或卖家找不到买家时，操盘手就必须用自己的账户进行买卖。这个过程保证了在买卖价格暂时无法匹配的情况下的市场的流动性。操盘手买入时的出价会低于他们卖出时的售价，两者差额被称为价格差异，也就是他们的利润。

图 5-4　纽约证券交易所外观

当场内经纪人接到指令，与其他的经纪人达成交易。一旦交易完成，确认信息会马上传达给地方经纪人和他们的客户。但实际出售股票和转移股票要在几天后才能完成。

图片 5-4 和图 5-5 展示了纽约交易所的外观和经纪席。可以看到人们成群地站在经纪席周围进行着交易，场内经纪人和操盘手之间的活动自从交易所成立之日就是以这样的方式进行的。

ECNs 正在取代传统的股票交易方法。

图 5-5　纽约证券交易所的经纪席

这个丰富的过程正在被 ECNs 所取代，ECNs 是利用电脑在不同经纪人提交的指令中匹配买卖的自动系统。一旦匹配成功，交易就会被执行，并产生费用。

图 5-6 是总体交易过程的展示。

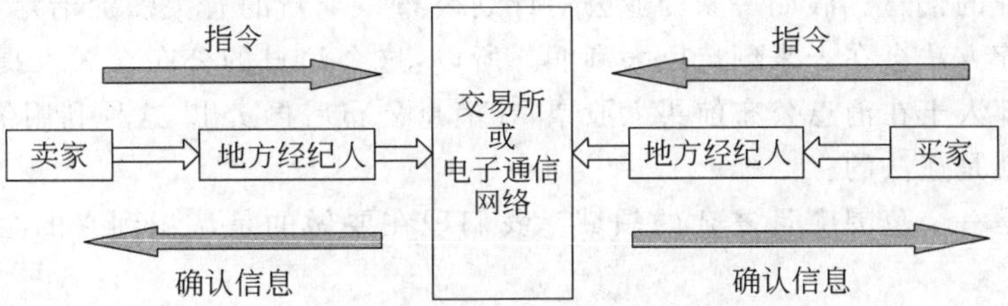

图 5-6　股票市场交易过程展示

5.2.3　交易所

在美国有几家股票交易所，最大的是坐落于纽约市金融区的纽约证券交易所(NYSE)，这个区被称为华尔街。在 2007 年，NYSE 与 Euronext 合并组成了世界上最大的交易所(NYSE Euronext)，Euronext 是一个完全电子化的欧洲交易所。

有 2 800 家美国公司股票在 NYSE 交易。这些公司几乎都是美国最大的企业。这些股票被称作在交易所上市。

NYSE 控制了美国大多数的股票交易。美国股票交易所(AMEX)坐落在大约几个街区之外，在那里上市的公司规模也比较大，但仍不如 NYSE 上市的公司规模大和历史久。

第三大交易所是纳斯达克(Nasdaq)。它最初由全国证券交易商协会建立，纳斯达克的名字来自协会系统名称的首字母(National Association of Securities Dealers Automated Quotation)。自 1970 年建立以来，Nasdaq 在规模和重要性上稳定增长，今天在证券交易业务上已经是 NYSE 的主要对手。

Nasdaq 与 NYSE 和 AMEX 的区别是，后两个交易所是实体交易所，而 Nasdaq 是电子交易所。NYSE 和 AMEX 的交易发生在交易所内，并且经纪人必须到现场参与。但 Nasdaq 是电子化交易，参与者能在任何地方进行交易。

除了 NYSE、AMEX 和 Nasdaq，在其他的大城市中也有一些地方交易所。在它们那上市的主要是地方公司。

今天，不同的交易所都能电子连接，这使得它们能像一个大的交易所般运作。

市场

我们描述过的行为及其他一些行为构成了股票市场。虽然交易所体现为一个具体的交易中心，但是“市场”一词指的是全部有内在联系的场所、组织和程序。

章程

> 联邦政府通过 SEC 来监督证券的交易。

证券市场由联邦法律和州法律共同指导，但其中重要的还是联邦法律。1993 年，证券法要求公司在初级市场发行新股时，应向前者的投资者披露一定的信息。1934 年的证券交易法将这种披露要求延伸到正在交易的股票，并设立了证券交易委员会(SEC)来监督金融市场活动。

这些法规的主要目的在于披露信息和防止某些操作市场和欺诈行为。披露意味着投资者必须得到全部的准确的公司信息，以及有关股票出售者的信息。操作市场是借助职务上的便利或特权地位，通过影响证券价格波动来获取收益。

例如，通过内幕信息获取利润是违法的，其中内幕信息是指公司的行政人员可以得到的但不对公众公开的信息。假如一家药业公司计划公布一个新的有关癌症治疗方法的消息，并且预期这个治疗方法会在未来创造巨大利润。所以，这个消息的公布会大大提高公司的股票价格。那么内部人士在消息公布前买入股票，在消息公布后再卖出，这种利用价格波动获取短期利润的行为就是违法的。

证券法规是一个范围广且复杂的领域。我们现在要做的是认识到它的存在并理解它的基本方向。

5.2.4 私营公司、公众公司、上市公司和 OCT 市场

证券法最初的目的是披露。

假设你注意到在你的街区内有一家经营出色的小型公司，并决定买它的股票。那么你能像买 IBM 或微软股票那样。只需给经纪人打个电话就完成吗？

如果一家公司很小，购买它的股票就不会很容易或者根本不可能。因为并不是所有的公司都会在交易所上市交易，许多公司也不用向公众出售股票。让我们追踪一个典型的商业企业的生命周期，看看企业的股票是在何时以何种方式向投资者出售的。

假设一个企业家从一家小型的非上市公司开始经营。因为不是上市公司，也就没有供外部人士购买的股票，公司的所有权全部集中在企业家手中。如果这个企业经营成功，而且所有者需要更多资金用于扩张，那么他可以实行股份制以便向他人出售股票。我们假定他会这样做。

私营公司

私营公司不能向公众出售股票。

这种公司可以被称为私营公司或封闭型公司。私营公司的股票可以被出售，但这种买卖受到联邦法律的严格控制。一般来说，不允许有较多的持股者，而且交易不可以跨越州界。这些法规旨在限制欺诈性的投资，防止骗子向粗心大意 、无知的投资者提供伪造的证券。

假设企业家通过向少数人出售股票筹集资金来扩大企业。我们可以认为事情会一切顺利，不久之后，就会有更多更好的机会出现。而利用这些机会就需要更多的投资，但是企业家再没有亲戚或朋友可以求助了，为了卖出更多的股票，他不得不向更多的人发出要约。

公众公司

向公众发行股票需要得到 SEC 的帮助，并在 SEC 对股票进行注册登记。获得许可的公司即可被称为公众公司或者公开交易公司。这个获得许可和登记的程序即为公开上市。

在招股说明书被 SEC 通过后，公众公司能够广泛的出售证券。

公开上市需要投资银行的帮助，投资银行会确定是否存在能接受该公司股票的市场及大量股票可能被卖出的价格。如果估计的价格被公司的所有者们所接受，那么准备招股说明书就成为登记的开始。

招股说明书包含了公司有关的经营状况、财务状况和主要经理个人背景的详细资料。当证券最终上市交易，招股说明书必须提供给潜在的投资者。当然，招股说明书必须在证券开始交易前提交给 SEC 并得到 SEC 的批准。

招股说明书的作用在于披露信息，也就是说这份文件必须真实准确地向投资者说明公司经营的本质状况和涉及的风险。例如，如果公司的董事长最近因为证券欺诈入狱，这个情况就

必须披露。同样，如果公司正在进行某个新技术的改进或申请专利成功，也要进行披露。

法律对在准备招股说明书过程中任何人的欺诈行为都会进行严厉的处罚，不仅包括公司的所有者和管理者，还包括会计师、律师、银行工作人员等被公司雇用的协助完成上市的人员。

> 未通过的招股说明书被称为红鲱鱼。

在 SEC 审查招股说明书的期间，公司不可以向公众出售股票。但是，公司可以将印有红字“草案”的招股说明书向公众公布，这就算所谓的初步(非正式)招股说明书。

SEC 对招股说明书的认可并不表示 SEC 保证此证券是一个好的投资对象。也就是说，一家经营状况糟糕并无疑会失败的公司仍会得到 SEC 的批准，仅仅因为 SEC 认为该公司已经披露了全部的信息。事实上，SEC 的批准甚至不能保证披露的所有信息都是相关的，因为 SEC 不具备审核报告中所有信息的资源。

首次公开发行

一旦招股说明书得到认可，证券即可向公众公开发行。这次初始的销售被称为首次公开发行(initial public offering)，缩写为 IPO。

> 首次公开发行的市场具有不稳定性和高风险性。

IPO 构成了股票市场的一个分支，并被认为具有极大的风险性。有时候，新上市交易的股票价格在 IPO 后会迅速地上升，但有时也会急剧地下跌。

投资银行一般会在股票实际交易之前，将购买者排队。所以，通常情况下，普通公众不会立刻涉及股票的交易。而机构投资者，如共同基金，则是常见的购买者。

IPO 是一种一级市场交易。但是，一旦投资者购买了股票，下一步的交易就与二级市场有关了。

当企业家经过所有这些程序后，他很有可能自己持有公司的大多数股票。IPO 将会对出售的股票评估出一个价值，自然也会评估出由企业家自己持有的股票的价值。如果一个企业 IPO 评估的价值远远超过了股票的账面价值，那么企业家一夜之间就成为百万富翁，至少在理论上是这样的。

OTCBB

到了此时，公司的一部分股票就由在 IPO 中购买股票的投资者所有，其他部分就由企业家和上市前的其他所有者拥有。假如他们中的某些投资者想卖掉全部或部分的股票，该怎样做呢？

我们在这部分还没谈到股票交易所，同时你也会回忆起只有在交易所上市的股票才能在那里交易。换句话说，如果我们公司的股票没有在某个交易所上市，那么投资者就不能在那买卖股票。大量的公司都符合这种情况，它们已经是公众公司，可以进行股票交易，但是它们并没有在交易所上市。

> 小型的公众公司在 OTCBB 进行交易。

这些未在交易所上市的证券可以通过由全国证券交易商协会提供的系统进行交易，这个系统被称为场外交易公告牌(Over-the-Counter Bulletin Board)。OTCBB 公布新的、小型的、交易不频繁的股票信息。这些信息使得经纪人和交易商能替顾客买卖股票。这也是企业家们拥有的股票进入市场的途径。

在 OTCBB 中交易的小型企业股票一般比在交易所上市交易的股票费用更高。因为很少有投资者对哪个特殊的小企业有兴趣，经纪人若想将买卖双方撮合在一起需要更多努力，因此他们会收取更高的佣金和费用，而交易所内的市场总是很活跃的。

在交易所上市

如果我们假想的公司继续成长并得到投资者的支持，那么让投资者在二级市场容易地交易公司股票对公司是有利的，即使这种交易本身并不会给企业带来资金。这是因为二级市场内的平稳的交易将有助于公司未来发行新股。

公司在交易所进行上市是为了使他们的股票交易更简单。

所以，如果交易量有保证，公司就能在交易所将股票上市交易。如果公司的规模和经营时间达到要求，那么这个过程相对比较容易。然后，公司就成为上市公司了。

5.2.5 股票行情表

股票行情表总结了单个股票近期的效益情况。投资者利用它们来监控所拥有的股份的发展情况，或者依据它们来考虑买卖。直到几年以前，人们获得股票行情表的最重要方式还是报纸，很多报纸媒体都会报告前一交易日各类股票的收盘价。其中，《华尔街日报》是最主要的消息来源。如果投资者想知道最新的消息而不仅仅是昨天的收盘价，那么他就得咨询他的经纪人了。

当然，网络已经显著地改变了那种获得信息的方式。今天，大多数投资者都从网络上获得免费的股票行情表，并且只比实际情况滞后 20 分钟。

很容易获得在线的行情资源。在你的浏览器中输入“股票行情表”并选择一个进入，第一页一般有一个标有搜索或查询的小窗口，输入你感兴趣的公司名字，然后按回车键或者点击搜索即可。

图 5-7 展示了微软公司股票行情表中的某些信息，资料来自 2009 年 6 月 16 日雅虎财经(finance.yahoo.com)。通过阅读表中列示的项目可以知道一般行情表会列示的信息。我们将逐一解释这些科目。

在表的最顶端，公司名字后接着是(Nasdaq：MSFT)，这表示微软是在 Nasdaq 交易所上市的，MSFT 是微软的代码。代码是公司名称的缩写，用于查询股票的市场信息，所有的上市公司都有代码。

然后，进入到左边一列。第一个数字是股票价格 23.57 美元。这一般是最近的股票交易价格，有的也会显示上一次交易的时间。下两行显示了从上一天的收盘价到最近一次交易的价格变化。向上的箭头意味着增加了。再接下来两行列示了市盈率(P/E)和每股收益(EPS)，这两个科目我们已经在第三章讨论过了。这些指标是被投资者认为很重要的指示性的指标。

再看右边这列数据。前两个是股票价格变动。其中，第一个是当天的股价波动，第二个是上一年的股价变动。在这个例子中，一年的变动额不是很重要，因为今后增加了 100%，从最低值涨到了最高值。这么巨大的变动表明 2008—2009 年股票市场是非常动荡的一年。下一列显示了当天已经交易的股票数量。最后，我们被告知微软支付了每股 0.25 美元的股利，那么依据当前价格就是每股收益率为 2.2%。

实务观察

有效的金融市场

为了能对股价的变动做出一定的解释，理论学家假设美国的金融市场是有效的。在这里，有效性是指信息及时在市场中传递，所以不可能通过讨价还价来获利。

Microsoft Corporation(Nasdaq：MSFT)			
上次交易	23.57美元	当日股价变化	23.47美元-23.65美元
变化额	↑0.15美元	52周股价变化	14.87美元-29.19美元
最近收盘价	23.42美元	交易数量	1 823 738
市盈率(P/E)	13.57	股利	0.25美元
每股收益(EPS)	1.74	股利回报率	2.20

图 5-7　微软公司股票行情表

这个观点认为在证券市场有一支分析师大军，并且分析师、经纪人和投资者通过电话和电脑等电子工具联系在一起。当一条暗示股票价格可能涨落的新消息出现时，它被以光速传播，而投资者在极短的时间内提高或降低报价。

有效性的含义是投资者不能持续地通过研究股票价格来打败市场。因为，全部可以得到的信息都已经反映在股票的价格中。打败市场则意味着可以持续地获得高于平均回报的收益。

但是不要泄气，并不是所有人都同意有效市场假设。我们将在第八章进行详细阐述。

5.3 企业治理和萨班斯-奥克斯利法案①

企业治理是指高层管理者和公司董事会治理公司的行为。近几年，这个概念集中关注道德问题，特别是关于管理者和他们所服务的公司间的财务关系问题。

这个观点对于大型的、公开交易的公司尤为重要，因为这些公司的大量股票由公众持有。

一个主要的利益冲突是存在于管理层和股东间的代理问题，因为高层管理者可能会私自使用本属于股东的资源。最不能容忍的情况是已经支付给高层管理者极高的报酬。

5.3.1 高管薪酬

员工股票期权赋予他们在一定期间内以固定价格购买股票的权利。

高管薪酬通常由几个部分组成。工资和现金奖励通常就很高，但最主要的收入来自股票。

最普通的基于股票的报酬工具就是员工股票期权。在期权计划中，管理者被赋予在一定期间内以固定的低价购买一定数量股票的权利。这个期间通常是几年，并且有明确的起止日期。如果在期权期间，股票价格高于期权价格，管理者能选择以较低的价格买入股票。然后，他们就可以卖出股票获利。

概念链接　例 5-1

管理者股票期权

Harry Johnson 是 Wellbridge 通信公司的首席执行官(CEO)。Harry 的薪酬包括每年

① 这部分内容来自 Robert Prentice 和 Dean Bredeson 的著作《萨班斯-奥克斯利法案的指引》。

250 万美元的工资和另外每年 150 万美元的现金奖励。

在公司中，由董事会任命高级管理者。董事由股东选举产生。三年前，董事会提供给 Harry 一份股票期权，他可以选择以每股 20 美元的价格购买 Wellbridge 公司 200 000 股股票。当时，股票的售价是每股 19 美元。董事会乐于这样做，因为 Harry 是一个很棒的执行官，这样做并不会增加公司成本，但能留下 Harry 并激励他努力工作。

期权期间从计划提出的两年后开始，也就是今年 6 月的最后一天。计划持续 3 年时间。现在是 6 月 15 日，Wellbridge 公司现在的股价是每股 48.65 美元。如果 Harry 选择以 48.65 美元的价格实现他的股票期权，那么他今年能挣多少钱？

解答：Harry 会收到的现金薪酬如下，包括工资和奖金：

工资	2 500 000 美元
奖金	1 500 000 美元
	4 000 000 美元

执行他的股票期权，以当前市价卖出股票有如下收入：

	销售收入(200 000×48.65 美元)	9 730 000 美元
	期权付款 (200 000×20.00 美元)	(4 000 000 美元)
	期权收益	5 730 000 美元
Harry 当年收入		
	现金收入	4 000 000 美元
	期权收入	5 730 000 美元
	总和	9 730 000 美元

首先注意到 Harry 从股票期权上获得收入要高于现金收入，这是常见的。然后注意到 Harry 的期权对公司而言并不是免费的。新发行的 200 000 股会以 48.65 美元的价格销售给投资者。所以，Harry 的收入实际上是公司的成本。最后注意到 Harry 的巨额收入。因此，普通股东会怀疑他是否值得那么高的收入，这是很正常的。并且，Harry 的收入对于 CEO 来说也是常见的。

5.3.2 基于股票报酬和财富的道德风险

道德风险[1]是指会诱使人们不道德行为的情况。不幸的是，像 Harry 那样的基于股票的薪酬计划就会产生道德风险，并存在可怕的结果。在例子中，Harry 的薪酬是与股票价格相联系的，因为行使期权计划是有一个期间的。

> 股票期权会诱使管理者采取不道德的行为来提升股价。

因此，Harry 有动机可能采取行动使 6 月末的股价上升。例如，假设管理层知道如果公布某个消息，会使股价每股下跌 10 美元。如果股价真的在 Harry 行使他的期权前下跌了，Harry 会损失 200 万美元。因此，Harry 很有可能压住消息直到他行使了期权。

① 当一个人能很轻易地通过不道德的方式挣钱时，就会存在道德风险。例如，如果可以为一个价值 200 000 美元的房子投保 400 000 美元，那么房主就会出于获利而推倒房子。这就是为什么不能为财产购买超过其价值的保险。大家都愿意相信人们的行为是道德的，但是不被诱惑会更加安全。我们会在本章后面部分讨论更多类型的道德风险。

更可怕的是，为了提高行使期权时的股价，Harry 有可能会伪造信息使公司的未来看起来好于实际情况。这种错误信息可能是研发项目的成功、公司竞争优势的强化或者是诉讼的可能结果，大部分都是有关公司财务状况。

创办者的道德风险

道德风险并不是只限于高管员工，因为他们毕竟没有掌握大量股票。道德风险对创办者的诱惑会更大。

概念链接　例 5-2

对创办者的道德风险

假设例 5-1 中的 CEO Harry 是 Wellbridge 的创办者，并且拥有公司股份的 20%，剩余股份由投资者拥有。进一步假设公司的市值为 200 亿美元[①]。这意味着 Harry 的身价是 40 亿美元(200 美元×0.2)。如果每股股价下降 10 美元，对 Harry 的个人财富有什么影响？

解答：当前股价为 48.65 美元，每股价格变动 10 美元意味着价值减少了。

$$10.00\text{ 美元}/48.65\text{ 美元}=0.206=20.6\%$$

这意味着 Harry 的身价[②]会同比例的减少。

$$40\text{ 亿美元}\times 0.206=8.24\text{ 亿美元}$$

因此，有足够的动机来让负面信息远离股票市场。创办者的眼光要比一个被期权计划支配的高管长远的多，注意到这点很重要。创办者较少关心股票价格的暂时性下跌，因为只要价格回升，他们的财富也就回升了。但是，一旦错过了行权计划，就永久失去了。

但是创办者有可能会将股价伪装成一个长期下跌的趋势。因为，他们的财富取决于他们公司股票的价值，所以他们可能会设计一系列假消息来使股票价格无限期上升。

5.3.3　20 世纪 90 年代事件

在 20 世纪 90 年代，股票市场经历了前所未有的繁荣。由于网络的到来，成立了大量新公司，已经存在的公司规模上也迅速加大，股价也飞涨。很多非常重要公司的高管被激情冲昏了头脑，他们认为有关财务报告的会计准则和 SEC 规章都不重要。他们通过公布虚假消息和欺诈性的财务报告来提升股价。这些欺骗性的行为分布非常广泛，但是最终都被拆穿，并导致了 2000 年股价的迅速下跌。

由于报表存在问题，大概 1 000 家上市公司重述了他们的财务报表。

最先崩溃的是安然(Enron)公司，它是一个综合性的天然气和电力公司，并且曾经一度是全国第七大公司。在会计违规被公布以前，公司其实没有任何事情。Enron 不是唯一违法的公司。WorldCom，它是 MCI 的母公司，夸大了 110 亿美元的收入。当被发现后，1 800 亿美元的市值蒸发了。Global Crossing，另一个通信业

① 对于一个股票经常被交易的公司来说，公司市价就是当前股票价格乘以在外流通股数(由投资者持有)。

② 一个人的净身价就是他的总资产减去他的总负债。这个概念适用于公司和个人，但是在公司层面通常被称为权益。

的巨头，被发现有价值120亿美元的不被股东知道的负债。Xerox虚报了超过600万美元的收入，等等。在1998至2002年间，几乎1 000家上市公司重新公布了他们的财务报告来更正错报。这几乎是所有上市公司的10%。在2000年股价下跌中，大概有6万亿美元的股票价值消失了，其中的大部分都是由于我们上述讨论过的欺诈行为。

投资的公众因此对金融市场失去了信心，惊慌的议会进行了立法行动来预防这种情况的再次发生。结果就是萨班斯-奥克斯利法案(SOX)。

5.3.4 萨班斯-奥克斯利法案

政府调查了20世纪90年代的舞弊，在21世纪初公布了导致问题的几个主要方面，其中最重要的三个方面是：

萨班斯法案着重关注了审计师、董事会和证券分析师。

1. 公共会计行业的失职：审计师不仅没有保证会计准则的实施，有时还会修改方案来错误地陈述公司财务报告。

2. 公司治理：董事会没有控制代理问题，导致了管理层舞弊在美国顶尖公司中的扩散。

3. 华尔街：证券分析师本该公正地评估上市交易的股票，反而支持那些和他们的投资银行分部有业务往来的公司，提供不公正的发行报告。

我们将会总结SOX中更重要的条款来讨论这些问题。

监管公共会计行业

所有的上市公司每年都被要求雇用公共会计师来审计财务报告。审计师要在合理水平下保证公司财报中准确报告了他们的经营情况。

SOX成立了PCAOB来监管公共会计行业。

实施这个程序的会计师事务所对金融系统和投资大众负有重要的责任。他们是防御舞弊的第一道防线，并且总是被信赖会保护公众的利益。不幸的是，2000年的股价下降很明显是有些会计师事务所没有尽到责任。

在SOX以前，公共会计行业是自我监管的。事务所互相检查记录，但没有一个强有力的政府机构集中监管行业表现。

SOX通过成立上市公司会计监管委员会(PCAOB)，PCAOB要求事务所注册、建立业绩标准并提供检查和处罚程序来监督为上市公司审计的事务所的行为。

审计师的独立性

审计师的独立性一直以来都是一个难题。审计师由公司雇用并支付费用，但他们可能需要阻止管理层做他们想做的。这是一个困难的但是可以控制的任务。

但是，调查者发现在20世纪90年代，有些审计师和他们的顾客走的太近，以至于他们忘了他们的目标是保护公众投资者利益。他们让不择手段的管理者肆意妄为。调查发现了3个主要问题：咨询、报告和友谊。

SOX禁止会计师事务所从事大部分的咨询业务。

咨询：除了提供审计业务，会计师事务所还提供管理、信息技术和税收咨询业务。确实，事务所的咨询收入已经超过了审计收入。在有关错误的财务信息报告时，为了保护咨询收入，审计师会屈服于顾客的压力。

SOX禁止提供审计服务的事务所提供顾客管理咨询、IT咨询和大多数的其他服务，但是税收咨询服务仍然是许可的。

报告：审计师通常由顾客公司的CEO和/或CFO雇用或者解聘。但他们通常恰恰是希望违法规则的人。这使得审计师的独立性更难。

SOX要求审计师向董事会中的审计委员会报告。法案进一步要求审计委员会必须有外部委员(不在公司工作的人员)组成,并且至少包括一个财务专家。

友谊:审计师个人,特别是经理,经常和某些顾客无限期地签约,甚至将办公室设置在顾客公司里。这当然会产生友谊,这种关系有时候也会阻碍审计工作。

SOX规定合伙人(高级经理)和某个客户的期限最多为5年。

公司责任

当错误的财务报表被揭露时,CEO经常使用的借口是不了解情况,他们表示完全不知道发生的事情,将责任推卸给负责修订和实施计划的下属,使那些不合法的计划造成了误导性的财务信息。

SOX现在要求上市公司的CEO和CFO保证他们看过提交给SEC的财务报告,并且在他们的知识水平下最大程度地保证没有实质上错误或者误导性信息。

> SOX要求CEO保证财务控制都是适当的,并且财务报告不是虚假的或误导性的。

CEO和CFO也必须为他们公司的内部控制负责,必须在近期评价过内部控制的有效性并报告他们的结论。

相比SOX颁布前,这些确认使得他们很难再声称他们对情况是无知的。

增加财务披露

公司形成伙伴关系和特殊目的实体,来回避在资产负债表中公布过高的负债和记录不存在的收入。公司也通过公布试算财务报表来说明某些特定情况造成的结果。

SOX要求清晰的披露所有非正常的会计处理。

华尔街改革——证券分析师的利益冲突

经纪行雇用证券分析师来分析公司情况,并报告投资质量。分析师应该是心中有着公众投资利益的公正的评估者。

但是在市场下滑期间,发现分析师实际上都是有偏向的,因为他们的雇主在与被分析的公司进行投资银行业务。公司当然不会愿意对他们出具不好评价的投资银行合作。这就造成利益冲突和内部压力,使得在分析中只能说好的事情。例如,在市场崩溃前的1999年,99.6%的分析建议都是积极的或者中立的。

> 分析师被要求保证他们确信他们的报告。

SOX支持将分析师的收入与投资银行业务分开,并要求SEC采用分析师认证条例(RegAC),要求分析师保证他们确信自己的分析无误,并且他们的收入和建议没有关系。

5.3.5 萨班斯—奥克斯利法案后的生活

SOX在21世纪初市场下滑后很快就通过了,有些批评认为这个法案太过积极了,在事发当时就被制定了。

最大的批评来自于实施这个法律的成本超过收益。SOX要求的额外开支主要来自提高非常昂贵的内部控制。

最初几年,很多人都觉得实施SOX的成本超过收益。但经过一段时间,有些官员开始赞成,并且规则有可能被弱化。

但是,随着时间成本/收益逐渐平衡。在2008年,一系列的研究表明,好的内部控制下的收益超过了成本(例如,新的控制发现了系统缺陷和效率低下的原因,适时改正后,相对于直接实施和运行后的成本,能省下更多)。现在看来,SOX大的变动是不可能的。

5.4 利息

投资证券意味着将资金委托给发行证券的机构。发行方使用这些钱并向投资者支付使用费。这种付款就被称为投资回报，通常以投资额的百分比来表示。

债券是债务融资主要的工具。

利息是指债务投资的回报，即投资者将钱借给债券发行方。主要的债权投资工具是债券。债券投资者实际上是向发行公司发放贷款，即购买债券。每种债券都有一个用于向投资者支付利息的相关利率。

人们经常谈及利率，好像利率只有一种。实际上，利率有很多种，这取决于债务的性质及借贷双方的特点。各种不同的利率或多或少都会一同上升或下降。而如“利率正在升高”之类的叙述则指的是一个大致水平的平均利率水平，而不是某一个具体利率。

债券的期限或到期日是指必须进行偿还的时间。

债券投资是一项贷款并具有期限。债券或贷款的期限是指从现在到偿还债务之间的时间段。债券在期末的到期日到期，所以“到期日”和“期限”可以说是同义词。也就是说，10年期债券也可以称为10年后到期。

值得注意的是债券并不是分期偿还的债务，分期偿还的债务是指在贷款的期限内要定期偿还本金和利息。大多数的消费信贷，包括房屋按揭和汽车贷款都是要分期偿还的，而多数的企业和政府债务就不是分期偿还的。发行债券的借款者在到期日之前，通常每半年付息一次，在到期日时偿还全部的本金。

5.4.1 利息与股票市场的关系

股票和债券相互竞争，以取得投资者的资金。股票的收益率更高，但风险也更大。

股票投资回报与债券投资利率是相关的。投资者往往会在债权投资（如债券）和存款以及权益投资（如股票）之间进行选择。换句话说，股票（权益）与债券（债务）在相互竞争，以获取投资者手中的钱。

债券投资通常比股票安全。因此当债券利息与股票回报几乎相等时，人们会倾向于购买债券。所以，股票必须提供比债券更高的回报来吸引人们进行权益投资。

当利率随着时间上升或下降时，股票投资也会同样地上升或下降，但通常会保持在略高于债券利率的水平上。

由于股票投资回报与股票价格之间的关系，所以上述的变动对股票市场有着重要的影响。高回报通常与低价格联系在一起的。这点如果根据议价来理解，就很清楚了。假设某一只股票预期明年能带来仅仅是可以接受的收益。你正打算买几股，但你不能肯定这是否是一个很好的交易。试想，如果在其他条件都不变的前提下，股票价格下降一半，那么这个变化就会使你买的这只股票成为一个不错的选择。此时，回报与低投资价格之比得到的投资报酬率就会较高。

一般来说，市场通过改变股票价格来改变股票的投资回报。所以，当回报上升，价格下降；当回报下降，价格上升。在第八章我们会更详细地理解这一点。现在重要的是记住基本原则：股票价格与股票回报反方向变动。

利率与债券价格负相关。

记住上面提到的关于投资回报与利率的内容，债权投资中利率的变化会影响股票投资的总体回报，意味着股票市场总体价格水平的上升或下降是由借款利率决定。当利率上升，股价下跌；当利率下降，股价上升。

这就要求我们应熟悉利率的内在工作原理。利率不是唯一影响股票总体价格水平的因素,但与其他因素相比,它更为重要也更容易预测。

5.4.2 利息与经济

总体来说,利率对经济有着重要的影响。高利率往往会抑制经济活动,而低利率可以刺激经济活动。这是因为无论是企业活动还是个人生活,大多数都是靠信贷完成的。

设想一个正在计划买房的家庭,如果利率过高,那么抵押贷款的还款额就会很高,这可能会造成买不起想要的房子。而低利率意味着低还款额,就可能负担得了房子,也就更愿意买了。

当利率较低时,人们会买更多的房子、汽车、冰箱和其他任何东西。于是有人必须大量生产这些商品,大量的销售自然会带来更多的工作机会和更健康的经济发展。

> 较低的利率可以刺激商业和经济活动。

同样的原理也适用于企业活动。企业往往用借来的钱买新的机器、开发新的项目。利率高,借款就很昂贵,因为无法获取足够的利润来弥补利息成本,那么很多项目看起来都不是好项目。利率低,更多的项目变得可行,并得到开发,越来越多的经济活动反过来也会使经济活动更加健康。

所有这些导致了金融实体对利率的极大兴趣,并解释了为何我们要弄明白利率是什么以及利率是如何被决定的。

5.4.3 债务市场

利率由债务市场中的供求决定。为了弄清楚这些因素如何起作用,我们需要复习经济学中的一个分析工具——供求曲线。

供应与需求——简单回顾

需求曲线是将市场中某一产品或服务的价格与数量联系起来的曲线。它反映在某一特定时间,购买者的愿望和能力。图中的纵坐标表示价格,横坐标表示某一期间内的购买量。图 5-8 中标为 D 的曲线是一条需求曲线。

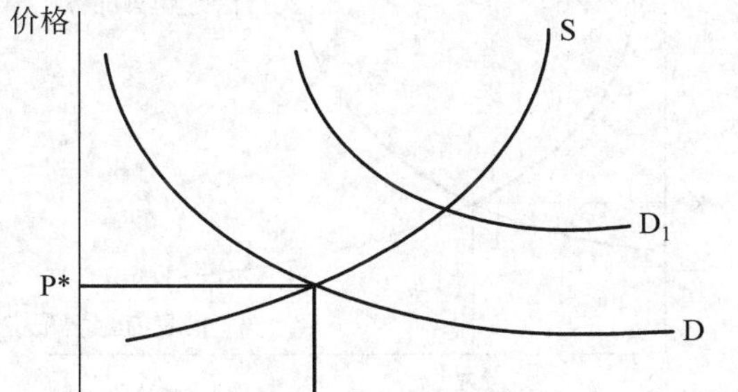

图 5-8 商品与劳务的供求曲线

全部的需求曲线都会向右下倾斜,这表明人们在价格低时购买的多,价格高时则买的少。

供应曲线则是将生产者可以提供的数量与价格联系起来。曲线倾斜向上,表示供应者愿意在高价位时生产和销售更多的产品。图 5-8 中,标有 S 的曲线为供应曲线。

在同一坐标轴内画出两条曲线，显示出只有一个点能让供应方和需求方都满意：两条曲线的交点。市场会趋向于在这一点达成交易，所以我们称它为平衡点。图 5-8 中，分别用 P^* 和 Q^* 表示平衡点的价格和数量。

如果供求或需求的条件发生变化，曲线的位置就会变化，市场也就会再确立一个新的平衡点。假定购买者的偏好发生变化，使得他们在任何一个原有价格下都想买到更多的商品，这一变化使得图中的需求曲线向后移动到 D_1。若此时供应并不发生变化，新的平衡点将沿着供应曲线向上移动，从而产生新的更高的 P^* 和 Q^*。

货币供求

在债务市场，出借方代表供给，而借款方代表需求。

在债务市场内，人们借入借出的是货币而不是购买或售出商品。购买者成为借款方，销售者成为出借方，理解这一点很重要。债务市场中供应曲线表明了人们愿意借出货币的愿望，而需求曲线表明居民或公司借款的愿望。

在债务市场曲线中，横坐标（数量）指的是一段时期内借款的数额，纵坐标则是借款的价格，这个价格就是利息。你可以将借款想象为一段时间内租用出借方的货币，利息则为租金。人们习惯用每年利息额与本金的百分比来表示这个价格，即我们熟悉的年利率。

利率是债务市场中资金的价格。

图 5-9 是一张债务市场的供求曲线。字母 K 代表利率，市场中的债务性证券被称为短期债券、中期债券和长期债券，这取决于初始发行时确定的期限长度。为了方便，我们统称为债券。

借款方多为公司和政府，他们出售债券。向下倾斜的需求曲线表明，如果利率低，他们会借入更多（出售更多的债券）。出借方为购买债券的个人或组织。向上倾斜的供应曲线表明利率高，他们愿意借出更多的钱（买入更多的债券）。

借款方出售债券，出借方购买债券。

不要被债务市场内传统买卖角色的转换弄糊涂了。图 5-8 是传统意义的供求曲线，需求者购买产品而供应者出售产品。而这里，需求者出售（借入），供应者买入（借出）。这种互换仅仅是由特有的金融术语造成的，即购买债券是为了借出货币。

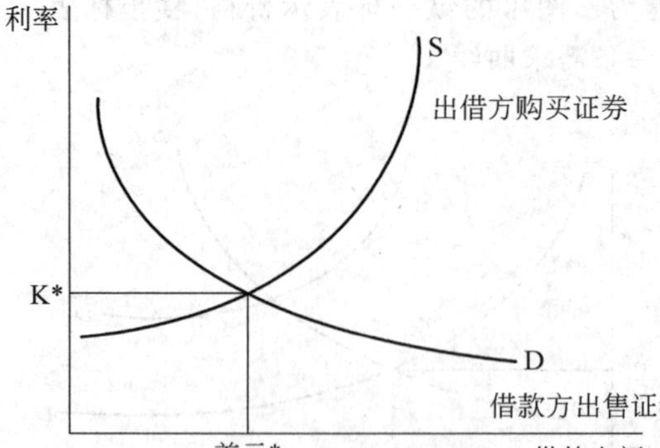

图 5-9 货币（负债）的供求曲线

供求的决定因素

当我们描述某一商品或服务时，条件变化会造成曲线的前移或后移，在债务市场同样是这样的。

对借款的需求取决于对可利用资金的商业机会和人们及企业对借款经营这种方式的态

度。如果人们对经济状况和未来前景感觉良好，他们就会愿意借钱买房子、汽车、度假或买其他的东西。同样的，如果产品的市场需求强劲，对未来也很有信心，企业就会借钱用于扩张经营或开发新的项目。但如果这些条件不满足，他们就会仅仅借入必需的金额。

可贷基金的供给最终取决于经济学家所称的个人消费时间偏好。消费时间偏好指的是一个人是将一美元用在当前消费上，还是将其用于投资以得到更多的回报。大多数人都明确对当前消费有偏好，他们会在当前花掉全部收入的大部分，而仅仅将一小部分用于储蓄。

人们将储蓄投资于债券或存款账户时，这些个人储蓄起来的钱就成为可借贷的资金，所以人们的消费时间偏好支配他们的存款水平和可贷基金的水平。当人们对当前的消费偏好减少时，将导致存款和债务资金供应的增加，这点可以在图 5-9 供给曲线的右移中得到体现。

这些条件在经济活动中不断发生变化，造成可贷货币的供给和需求曲线时常前后移动，导致市场利率大多数情况下都在上下变动。

20 世纪利率的变动多数还是很温和的，利率保持在 3%～6%之间相对较低的水平。20 世纪 70 年代早期，利率开始剧烈变动。20 世纪 80 年代早期，一些利率甚至超过了 20%。在 20 世纪 90 年代和 21 世纪前期，利率又变得较低和稳定。显然，能够预测利率水平的能力极具价值，但还没有谁能始终做到准确的预测。

5.5 利率的组成

任何利率都可以分成两部分，每一部分又可以进一步分割成不同的组成部分。先来看看这两个主要部分。

所有的利率都可以看成是一个基础利率和一个出借方认为的合理的风险溢价组成。我们用 K 表示利率，可以得到如下公式：

> 利率包括基础利率和风险溢价。

$$K = 基础利率 + 风险溢价 \tag{5-1}$$

5.5.1 基础利率的组成

基础利率是无风险贷款利率。它有两个部分组成，纯利率和贷款期内的预期通货膨胀率。纯利率也可以称为货币的盈利权，我们用符号 K_{PR} 表示纯利率，用 INFL 表示预期的通货膨胀率。可以得到：

> 基础利率是纯利率加上预期的通货膨胀率。

$$基础利率 = K_{PR} + INFL \tag{5-2}$$

纯利率

纯利率与那些可观察的事物相比，是一个很抽象的观念。在现实世界中，这个利息存在于一个完美的经济背景中；没有通货膨胀，证券可以以其全部的价值迅速卖出，人们也总是实现他们的承诺。

> 纯利息率是资金的盈利能力。

另外，企业也能将纯利率视为企业进行投资得到的平均回报率。当然这种概念是未做通货膨胀调整或风险调整的。从这个意义上来说，我们称纯利率为货币的盈利权。

纯利率可视为付给出借者因为损失货币升值能力的补偿，它一般在 2%～4%之间。

通货膨胀调整

通货膨胀是指物价的普遍上涨。我们通常假定物价与工资会同时增长，虽然实际上一些物品涨价的速度更快。

在通货膨胀背后，有一个关键概念，就是特定一揽子商品的成本。如果特定一揽子商品的成本年初为 100 美元，一年时间内价格上涨了 5%，即年末成本为 105 美元。换句话说，100 美元在年末不能买到年初那么多的商品，货币将损失部分价值。

利率包括债券期限内估计的平均年度通货膨胀率。

试想，你以年利率 5% 借出 100 美元，而年内通货膨胀率也是 5%。假如，你在年末可以全额收回本息 105 美元，那么你年末的经济状况会比年初好吗？答案当然是，没有。因为年末你用 105 美元买到的东西不会比年初用 100 美元买到的多。所以，你应该预先计算出来，收取一个超出通货膨胀率的利率。

事实上，这正是出借方应该做的。利率通常包括一个贷款期内预期的通货膨胀率，再加上纯利率。这个已经反映在公式 5.2 中了，INFL 可被看作是相当于预期的贷款期内平均通货膨胀率。

5.5.2 风险溢价

借贷中的风险是指出借者收回的金额要少于本金加上按约定利率计算出的利息的可能性。一般来说，贷款都具有不同程度的风险。某些贷款是非常安全的，所以不能全额偿还的可能性几乎就是零。其他的就都具有一定的可能性，即出借方得到的比他预期的要少。

由于进行风险投资，出借方要求额外的风险溢价。

大多数的出借方愿意贷款中含有一定的风险。但是，他们会因为承受较高的风险而要求得到补偿，这就意味着他们希望在风险贷款上得到的回报高于无风险贷款。因为出借方得到的回报是利息，所以在发放贷款时，他们会要求更高的利率。

风险贷款的利率与无风险贷款的利率之间的差被称为贷款的风险溢价。公式 5.1 解释了这个概念，其中，基础利率就是无风险利率。

贷款风险的种类

我们认为典型的企业贷款是通过债券完成的。在这种情况下，出借者面对来自几个方面的风险。最容易理解的就是违约风险，即借方不能履行偿还义务的风险。其他的几种风险都与债券的价格有关。

当人们通过购买债券而借出货币后，通常都会在到期日前就将债券卖给其他投资者以停止投资。这时涉及的风险是由于此时出售的价格可能不等于最初购买的价格。如果售价很低，卖出必然会造成损失。当投资者临时需要资金而不得不以任一价位出售投资时，损失可能会很大。

债券损失可能与债券价格波动有关，也可能与借入方不能偿还贷款有关。下面将讲述三种风险，并为每种风险写出一个风险溢价。三个风险溢价之和将是公式 5.1 中总的风险溢价，这三种风险就是违约风险、流动风险和到期风险。

违约风险

违约风险是指借款人不能支付本金或利息的可能性。

违约风险是指借款人到期不能偿还本金和利息的可能性。违约造成的损失可以从全部贷款额到部分已到期利息，所以要记住违约风险不仅仅与无法在贷款期末偿还本金有关，借款人任何时候不能支付期间利息都会造成违约。

出借者对违约风险溢价的要求取决于他们对借款公司信用水平的认识。这种认识建立在公司财务状况和过去偿还借款记录的基础之上。溢价从 0% 到 6% 或 8%。我们应该注意到溢价不会无限制地增长。当一个公司具有太高的风险时，它支付任何的利率都不可能筹集到借款。

违约通常发生在公司状况恶化、借款人没有资金偿还借款的情况下，但这些情况不一定会导致破产或大的损失。当经营出现问题时，延迟支付利息是相当普遍的。

相应的问题出现时，不一定会出现违约。一家公司通过发行债券借得资金，但随后陷入了财务困境。假如贷款本金未到期，而公司也还可以支付必要的利息，但财务分析师认为每次的利息支付仅仅是侥幸。换句话说，公司并没有违约，但它避免违约发生的能力已经出现了问题。新的投资者不会愿意以全价购买这家公司的债券，为了卖出去，当前债券持有人不得不降价出售。

时间跨度也影响违约风险。如果大型的有实力的公司发行了一年期的债券，对这个债券有兴趣的投资者可以不用考虑违约，因为一年之内公司不太可能发生严重的财务恶化状况。但是，如果发行的是一个长期债券，投资者就要关心违约风险溢价，因为即使是最具有实力的公司也可能在一个较长的时期内陷入困境。

这样的考虑表明，对于有实力的公司，短期债券的违约风险较小，而长期债券来说就很重要了。

流动性风险

有时，一些公司即使不存在任何问题，它们的债券也比其他公司难销售。小企业的债券在市场中是极难进行交易的，因为仅有知晓它们的投资者或管理者会有兴趣购买。这样的债券被认为是缺乏流动性，所以必须降低价格来吸引以前不了解公司的投资者，这样就可能有一定的损失。

> 由于债券发行者较少人知道，导致债券难以销售而产生流动性风险。

流动性风险指的就是这种损失的可能性，流动性风险即为投资者要求的作为承受流动性风险的补偿。

流动性风险因证券期限的不同而不同。短期负债一般并不涉及太多的流动性风险，因为需要资金的出借人完全可以等到到期日。

到期风险

债券价格变动的首要原因是债券市场利率的变动。金融学和经济学的一条基本原理就是债券价格和利率反方向变动。之前我们对股票做过类似的解释，但债券市场内的这种联系比股票市场更具准确性和可预测性。

对于这一点，我们目前并未拥有足够的知识来解释为何在价格和利率之间会有这样的联系以及它的运作原理，但我们在学习了第七章后会完全理解这种现象。现在我们需要记住两件事：第一个是我们已经讲过的，价格和利率反向变动；第二个是在一定的利率变动水平下，长期债券的价格变动要大于短期债券。

首先来弄清第二点。如果一份债券在短期内就可到期，那么利率的变化对其价值的影响要小。另一方面，如果本金在很多年内都无须偿还，相同的利率变化将对债券的价值产生重大的影响。到期日越长，价格的变动就越大。

利率变动产生的价格变化对于债券投资者来说是另一种风险。如果在购买债券后，利率上升，债券的价格就会下跌，而如果投资者想尽快出手，必定会遭受一定的损失。如果债券是短期的，这个损失会很小或者可以被忽略，但如果债券的期限较长，损失会是巨大的。

> 相较于短期债券价格，长期债券价格随着利率波动的幅度更大，因而产生到期日风险。

这意味着对投资者而言，长期债券比短期债券更具风险。我们称之为到期风险,因为此风险会随着债券的期限而变化。投资者要求一个到期风险溢价,短期债券从0%到2%变化,长期债券会再高一点。在略微变化后,它也可以

被称为价格风险或利率风险

需要注意的是,如果投资者持有债券直到到期日,那么我们这里讨论的损失就不会发生,损失只在投资者以一个不尽如人意的价格提前卖出债券时产生。

5.5.3 将价格合并

利息率模型。

现在我们能重写公式5.1,用已经讲过的几个部分代替基础利率和风险溢价。

$K = K_{PR} + INFL + DR + LR + MR$

K_{PR} = 纯利率

INFR = 调整的通货膨胀率(预期的贷款期内平均通货膨胀率)

DR = 违约风险溢价

LR = 流动性风险溢价

MR = 到期风险溢价 (5-3)

这个重要的公式说明,利率通常由货币的盈利权加上通货膨胀准备和三个可以识别的风险准备构成。

我们称公式5.3为利率模型,是对利率工作原理的抽象描述。

人们总是将公式左边的K称为名义利率或标价利率,即市场利率。

确定利率

公式5.3仅代表了一种理论结构。人们并不会真的坐下来考虑每一种因素,然后再将它们加总以对某一项贷款确定利率。利率是由供求双方决定的。如果某一特定的出借方觉得现在的利率还不够高,那么就不会投资。

公式仅仅是现实情况的经济模型,是在考虑了投资者的需求后对利率内涵的解释。然而,像大多数的经济模型一样,它有时也不能与现实保持一致。

例如,有时候经过合理估计的纯利率加上当前通货膨胀率后会等于或大于某些市场中的实际利率,那就意味着在市场中的风险溢价一定为0或者是负值,这是没有什么意义的。

模型是一种思考方式,一种有助于我们理解的工具。但是,有时实际发生的事情并不能由模型解释,而且在某些时候模型并不能起作用。即使这样,我们也没有理由认为它毫无价值。

5.5.4 联邦政府债券、无风险利率和实际利率

公式5.3中的模型让我们可以理解在实际金融活动中的3种特殊情况,我们将按顺序进行讨论。

联邦政府债券

所有级别的政府实体都可以发行类似于公司发行的债券。城市、州和联邦政府发行长期债券,但联邦政府也发行了大量的短期债券。短期国库券期限为90天到1年,中期国债期限为1年到10年[①]。那么利率模型,如公式5.3就可以同时应用于政府债券和公司债券。

然而,联邦政府债券具有一个其他债务不具有的特点:无违约风险。因此,运用公式5.3

① 联邦政府发行的债券称为国库券。

计算国库券时，其中的违约风险溢价为0。

让投资如此有信心的原因是大部分人认为联邦政府是永远存在的（因为政府不存在了，根本不用考虑钱和利率的问题了）。但这个原因难以琢磨。例如，只要联邦政府存在，州政府也就会存在，但为什么州政府违约风险和相应的风险溢价肯定不是0。（继续阅读之前仔细思考一下，你能猜出为什么联邦政府的贷款不存在违约风险吗？）

答案就在于联邦专有的一种能力，即印刷货币，这点其他人都做不了。联邦政府只要大包大包地印刷货币就可以偿付所有的债务。但联邦政府并不这样做，因为这样做会带来严重的通货膨胀而使经济崩溃。但这种能力是存在的，其结果就是联邦政府不可能违约。

实际操作中，联邦债券的流动性风险也是0。因为联邦政府债券市场是活跃的，无法将联邦政府债券或票据卖出的可能性非常小。这种情况对于下级政府债券是不适用的。实际上，地方政府债券的一个重要问题就是流动性差。

> 联邦政府债券没有违约风险和流动性风险。

联邦政府债券的到期风险不是0，这和任何借款人一样。

无风险利率

前面提出了一个无风险利率的概念。这个利率包括纯利率和通货膨胀率，但不包括任何一个我们已经讨论的风险利率。

联邦政府债券没有违约风险和流动性风险，而短期债券的到期风险又非常小，所以我们能推测短期国库券是无风险的。事实上，人们一般用90天短期国库券利率作为当期的无风险利率。

> 无风险利率约等于短期政府债券利率。

注意，无风险利率与我们前面介绍利率组成公式5.1和5.2中的基础利率相同。所有的利率都是无风险利率加上不同风险的风险溢价。

无风险利率是金融理论中的一个重要概念，它为投资者提供了一个存放货币的选择。换句话说，如果投资者对债务市场中的各种投资机会不感兴趣，可以购买短期政府债券直到具有吸引力的机会出现。它也被看做是利率机构的一个概念性下线，如果投资者在不承受任何风险的情况下得到无风险利率，那么没有哪个具有风险的投资机会会提供更低的利率。当我们提到无风险利率时，用 K_{RF} 表示。

实际利率

经济学中，"实际"一词指的是剔除通货膨胀影响后的数据或统计资料。实际利率是去掉通货膨胀调整后的当前实际存在的利率。就公式5.3而言，INFL为0。

实际利率告诉投资者他们是否真的获利。假定投资于一个利率为8%的长期债券，几年后你发现通货膨胀率已经涨到10%，那么在这项投资上你每年会损失2%的购买力。

> 实际利率不需要调整通货膨胀率。

在过去40年里，这种情况是很普遍的。因此人们不愿意以较低的市场利率购买长期债券。解决的办法就是以可变利率签订长期合同，这样利率就可以随着通货膨胀率和名义利率的变动而上下浮动。

在一些偶然的时期，多数投资的实际利率都为负。这是可能的，因为我们无法了解某一点上的通货膨胀率是多少，直到几个月后政府对通货膨胀率的统计结果公布。如果供求双方的力量使利率下降，通货膨胀率就会迅速上涨，而实际利率就会在某一时期内低于通货膨胀率。显然，当这种情况发生时，公式5.3展示的模型不会很好的起作用。

实际无风险利率

将最后这两个概念放在一起就产生了实际无风险利率的概念。这个概念常在金融领域内使用。"实际"指的是通货膨胀率为0,"无风险"指的是所有的风险溢价都为0。

通过利率模型,我们会立刻发现这时的实际无风险利率与纯利率从概念上讲是完全相同的。

概念链接 例5-3

使用利率模型

Sunshine公司计划发行三年期债券来支持一项三年期项目,以下是可以获得的信息。

1. 纯利率是2.0%
2. 下年度通货膨胀率为3%,其后数年为4%
3. Sunshine公司债券的违约风险溢价是1.5%
4. Sunshine公司很有名,流动性风险为0.5%
5. 最近三年期债券的到期风险溢价大概是1.0%

a. 估计Sunshine公司债券的利率(Ks)。结果取小数点后一位。

b. Moonlight公司是一家规模和声誉相近的竞争对手,它最近发行的3年期债券利率为10%。利用利率模型,分析投资者相对Sunshine公司而言,对于Moonklight公司的风险的看法。

解答:a. 首先计算预期的贷款期内平均通货膨胀率

$$INFL = (3+4+4)/3 = 11/3 = 3.67 = 3.7$$

然后利用利率模型计算Ks

$$Ks = K_{PR} + INFL + DR + LR + MR$$
$$= 2.0 + 3.7 + 1.5 + 0.5 + 1.0 = 8.7\%$$

b. 将Moonlight公司数据代入利率模型,违约风险(DR)未知,解出DR

$$Ks = K_{PR} + INFL + DR + LR + MR$$
$$10.0 = 2.0 + 3.7 + DR + 0.5 + 1.0$$
$$DR = 3.8$$

债券市场估计的Moonlight公司的违约风险溢价是3.8%,那么是Sunshine公司违约风险溢价的2.5(3.8/1.5)倍。这就说明Moonlight被认为风险更大。但是,DR测量的风险不能准确地用数值表示,也就是不能说,Moonlight公司的风险是Sunshine公司的2.5倍。我们将在第九章学习在金融世界里,怎样用数值表示风险。

接下来,我们将利用利率模型,考虑在不同债券期间假设下的债券利率组成。

概念链接 例5-4

在不同期间长度内使用利率模型

你是Bullwork公司证券部的高级分析师。财务经理正在考虑发行债券来筹集资金建立一家新的工厂，但是无法确定债券利率。他要求你估计出期限从1年至10年的债券利息成本。

利率是由债务市场供求双方决定的，但是，利率模型可以在正常条件下提供一些合理的估计。下面的假设提供了一个合理的起点：

a. 纯利率是3%。

b. 预期通货膨胀率会先增加后下降，你支持的经济学家给出了如下的模式。

年　份	通货膨胀率
1	4%
2	6%
3	8%
4	6%
5～10	5%

c. 一年期债券的违约风险溢价为0，但期限每增加一年，违约风险溢价就递增0.2%，最高为1%。

d. 一年期和两年期债券的流动风险溢价为0，其他更长期的为0.5%。

e. 一年期的到期风险溢价为0，以后每增加一年，到期风险溢价就递增0.3%，最高值为2.5%。

列出一个表格，为不同期限的贷款估计利率，并写出每个利率的组成成分。

解答：首先，我们先计算出1年至10年期债券的调整的通货膨胀率。它包括计算整个贷款期内的评价通货膨胀率。为了算出第三列的数据，必须计算出第二列中同一行及以上的数据的平均值。例如，5年内的INFL就是4，6，8，6，5的平均值。

年份	通货膨胀率	调整的通货膨胀率
1	4.0%	4.0%
2	6.0%	5.0%
3	8.0%	6.0%
4	6.0%	6.0%
5	5.0%	5.8%
6	5.0%	5.7%
7	5.0%	5.6%
8	5.0%	5.5%
9	5.0%	5.4%
10	5.0%	5.4%

其次，建立一个表格，其中每一列代表模型中的一个因素。根据假定的情况填写，每行中各列的和就是估计的利率。

期限	K_{PR}	+	INFL	+	DR	+	LR	+	MR	=	K
1	3.0		4.0		0.0		0.0		0.0		7.0%
2	3.0		5.0		0.2		0.0		0.3		8.5%
3	3.0		6.0		0.4		0.5		0.6		10.5%
4	3.0		6.0		0.6		0.5		0.9		11.0%

5	3.0	5.8	0.8	0.5	1.2	11.3%
6	3.0	5.7	1.0	0.5	1.5	11.7%
7	3.0	5.6	1.0	0.5	1.8	11.9%
8	3.0	5.5	0.0	0.5	2.1	12.1%
9	3.0	5.4	1.0	0.5	2.4	12.3%
10	3.0	5.4	1.0	0.5	2.5	12.4%

注意到贷款期限越长，利率越高。这是一种普遍的现象，虽然有时情况会相反。在这个例子中，利率的上升可以追溯到风险因素的变动。随着期限的延长，每个因素的风险溢价会因其各自的原因而增加。在这个例子中，通货膨胀率有着不同寻常的影响。它先是上升，然后又恢复稳定，导致预期的年利率也先上升，后处于较稳定的水平。

收益曲线展示了利率与期限间的关系。

5.5.5 收益曲线：利率期限结构

如上部分例子所说明的，利率通常会随着期限变化而变化，这种关系被称为利率的期限结构。

普通的收益曲线向上倾斜表明期限长的债务利率高。

用于描述期限结构的图即为收益曲线。收益是回报或利息的另一种表述方式。图 5-10 是两条不同形状的收益曲线。

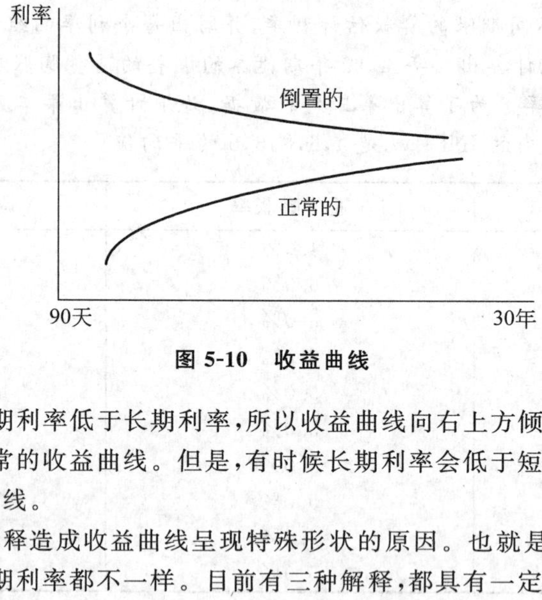

图 5-10 收益曲线

大多数情况下，短期利率低于长期利率，所以收益曲线向右上方倾斜。因为这种情况最为普遍，所以这被称为正常的收益曲线。但是，有时候长期利率会低于短期利率，曲线向下倾斜，这被称为倒置的收益曲线。

有许多观点试图解释造成收益曲线呈现特殊形状的原因。也就是说，为什么在任何一种情况下，长期利率和短期利率都不一样。目前有三种解释，都具有一定的号召力。

预期理论

预期理论：现在的利率上升或下降取决于对未来利率的预期。

预期理论认为利率上倾或下倾取决于人们对未来利率总体水平的预期。例如，假定在某日，无论期限长短，利率均为 5%。每个人都期望利率始终能保持这一水平，即收益曲线是在 5%处的水平直线。然后一些事情的发生导致每一个人都认为利率将会上升至 10%，但这是在 5%的利率保持了两年之后。假设你是处于这种条件下的出借方，你会愿意以 5%的利率发放最长为 2 年的贷款，因为 5%是这段时间内的普遍利率。但你愿意以 5%发放 3 年期的贷款吗？当然不愿意。因为第三年别人的回报率是10%，而你的仍为5%。

但是，你或许会愿意以2年5%和1年10%的平均利率发放贷款，即6.67%[(5+5+10)/3]，这样你的总收益与发放3个1年期贷款的收益相等。

如果有人想借4年期贷款呢？你会以2年5%、2年10%计算得出的平均利率7.5%为利率。平均利率会随着贷款期限的延长而增加，因为计算过程中的10%会越来越多。这种增加实质就是向上倾斜的正常的收益曲线。

预期理论认为曲线的形状取决于人们对通货膨胀的预期。因为通货膨胀率是利率的主要组成成分，所以对通货膨胀增长的预期等同于对利率增长的预期。

流动性偏好理论

流动性偏好理论认为收益曲线向上倾斜的原因是人们总是偏好于短期贷款。流动性越强，必要时收回投资就越容易。这种偏好的结果就是必须有额外的利息来吸引长期贷款。因此，长期利率通常比较高，并且收益曲线向上倾斜。

> 流动性偏好理论：投资者偏好短期证券，因此必须经过诱导才投资长期债券。

这个观点涉及了我们在讨论利率模型时的两个问题。一个是流动性风险的概念，即短期贷款对人们更有利，因为人们可以等到到期日收回本息而不必提前卖掉手中的债券。另一个是到期风险的概念，即短期债券对债券持有人(出借方)更有利，因为他们不易受到利率变化造成的价格波动的影响，使得短期债券风险性相对较小，易于出售。

简单来说，流动性偏好意味着投资者更喜欢短期证券，因为更易出手。因此，长期证券不得不提高利率来吸引购买者(出借者)。

市场分割理论

市场分割理论又回到了图5-9中对债券市场供求双方力量的分析。债券市场中不仅存在一组供求曲线，而是很多组。每一组代表着某一个被特定期限分割的货币市场。

> 市场分割理论：贷款期限将债务市场分为独立的部分，并且采用单独的利率。

当人们借款时，就会根据借款的目的在头脑中形成一个特定的借款期限。例如，计划筹建一个工厂的企业是不会选择期限为90天的借款的，它会在市场中寻找一个长期贷款。如果找不到，那么它就根本不会贷款了。

出借方同样如此。他们希望将他们的资金以一个确定的收益在一定的期限内借出去。如果他们有可能以长期款项借出，那么他们就不会选择短期借款者。

这样导致债务市场按期限进行了分割。每一部分有其自己的供求曲线，并有独立的力量促使曲线前后移动。也就是说，每一部分的利率是单独确定的，与其他部分无关。

这种独立性导致了不同的利率结果。大多数时候，市场中的供求关系是的短期利率低于长期利率，收益曲线呈向上倾斜的正常形状。但是，有时候独立的市场供求力量使得短期利率更高，收益曲线向下倾斜。

实务观察

倒置的收益曲线——经济的预测器？

收益曲线很少倒置，但当它确实倒置时，通常就是经济下滑的信号。经济学家认为倒置的收益曲线不是经济衰退的完美的预测器，但历史显示它是相对较完美的。在过去的55年中出现了9次倒置现象，其中7次都伴随着经济下滑，最近的一次在2007年到2008年之间。

收益曲线的形状与未来经济状况之间的联系是基于对利率的预期。如果债券投资者认为利率普遍会下降，就会在下降之前购买长期债券，以此获得较高收益。如果有足够多的投资者都这样做，就会使长期债券的价格升高，从而收益降低。（债券收益和价格呈反方向变动。）

另一个低利率与经济下滑相关的理由是在经济不景气期间，美联储会降低利率来刺激经济。所以，在增长期末或衰退期初，由政府施压产生的低利率会与衰退相关。

在2005年到2006年之间，经济开始波动，伴随着收益曲线轻微的倒置。但是，那时没有人意识到经济衰退已经迫在眉睫。事实上，当时经济正不寻常地长期持续稳定的增长。

经济学家们疑惑了，所以在当时的金融杂志上出现了很多文章，他们怀疑一些基本的经济情况的变化破坏了收益曲线预测能力，或者，在增长期的倒置现象隐含了其他的问题。

当然，现在我们知道了紧随2005年到2006年之间的倒置现象后的是2007年到2008年之间的金融危机，这次危机在商业和金融世界的严重程度和影响作用被与20世纪30年代的大衰退相提并论。

所以，看起来收益曲线又一次成功预测了，虽然很难弄清原因。2008年危机背后的因素是史无前例的，并且在2005年到2006年之间也是没有预料到的。确实，即使在2008和2009年，事情完全发生后，也没有完全弄清楚原因。所以，2005年到2006年之间的倒置真的与未预期的衰退有关？如果相关，是怎样相关的呢？

倒置的收益曲线与银行

倒置的收益曲线对银行和银行股票的影响更确定。银行收入的主要来源是以较低利率借入，然后较高利率借出。那就是说借入短期的活期存款和定期存款。（他们都是短期的，活期存款在需要时能随时取出，定期存款期限通常都从几个月到几年。）然后，银行借出长期贷款给个人或企业，最长的能达到30年。

在正常的收益曲线下，短期利率低于长期利率，银行也就能运转正常。但当收益曲线倒置，短期利率高于长期利率时，银行的收入来源不存在了，利率也减少了。这样当然会导致投资者离开和股价下跌。

资料来源：Scott Patterson, "Uncertainty is Certain Next Year," *The Wall Street Journal* (December 12, 2005); Mark Whitehouse, "Yields on Bonds Invert Reflecting Unease About Economy's Future," *The Wall Street Journal* (December 28, 2005); Mark Whitehouse, "Economists Ask If Bonds Have Lost Their Predictive Power," *The Wall Street Journal* (December 29, 2005); Clint Riley, "Investors Puzzle: Banks and Flat Yield Curve," *The Wall Street Journal* (January 30, 2006).

5.6 2008年金融危机

在2008年（开始于2007年中），一场前所未有的金融危机席卷美国。它的特点是一些系统内重要的金融机构突然破产或接近破产。在系统内重要的金融机构规模都很庞大，以至于它们的突然破产会影响整个经济。这场危机引发了75年来最严重的衰退，并且迅速蔓延至其他国家，导致了全球性的经济危机。

这场危机的根本原因是一些与房地产市场捆绑的证券公司的崩溃。在接下来的部分，我们将会简短地解释这场危机是如何发生的，以及到目前为止为了修复损害所采取的措施。

5.6.1 背景：房屋所有权、抵押贷款和风险

拥有房屋所有权是所有居民的梦想。但是，房屋都很昂贵，只有少数家庭能不贷款就可以负担得起买房，贷款能为居民提供购买房屋所需的现金。贷款用房屋本身做抵押。也就是说，借款人在法律上拥有房屋，但一旦不能按时还款，出借人就能取得房屋所有权。借款人不能按时还款就称为违约，出借人取得房屋所有权，也就是借款人丧失了抵押品的赎回权。

> 借款人无法按时付款时就会违约。

借款人必须要满足一些条件才有资格取得一项抵押贷款。通常来说，就是必须有10%～20%的首付，每月有固定收入和良好的信贷记录。满足了这些条件后，对于出借人来说才是相对安全的投资①。

> 出借人取得违约借款的财产时，就会丧失抵押品的赎回权。

出借人的安全感来自三个方面。第一是收入审核能确保借款人可以负担贷款。第二是当收回抵押品时，首付款能为银行提供产权资本缓冲作用。抵押资产的净值是房屋价值超过贷款义务的部分。例如，所有者在房屋上获得的利息。缓冲作用来自于在收回抵押品过程中产生的费用和损失，在出借人发生损失之前，首先由抵押资产的净值弥补。

> 抵押贷款资格包括：所有者权益、收入和信贷记录。

换句话说，丧失房屋所有权的可能性对房屋所有者来说是一个避免违约的激励。这是非常重要的一点。如果只拥有很少或没有房屋所有权，当房屋所有者陷入财务困难时，他们很有可能一走了之，将麻烦留给银行。

出借人安全感的第三个来源是长久以来房屋价值的增值，在最初购买后，房屋净值会增加。在金融危机发生之前，美国房地产已经在之前的75年内持续增值。特别是在20世纪90年代和21世纪初。

基于这些原因，房屋抵押贷款对银行和其他出借人来说是安全的投资。收回抵押品的概率只有2%，而且大多数时候，银行的利益都被所有者资产的净值保护了。

通过抵押贷款借出的资金是非常巨大的。美国房屋抵押贷款的总价值大约是12万亿美元。

银行的视角

银行和类似的金融机构向存款支付利息，然后以更高的利率将那些资金借出去。这两者之间的利率差就被称为利差，银行就是通过它来支付费用并赚取利润。

一般来说，银行以抵押贷款的形式将资金借给房屋购买者，并将抵押贷款在资产负债表上记为资产，直到贷款被还清。这产生了两个问题：第一个是流动性问题。抵押贷款的流动性很差，其中的大部分资金作为抵押贷款在15～20年间是无法收回的。那么为了发放其他贷款，银行不得不累积更多的存款。

> 流动性差的投资将资金占用很长期限。

第二个问题和盈利性有关。抵押贷款提供给银行的收入在长达30年内是固定的。但是银行最大的费用开支是支付存款的利息，这些都是短期的②。这就意味着银行的收入都是来自当前抵押贷款的固定利息，但是它的费用却取决于经常变动的短期贷款利率。

> 如果短期利率太高，银行可能会亏损。

---

① 如果借款人购买了私人抵押贷款保险，传统的抵押贷款也允许支付较少的首付款，因为购买者违约的话，出借人也能得到保护。

② 活期贷款都是短期的，因为它们能在任何时候从账户中取出。定期贷款一般都会在几年内到期。

大多数时候，长期抵押贷款利率要高于短期存款利率，所以银行能获利。但偶尔短期利率会高于长期利率，那么银行就会承受损失。

5.6.2 证券化

这些问题在 20 世纪 70 年代通过一种被称为证券化的技术得到了解决，但它直到 20 世纪 80 年代才发展完善。

因为抵押贷款对银行来说是一种资产，所以它能被出售给其他投资者，其中总价应该包括银行支付的现金加上利润或初始的费用[①]。银行也还是能通过收款并将它们转移给抵押贷款的购买者来赚取费用。在出售后，银行资产负债表中的贷款被现金取代，这样又能发放新的贷款。

出售抵押贷款帮助银行解决了两个问题：多余的现金能发放新的贷款；收入不再与老贷款的利率捆绑在一起，而是来自于新贷款。

一系列贷款和证券化

> 证券化一系列贷款意味着将收取现金流的权利出售，被称为 CDO。

通常，一个银行将他的贷款打包汇总后出售给另一个机构。这里的第二个机构通常是专业发行证券的投资银行。这个发行者接收来自抵押贷款的全部付款，理性情况下，持续的产生现金流直到贷款被还清。然后，通过出售给投资者证券，将这些贷款证券化，并赋予投资者收取现金流份额的权利。这些证券就被称为债务抵押债券（CDO）[②]。这个名词来自于现金流最终由房屋的抵押价值支持的观点。

投资者购买证券是为了获得收益。汽车贷款、学生贷款和商业房地产抵押贷款都被证券化了，但只有房屋抵押贷款市场在金融危机中扮演了重要角色。

CDOs 的吸引力

> CDOs 被机构投资者购买。

CDOs 最初是由全世界的机构投资者购买的，包括投资银行、套利基金[③]和保险公司。全世界在 CDOs 上的利益是危机迅速席卷全球的原因之一。CDOs 这么受欢迎是因为它们的高回报、流动性和安全性。

回报高是因为潜在的投资是长期的抵押贷款，它们的利率要高于短期投资。如果能接受更多的风险，利率还可能显著增加。

CDOs 的流动性也很好。购买者能随时在二级市场中出售他们手中的 CDOs。

> CDOs 在二级市场上交易。

最后，CDOs 相对来说是安全的。因为它们最终是基于美国住宅市场，这个市场一直有很好的实力和增长率，低违约率和对于出借人的资产保护。我们很快就会发现，这是一个很坏的假设。

风险及 **CDO** 份额的概念

> 每份 CDO 与风险相关。

CDO 被认为是安全的，但人们也逐渐认识到他们会承担某些风险，因为少数的房屋所有者即使在经济状况最好的时候也会违约。

考虑到 CDO 购买者有着不同的风险承受力，所以，发行者发明了一种依据风险，将现金流切割为片的方法。每片被称为一份。风险高的份额以低价出售来增加收益。

---

① 我们将在第九章学习如何计算延伸到未来的一系列付款的价值。

② 抵押品是指被用来保证偿还贷款的资产。房屋就是抵押贷款中的抵押品。

③ 套利基金是投资于较高风险性机会的共同基金。参与者一般都限制为富有的投资者。

风险分配技术在这里是很重要的。假设,一个抵押贷款债券包产生的预期现金流总量为900万美元,发行者想把它分成三个风险等级A、B、C,即每份为300万美元。发行者也不知道哪个贷款会违约,所以,不是通过将较弱的房屋所有者分至高风险部分这种办法来分级。

相反,是将收入流按顺序支付给投资者。也就是说,所有收到的资金先用来偿还A级证券的持有者,直到他们的债务被全部还清。然后,再偿还B级证券的持有者,最后才是C级。

每份的风险与连续的资金偿还制度有关。

因为违约会减少总的收款额,但它只会影响最后偿还的高风险部分。换句话说,违约会减少末端的现金流,从而导致C级投资者收款减少,但是B级就几乎不会出现这种情况,A级就更不可能了。因此,像A级的低风险部分通常被称为高级的,而C的高风险部分就是初级了。

风险分配方法的缺陷

要意识到在这个分配风险的方法中有一个问题。问题来自于假设抵押债券的违约率只有2%。如果这是真实情况,那么持续的现金流可以保证A级和B级得到完全支付。即使出现了异常的违约状况,假如比例为10%,那也只会影响C级。

如果一个抵押债券包里包含了很多高风险的贷款,导致违约的可能性是70%或80%,那会怎么样呢?如果是这种情况,那么即使是高级的A级也不会完全安全,那么B级和C级的风险就更高了。

风险分配依据的是不真实的违约率假设。

在稳定的房地产市场,对购买者进行资格审核并收取大量的首付款后,会使得违约率只有2%。但当高风险的次级借贷进入市场后,情况就完全不同了,我们马上就会进行讨论。

评级机构的角色

评级机构研究债务市场后,按它们违约的可能性对它们进行评级。评级结果采用字母等级的形式,从AAA到C不等。AAA代表风险非常低,而C代表违约已经发生了。在BBB级以上结果都被称为“投资等级”,意味着进行谨慎的长期投资的风险相对较小。

评级机构高估了CDOs的安全性。

评级机构对高风险债务的CDO进行的夸大评级,这个严重的过错加重了金融危机。在很多时候,评级机构是先给出AAA级结果,然后再降级,使得危机更为严重。

CDO市场的规模和复杂性

上述是对CDO市场信息的简单描述。真实市场的复杂性和规模都是巨大的。在2009年中期,基于抵押贷款的CDO市场的总价值大约是9万亿美元,其中的大部分都是被全球的金融机构持有。

CDOs的定价与近期的销售一致。

CDO市场的运作和风险评估过程是如此复杂,导致它的价值(价格)总是不确定的。CDOs总是以最近可比资产的售价为基础进行交易。CDOs的定价方法被证明是导致危机发生的重要因素。

5.6.3 次级抵押贷款市场

随着利率的降低,对CDOs的需求增加。

伴随着股票市场的严重下跌,长时间的经济繁荣期在2000年结束了。经济增速放缓,人们开始担心经济衰退。美联储降低利率来刺激经济。在2001年至2003年,连续的降息导致了40年来最低的短期利率。但是,CDOs提供的长期利率并没有同比例的降低,导致这些证券的需求急速增加。很多机构以短期利率借入资金的目的就只是为了购买CDOs。

要满足对CDOs持续增长的需求,银行和其他抵押贷款出借人必须增加他们发放新贷款的比例。为了能赚取更多利润,他们非常急于发放贷款,但是并没有那么多满足条件的借款人申请抵押贷款。

回忆一下,符合资格的借款人应该有首付款、稳定的收入和良好的信用记录。这个行业已经没有这样的申请者了。

5.6.4 次级技术和含义

> 出借人降低了借款条件来满足CDOs的需求,从而产生了次级贷款市场。

因为需求已经不能满足传统借贷规则,抵押贷款行业发明了次级贷款。这些贷款是发放给那些不能满足传统借款者条件中一项或多项要求的人。但是,是这些资格要求控制了抵押贷款和CDO投资中的低风险。

次级贷款忽略或规避了净值和/或收入要求。出借人向没有首付款的人发放贷款,从而忽略了净值要求。并且,通过提供付款由少逐渐增多的贷款,操纵了收入要求。

零首付款

> 零售付款的借款人没有什么资产可以损失,这降低了出借人的安全性。

银行开始提供零首付款的贷款,只要在贷款文件上签字,借款人就可以搬进他们的房子里。当然,这就有了很多房主,他们没有什么财产,即使房屋被收回,他们也没有什么损失。所以,他们也不会积极地去规避违约。这也意味着银行在收回抵押品时没有净值缓冲作用来保护他们的投资。从出借人角度,这些贷款是高风险的投资。

调整的抵押贷款利率(**ARMs**)

传统的抵押贷款是固定的利率。但是次级抵押贷款是会周期性重置的调整的抵押贷款利率,它会随着经济中的平均利率水平而上下波动。

> ARM付款增加,会导致违约。

ARMs在危机发生之前就已经产生了。它们最初是用来将利率波动的风险从银行转移至房屋所有者。作为接受这种利率的回报,在发放贷款时,ARM借款人的利率要比那些固定利率低。这样借款人每月付款额就会减少。

但坏消息是由于利率增长,ARM借款人可能会陷入他们无法负担的逐渐增加的月付款额。这就产生了违约风险,特别是借款人在他们的房子里没有什么财产需要保护时。

> ARM借款人没有足够的收入来支付增加的付款额。

ARM的"诱惑利率"是设计好的,所以,前几年的付款额非常低,然后再逐步增加。这个通过前几年利率非常低,然后转换到当前的ARM利率来完成。

出借人只要求次级借款人拥有很低的、能负担最初低付款额的收入,而不考虑后期ARM的利率。也就是说,忽略了在利率大幅增长的情况下,借款人很难支付他们付款的情况。

负摊销抵押贷款(**NegAm**)

NegAm是诱惑利率的极端变化。为了能理解,我们需要一些关于贷款是如何运作的背景知识。

抵押贷款之所以是抵押性的,是因为随着每月付款,有一部分本金已经被偿还了。每月的付款额中有一部分是利息，其余的用于偿还本金。所以，本金每个月都会减少一些，直到贷款期末被全部还清。每个月的利息就是月初的本金剩余未偿还金额与利率的乘积。

在负摊销抵押贷款中，前期付款甚至会低于每月的利息费用，导致没有偿还本金。有一些的利息也没还清，然后就增加到本金里了。所以，本金不仅没有随着时间减少，反而增加了。这就是负摊销抵押贷款。低付款期通常是5年，然后在债券剩余期间内，以当前的ARM利率来偿还已经增加的本金。

在NegAm中，本金会增加直到重新设置，然后，付款额会大幅度增加。

注意到这里一共有三件事情使得付款额增加。第一是利率提高了，ARM利率要高于贷款发放时的利率。第二是本金增加了，相对于贷款发放时，本金能增加25%。第三是债务剩余期间要短于整个债券期间，必须在更少的时间内偿还更多的本金。这些都会导致月付款额的剧烈增加，并最终引发违约。

包括负摊销抵押贷款的ARMs都被称作选择性ARM，因为借款人可以选择在最初几年的还款计划。阅读下面的材料，这是一个真实的例子，有些数据能说明为什么选择性的ARM会引起麻烦。

实务观察

抵押贷款，这个定时炸弹减缓了经济的复苏

Shirley B.是一个73岁的寡妇，她住在加利福尼亚州的一个住了45年的小房子里。B太太是NegAm ARMs危害的极端例子。她在2007年以她的房子选择ARM重新贷款了315 000美元。她最初的月付款额为98美元。但在2001年利率重置后，Shirley每月的付款额是3 500美元。这就会使得她违约，与此同时，数以千计的其他ARM借款人遭遇了同样的情况。据统计，在2009年到2013年，有大约100万份的ARMs会利率重置，其中包括2010年和2011年的75万份。

因为在那个时候房价下降了，导致很多房屋的价值低于贷款，这就使得其中的大部分都被收回，然后以一个很低的价格抛售至市场，从而引发了衰退。

ARM中的拖欠利息现象非常严重。拖欠意味着屋主延迟了付款，但还没有违约。利息是对未来违约和收回抵押物的很好的预测器。贷款的拖欠率从2008年的23%增加至2009年的42%，而利息的拖欠率在2007年迅速地从10%增加至35%。

芝加哥的Zacks研究所声称，很多的ARMs都是被老人和移民者购买的，这两个群体中的成员可能不能完全理解他们正在做的事。如果是这样，这就关系到一个经典的问题：商业道德。销售员有时太急于赚取佣金，以至于劝说消费者购买会最终损害他们的物品。

资料来源："Mortgage Time Bomb Ticks," by Brian Louis, Bloomberg News, Worcester Telegram (June 21,2009)。

次优级贷款：没有证明文件

贷款有时候会发放给没有收入证明文件或者资产和负债状况说明文件的人。这些贷款都被称为次优级贷款。这就说明即使从来不会还款的文盲或者残疾人，也能借到贷款。

借款人还款额会暴涨的原理

公平来说，应该要弄清为什么借款人在知道付款额可能会超过他们还款能力的情况下，仍然会借款，并且为什么出借人会同意这些贷款？

向明显无偿还能力的人提供借款是掠夺性贷款。

其中的一个原因是借款人可能并不清楚他们会面临什么。掠夺性贷款就是指有些被利益驱动的抵押贷款经纪人,会向他们已经知道不会还款的对象推销贷款。这种行为不仅是不道德的,甚至可以算是刑事诈骗。

很多借款人故意地依赖于较低的利率和升高的价格。

还有另外一个原因,使得一些有知识的借款人和诚实的经纪人也卷入其中。在21世纪初的前10年中,房地产价格一直快速增长,并且大家预期会一直无限期地增长下去。而且,借款很容易,所以,买房就像买块蛋糕。

考虑所有的因素之后,零首付并且最初几年付款额很低的条件下借入一项贷款买一套房子,这是一个冒险的但很合理的战略。并且在几年的时间里,房子的价格可能就上涨了30%,使得房屋所有者获得了财产净值。这样,他就够资格申请传统抵押贷款而付清ARM,这个过程被称为重新借贷。

仅仅为了利用价格上涨来获利而购买房屋的行为被称为倒卖。

上涨的价格对那些不准备长期拥有他们房屋的主人也很具有吸引力。他们能在几年后把房子卖了并取得现金。这个过程被称为倒卖房屋。不幸的是,这个策略产生了次级市场的另一群买主,他们只是为了获得暴利而进行投资。

政治性压力

尽管次级市场被证明是一场灾难,但抵押贷款信誉标准的适度放松被认为是合乎社会需求的。因为它是能让低收入家庭也能拥有房屋所有权的好办法,不然,他们是负担不起的。

联邦政府一直支持这个观点。例如,在克林顿政府的压力下,全国最大的房屋贷款公司,Fannie Mae在20世纪90年代放松了借款要求,希望能为少数族裔和低收入者提供更高的贷款可能性。

5.6.5 信用违约互换

CDS是在债券违约的情况下,同意支付其损失的合约。

信用违约互换(CDS)是一个最近的金融创新,它增加了金融系统的不确定性,使得危机更严重。

产生于20世纪90年代,一份CDS是一份在买家与卖家之间的合同,通过签订合同,卖家同意支付买家在信用证券上遭受的与违约相关的损失。作为回报,卖家在债券期间内,能收到一系列的保险金。

例如,A拥有由B发行的债券。那么A就能从C那购买一份信用违约互换合同,那么C就同意在B违约的时候,支付给A所遭受的全部损失。作为提供这种保护的回报,A在证券期间内按期支付给C保险金。

CDS听起来像是保险,但它并不是,两种之间的主要差别如下:

- CDS的购买者(A)并不是必须要持有B的债券或者在B违约时遭受损失。真实的保险只保护实际损失。
- 出售者(C)并不受到政府的监管,但保险公司受到监管。
- 因为出售者(C)不受到监管,所以,并不能要求它持有现金准备金来支付购买者遭受的重大损失。

另外,CDS合同能在二级市场上交易。这就意味着投机者可以就B公司是否会违约进行一场赌博,而不用自己投入任何资金。

二级市场的存在也意味着CDS合同能在期限内进行很多次交易。这就使得原始购买者(A)并不了解，在违约发生时，合同的另一方有没有能力进行赔偿。并且在危机发生前，由于有些机构同此投资合同的双方，已经弄不清它们作为发行者应该在什么程度上进行赔偿。

CDSs从21世纪初开始在金融市场上迅速增加，并在2007年达到最高值45万亿美元。它们严重地加重了抵押债务。

信用违约互换将金融机构联系在一起，因此，其中一家机构破产可能会导致其他机构的破产。当CDS市场失去信心时，他们之间交易证券的价值也就蒸发了。

5.6.6 场景设置

利用已经学过的背景知识，我们来总结一下在危机爆发之前的经济情况。

1. 一种被称为CDO的新型证券已经发行了，它是基于美国住房抵押贷款市场现金流的证券。

a. 依据风险，CDOs被分为不同的部分。

i. 风险评估的方法严重低估了风险，因为它仍使用传统抵押贷款的违约率，而忽视了次级市场已经成为抵押贷款市场中的主要部分。

ii. 信誉评级机构对很多CDOs投资机构给出了AAA级评级结果，因此严重低估了风险。

iii. 投资者认为CDOs是安全的，因为他们没有意识到房地产的价格已经下降了。

b. CDOs很难被定价，因此他们都以类似资产的近期销售价格为基础进行定价。

c. 在全球大型金融机构的资产负债表中，数以万亿美元的资产都是CDOs。

2. 次级债务市场已经运行差不多3年了。

a. 大多数的次级贷款都是零首付，所以，即使抵押物被收回，房屋所有人也没什么损失。

b. 大多数的次级贷款都是ARMs，所以当利率上升时，就会产生更高的付款额。

c. 很多次级贷款都是NegAm ARMs，它们在5年后的付款额会暴涨。

d. CDOs中充满着次级贷款。

i. 支撑CDOs的抵押贷款中有多少是次级的并不清楚。

3. 为了保住房屋，次级借款人依赖于以下条件。

a. 低利率会持续，使得借款人能够承受ARM。

b. 继续增加的价格和良好的市场会持续，使得借款人能够重新筹资或者从抵押贷款中解放。

4. 一支新型的高风险的合同，被称为信用违约互换(CDS)出现了。

a. CDS被视为是一种在借款人违约的情况下，能避免债务投资损失的保险。

i. 投保方经常会不知道保险公司是谁或者它是否有弥补损失的能力。

b. CDSs将金融机构连接成一个复杂的网络，以至没有人清楚他们暴露的风险。

c. 大量的CDSs被CDSs担保。

5.6.7 爆发的原因：利率上升

> 从2004至2006，利率上升。

在2004年，经济快速增长，美联储开始担心通货膨胀。所以，从2004年7月开始，两年时间内，17种利率上升。截至2006年7月，导致联邦基金率上涨了4倍，从1.25增至到5%。其他利率与联邦基金率同向变动，所以抵押贷款利率也攀升了，使得火热的房地产市场降温，价格不再继续上升。

同时，次级 ARMs 被重置了，导致很多房屋所有者都不能负担高额的付款。很多都是零首付的，所以借款人也没有净值损失。很多次级贷款是无追索权的，即使出借人在收回抵押物时发生了损失，其后也不能再向借款人索要弥补。

在 2004—2006，数以千计的次级抵押贷款被收回了抵押物。

在 2004 年到 2006 年，数以千计的次级贷款借款人离开了他们的房子。出借人收回了抵押物，然后将它们以极低的价格投放至市场。房屋价格开始下降。

当负摊销抵押贷款的低付款结束后，它们也有着极高的付款额。有一些负摊销抵押贷款的借款人是准备价格上升后，将房子售出赚取利润。当然，这也不奏效了，因为价格不再上升，这些房子也被扔向市场——导致价格进一步地加速下降。

房地产的销量和价格开始螺旋式的下降。利率上升导致了次级市场的违约，使得市场中全是未售出的房屋，也冷却了购买者的热情。

5.6.8 CDO 市场的影响和 CDO 所有者

CDO 的现金流下降，使得价值不确定，从而停止了交易。

不断增加的房屋抵押贷款违约很快就表现得十分明显了，特别在流入 CDOs 的现金流方面。这使得对那些证券估价成为问题。没有人知道每个 CDO 能收到多少现金流，所以就没有人愿意为它设定一个能被交易的价格。结果导致二级 CDO 市场冻结，也就是说，交易停止了。

如果说证券停止交易是因为没人能确定一个销售价格，那么还有一个问题是有关拥有这些证券或类似证券的机构的财务报表。也就是说，这些证券在所有者的资产负债表中应该以什么样的价格来填列？如果这些资产的账面价值被高估的话，那么它应该进行减值，采用的方法与注销不能收回的收入相似。当债务评级机构对 CDOs 进行降级后，这个观点更是得到了加强①。

但是，问题还是没有得到回答。应该多大程度上减值？CDO 的价格并没有减少，只是暂时不存在了。这是意味着价格就是零了，还是只是没有表现出来？

账面损失、现金损失和撤销

CDO 作为资产，对其账面价值进行减值后，当年的利润也会减少。反过来，就会减少权益。即使现金流几年内并没有减少，这个也会发生。

CDO 的价值降低导致财务公司的巨大损失，甚至会导致破产。

在 2008 年，金融机构意识到 CDO 投资已经产生了惊人的损失，并且权益的减少。资产和权益都减值了，但是负债并没有变化。这意味着资产负债率和权益负债率都减少了。不幸的是，这些变化对金融机构来说是场灾难，因为这些比率被要求保持在安全的程度。如果没有做到，它们就会被视为破产，并被政府监管者接手。

一些金融机构也有存款人（银行）或者股东（对冲基金），会收回他们的资金。当听说 CDO 发生损失，他们就会失去信心，并且马上撤销资金。大量的资金撤销就被称为挤兑，并且导致机构一夜之间破产。

大量投资者竞相撤资。

在金融危机中遭受损失后，金融企业急需以权益形式的资金注入或者贷款来存活。大多数机构都不能募集到私人资金，它们要么被其他没有受到次级 CDOs 影响的公司收购，要么由政府帮助摆脱困境，要么就破产。

① 注销是将资产价值减少至 0。减值只是部分的注销资产价值，账户上还留有部分价值。

对经济的影响

那些持有 CDO 的机构很容易受到价值下滑的影响。但是，由于信用违约互换的广泛分布，CDO 不限于这些公司。CDO 到处都是，并将公司都联系在一起，使它们暴露在风险中。基本上，没人知道下一个破产的是谁，所以没人敢和其他人做交易。华尔街几乎停止运作了。

> 银行不知道谁是下一个破产的，因此，他们停止了借款。

而且，对整体经济更重要的是，银行害怕具有任何风险的一切贷款，并且几乎停止对非金融机构的所有贷款。这对于那些依靠银行贷款进行每天业务的公司来说，不能获得贷款就很难生存了。

消费者信贷也变得很困难，因为银行迅速提高了借贷标准。这就迫使人们减少依赖于信贷的开支，那些开支是以前经济的主要组成部分。

让问题更严重的是，消费者都被媒体关于银行和华尔街的报道吓坏了，所以他们开始减少开支并存钱，以防失业。这就意味着商品需求和劳动量都会减少，以至于更少的工作机会和失业。经济进入 75 年来最严重的下滑。根据全国经济研究局的结果，衰退开始的官方日期是 2008 年 1 月。

实务观察

会计准则加速了金融危机？

很多知识分子认为，公允价值计量这一矛盾的会计准则的严格执行，加速了金融危机的爆发。它要求持有证券的机构定期对资产负债表上的证券价值进行重新估价。

这个准则的目的是让资产负债表能紧跟当前市场情况，能让监管者和投资者清楚知道公司实力和价值的最佳估计值。但是会计分录是两方面的，在另一方面就会降低利润，从而减少权益，这会加速企业的破产。

由于暂时的或者异常的原因导致价格剧烈变动，公允价值计量的合理性就遭到了怀疑。在那些时候，采用公允价值计量合理吗，特别是在采用会引发严重损害的时候？

> 公允价值计量可能帮助诱发了这场危机。

当在金融危机中意识到 CDOs 的实际风险有多高并且在二级市场停止交易后，上述问题被提出了。因为没有人知道如何对 CDO 定价，所以没有人出售，也就没有衡量这类资产价值的市场价格。在缺少可观察到的市价时，公允价值计量就要求立即进行大量的减值，这样很可能引发了慌乱并加速了破产。

但公允价值计量是合理的吗？事实上，CDO 停止了交易，并不一定就说明 CDO 毫无价值。相反，只是说明大家对它的价值比较不确定。所以，进行大额减值以至毁灭了很多重要的公式，这是不是过度了？如果确实过度了，那是不是其中的混乱是自发产生并且不必要的？

银行业认为是这样的，并且在 2008 年游说国会，要求他们对财务会计准则委员会(FASB)施压来放松准则。立法者同意了，并且在国会听证会上要求 FASB 放松准则的执行。于是，FASB 在 2009 年的春天，公布了新的制定方针。

但这并不是故事的结束。有些 FASB 官员对这些报告并不满意，可能正在计划另一场变革。

在 2008 年，大约进行了价值 1 750 亿美元的减值。最大的损失主要来自以下的公司(10 亿美元)：

Merrill Lynch	42
Citigroup	37
AIG	26
Lehman Brothers	14
Wachovia	12
总计	131

资料来源：Congress Helped Banks Defang Key Rule，The Wall Street Journal（June 3，2009）：A1，A14.

5.6.9 联邦政府在 2008 年的行动

在 2008 年早期，美国财政部和美联储的官员已经知道经济处于严重麻烦中。尖锐的问题就是有一些金融机构正处在破产的边缘，但它们太庞大了，之所以不能破产。太庞大了不能破产，实际上是太庞大了，之所以政府不能让它们破产，是因为它们破产会破坏整个金融系统。在 2008 年，数目众多的公司都处于破产风险中，所以政府准备保护好经济。政府干预主要在三个方面：

政府行为包括：兼并、经纪人合并，购买债券和股票。

- 在现有规则下会破产的银行和其他某些机构，由政府接管。
- 财政部和美联储高级别的官员作为经纪人，安排状况良好的公司兼并正处于危险中的企业。有些人认为经纪这个词还不够强硬（有些时候，是政府官员强迫合并）。
- 联邦政府给一些企业和银行注入资金，强化金融系统。这些措施被称为政府援助。注入的资金采用贷款或者购买股票的形式，所以，联邦政府在一些大银行中取得所有权。

我们将回顾一些重要事件。

财政部接管房地美公司和房利美公司

财政部在 2008 年 7 月接管了房地美公司和房利美公司。

抵押贷款行业最大的两个公司：房地美（Freddie）和房利美（Fannie Mae）。这两个公司最初都是有政府设立来帮助抵御贷款市场的顺利运转，但在很多年前已转为私立企业。它们重新成为政府赞助的企业（GSEs），表明它们与政府相关但并不是政府的组成部分。

房地美和房利美的作用就是证券化。它们买入抵押贷款，售出一部分，并且持有一部分作为自己的投资。这两家公司的违约损失相对较小，但是它们留存的现金太少了，以至违约率即使稍微上升，它们也会受到损害。所以，当违约率上升，投资者对这两个公司失去信心，它们就很难继续运转了。

它们已经接近破产，但在 2008 年 7 月被财政部接手了。这就被称为公司处于接管状态，意味着它得接受另一实体的法律控制，在这里，是政府实际拥有监管权。

独立投资银行的消失

迄今为止，金融系统最明显的变化就是独立投资银行的消失。这个值得花些时间来弄清楚。

投资银行帮助其他公司发行证券，但它们自己也发现抵押贷款，并用自己的和顾客的资金投资。它们的大部分投资都是 CDOs，所以这些公司在次级市场的崩溃中遭受了最严重的打击。

在危机爆发之前，华尔街上有5家独立的投资银行。根据规模排序，它们分别是：高盛、美林证券、摩根斯丹利、雷曼兄弟和贝尔斯登。但今天，一家都没有了。一家破产并消失了，两家被其他的商业银行合并了，另外两家转变为商业银行。从5到0的转变需要一些解释。

投资银行在这场危机中遭受了最严重的打击。

贝尔斯登的失败和救助

贝尔斯登是危机中最早的受害者之一。在2007年7月，它的两个套利基金由于投资在低级CDO部分，而损失了客户15亿美元资金。由于基金价值大幅下跌，投资者都要求撤回资金。公司在短期内能够借入足够的资金，但由于投资者已经失去信心，不断要求撤回资金。在2008年3月，公司已经处于崩溃的边缘，并向美联储请求援助。

在政府的帮助下，贝尔斯登被摩根大通收购。

政府提供给贝尔一笔贷款，并且在2008年3月，促成了摩根大通公司收购贝尔。摩根以每股10美元的价格购买了贝尔的股票，仅仅在一年前，贝尔公司股票的价格是每股160美元。作为合作的条件，政府会再次提供一笔贷款，并且当摩根遭受的损失超过10亿美元时，政府会承担损失。

对贝尔斯登的援助遭到了公众的批评。公众认为这会浪费纳税人的钱，并且会鼓励华尔街的大公司冒险，因为会有人将它们从它们错误决定造成的后果中救出的。所以，政府官员开始谨慎地救助其他公司。

对雷曼兄弟的零救助

几个月后，在2008年9月，作为一个在金融界已经185年的公司，雷曼兄弟发现自己也处于相似的困境。但是，这次联邦政府拒绝提供帮助。所以，雷曼兄弟成为美国历史上最大的破产案并且消失了。

政府拒绝帮助雷曼兄弟。

回顾过去，政府拒绝援助雷曼可能是一个错误。政府的行动的不足对华尔街有着未预期的负作用，使得华尔街处于瘫痪时期，这又加重了危机。

下一个：美林银行

在同一周，美林银行也同样处于破产的边缘。这一次，政府确实采取了行动，让美国银行收购了美林。这次收购也是有疑问的，特别是后来美国银行宣传它们并没有意识到美林损失的严重性。美国银行也声称高级别的政府官员实际上强迫执行了这次的收购。

政府强迫美国银行收购了美林银行。

最后：高盛和摩根斯丹利

最后两个独立的投资银行，高盛和摩根斯丹利，在危机中多生存了一周，并请求美联储允许它们从投资银行转变为商业银行。作为商业银行，它们会受到更多的监管，但由于能直接从美联储借款，使得它们能获得大量所需的现金。

对 **AIG** 的援助

美国国际集团(AIG)是全球最大的保险公司之一。在21世纪初，它出售了大量的信用违约互换合同，其中大部分都是用其他公司在CDOs上的投资做的担保。当那些证券失去价值后，它们的所有者向AIG提出索赔，导致2008年的损失达到1 000亿美元。

政府对AIG进行援助，取得了实际控制权。

在 9 月，AIG 公司的信誉等级被降级了，并要求公司迅速筹集 140 亿美元的现金来支付现存的债务和 CDOs 债务。如果做不到，AIG 就会对那些债务违约，从而导致破产。

AIG 尝试向私人借款来获得现金，但由于持续的损失，一直遭到拒绝。在绝望中，管理者转而向美联储寻求帮助。美联储迅速出具了一份研究报告，报告显示 AIG 的破产会对金融系统造成巨大的破坏。这份报告促使联邦政府采取行动，即使保险公司是由州政府监管，而不是联邦政府。

美联储提供了价值 850 亿美元的两年期债务。作为回报，政府获得了公司几乎 80%的股票，使得政府实际上完全控制了 AIG。

十天重塑了美国金融

对 AIG 的接管在紧张的 10 天内结束了，从那以后，美国的金融系统与以前不再一样了。2008 年 9 月 6 日至 16 日，发生了以下标志性的事件：

- 政府控制了房利美和房地美
- 在政府拒绝帮助后，雷曼兄弟破产了
- 美林银行幸免于破产，并与美国银行合并
- 政府接手了 AIG

实务观察

政府援助会引发道德风险

当人们参与到不平衡的赌博时，就会存在道德风险。他们如果赢了，会获得奖品；他们如果输了，会有其他人收拾残局。这种情况会诱惑人们更大规模地赌博。

公司管理者的赌博是将公司的资金投入高风险的项目，例如像 CDOs 的证券。通常来说，如果项目成功的话，公司会一片繁荣，管理者也会更富有。但另一方面，如果项目失败的话，公司会变得困难，管理者也可能会失去工作。

如果公司在高风险投资失败后，政府会进行援助，那么公司及其进行决策的管理者会继续以前的行为，因为公司和个人都没有遭受损失或惩罚。

通过援助，政府承担了损失，也就是纳税的公众。换句话说，援助使得冒险者成功了会获利，失败了也不会有损失，损失都由公众承担了。这就鼓励了那些因为规模太大而不能破产的公司的管理者们继续不合理地冒险。

个人道德情况会限制管理者们冒险吗？也许，但不一定会发生。华尔街 的风气似乎没有向那个方向发展。相反，对于那些挣了数亿美元的危机制造者们，在危机发生后，明显缺少悔恨或悔改的情绪。

5.6.10 联邦政府稳定金融市场的努力

尽管通过采取行动确保了重要的公司仍然在正常运转，但他们并没有使国家摆脱衰退，到 2008 年 9 月，衰退已经持续了 9 个月。最基本的问题是，银行业没有执行它最重要的功能：贷款。因为高风险的 CDOs 和 CDSs 使银行不可能再评估其他金融机构的实力，而且也没有人愿意借出明知不会还的款项，所以银行停止了贷款业务。

但是，银行对风险的惧怕并不仅限于金融业的借款人。银行从几乎借款给每个人转变成不借款给任何人，包括企业和消费者。当与危机前一年繁荣的经济进行比较时，变化就显得尤

为戏剧性，那时的经济活动主要依靠债务融资。

政府的政策很清楚：让银行重新开始放贷。问题是，怎么做。

不良资产救助计划(TARP)

财政部和美联储的官员认为，银行业的问题根源在于银行和其他金融机构账面上留存的CDOs。他们相信，一旦将这些不良资产从资产负债表中移除，银行就会重新开始放贷。

在2009年9月24日，一份由布什总统签署的财政部提议呈现在美国公众面前。它要求国会通过并且寻求美国人民支持建立一项7 000亿美元的基金，用来购买仍然废弃在金融机构资产负债表上的风险性资产。

国会中的很多人对这个建议持保留意见，但紧迫性迫使立法者必须尽快完成。在2008年10月3日，2008紧急经济稳定法案被写进了法律。

> 通过TARP，政府花费高达7 000亿美元来收购不良资产。

这个法案提供了7 000亿美元资金用于不良资产救助计划，并且赋予财政部官员通过任何来源以任何价格购买任何资产的权利。这项计划成立了金融稳定办公室。立即就提供了2 500亿美元资金，剩余部分随后就到。

TARP很快就遇到了障碍。问题资产之所以有问题是因为它们不能被定价，TARP也不能改变这个现实。人们仍然不能确定CDOs的价值，所以一份都没有售出。

TARP改变了方向

> TARP改变了方法，转而进行权益投资。

由于TARP没有起作用，财政部尝试了另一种办法。政府通过购买股票向银行注入资金，而不是通过购买不良资产①。这个想法被称为资本购买计划(CPP)。这个计划的目的还是放松信贷，但采取的方式是提供给银行更多资金，而不是给不良资产定价，因为那已经被证明是不可能的。

问题马上就发生了。首先，在一个资本主义、自由的企业经济时代，这个想法会使得政府在私人企业中拥有所有权。这是不是就意味着政府成为银行股东，并最终决定银行的运作方式？如果真是这样，这与一些美国基本的经济原则是相矛盾的。

如果政府并不具有控制权，那么只是购买银行的小部分股份，就不能保证这些银行会使用资金来放松信贷。他们可以用这些资金来干任何他们想干的，包括收购其他银行或者支付高管薪酬，或者他们什么都不干。

还有另外一个迫在眉睫的问题。有些银行经理并不乐意以权益的形式接受TARP资金，可能是害怕失去控制权。高管薪酬政策，一直以来都备受批评，可能是他们最担心的问题。公众的愤怒来自于他们认为银行业是危机的根源，但是银行业的高管们却仍然继续领取高额的业绩奖金。

在2008年10月15日，财政部长召开了全国九大银行的董事长会议②。政府代表是财政部长Paulson和美联储主席Ben Bernanke。

在仅仅一个小时后，所有的董事长都同意接受总共1 250亿美元的TARP资金。这是最初2 500亿美元资金的一半。剩余部分提供给其他同意这个机会的金融机构，这个计划包括

---

① 2008年了11月12日，财政部长官方宣布TARP基金不再用于购买不良资产，但可以用于对银行和其他出借人提供金融援助。

② 九大银行分别是美国银行、摩根大通银行、富国银行、花旗银行、美林银行、高盛银行、摩根斯丹利银行、纽约梅隆银行和道富银行。

了几项对高管薪酬和股利政策的限制。

大约6个月后，出现了一些指控Paulson强迫银行董事长接受资金的说法，但真实情况并不清楚。

在2009年6月，一些银行开始从政府回购股票。

在2009年6月12日，总值3 330亿美元的TARP资金被分配了，其中2 000亿美元是在CPP计划下，其中还包括分配给汽车行业的490亿美元。

在2009年年中，普遍共识是TARP计划并不成功。

在2009年2月，国会通过了另一项包括7 870亿美元资金的刺激计划，来帮助国家从危机中走出。这些资金被用于整个经济领域，而不再限于金融行业。

概念链接

例5-1　管理者股票期权

例5-2　对创办者的道德风险

例5-3　使用利率模型

例5-4　在不同期间长度内使用利率模型

讨论

1. 描述经济学家对产业经济部门的划分，并描述部门之间的财务关系。

2. 我们说企业是在花两种钱，这是什么意思？每种钱来自何处？如何使用？

3. 金融市场的首要目标是什么？

4. 定义下列术语：初级市场、二级市场、资本市场、货币市场。

5. 投资者与公司之间发生的货币直接转移和间接转移的区别。

6. 你的朋友Sally刚刚结束了纽约的旅行，让她印象最深刻的是去参观股票市场。说她参观了股票市场是否正确？那么，Sally参观的究竟是什么地方？她是不是参观了不只一个地方？准确解释什么是股票市场，它和Sally参观的地方之间是什么关系？

7. 描述当投资者向经纪人发出买或卖指令之后的程序？

8. 你的朋友Charlie对一种新上市的股票很感兴趣。你看过这个公司的招股说明书，并且认为这个公司风险很高。你把你的观点告诉了Charlie，但他说这个公司得到了SEC的允许，所以应该没问题。列张表来帮助Charlie了解情况。证监会的主要作用是什么？

9. 描述内部交易，为什么内部交易是违法的？

10. 解释下列术语：私营公司、公开交易公司、上市公司、OTC市场、IPO、招股说明书和非正式招股说明书。

11. 定义“期限”和“到期日”，二者有何区别？

12. 公司经理人有时会滥用职权，以股东利益为代价支付自己高工资。股东的损失就是经理人的收益，还是相对经理人的利益，投资者会损失更多还是更少？请解释清楚。

13. 为什么基于股票的报酬会产生道德风险？

14. 在20世纪90年代的利益冲突，导致公共会计师行业未能尽到保护投资公众利益的责任，描述一下这个现象。

15. 在20世纪90年代，为什么股票分析师会公布带有偏见的报告？这些报告是倾向于哪个方向？

16. 一般来说利息能影响股市。但是，债券和贷款支付利息，股票支付股利而不是利息。似乎利息和股市没有联系。请解释这个明显的矛盾。

17. 商品（产品或服务）的供应与需求相比与货币（债务）市场的供应与需求，有何共同点和不同点？

18. 简要解释利率的构成成分。基础利率代表什么？风险溢价又是什么？解释借款中的风险概念。

19. 为什么通货膨胀对出借人非常重要？他们是如何考虑通货膨胀的？

20. 分别结合违约风险、流动性风险和到期风险，解释借款中潜在损失的本质。

21. 所有贷款中的违约风险、流动性风险和到期风险会不会相等？是不是有些贷款不存在某些风险？是不是有特殊机构的债务不存在某些风险？如果有。说明是哪个机构，什么风险，及为什么？

22. 解释无风险利率和实际利率。在真实世界中，它们真的存在吗？

23. 什么是收益曲线？简述三个收益曲线的解释理论。收益曲线如何影响出借人的行为？

24. 列出传统抵押贷款的资格要求，并依次解释它们是如何保护出借人的。

25. 证券化解决了银行的什么问题？

26. 什么是部分CDO（tranche）？在危机前是如何估计它的风险的？

27. 在负摊销抵押贷款中，什么因素最有可能推动付款额的重置？

28. 为什么一个理性的借款人不会考虑负摊销额抵押贷款？

29. 为什么信用违约互换为加重危机？

30. 是什么触发了危机？如果它没有发生，危机就能避免吗？

31. 会计准则有没有使危机更严重？

32. 在2008年，联邦政府采取了数项行动来保护经济。总结一下不同行动的性质，并分别举例。

分析

1. 你的一个朋友，Harry，正在学习经济学。但他被一些专业术语搞糊涂了，因为人们总是使用相同的词语来讲述不同的事情。经济学教授说，公司购买机器和建设厂房是在投资。但Harry也总是听到，当人们讨论将钱是存入银行或是购买债券时，称储蓄也是一种投资。他不明白同一个词的不同用法，请你帮他解释。在寻求你的帮助后，Harry高兴地说他对教授讲的一个内容理解得非常好，那就是“储蓄等同于投资”，因为投资于股票和债券也是在存钱。写一份简要的解释帮Harry解决问题。

2. 经纪人和共同基金干的是同一件事：帮你投资。这个说法是正确的还是错误的？解释一下。什么样的金融机构是共同基金？它区别于其他机构的功能是什么？储蓄银行和保险公司是怎样和共同基金类似的？

3. Sharon Jacobs是Henderson公司的CEO，这是一家上市公司。公司主要生产重型建筑设备，然后将它们销售给小建筑公司。公司顾客的财务状况通常都不太好，它们必须从银行或其他金融企业借款来购买设备。不幸的是，出借人自身遇到了收款困难。由于 30%的顾客违约，公司需要重新收回并重新出售设备。这样通常能避免损失，但操作起来有困难。由于建筑行业的波动，很难在销售时预测哪个顾客会违约。

目前，经济持续下滑，Henderson 公司自身也正在经历财务困难。由于上两年的销售状况不佳，公司股价已经下跌了 40%。

为了刺激销售，Henderson 公司愿意销售给新顾客，它们的财务状况比现在顾客还差。但是，银行和财务公司不会借钱给状况更差的借款人。所以，Henderson 公司在考虑延迟这些新顾客提供的付款期。

这就意味着公司在销售后的两三年中会每月持续收到付款，直到设备款被付清。这项新业务的违约率可能比财务公司正在经历的还有高，但没人知道具体会是多少。好消息是，Sharon 认为她能售出很多设备给新客户。

在这些问题之上，延期付款的想法在会计记录是个难题。通常来说，销售一旦达成，那么产品的价格和成本就会马上在利润表里确认。无论付款期有多长，所有没收到的资金都是应收账款。

但如果回收货款存在严重的不确定性，那么使用分期付款销售法来确认会更合理。在这个方法下，只有从顾客那收到现金，才确认收入和相应比例的成本。

在披露包括但不限于利润表的财务信息时，Sharon 面临什么样的道德问题？

假设 Sharon 有着基于估计的期权计划和/或奖金方案，她的薪资计划会怎样影响她的决策？

4. 所谓的无风险利率会不会包括某些风险？（这是一个没有在本章讨论的很棘手的问题。考虑一下，无风险利率由什么组成，并且在对未来的估计中，哪些价格都包括什么。）

5. 你的阿姨，Sally，有一个由公司债券组成的投资组合，这些债券的到期日都不同。她向你寻求建议，她是应该再买一些呢还是处理掉一些？你预示近期利率会增长。那么，你会怎样建议她？你的建议是否会取决于单独债券的到期日？

习题

经理人股票期权计划：例 5-1 的概念链接

1. Sam Lawson 是一家大型通信公司的副总裁。他的薪资包括：工资 400 000 美元，奖金 200 000 美元，及一项以每股 45 美元的价格购买 30 000 股份的股票期权计划。从下个月月初开始，他可以选择在接下来的三年中的任何时间执行他的计划。股票现在每股售价为 62.5 美元。如果这个价格持续到下月初，并且 Sam 选择执行计划，那么他今年能挣多少钱？

2. 阅读分析中的第 3 题。Henderson 公司现在股票的售价为每股 22.4 美元。作为 CEO，Sharon 可以选择以每股 25.50 美元的价格购买 250 000 份股票，期权计划在年末到期。Sharon 知道，如果运用传统的会计处理方法，实行延期付款计划会让股价上涨至两年前的水平，那时股价大概是 43 美元。（那个方法在销售完成时，就会在利润表中确认全部的收入和成本。）如果采用分期付款销售方法处理，股票价格可能不会变化，甚至会稍微下降。

如果 Sharon 能向 Henderson 的会计师施压，使他选择传统的方法，那么 Sharon 会执行多少股票期权？

创始人的道德风险：例 5-2 的概念链接

3. 如果上述问题中的 Sharon 也是公司的创始人，并且拥有公司 800 万份股票，那么除了股票期权，出于自身利益的考虑，她的决定会有多大区别？

使用利率模型：例 5-3 的概念链接

4. Nu-Mode 服装公司生产高质量的女士服装，现在需要借入资金来度过暂时的资金短缺。不幸的是，公司销售下降了，所以出借人认为公司风险性较高。CFO 要求你预计公司借入一年期贷款的利率。她告诉你违约风险溢价是 3%，即使贷款时间相对较短，并且假设流动性风险溢价和到期风险溢价都是 0.5%。预期接下来 12 个月的通货膨胀率是 4%。经济学家认为当前的纯利率是 3.5%。

5. 计算上个问题中 Nu-Mode 公司借入两年期贷款的利率。由于期限更长，假设违约风险溢价是 4%，流动性风险溢价和到期风险溢价为 0.75%。预期接下来两年的通货膨胀率是 5%。

6. Keena 准备在两年后开始一个两年期的研究生教育，因此她正在存钱。因为不想在上学这件事上冒险，所以她准备将她的存款投资于风险最低的证券：短期国库券。Keena 两年后需要第一年的学费，三年后需要第二年的学费。利用利率模型估计她在两年国库券和三年国库券上的收益。预计下一年的通货膨胀率为 4%，第二年为 5%，第三年为 6%。到期风险在最短期国库券的基础上，每年增加 0.1%。假设纯利率为 1.5%。

7. Adams 公司近期以 9%的利率借入一年期贷款。纯利率为 3%，公司的财务状况使得违约风险溢价为 2%，流动性风险溢价为 1%。一年期贷款没有或几乎没有到期风险。那么出借人预期下一年的通货膨胀率是多少？

8. Mountain 体育公司上周以 12%的利率借入了两年期贷款。纯利率是 2%，并且公司财务状况保证了 3%的违约风险溢价和 2%的流动性风险溢价，两年期贷款的到期风险溢价是 1%。预计明年的通货膨胀率是 3%。那么根据利率模型，预期的第二年通货膨胀率是多少？

9. Habender 公司刚刚发行了利率为 12%的两年期贷款。明年和后年的预期通货膨胀率分别是 4%和 6%。Habender 公司估计贷款的违约风险溢价是 1.5%，到期风险溢价是0.5%。因为 Habender 公司规模很小，名气也不大，像这样的短期贷款的流动性风险溢价是 2%。根据这些假设，计算纯利率。

10. Jackson 公司的创始人和总裁，Charles Jackson，最近正在为公司在财务界的形象担心。因为他最近到银行去借入一年期贷款，但被要求支付 12%的利率，这个利率要远远高于公司近期支付的贷款利率。所以，他要求你作为会计师，分析是什么导致银行开出如此高的利率。

你的调查结果如下：经济状况很稳定，预计近期内通货膨胀率可以保持 3%不变，地方银行协会认为纯利率为 4%。根据 Jackson 公司的规模和声望，流动性风险溢价不会高于 1%，而一年期贷款的到期风险溢价是 0。过去，以 Jackson 公司的声望可以保证一个低违约风险溢价 2%。公司的财务状况一直很稳定。两个月前，Jackson 公司与它的一个供应商发生了争议，Charles 拒绝支付一批劣质货物的货款，但供应商不同意，认为 Jackson 公司是以质量为借口逃避付款。（提示：假设供应商将争议报告给了一个信贷机构）。

11. 利用利率模型解决下列问题。一年期国库券的利率是 12%，两年期是 14%。一年期的到期风险溢价为 0，两年期为 1%，实际无风险利率是 3%。那么未来两年预期的通货膨胀率是多少？（提示：每一年分别建立一个利率模型。）

12. 预期明年的通货膨胀率为5%，此后每年的通货膨胀率稳定在7%。到期风险溢价，一年期贷款为0，但长期贷款会略有增加。一年期政府债务回报率为9%，两年期为11%。

a. 两年期债务的实际无风险利率和到期风险溢价是多少？

b. 预测在第二年年初发放的一年期和两年期政府债券的名义利率。

在不同期间长度内使用利率模型：例 **5-4** 的概念链接

13. 经济学家预测接下来10年的通货膨胀率如下所示：

年份	通货膨胀率
1	3.0%
2	2.5%
3～6	4.0%
7～10	3.0

计算现在发行的债券利率中通货膨胀部分，债券期间从1年增至10年。

14. Montrose公司是一家财务状况良好的大型公司，运用以下信息，预测公司的利率。

- 纯利率为4%
- 通货膨胀率预计从当前的2%开始增长，预测的年通货膨胀率如下；

年份	通货膨胀率
1	2%
2	3%
3	4%
4	5%
5～20	6%

- 一年期的违约风险溢价为0.1%，然后溢价每年增加0.1%，直到达到最高值1%
- 一年期和两年期债务的流动性风险溢价是0，三年、四年、五年期则是0.5%，更长期的债务流动性风险溢价是1%
- 一年期到期风险溢价为0，然后溢价每年增加0.2%，直到达到最高值2%

a. 利用利率模型估计公司下述期限的债务市场利率：1～5年、10年、20年

b. 画出公司的债务收益曲线

c. 在同一张图中，使用不同的颜色画出下列收益曲线

i. 联邦政府债务

ii. 目前正在面临财务困境的Shaky公司

d. 解释这两条曲线偏离Montrose公司收益曲线的原因

15. Atkins公司刚刚发行了一系列期限5～10年的债券。公司五年期债券的违约风险溢价是0.5%，然后随着期限增加违约风险溢价每年增加0.2%。公司五年前债券的流动性风险溢价是1.0%，然后每年增加0.1%。所以一年期债券的到期风险溢价都是0.2%，然后每年增加0.1%。在相同的期间长度内，Atkins公司债券的利率和联邦政府债券的利率有什么区别？

16. 假设联邦政府债券的利率如下：

1 年	6.5%
2 年	6.3%
3 年	6.0%
4 年	5.8%
5 年	5.5%
10 年	5.2%
15 年	5.0%
20 年	5.0%

收益曲线理论模型中有没有解释这种利率情况的内容？分别讨论预期理论、流动性偏好理论和市场分割理论。

17. 实际无风险利率是 2.5%。一年期债券的到期风险溢价是 0.1%，其后每年增加 0.2%，直到到达最大值 1.0%。四年期国库券的利率是 6.2%，八年期是 7.5%，十年期是 8.0%。那么，对接下来 10 年的预期通货膨胀率，可以得出什么结论？

第二篇

折现的现金流量和证券的价值

第6章

货币的时间价值

本章概要

货币的时间价值是基于这样一种观念：今天你手中一定数额的货币要比未来某一时刻所能得到的同样数额的货币更具有价值，并且你能确定未来的那笔货币一定能收到。

现在将一笔钱存入银行，一年后将能得到比现在多的货币，以这种方式来理解，就很容易理解这个概念了。银行存款会有利息，因此总额会随着时间增加。如果现在将一笔钱存入银行，一年后会达到一个数额，那么未来的那个数额的货币在现在的价值就是你存入银行时货币的数额。换句话说，现在一定数额的货币在一年后的价值等于现在将这笔钱存入银行后能收到的数额。

那个价值很明显取决于银行的利率。利率越高，资金增值越快，因此，为了在第二年获得既定金额的货币需要，现在存进银行的资金就越少。

现在来看一个例子。假定一笔钱一年后的价值是 1 000 美元，若银行利率是 5%，那这笔钱现在的价值是多少？这个问题等同于计算在年利率 5%的情况下，多少钱一年后的本利和是

1 000 美元。答案是 952.38 美元。我们稍后再讨论是如何得出这个结果的。现在需要理解的问题是：现在存款 952.38 美元，存期 1 年，年利率是 5%，会得到利息 47.62 美元(952.38 美元×0.05＝47.62 美元)，再与原来的存款相加得到 1 000 美元(952.38 美元＋47.62 美元＝1 000 美元)。所以，在利率为 5% 的条件下，一年后的 1 000 美元在现在的价值 952.48 美元。

> 未来一笔货币的现值，是指在今天需存入的金额，再加上利息后，能在未来得到所需的金额。

如果利率是 7%，那一年后的 1 000 美元在现在的价值是一个更小的数额，934.58 美元。

934.58 美元×0.07＝65.42 美元

934.58 美元＋65.42 美元＝1 000 美元

也就是说，未来金额一定，利率越高，现值越小。这个结论有现实意义，为了在年末得到一定数额的货币，银行存款增值越快，现在存入的钱越少。

货币的时间价值是现代金融和经济领域内最重要的原则之一。它基于刚才论述的那些基本理念，但实际应用会很复杂，我们将在本章进一步讨论。

货币的时间价值这个概念的另一种表述为**折现的现金流量**，缩写为 DCF。在刚才所举的第 1 个例子中，我们可以称 952.38 美元是 1 000 美元的折现值。

> 未来货币的折现价值就是它的现值。

从另一个角度来看相同的问题。假如你有一家公司，有一份合同承诺一年后支付给你1 000 美元，但是现在你急需尽可能多的现金。你可以拿着合同(票据)去银行，银行将按当前利率予以贴现。如果银行利率是 5%，那么票据的贴现值是 952.38 美元，如果利率是 7%，那么银行就只能贴现给你 934.58 美元。

6.1 引言

对时间价值的学习将包括计算金额和年金。金额问题就类似于前面讨论过的“一笔数额不大的资金，在一定利率的条件下，随着时间延续而增值为一笔数额很大的资金”这类问题。年金问题解决的是一系列等额的现金收付，每笔收付都在一定利率的条件下，随时间的延续而增值。

上述两类问题又可以进一步分为四类。每一类问题都将根据情况对现值和终值进行分析讨论。总之，我们将解决四类问题：现值、终值、年金现值、年金终值。当我们对以上问题完全掌握后，就可以将给类型综合起来，解决更复杂的问题。

数学

我们在对上述四类问题逐一开始研究后，需要建立适用于各类问题的公式。推导公式所需的代数知识对于数学基础不好的读者来说有点难。不过，不用着急，当了解公式后，你就会发现解决财务问题所用到的数学知识是很简单的。能了解公式的推导过程当然最好，但在实际应用中并不是必须掌握的。

时间轴

在处理时间价值问题时，有时会有点混乱。时间轴是一种图形工具，使问题变得简单明了。时间被分成若干段，并在水平线上描绘出来。零点就是现在，各时间段向右依次排列。

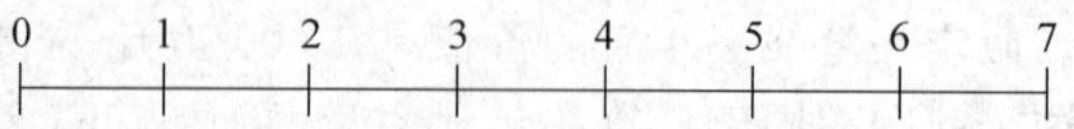

时间点 1 是第 1 期期末，时间点 2 是第 2 期期末，依次类推。我们可以在时间轴的上方和下方标记处理问题时的各类细节，例如利率和数值。前面例子可用时间轴表示如下：

时间轴是处理时间价值问题的图形描述。

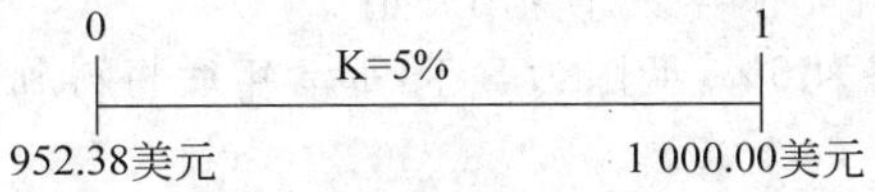

大多数人在处理这类简单问题时不需要使用时间轴，但是它会在处理更复杂的问题时有很大帮助。在深入学习的过程中，我们会在适当的时候用到时间轴。我们会从以年为单位时间段的时间轴开始研究，逐步介绍到时间跨度更短的时间轴。

关于例子的说明

本章中所举的例子大多用来讲授重要的财务实务和计算方法。读者应该确保学习和了解了每个例子所描述的经济环境，如马上要学习的例 6-2。例 6-2 中包括了延期付款条件和现金折扣。

6.2 现值和终值

金额问题包括将一笔金额的货币在一定的利率条件下，随时间向前或向后延伸而使数额发生变化的问题。随着时间向后延续，这笔钱的金额会因为获得利息收入而增大；相反，时间向前追溯，金额将变小。现在先来研究有关终值的问题。

6.2.1 终值

我们需要一种方便适用的方法来计算一定金额的货币在一定利率条件下，经过一定时间后，最终价值是多少。现在从简单的情况开始研究。假设现在将一笔钱存入银行，利率为 k，一年后的价值是多少？

以 PV 代表现值，年末将要得到的金额，即一年期终值为 FV_1，k 表示相当于利率的十进制数值(用 0.05 表示 5%)。

最初投资的资金 PV，加上这笔钱所带来的利息 kPV，就得到了年末的终值，即

$$FV_1 = PV + kPV$$

将公因式 PV 提到右边，得到

$$\mathbf{FV_1 = PV(1 + k)} \tag{6-1}$$

现在假设将 FV_1 继续存在银行 1 年，并想知道这笔钱在第二年年末将变为多少。我们定义第二年年末余额为 FV_2，同理可得

$$FV_2 = FV_1 + k\,FV_1$$

提取公因式 FV_1，得到

$$FV_2 = FV_1(1 + k)$$

将公式 6-1 代入，得到

$$FV_2 = PV(1 + k)(1 + k)$$

$$\mathbf{FV_2 = PV(1 + k)^2} \tag{6-2}$$

观察公式 6-1 和 6-2 的相似之处，FV_1 等于 PV 乘以(1＋k)的一次方，FV_2 等于 PV 乘以(1＋k)的二次方。可以知道，如果对第 3 年进行相同的计算，FV_3 将等于 (1＋k)的三次方，依次类推，可以计算未来任何一年的终值。

我们可以将这种关系概况为

$$\mathbf{FV_n = PV(1+k)^n} \tag{6-3}$$

这个表达式可以用来计算第 n 年的终值。它为我们提供了一种计算终值的简单方法。只要知道了现值，利率 k，投资期 n，就能很容易计算出终值。

例如，现在存入 438 美元，利率为 6%，期限为 5 年，那 5 年后将得到多少钱？运用公式 6-3 计算

$$FV_5 = 438\text{ 美元}(1.06)^5$$

利用计算器计算 1.06 的 5 次方，可得 1.3382，所以

$$FV_5 = 438\text{ 美元}(1.3882) = 586.13\text{ 美元}$$

唯一比较复杂的计算就是 1.06 的 5 次方。观察公式 6-3，我们发现其实计算 $(1+k)^n$ 很单调，尤其是 n 的数值比较大的时候。

复利终值系数表是计算的 $(1+k)^n$ 的值。

$(1+k)^n$ 的大小完全取决于 k 和 n，但是在经济领域内，这些数值总在一个很小的范围内变动，因此，查表的办法就非常可行。这张表要包括有 k 和 n 的各种常见组合的所得的 $(1+k)^n$ 的值。我们称这表为复利终值系数表，用 FVF_k，n 表示。表 6-1 是复利终值系数表的一部分。详细表格见附表 A。

表 6-1　终值系数表 $FVF_{k,n}=(1+k)^n$

	k						
n	1%	2%	3%	4%	5%	6%	
1	1.0100	1.0200	1.0300	1.0400	1.0500	1.0600	…
2	1.0201	1.0404	1.0609	1.0816	1.1025	1.1236	…
3	1.0303	1.0612	1.0927	1.1249	1.1576	1.1910	…
4	1.0406	1.0824	1.1255	1.1699	1.2155	1.2625	…
5	1.0510	1.1041	1.1593	1.2167	1.2763	1.3382	…
6	1.0615	1.1262	1.1941	1.2653	1.3401	1.4185	…
⋮	⋮	⋮	⋮	⋮	⋮	⋮	

现在可以用更为简便的方式表示 6.3

$$\mathbf{FV_n = PV[FVF_{k,n}]} \tag{6-4}$$

概念链接　例 6-1

终值计算

现将 850 美元存入银行，利率为 5%，3 年后余额是多少？

解答：为了解决这个问题，先列出公式 6-4，再替换相关数值。

$$FV_n = PV[FVF_{k,n}]$$
$$FV_3 = PV[FVF_{5,3}]$$

查表 6-1，3 年期与 5% 的交汇点 $FVF_{5,3}$ 值为 1.1567，代入公式

$$FV_3 = 850\text{ 美元}[1.1576] = 983.96\text{ 美元}$$

解题技巧

在解决各种时间价值问题的四个公式中，公式 6-4 是最重要的。每个公式都包含四个变量，在这个例子中，变量是 PV、FV_n、k 和 n。每个问题都会给出其中的三个变量的值，求解第四个变量。

> 在解决时间价值问题中，三个变量都已给出，我们求解第四个变量。

如果要求解 PV 或者 FV_n，就非常简单。只要根据给出的 k、n 查表，再将结果代入公式即可得出相应的PV 或 FV_n。例 6-1 就是已知 PV 求 FV_n，再举个例子，给出终值求现值。

概念链接 例 6-2

现值计算和相当于现金折扣的延期付款

ED Johnson 以 25 000 美元的价格将 10 英亩土地卖给了 Harriet Smith。协议要求 Harriet 首期支付现金 15 000 美元，其后连续两年每年支付 5 000 美元。如果 ED 的投资回报率是 6%，那么实际的购买价格是多少？

解答：ED 实际得到的价值是当前收到的现金 15 000 美元加上两次在不同时间点收到的 5 000 美元的现值。

第 1 年末应收的 5 000 美元的现值计算如下，列出公式 6-4，并代入已知数值

$$FV_n = PV[FVF_{k,n}]$$

$$5\,000\text{ 美元} = PV[FVF_{6,1}]$$

查表可得 $FVF_{6,1}=1.060\,0$。代入公式求解 PV

$$5\,000\text{ 美元} = PV[1.060\,0]$$

$$PV = 4\,716.98\text{ 美元}$$

第二笔付款的计算方法相同。只是期间为 2 年，因此查表可得 $FVF_{6,2}=1.1236$。

计算得到现值为 4 449.98 美元。

根据对现值的理解，实际的售价为两个现值与首付款的和，即

$$15\,000\text{ 美元} + 4\,716.98\text{ 美元} + 4\,449.98\text{ 美元} = 24\,166.96\text{ 美元}$$

比报价 25 000 美元要少 833.04 美元。

在实际销售不动产时，尽管交易记录显示交易价格为 25 000 美元，但付款期间导致实际价格降低了 833.04 美元。销售条款规定了买家付款的时间和方式。卖方同意部分价款延期支付就会节省一笔资金，换句话说，就等同于现金折扣。

机会成本率

在上个例子中，计算现值时用到了卖方的投资回报率 6%，尽管没有在该利率或其他利率条件下进行任何的实际投资。应用 6%这个利率，是因为如果卖方在销售时得到了全部的货款，那么就可以用实际上延期的那笔价款进行投资，而得到 6%的收益率。因此，从某种意义上说，由于提供了延期支付条款而损失了那笔钱的投资收益。

> 一项资源的机会成本率是它下一个最好用途可以得到的回报率。

我们将损失的那笔利息收入称为是提供这项折扣的机会成本。在这个例子中，由于卖方可供选择的投资机会是以比率的形式表示的，因此将这个比率称为机

会成本率。

机会成本的概念有点难以捉摸。例如，你可能争辩说，ED Johnson如果不提供延期条款或相同价值的折扣，可能根本就不能将土地卖出去。因此，提供延期条款根本没有任何成本。尽管如此，从ED Johnson的立场来说，我们仍然认为机会成本率是6%。

在同一笔交易中，对不同的当事人机会成本率通常是不同的。在例6-2中，ED Johnson的机会成本率是6%，因为那是他进行投资时能获得的收益率。但是假设Harriet Smith需要贷款购买土地，并且贷款的利率为10%，那么他的计划成本率就是10%，而不是6%。对他来说，延期支付条款相当于价值为1 322.32美元的折扣，这比对ED Johnson而言的成本要多。(可以将例6-2中的6%改为10%，通过计算来验证结果。)

在这个例子中，延期条款是相当好的协议，他对买方的价值要大于卖方。

通常来说，以某种方式使用某种资源的机会成本就是利用次好方式所能得到的收入总额。

6.2.2 财务计算器

财务计算器减少了进行时间价值计算时所需的重复的工作。它像公式6-3那样，直接利用数学关系式工作，而不需要通过查表。

跳过前面所进行的数学计算，不掌握代数方法而直接使用计算器是很有诱惑力。但这样做是错误的。如果你直接使用计算器，将不会真正理解在时间价值里隐含的东西，也就无法轻松自如地运用。当然，在实际工作中，我们基本上都是使用计算器的，但懂得视窗上显示的数字背后所蕴含的内容仍然是非常重要的。

在本章后面部分，我们仍集中学习运用财务数据表来解决问题，但会在脚注中介绍计算器的使用方法。

如何运用典型的财务计算器计算时间价值

在任何时间价值问题中，都有四个变量。其中三个变量是已经给出的，第四个是未知的。财务计算器针对每种变量都有一个特殊的按键。使用计算器时，输入三个已知的变量，并在每次输入后按下相应的键。然后按计算键，再按未知变量所对应的键。随后，计算器就会显示出结果。

计算器上实际上有5个计算时间价值的键，但其中一个会在计算年金时用到，所以目前还不会用到。但解答一个问题时，我们使用四个键和清零键，忽略了第5个键。通过选择按键让计算器知道正在进行什么运算。时间价值按键和它们的含义如下：

n——计息期数

I/Y——利率(其他标注：%i，I/YR，I%YR)

PV——现值

FV——终值

PMT——付款额

最后一个键是与年金有关的定期付款计算键。当讨论到年金时再谈到它。现在应该忽略它或是清零。

计算键通常标有CPT或者2nd。但有些计算器没有这个计算键，这种计算器知道你最后一次的按键代表的是未知值。

在计算前，先阅读计算器的使用手册。你可能需要进入一种特定的模式，并且在开始前清除原有的计算时间价值的记录。高级的计算器还可以对利率进行适当设定。将利率输入,将每年划分成几个时间段自动进行分解。默认的设定一般是12,因为一年有12个月。在后面我们会接触到非整年的复合时间段,现在,只需将计算器设置为以一年为一个时间段。

用计算器来解答例6-1,方法如下:

1. 存期为3年,按3,然后按n
2. 利率为5%,按5,然后按I/Y
3. 现值为850,按850,然后按PV
4. 按2nd或CPT(如果需要的话),再按FV
5. 计算器显示983.98或-983.98

一些计算器运用符号的目的就是用正数表示现金流入,负数表示现金流出。例如,如果PV输入值为正数,那么FV的结果就为负数。表示PV是存款,FV为取款。[①]
注意,用计算器计算的结果会稍稍偏离查表计算的结果,因为表格中数值只有四位小数位,而计算器有12个或更多的有效数字。还要注意,利率通常以整数输入,尽管在等式中以小数的形式进行计算。

在本章的剩余部分,我们将在脚注中举例列出简单的计算器解题方法。下面例子说明了例6-2中第一次5 000美元付款额的现值计算过程[①]。

6.2.3 现值计算的公式

公式6-4可用来求解现值或终值。然而,这个公式是为了使终值计算简易而推导出的,因为FV_n被分离到等式的左边。

为了方便计算,可以建立另一个公式来求解现值问题。从公式6-3开始讨论。

$$FV_n = PV(1+k)^n$$

将等式两边除以$(1+k)^n$再将等式两边互换,就可以将PV分离出来

$$\mathbf{PV} = FV_n \frac{1}{(1+k)^n} \tag{6-5}$$

可以用更简便的数学符号来表示相同的等式,如负指数

$$\mathbf{PV = FV_n(1+k)^{-n}} \tag{6-6}$$

$(1+k)^{-n}$这项可以当作是由k和n的值决定的因数,所以能够将其制成数表。将这个因数称为负利现值系数,记作$PVF_{k,n}$。$PVF_{k,n}$的值在附表A-2中给出了,现在用它重新整理公式6-6。

$$\mathbf{PV = FV_n[PVF_{k,n}]} \tag{6-7}$$

按照公式6-4的应用方法来运用这个公式及其相应的系数表。该公式同样能解决关于现

①计算器算法:

按键	输入
n	1
I/Y	6
FV	5 000
PMT	0
	答案
PV	4 716.98

值和终值的问题，但是计算现值更为方便。你可以自己运用公式 6-7 来解答例 6-2。

现值系数与终值系数的关系

> 现值系数和终值系数是倒数关系，知道其中任意一个都能解决问题。

注意，公式 6-4 和公式 6-7 都是由公式 6-3 推导出来的，所以，它们实质上表述的是相同的关系。并且，必须认识到现值系数和终值系数彼此互为倒数，即

$$\mathbf{FVF}_{k,n} = \frac{1}{\mathrm{PVF}_{k,n}} \tag{6-8}$$

更多解题技巧

> 求解 k 和 n 需要利用表格。

到目前为止，我们讨论了求解 FV_n 和 PV 的有关问题。但当等式中的未知量是 k 或者 n 的时候，求解的方法就会有些不同。注意在公式 6-4 和 6.7 中，k 和 n 都是以因式下标的形式出现的，根据它们的值来查表。这就意味着不能用传统的代数方法来求解未知的 k 或 n。

我们对例 6-1 进行修改来说明这个问题。在例 6-1 中，我们要求计算 850 美元在利率为 5%的条件下，3 年后的终值。计算结果为 983.86 美元。

概念链接　例 6-3

计 算 利 率

假设我们现在知道 850 美元在 3 年后的终值是 983.96 美元，问年利率是多少？在这个例子中，已知 FV_3，PV 和 n，求 k。

解答①：运用公式 6-7，一般方法为先列出公式，

$$PV = FV_n[PVF_{k,n}]$$

代入已知数

$$850.00\text{ 美元} = 983.96\text{ 美元}[PVF_{k,3}]$$

注意这个等式不能用代数的方法解出。

方法是，先解出因式 $PVF_{k,3}$ 的值，然后在现值系数表中找出这个值。这个值的位置确定后，我们就可以读出相应的未知数 k 的值了。

解上面的等式得到：

$$PVF_{k,3} = 850.00\text{ 美元}/983.96\text{ 美元} = 0.8639$$

在系数表 A-2 中查找这个值。我们不用查找整个系数表，因为已知 n=3，只要查找期数

① 计算器算法：

按键	输入
n	3
PV	850.00
FV	983.96
PMT	0
	答案
I/Y	5.0

为 3 年的那行数值。无法精确找到 0.8639，但是可以找到 0.8638。这个值已经足够接近，查看那列的顶端，可以确定 k=5%。

数值差异的解决方法

大多数时候，k 和 n 的结果不能完全与系数表中的数值相等。也就是说，计算出的结果处于行或列中两个数之间。当这种情况发生后，最合适的解决办法要取决于所要求的结果的精确性。有时，按照数值最接近的行或列上的近似值来计算结果即可。当结果要求更精确时，并且在用系数表解题，那就要进行估算求解。

在实际工作中，都是运用财务计算器来求解时间价值问题。计算器可以直接得到精确的结果。在财务计算器还没有发明之前，人们都是使用包含了全部数值的非常详尽的系数表。在下面这个例子中，只需在系数表中查找出最接近的值来确定 k 或 n。

概念链接　例 6-4

求解期间长度

当利率为 14% 时，需要经过多长时间，存款会变成原来的两倍？

解答[①]：不要因为题中没有给出具体的现值和终值而迷惑，题中已经给出了两者间的关系。余额变为原来的两倍，那么终值为现值的两倍。可以理解为经过多长时间 1 美元会变为 2 美元。利用公式 6-4 来解决这个问题。

$$FV_n = PV[FVF_{k,n}]$$

求解终值系数

$$FVF_{14,n} = FV_n/PV = 2.000$$

现值我们在附表 A-1 中查找 2.000，在 k=14% 这列中查找，发现数值在 5 年和 6 年之间。

n	14%
5	1.925 4
6	2.195 0

很明显，2.000 与 1.925 4 更接近，因此最接近的整数为 5 年。计算器得出的精确结果为 5.29 年。

① 计算器算法：

按键	输入
I/Y	14
FV	2
PV	1
PMT	0
	答案
n	5.29

6.3 年金问题

时间价值问题中第二个主要类别包括系列收付款的问题，这类问题被称为年金问题。年金问题通常比金额问题更复杂，也更抽象，因此时间轴的运用就很重要了。

6.3.1 年金

年金是在相等的时间间隔内，一系列等额付款。

年金是指在相等的时间间隔内，一系列相等金额的收付款项。因此，连续一年每个月收到 5 美元是个年金问题。但每月支付 5～10 美元不等，或不连续地收到 5 美元都不能称为年金。金额和时间间隔都不变的才可以称为年金。

每期期末收付款项的年金称为普通年金，这是通常情况。每期期初收付款项的年金称为先付年金。两种情况下的时间轴如图 6-1 和图 6-2 所示。

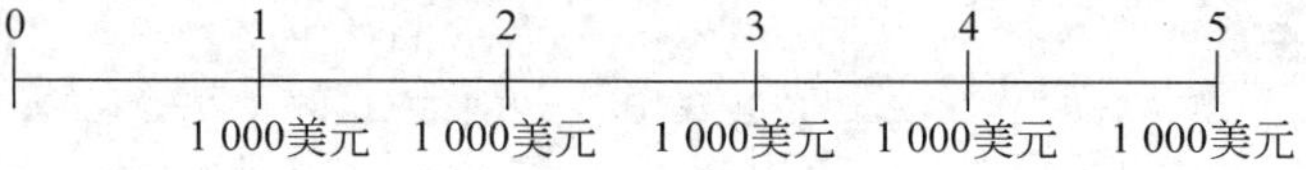

图 6-1 普通年金

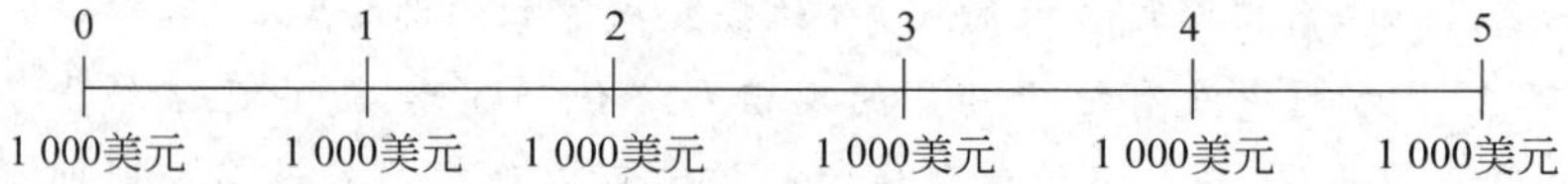

图 6-2 先付年金

年金有明确的起止时间，不是永远延续的。无限期的连续收入或支出的年金称为永续年金，这种年金有其特有的规则，我们将在后面学习。

年金的时间价值

年金在商业活动中非常普遍，并具有重要的时间价值内涵。例如，一个长期合同规定在连续 10 年的时间里，每年支付 5 000 美元。随即而来的问题就是这项协议现值的价值是多少。如果收款者要将所有的收款折现为现金立刻收付，那么他们总共能收到多少钱？

另一个相似的问题是，如果一笔分 10 期存入银行并在合同到期时还本付息的年金终值是多少。

这些问题都可以通过分别求得每一笔款项的现值或终值，并将结果相加得出结论。这个过程包括 10 次独立的计算，非常枯燥。如果建立一个公式能一次性算出年金的现值或终值将会非常方便。

我们从终值问题开始研究。

6.3.2 年金终值——公式的推导

我们可以像研究金额问题时那样，推导出一个计算年金终值的公式。我们将通过前面已经掌握的方法来计算 3 年期普通年金的终值，并由此推导出计算年金终值的公式。

将年金描绘在时间轴上，用变量 PMT 代表每年的现金收付款项，如图 6-3 所示。

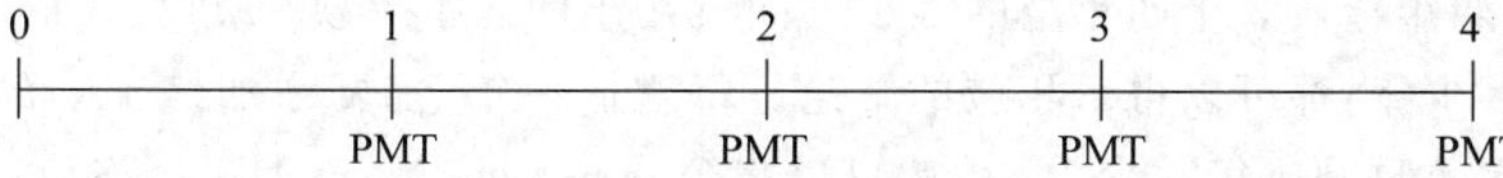

图 6-3 普通年金的时间轴描绘

终值问题

假设每笔款项 PMT,从出现在时间轴上开始到最后一个时间段结束,都按照相同的利率 k 计息。年金终值就是所有的款项和利息的总和。这与单独计算每一笔款项 PMT 的终值再将其相加的结果是相同的。

> 年金的终值问题,是指在收到每笔符合利息时都存入银行,在最后能收到的总金额。

假设某人连续 3 年每年给你 100 美元。你每次收到钱后就立刻将其存入银行。这笔年金的终值问题就是计算 3 年末你能得到多少钱。很明显,由于有利息收入,你最终得到的要多于 300 美元。

单次付款的终值

通过计算每一笔款项的期末终值可以推导出一个计算年金的公式,具体方法如图 6-4 所示。我们将第 3 年年末定义为时间点 3,第二年年末定义为时间点 2,依此类推。

首先考虑第三次付款。这次付款发生在年金结束时,没有任何的利息收入。因此,它在 3 年末的价值就是 PMT。

第二次付款发生在时间点 2,年金终止前一年,因此,最后一年会有利息收入。这次付款在时间点 3 处的价值英文 PMT(1＋k)。可以将此认为是现值 PMT 在利率为 k 的情况下的一年期终值。

第一次付款发生在第一年年末,计息期为两年,在年金终止时的价值应为 $PMT(1+k)^2$。

这些都在图 6-4 中描绘出来了,同时计算出 3 次付款的终值总和,将其定义为 3 年期年金的终值,定义为 FVA_3。

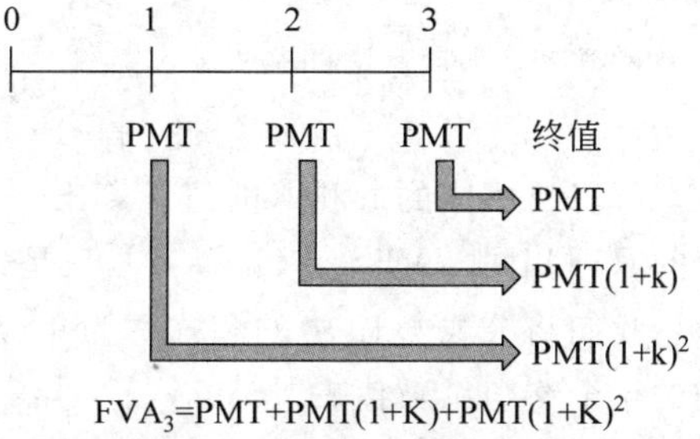

图 6-4 3 年普通年金的终值

3 年期年金公式

对从图 6-4 得出的计算 FVA_3 表达式进行改写。首先,将(1＋k)改写成 $(1+k)^1$,这个指数 1 通常被省略了,尽管它是存在的。然后,由于任何数的零次方都等于 1,所以,将 1 改写为 $(1+k)^0$。那么 FVA_3 的表达式转变为:

$$FVA_3 = PMT(1+k)^0 + PMT(1+k)^1 + PMT(1+k)^2 \tag{6-9}$$

注意公式 6-9 右侧的规律性,每一项都包括 PMT 乘以一个幂指数项,指数项的次数从 0 开始递增。3 年期年金终值右侧共有三项,指数从 0 到 2,比总年数少 1。

将公式一般化

假设我们现在要建立一个 4 年前的年金终值计算公式,这个公式与我们已经得到的 3 年期的年金终值公式会有何不同?

4 年期年金中,第一笔款项要计息 3 年,终值为 $PMT(1+k)^3$。第二笔款项计息两年,第三笔款项计息一年,第四笔款项没有利息收入。后 3 次付款的计息方式与 3 年期年金完全相同。因此，四年期年金与 3 年期年金的唯一不同就在于增加了一项 $PMT(1+k)^3$。

无论增加多少年，都可以得出相应的结论。每增加一年，都要增加(1+k)的更高指数项，而指数的最高次数总是比年数少 1。由此可以将公式 6-9 推广为 n 期年金终值计算公式。

$$FVA_n = PMT(1+k)^0 + PMT(1+k)^1 + PMT(1+k)^2 + \cdots + PMT(1+k)^{n-1} \tag{6-10}$$

公式 6-10 可以通过数学符号∑表达的更为简洁：

$$FVA_n = \sum_{i=1}^{n} PMT(1+k)^{n-i} \tag{6-11}$$

i 的值从 1 变到 n，公式中的每一项都按降序排列。例如，当 i=1，n-i=n-1，得到公式 6-10 中的最后一项。当 i=2，得到倒数第二项。依次类推，直到 i=n，n-i=0，得到第一项。

由于每一项都有 PMT，可以将公因式提出。

$$FVA_n = PMT\sum_{i=1}^{n}(1+k)^{n-i} \tag{6-12}$$

年金终值系数

现在观察公式左边的总和项，它只受 n 和 k 值的影响。例如 n=3，和式为

$$(1+k)^0 + (1+k)^1 + (1+k)^2$$

即

$$1 + (1+k)^1 + (1+k)^2$$

推广至一般，n 年期为

$$1 + (1+k)^1 + (1+k)^2 + \cdots + (1+k)^{n-1}$$

可以将不同的 n 和 k 的值计算出一系列数值形成一个系数表，与我们建立复利终值系数表的原理相同$[FVF_{k,n} = (1+k)^n]$，只是这个计算公式更复杂。

我们将公式 6-12 中的和式称为年金终值系数，记作 $FVFA_{k,n}$。可以根据不同的 k 和 n 得到的年金终值系数值表。

最终的计算公式

年金终值系数公式可以代入公式 6-12 中，

$$FVA_n = PMT \underbrace{\boxed{\sum_{i=1}^{n}(1+k)^{n-i}}}_{\rightarrow FVFA_{k,n}}$$

从而得到：

$$FVA_n = PMT\,[FVFA_{k,n}] \tag{6-13}$$

6.3.3 年金终值的应用

我们可以利用公式 6-13 解决有关年金终值的问题。公式中共有四个变量：FVA_n（年金终值）、PMT（付款额）、k（利率）、n（期数）。通常题目会给出其中三个变量的值，求第四个变量。解题的第一步是写出公式，代入已知变量，其余的步骤就与金额问题类似了。

年金问题比较复杂，画时间轴可以使问题更直观清晰。

概念链接　例 6-5

年金终值

Brock 公司拥有一项有关生产过程的专利，根据合同，每年可以收到 100 000 美元的使用费，合同期为 10 年。管理层决定直到合同期终止，将收到的每一笔使用许可费进行再投资，来为将来要开发的新的生产过程准备资金。如果投资的预期收益率是 7%，该公司收到最后一笔款项时，这笔资金的总额将是多少？

解答[①]：这个问题的时间轴如下：

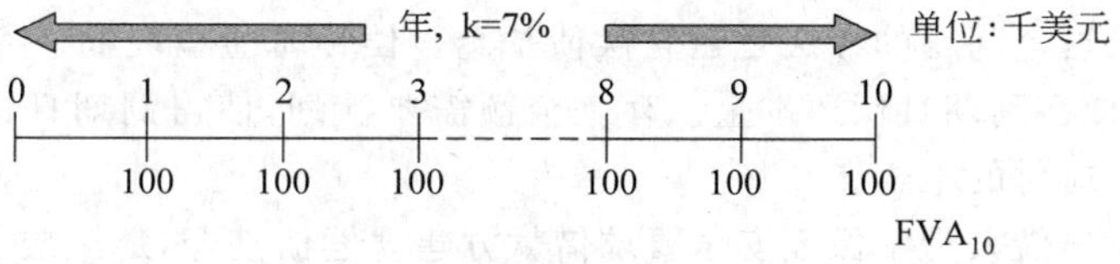

首先列出公式 6-13

$$FVA_n = PMT\left[FVFA_{k,n}\right]$$

代入已知的数据

$$FVA_{10} = 100\ 000\ \text{美元}\left[FVFA_{7,10}\right]$$

查表 A-3，得 $FVFA_{7,10}$ =13.816 4，代入上式，求出终值。

$$FVA_{10} = 100\ 000\ \text{美元}[13.816\ 4] = 1\ 381\ 640\ \text{美元}$$

注意，实际收到的金额是 1 000 000 美元，其余部分为再投资的收益。

用计算器解决年金问题

年金问题与金额问题类似，都有四个变量，其中三个已知，一个未知，但两者的变量不完全相同。

所有的金额问题都同时包括现值和终值两部分。年金问题包括付款额和年金终值或年金现值。因此，在年金问题中要用到 PMT 键，然后根据具体问题将 PV 或 FV 中的一个设为 0。

例 6-5 是计算年金终值的问题，所以我们使用 FV 键，而将 PV 键设为 0。同时，设定 PMT 的值，确定所处理问题的类型。注意，尽管我们将年金终值和现值记为 FVA 和 PVA，但是在计算器上仍使用 FV 和 PV 键。

---

① 计算器算法：

按键	输入
n	10
I/Y	7
PMT	100 000
PV	0
	答案
FV	1 381 645

偿债基金

在第5章中我们了解到企业发行长达30或40年债券来筹资。债券不是分期偿还的债务，也就是说，借款人在债务到期前不必偿还本金。借款人在到期前只需支付利息，同时在到期日一次性偿还本金。这就意味着在到期日，公司必须手中持有大量的现金或通过借入新债来偿还旧债。

CFO 经验谈

出借人对这个做法很担心。他们可能相信借款公司能按期支付年度利息，但是非常担心在到期日公司没有足够的现金来偿还本金。如果借款者的财务状况恶化，或者金融市场紧缩，那么该公司就很难借到新债。这种情况会导致公司破产，同时，造成投资者巨大的损失。

偿债基金能在债券到期时提供偿还本金的资金。

解决这个问题的方法是建立偿债基金。偿债基金就是将一系列款项存入银行账户，以便在到期日偿还本金。存款金额需要计划，使得到期日银行中的资金余额恰好等于应付的本金。

如果出借人为了保证安全要求借款方建立偿债基金，那么应将其作为一项条款列入债务协议中。与偿债基金有关的问题，就是要确定周期性存款的金额来确保在到期日时有足够的现金。这属于付款额未知的年金问题。

概念链接　例 6-6

偿 债 基 金

Greenville 公司发行了期间为30年总额为15 000 000美元的债券。债券协议规定公司必须在10年后建立偿债基金，以确保在到期日收回全部债券。尽管不能准确预测利率，银行评估得出6%的存款利率对于长期计划来说比较现实。为了确保债券到期时有足够的存款额，Greenville 公司每年应存入多少钱？

解答[①]：由于债券协议规定10年后才需要建立偿债基金，所以年金的期限是债券期限的后20年。换句话说，时间轴的零点不是现在，而是债券发行后的第11年年初。

时间轴如下：

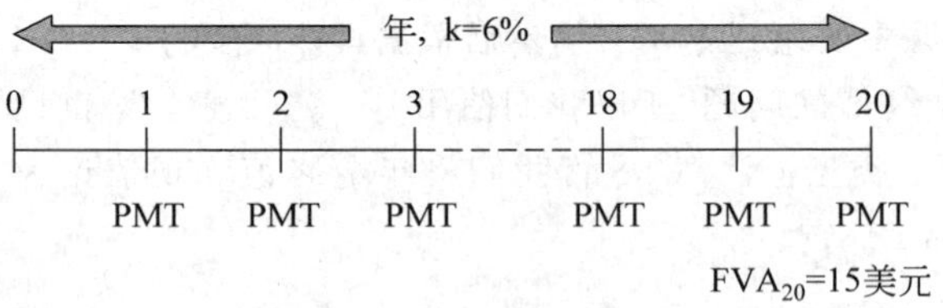

① 计算器算法：

按键	输入
n	20
I/Y	6
FV	15 000 000
PV	0
	答案
PMT	407 768.35

写出年金终值的计算公式 6-13

$$FVA_n = 100\,000 \text{ 美元}[FVFA_{k,n}]$$

在本例中,终值已知,即为将来要偿还的债券的本金 15 000 000 美元。根据协议,k 为 6%,期间 n 为 20 年,将这些数值代入

$$15\,000\,000 \text{ 美元} = PMT[FVFA_{6,20}]$$

查表 A-3 得出 $FVFA_{6,20}$ 的值为 36.785 6,代入可得

$$15\,000\,000 \text{ 美元} = PMT[36.7856]$$

解出 PMT 的值

$$PMT = 407\,768.26 \text{ 美元}$$

Greenville 公司必须从发行债券的第 11 年开始每年存入金 408 000 美元,来确保能够在到期日偿付本金。

现在我们暂时放下时间价值的问题,进一步讨论利率的有关问题。

6.3.4 复利和间隔期不为一年的复利

到目前为止我们讨论的都是一年一次的复利。尽管利率都是以年利率的形式提供的,但并不总是按年计息,这就导致实际支付的利息也有很大的差别。在进一步探讨之前,先确定复利的准确含义。

> 复利意味着获得的利息仍有计息。

复利

复利是指已经获得的利息本身仍要计息。假设以 10% 的利率存入 100 美元,在第一年我们获得 10 美元的利息,年末存款余额为 110 美元。第二年获得利息 11 美元,余额为 121 美元。第 3 年获得利息 12.10 美元,如此持续下去。因为利息是按照包括了前期所有利息的账户余额计算得出的,所以利息逐年增加。

在复利条件下,账户的余额是按幂指数增长的。按复利计息的金额增长情况如图 6-5 所示。随着时间变化,指数增大,曲线也越来越陡。

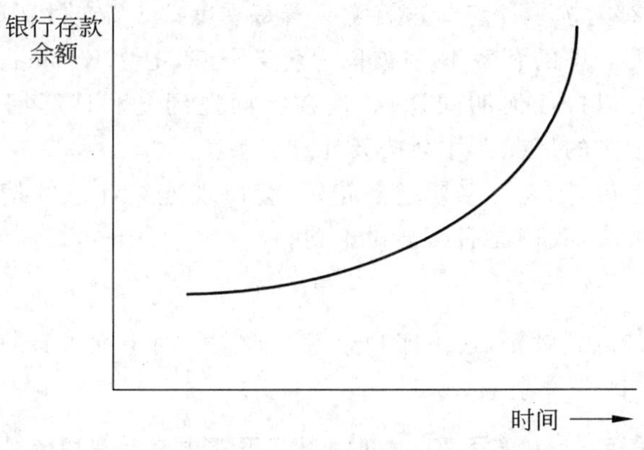

图 6-5 复利的效果

复利期间

利率都对应着相应的复利计算期。一般以一年、半年、一季、一月作为复利计算期。如果

没有特殊说明，默认的计息期为 1 年。

与复利计算期相关的是为资金计算利息的次数。计算期越短，计息的次数就越多，已获得的利息本身能获得的利息相应也就更多。

举例来说明这个问题，如果年利率是 12%，并且按年计息，某人存入 100 美元，年末利息就是 12 美元，作为第二年计息基础的金额是 112 美元。时间轴如下：

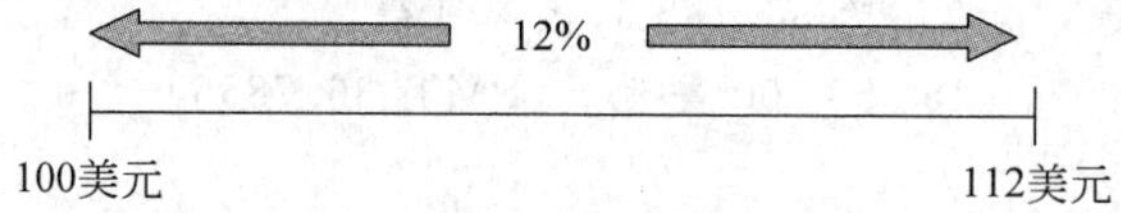

利息的计息期通常为年度、半年度、季度或月。

如果按半年计息，那么一年就分为两个半年，并且半年的利率为 6%。在年中就要计算上半年的利息，已经获得的利息在下半年也要计息。增加的利息就是 6 美元的 6%，即 0.36 美元。时间轴如下：

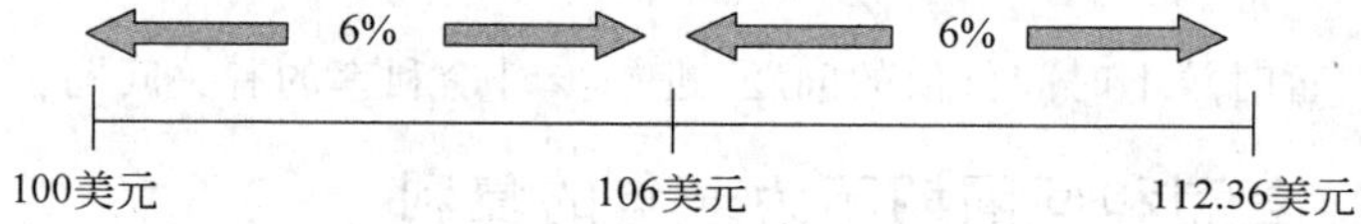

如果按季计息，就是将一年分为四个部分，每一季度利率为 3%（12%/4），在每个季末都要计息。时间轴如下：

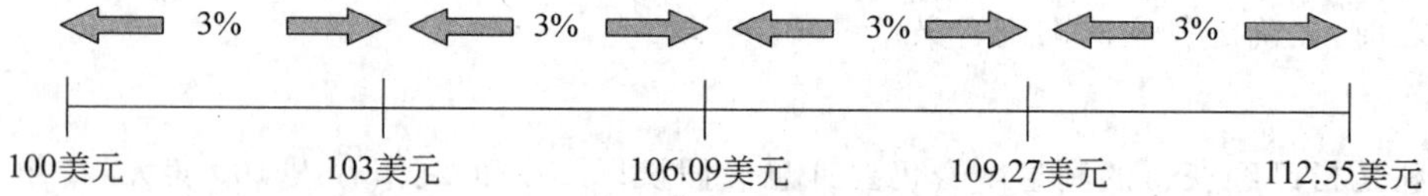

计算下一季度末的余额很简单，只需用上一季度末的余额乘以（1＋k），在本例中（1＋k）就是 1.03。k 在此处指的是按季计息的利率。

如果按月计息，就是将一年分为 12 个月，每个月的利率是 1%（12%/12）。如果在年初存入 100.00 美元，年末的余额就是 112.68 美元。

现实生活中，通常给出的是年利率，然后在后面注明复利计算期。例如例子中按季计息的情况，就会被标注为“12%，按季计息”，这就意味着每季度按 3%支付利息。

利率通常的标准是名义利率，然后说明复利计算期。

在这个例子中的利率 12%被称为名义利率，记为 Knom。

理论上可以按任何期间计息，但在上面提到复利计算期就是商业中通常的情况。只有在极少的情况下才会按天计息。

从理论上讲，随着计息期越来越短，会出现连续计息的情况。但这需要特定的数学方法来解决，我们在后面会讨论到。

实际年利率

在上面的例子中，计息越频繁，最终账户余额会越大。对上面的计算结果进行总结，表 6-2 列出了各种情况下年末的账户余额。

表 6-2　初始存款 100 美元，K_{nom}＝12%情况下，不同的计息期得到的年末余额

复利方式	账户余额/美元	复利方式	账户余额/美元
按年计息	112.00	按季计息	112.55
半年计息	112.36	按月计息	112.68

账户余额不同，说明尽管名义利率都是12%，但实际支付的利息不同。差别就在于复利计算频率不同。

量化不同复利方式产生的不同效果对于防止财务计算的混乱是很重要的。也就是说，人们需要知道在相同的名义利率下，按月或按季计息要比按年计息多得多少利息。这就导致了实际年利率(EAR)概念的产生。实际年利率就等于名义利率在多次复利的情况下，计算得到的实际利率。

实际年利率就是一个较低的利率通过多次复利所实际得到的年利率。

假设年利率为12%，按月计息，要使存款人得到相等的利息，实际的年利率应该是多少？从表6-2可知，年初存款100美元，按月复利，年末能得到112.68美元，所以，一年获得的利息总额是12.68美元。

实际年利率用利息除以本金即可得到：

$$12.68\text{美元}/100.00\text{美元}=12.68\%$$

所以，12.68%按年计息就等于12%按月计息。那么名义利率为12%时，以半年、季计息的实际年利率为多少呢？

贷款法规定贷款人在提供贷款时必须公布EAR的值。下次再看银行的广告时可以留意一下。

一般来说，任意间隔期的复利的实际年利率都可以用下面这个公式计算。

$$EAR=\left(1+\frac{K_{nom}}{m}\right)^{m}-1 \tag{6-14}$$

其中，m是每年复利的次数(按月计息就是12次，按季计息就是4次，半年计息就是2次)。

频繁复利的效果在高利率的情况下更为明显。表6-3说明了这个问题。当名义利率为6%的时候，按月计息比按年计息实际增加的利率只有0.17%，实际比名义利率增长率2.5%(0.17/6.00=0.028=2.8%)。但当利率为18%的时候，实际增加的利率就是1.56%，比名义利率增长率8.7%。

表6-3　不同利率下的复利效果

名义利率	按月计息的EAR	实际增加的利率	相对名义利率增长的百分比
6%	6.17%	0.17%	2.8%
12%	12.68%	0.68%	5.7%
18%	19.56%	1.58%	8.7%

APR和EAR

有些信用卡公司对未付款金额以大约1.5%的利率按月收取利息，即对信用卡持有者的借款按月复利计息。但在广告时，则采用年度利率(APR)为18%(即月利率的12倍)作为宣传。

信用卡的年利率实际上名义利率，要低于实际利率。

不要将APR与EAR混淆。APR实际是名义利率。表6-3显示，名义利率为18%时，按月复利的实际年利率是19.56%，比18%高。

复利计息期和时间价值公式

每一个时间价值计算公式都包括利率k，和期数n。在运用公式时，计算期间必须是复利计算期，利率必须是每个单一复利期对应的利率。

到目前为止，我们解决的问题都是按年复利的。即复利计算期为1年，使用的利率就是名义利率。对于非整年的复利期计算，问题要相对复杂些，我们以按季复利加以说明。

假设现在有一个时间价值问题，时间为5年，利率为12%。如果按年复利，k和n的值就简单的为12和5。然而，如果按月复利，计算的时间长度就是一个季度，相应的利率就是3%(12%/4)。并且，这个问题中的期数应该是20(5×4)，而不是5了。所以，k和n的值相应变为3和20。

当解决非整年的时间价值问题时，我们要将给出的名义利率和时间转换为合适的k和n，再代入公式计算。一些简单的规则使得这个步骤很容易。

如果问题给出的是名义利率和年度，用下面的公式计算k和n：

半年：	$k=K_{nom}/2$	$n=年\times 2$
季度：	$k=K_{nom}/4$	$n=年\times 4$
月份：	$k=K_{nom}/12$	$n=年\times 12$

一些计算期会自动将输入的利息除以复利计算的所对应的期数，当你一直进行相同的复利计算时，这个特点会使计算更为方便。但是，在不停变换时，最后还是保持设定为1，输入与复利期相应的利率。

下面做两个与年金终值有关的例题来掌握这些概念(例6-7和例6-8)。

概念链接 例6-7

按月复利

你想在两年半后花15 000美元买辆车，并计划通过每月在银行账户中存入相同数额的钱来实现。存款按月计息，年利率为12%，问每个月的存款额应为多少？

解答[①]：在这个问题中，一系列存款的终值是已知的，即这是个年金终值的问题。

因为是按月计息，首先计算k和n。

$$k=\frac{K_{nom}}{12}=\frac{12\%}{12}=1\%$$

$$n=2.5\ 年\times 12\ 月/年=30\ 个月$$

$$\sum_{i=1}^{n}(1+k)^{-i}$$

列入年金终值公式并代入：

$$FVA_n=PMT\,[FVFA_{k,n}]$$

① 计算器算法：

按键	输入
n	30
I/Y	1
FV	15 000
PV	0
	答案
PMT	431.22

$$15\,000 \text{ 美元} = PMT[34.7849]$$

解出 PMT

$$PMT = 431.22 \text{ 美元}$$

概念链接　例 6-8

按季计息

Jeff 和 Susan Johnson 有个刚上中学的女儿 Molly，但他们已经在考虑供 Molly 读大学的事。估计她开始读大学时需要现金 50 000 美元。尽管 Johnson 家的收入不错，但他们的生活很奢侈，所以基本没有积蓄。Susan 在制定了家庭预算后决定以后每月存入 750 美元或每季度存入 2250 美元，为了以后供 Molly 上大学。他们现在正在寻求投资渠道，使这些钱在四年后达到 50 000 美元。如果按季度计息，报酬率是多少才能使他们实现预定目标？这是否现实？

解答[①]：由于一系列付款的未来的终值是确定的，所以这还是个年金终值问题。

问题涉及的时间为 4 年，并且按季度计息，

$$n = 4 \text{ 年} \times 4 \text{ 个季度} / \text{年} = 16 \text{ 个季度}$$

列出年金终值公式

$$FVA_n = PMT\ [FVFA_{k,n}]$$

代入数值

$$50\,000 \text{ 美元} = 2\,250 \text{ 美元}[FVFA_{k,16}]$$

求解，可得

$$[FVFA_{k,16}] = 22.2222$$

查表 A-3，在 n=16 行中查找数据，得到 k 的值介于 4% 和 5% 之间。在这个例子中，可以很容易判断 k 的值应为 4.2%。但这是一个季度的利率，一年的名义利率应为

$$4.2\% \times 4 = 16.8\%$$

对于投资，这是个很高的回报率。期望连续四年获得这样的投资报酬率合理吗？

对于这个问题没有明确的答案。在某些时期，这个预期报酬率可能是合理的。但是，如此高的报酬率一定是有风险的。因为他们家一定不希望最终无法送 Molly 上大学，所以他们应该试着多存些钱，并且选择保守的投资。

---

① 计算器算法：

按键	输入
n	16
PMT	2 250
FV	50 000
PV	0
	答案
I/Y	4.2

6.3.5 年金的现值：公式的推导

年金的现值就是年金的各项付款的现值的总和。可以通过对各笔款项单独计算得出结果，但是像计算终值那样建立一个公式得出结论将更为简便。公式的推导方法与终值的计算公式推导方法相似，由于前面已经用到了这种方法，这次推导将会进行的更快。

从画出一个3年期年金的时间轴开始。写出利率为k的情况下各笔款项的现值。这次我们需要除以(1+k)，而不是像计算终值时乘以(1+k)。复习公式6-5和6.6，了解现值计算过程。时间轴如图6-6所示。

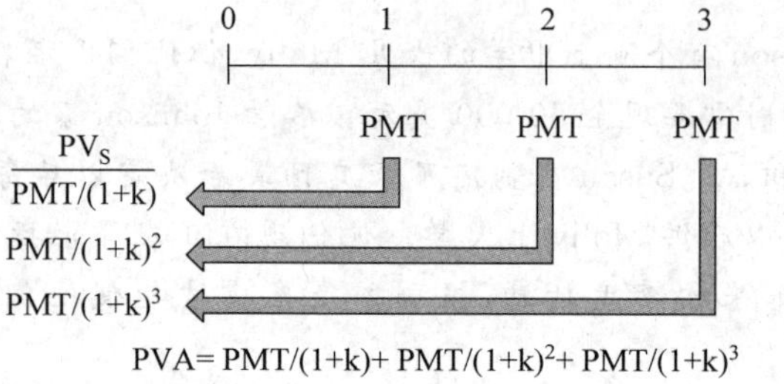

图6-6　3年期普通年金的现值

将第一笔款项除以(1+k)，第二笔款项$(1+k)^2$，依此类推，得到的数值相加即为年金的现值。注意，这个过程实际为款项的金额乘以现值系数。因为1/(1+k)就是一年期现值系数$PVF_{k,1}$；$1/(1+k)^2$是利率为k的两年期现值系数，等等。

3年期年金的现值为：

$$PVA=\frac{PMT}{(1+k)}+\frac{PMT}{(1+k)^2}+\frac{PMT}{(1+k)^3} \tag{6-15}$$

也可以写成：

$$PVA=PMT(1+k)^{-1}+PMT(1+k)^{-2}+PMT(1+k)^{-3}$$

按照(1+k)的降幂排列。

注意公式的规律，每一次付款都产生一个加项，由PMT除以从一次方开始的(1+k)的幂方项。

观察图6-6，可以很容易发现，随着年金的期数增加，等式右边的加项也随之增加。例如，第四次付款会产生一项$PMT(1+k)^{-4}$。

因此，可以将公式6-15推广为期数为任意数字n的一般公式。

$$PVA=PMT(1+k)^{-1}+PMT(1+k)^{-2}+\cdots+PMT(1+k)^{-n} \tag{6-16}$$

然后，将公因式PMT从等式右边提出，用求和复合将(1+k)的各个幂方项表示出来。

$$PVA=PMT\left[\sum_{i=1}^{n}(1+k)^{-i}\right] \tag{6-17}$$

我们再次发现括号中的公式只与k和n的值有关，并且可以根据这些变量的可能值制成系数表。这就是年金现值系数，记为$PVFA_{k,n}$。

$$PVFA_{k,n}=\sum_{i=1}^{n}(1+k)^{-i} \tag{6-18}$$

年金现值系数可以通过查表求得。

最后，将公式6-18代入公式6-16，在通过查表解题时，新的公式可使计算更为简便。

$$PVA=PMT\,[PVFA_{k,n}] \tag{6-19}$$

6.3.6 年金现值的应用

年金现值公式 6-19 的应用与年金终值公式 6-13 的应用相似。现值公式有 4 个变量：PVA(现值)、PMT(付款额)、n(计息期数)、k(利率)。问题通常给出 3 个已知的变量,求解未知变量的值,解题步骤与前面相似。

概念链接　例 6-9

年金现值

Shipson 公司以分期付款的方式向 Baltimore 有限公司出售了一台大型机器。合同规定 Baltimore 公司在 10 年内,每半年支付 5 000 美元。Shipson 公司希望现在就得到现金,所以将合同向银行折现。Baltimore 公司的信用风险良好,所以银行愿意按照名义利率 14%、每半年计息一次的方式对合同进行折现。问 Shipson 公司会获得多少的现金?

解答[①]:合同实际是一个款项为 5 000 美元的年金。银行愿意以一个相对较高的利率对其折现。因为利率越高,银行支付的价格就越低。

首先,计算半年复利适用的 k 和 n 的值。

$$k = K_{nom}/2 = 14\%/2 = 7\%$$

$$n = 10 \text{ 年} \times 2 = 20 \text{ 年}$$

时间轴如下:

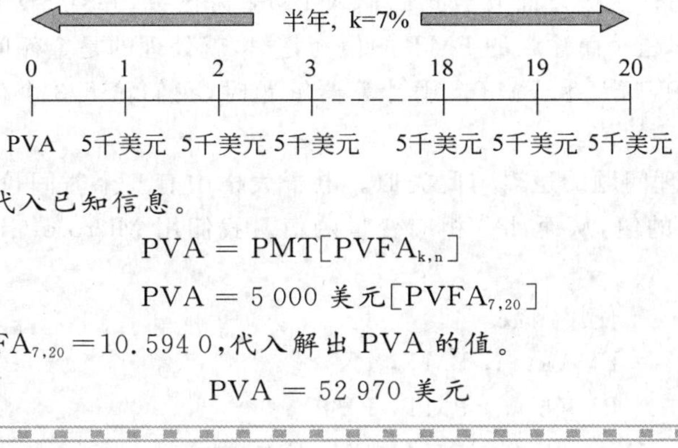

列出公式 6-19,代入已知信息。

$$PVA = PMT[PVFA_{k,n}]$$

$$PVA = 5\,000 \text{ 美元}[PVFA_{7,20}]$$

查表 A-4 得 $PVFA_{7,20}$ = 10.594 0,代入解出 PVA 的值。

$$PVA = 52\,970 \text{ 美元}$$

① 计算器算法:

按键	输入
n	20
I/Y	7
PMT	5 000
FV	0
	答案
PV	52 970.07

实务观察

彩票中奖：恭喜你，你发财了！——但并不像你想的那样富有

国家彩票大奖是一笔很大数额的钱，但并不像你想象的那么多。这主要是由于货币的时间价值和奖金的支付方式。大额的彩票奖金通常支付期超过25年，但是彩票机构公布奖金的总额时，并没有考虑货币的时间价值。例如，如果一笔25 000 000万美元的奖金的支付期是25年，那么实际是付款额为1 000 000万美元的年金。

中奖者现在得到的是这笔年金的现值。如果这个幸运者希望立刻得到这笔钱，他就必须接受这一系列付款的折现值。假设利率是7%，应用年金现值计算公式计算得出这个中奖者实际可以得到的奖金大约是11 700 000美元。这也不是个小数目，但比25 000 000美元就少多了。

更糟糕的是，彩票中奖是要征税的，并且一般按最高一级税率征收。让我们乐观一些，假设中奖者拥有一位优秀的税务筹划师，并且税率上限是32%。这就使得你得到现金立刻大幅度降低，税后奖金大约是8 400 000美元，大概是广告金额的1/3。

电子表格解题法

时间价值问题可以使用电子表格程序来解，如Microsoft Excel™。使用方法与计算器相似。假设你已经熟悉电子表格程序的基本操作，现在对解题方法进行说明。

在每个时间价值公式中都有4个变量，依据处理的问题是金额问题还是年金问题使这4个变量有所不同。金额问题时，变量为PV、FV、k和n。而年金问题中的变量是PVA或FVA、PMT、k和n。在使用计算器时，金额问题和年金问题都是用PV和FV键。之所以可以这样，是因为计算器的程序被设计成当我们输入PMT为正数，并且PV或FV有一个值为零时，就默认解决年金问题。而输入的PMT的值为零时，就处理的是金额问题。因此，总共有5个可能的变量：k、n、PV、FV和PMT。用计算器解题时，我们输入3个值，第四个值为零，计算器将算出第五个变量的值。

电子表格程序处理问题的逻辑与此类似。电子表格中有5个时间价值函数，每一个函数都要求输入4个变量的值，从而计算相应变量的值。我们用Microsoft Excel来举例说明。5个函数如下：

求解变量	使用函数
FV	FV (k, n, PMT, PV)
PV	PV (k, n, PMT, FV)
k	RATE (n, PMT, PV, FV)
n	NPER (k, PMT, PV, FV)
PMT	PMT (k, n, PV, FV)

解决任何一个时间价值问题，先选择未知变量适用的函数，按照括号中的顺序输入3个已知变量的值，并将第4个变量的值设为0。(所以金额问题将PMT设为0；年金终值(FVA)问题将PV设为0；年金现值(PVA)问题将FV设为0。)

在这个过程中，有两个需要注意的小问题。第一点是利率应以小数形式输入，而不是整数形式，因此用0.07代替7%。第二点是现金变量的符合问题。总共有三个现金变量FV、PV和PMT，其中总有一个的数值为零。因此，在每一个问题中总有两个异号的现金变量。

以现金的流入和流出来理解这个问题是最好的方法。设想一个简单的问题，我们现在向银行存入一笔款项(PV)，并且在若干年后收回本息(FV)。如果定义资金流入银行为正，那么资金流出银行就为负。因此，如果 PV 是正的，FV 就为负的。在计算时，无论是输入的值，还是得出的结果，只有变量是异号的，反过来定义也是可以的。

如果你忘了这项规定，全都输入的正值，可能就会有一些问题。一些程序可能会得出带负号的正确答案，但有些程序可能根本就不会运行。所以，当出现错误时，要最先检查输入数据的符号。

下面是包括整个计算过程的一个例子。假设我们要计算现在存入 4 000 美元，利率为 7%，6 年后的终值。因为求的是终值，所以选择第一个函数。

$$FV(k,n,PMT,PV)$$

输入数值如下

$$FV(0.07,6,0,-4\,000)$$

我们处理的不是年金问题，所以将 PMT 的值设为零。用小数的形式输入利率，并且输入的 PV 为负值。

现在将例子改变一下来说明年金问题。假设我们求的是等额款项为 4 000 美元，计息期为 6 年，利率为 7%的年金终值。选择终值(FV)函数，输入如下数值：

$$FV(0.07,6,-4\,000,0)$$

注意，通过对 PMT 输入一个非零的值，告诉程序我们解决的是年金问题。由于年金终值计算中没有涉及现值，因此 PV 的值为零(参考公式 6-13)。运行这个公式就可求得年金的现值。例子的计算结果分别为 6 002.92 美元和 28 613.16 美元，利用计算机进行验证。

概念链接　例 6-10

电子表格

如例 5-9 那样，银行经常为顾客进行合同折现。合同可能会包含任意期数和任意金额，并且银行利率经常变动。为银行编写一个程序，只需将利率、合同条款(偿付期)等额款项的数额填入相应表格，即可计算诸如例 5-9 中合同的折现额。

解答：在这个例子中，银行要计算的是年金现值，因此我们运用现值函数 PV(k,n,PMT,FV)。

因为这个程序只用来计算现值，我们可以设定 FV 为 0，变量 PMT 为负值。

$$PV(k,n,-PMT,0)$$

银行只需输入适用的利率，期数和正的等额款项。在此，k 的值为 7%(年利率 14%的一半)，期数为 20，等额款项为 5 000 美元。对于非整年的时间间隔要像使用计算器或查表时那样处理。

下面是这个问题相关的电子表格，并对公式进行了注释。注意输入格在编程时就设计为直接输入现值函数的相关变量，并且等额款项带有负号，终值变量为零。银行只有在格中输入适当的值，就可以得出合同的折现值。工作人员在黑色格子中输入各项数值，结果在灰色格子中显示出来。

	A	B	C	D	E	F	G
1							
2					合同折现		
3							
4							
5		输入					
6							
7		利率			0.07		
8							
9		期数			20		
10							
11		等额付款金额			5 000		
12							
13							
14		折现值			52 970.07		
15							
16							
17							
18			E14de 计算公式＝PV(E7,E9,－E11,0)				
19							
20							

分期偿还贷款

年金现值概念最广泛的应用就是处理分期付款问题。债务本金在偿付期内逐渐偿还，被称为分期偿还贷款。

> 分期偿还贷款的本金在其期限内定期偿还完。

分期付款通常是结构化的，在贷款期间内，通常按月偿付固定金额的款项。每次付款都包括当月的利息和一定金额的本金。利息根据月初的未偿还金额来确定。因此，贷款的本金减少了，利息也就逐渐减少。由于每个月付款金额一定，连续的付款中用来偿还本金的份额越来越大，而利息所占份额就越来越少了。

将年金现值公式应用于分期贷款中时，借到的金额总是年金的现值 PVA，每次偿还的金额就是 PMT。

概念链接　例 6-11

分期偿还贷款——计算 PMT

假设借入 10 000 美元，年利率为 18%，要求在 4 年内按月分期偿还，那么每个月应偿还多少贷款？

解答[①]：首先计算按月计息的 k 和 n 的值：

$$k = K_{nom}/12 = 18\%/12 = 1.5\%$$

$$n = 4 \text{ 年} \times 12 \text{ 月} / \text{年} = 48 \text{ 月}$$

列出公式 6-19，代入数据

$$PVA = PMT\,[PVFA_{k,n}]$$

$$10\,000 \text{ 美元} = PMT\,[PVFA_{1.5,48}]$$

查表 A-4 得 $PVFA_{1.5,48} = 34.0426$ 美元

$$PMT = 293.75 \text{ 美元}$$

概念链接　例 6-12

分期偿还贷款——计算借款金额

假设你想要买辆汽车，并且每月能支付 500 美元。银行提供 3 年期的汽车贷款，年利率为 12%，按月计息。为购买新车，你能从银行贷入多少钱？

解答[②]：按月计息

$$k = K_{nom}/12 = 12\%/12 = 1\%$$

$$n = 3 \text{ 年} \times 12 \text{ 月} / \text{年} = 36 \text{ 月}$$

列出公式 6-19，代入数据

$$PVA = PMT\,[PVFA_{k,n}]$$

$$PVA = 500 \text{ 美元}[PVFA_{1,36}]$$

查表 A-4 得 $PVFA_{1,36} = 30.107\,5$

$$PVA = 15\,053.75 \text{ 美元}$$

因此，银行将贷给你 15 053.75 美元

---

① 计算器算法：

按键	输入
n	48
I/Y	1.5
PV	10 000
FV	0
	答案
PMT	293.75

②计算器算法：

按键	输入
n	36
I/Y	1
PMT	500
FV	0
	答案
PV	15 053.75

分期付款进度表

分期付款进度表列出了每一笔付款额，即每次付款额中支付了多少利息和偿还了多少本金，并且还列出了每期期初和期末未偿付本金的余额。

要建立一个分期付款的进度表，必须知道贷款额、每期还款额和利率，即 PVA、PMT、k。用上个例子来说明。表 6-4 给出了前两行的全部计算结果，再看过对第一行的解释说明后，检验第二行的数据，并自己填写第三行和第四行的空白处。

表 6-4　分期付款进度表　　单位：美元

期数	期初余额	每期偿还额	利息(1%)	减少的本金	期末余额
1	15 053.75	500.00	150.54	349.96	14 704.29
2	14 704.29	500.00	147.04	352.96	14 351.33
3	—	500.00	—	—	—
4	—	500.00	—	—	—
⋮	⋮	⋮	⋮	⋮	⋮

分期偿还进度表详细展示了每期支付的利息和本金。

贷款额为 15 053.75 美元，这是第一个月的期初余额。每月的还款额为 500 美元，填入第一行的还款额那列中。尽管名义利率为 12%，但由于按月计息，每月利率为 1%。因此，每个月支付的利息就是当月期初余额的 1%。

$$15\ 053.75\text{ 美元}\times 1\%=150.54\text{ 美元}$$

由于每月还款额为 500 美元，第一个月的利息 150.54 美元，两者之间的差额 349.46 美元(500－150.54)就是偿还本金的数额。期末的贷款余额就是期初余额减去本金的减少值，为 14 704.29 美元(15 053.75 美元－349.46 美元)。这个数值就是下一期的期初余额，计算过程如此重复。

整个过程持续 36 个月，直到最后一期的期末余额为 0。在偿还贷款时，要注意每期还款额中不同款项的比例。利息费用是逐渐减少的，而偿还本金的部分逐渐增大，但每期还款额仍是固定的。

抵押贷款

用于购置房地产的贷款被称为抵押贷款。住房抵押贷款通常是普通人一生中最大的财务交易业务。典型的抵押贷款是一项长达 30 年、按月还款计息的分期偿还贷款，也就是需要还款 360 次。

概念链接　例 6-13

初期还款中的利息组成

在一个期间为 30 年，利率为 6%(按月计息)，总额为 100 000 美元的抵押贷款中，利息占多大比例？

解答[①]：首先，计算按月计息的 k 和 n。

$$k = K_{nom}/12 = 6\%/12 = 0.5\%$$

$$n = 30 \text{ 年} \times 12 \text{ 月} / \text{年} = 360 \text{ 月}$$

写出公式 6-19，代入数据，解出月付款额 PMT。

$$PVA = PMT\ [PVFA_{k,n}]$$

$$100\ 000 \text{ 美元} = PMT[PVFA_{0.5,360}]$$

$$100\ 000 \text{ 美元} = PMT(166.792)$$

$$PMT = 599.55$$

第一个月的利息是 100 000 美元的 5%。

$$100\ 000 \text{ 美元} \times 0.005 = 500 \text{ 美元}$$

所以，第一次付款额中 500 美元用于支付利息，只有 99.55 美元用于偿还本金。也就是说，第一次付款额的 83.4%都用于支付利息。

这种情况在抵押贷款的后期会改变，也就是还款额的大部分都用于偿还本金。换句话说，就是抵押贷款的本金偿还速度在前几年非常慢，但是在贷款末期就偿还的非常快了。

早期偿还的贷款基本都是利息，并且节约了一大笔税收。

考虑例 6-13 中的第一笔付款。假设这个房屋所有者的税率是 25%，那么由于偿还贷款，节省了 125 美元的税款(500 美元×0.25)。

因此，实际支付款项如下：

付款额	599.99 美元
税款节省额	125.00
净值	474.55 美元

实际上，政府负担了房屋所有者的部分费用，尤其在还款的前几年。此后，尽管资产净值增加越来越快，但是在减税方面的受益并不大。(在本部分内容中，资产净值指的是房屋价值中属于房屋所有者的部分，而不包括银行贷款支付的部分。)

还款模式中第二个重要的隐含内容是，尽管偿还期过了一半，但并没有偿还一半的贷款。

概念链接　例 6-14

中期的贷款余额

计算在贷款中期的余额，例如，在例 6-13 中，15 年末的未还款余额，也就是贷款者付款

① 计算器算法：

按键	输入
n	360
I/Y	0.5
PV	100 000
FV	0
	答案
PMT	599.55

180 次，每次 599.55 美元所能借到的金额。因为那是偿还 15 年后剩余的部分，也就是贷款余额。

解答[①]：将 n=180 代入公式 6-19

$$PVA = PMT\,[PVFA_{k,n}]$$
$$= 599.55\text{ 美元}[PVFA_{0.5,180}]$$
$$= 599.55\text{ 美元}[118.504]$$
$$= 71\,049.07\text{ 美元}$$

因此，在贷款中期，仍有大概 71 000 美元的贷款未偿还。也就是说，只偿还了大概 29%的贷款。

长期分期付款还需要注意一个特征，就是在整个还款过程中支付的利息总额。仍然考虑例 6-13，当利率为 6%时，在考虑了节税因素后，支付的利息总额仍然大概等于贷款额的 87%。

总支付额(599.55 美元×360)	15 838.00 美元
减　原始贷款额	100 000.00
总的利息费用	115 838.00 美元
税收节省额(25%)	28 959.50
净利息费用	86 878.50 美元

当然，这个结果会随着利率变化而变化。在过去的 30 年中，利率在 5%和 16%之间变动。在 21 世纪，利率处于变化范围中较低的一端。验证在利率为 8%的情况下，100 000 美元抵押贷款的税后净利息费用是 123 116.28 美元。[②]

分期偿还贷款和税务筹划

由于商业债务和房屋抵押贷款的利息费用都是可以抵税的，所以，我们经常会计划债券期间内某一特定年度的利息费用和本金偿还金额。如果我们不想列出完整的分期付款进度表，我们也可以在每年年初和年末计算出贷款余额。

概念链接　例 6-15

某年内支付的利息和本金

计算例 6-13 中，第 3 年支付的利息和偿还的本金。

---

① 计算器算法：

按键	输入
n	180
I/Y	0.5
PMT	599.55
FV	0
	答案
PV	71 048.78

②在 20 世纪 80 年代，利率为 12%，典型的抵押贷款中，首次付款额的 97%都用于支付利息。在 30 年的贷款期间内，支付的税后净利息费用几乎是贷款额的两倍。

解答：第 3 年年初的债务余额，就是付款 24 次后的剩余部分，也就是还要付款 336 次。

利用公式 6-19，($PVFA_{0.5,336}=162.569$，$PVFA_{0.5,324}=160.260$，这两个数据在表 A-4 中都查不到)。

$$\begin{aligned} PVA^{①} &= PMT\,[PVFA_{k,n}] \\ &= 599.55\text{ 美元}[PVFA_{0.5,336}] \\ &= 599.55\text{ 美元}[162.569] \\ &= 97\,468.24\text{ 美元} \end{aligned}$$

同样，3 年后，还剩余 324 次付款。

$$\begin{aligned} PVA^{②} &= PMT\,[PVFA_{k,n}] \\ &= 599.55\text{ 美元}[PVFA_{0.5,324}] \\ &= 599.55\text{ 美元}[160.260] \\ &= 96\,083.88\text{ 美元} \end{aligned}$$

这两者之间的差额 1 384.36 美元，就是第 3 年支付的本金。1 年内总共支付 12 次，所以总额就是 7 194.60 美元(599.55 美元×12)，所以，支付的利息就是总额减去本金偿还的部分。

总付款额	7 190.60 美元
本金减少额	(1 384.36)
可递减的利息	5 810.24 美元

可调整利率的抵押贷款(ARM)

在第 5 章讨论 2008 年金融危机时，提到过可调整利率的抵押贷款。ARM 就是周期性地重置利率而使其与市场利率保持一致的抵押贷款。这就将与利率有关的风险从出借人转移至了借款人。

当 ARM 的利率重置时，借款者的月付款额就会变化，以便在贷款剩余期间内偿还未还款额。在公式 6-19 中，PVA 变成重置后的未还款额，k 为新的月利率，n 为贷款的剩余期间。

假设一个潜在的借款人在签署借款协议前，希望了解 ARM 的付款情况，应该怎么做？这

① 计算器算法：

按键	输入
n	336
I/Y	0.5
PMT	599.55
PV	0
	答案
FV	97 468.15

②计算器算法：

按键	输入
n	324
I/Y	0.5
PMT	599.55
PV	0
	答案
FV	96 083.99

需要两个步骤，首先估计利率重置时的债务余额，然后根据新的 k 和 n，算出新的还款额。

概念链接　例 6-16

估计重置后的 ARM

Roxanne Smother 正在考虑购买一套新的房屋，现在有两种总额为 200 000 美元，期间为 30 年的抵押贷款可供选择。第一种，固定利率为 7%，每月付款 1 331 美元。第二种是可调整利率的抵押贷款，初始利率为 6%，初始付款为 1 199 美元。

Roxanne 担心数年后利率会大幅度上升。假设 5 年后利率上升到 9%，计算她每月的付款额。

解答：首先算出 5 年(60 个月)后 ARM 的未还款余额。如例 6-14 和例 6-15 中，写出公式 6-19，代入 PMT=1 199 美元，k=0.5 和 n=300(剩余月份)。

$$PVA = PMT\,[PVFA_{k,n}] = 1\,199\text{ 美元}[PVFA_{0.5,300}]$$
$$= 1\,199\text{ 美元}[155.207] = 186\,093\text{ 美元}$$

利用公式 6-19 计算在未来 25 年内，利率为 9%时，分期偿还 186 903 美元，每月需偿还的金额。

$$k = 9/12 = 0.75$$
$$n = 25 \times 12 = 300$$
$$PVA = PMT\,[PVFA_{k,n}]$$
$$186\,093\text{ 美元} = PMT\,[PVFA_{0.75,300}]$$
$$186\,093\text{ 美元} = PMT[160.260]$$
$$PMT = 1\,562\text{ 美元}$$

所以，如果利率在第 5 年上升至 9%，Roxanne 的每月还款额上升至 1 562 美元，增加了 30%。相对于固定利率的抵押贷款，每月需要多还 231 美元。

利率可能不会上升，或者上升至超过了 9%。因此，你会选择哪种抵押贷款？

6.3.7　先付年金

到目前为止，我们处理的都是付款发生在期末的普通年金。当付款发生在期初时，就产生了先付年金的问题。所以，计算公式也要相应的修改。

先付年金的终值

在先付年金中，款项都是在期初而不是期末支付或收到。首先，回忆一下图 6-4 推导普通年金终值计算公式的过程。由于某一期的期末就是下一期的期初，我们只需将每次付款都前移一期就可以建立一个先付年金，如图 6-7 所示。此时，在时间点 0 处有一次付款，但在时间点 3 处没有付款。

> 在先付年金中，付款发生在每期期初。

由于每一次付款都提前了一期，付款在银行中会多获得一期的利息。每次付款的终值都要在原来结果上乘以(1+k)。增加的(1+k)在图中以斜体表示。

先付年金的终值，记为 $FVAd_3$，所以

$$FVAd_3 = PMT(1+k) + PMT(1+k)(1+k) + PMT(1+k)^2(1+k)$$

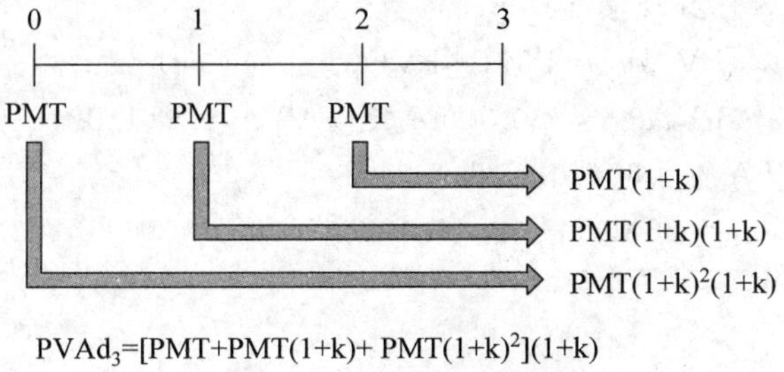

图 6-7　三期先付年金终值

提出公因式(1＋k)

$$FVAd_3 = [PMT + PMT(1+k) + PMT(1+k)^2](1+k) \tag{6-20}$$

很容易发现,无论增加多少期,先付年金中每一项都是在普通年金中相应的项后乘以(1＋k)。因此,可以将公式 6-20 推广至 n 期。

$$FVAd_3 = [PMT + PMT(1+k) + \cdots + PMT(1+k)^{n-1}](1+k) \tag{6-21}$$

在括号中的式子可以写成普通年金的终值公式,唯一不同的就是在右边增加了因式(1＋k)。因此,先付年金终值的最终计算公式就是普通年金的计算公式乘以(1＋k)。

$$FVAd_n = PMT\,[FVFA_{k,n}](1+k) \tag{6-22}$$

可以通过描述现金流时使用的"从现在开始"、"从今天开始"、"立刻开始"等语句来辨认先付年金。

先进的计算器可以自由设定在期初或期末付款。如果设定在期初付款,计算器就会乘以(1＋k)。但只是偶尔求解先付年金问题,手动乘以(1＋k)也很简单。

概念链接　例 6-17

先付年金

Baxter 公司从现在开始建立偿债基金,每季度存入 50 000 美元。银行年利率为 8%,按季度计息,存款 10 年。那么 10 年后这笔基金总价值多少?

解答[①]:先计算 k 和 n 的值

$$k = 8\%/4 = 2\%$$

$$n = 10\text{ 年} \times 4\text{ 季度} / \text{年} = 40\text{ 季度}$$

① 计算器算法:

按键	输入
n	40
I/Y	2
PMT	50 000
PV	0
	答案
FV	3 020 099
	× 1.02
FV	3 080 501

列出公式 6-22，代入已知变量

$$FVAd_n = PMT[FVFA_{k,n}](1+k)$$

$$FVAd_{40} = 50\,000\text{ 美元}[FVFA_{2,40}](1.02)$$

查表 A-3 得到 $FVFA_{2,40}=60.4020$，代入上式

$$FVAd_{40} = 50\,000\text{ 美元}[60.4020](1.02) = 3\,080\,502\text{ 美元}$$

先付年金的现值

与普通年金现值公式推导相似，根据图 6-7，可以很容易得到先付年金的现值公式。将先付年金的现值记为 PVAd。

$$PVAd = PMT[PVFA_{k,n}](1+k) \tag{6-23}$$

该公式的用法与公式 6-22 的用法相似。

练习：运用图 6-7 和我们推导公式 6-22 的方法，推导出公式 6-23。

辨别年金问题的类型

在解决年金问题时，最常犯的错误就是弄不清该用现值方法还是终值方法。下面对如何分清两种，提供了一些指导。

首先，年金问题总是表现为一系列等额的款项。无论款项的价值是否已知，一系列等额的付款就意味着是年金。

年金问题经常包括一些发生在一系列付款结束时或其他时刻的交易。如果交易发生在系列付款的末尾，那么要解决的就是终值问题。如果交易发生在期初，那么就属于现值问题。下图解释了这个观点。

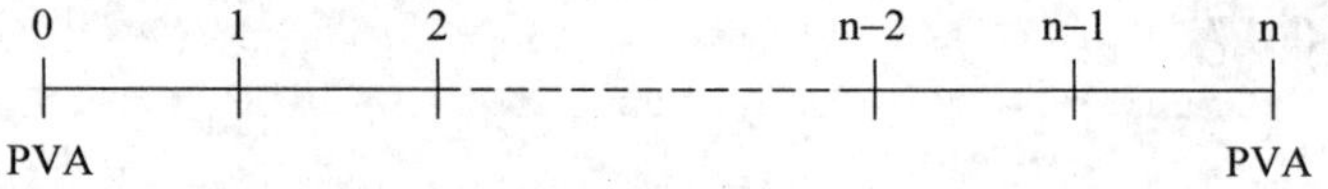

贷款问题通常属于年金的现值问题，年金本身就是一系列的贷款还款。交易就是将资金从出借人转移至借款人。通常发生在系列还款的期初。

存钱以便未来购买某物，通常属于年金的终值问题。例如，为了在未来购买一辆汽车，每月在银行存入一定数额的资金。存款就相当于年金中的付款，购买汽车就是发生在系列付款结束时的交易。

6.3.8 永续年金

在相等的时间间隔内，无限期的支付一系列等额的款项被称为永续年金。可以将永续年金理解为一个无限期的年金，但实际上并不是年金，因为它没有终点。

> 永续年金是无限期地定期支付等额款项。

终值的概念对永续年金是没有意义的，因为没有可以计算终值的结束时间点。然而，对永续年金来说，现值概念是有意义的。

就像年金一样，永续年金的现值就是所有独立的付款的现值之和。初看起来，这个概念好像也是没有意义的。无限数目的付款的现值的和也应该是无限的。

然而，在无限次的系列付款中，各次付款的现值是逐渐减小的。因为后一次付款比前一次付款的折现时间更长，所以每一次付款对 PV 的增加量都比前一次要小。从数学上来讲，一系

列逐渐减小的数字的和应该是有限的。计算这个有限的数值的方法非常简单。

每次付款额为 PMT，利率为 k 的永续年金的现值，记为 PV_p：

$$PV_p = \frac{PMT}{k} \tag{6-24}$$

k 是付款当期的利率。如果按季度付款，并按季度计息，k 就是每个季度的利率 $k_{nom}/4$。

注意，在给定利率并且无复利的情况下，永续年金的现值就是按照给定利率存款，每期付款额的总和。为了验证这个，可以解出公式 6-24 中的 PMT。

概念链接 例 6-18

永续年金——优先股

Longhorn 公司发行一种证券，承诺无限期地向证券持有者每季度支付 5 美元。在金融市场中，投资者的资金可以获得 8%的按季度计息的利息。Longhorn 公司的这种证券能以什么价格出售？

解答：Longhorn 公司的这种证券实则为一个按季度付款的永续年金。证券的价值就是在现行利率基础上的未来付款的现值。

> 优先股股利就是永续年金。

$$PV_p = \frac{PMT}{k} = \frac{5.00\text{ 美元}}{0.02} = 250\text{ 美元}$$

提供这种交易方式的证券被称为优先股，我们将在第 8 章中深入学习。

概念链接 例 6-19

永续年金——盈利的资本化

Ebertek 是一家私营公司，正在对外转让。Big 公司在考虑收购这家企业。Ebertek 公司的收入和税后利润的平均值大约为 40 000 000 美元和 2 50 000 美元，并且在最近 5 年内，基本没有偏离平均值。利率大约是 10%。在谈判时，比较实际的起始价格应为多少？

解答：如果当事人认为 Ebertek 的收入稳定，那这家企业的公平价格应为无限期的未来收入的现值之和。换句话说，公正的价格应该是一个每年收入一定的永续年金的现值。在本例中，企业的价值应该为：

> 将一系列稳定的收益视为永续年金，对其资本化即可求其现值。

$$PV_p = \frac{PMT}{k} = \frac{2\,500\,000}{0.10} = 25\,000\,000\text{ 美元}$$

这个估计过程被称为相应利率下的盈利资本化，在这个例子中，利率为 10%。我们将这一系列的收付款等同于一定数额的资金，这笔资金在现有利率下产生一系列的利息。

在此情况下，谈判将在起始价格上波动，这取决于对未来收入的预测是高于还是低于近年来的收入记录。

连续复利

在本章前几节讨论复利问题时，提到了复利计算期短于一年的情况。特别提到了年、半年、季度和月这几种复利计算期。

复利计算期在理论上可以短于一天，以小时、分钟、秒作为复利计算期都是可能的。从极限角度来看，由于时间段可以无限制地缩小，我们有了连续复利的概率，即利息一经产生立刻加入本金账户从而再次产生利息。

连续复利的数学推导十分复杂，超出了这本书的要求。因此，我们仅列出公式，而没有推导过程。

$$FV_n = PV(e^{kn}) \tag{6-25}$$

k是以小数形式表示的名义利率，n是年数。字母e是高等数学中一个特殊的数，它的十进位数值是2.71828……。所有的财务和工程计算期都有一个e^x键，用于计算e的指数值。公式6-25即可用来求一笔资金的现值，也可求其终值。k的小数值和n的值可以直接代入公式中使用。

概念链接　例6-20

连续复利

Charleston的第一国家银行对存款提供连续复利，这种利息支付方式主要是一种鼓励措施。

a. 如果你存入5 000美元，利率为6.5%，连续复利，存期3年半，其后能获得多少钱？

b. 利率为12%时，与连续复利等价的实际年利率(EAR)是多少？

解答：a. 列出公式6-25，代入已知数值。

$$FV_n = PV(e^{kn})$$
$$FV_{3.5} = 5\,000\text{美元}(e^{(0.65)(3.5)})$$
$$= 5\,000\text{美元}(e^{0.2275})$$

使用计算期可得$e^{0.2275}=1.255456$，代入可得

$$FV_{3.5} = 6\,277.29\text{美元}$$

b. 计算100美元存款在利率12%时，连续复利情况下，存款一年所得到的利息。

$$FV_n = PV(e^{kn})$$
$$FV_1 = 100\text{美元}(e^{(0.12)(1)})$$
$$= 100\text{美元}(e^{0.12})$$
$$= 100\text{美元}(1.1275)$$
$$= 112.75\text{美元}$$

因为初始存款为100美元，获得的利息是12.75美元。等价的实际年利率EAR就是12.75美元/100=12.75%。

将本题的年终余额和EAR与表6-2中各种不同复利计算期对应的的值进行比较讨论。

表6-5总结了所有我们讨论过的时间价值公式。

表 6-5　时间价值公式

公式编号	公式	表格
	金额问题	
6.4	$FV_n = PV[FVF_{k,n}]$	A-1
6.7	$PV = FV_n[PVF_{k,n}]$	A-2
	普通年金	
6.13	$FVA_n = PMT\ [FVFA_{k,n}]$	A-3
6.19	$PVA = PMT\ [PVFA_{k,n}]$	A-4
	先付年金	
6.22	$FVAd_n = PMT\ [FVFA_{k,n}]\ (1+k)$	A-3
6.23	$PVAd = PMT[PVFA_{k,n}](1+k)$	A-4
	永续年金	
6.24	$PV_p = \frac{PMT}{k}$	
	连续复利	
6.25	$FV_n = PV(e^{kn})$	

关于等式间相似之处的注解

两个金额公式中的任何一个都可以用来求解金额问题，因为两者都是由公式 6-3 推导出来的。两个公式中的 4 个变量是相同的，并且时间价值系数互为倒数。

两个年金公式看起来是对称的，实则不然。年金公式是不可以交换使用的，每一个公式对应着相应的题型，并且，系数间也不是互为倒数的关系。因此，在开始解题时，就必须选择正确的年金公式。

6.3.9　综合问题

现实情况经常需要将两个或更多的时间价值公式组合起来求解最终答案。在这种情况下，画出时间轴能使问题更直观。下面是两个例子。

概念链接　例 6-21

简单的综合题

Exeter 公司将 75 000 美元投资于证券，并获得 16％的按季度计息的回报。这个公司目前正在开发新产品，计划需要在两年后投入 500 000 美元。Exeter 公司目前的现金流状况良好，但是未来情况未知。因此，管理者希望从现在开始存款直到投入开发时，以确保到时有 500 000 美元现金。现在投资于证券的资金可以用来提供部分开发基金。银行存款利率为 12％，按月计息。Exeter 每月应存入多少钱以确保有足够的资金用于产品开发？

解答：这个题目主要有两个问题：Exeter 通过每月存钱来累积资金（年金问题），投资于证券的钱以一定的利率增长（金额问题）。

要计算公司每个月存多少钱，需要知道这些存款在两年后必须累积为多少。这是未知的，但可以计算出来。存款的最终金额必须等于500 000美元减去证券投资最终得到的金额。

因此,要相继求出两个问题。先解第一个金额问题,求出75 000美元的终值。得到这个数据后,用500 000美元减去刚刚得出的结果,得出年金所需要的终值。然后,求解一个年金终值问题,求出为得出那个年金终值每月所需存入的金额。

注意,在上面两个步骤中,k和n是不同的。在金额问题中,利率为16%,按季度计息,时间为两年,因此k=4%,n=8。在年金问题中,利率为12%,按月计息,时间两年,因此k=1%,n=24。时间轴如下:

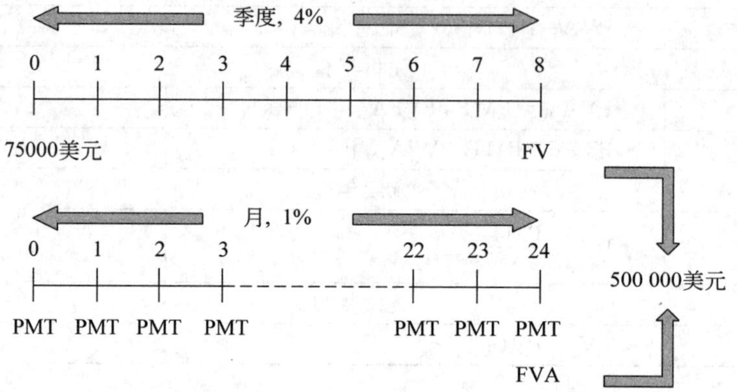

用公式6-4求出75 000美元的终值①:

$$FV_n = PV[FVF_{k,n}]$$

$$FV_8 = 75\ 000\text{美元}[FVF_{4,8}] = 75\ 000\text{美元}[1.3686] = 102\ 645\text{美元}$$

然后,计算所需的存款

$$500\ 000\text{美元} - 102645\text{美元} = 397\ 355\text{美元}$$

换句话说,存款的终值是397 355美元。用公式6-13求解所需的每期付款额②:

$$FVA_n = PMT\ [FVFA_{k,n}]$$

$$397\ 355\text{美元} = PMT\ [FVFA_{1,24}]$$

① 计算器算法:

按键	输入
n	8
I/Y	4
PV	75 000
PMT	0
	答案
FV	102 643

② 计算器算法:

按键	输入
n	24
I/Y	1
FV	397 355
PV	0
	答案
PMT	14 731

$$397\ 355 \text{ 美元} = PMT[26.9735]$$
$$PMT = 14\ 731 \text{ 美元}$$

概念链接　例 6-22

复杂的综合题

Smith 家计划 3 年后用 200 000 美元购买一所房子。在购买时,会申请一个传统的 30 年期抵押贷款。抵押贷款提供者会根据借款者的家庭总收入来确定借出金额,通常将家庭收入的 25%作为抵押贷款的还款额。Smith 家预计在买房子时,他们的家庭收入大约是 48 000 美元,那时抵押贷款利率大约是 9%。

光靠抵押贷款不足以支付购买房子所需的资金,所以还需一笔储蓄来补足差额。他们家已有银行存款 10 000 美元。利率为 6%,按季度计息。如果从现在开始每季度存入一笔金额,直到购买时止,那每季度需要存入多少钱?

解答:我们需要三条时间轴来使问题形象化:一条用于已有的 10 000 美元银行存款;一条用于贷款;另一条用于未来 3 年的存款。

注意,本题解题的焦点在于购买房子的时间点。金额问题和存款的年金问题在该点结束,但这一点又是贷款的起始点。也就是说,贷款时间轴的零点不在现在,而在 3 年后。尽管如此,我们还是说求解的是还款年金的现值。

题目要求我们计算的是 Smith 家每季度要存多少钱。我们必须首先知道他们需要的存款总额,也就是存款年金的终值,即表中的 FVA_{12}。这个数额应该是 200 000 美元减去抵押贷款可以借到的金额,再减去已有存款 3 年后的终值,即表中的 PVA 和 FV_{12}。

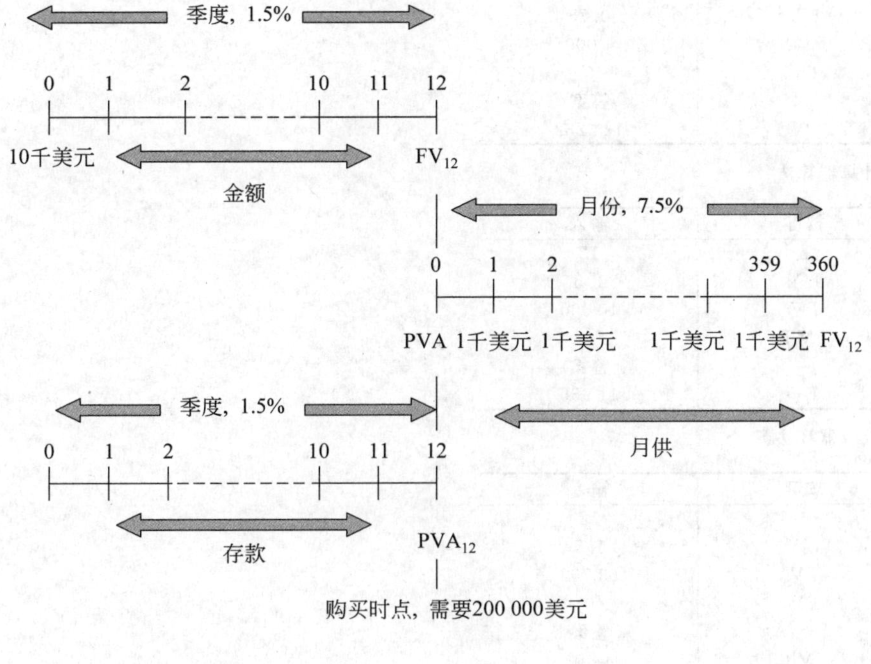

首先，利用年金现值公式 6-19 计算抵押贷款可以借到的金额。30 年期抵押贷款利率为 9%，按月计息，所以，k=0.75%，n=360。Smith 家年收入为 48 000 美元，即月收入为 4 000 美元。通常，这笔钱的 25% 用于还款，即 1 000 美元[①]。

$$PVA = PMT\,[PVFA_{k,n}]$$
$$= 1\,000 \text{ 美元}[PVFA_{0.75,360}]$$
$$= 1\,000 \text{ 美元}[124.282]$$
$$= 124\,282 \text{ 美元}$$

然后，利用公式 6-4 计算银行已有的 10 000 美元的终值。利率为 6%，按季度计息，时间为 3 年，所以，k=1.5%，n=12[②]。

$$FV_{12} = 10\,000 \text{ 美元}[FVF_{1.5,12}]$$
$$= 10\,000 \text{ 美元}[1.1956]$$
$$= 11\,956 \text{ 美元}$$

所需存款的总额为 200 000 美元减去上面得到的两个结果，即 63 762 美元。这个值就是存款年金的终值。我们可以利用年金终值公式(6-13)求出每期的存款额[③]。由于存入同一个银行账户，所以 k 和 n 的值与上面相同。

$$FVA_n = PMT\,[FVFA_{k,n}]$$
$$63\,762 \text{ 美元} = PMT[FVFA_{1.5,12}]$$
$$63\,762 \text{ 美元} = PMT[13.0412]$$
$$PMT = 4\,889 \text{ 美元}$$

---

① 计算器算法：

按键	输入
n	360
I/Y	0.75
PMT	1 000
FV	0
	答案
PV	124 282

② 计算器算法：

按键	输入
n	12
I/Y	1.5
PV	10 000
FMT	0
	答案
FV	11 956

③ 计算器算法：

按键	输入
n	12
I/Y	1.5
FV	63 762
PV	0
	答案
PMT	4 889

不要因为这笔存款和已有的100 000美元存款在同一个账户，就在理解上产生混乱。为了计算清晰，可以将它们理解为在不同账户中的存款。

得出的结果显示Smith家每季度要存入近4 900美元，即每个月大约1 630美元。以他们家的收入水平来看，这似乎有些多。

6.3.10 不等额现金流和嵌入式年金

许多现实问题中的现金流并不是相等的。当这种情况发生时，我们并不能用年金公式计算现值和终值，我们必须将每一步付款额作为独立的金额问题。例如，考虑如下时间轴所表示的现金流①。

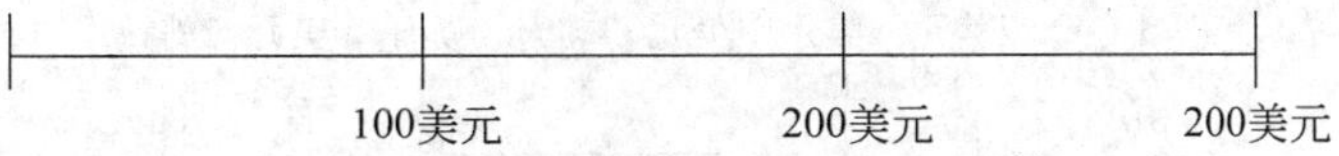

解此题唯一的方法就是将每次的付款当作独立的金额。这种情况求现值或终值并不太难，但是如果已经得到特定的现值或终值，那么计算利率就十分困难了。

例如，我们可能需要求出使得各相互独立的金额的现值之和为500美元 的利率。

解决此类问题的正确方法就是试算法。我们需要首先猜测一个利率值，以此利率算出现金流的现值。如果得到的结果不是500美元，就选择一个更合适的利率重新计算。但是，有方法可以使第二次的猜测结果更接近正确答案，通过下例来进行说明。

概念链接 例6-23

不等额现金流的现值

计算利率为多少的情况下，可以使上述现金流的现值为500美元。

解答：我们将资金的现值公式应用于每一笔付款，初步猜测利率为12%，则整个现金流的现值为：

$$
\begin{aligned}
PV &= FV_1[PVF_{k,1}] + FV_2[PVF_{k,2}] + FV_3[PVF_{k,3}] \\
&= 100\text{ 美元}[PVF_{12,1}] + 200\text{ 美元}[PVF_{12,2}] + 300\text{ 美元}[PVF_{12,3}] \\
&= 100\text{ 美元}(0.8929) + 200\text{ 美元}(0.7927) + 300\text{ 美元}(0.7118) \\
&= 462.27\text{ 美元}
\end{aligned}
$$

这个值比500美元小，所以我们的猜测不准确。我们的猜测值使数值折现太多，而利率越高会是金额折现越大，因此，我们下次猜测的利率应该低一些。

用11%试算得到现值为471.77美元，与500美元接近了一些，但仍不够接近。经过一系列试算得到的答案在8%～9%之间。

① 虽然在此我们没有特别提出，但你应该意识到在一个付款现金流中，可能有一次或多次的付款会是负数。负的付款额表示的是资金向相反的方向流动。例如，如果一系列正的款项代表的是从经营中获得的利润，那么负数则反映了某期间的损失，它会对现值或终值的计算带来负作用。

嵌入式年金

有时,不等额现金流中也包括规律的部分,所以,在计算现值或终值时,可以用年金公式来减少计算次数。

> 嵌入式年金的现值需要将其折现至零点处。

以计算下图中的不等额现金流的现值为例。其中,第三次到第六次的付款可以看作是一个期数为4,每期付款额为3美元的年金。

将该部分看作年金,就无须计算每次的现值,而通过PVA公式计算。然而,必须牢记的是年金公式得到的是年金起始处的现值,在本例中是时间点2处,而不是时间点0处。因此,我们要将得到的年金"现值"再向前折现两个时间段,得到在时间点0处的现值。

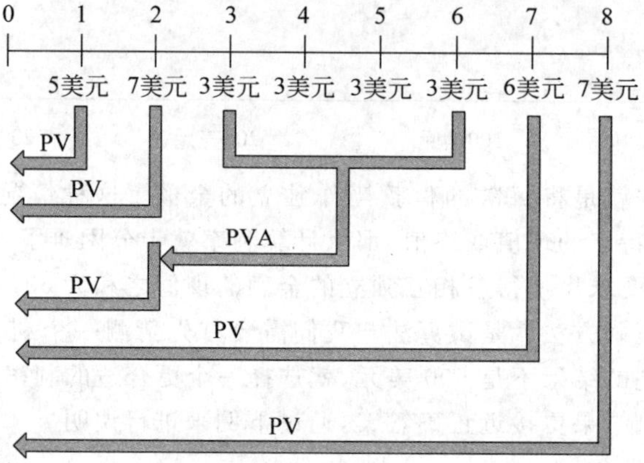

概念链接　例6-24

嵌入式年金

利率为12%,计算上图中不等额现金流的现值。

解答:首先将前两次付款和最后两次付款作为独立的金额问题。

第1次付款:$PV = FV_1[PVF_{12,1}] = 5$ 美元(0.8929) = 4.46美元

第2次付款:$PV = FV_2[PVF_{12,2}] = 7$ 美元(0.7972) = 5.58美元

第7次付款:$PV = FV_7[PVF_{12,7}] = 6$ 美元(0.4523) = 2.71美元

第8次付款:$PV = FV_8[PVF_{12,8}] = 7$ 美元(0.4039) = 2.83美元

接下来计算在第3期期初年金的现值,并将其向前折现两年。

$PVA = PMT[PVFA_{12,4}] = 3$ 美元(3.0373) = 9.11美元

$PV = FV_2[PVF_{12,2}] = PVA(0.7972) = 9.11$ 美元(0.7972) = 7.26美元

然后将所得的PV值相加,得到答案为22.84美元。

用计算器解决不等额现金流问题

财务计算器能够解决有限次不等额付款的问题,通常程序设定为已知利率求解现金流的现值,或已知现值求适用的利率。计算器的说明书中包括了计算不等额现金流的说明。

电子表格也能进行这些操作,并且比计算器更简单适用。不等额现金流的估值是资本预算中的一个关键环节。我们将在第10、11和12章中对资本预算进入深入学习,并且了解计算

器和电子表格的用法。

概念链接

例 6-1　终值计算
例 6-2　现值计算和相当于现金折扣的延期付款
例 6-3　计算利率
例 6-4　求解期间长度
例 6-5　年金终值
例 6-6　偿债基金
例 6-7　按月复利
例 6-8　按季计息
例 6-9　年金现值
例 6-10　电子表格
例 6-11　分期偿还贷款——计算 PMT
例 6-12　分期偿还贷款——计算借款金额
例 6-13　初期还款中的利息组成
例 6-14　中期的贷款余额
例 6-15　某年内支付的利息和本金
例 6-16　估计重置后的 ARM
例 6-17　先付年金
例 6-18　永续年金——优先股
例 6-19　永续年金——盈利的资本化
例 6-20　连续复利
例 6-21　简单的综合题
例 6-22　复杂的综合题
例 6-23　不等额现金流的现值
例 6-24　嵌入式年金

讨论

1. 为什么在日常商业事务中,尤其是包括契约的交易中,时间价值的概念很重要?

2. 为什么在计算股票或债券价值时,时间价值至关重要?

3. 零售店打折就是降价销售。这在财务领域意味着什么?这两个概念相关联吗?

4. 计算利率为 10%时,30 年后的 1 美元的现值。据此结果,关于期限非常长的合同,你能得出什么结论?

5. 用简短的语言描述年金的时间价值公式的推导方法。

6. 延期付款条款相当于现金折扣。讨论并解释这个观点。

7. 什么是机会成本利率?

8. 讨论偿债基金理论。它是怎样和时间价值联系的?

9. 复利公式间的联系比年金公式间的联系更紧密。解释说明这个表述。

10. 描述复利和复利期的潜在含义。这两者是如何与时间价值联系起来的？什么是实际年利率(EAR)和年度百分率？年度百分率与实际年利率相关吗？

11. 在分期付款进度表中包含哪些我们感兴趣的信息？

12. 根据货币的时间价值和分期付款的有关知识来讨论抵押贷款。对于抵押贷款的运作原理，房屋所有者应该知道那些重点？(提示：考虑税收和还清贷款)

13. 讨论将无限期的收益资本化的理论。为什么这个理论是有用的？有哪项金融资产是应用这项理论的吗？

14. 如果一种年金是在未来的某一时间开始，那如何计算它在今天的现值？简短地描述这个过程。

分析

1. 一个企业的价值可以通过将其收益资本化来评估(例 6-19)。你如何运用这个观点来估计证券的价值，尤其是由大量公众持有股份的公司的股票？有没有方式能计算股票价值，然后将其与股票市场的价格进行比较，从而告诉投资者这是否值得投资？(如果股票价格低于算出的价值，那就值得买。)计算会用到哪些与股票相关的财务数据？考虑第 3 章学习过的每股数据和比率，包括：EPS、股利、每股账面价值等。有没有一种测量方法比其他的更有效？什么因素会导致股票价值高于或低于你计算出的价值？

习题

注：所有涉及非整年复利的问题参考例 6-7 和例 6-8。

现值问题：例 6-2 的概念链接

1. Lexington 房地产开发公司拥有一笔在 3 年后到期的，金额为 10 000 美元的应收款。这笔款项的价值是多少，当利率是：

a. 9%？

b. 12%，按月计息？

c. 8%，按季度计息？

d. 18%，按月计息？

e. 7%，连续复利？

终值计算：例 6-1 的概念链接

2. 在下列情况下，银行中的 4 500 美元存款价值将为多少？

a. 利率 7%，存期 9 年

b. 利率 10%，每半年计息，存期 6 年

c. 利率 8%，按季度继续，存期 5 年

d. 利率 12%，按月计息，存期 10 年

计算利率：例 6-3 的概念链接

3. 下面列出的各项贷款中适用的利率为多少？

a. 借款 500 美元，1 年后还款 555 美元。

b. 借出 1 850 美元，2 年后得到还款 2 078.66 美元。

c. 借出 750 美元，按季度计息，5 年后得到还款 1 114.46 美元。

d. 借款 12 500 美元，按月计息，3 年后还款 21 364.24 美元。

（注：在 c 和 d 题中，要计算出年名义利率）

求解期间长度：例 6-4 的概念链接

4. 要使下面各项成立，需要经过多长的时间？

a. 利率为 7%，856 美元增至 1 122 美元

b. 利率为 12%，按月计息，450 美元增至 725.50 美元

c. 利率为 10%，按季度计息，5 000 美元增至 6 724.44 美元

5. Sally Guthrie 在寻找一个可以使她的钱在 5 年内翻倍的投资渠道。

a. 报酬率必须为多少？（以最接近的整数百分比表示）？

b. 按上面求得的报酬率，经过多长时间可以使她的钱为原来的三倍？

c. 如果她无法找到比 11%更高的报酬率，那么要使她的钱翻倍需要经过多长时间？

d. 你认为 Sally 需要使用哪种金融工具？它们是否有风险？Sally 的投资可能会发生什么情况？

相当于现金折扣的延期付款：例 6-2 的概念链接

6. Branson 公司将产品出售给白兰地酒业公司，这是一个主要的客户，售价为 20 000 美元。出于礼貌，Branson 公司同意一半的金额在两年后支付。

a. 如果利率为(1)6%(2)8%(3)10%(4)12%，那么对 Branson 公司来说，交易的实际价格是多少？

b. 在何种情况下，对白兰地酒业公司来说，实际价格会更低？

7. John Cleaver 的祖父刚刚去世，留下了一份已经锁在阁楼好多年的遗嘱。在遗嘱下面，John 发现了 50 张尚未兑现的、第一次世界大战时美国发行的“自由公债”，这些债券在 1918 年发行时的价格为每张 11.50 美元，利率为 3%。（这类政府债券看复利计息，并累积利息一次发放，而不是像公司债券定期向持有人发放利息。）

a. 在 2007 年，这些债券的价值为多少？

b. 如果采用 20 世纪七八十年代的较高的利率，如 7%，那这些债券的价值是多少？

c. 解释(a)和(b)得出的结果的不同之处。

8. Paladin 公司为经常资金短期的小报社制造打印机。为了适应顾客，Paladin 公司提供了如下的付款协议：交货时付款 1/3，六个月后支付 1/3，18 个月后支付剩余的 1/3。

Littleton Sentinel 是个典型的资金状况不好的报社，它正在考虑购买 Paladin 公司的印刷机。

a. 对 Paladin 公司而言，如果可以将额外的资金以 8%的利率、按季度计息的方式进行投资，那么上述的条款实际折扣是多少？

b. Sentinel 公司能以 12%的利率、按月计息的方式借到有限的金额，那么对于 Sentinel 来说，这个付款协议相当于的折扣是多少？

c. 从机会成本的角度看，对上述同一问题得出的结论进行解释。

9. Charlie 欠 Joe8 000 美元。欠条规定 5 年后归还，利率为 6%，一次性支付利息。Joe 现

在有个投资机会，估计可以得到18%的报酬率，但也有可能只有4%的报酬率。银行可以以14%的利率对欠条进行折现，向Joe提供他投资所需的资金。

a. 如果Joe接受了银行的折现，并且投资确实得到了18%的报酬率，Joe会盈利多少？

b. 如果投资仅获得了4%的报酬率，他将亏损多少？

年金终值：例6-5的概念链接

10. 每年款项为650美元，时间为8年的年金终值为多少？利率如下：

a. 12%

b. 8%

c. 6%

11. Wintergreen一家在提前计划他们儿子的教育问题。他们的儿子现在8岁，10年后就会上大学。如果利率为7%，他们家每年要存多少钱才能在开始念大学时有65 000美元？

12. 要使每年存入7 500美元的年金在15年后累积至279 600美元，利率是多少？

13. 在利率为8%的情况下，要使每年850美元的年金达到20 000美元，需要经过多少年？

年金现值：例6-9的概念链接

14. 如果你可以将钱投资于利率为10%、每半年计息的项目，那么对于每半年支付2 000美元、总计12年的年金项目，你愿意花多少钱？

分期偿还贷款—计算PMT：例6-11的概念链接

15. Sam Rothstein希望借入15 500美元，并且在未来5年内每季度偿还一定数额，那么利率为16%、按季度计息时，他每个季度需要还款多少？

分期偿还贷款—计算借款金额：例6-12的概念链接

16. Harry Clements想买一辆新车。他每个月能支付650美元，银行4年期汽车贷款的利率为12%、按月计息，那么Harry为了买车能借到多少钱？

17. 制作一张4年期、利率为6%、按年计息、金额为10 000美元的贷款的分期还款进度表。

18. 一笔10 000美元的汽车贷款要求持续3年、每月还款361.52美元，那么适用的利率是多少？假设按月计息，求出年利率。

实际年利率(EAR)

19. Ralph Renner为了购买新车而借入了30 000美元。他选择了付款60次的贷款，每月支付761.80美元。那么这笔贷款的实际年利率为多少？

先付年金：例6-17的概念链接

20. Joe Ferro的叔叔从现在开始，在未来两年内每个月给他250美元。如果Joe将每一笔钱都存入银行，银行年利率为6%，按月计息，那3年后他将有多少钱？

21. 如果每季度支付500美元来分期偿还8 000美元的贷款，年利率为16%，按季度计息，那么需要经过多长时间才能还清贷款？将答案近似到月。如果每期还款发生在期初而不是期末，还款时间将减少多少？

抵押贷款：例6-13和例6-14的概念链接

22. Ryan和Laurie Middleton刚刚购买了他们的第一个房子，他们以传统抵押贷款(按月计息和付款)的方式借了 178 000 美元,利率为 6%,时间为 30 年。

a. 他们每月付款多少?

b. 他们第一个月的付款额中支付的利息为多少?

c. 如果 30 年内一直按期付款,那么他们总共支付的利息为多少?

d. 如果 7 年后决定搬家,那么他们那时的贷款余额为多少?

e. 如果房屋的贷款期限是 15 年而不是 30 年,那么他们在整个贷款期限内可以少支付多少利息?

23. 为偿还一笔期限为 30 年,利率为 12%,总额为 150 000 美元的抵押贷款,每个月要还款多少?做出这笔贷款前 6 个月的分期付款进度表。

24. 做出 23 题中贷款的最后 6 个月的分期付款进度表。提示:在 29 年半,尚未偿还的余额是多少?

25. 对于 23 题中的那笔贷款,如果借款者在第 5 年末一次性偿还本金 17 936.29 美元,那么多长时间能还清这笔贷款?

26. 对于 23 题中的那笔贷款,在第 25 年的付款额中支付的本金和利息各为多少?

27. Adam Wilson 刚刚贷款 250 000 美元购买了一所房子,贷款期限为 30 年,利率为 8%,按月计息。

a. Adam 每月的还款额为多少?

b. 如果 Adam 每个月多还款 100 美元,能提前多长时间还清贷款?

(附录表 A 不能为 c 和 d 题提供数据,请使用财务计算器)

c. 如果 Adam 在前 5 年内正常还款,但在第 5 年末,贷款利率变为 6%。如果他仍按过去的还款额偿还,那么在第 5 年后,他能提前多长时间还清贷款?

d. 在第 10 年,Adam 需要支付多少利息

i. 如果利率重置了

ii. 如果利率没有重置。

估计重置的 ARM: 例 6-16 的概念链接

28. Harrison Conway 需要贷款 300 000 美元,他正在固定利率的抵押贷款和可调整利率的抵押贷款两者中进行选择。两者都是 30 年期,按月计息。固定利率为 8%,可调整利率的起始利率为 6%。Harrison 担心 10 年后会发生通货膨胀,使得利率达到 20 世纪 80 年代的水平,大约 12%。如果 10 年后 ARM 的利率真的变为 12%,比较一下固定利率贷款和 ARM 的付款额。简化起见,假设只发生了一次利率重置。将结果保留至整数位。

29. Lee Childs 正在和 Haas 公司商议未来 5 年的合作合同。Haas 同意在第 3 年末、第 4 年末和第 5 年末付款,每次支付 10 000 美元。而在那之前,不会支付任何费用。如果 Lee 将所有的款项以 8%的利率折现,那么对他而言,合同的价值是多少?

30. 继续上面的问题。如果 Lee 希望更快的收到付款,并提出在第 3 年初、第 4 年初和第 5 年初收款。如果 Haas 接受了这个提议,那这时这份合同的价值为多少?

31. Orion 公司正在评估一个项目的可行性。项目开始运行时需要 50 000 美元。项目第一年会带来收入 20 000 美元,并在接下来的五年内每年产生收入 16 000 美元,然后项目终止。在评估时,Orion 公司使用的利率为 15%,按年计息。

a. 计算这个项目的净现金值(NPV),即将最初的投资作为现在发生的现金流出(负值),

然后加上以后各笔现金流入(正值)的现值。

b. 正的净现值意味着什么?(语言表述)

c. 假设现金流入逐渐减少,净现值结果为负,这样的结果又意味着什么?(语言表述)

(这道习题是对资本预算的方法的预习,资本预算将在第9、10、11章中详细学习)。

永续年金—盈利的资本化: 例6-19的概念链接

32. Roper Metals公司正在谈判收购Hanson公司。在最近4年,Hansons公司的税后利率的平均值是19 000 000美元,并且各年之间相对稳定,与平均值没有太大偏离。到目前为止,谈判的焦点都集中在业务适合度,而定价问题被忽略了。Roper的CEO认为这次并购有风险,所以如果这次并购不能带来其他业务上的进步,那么出价必须能保证公司20%的收益率。

a. 他应该以什么样的价格来开启谈判?

b. Hanson公司的管理层当然希望获得较高的价格,那么他们资本化收益时会采用较高还是较低的利率? 为什么?

c. Hanson会使用什么理由?

综合问题

简单综合题: 例6-21的概念链接

33. Tower家改建房屋需要60 000美元。他们希望通过房屋抵押贷款来筹集尽可能多的资金,但是每月只能承担600美元的还款。银行提供的财产贷款利率为12%,按月计息,最长期限为10年。

a. 作为预付款,他们需要多少钱?

b. 银行存款利率为8%,按季度计息。如果他们延迟两年再改建房屋,在贷款利率和估计的成本保持不变的情况下,他们每个季度需要存多少钱才能支付所需的预付款。

复杂综合题: 例6-22的概念链接

34. Stein家想在一年半以后购买一个度假小屋。他们预期到时需要花费75 000美元。他们有以下的资金来源:

a. 现在银行中有存款10 000美元,利率为6%,按月计息。

b. Murray叔叔承诺,从现在开始的18个月内,每月给他们1 000美元。

c. 在购买时,申请抵押贷款。他们预计能申请到每月支付300美元,期限为15年,利率为12%的贷款。

此外,他们几乎每季度在账户中存入一笔款项,以弥补所需金额中短缺的部分。如果投资账户提供8%的利率、按季度计息,那他们每次需要存入多少钱?

35. Clyde想在两年后他大学毕业时购买一辆汽车,他有如下的资金来源:

a. 现在银行中有存款5 000美元,存款利率为8%,按季度计息。

b. 一年后他可以从财产托管会那得到2 000美元。

c. 在购买汽车时,他将申请一份汽车贷款,每月支付500美元,期限为4年,年利率为18%,按月计息。

d. 他的叔叔从现在开始的一年内每季度给他1 500美元。

此外，他将每月从兼职的工资中，以扣除的方式，在信用社存款。信用社按12%的利率每月支付利息。如果预计这辆汽车的价格是40 000美元，那他每个月需要存款多少？

36. Joe Trenton希望在15年后退休，但突然发现他并没有任何储蓄来支持那个目标。经过一番思考后，他决定当他的存款能使他在退休25年内、每年提取85 000美元时，他就可以退休了。假设退休前后的投资回报率都是6%，并且所有存入和取出的款项都发生在年末。

a. Joe在接下来的15年内，每年必须存入多少钱才能达到目标？

b. 如果Joe在25年后退休，那么他每年需要存入多少钱？

c. 比较a和b两部分结果的差异。

37. Janet Elliott刚刚满了20岁，她从她富裕的舅舅那得到了一份礼物20 000美元。Janet计划希望在55岁时退休。她希望她到时有2 000 000美元存款，来保持她奢侈的生活方式。她想将舅舅的礼物存入账户，然后每年末往账户中存入一笔钱，直到50岁。然后，停止存钱而只计息，直到55岁时账户余额达到2 000 000美元。假设利率为7%，按年计息。不考虑税收。

a. 为了达到那个目标，她每年需要存入多少钱？

b. 在2 000 000美元中，有多大比例是由Janet存入的？（包括她从叔叔那得到的20 000美元。）

38. Merritt制造公司需要累计20 000 000美元来偿还13年后到期的债券。公司的生产部门每季度能提供100 000美元，该账户的利率为8%，按季度计息。为了实现20 000 000美元的目标，公司的其他部门每月应提供多少资金，这些资金会存入另一个利率为6%，按月计息的账户。

39. Carol Pasca刚刚过了她5岁的生日。作为生日礼物，她的叔叔答应每个月往她的教育基金存入300美元，直到她18岁上大学。Carol的父母估计大学4年期间，每月需要2 500美元，但他们认为他们在8年内无法攒下任何积蓄。如果从Carol 13岁的生日开始，她的父母每个月需要往教育基金存入多少钱来完成她的学业？假设基金利率为6%，按月计息。

40. Joan Calby快要退休了，她希望3年后能在佛罗里达州买一套公寓。她现在银行账户中有存款40 000美元，该账户利率为8%，按季度计息。她手中也持有5张面值为1 000美元、两年内到期的公司债券。她计划债券到期后，就将债券本金存入同一个账户中。Joan在接下来两年内每个月能从前夫那得到1 200美元的赡养费（这24次收款还包括一次今天就可以收到的款项）。她决定将她剩下的赡养费存进一个信用社账户，该账户的利率为8%，按月计息。她将她今天收到的款项作为第一笔存款。Joan预计购买价值200 000美元的房屋。如果抵押贷款的利率为6%，期限为15年，那么她每月应付款多少？如果利率不变，期限变为30年，那每个月应付款多少？

嵌入式年金：例6-24的概念链接

41. Amy的叔叔最近刚去世，并且留给她一份信托基金。从25岁生日开始的5年内，该基金每个月会支付她500美元。Amy马上就要结婚了，她现在想将这笔钱作为房屋的首付款。如果基金会允许她将未来的款项转移给银行，并且银行愿意以9%的利率、按月计息，将其折现。那么她能得到多少钱来作为房屋首付款？Amy刚刚满了23岁。

上机练习

42. 在任何时间,房屋抵押贷款的利率都是由市场状况决定的,个人借款者对此无能为力。但是,由于还清贷款所需时间的不同,每月的还款金额会有很大的差别,这是借款人所能控制的。

你是某大型城市银行中一个资历较浅的信贷职员。抵押贷款部的领导考虑到客户并没有意识到,抵押贷款每期还款额的少量增加对还款时间长短会产生很大影响。她发现房屋所有者不会选择他们完全可以承担的短期抵押贷款,从而可能会拒绝一个可以使他们的生活变得更好的机会。

为了向客户说明这种情况,她要求你整理出一张图表,显示出在特定的利率条件下,不同期限而使得每期还款额的不同。图表的开始点应为典型的 30 年期(360 个月)贷款。使用 TIMEVAl 程序来建立下面的表格。

贷款额为 100 000 美元时,随期限减少的每期还款额

利率	抵押贷款期限			
6%	30	25	20	15
8%				
10%				
12%				

利用上面的表格,写一段文字来解释观点。随着利率的增大,会产生何种效果?为什么?

43. Amitron 公司正在考虑一个项目,该项目需要投资 250 000 美元,并且预期会在未来产生如下所示的现金流(收入)。使用 TIMEVAL 程序来评估,从现值角度来看,这个项目是不是个好主意。即预期的现金流入的现值是不是超过了现在进行投资的价值?

年	付款额	年	付款额
1	63 000 美元	4	79 750 美元
2	69 500 美元	5	62 400 美元
3	32 700 美元	6	38 250 美元

a. 如果计算现值的相关利率为 9%、10%、11%和 12%,回答上述问题。在使用程序时,注意零点处的现金流是发生在现在的,无须折现。只需将初始投资输入为负数,这个程序就将进行整个运算并得出结论。

b. 运用程序中的尝试和错误命令来找出利率为多少时,Amitron 不会实施该项目。

这道习题是对评估项目可行性的重要方法——资本预算的预习。我们将在第 10、11 和 12 章中详细学习这种方法。在 a 部分,我们得到在不同利率水平下项目现金流的净现值(NPV),并直观地判断,如果现金流为正,这个项目就是可行的。在 b 部分,我们求得的是项目本身的报酬率,我们称之为内在报酬率(IRR),我们将在第 10 章学习如何使用这个报酬率。

44. Centurion公司正在制订下一个3年的财务计划，需要预测利息费用和其能节约的税收。公司最重大的债务是一项房地产的抵押贷款。这项贷款是在10年半以前借入的，金额为320万美元，利率为11%，按月复利，期限为30年。预测与这项贷款相关的3年内的利息费用。

软件开发

编写一项你自己的程序，让它计算一个10年期限、金额为20 000美元，按年复利的抵押贷款。输入贷款金额、付款额和利率。建立一个像表6-4一样的工作表，并写下程序使它能复制计算过程。

第7章

债券的估价与特征

本章概要

租赁 VS 购买：承租人的观点
租赁的优势
税收能减少土地的成本
杠杆租赁

估价是确定证券出售价格的一个系统过程。我们将此价格称为证券的固有价值。

7.1 价值基础

证券属于凭据，与实有资产不同，证券本身并不具有效用。像房屋、汽车等实有资产，由于提供遮蔽处或运输等服务而具有价值。凭据资产必须依托于某种东西才能具有价值。这种东西就是拥有证券对未来收益的预期。这是很重要的一点。每一种金融资产都有相应的未来现金流量来证明其价值。

证券的价值是持有它所能获得的未来现金流的现值。

因为预期未来的货币价值就是它在今天的现值，所以一种证券的价值就等于预期未来现金流量的现值。此外，证券必须以非常接近于其价值的价格在金融市场上出售。

对于证券的价格应为多少通常有不同的见解。这些不同的见解产生于人们对证券未来现金流量的不同预期和计算现值的利率不同。最有争议的现金流量是股票相关的现金流量，因为其未来红利是无法确定的，所以股票的最终出售价也是带有投机性。

估价的概念是与投资报酬的概念紧密联系的。即将开始的工作要求非常精确，必须准确地理解“投资”和“报酬”这两个术语的含义。

7.1.1 投资

投资意味着通过某种方式使用某种资源从而产生未来收益，而不是在现在产生满足感。我们称投资者为了改善未来的状况和放弃眼前的消费。在现实生活中也就是指一个人用钱购来了证券或将之存入银行而不是用钱购买一辆轿车或出去大餐一顿。

投资意味着利用一项资源来使得未来获利，而不是当下的成就。

在财务上，投资意味着将钱投入某项活动来赚取更多的钱，通常方式是将之委托给个人或组织，受托者使用这些钱并付给使用者使用费。最常见的两种委托资金的方式是贷款和购买某企业的所有权利益。这两种方式分别被称为债务投资与权益投资。债务投资的媒介通常是债券，而权益投资的媒介通常是股票。

7.1.2 报酬

一年期投资报酬

报酬就是投资者做出投资的所得，可以用货币金额或年利率的形式表示。对于一年期投资，报酬率就是投资者的所得除以所作的投资。

对于债务投资，报酬率为获得的利息除以贷款额，也就是我们定义为 K 的利率。以下将从货币的时间价值方面对上面的概念进入更深入探讨。

证券的收益率是使得其预期现金流的现值等于现在价格的利率。

将一笔金额 PV 借出一年，其利率为 k，获得利息 kPV。如果出借人在年末收到本金加上利息，那么这就是初始投资 PV 所带来的未来的现金流量。这个未来现金流量称为 FV_1，表述如下：

$$FV_1 = PV + kPV$$
$$FV_1 = PV(1 + k)$$

我们发现这是货币的时间价值公式 6-1。

现在求初始投资：

$$PV = FV_1/(1 + k)$$

这个公式在学习时间价值时讨论过。这是一年后到期金额的现值，即公式 6-5，在 n=1 的情况下。

利率通常被称为折现率。

在对代表贷款的证券（通常是一种债券）进行估价时，将 PV 作为证券的价格，带来的现金流量为 FV_1。报酬 K 可以认为是使未来现金流量的现值等于价格所适用的利率。这是适合于任意投资时间长度的任意投资的基本原理解释。

权益投资（股票）比债券投资在细节方面更复杂，因为股票的未来现金流量更复杂一些。然而基本原则是相同的。我们将在第 7 章中讨论权益投资的报酬。

长期投资报酬

当投资持有期更长，并有许多发生在不同时间点的现金流量时，概念仍是相同的。报酬仍然是当未来现金流量现值等于价格时所适用的折现率。

例如，假设有人试图转让给你一笔投资，投资一年末可得 200 美元，两年末可得 250 美元，现在要支付 363 美元。如果你接受了这次转让，你投资的报酬就是使两次收入的现值正好等于现在投资的价格 363 美元时所适用的利率。这笔交易的时间轴如下：

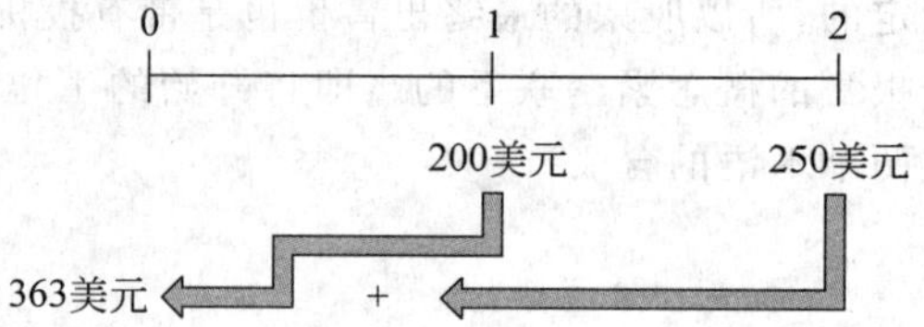

收益率、回报率、利率实际上具有一样的含义。

这笔假定的投资的报酬非常接近 15%。

"收益率"这个术语是与"回报率"同义的。在债券和传统贷款中这个术语适用非常广泛。在本章接下来的部分将着重讨论债券的估价及其在制度[①]上的特征。我们将在第 8 章关注股票。

7.2 债券估价

债券代表的是一种债务关系，在这种关系中，发行债券的公司将钱借入而购买债券者将钱贷出。债券发行就是使公司可以立刻向很多人借到资金的一种方式。例如，假设一个大公司要借 100 000 000 美元，但是没有人同意要借出这么多钱。但是如果公司的信誉较好，很多人会愿意出借比较少点的金额。如果公司发行 1 万张面值 1 000 美元的债券，多达一万个人可以通过购买一张债券来参与这项贷款。债券让公司能够通过向许多出借人分摊借款的方式筹集到大量资金。

发行债券使得机构能在签订一份合约的基础上，向很多人借入款项。

在进入债券估价以前，我们需要掌握一些术语和惯例。其中一些概念在前面已经提到过，但是为了方便在此重复一遍。

① "制度"是指在一个有序的社会中，指导事务的规则和惯例。

7.2.1 债券的术语及实务

债券是购买者提供给发行者的在一定时间(偿还期)必须偿还的贷款。债券本身是一种本票，具有债务的法律证明效力。债券在期限的最后一天到期。期限是指债券从发行日开始到回期的存续期。每笔债券在发行时都有票面价值。这是发行公司所要借到的金额，事实上相当于贷款的本金。

债券是非分期偿还的债务，也就意味着在到期前不偿还本金。更准确地是说债券的票面价值在到期日一次性偿还。利息在期间有规律地支付，通常是每半年支付一次。

> 债券的期限或到期日是指从现在到本金被偿还的期间。

任何出借人都可以说成是向借款者提供信用贷款。因此债券的持有人被称为发行债券公司的债权人。"债权人"这个术语同时也指向公司提供贷款的银行和出售货物而没有立即收到款项的卖主。

新近发行的债券被称为新发行债券，正如我们所想的那样，过去的债券被称为旧债。

债券的票息率

大多数的债券按照发行时确定的利率支付利息，这个利息被称为票息率。票息率乘以的票面价值就得到支付利息的数额。这种利息支付被称为息票支付。票息率和支付的票息通常在债券存续期内，无论金融市场中利率如何波动都是固定不变的。

"息票"这个术语已经过时了，但仍很常用。很多年前，债券发行时都贴有票息，样子看起来像一张张邮票。当利息支付到期时，债券所有者就剪下一张息票寄给发行公司，发行公司就会支付利息寄回一张支票。因此，"息票"的概念就与债券利息联系起来。

> 债券的面值是在利率为票面利率时，发行人期望借入的金额。

息票现在很少使用了。利息现在直接寄给债券持有人，债券持有人的姓名和发行公司或其他经纪人处均有登记。尽管如此，票息的概念仍与债券利息相关。

7.2.2 债券估价的基本思想

现在我们有足够的背景知识可以开始债券估价的学习。要始终牢记估价只是意味着确定证券在它进行交易的金融市场中的价值。

随利率变化进行调节

让我们来总结几个前面所得出的结论。首先，在第 5 章提到证券包括债券在内都可在初级市场和二级市场上出售。初级市场交易是债券发行公司对债券的最初销售，二级市场交易是指随后发生在投资者之间的交易。其次，在第 5 章对金融市场的探讨时提过利率是不停变化的。最后，我们刚刚学过大多数的债券按票息率支付利息，而票息率在整个债券存续期内是不变的。

由以上结论产生一个问题：债券按固定利率付息，如果在发行以后实际利率不断变化，那么它在二级市场中应该如何出售？举个例子来说明这个问题。

假设 Tom(一个典型的投资者)直接从 Groton 公司按 1 000 美元面值购买到新发行的 20 年期债券。我们假设债券按 10%的票息率支付利息，该票息率是当时具有相同风险的债券的市场利率。从对估价的相关讨论中，我们知道 Tom 实际购买的是一系列的未来收入。他将在 20 年中每年获得 100 美元的利息收入，并在获得最后一期利息收入的同时得到 1 000 美元本金。

现在设想在 Tom 购买债券的几天后，利率升至 12%，同时假设 Tom 的财务状况碰巧发生了问题迫使他得退出债券投资，也就是说他要用原来购买债券的现金来应急。

Tom 不能向发行公司 Groton 要求退款。该公司借到资金，并预期要持有 20 年，不会愿意退还债款。因此为了得回资金，Tom 必须在二级市场中寻找另一投资者。Tom 向她询问是否愿意购买他所持有的 Gronton 公司的债券。她说对此很感兴趣并问 Tom 打算以多少钱出售。Tom 回答他在几天前刚花 1 000 美元购买的，并且希望卖 1 000 美元。对于 Tom 要求的价格，Sandra 将做何反应?

对于 Tom 来说是很遗憾，因为 Sandra 不希望用 1 000 美元购买这份债券。因为利率的上升为她提供了更好的选择。现在发行的债券将提供 12% 的利率，也就是说连续 20 年每年支付利息 120 美元。最后偿还本金 1 000 美元。作为一个理性的投资者，Sandra 将要拒绝 Tom 提出的价格。

但是假设 Tom 陷入绝境确实需要将他所持有的债券售出，他将怎么做呢？很明显唯一的办法就是降低价格来提高买主的兴趣。事实上，他必须降低到新的买主从这项投资中得到 12% 的报酬。即他不得不将价格降至 849.51 美元。在本章的后面将介绍这个数字是如何计算出来的。此处的重点是理解随着市场利率的上升，债券在二级市场的价格将要下降。

如果利率没有上升而是下降了将会发生什么呢？在这种情况下，新发行的债券将提供比 Tom 的债券更低的利率，他能以超过 1 000 美元的价格出售债券。总之，利率下降，债券的价格随之上升。

> 随着市场利率的变化，债券价格按与利率相反的方向变化。

总结发现，市场债券的价格和市场利率是按反方向变化的。这种现象是金融和经济领域中的一条基本而重要的规律。当利率下降时，债券的价格上升；当利率上升时，债券的价格下降。价格的变化足以保持原有投资的报酬等于相同风险和到期日的新发行的债券的报酬。换句话说，债券通过改变价格来满足报酬率的变化。

由于以上原因，债券一般不按面值出售，而由目前的市场利率与债券票息率的关系来决定价格的高低。这种现象的相关术语是非常重要的。以超过面值的价格发行债券被称为溢价发行，而低于面值的价格发行债券被称为折价发行。市场利率等于债券票息率，债券要按照面值发行。这时，我们称之为平价发行。

7.2.3 债券价格的确定

我们在前面提到了价值的观点，任何债券的价值应该等于预期债券未来现金流量的现值。因为受到债券合约的约束，所以债券的未来现金流量是容易预测的。

债券所有者定期收到支付的利息，在债券到期时收到债券的本金。年利息费用等于债券的面值乘以票息率，而本金就是债券面值本身。

通过建立一个时间轴来说明这些付款的方式，以票息率为 10%，期限为 10 年，面值为 1 000 美元债券的现金流为例。大多数债券都是半年付息，但为了说明简单，我们假设这支债券按年付息。现金流的时间轴如图 7-1 所示。

注意，在第 10 年收到的是最后一年利息和返还本金的总和。另外，利息费用每年总是相等的，而且定期及时发放。

对于在时间点 0 处的债券是否是新发行的并不重要。这个图对于 10 年期的新债券或者已发行 10 年的 20 年期债券，或者其他任何利率为 10% 且还有 10 年到期的债券都是适用的。

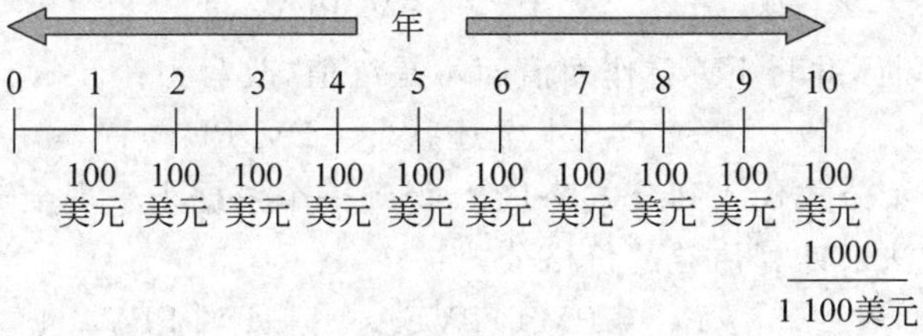

图 7-1 债券现金流的时间轴

时间点 0 就是现在,而唯一重要的是为了现金流在现在的价值。过去的现金流已经过去了,对于现在的买家来说不相关联。

图 7-1 使一份存续期有限的债券的现金流量形象化。现在将此概念推广到还有 n 期到期的债券,每一笔利息收入用 PMT 表示,面值以 FV 表示。注意这些元素在不同的债券中数值也是不同的。这个一般的情形由图 7-2 中的时间线段表示。

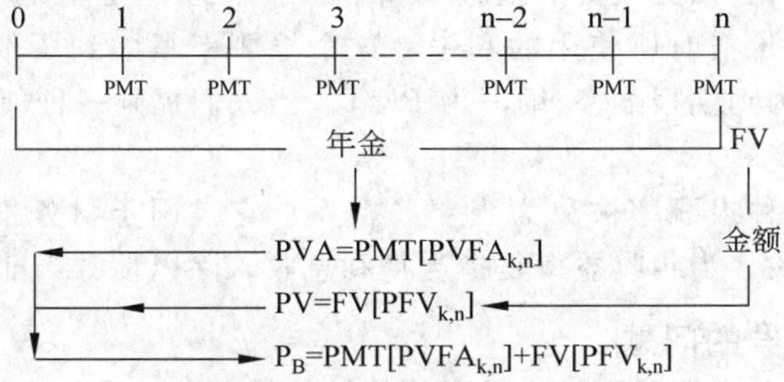

图 7-2 债券的现金流和估价

现实中多数的债券每半年付息一次,也就是说图中时间线上的时间段通常是半年,在这种情况下,利息收入即 PMT 是用票息率乘以面值再除以 2 得到的。例如,图中的债券如果还有 10 年到期,面值为 1 000 美元,利率 10%,每半年支付一次利息。整个时间线将包括 20 个时间期间,每笔 PMT 的均值为 50 美元。

债券估价公式

债券的价格等于持有而产生的所有现金流量的现值。以债券为例,现金流量包含一系列的利息收入和到期日的一次收回的本金。因此,债券的价格,记为 P_B,就是系列利息收入的现在加上偿还本金的现值。

$$P_B = PV(\text{利息收入}) + PV(\text{本金偿还}) \tag{7-1}$$

由于利息是定期支付的,并且金额一定,可以将其认为是一笔年金,用年金现值计算公式——公式 6-19 计算其现值:

$$PVA = PMT[PVFA_{k,n}] \tag{6-19}$$

将此公式直接替换债券的利息,可以得到:

$$PV(\text{利息收入}) = PMT[PVFA_{k,n}] \tag{7-2}$$

其中 PMT 是债券的定期利息收入,n 为债券存续期内获得利息的次数,k 为目前市场上利息支付期数相同的债券的市场利率。

债券的本金通常等于它的面值,因此本金偿还就是一笔 n 期后获得的预期收入。它的现值可以用资金现值公式计算得到。

债券的价值是指当前市场利率下，计算利息年金的现值和本金偿还的现值之和。

$$PV = FV[PFV_{k,n}] \tag{6-7}$$

去掉 FV_n 下标，并将 FV 看作面值而不是终值，改写为：

$$PV(本金还款) = FV[PFV_{k,n}] \tag{7-3}$$

将前两个公式代入到公式 7-1 中，得到一个依据未来现金流量，运用我们熟悉的时间价值方法来计算债券的价格公式：

$$P_B = PMT[PVFA_{k,n}] + FV[PFV_{k,n}] \tag{7-4}$$

整个方法在图 7-2 中列示出来。本质上讲，债券估价首先处理了一个年金问题和一个资金问题，然后将结果加起来。

两种利率和另一种报酬率

在债券估价的过程中有两种利率值得注意，第一种是票息率，与面值以前决定向债券持有者之分的利息的多少。第二种是 k，即为计算价格时市场上具有可比性质的收益率。不要混淆以上两种利率。计算现金流量现值时使用的利率是 k，而票息率的唯一用处是计算利息。

对于债券持有者来说，债券投资的报酬率或者收益率为 k，也就是使图 7-2 中所示的所有付款的现值等于债券的价格时所使用的利率。这个报酬率考虑到了债券到期为止所有的付款，因此该报酬率被称为到期报酬率，缩写为 PMT。当人们提到一种债券的报酬率时，通常就是指到期报酬率。

与债券相关的第三种报酬率被称为当年收益率。它是用于财务报表中的一条概括性信息，并且与估价过程无关。当年收益率是指当年利息收入除以债券当前价格。

用财务计算器求解债券的问题

在第 6 章中提到财务计算器有 5 个时间价值键。处理资金或年金问题时使用其中的 4 个键，而将第 5 个键的值设为零。

在债券问题中，所有的 5 个键都会用到。计算器被编程为当输入 5 个数值时，自动将其确认为两个问题，并将两个问题的结果相加。在债券问题中，这些键有如下含义：

n——到期日为止的计息期数

I/Y——市场利率

PV——债券的价格(即所有现金流量的现值)

FV——债券的面值

PMT——每期的息票利息支付

未知变量为债券的价格 PV 或者市场利率 I/Y，市场利率就等于以目前价格购买债券的投资者所得到的债券收益率。解此类问题，要键入 4 个已知变量，按计算键，然后按代表未知变量的键。

精密计算器有一个“债券模式”，可以输入现在的准确日期和债券的到期日及关于本金和利息付款的一些其他细节。这使在月中出售的及其他时间出售的债券的价格的计算变得容易。在迅速变化的债券市场中，交易的商人一直都在使用这样的计算工具。时间价值键对我们来说已经够用了，因为我们只要了解债券交易的概况。

概念链接 例 7-1

求解债券价格

Emory 公司 15 年前发行了一种票息率 8% 的 25 年期债券，按照面值 1 000 美元出售。同类债券目前的收益率为10%。Emory公司的债券如果在现在的市场上出售要使投资者获得10%的到期收益率，那么售价应该为多少？假设债券每半年付息一次，计算债券当年收益率。

解答：这是一个典型的债券问题。已经给出了债券的面值、票息率、剩余期限，所求为达到某一特定报酬率的售价。由于报酬率为市场利率，我们实际要计算的就是该债券的市场价格，也就等同于计算在目前利率条件下债券的预期现金流量的现值。

解决这个问题，要先列出债券估价公式

$$P_B = PMT[PVFA_{k,n}] + FV[PFV_{k,n}]$$

然后将已知条件代入公式中。

因为是每半年付息一次，利息支付额通过票息率乘以面值再除以2得到。

$$\begin{aligned} PMT &= (\text{票息率} \times \text{面值})/2 \\ &= (0.08 \times 1\,000\text{ 美元})/2 \\ &= 40\text{ 美元} \end{aligned}$$

下面计算从现在开始到债券到期之间利息支付的期数n。该债券每半年付息一次，因此将到期之前的年数乘以2来得到n的值，注意n表示的是从现在开始到到期日为止的时间，与债券已存在的多长时间无关。在本题中：

$$n = 10\text{ 年} \times 2 = 20\text{ 年}$$

下一步是计算目前的市场利率k。回忆在使用时间价值公式处理非整年复利问题时，需要根据复利期间来规定n和k的值。在此处n表示的是半年期的期数，k是相应的半年利率。将年利率除以2得到k的值

$$k = 10\%/2 = 5\%$$

最后，给出的面值为1 000美元，因此

$$FV = 1\,000\text{ 美元}$$

将上面的数值代入债券估价公式中：

$$P_B = 40\text{ 美元}[PVFA_{5,20}] + 1\,000\text{ 美元}[PFV_{5,20}]$$

查附表A-4及A-2得到

$$PVFA_{5,20} = 12.462\,2$$

$$PFV_{5,20} = 0.376\,9$$

代入得到：

$$\begin{aligned} P_B{}^{①} &= 40\text{ 美元}[12.462\,2] + 1\,000\text{ 美元}[0.376\,9] \\ &= 498.49\text{ 美元} + 376.90\text{ 美元} = 875.39\text{ 美元} \end{aligned}$$

这就是债券为获得10%的报酬率要出售的价格。注意，这属于折价出售，价格低于债券的面值，因为目前利息高于债券的票息率。

---

① 计算器算法：

按键	输入
n	20
I/Y	5
FV	1 000
PMT	40
	答案
PV	875.38

债券当年的收益率计算如下：

$$当年收益率 = \frac{年利息}{价格} = \frac{80\ 美元}{875.39\ 美元} = 9.14\%$$

尽管应用债务估价公式非常容易，还是会经常出现先应求什么的困惑。下面是一道自测题用到了刚刚使用的方法。请在看解题步骤之前试着自己独立完成，这会加深对此类问题的理解。

概念链接 例 7-2

自 测

Carstairs 公司 5 年前发行一种面值 1 000 美元的 25 年期的债券，票息率是 11%。同类债券目前的收益率为 8%，Carstairs 公司的债券现在售价是多少？

解答：变量如下(假设每半年付息一次)：

$$PMT = (0.11 \times 1\,000\ 美元)/2 = 55\ 美元$$
$$n = 20\ 年 \times 2 = 40\ 年$$
$$k = 8\%/2 = 4\%$$
$$FV = 1\,000\ 美元$$

代入债务估价公式中：

$$\begin{aligned} P_B{}^{①} &= PMT[PVFA_{k,n}] + FV[PFV_{k,n}] \\ &= 55\ 美元[PVFA_{4,40}] + 1\,000\ 美元[PFV_{4,40}] \\ &= 55\ 美元[19.7928] + 1\,000\ 美元[0.2083] \\ &= 1\,088.60\ 美元 + 208.30\ 美元 \\ &= 1\,296.90\ 美元 \end{aligned}$$

当年收益率为：

$$当年收益率 = 110\ 美元 / 1\,296.90\ 美元 = 8.48\%$$

先估算答案

如果认为债券发行时，市场利率与债券的票息率相等，可以在解题之前对目前的价格进行粗略估算，从而检验得出的结果是否合理。估算的基础是债券的价格与利率成反方向变化。

① 计算器算法：

按键	输入
n	40
I/Y	4
FV	1 000
PMT	55
	答案
PV	1 296.89

通过例 7-1，我们知道债券现在的价格要低于面值 1 000 美元。这是因为市场利率已经从债券发行时的 8%，上升到了目前的 10%。此外，利率上升的幅度很大，价格应有显著的下降。

债券发行后，利率是在 8%处上下波动后上涨，还是直接上涨到 10%并不重要。对价格产生显著影响的利率只有原始的票息率和当前利率①。

在开始处理债券问题前，首先应该判断新的价格相对于面值而言是溢价还是折价。

总之，由于利率变化而引起的价格变化将比持有债券到到期日为止的价格变化更大。本书将在下一部分中详细解释。

7.2.4 到期风险的再讨论

在第 5 章中，我们建立了一个利率模型：利率通常是有基础利率加上贷方所承担的各种风险溢价组成的。特别是模型中提到的到期风险，到期风险与债务的期限有关。下面我们要彻底理解这个重要概念。

风险的产生是由于债券价格随着利率变化而反向变化。当投资者购买一种债券，在债券到期前取回投资的现金的唯一方法就是将其出售给其他人。如果投资者持有债券时利率上升，价格下降，那么卖给其他人时就会产生损失。在讨论价格随利率变化而变化时所举的例子中 Tom 就承担了这种损失。购买时考虑到的发生损失的可能性就是风险。

到期风险还可以称为价格风险和利率风险。这些术语反映了债券价格随利率变化而上下及波动的事实。

到期风险这种表达方式强调了风险的等级与债券的期限有关。期限越长，到期风险越大。原因是利率变动时长期债券的价格变化比短期债券的价格变化更大。为了说明这一点，我们再来观察例 7-1 中提到的债券，发行时利率为 8%，目前还有 10 年到期，利率升至 10%时，价格降到 875.9 美元。现假设距到期日的时间发生变化，其他条件不变，计算价格将会变化多少。

> 较之于短期债券，长期债券的价格对利率的变化更敏感，因而产生了到期日风险。

表 7.1 列出来期限分别是 2 年、5 年、10 年和 20 年的债券的价格及相对 1 000 美元降低的价格。作为练习，可以自己验证一下这些数据是否准确。表中每一项价格变动都是发生在利率由 8%上涨到 10%的条件下的。注意随着债券期限的增加引起价格下降的幅度。债务投资中由于利率引起价格变化，而造成的损失随着债务期限的延长而增加，这就是到期风险的本质。

表 7.1 利率由 8%升至 10%时不同到期时间的债券价格变化

距到期日时间	价格/美元	相对 1 000 美元降低额/美元
2 年	964.54	35.46
5 年	922.77	77.23
10 年	875.39	124.61
20 年	828.36	171.64

---

① 债券并不总是以等于市场利率的票面利率发行，但如果我们假设是这样的，这会有助于我们理解定价的过程。在实际情况中，票面利率总是希望等于或接近市场利率。但是，定价和发行机制造成了延误，使得选择利率的时间和债券实际进入市场时间之间有间隔。所以，票面利率和当前市场利率之间通常有微小的差异。当债券进入一级市场时，债券以高于或低于市场利率的利率发行，造成了溢价或折价。由于市场利率经常变化，造成了新发行的债券总是与溢价或折价相关。

投资者认识到了这项事实，在投资长期债券时要求额外的收益来补偿其所承担的额外的风险，这就是到期风险溢价。

随时间推移

再次分析例 7-1 中 Emory 公司发行的债券，还有 10 年到期时，利率由 8%升至 10%，价格从 1 000 美元降到 875.39 美元。

现在为了增加对债券定价过程的理解，设想出一个实务中不太可能发生的事件。

如果在接下来的时间了，利率保持不变(事实上不可能发生)，Emory 公司的债券随着时间推移价值将发生何种变化？价格是保持 875.39 美元，还是继续变动？

事实上，随着到期日的临近，债券的价格降慢慢的回归到 1 000 美元。如果无法理解这个现象，可以设想一下在到期日前一天的债券价格是多少，在这天购买债券的人基本上的部分利息，因为最后一次利息几乎要全部分配给在最后一个时间段的大部分时间持有该债券的人。到期日前一天购买债券的人只能得到一笔付款，也就是将于第二天收到 1 000 美元。它的价值非常接近 1 000 美元。这就告诉我们当临近到期日时，价格将接近债券的面值 1 000 美元。

在设定的例子中，已经计算出了到期日前两个时间点处的债券价格。表 7.1 表标明距到期日 5 年时，价格为 922.77 美元；距到期日 2 年时，价格将为 964.54 美元；图 7-3 描述的就是价格变化的趋势。

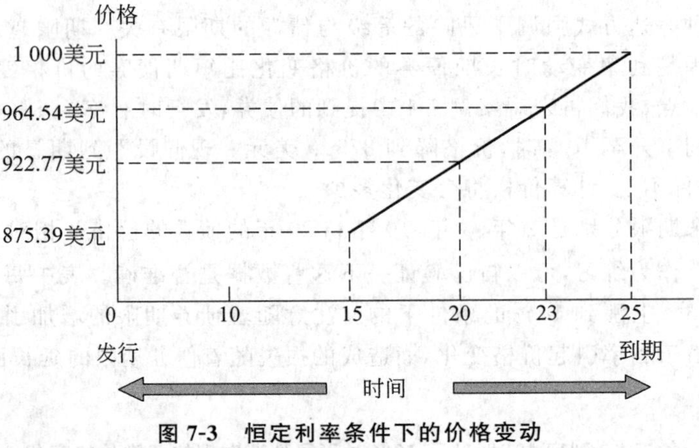

图 7-3　恒定利率条件下的价格变动

7.2.5　求解特定价格下的收益率

通常，关于债券价格要求解的只有两类问题。上面解决的是第一种，即给出一定收益率来确定债券的价格。第二类问题与第一类问题正好相反。如果债券以特定的价格出售，求解此时债券投资所获得的收益率。这一类问题就相当于在债券估计公式 7-4 中已知 P_B 的值，求解市场利率 k。

为了方便，列出公式 7-4：

$$P_B = PMT[PVFA_{k,n}] + FV[PFV_{k,n}]$$

回忆一下，当已知收益率时，求解 P_B 的过程是要处理两个时间价值问题然后将其结果相加。这需解出两个现值：利息收入形成的年金问题和收回面值这个资金问题的现值。已知 P_B

求 k 值与已知 k 值求 P_B 在概念是相同的，但是计算会更复杂。

回忆在第 6 章中所讨论的时间价值问题，货币和年金问题中求解 k 值都很容易。求解时间价值公式中的系数，再根据系数查表得出结果。

尽管债券公式也使用现值系数和现值系数表，但是这种方法并不能求出答案。失效的原因是公式 7-4 中同时使用了两个时间价值系数，而只有一个公式不能同时求出两个系数的值，因此也就无法由此确定系数表中正确的行或列。

这种情况下我们只能通过冗长枯燥的方法来解决问题，即试算错误。从估计一个 k 值开始：由该收益率及其他已知信息运用公式 7-4 求解债券价格，将解出的价格与题目给定价格比较。当两者现在不同时，再次估计一个报酬率计算另一个价格，不断进行这个步骤直到求出的价格非常接近给定价格。

试算错误的方法并不像看起来那样任意进行的，按照一定的逻辑，通常几次试算就可以接近正确答案。下面例子解释了整个计算过程。

概念链接　例 7-3

求解特定价格下的收益率

Benson Steel 公司于 14 年前发行了一种面值 1 000 美元，票息率 8%的 30 年前债券。这种债券目前价格为 718 美元。现在以此价格购买该债券的投资者的收益率是多少？（假设每半年付息一次）

解答：首先，基于利率和债券价格按反方向变动的原理来推测一个答案。在例子中 718 美元低于面值 1 000 美元，因此我们知道债券的收益率一定要高于票息率。初次猜测收益率为 10%。已知如下变量：

$$PMT = (0.08 \times 1\,000\text{ 美元})/2 = 40\text{ 美元}$$
$$n = 16\text{ 年} \times 2 = 32\text{ 年}$$
$$k = 10\%/2 = 5\%$$
$$FV = 1\,000\text{ 美元}$$

将已知代入债务估价公式中，得到：

$$\begin{aligned} P_B{}^{①} &= PMT[PVFA_{k,n}] + FV[PFV_{k,n}] \\ &= 40\text{ 美元}[PVFA_{5,32}] + 1\,000\text{ 美元}[PFV_{5,432}] \\ &= 40\text{ 美元}[15.802\,7] + 1\,000\text{ 美元}[0.209\,9] \\ &= 632.11\text{ 美元} + 209.90\text{ 美元} \\ &= 842.01\text{ 美元} \end{aligned}$$

① 计算器算法：

按键	输入
n	32
I/Y	5
FV	1 000
PMT	40
	答案
PV	841.97

很明显，10%不是正确答案，因为所求的收益率要使价格为718美元。猜测的收益率使价格等于面值，但仍不够接近，也就是说利率要再提高一点。为了达到说明的目的，直接跳到14%，在上次尝试中，唯一要变动的量是k，现在的k值变为：

$$k = 14\%/2 = 7\%$$

代入债务估价公式中，得到：

$$P_B = 620.56 \text{ 美元}$$

这个数字明显低于目标718美元，因此利率的提高幅度太大了。现在知道正确答案在10%～14%之间。尝试一次两者中间的数字，估计债券收益率为12%并验证得出价格：

$$P_B = 718.36 \text{ 美元}$$

这个数值仅比实际售价高一点点，因此实际的收益率应该略低于12%。在大多情况下，将12%确定为结论就已经够精确了。

财务计算器可以求解债券问题，包括收益率在内。计算器的内部工作程序就如我们所做的那样，通过试算错误来解出精确答案。

7.2.6 回购条款

有时，债券的发行者希望提前还清债券。当债券发行后，利率大幅下降时，这种情况经常发生。

回购条款允许债券发行人在到期日前，支付一定的费用给持有人以收回债券。

例如，假设某公司发行一种30年期债券，票息率为15%，当时利率也接近此种水平。几年后，假设利率降至7%。该公司必须坚持以高于市场的比例支付利息直到到期日为止，除非公司可以通过某种方式解除与债券持有者的贷款协议。

发行债务的公司预见到此种情况，为了保护自己，将回购条款加入债券协议中。回购条款规定发行单位有权利在到期日前回购债券，在上面的例子中，公司更希望以新的较低的利率7%来借到款项，使用回购条款来退回按15%支付利息的旧债。这个过程被称为发行新债取代旧债。

购买债券的投资者不喜欢回购条款，因为他们感到这个条款为公司提供了拒绝按照利率支付利息的义务的可能性。在上面的例子中，债券持有者在市场利率仅为7%的情况下，可以从所持有债券获得15%的报酬。如果债务提前清偿，他们就会失去这15%的报酬，而重新投资只能得到7%的报酬率。

这种利益冲突需要在两方或者三方协议中协调解决。首先，回购条款中通常要规定回购一旦执行时要支付给债券持有者的回购溢价。也就意味着，如果公司选择提前清偿债券，必须支付给债券持有者一笔额外的钱以补偿他们的损失。溢价通常以在票息率的基础上增加额外的利率的形式存在，并随着到期日的临近而逐渐降低。

其次，发行者同意债券只能在发行一段时期后才能回购，这段时间被称为回购保护期。最后，为了吸引购买者，有回购条款的债券比同类没有回购条款的债券要提供相对较高的利率。

回购条款有时也能用来使公司摆脱债券合同（契约）规定的某些协议所带来的限制。本章后面的部分将讨论这些契约。

图7-4描绘了一份债券正在递减的回购溢价，该债券面值1 000美元，期限10年，回购保护期5年，回购溢价自年利率10%逐渐递减。

回购溢价还被称为回购处罚，这项付款对于接受款项的投资者来说是溢价，但是对于支付的公司来说是处罚。

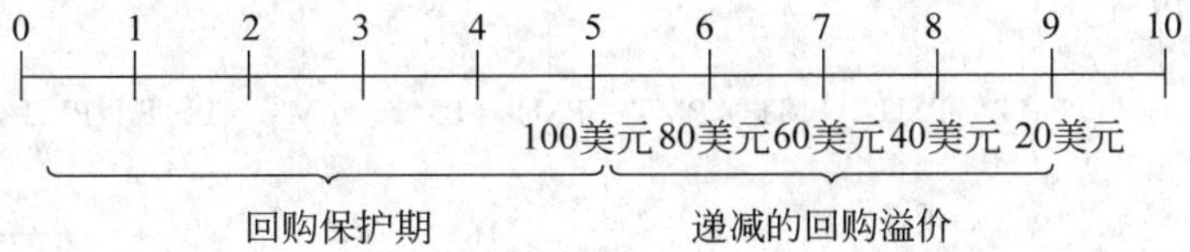

图 7-4　回购保护期和递减回购溢价

实务观察

不支付利息的债券还是债券吗？

答案是肯定的，这种债券被称为零息债券。

设想某种债券以非常低的票息率发行，如票息率为市场利率的一半。债券将以很大的折扣出售，因为投资者从该债券所能获得的利息收入比从其他债券得到的要少得多。但是撇开这些较低的利息，投资者在到期日所获得债券的面值，这远比他们当初支付的要多。换句话说，选择这种债券的投资者目前用收入换取未来的资本收益。但是这种资本收益不同于其他，因为它们不是来自于不断变化的市场价值，实际上在到期日才获得在整个期限所产生的利息收入。

将以上的想法进一步推广，使票息率越来越小直至消失，就得到零息债券。实质上零息债券就是承诺未来获得债券的面值，现值按照面值现在出售的债券的面值计算。

> 零息债券在有效期内不支付利息，但是仍需依据估算的利息纳税。

"零"对利息税产生了一些影响，你可以认为投资者在到期前不支付任何的利息税，因为期间没有获得利息收入，但实际上并不是如此。事实上，利息在整个债券期限内延迟支付直到到期日为止，而最终根据以后收入假象来纳税。

我们对一种零息债券很熟悉，那就是美国储蓄债券。这种债券的运行方式与零息债券是相同的。他们按照到期日所获得面值的现值购买该债券。这种债券非常便宜，100 美元的债券只售 60 美元。而且和零息债券还有一点很大的不同之处，政府对这种债券的购买者提供特殊优惠——在到期日不征收利息税。

回购条款对债券价格的影响

当某包含回购条款的债券正处于回购保护期，表面确定保护期一旦结束该债券就会被回购，传统的债券估价程序就失效了，这是因为，传统估价要包含在保护期后按计划会产生的未来现金流量。而由于债券在保护期一结束就要被回购，因此这些现金流量不会再发生，在这种情况下，债券的持有者在回购前仍能获得正常的利息收入，回购时得到债券的面值及回购溢价，如图 7-5 所示。

仔细观察这张图，它绘出了债券的整个存续期，即按照原计划支付利息的 10 个半年期。这个债券是一个普通 5 年期债券，例子中前 3 年为回购保护期。我们假设已经过去了 1 年，因此"现在"在第 2 个期间结束处标明。

假设利率大幅下降，因此该债券很可能在第 3 年末即第 6 个期间结束时被回购，时间点 6 以后原计划的现金流量可能不会发生。

通常，用从现在开始到到期日为止，包括到期日得到的面值在内的所有的收付款的现值来确认债券的价值，也就是说，债券估价公式中使用 $n=8$，将面值定义为 FV。

然而，实际发生的了利息是利息支付在时间点 6 就要结束，并在该点处得到 FV 加上回购溢价的最终付款。

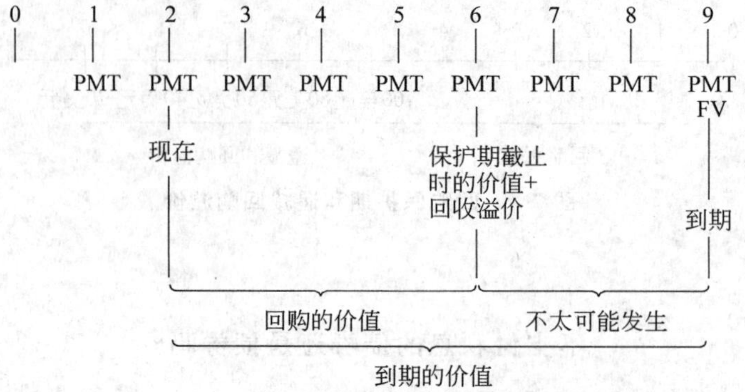

图 7-5　债券回购时的价值

确定回购的债券估价

将一直运用的公式进行两处修改以便对确定回购的债券进行估价。我们要做的就是让 n 等于回购前的期数而不再是到期日前的期数，然后再涉及最终付款时将回购溢价与面值相加，面值与回购溢价的和就是所谓的回购价格，将债券公式进行修改得到下面的公式：

$$P_B(\text{回购}) = PMT[PVFA_{k,m}] + CP[PFV_{k,m}] \tag{7-5}$$

其中m——回购前的期数；

CP——回购价格＝面值＋回购溢价。

PMT 和 k 值与不发生回购时的数值相同。然而，k 表示回购收益率，缩写为 YTC，因为该收益率用来计算直到回购可能发生的现金流量的现值。

概念链接　例 7-4

可能会被回购的债券的价格

北方木材公司 5 年前发行了一种面值 1 000 美元的 25 年期债券，债券包含回购条款，并且允许在最初 10 年后的任何时间将其回购，回购时要按票息率支付一定年限的利息。债券发行时的利率相当高，票息率为 18%，同类债券目前的利率为 8%。那么该债券现在的价值是多少？如果没有回购条款该债券的价值将会是多少？假设每半年支付一次利息。

解答：问题要求我们计算债券的价格。首先，按照回购条款被执行（可能性非常大）计算，然后按照正常情况（回购不被执行）计算。基本设想是无论在哪种情况下债券的收益率都是目前的利率。也就是说，即使债券要被回购，正常情况下对债券进行估价

$$n = 20\text{ 年} \times 2 = 40\text{ 年}$$

价格也要调整到使报酬率等于市场利率 8%。本题分析图如下：

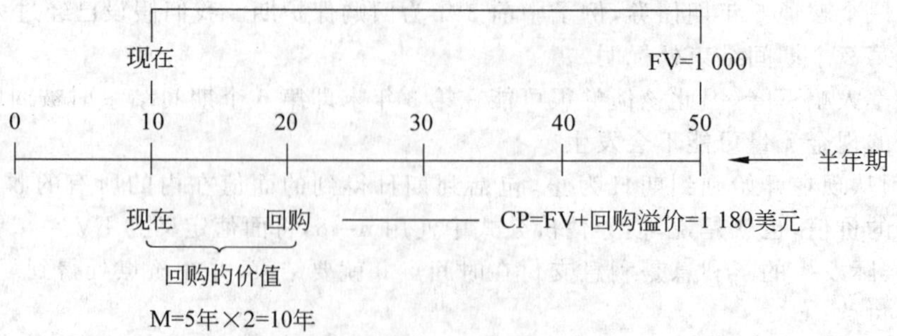

注意时间线上期间长度为半年而不是一年，回购溢价为 1 000 美元的 18%，即 180 美元，因此回购价格为 1 180 美元。

在图的顶端，时间线上方，我们标出了正常情况下债券估价的期间段及最后收到的面值 1 000 美元，在时间线下方，标出来可能发生回购时相关时间点及回购价格 1 180 美元。

首先，用债券估价公式计算持有债券到期日的债券价格。

$$P_B = PMT[PVFA_{k,n}] + FV[PFV_{k,n}]$$

变量如下：

$$PMT = (0.18 \times 1\,000\text{ 美元})/2 = 90\text{ 美元}$$
$$n = 20 \times 2 = 40$$
$$k = 8\%/2 = 4\%$$
$$FV = 1\,000\text{ 美元}$$

代入计算：

$$\begin{aligned} P_B &= 90\text{ 美元}[PVFA_{4,40}] + 1\,000\text{ 美元}[PFV_{4,40}] \\ &= 90\text{ 美元}[19.792\,8] + 1\,000\text{ 美元}[0.208\,3] \\ &= 1\,781.35\text{ 美元} + 208.30\text{ 美元} \\ &= 1\,989.65\text{ 美元} \end{aligned}$$

注意价格的上涨幅度几乎为初始金额 1 000 美元的一倍。这是因为利率下降幅度非常大，债券距离到期日时间非常长。这个价格显示了如果债券不被回购，北方木材公司那么将付出的现金流量的现值。

下面用公式 7-5 来计算回购发生情况下的债券的价格

$$P_B(\text{回购}) = PMT[PVFA_{k,m}] + CP[PFV_{k,m}]$$

变量如下：

$$PMT = (0.18 \times 1\,000\text{ 美元})/2 = 90\text{ 美元}$$
$$m = 5 \times 2 = 10$$
$$k = 8\%/2 = 4\%$$
$$CP = 1\,000\text{ 美元} + 0.18 \times 1\,000\text{ 美元} = 1\,180\text{ 美元}$$

代入计算：

$$\begin{aligned} P_B(\text{回购}) &= 90\text{ 美元}[PVFA_{4,10}] + 1\,180\text{ 美元}[PFV_{4,10}] \\ &= 90\text{ 美元}[8.110\,9] + 1\,180\text{ 美元}[0.675\,6] \\ &= 729.98\text{ 美元} + 797.21\text{ 美元} \\ &= 1\,527.19\text{ 美元} \end{aligned}$$

价格还是明显高于 1 000 美元，但是相对没有回购时的价格还是减少很多。从债券购买者角度来看，唯一与自己有关的价格就是 1 527.19 美元，因为回购的可能非常大。这个价格代表的债券被回购的情况下，北方木材公司承诺的现金流量的现值。注意，如果回购债券，那么北方木材公司将节约的数额。

发行新债取代旧债的决策

当目前的利率远远低于债券的票息率，并且债券包含有回购条款时，发行公司就要决定是否要执行回购。该公司需要对回购债券所节约的利息与进行回购及发行新债以偿还旧债所产生的费用进行比较。

在上面的例子中，债券价格的差异显示了与回购相关的利息节省，其中还包含了一项费用支出——回购溢价。然而这个数字并没有包括广告费用及新发现债券的成本。

发行新债券的成本被称为筹资开办成本，而且数额可能很大。这些成本主要是作为佣金付给投资银行家，另外还有广告的费用和印刷的成本。

由于存在这些成本，公司在执行回购旧债发行新债前实际利率已有大幅降低。

CFO 经验谈

对危险债券的突发回购

有时在债券的合同条款中会隐藏不明显的回购条款，这些回购条款会给粗心大意的投资者很大的损失，这些条款通常以这样的条文形式出现："如果有突发事件发生，那么债券将按面值被回购。"

通常这样的条款中都要包含偿债基金条款。在第 6 章中，我们将偿债基金定义为使贷方得到保障的一种方式，确保借款人有足够的存款在到期时偿还本金。借款的公司在特定的账户中进行存款，以使这些存款的终值能够等于债券的本金。

另外一种可以确保按时偿还本金的方法就是要求个别债券每隔几年就存一笔款项来回购一部分债券，而不是一次性偿还负债。例如，某公司通过发行 1 000 张面值 1 000 美元的 25 年期债券筹集到借款 1 000 000 美元。如果在到期前的 5 年中，该公司每年回购偿还一部分债券，而不是在到期日一次性偿还，那么该公司的还款安全性就很高。

偿债基金条款一般要求公司在到期前每年购回固定比例的债券。这个过程是从债券投资者利益出发，因此，协议中通常不包含回购溢价。债券回购通常由抽签决定，因此，没有人知道哪种债券会被回购，哪种债券会持续到到期日。

现在假设某种含有偿债基金条款的债券由于利率变化而碰巧要按溢价出售。一个倒霉的投资者可能用 1 100 美元来购买这份面值 1 000 美元的债券，很快债券会按 1 000 美元被回购，造成投资者立刻损失 100 美元。尽管债券投资被认为是相对安全的投资方式，这种情况仍可能发生。

再举一个例子。政府机构以某居住区的房地产的抵押贷款作为基础发行债券。如果居民的抵押债券持有到到期日，则债券支付利息直到到期日为止。但是如果抵押贷款提前清偿，那么就用这笔基金按照面值回购债券。因为没有人知道人们什么时候能够还清他们的房屋抵押贷款，也就无法确定以抵押贷款为基础的债券是否会被回购。

总之，在投资前详细检查债券协议的具体细节是很明智的。

7.2.7 风险发行

有时，债券出售的价格会比用本章介绍的方法计算出的价格低很多。例如，我们用公式 7-4 对某一面值 1 000 美元的债券进行计算，得出其价格为 950 美元。然而，我们在查阅报纸的财经版时发现该债券的交易价格是 500 美元。

CFO 经验谈

这通常意味着发行该债券的公司存在财务问题，人们对于该公司履行债券协议规定的义务的能力存在质疑。换句话说，分析师认为该公司可能无法支付利息或者偿还本金。这样的风险明显会降低投资者对该证券价值的预期。

财务纯化论者争论说在此种情况下公式 7-4 仍然会得出正确答案，前提是选择适当的利率 k 的值。争论在于与增加的风险相对应投资者期望获得更高的报酬率。使用较高的 k 值计算出一个较低的价格。换句话说，债券降到了一个较低的信用级别，在该级别上投资者要求一个较高的报酬率以补偿自身在公司的状况更糟糕时可能损失一切的风险。

不论用什么方法看待这个问题，债券发行公司的财务业绩大幅下降都会大幅降低其证券的价格，包括债券在内。

7.3 可转换债券

可转换债券可以根据所有者的选择换成特定数量的股票。转换成股票的数量是根据债券发行时设定的转换比率决定的。例如，一张面值为 1 000 美元的可转换债券，转股比例是 50：1，每张债券就能取得 50 股股票。这里，债券面值除以转换比例就是转换价格，用公式表示就是：

> 可转换债券使得债券持有人能参与股价升值。

$$转换比例 = \frac{债券面值}{转换价格} = 转换的股份^{①} \qquad (7\text{-}6)$$

相比之下，同一公司的普通债券通常会比股票的风险要小，但是同时收益率也会较低。而在公司运转正常时，转换性能使债券也能获得部分股票的收益。

可转换债券的转换价格通常要比转换时市场价高出 15%～30%，如果股票价格比转换价格高，可转换债券持有者就可以通过转股后卖掉股票迅速获利。因此，投资者通常愿意接受可转换债券的利率低于普通股的利率，也就是说，公司能以较低的利息支出获得资金，可转换债券降低了公司的筹资成本。

概念链接　例 7-5

可转换债券的投资

Harry Jenson 一年前购入了 Algo 公司的 25 年期，面值为 1 000 美元、票息率为 9% 的可转换债券，当时公司股价为 20 美元，市场上类似债券的利率为 12%，该债券以 25 美元的转换价转换，现在该公司股价为 29 美元。

a. Harry 将债券转换成了股票，并将其出售，计算他获得的总收益。

b. 如果他投资了 1 000 美元的股票，现在收益如何？

c. 上面两种投资方式有何区别？

d. 假设股价下跌，评价可转换债券的投资。

解答：

a. 用公式 7-6 计算换股数量

$$换股数量 = \frac{债券面值}{转换价格} = \frac{1\,000\ 美元}{25\ 美元} = 40$$

---

① 可转换债券通常都是无担保、无抵押的债券。我们会在本章后面讨论债券的类型。通常都将可转换债券的票面价值称为面值。

以当前股价出售换得股票可以获得现金

$$29\text{ 美元} \times 40 = 1\,160\text{ 美元}$$

债券利息为

$$0.09 \times 1\,000\text{ 美元} = 90\text{ 美元}$$

因此，债券投资的总收入为

$$1\,160\text{ 美元} + 90\text{ 美元} = 1\,250\text{ 美元}$$

去掉债券的成本，总收入为

$$1250\text{ 美元} - 1\,000\text{ 美元} = 250\text{ 美元}$$

收益率为 250 美元/1 000 美元＝25％

b. 如果他投资了 1 000 的股票，可以获得股票数量为

$$1\,000\text{ 美元} / 20 = 50\text{ 美元}$$

每股收益为

$$29\text{ 美元} - 20\text{ 美元} = 9\text{ 美元}$$

总收益为

$$9\text{ 美元} \times 50 = 450\text{ 美元}$$

收益率为

$$450\text{ 美元} / 1\,000\text{ 美元} = 45\%$$

c. 投资公司的普通债券的收益率为 12％，投资股票的收益率为 45％，可转换债券的投资收益率是 25％，可转换债券投资人享有了一部分股票的较高收益。

相对于股票，可转换债券的风险低。

d. 可转换债券所承担的风险没有股票的高。如果股价下跌，股票的投资者可能下降，但是 Harry 投资的可转换债券并不会受到影响继续享有 9％的票息率，虽然比普通债券的 12％的收益率低，但总好过承担损失。

可转换债券对公司财务报表和现金流量的影响

发生转换时，债券的价值转移到相应票面值的股票，并以当前市场上的该新股的价格记入权益账户。

转换并不会立即影响现金流，但会影响未来的现金流。

需要注意，转换并不会产生即时现金流量，但转换事项的记录要在账簿上表现出来。原始的债务已经没有了，同时也就不用支付相应的利息，但新的股票与其他股票一样开始享有公司的分红。不过由于很多公司不给转换的股票分红，债转股就帮公司减少了现金流出。

债转股通过将债务转化成股本加强了公司资产的稳定性，有利于改善公司的债务管理比例。

可转换债券作为延期购买股票

可转换债券可以看作延期的股票购买。

可以将投资可转换债券看作是一个延期的股权购买，如果股票价格大幅上涨，那么转换实质上就得到了保证。也就是说，债券及其相关利率的支付即将停止，而该事项的长期影响将促进股票的出售。

7.3.1 可转换债券的优点

可转换债券能吸引发行公司和投资者是因为具有普通债券不具有的以下优点。

可转换债券：利率较低、以高于市价的价格出售股票、限制较少。

发行公司

发行公司可能具有的优势：

(1) 可转换债券能为难以实现常规贷款的高风险行业的公司提供资金。高风险行业通常要比一般稳定的企业付出更高的利率，甚至可能根本借不到资金。对于这些公司，可转换债券是很好的筹资方式，能引导投资者接受较低的利率或者投资他们平常根本不会考虑的领域。

(2) 可转换债券能提供高出当前市场价格出售股票的可能。在例 7-5 中，如果 Algo 公司的管理者能确认转换发生时公司股票被低估，那么债转股后，股票会以 25 美元的转换价出售，而当时市场价仅为 20 美元。

(3) 借款人可以通过签订债券契约等方式来约束企业的行为，从而降低风险。债券转换后，借款人就会视其持有的是股权，因此就忽视之前的约束。可转换债券对发行人的约束相对较少甚至没有。

债券投资者

可转换债券的购买者可能具有的优势：

(1) 可转换债券使投资者提供了一个分享股票增值的机会。

(2) 可转换债券能使风险得到控制，价格上具有一定优势，对投资者具有"上不封顶，下可保底"的优点。

7.3.2 强制转换

回顾例 7-5，假设 Algo 公司的股票涨到了 29 美元，Harry 决定无限期地推迟转换。如果股票维持在 29 美元或者更高，那么可以从投资中获益，直到不再看涨 Algo 公司的股票。这比实现转换而后持有股票对公司更有利，因为公司不需要为此付息。

Algo 公司的管理者希望实现转换，原因有二。公司不想付出更多的利息，同时又要将债务转换成股权来平衡资产负债表上的比例。因此，可转换债券通常会附加可回购条款以便进行强制转换。通常，可转换债券的回购条款中会包含等于债券一年利息的提前兑回溢价。

通过回收条款，债券能被强制转换。

假设在例 7-5 中，Algo 公司执行强制转换，Harry 便会面临两个选择，接受以 1 090 美元的价格提前回购，或者以 1 160 美元的价格转换卖掉可转换债券。很明显，理性的投资者都会选择后者。

发行公司通常会在股票价格涨到高出转换价格 10%～15%的时候进行强制转换。

溢价问题

发行可转换债券的目的也许并不是为了筹资，而是为以高于市场价的价格出售股权。这种情况下，如果股价不够高导致转换价格低于赎回价，转换就可能出现麻烦。

当股票价格没有升高，可转换债券面临溢价问题。

假设在例 7-5 中，Algo 公司的股价上升到 27 美元，转换价格为：

$$40 \times 27 = 1\,080 \text{ 美元}$$

低于赎回价 1 090 美元，因此投资人会接受提前赎回而不是转换。溢价问题是指 Algo 公司被本想回避的债务困住①。

7.3.3 可转换债券的估价

可转换债券估价相对来比较复杂，因为其价格既涉及传统的债券估价又涉及转换的股票价格。

假设市场上类似债券的价格是其面值 1 000 美元，这就是可转换债券作为债券的价格。图 7-6 中，平行于横轴的水平线与竖轴相交于 1 000 美元处。假设利率不变，这个数值就一直保持不变。必须注意，当可转换债券作为债务计算时是不用变现的。当通过股票价格来衡量时，可转换债券的价格是根据利率变化而变化的任何数值。下面用简单的例子来说明这点。

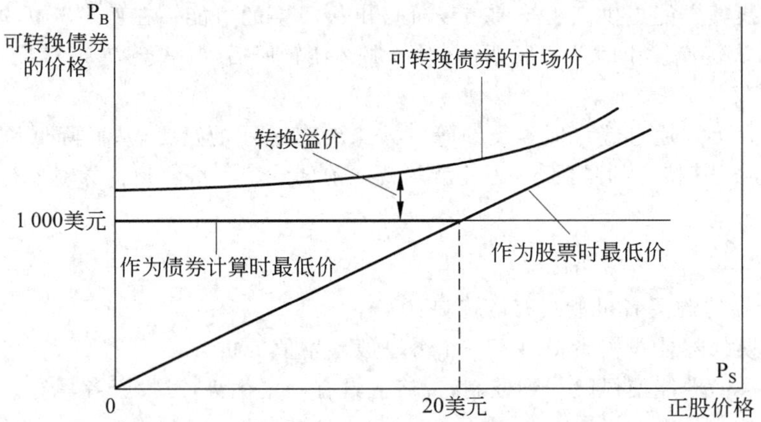

图 7-6 可转换债券的价值

图 7-6 中，从原点开始的斜线代表的是可转换债券的股票价格，他表示每张债券能转换股票的数量(转换比率)与当前股价之积。假设这种债券能换 50 股股票，这条斜线的等式是

$$P_B = 50P_S$$

其中 P_B 和 P_S 分别表示债券和股票的价格。

> 可转换债券的最低价值为其债券价值或股票价值中的较大值。

观察可以发现，价格较低的时候，可转换债券作为债券计算的价格会高于作为股票计算；价格越高的时候，可转换债券作为股票计算价格越高。

无论股价如何，可转换债券的价值都要高于其相应的股价和债券价格。也就是说，股价越高，股价线代表的就是可转换债券的最低价。最低价的前半段是由那条加粗了的线段，在 20 美元处开始由股票的价格决定。

可转换债券的市场价要比其最低价高，代表着市场价的曲线也在其最低价上面。由于股价总有可能会上涨，这种可能性给可转换债券带来了额外的价值。可转换债券的市场价是一条位于最低价格折线上面的一条曲线。市场价和最低价之差就是转换溢价。

> 转换溢价为可转换债券的市价高于其股票价值或债券价值的部分。

在交点 20 美元处，作为债券计算的最低价和作为股票计算的最低价是相等的。这个点可以通过计算得出，用作为股票的价格代替作为债券的价格就可以得出结果。计算过程如下：

$$P_B = 50P_S$$

① Algo 公司更愿意转换成股票，这样既免去了支付利息，又能增加资产负债表中股权比例。

$$1\,000\text{ 美元} = 50P_S$$

$$P_S = 1\,000\text{ 美元}/50 = 20\text{ 美元}$$

概念链接　例 7-6

计算转换溢价

例 7-5 中，Algo 公司的可转换债券在发行时的转换溢价是多少？

解答：这个问题用图表表示出来如下，在解答的过程中找出图表中相应的数据。回忆例 7-5，Algo 公司的可转换债券是 25 年前以 9%的利率发行的，当前市场利率是 12%，每股债券能转换成 40 股股票。

要解决这个问题，首先要找出最低价格线的转折点，然后对比看可转换债券发行是股价是在其左边还是右边。这样就可以知道在计算转换溢价时应用哪种最低价。

首先，利用公式 7-4 计算例子中可转换债券作为股票计算时的最小值。

$$PMT = (0.09 \times 1\,000\text{ 美元})/2 = 45\text{ 美元}$$
$$n = 25 \times 2 = 50$$
$$k = 12\%/2 = 6\%$$
$$FV = 1\,000\text{ 美元}$$
$$\begin{aligned} P_B &= PMT[PVFA_{k,n}] + FV[PFV_{k,n}] \\ &= 45\text{ 美元}[PVFA_{6,50}] + 1\,000\text{ 美元}[PFV_{6,50}] \\ &= 45\text{ 美元}(15.7619) + 1\,000\text{ 美元}(0.0543) \\ &= 729.29\text{ 美元} + 54.30\text{ 美元} \\ &= 763.59\text{ 美元} \end{aligned}$$

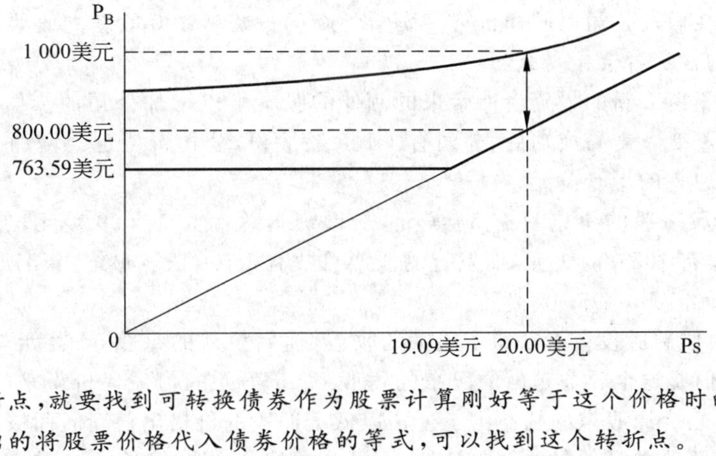

要找到转折点，就要找到可转换债券作为股票计算刚好等于这个价格时的股票价格。通过之前我们推出的将股票价格代入债券价格的等式，可以找到这个转折点。

转换比率是每份债券可以换得(1 000 美元/25)40 美元股股票，得知作为股票计算时的最低价格线是：

$$P_B = 40P_S$$

代入 P_B=763.59 美元，算出 P_S

$$P_B = 40P_S$$

$$763.59 \text{ 美元} = 40P_S$$

$$P_S = 19.09 \text{ 美元}$$

发行可转换债券时，股票的市场价是 20 美元，在图中转折点的右边，这时是以股票价格作为可转换债券的最低价。算出股价 20 美元时，可转换债券作为股票计算的最低价，将股价带入代表可转换债券作为股票计算的最低价的斜线的公式即可：

$$P_B = 40P_S = 40 \times 20 \text{ 美元} = 800 \text{ 美元}$$

Harry 以市价 1 000 美元买入的，因此：

$$\text{转换溢价} = \text{市场价} - \text{最低价} = 1\,000 \text{ 美元} - 800 \text{ 美元} = 200 \text{ 美元}$$

7.3.4 可转换债券对每股收益的影响：稀释每股收益

每股收益(earning per share 缩写 EPS)是指税后利润与股本总数的比率。它是综合反映公司获利能力的重要指标。在本书第 3 章曾简要地提过此概念，接下来本书会在第 8 章深入研究这个问题。

EPS 是确定股票价值的关键要素。

在日常财务问题中，每股收益是决定股票价值的关键要素。投资者做出投资决策的依据很大程度上依靠发行公司的每股收益。持续增长的每股收益是很积极的信号，反之，如果每股收益萎靡不振甚至不断下滑则会使股价受挫。事实上，每股收益的地位非常重要，投资者在研究潜在的投资时，首先必须观察的就是每股收益和其相关的市盈率情况。

可转换债券对每股收益有着重大的影响，在理解这个影响之前，我们要先弄清楚"稀释"的意思。

稀释

假设某公司股东权益总额为 100 000 美元，发行在外的股票股数是 1 000，则每股账面价值为 100 美元。现在假设公司以同样价格又卖给了新的投资者 100 股新的股票，获得 10 000 美元的投资，以前的投资者会接受么？

答案当然是不能。新的投资者所带来的额外的股本可以增加公司的价值，可是公司的旧股的价值则保持不变。交易成功后，公司有 1 100 股股份，公司价值也会增加 10 000 美元，每股的价格仍然是原来的 100 美元。

但是如果新股每股的价格只有 50 美元，新增资本总额为 50 000 美元，加上新的股权贡献，公司的价值仅有 105 000 美元，而发行的股票总数有 1 100 股。最终，新旧股票的价值都会变成(105 000 美元/1 100)95.45 美元。

注意，这个时候新股投资者获得了很大的收益，他们投入的每股 50 美元马上就变成了每股 95.45 美元。但是这个收益是由原股东的每股 4.55 美元的损失代价得来的。这种情况我们就称之为原股东的利益由于公司以低于旧股的价格出售新股而被稀释。

稀释收益是减少的 EPS，它因股票以低于市价出售而产生。

稀释收益是稀释的简单延伸，假设公司的利率是 10%，那么在发行新股之前：

$$\text{每股收益} = \text{当期净利润} \div \text{发行在外股票股数} = (100\,000 \text{ 美元} \times 0.1)/1\,000 = 10 \text{ 美元}$$

新增股价为 100 美元时：

$$\text{每股收益} = \text{当期净利润} \div \text{发行在外股票股数} = (110\,000 \text{ 美元} \times 0.1)/1\,100 = 10 \text{ 美元}$$

新增股价为 50 美元时：

每股收益 = 当期净利润 ÷ 发行在外股票股数 = (105 000 美元 × 0.1)/1 100 = 9.55 美元

这种情况就是原持股人的收益被稀释，原因是每股收益减少了。因为每股收益降低会导致股票价格降低，所以股票投资者会非常关心收益会被稀释或者是潜在的稀释。

可转换债券与稀释效应

可转换证券会引起稀释，回忆例 7-5，股票的市场价为每股 29 美元，而债券以每股 25 美元转换成股票。这就意味着可转换债券的持有者 Harry 如果卖掉所转换的股票每股能收到 29 美元，而 Algo 公司在债转股的过程中每股只能获得 25 美元的资本注入。这和市场价为 29 美元时发行每股 25 美元的新股产生的稀释效应一样的。

> 为转换的可转换债券意味着潜在的稀释可能性。

换种说法，当公司发行可转换债券之后股价上升的情况下，总是会出现稀释效应。因此，未转换的可转换债券就意味着公司每股收益存在潜在稀释的可能性。

披露可转换债券的潜在稀释

投资者通过每股收益来作出投资决策，决定在某个公司投入多少资金。但是如果公司存在尚未转换的证券，由于存在潜在的稀释效应，未来的每股收益就可能会比他们预期的要低。这很可能会误导投资者投入过多资金，因此不得不重视。

为了解决这个问题，会计职业协会通过美国财务会计准则委员会 FASB 发布了准则，要求企业在财务报告中反映公司由于可转换证券和其他证券所引起的潜在稀释的可能性。该准则自 1969 年发布以来已经经过多次修订，其中最近的一次是在 1997 年发行的会计准则，第 128 条要求企业要报告基本每股收益和稀释的每股收益。

> FASB128 号要求披露基本的和稀释的 EPS。

基本每股收益指预计税后利润与股本总数的比率。如果本年股本数不是恒定不变的，可以用加权股本。稀释每股收益考虑到本年度所有可转换证券转换的股票，也就是稀释程度最大的情况。

> 稀释 EPS 假设所有可转换债券在年初进行转换。

每股收益的计算看似简单但也能很复杂，比如考虑中期股票数量的变化以及可能转换的股票数量。例 7-7 就是考虑到可转换证券的情况。

概念链接　例 7-7

稀　释

Montgomery 公司是位于加利福尼亚州南部的制作男装的小加工企业。3 年前，该公司以票息率 8%发行了 2 000 份面值 1 000 美元的可转换债券，约定可以以每股 40 美元的价格转换成公司普通股。

Montgomery 公司预期可转换债券发行后公司股票会大幅上涨，引起可转换债券迅速转换成股票。然而，一场经济危机阻挡了公司的进程，债券仍然没有转换。

> 计算稀释 EPS 需要调整股份数和减去利息费用后的净利润。

去年，Montgomery 公司获得 3 000 000 美元的净收入，股票数量为 1 000 000，边际税率为 40%，计算其基本每股收益及稀释收益。

基本每股收益的计算

基本每股收益计算相当简单，因为该公司在整个会计期间发行在外的股票数量一直是稳定不变的。

$$基本每股收益 = \frac{当期净利润}{发行在外股票股数} = \frac{3\,000\,000\text{ 美元}}{1\,000\,000} = 3.00\text{ 美元}$$

稀释每股收益的计算

稀释每股收益会假设可转换债券在年初全部转换成股票。因此，计算过程中需要调整两个地方，第一是要增加新股的数量；第二是债务结束之后减少了利息支出从而影响税后利润，要调整净收入。

将数据带入公式 7-6 得到每份债券换股数量：

$$换股数量 = \frac{债券面值}{转换价格} = \frac{1\,000\text{ 美元}}{25\text{ 美元}} = 40$$

每股换股数量与总的股票数量之积就是转股总数，最新的发行在外股票总数是旧的股票和新的股票数量之和。

$$转股总数 = 40 \times 2\,000 = 80\,000$$

$$最新的发行在外股票总数 = 1\,000\,000 + 80\,000 = 1\,080\,000$$

之前的 2 000 股债券的利率为 8%，面值为 1 000 美元，因此，转股节约的应付利息为：

$$节约利息 = 0.08 \times 1\,000\text{ 美元} \times 2\,000 = 160\,000\text{ 美元}$$

利息可以减税 40%，支付利息会减少 160 000 美元×40%＝64 000 美元的税。

因此，免除利息获益为 160 000 美元 − 64 000 美元 = 96 000 美元

计算稀释收益的净收入为 3 000 000 美元 + 96 000 美元 = 3 096 000 美元

稀释每股收益 = 3 096 000 美元 /1 080 000 = 2.87 美元

7.3.5 其他可转换证券

除了债券，其他证券也具有可转换性，比如股票。本书在例 6-18 中简单介绍过的优先股，接下来会在第 8 章中仔细研究。可转换优先股和可转换债券十分相似，二者都存在潜在稀释。在计算稀释每股权益时，二者的方法是一样的。

有的不可转换证券也能以低于市价发行新股，存在潜在稀释的特征，计算稀释每股权益时需要调节方法以适应这些证券的特点。最常见的例子就是认股权证，认股权证是授予持有人一项权利，在一段时期内(到期日前)可以以约定的价格购买一定数量公司发行的新股。本书将在第 8 章研究认股权证。

7.4 债券的制度特征

接下来我们将讨论债券的一些重要特征及与债券定价无直接关系的债券协议。在进一步学习之前一定要明确债券的基本定义。债券是一种工具，这种工具可以使一个组织(通常是一家公司或者某个政府单位)能够根据某种协议同时从大量的投资者手中借到资金。

7.4.1 登记，转让代理商和所有者记录

债券可以划分为无记名债券和记名债券。无记名债券属于该债券的持有者，这项规定使债券由于丢失或被盗的可能性而存在风险。无记名债券上贴有息票，可以据此获得利息。

记名债券的所有者要在转让代理商处登记。转让代理商是一个组织，通常是一家银行，该银行为发行公司保存股票和债券的所有者的记录。在转让代理商的记录册上，每一份债券在任意指定的日期都有特定的所有者记录。利息在支付日直接根据登记记录寄到债券的所有者手中。

记名债券的所有者记录由转让代理商保存。付款在支付日付给记录中的所有者。

7.4.2 债券的种类

按照不同的特质可以将债券分为不同的种类。下面简要讨论几个重要的种类：

担保债券和抵押债券

担保债券是以发行公司所拥有的特定资产价值作为担保的债券。如果公司违约，担保债券的持有者可以占有并出售该资产来取回赔偿。担保交易的精髓就是与某种特定债务有关的资产在清偿债务之前不能再属于其他债权人。当担保的资产为不动产时，这种债券就被称为抵押债券。

信用债券

无担保债券是信用债券。抵押债券通常以不动产为抵押。

信用债券是无担保债券。它仅凭发行公司的信用发行，没有特定的资产价值作为担保。同一公司的信用债券明显要比担保债券风险要大。因此，信用债券通常向投资者提供较高的报酬率。

次级债券和优先债券

“次级”指的是处于较低的等级或者优先级。在债务有关术语中，次级意味着在发行债券公司破产情况下获得还款的优先级要低于其他债券。某种债券可能比特定债券或其他所有债券优先级要低。相对次级债券是具有优先权的债券，被称为优先债券。

从概念上来讲，次级债券与优先债券同时产生。例如，假设某出借者考虑提供一项贷款，但是担心借款人将来从其他人借入更多债务。如果借款人破产，用来清偿未付债款的所有资产都不得不由很多债权人共同分配。第一个出借人就会要求在贷款协议中增加条款，要求未来发生的所有债务处于从属地位以确保自身资金安全。

次级债券的本金和利息的偿还优先性要低于优先债券。

次级债券比优先债券或者非次级债券危险性高，通常被要求更高的报酬率。

垃圾债券

垃圾债券是由于财务状况不稳定或者其他原因被认为很危险的公司发行的债券。它们通常支付的利率比实力强大公司的债券支付的利率要高5%左右，被称为高收益证券。

在20世纪70年代中期以前，有风险的公司尤其是一些新创办的小企业根本不可能通过发行不安全的债券来借到资金。无论这类公司承诺的收益率为多少，投资者都不愿意承担该公司带来的风险。然而，在那时，风险共担债券这个概念的形成，在投资相对安全的因素下，似乎高风险高收益率的债券也是可行的。几年的时间，垃圾债券迅速蔓延，直到占据整个债券市场的10%～20%。

垃圾债券由风险很高的公司发行，并支付很高的利息。

在20世纪80年代末90年代初，当经济持续衰退时，由于共同分担所感到的安全感消失了，因此，垃圾债券不再广受欢迎。在本书的后续章节我们还将对垃圾债券进行评论。

7.4.3 债券评级：核定不履行契约风险

在前面的章节中，我们讨论过几种与债券有关的风险，包括违约风险。在实践中，投资者和财务机构都要想尽办法评估和控制债券暴露出的违约风险。

> 债券评级是通过估计发行者不能偿还债务的可能性来实现的。

债券被指定要进行质量评价，来反映出违约的可能性，较高的评价结果意味着较低的违约可能性。债券评级时由专门的评级机构来做，它们将债券及债券所属公司评定为含有或多或少的风险。最著名的信用评级机构是穆迪公司(Moody's)和标准普尔公司(Standard & Poor's)。

评级机构通过考察发行单位的财务和市场情况，及单个债券的契约条款来对债券进行评级。一种债券的实力主要取决于发行该债券的公司的实力，但是，某些条件可以使同一公司发行的一种债券比另一种债券更安全。例如，有不动产作为抵押的债券就比同一公司发行的无担保的债券更加安全。类似的，优先债券就要优越于次级债券。

对债券评级的过程从对发行公司的财务进行分析开始，分析手段在前面章节就已说明。在此基础上，评级机构根据它们对该公司掌握的所有信息进行综合分析，如市场状况及其他行为。例如，假设一家公司财务业绩良好，市场前景也不错，但是陷入了一项较大的法律诉讼，如果这项法律诉讼很严重，那么就会降低该公司债券的等级。

债券评级并不完全是由数学公式分析出的结果确定的。尽管它们很大程度上依赖标准比例分析，但是还是包含评级机构作出的定性判断。

信用评级的符号与等级

穆迪公司和标准普尔公司使用相似的等级标准来描述所评定的债券。大概了解一下这些术语的含义很重要。表7.2总结了两家公司使用的评级符号及其含义。在Baa/BBB级别上下的债券差别非常显著，处于该级别及以上的债券为投资级，反之，处于以下的债券被认为是低于标准的，再往下的债券被称为垃圾债券。

表7.2 穆迪和标准普尔的债券评级

穆迪表示法	标准普尔表示法	信用级别含义
Aaa	AAA	安全性最高
Aa	AA	安全性高
A	A	安全性良好
Baa	BBB	投资级
Ba	BB	安全性较差
B	B	有风险，不安全
Caa	CCC	安全性很低
Ca	CC	风险较大
C	D	

为什么评级很重要

在整个学习过程中，我们一直强调风险与收益是相关的，投资者对于风险越高的投资要求的报酬率越高。评级是对债券相关违约风险的主要度量手段，因此它们是投资者针对不同公司的债券要求获得不同报酬率的重要决定依据。

事实上，一个公司的债券级别决定了该公司借款所要支付的利率。较低的等级意味着该公司需要支付较高的利率。这通常意味着该公司经营并赚取利润很困难，因为该公司要负担很高的债务筹资成本。

所有的债券收益率都会随时间上下波动，但是在高安全性债券和低安全性债券所要求的利率总是有很大的差异。与高安全性债券相对应的下面一条曲线意味着发行公司可以以较低的利率借到资金。最安全、质量最好的债券是联邦国库债券，该债券完全没有违约风险。如果其收益率在图 7-7 中表示，将比其他任何债券都要低。

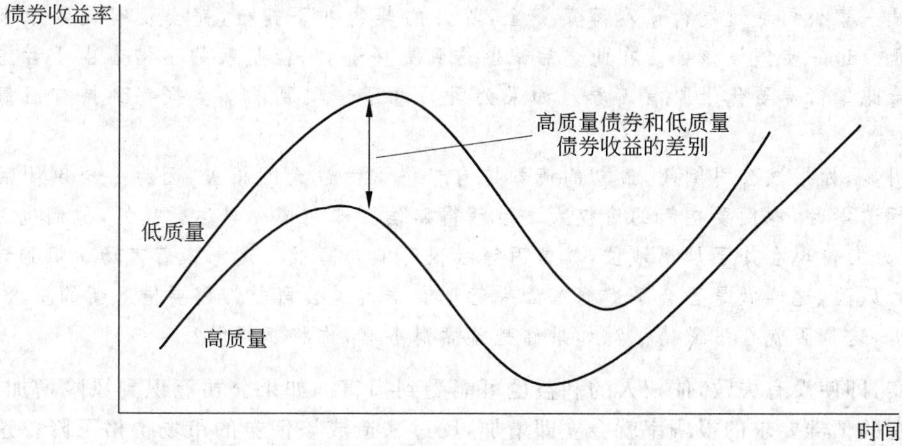

图 7-7　高质量债券和低质量债券收益差别

债券的等级会影响借款时所支付利率与高安全性债券要求的利率两者之间的差异的大小，但是并不会影响整个利率结构上下的趋势。很明显，两个利率之间的差异反映了低安全性债券的违约风险。这就是我们之前讨论过的违约风险溢价。

随时间差异的变化

观察发现，当利率普遍较高时，债券收益率时间的差异要比利率普遍较低时差异大许多。这是一个很重要并且具有逻辑性的事实。高利率通常与衰退及糟糕的经济状况相联系，在这段时期，处于边缘的公司倾向于破产。换句话说，在萧条时期，弱小公司的违约风险比繁荣时期的风险高。由于差异反映了风险水平，因此在萧条时期利率之间的差异有增大的趋势。

> 低质量和高质量债券收益之间的差异是经济情况的一个指标。

事实上，这种现象可以被视为一种经济指标。安全性不同债券出现很大的利率差别，显示经济困难的时期就要到来了。

投资级的意义

大多数债券都是由机构投资者购买的，而不是由个人购买。这些机构投资者包括共有基金、银行、保险公司及养老基金。这样的投资者大多按照法律规定只能进行相对安全保守的投资，因此，只能购买投资级债券。这就将那些没有评定为投资级的公司债务严格地限定在市场之外。

7.4.4 债券契约：控制违约风险

在第一章中我们讨论过债权人和股东存在利益冲突。事实上，所有的商业运行都有风险，然而，高风险水平总是带来高额的报酬。利益冲突来自于将风险所带来的报酬几乎全部归股东所有，而失败的处罚总是由股东和债权人共同承担。

实务观察

与伦理有关的债务管理

假设一家公司通过发行债券筹集资金，签订的契约并不健全，完全没有提到未来增发债券的问题。进一步假设该公司在此之后试图借到更多资金，但是新的出借者由于考虑到安全问题坚持此笔债券要优于原有债券。如果公司同意了这项要求就会损害到持有旧债券的投资者利益。

很明显，如果该公司倒闭，最初的债券持有者将承受最大的损失，因为公司倒闭后的剩余资产进行清偿时，他们要在新的债权人之后获得赔偿。即使该公司运行良好，他们也可能蒙受损失，因为旧债现在处于从属地位，其信用等级很可能会降低。这意味着市场认识到该债券含有更高的风险，这样做是否合乎道德？如果管理者争辩说公司非常需要借入新的资金，否则将陷入危机，这是否就合乎道德了？如果你是首席财务官，你将怎样做？

确实，即使没有失败，债权人的利益也可能受到损害。如果公司意识到风险增加，投资者对其持有的债券要求的报酬率就会立即增加，反过来造成该债券的市场价格下降。这种情况一发生，债权人就要蒙受损失。

试图通过购买债券向公司出借资金的投资者观察到该公司目前的风险水平。如果他们对这个风险水平很满意，就会购买债券，但是仍会担心未来的操作可能具有更大的风险。如果公司可能实施风险很大的项目，可能遇到财务问题或者经营不善。

为了确保债券发行公司保持一个稳定的风险水平，资金出借者通常坚持在债券协议中限制借款者的行为，直到债券完全得到清偿。包含这一类限制性契约的合同被称为债券契约。

> 债券契约意图避免公司在发行债券后风险加大。

典型的契约条款不允许参与高风险商业活动并限制从其他渠道借入更多的资金。契约可能还要求某财务比率必须在一定最低水平之上。例如，一份契约可能规定利息收入次数必须保持在特定的数值之上。

每一笔债券发行都要有托管人，目的是为了债券持有者的利益而管理并执行契约条款。托管人通常是银行。

偿债基金

债券是一种非分期偿还的债务，这就是说借到的本金要到到期日才需要偿还。借款的公司可能没有大量的资金以偿还本金，因此，对债券持有者来说就存在风险。

> 偿债基金能提供偿还债券本金的资金。

偿债基金将本金偿还分散到一定的时间，这可以确保很高的安全性。我们已经讨论过两类偿债基金事务。第一类要求按周期存款，以确保到期日能有足够的资金偿付本金，此类问题属于资金的终值问题。第二类是在到期日以前未加计划的偿清部分债券，我们在本章讨论过这个问题。

还有一种方式是通过发行债券，将总的借款分散成几次独立的证券发行。

概念链接

例 7-1　求解债券价格

例 7-2　自测

例 7-3　求解特定价格下的收益率

例 7-4　可能会被回购的债券的价格

例 7-5　可转换债券的投资

例 7-6　计算转换溢价

例 7-7　稀释

讨论

1. 何为估价？为什么我们对估价感兴趣？

2. 对比实有资产和金融资产，它们的价值基础分别是什么？

3. 为什么两个有知识的人会对同一个债券的价值得出不同的结论？如果他们俩获得的是相同的信息，这种情况还会发生吗？

4. 描述债券的特征，要运用以下概念。

到期日	面值
负债比净资产值	购买债券
非分期偿还	一个借款者/多个借款者
风险	与股东相抵触

5. 什么是回购条款？为什么公司将回购条款加入债券中？定义回购保护期和回购溢价。

6. 有两种利率与债券有关。描述并定义这两种利率。如何在实际中运用？描述在定价时没有用到的第三种利率。

7. 如果债券按固定利率支付利息，那么债券每年在二级市场上如何出售？概括收益率是如何随市场利率变化而发生调整的。

8. 为何债券要包含各种契约？

9. 对债券定价可以看作是对两个货币时间价值问题进行描述。

10. 债券价格和利率之间有何关系？口头描述这种关系如何产生。如何运用这种关系来估计债券的价值。

11. 解释什么是利率和风险价格。为什么有时又称其为到期风险？

12. 到期风险是由什么引起的？换句话说，为什么长期债券对利率变化的反应与短期债券的不同。（提示：从现值公式应用方面考虑）

13. 描述确定某一给定售价的债券的收益率的过程。

14. 在什么情况下某种债券会几乎确定会在未来的特定日期回购？这种情况会怎样影响价格？

15. 偿债基金为什么能提高出借人的安全？

分析

1. 你是 Flyover 公司财务部门的分析师,该公司是一家新开办的有较高收益与风险的高科技企业。目前有发展机会,但是财务部门没有足够的资金来实施。股票正在下跌,因此不能通过出售股权来筹集新的资金。银行也不打算向公司提供贷款,投资银行也声明信用债券是不可行的。财务主管要求你进行调查并提出一些可以使公司债券更有吸引力的方法使公司能借到款项。写出一个简短的备忘录概述一下你的观点。

2. Everglo 公司是一家化妆品制造商,公司负债与权益各占一半。负债是以信用债券的形式存在,契约关系很弱。公司的总裁、主要股东 Susan Moremoney 提议通过以公司现存资产担保发行新债券来扩大公司的负债使其为原有两倍,并运用筹到资金进军有利可图但是风险也高的欧洲市场。你是公司的财务主管,并被 Moremoney 女士授权执行这项新的财务计划。总裁的提议是否存在道德问题?为什么?在上述行为中谁将获得好处?(提示:现有的信用债券比例如何变化?)如果你发现自己处于这种情况你将怎么做?

3. 你是 Nidorf 公司的首席财务官,该公司是一家奢侈消费品制造商,因此该公司的产品对经济的兴衰很敏感。在今天早上的经理人员会议上,总裁 Charlie Suave 提出扩张。你发现如果未来前景较好,扩张是可行的,但是担心如果是在衰退时资源过度分散将毁掉这家公司。当你表达出你的烦忧时,Charlie 说他对经济状况并不担心,因为 AAA 级债券与 B 级债券之间差别很小,这是个好征兆。然而,你注意到利率似乎已经降到底部,并且根据强大公司和弱小公司之间的差别正在上涨。经过一番讨论,这项提议被搁置以进行深入研究。当天,总工程师 Ed Sliderule 到你办公室询问"今天早晨你们究竟讨论了什么问题?"为 Ed 准备一份简短的书面解说。

4. Pliflex 公司需要一笔新的资本,但是现在募集有困难。公司的股票正处于 10 年来的低点,所以如果出售权益就意味着以非常低的价格放弃公司利益。债券市场正处于紧缩状态,利率异常的高,这就使得借款非常困难和昂贵。事实上,Palifles 确实是一个高风险的公司,所以并不确定会有人愿意借钱给它。

但另一方面,公司的长期前景是好的,并且管理层认为股价会在一两年内回升。在理性的情况下,管理层希望扩大公司的权益基础,那样就能在以后借入更多资金,但目前股价实在太低了。

提供一个同时强调短期和长期的募集资本的建议,并解释它为什么是可行的。

习题

债券价格求解: 例 7-1 的概念链接

1. Altoona 公司 5 年前发行一份面值 1 000 美元的 25 年期债券,债券按年利率 10%每半年支付一次利息。

a. 如果类似债券的利率为 12%,那么该债券价格是多少?

b. 如果利率为 8%,债券价格现在是多少?

c. 从投资者可以得到的机会来解释 a 部分和 b 部分所得的结果。

d. 如果利率为 10%,债券价格现在是多少?

e. 说明 d 部分得出的结论。

2. 计算面值 1 000 美元的债券在下面情况下的市场价格。

	票息率	到期时间仍有	目前市场利率
a	12%	15 年	10%
b	7%	5 年	12%
c	9%	25 年	6%
d	14%	30 年	9%
e	5%	6 年	8%

3. 上面两题中债券的当前收益率分别是多少？

4. Sampson 公司 5 年前发行了面值 1 000 美元，票息率为 6% 的 25 年债券，目前市场利率为 10%。

a. 如果债券每半年付息一次，那么该债券目前价格是多少？

b. 如果每年付息一次，债券价格现在是多少？评论 a 部分和 b 部分的不同之处。

c. 如果债券每半年付息一次，发行时面值 1 500 美元，那么债券现在的价格是多少？

5. Fix-It 公司新发行了 10 年期，面值 1 000 美元，票息率为 8% 的债券。

a. 两年后类似债券的利率为 6%，FIX-Tt 公司债券价格是多少？

b. 如果利率涨到 12%，债券价格是多少？

c. 假如市场情况如 a 所表述并且持续 8 年利率都是 6%，8 年后 FIX-It 公司的债券价格会发生什么变化？

6. Mariposa 公司尚有两种债券没有付清。一种发行于 25 年前，票息率 9%，另一种发行于 5 年前，票息率也为 9%。两种债券发行时规定的期限都是 30 年，面值 1 000 美元，目前市场利率为 14%。

a. 现在这两种债券价格分别是多少？

b. 从投资者的风险角度讨论 a 部分的结果。

7. 长途货车运输公司将于明天发行 20 年期债券面值 2 000 美元，票息率 8% 是计划发行时的市场利率。然而，利率突然上升，预计债券在市场上出手时，利率将达到 9%。明天该公司每张债券价格将为多少？

8. Daubert 公司计划下月发行 10 年期，面值 1 000 美元，票息率为 6%，总额 4 亿美元的债券。然而，由于票息率的关系，穆迪投资评级机构把 Daubert 公司的级别由 Aaa 降到 Aa，这意味着公司将付出 7% 的利率。债券发行时筹集的资金要比本来预计的少多少？不计管理费用和佣金。

9. Tutak Industries 几年前发行过面值 1 000 美元，到期日在 8 年后的债券。市场上类似债券的利率为 8%，Tutak 的债券目前价格为 1 291.31 美元。计算该债券的票息率。

10. John Wilson 是一个保守的投资者，他就正在关注的两种债券向你询问意见。其中之一是 Capri Fashion 公司早期发行的债券，最初发行于 22 年前，面值 1 000 美元，期限 25 年，票息率 6%；另一种债券是 Gantry Elevator 公司正要发行的 30 年期债券，面值 1 000 美元。目前的市场利率是 6%，因此两种债券都要按相同的票息率付息。

a. 每种债券目前价格各是多少？

b. 如果目前利率升至12%，不经过计算估计每种债券的价值。

c. 计算b部分债券价格来检验你的估算能力。如果利率预期会上升，哪种债券是更好的投资选择？

d. 如果利率预期下降，应该选择哪种债券？长期利率可能降至远低于6%吗？为什么？（提示：回忆第4章中的利率模型及利率构成）

求解特定价格下的收益率：例7-3的概念链接

11. Sminthson集团的A级债券10年后即将到期，其面值为1 000美元，票息率为8%。债券当前价格如下时，收益率分别是多少？

a. 770美元

b. 1 150美元

c. 1 000美元

12. Hoste公司7年前发行了面值为1 000美元、票息率为12%、20年到期的债券，该债券当前价格为1 143.75美元。该债券到期收益率是多少？

13. Pam Smith从他爷爷那继承了一张面值为1 000美元、票息率为12%的债券，但是到期日已经看不清楚了。Pam让他经纪人帮他把债券卖了1 326.58美元，并得知当前类似债券的利率为8%。Pam期望能获得比这个价高多少的利润？

14. Eric Griffin用680.60美元购入一张5年期的零息债券，并打算持有到到期日。假设Eric的税收边际率为25%。

a. 计算Eric前两年由债券带来的税后现金流，假设以复利计算。

b. 简述持有相同价值的Eric的债券和美国储蓄债券所带来的现金流量上的区别。

第15题到第17题中提到的均为Apollo公司的债券，并都包含回购条款。回购条款允许Apollo公司在最初15年后的任何时间回购债券。但如果回购执行，要按照票息率额外支付几年利息作为对债权持有者的补偿。

可能会被回购的债券：例7-4的概念链接

15. Apollo公司的Alpha债券是在10年前发行的，期限30年，面值1 000美元。当时市场利率很高，因此债券的票息率为20%，现在的利率是10%。

a. Alpha债券应该以什么样的价格出售？

b. 如果没有回购条款将以什么价格出售？

16. Apollo公司的Alpha－1债券发行时的市场利率很高。该债券的票息率为22%，面值1 000美元，期限30年，到现在为止债券以发行13年。如果现在利率为12%，计算债券现在的价格，将其与不存在回购条款下的价格做比较，论述其中的不同之处。

17. Apollo公司的Beta债券刚到回购保护期期末，而且还有10年到期。该债券面值是1 000美元，票息率16%。目前市场利率是10%。如果发行新债券偿还旧债的成本为偿还旧债的金额加上回购溢价两者之和的8%，那么Apollo公司是否应该发行新债偿还旧债？

18. Snyder Mfg在5年前发行了30年期、面值为1 000美元、票息率8%的债券，该债券预计10年后回购。当前市场利率为7%，公司付出多少赎回费用才会让股票持有者满意？

风险发行

19. 你的朋友Marvin最近很兴奋，因为他又发现了一个可靠的投资。一家投资公司的经纪人给了他一个购买Galveston Galleries公司债券的机会，并且价格十分吸引人。该公司的债券是10年前发行的30年期,面值为1 000美元,票息率8%。由于最近利率上升,导致债券的价格有所下降。这让Marvin和他的经纪人深信这是一次绝好的赚钱的机会,现在买入,然后持有一两年之后再卖出去。与Galveston Galleries公司相似的债券当前利率都在12%左右,Galveston的债券当前价格是300美元。Marvin知道你是学习财务专业的,因此问你对这次投资的看法,你会怎样建议他呢?

投资可转换债券:例7-5的概念链接

20. Pacheco公司10年前发行了一批可转换债券。每份债券的初始期限为30年,面值为1 000美元,支付的票息率为11%,而且可以将其转换为20股的公司股票。当时公司股票每股价格30美元,后来股票价格上涨至每股65美元,并且市场利率降至8%。这种债券现在的价值为多少?评论对于可转换债券来说债券股价过程的作用。

21. Jake Cornwall刚刚购买了由Pristine公司发行的票面价值为1 000美元、票面利率为8%、期限为30年的债券。从设置债券利率至债券发行,这期间市场利率上升了,所以,Jack仅仅支付率950美元来购买债券。这个债券能以每股20美元的价格转换为50股股票。Pristine公司的类似的没有转换权的、利率为10%的债券价格也为950美元。Pristine公司的股票售价为每股15美元,并且每年持续为每股发放股利1美元。计算第一年末的下列指标:

a. 如果股票价格上涨至每股25美元,Jake使用了转换权并且马上将股票售出,计算Jake的投资收益。

b. 如果Jake投资于Pristine公司的普通债券(没有转换权),并且年末的利率与债券发行时一致,计算一年的投资收益。

c. 如果Jack投资于公司的股票,那么收益为多少?

d. 如果股票价格没有变化,那么这三种投资的收益各为多少?

e. 如果公司股票的价格降至每股12美元,并且利率与债券购买时一致,那么这三类投资的收益各为多少?

f. 如果在年末前几天股票价格为每股23美元时,Jack的债券被强制转换,那么他的投资收益为多少?

g. 评价强制转换对投资者的影响。

计算转换溢价和稀释:例7-6和例7-7的概念链接

22. Maritime公司在两年前出售了1 500份面值为1 000美元的可转换债券。这个20年债券的票面利率为8%,并且能以每股20美元的价格转换为股票。在债券发行时,公司的股票售价为15美元,没有转换权的类似债券收益率为10%。Maritime公司股票现在的价格是25美元。公司没有支付股利。

a. 如果现在使用转换权,并将收到的股票马上出售,计算从债券发行至现在的收益。

b. Maritime公司股票的投资收益为多少?

c. 在债券发行时,债券的转换溢价为多少?

d. 上年Maritime公司的净利润(EAT)为450万美元,并且在外流通股为300万股。公司的边际税率为34%。计算Maritime的基本每股收益和稀释每股收益。

上机习题

23. 你是个证券销售商，你的许多客户都是希望进行比较安全投资的老年人，他们始终记得那个利率十分稳定的年代(20 世纪 70 年代以前)，那时无论债券期限多长，债券价格都很少发生波动。你很难让他们中的一些人相信当利率变动很快时，债券(尤其是长期债券)是有风险的。使用 BONDVAL 程序来创建一张电子表格，在你同客户讨论时用这张表格来阐述你的观点。

随其期限和利率变化，面值 1 000 美元、票息率 12%债券的价值

		债券的期限				
		1	5	10	25	
市场利率	6%					
	8%					
	10%					
	12%					

概括你向一位老年客户做出的关于债券价格易发生变化的提醒。要用到上面的表格。

24. 应用 BONDVAL 程序求下列面值 1 000 美元债券的到期收益率。

	1	2	3
市场价格	753 美元	1 068 美元	915 美元
票息率	6.50%	7.24%	12.50%
期限	15.5 年	8.5 年	2.5 年

附录 7A

融资租赁

“租赁”是一份合同，这份合同赋予合同一方使用由合同另一方拥有的某项资产的权利，并支付款项作为回报。财产的所有者称为出租人，使用者称为承租人。租赁业务是与债务相似的筹措资产的一种方法。

我们比较熟悉的租赁通常是房屋租赁，房东是出租人而租客是承租人[①]。近年来，汽车租赁也是很普遍的业务。在商业活动中，公司租赁各类设备和不动产。

商业性租赁的发展

在 20 世纪 50 年代以前，租赁业务主要限于不动产(租赁办公室或者工厂)。从那以后，这

① 区分融资租赁和经营租赁很重要。经营租赁通常是指暂时性地使用资产，而不做出长期承诺。但是，租金通常泛指融资租金和经营租金。

项业务扩展至设备，到了今天，商业活动中30%的设备都是租赁的。

租赁和财务报告

理解租赁早期发展的最好方式是通过例子来了解。假设 Textronix 公司有如下简化的资产负债表。

Textronix 公司资产负债表(1 000 美元)

流动资产	10 美元	流动负债	5 美元
固定资产	90	长期负债	45
总资产	100 美元	权益	50
		总的负债和权益	100 美元

我们感兴趣的是公司债务比率，高额的债务被视为高风险的，并且被认为对投资者不利①。简化起见，我们主要关注资产负债率，它是由总负债除以总资产，其中总负债是流动负债加上长期负债。注意，Textronix 的资产负债率是相当高的，为 50%，计算过程如下：

资产负债率＝(流动负债＋长期负债)/总资产
＝(5 美元＋45 美元)/100 美元
＝50 美元/100 美元＝50%

现在，假设管理层希望获得价值 50 000 美元的资产，但是不想动用权益资金②来购买。一种方法是以设备作为抵押品来借款购买。这样做会使得资产负债表上的资产增加 50 000 美元，同时长期负债也会增加 50 000 美元。新的资产负债表如下。

Textronix 公司资产负债表(1 000 美元)

流动资产	10 美元	流动负债	5 美元
固定资产	140	长期负债	95
总资产	150 美元	权益	50
		总的负债和权益	150 美元

这笔债务使得资产负债率更高了。

资产负债率＝(流动负债＋长期负债)/总资产
＝(5 美元＋95 美元)/150 美元
＝100 美元/150 美元
＝66.7%

由此可见，对 Textronix 来说借款购买资产是一个严重的问题。资产负债率的恶化可能意味着为资金支付更高的利率溢价，甚至可能根本借不到款项。这可能对公司的股票价格也有不好的影响。注意到问题实际是所有权问题。因为 Textronix 拥有资产，那么资产负债表上的资产和相关的负债会同时增加。

> 用于购买资产的债务会导致债务比率的恶化。

① 当债务金额很高时，继续增加债务会导致投资者降低对股票的出价。并且也会使出借方要求更高的利率，或者可能拒绝增大借款额度。

② 留存收益或者发行新股来筹集资金。

如果加上可以使用资产而不拥有所有权，那么 Textronix 的资产负债表就不会受到影响，从而财务比率也不会恶化。最初，租赁也就能使公司达到这个目的，即不拥有却能使用某些东西。租赁付款在利润表上被确认为费用，但对资产负债表没有影响。因此，租赁解决了由借款购买导致的比率问题。在 20 世纪五六十年代，通过设备租赁的金额迅速增加。租赁成为脱离资产负债表的借款形式——使用一项资产而不用在资产负债表上反映它或者它的筹资过程。

租赁成为脱离资产负债表的借款形式。

误导性结果

必须意识到我们上述的结果使得财务报表具有误导性。债务的风险来自于还款是强制性的，如果错过还款可能会导致公司破产。事实上，租赁付款也是这样，租赁付款是不可撤销的。不可撤销性是指如果承租人在租赁期间偿还了设备，剩余的付款额仍然是法定义务，并且金额与未还设备时一样。由于主要资产的长期租赁实质上通常都是不可撤销的，它们实际与债务有着同样的问题和风险。但在早期，它们没有体现在资产负债表上。换句话说，投资者在阅读使用租赁融资的公司的资产负债表时，他们被误导地认为公司状况比实际情况要好。

不能从资产负债表上了解大额的租赁，使得报表具有误导性。

在 20 世纪 70 年代早期，大家对于处理由于租赁引起的财务报告扭曲的会计专业能力给予了极大的关注。同时，也产生了建立租赁业务的会计准则的压力，要求披露长期租赁并将其作为债务的等价物。

当时的会计准则确实要求所有的租赁业务都必须在财务报表附注中披露。这些在附注中的披露被认为是必要的。他们坚持认为富有经验的财务报表使用者会阅读附注并且完全理解公司正在做的事情，尽管不是资产负债表融资。提出的反驳的观点是并不是所有的投资者都是富有经验的，或者会认真地阅读完整的财务报表附注，并且这需要更详细的披露来防止财务报表被误解。

财务会计准则委员会和 FASB13

解决由租赁引起的财务结果曲解的任务落在了财务会计准则委员会(FASB)上，这是一个专业的通过制定准则来控制财务报表如何构成的会计机构。这个委员会在 1976 年 11 月关于这个议题发布了财务会计准则 13 号(FASB 13)。这个准则公布了租赁的财务报告规则应基于经济后果而不是法律技术。

对租赁的曲解是因为资产的所有权对财务报告很重要，并且租赁允许我们使用而不需要所有权。FASB 通过重新定义所有权来解决这个问题。

在 FASB 13 号之前，财务报告的所有权定义与法律一致。一项资产是由拥有处置它的权力人所拥有(通常是出售权)，而其他使用它的人并不重要。FASB 13 号称这个所有权的概念并不反映经济事实。它认为资产的真正所有者是享受它的收益并且承担它的风险和责任的人。

FASB13 号从经济学的角度重新定义了所有权。

这个准则宣称如果在资产寿命的大部分时间里，一项租赁将那些收益和负担转移至承租者，那么出于财务报告的目的，承租者就是所有者，从而必须在它的资产负债表上披露[①]。

FASB 同样也强调融资租赁包括在租赁结束时将法定所有权转移给承租者，或者承租者

① 所有权的收益是指对设备的生产性使用，而负担包括提供维持、保险、财产税。

能够以低于公允市场价格(廉价购买权)购买这项资产。依据这项准则,这些租赁合同只是伪装的分期付款合同,所以必须被记为销售。出租人实际是将等于购买价格的资金借给承租人,而持续的租金就是还款额。

经营租赁和资本(融资)租赁

FASB称实际有两种类型的租赁,包括经营租赁和资本。资本租赁通常被称为融资租赁,因为它是获得设备永久使用权的一种方法。资本租赁实际上是转移经济上的所有权,而经营租赁不能。

在FASB 13中的租赁必须是资本租赁。这就意味着会计分录必须将租赁资产的价值和相关的负债体现在资产负债表上。租赁资产的价值通常是公允的市场价值,而相关的负债反映了在未来期间的租金付款额。在资产负债表账户上表现的结果好像是承租者借入资金购买的资产。

> 融资租赁必须在资产负债表上进行资本化。

换言之,就是FASB公布以后,经营租赁还是可以提供资产负债表外融资,但资本租赁不可以。自然地,承租人在只要可能的情况下都会将租赁归类为经营租赁。委员会通过公布四条规则来区分租赁的本质,只有满足以下所有规则的租赁业务才能被认定为经营租赁。

1. 在租赁结束时,法定所有权未转移给承租人。
2. 在租赁结束时,没有廉价购买选择权。
3. 租期必须短于资产预计经济寿命的75%①。
4. 在租赁开始时,租赁付款额的现值必须低于资产公允市场价值的90%②。

> 经营租赁不用资本化,但是必须满足四项条件。

前两条规则将伪装的分期销售合同排除在经营租赁之外。第三条则表明如果在资产寿命中的大部分时间,所有权都被转移,那么资产就不再真正属于出租人,而这项租赁必须被视为融资租赁。第四条则可以分辨出租人是否通过租赁出售资产。如果承诺租赁付款额的现值和资产的价值相接近,那么这项业务就很可能是一次销售,并且所有权实际上转移给承租人。

实际上,是很容易确定经营租赁。它们一般期限较短,通常是1～3年。租赁付款额中通常包括设备维护费用,并且出租人通常支付保险和财产税。也因为包括这些费用,经营租赁有时被称为服务性租赁。

经营租赁一般在提前通知的情况下(通常是30天)是可撤销的,尽管撤销会要求支付罚金。但另一方面,融资租赁都是不可撤销的。

对承租人而言,租赁在财务报表的列报

在财务报表的列表和记录方面,经营租赁和融资租赁是不同的。经营租赁的比较简单,融资租赁的比较复杂。我们会讨论两者,但主要强调融资租赁的处理。

经营租赁

经营租赁在财务报表上的处理是很直接的。没有有关资产负债表的分录,并

> 融资租赁通常以承诺付款额的现值进行资本化。

① 资产的经济寿命是指资产能被使用的期间。这个期间通常比它的折旧期要长。

② 计算现值时使用的利率应该是租约签订时承租人借入新的资金所支付的利率。

且租赁付款直接在利润表上被记为费用。但是，这就要求所有租赁的细节都在财务报表的附注中披露。

融资（资本）租赁

在融资租赁开始时，承租人必须在资产负债表上记录一项资产，它反映租入设备的价值。同时它也必须记录一项与支付租金义务有关的补偿性负债。这两者的金额通常都与承诺付款额的现金流的现值相等，也大约等于设备的公允市场价值。这项负债通常体现在资产负债表中债务部分，一般被称为租赁负债。计算现值时使用的利率，通常是租约开始时承租人借入新的资金所必须支付的利率。

> 租赁资产进行折旧。租赁付款额像贷款一样进行摊销。

这些账户一旦被建立，它们就会被独立地摊销[①]。资产就是简单地进行折旧。租赁负责就被当成债务。当利率被设定后[②]，租赁付款额就好像债务付款额一样，被分为了利息和本金减少额。这个方法和我们第 6 章讨论的贷款摊销一样。

概念链接　例 7A-1

融资租赁的会计处理

Emeral 是一个中型的建筑公司，它在纽约的北部。去年，它从 GD 信贷公司租入一个起重机，租期为 15 年，并在每年末支付租金 20 000 美元。这个起重机预计在租赁结束时完全报废而不再具有价值。在租赁签约前，其他金融机构愿意以 5% 的利率向 Emeral 贷款。Emeral 会在 15 年内对起重机使用直线法进行折旧。

在租赁签订前，Emeral 的资产负债表如下：

Emeral 公司的资产负债表（1 000 美元）

流动资产	20 美元	流动负债	10 美元
固定资产	180	长期负债	90
总资产	200 美元	权益	100
		总的负债和权益	200 美元

这项租赁被视为融资租赁。

a. 签订租赁合同后 Emeral 的资产负债表，单独列示租赁资产和负债。（我们将对结果取整数，现在的资产负债表是取的最近的千位。）

b. 计算租赁生效前后的资产负债率，并讨论两者的差别。

c. （选择性）假设所有其他账户都没有变化，重新构造第一年租赁付款后的资产负债表。

解答：

a. Emeral 会将这项租赁资本化，而金额等于由租赁付款额形成的年金现值。那个金额可以通过利用年金现值公式 6-19 计算出来。

$$PVA = PMT[PVFA_{k,n}]$$

① 摊销资产负债表账户意味着随着时间流逝，将它们减值为 0。资产通过折旧摊销，而负债在它们被支付时摊销。

② 通常与计算租赁付款额现值时的利率一致。

$$= 20\,000 \text{ 美元}[PVFA_{5,15}]$$
$$= 20\,000 \text{ 美元}(10.3797)$$
$$= 207\,594 \text{ 美元}$$

因此，在租赁签订后的资产负债表如下：

Emeral 公司的资产负债表(1 000 美元)

流动资产	20 美元	流动负债	10 美元
租赁资产	208	租赁负责	208
固定资产	180	长期负债	90
总资产	408 美元	权益	100
		总的负债和权益	408 美元

b. 租赁签订前的资产负债率(1 000 美元)

$$\text{资产负债率} = \frac{\text{流动负债} + \text{长期负债}}{\text{总资产}}$$
$$= (10 \text{ 美元} + 90 \text{ 美元})/200 \text{ 美元}$$
$$= 50\%$$

在租赁签订后，租赁负债被包括在债务中，资产负债率会上升。

$$\text{资产负债率} = \frac{\text{流动负债} + \text{租赁负责} + \text{长期负债}}{\text{总资产}}$$
$$= (10 \text{ 美元} + 208 \text{ 美元} + 90 \text{ 美元})/408 \text{ 美元}$$
$$= 308 \text{ 美元} / 408 \text{ 美元}$$
$$= 75\%$$

评论：这项租赁使得公司的资产负债率严重恶化了，损害公司的发展能力，也会减弱公司从其他来源借入资金的能力。

c.（选择性）为了构建新的资产负债表，必须计算租入的起重机在第一年的摊销额和租赁负债的金额。然后，将它们从最初账户金额中减去。资产只需折旧，而负债需要假设它是一笔利率为 5%的债务来进行摊销。

首先考虑租入的起重机账户。在第一年后，它会减少一年的折旧额。

$$\text{折旧} = 207\,594 \text{ 美元}/15 = 13\,840 \text{ 美元}$$

然后考虑租赁负责账户。它被当作利率为 5%的债务。我们采用前面建立债务摊销计划表时相同的方法来计算第一年末的余额。

利息是第一年负债期初余额的 5%。

$$\text{利息} = 207\,594 \text{ 美元} \times 0.05 = 10\,380 \text{ 美元}$$

从租赁付款额中减去这个利息，从而计算出付款额中用于减少租赁负债(债务本金)的部分。

$$\text{债务的减少额} = \text{租赁付款额} - \text{利息}$$
$$= 20\,000 \text{ 美元} - 10\,380 \text{ 美元}$$
$$= 9\,620 \text{ 美元}$$

从债务的期初余额中减去这个减少额得到第一年末的余额。

$$\text{新的租赁负债} = \text{期初余额} - \text{债务的减少额}$$

$$= 207\ 594 \text{ 美元} - 9\ 620 \text{ 美元}$$
$$= 197\ 974 \text{ 美元}$$

最后，将新的资产和负债余额取为千位，并记入资产负债表中。

Emeral 公司的资产负债表(1 000 美元)

流动资产	20 美元	流动负债	10 美元
租赁资产	194	租赁负责	198
固定资产	180	长期负债	90
总资产	394 美元	租赁平衡账户	(4)
		权益	100
		总的负债和权益	394 美元

租赁资产和付款额单独进行摊销，并且两者余额通常不等。

由于租赁资产账户和负债账户采用不同的摊销方法，所以，直到租赁期末两者都摊销为 0 之前，两者的余额不会一致。为了清楚地说明，我们将两者的差额计入了一个小的平衡账户，它在租赁结束时就会消失。在实际工作中，平衡账户的金额直接计入了权益账户。

对出租人而言的租赁

成为出租人是一种替换借贷的投资方法。它通常是金融机构而不是个人，例如银行、金融公司、保险公司。金融公司购买设备，并将它出借给客户，而不是将钱借给客户购买设备。

在第 6 章我们计算货币的时间价值时，贷款的计算由年金的现值公式 6-19 所决定。为了简便起见，我们在这里重复使用它，并给它重新编号。

$$PVA = PMT\left[PVFA_{k,n}\right] \tag{7A.1}$$

在计算债务使用这个公式时，PVA 是借人的金额，PMT 是债务付款额(包括利息和本金的偿还)，k 是债务的利率，n 是期限。当然，$PVFA_{k,n}$ 是一个表格系数。记住，利率是出借人在这项债务投资中的回报率。

如果其中的任意 3 个变量已知，公式 7A.1 能计算出第 4 个。特别是，如果出借人希望投资的金额在经过一些时间后能获得特定的回报额，这个公式能计算出他要求借款人所必须支付的金额。

基本的租赁和贷款的公式是一样的。

基本的融资租赁的原理相同。出借人购买设备，通过租赁合同将它转移给承租人，而不是给承租人资金来购买设备。然后，它就收到租赁付款额而不是债务还款额。租赁付款额被要求提供给出租人一个固定的回报，其计算过程与计算债务的期限和金额时一样。在租赁协议中，利率是指出借人的回报率或者租赁中暗含的利率。

出借人的收益率是租赁中隐含的利率。

如果租赁的资产有着持续的市场价值，那么租赁是一项安全的投资。出借人有着法定的权利，所以如果承租人违约，那么出借人能很简单地取回资产，并通过重新出售或出租来弥补投资。在承租人或者借款人破产时，出租人的待遇也比借款人更好。(我们会在第 17 章中讨论破产。)

概念链接　例 7A-2

计算租赁付款及回报

假设 Prudential 保险公司正在寻找一个安全的长期回报率为 6%的投资机会。进一步假设 Ford 汽车公司希望获得一批用于特殊目的的有轨列车，来运送新的汽车去全国各地的分支机构。Ford 希望购买总价值 5 000 万美元的有轨列车，并希望使用 20 年直到完全不具有任何价值。因为二手有轨列车是一个活跃的市场，所以 Prudential 认为这笔投资相对安全，它愿意买下列车并将它们出租给 Ford。

a. 如果这项 20 年的租赁要达到目标的 6%的回报率，Prudential 应该要求 Ford 每年支付多少租赁付款额？假设租赁付款额在年末支付。

b. 假设 Ford 愿意接受这项租赁业务，但它每年愿意支付的付款额不超过 400 万美元。如果 Prudential 答应了 Ford 的要求，那么它每年的回报率为多少？

解答：

a. 利用年金的现值公式 7A.1 来计算要求的租赁付款额①。

$$PVA = PMT\,[PVFA_{k,n}]$$
$$50\ 000\ 000 \text{ 美元} = PMT\,[PVFA_{6,20}]$$
$$50\ 000\ 000 \text{ 美元} = PMT(11.4699)$$
$$PMT = 4\ 359\ 236 \text{ 美元}$$

b. 这里我们需要解出的是年金问题中的利率而不是付款额。方法与第 6 章中使用的相同②。

$$PVA = PMT\,[PVFA_{k,n}]$$
$$50\ 000\ 000 \text{ 美元} = 4\ 000\ 000 \text{ 美元}[PVFA_{k,20}]$$
$$PVFA_{k,20} = 50\ 000\ 000 \text{ 美元} / 4\ 000\ 000 \text{ 美元} = 12.5$$

---

① 计算器算法：

按键	输入
n	20
I/Y	6
PV	50 000 000
FV	0
	答案
PMT	4 359 228

② 计算器算法：

按键	输入
n	20
PMT	4 000 000
PV	50 000 000
FV	0
	答案
I/Y	4.96

计算显示这个付款额对应的回报率要低于5%。财务计算器给出精确的结果为4.96%。

剩余价值

在租赁结束时，租赁资产的价值就是剩余价值。

在计算出借人投资的付款额和回报率时，应该减去剩余价值的现值。

剩余价值都是模糊的数字。

到目前为止，我们讨论过的例子都是假设在租赁结束时设备不再具有任何价值。这实际上是假设估计资产的经济寿命等于租赁期间。在很多情况下，设备在租赁结束时预计会有正的剩余价值。这使得定价和回报率的计算稍微复杂一些。

剩余价值意味着出租人能够预期在租赁期末时收到一笔额外的现金流。承租人可能会买下设备，或者出租人将它卖给其他人，或者它被再次出租给承租人或者其他的承租人。

最后一个选择通常是与相对期限较短的经营租赁有关。在经营租赁中，出租人可能需要将设备租出数次来收回投资和赚取回报。我们将集中讨论在长期租赁期末资产存在很小剩余价值的情况。

需要理解的是剩余价值是一个很模糊的数字。就是说是一个不准确的估计，主要是因为距离未来太遥远。设备在20年后的价值取决于它的状况和那时的二手市场，而这两者都很难预测。剩余价值最终结果可能从零至估计值的两三倍。

概念链接 例7A-3

剩余价值

重新考虑例7A-2中a部分，假设Prudential估计在20年租赁的期末，有轨列车的价值为300万美元。计算能给Prudential带来6%回报的租赁付款额。

解答：即使Prudential必须花费5 000万美元来获得有轨列车，但它并不是必须从租赁付款额中获得那么多补偿。从现值角度考虑，Prudential公司的投资是5 000万美元减去预计残值的现值。

首先，计算在利率为6%时，20年后的残值300万美元的现值。利用金额问题中的现值公式6-7①。

$$\begin{aligned} PVA &= FV_n[PVF_{k,n}] \\ &= 3\,000\,000\text{美元}[PVF_{6,20}] \\ &= 3\,000\,000\text{美元}(0.311\,8) \\ &= 935\,400\text{美元} \end{aligned}$$

现在从购买价格5 000万美元中减去这个金额。

---

① 计算器算法：

按键	输入
n	20
I/Y	6
FV	3 000 000
PMT	0
	答案
PV	935 414

$$50\ 000\ 000\text{美元} - 935\ 400\text{美元} = 49\ 064\ 600\text{美元}$$

最后，计算基于这个稍小投资额的租赁付款额，注意结果稍微减小了[1]。

$$PVA = PMT[PVFA_{k,n}]$$

$$49\ 064\ 600\text{美元} = PMT[PVFA_{6,20}]$$

$$49\ 064\ 600\text{美元} = PMT(11.4699)$$

$$PMT = 4\ 277\ 683\text{美元}$$

一般的剩余价值

在大多数的租赁中都包括剩余价值，并且在出租人和承租人协商的时候都是很重要的问题。一个较高的剩余价值就意味着一个较低的付款额，所以承租人认为设备在经过一段较长的时间后，仍然具有它的价值。出租人希望更高的付款额来尽快收回他们的投资，所以他们提出相反的观点。

较高的剩余价值意味着较少的付款额，所以，在谈判中，剩余价值很重要。

设备在租赁期末真实的剩余价值主要取决于它的状况，如果剩余价值最后要比估计值低，那么出租人经常要求一笔罚款。理论上，这样一个条款是要求承租人为他们在租赁期滥用设备买单。但这对承租人来说是一个陷阱，因为无论设备的状况如何，一个不景气的二手设备市场都会压低设备的价值。

汽车租赁市场在操纵付款额和残值方面臭名昭著。如果承租人接受一个较高的剩余价值，那么一个较低的付款额就可以实现。在签订租赁合同时，这听起来是有利的。但是，剩余价值是在租赁结束时，顾客愿意留下汽车而支付的价格。如果他不愿意留下汽车，而且在合同中的剩余价值超过了租赁结束时的价值，那么就会有一笔罚款。因此，从付款额方面考虑，这笔划算的交易会导致未来一笔很大的费用。

租赁 VS 购买：承租人的观点

公司账户很少有足够的资金来购买重要的设备和不动产。这就意味着在决定取得一项资产时，还需要决定融资的方式。有三种融资的可能性：权益[2]、债务和租赁。为了讨论的目的，我们假设公司不准备使用权益，所以选择就在债务和租赁之间。

购买—租赁分析讨论的是租赁和购买哪个更便宜。

如果需要设备的公司有着良好信贷风险，那么很容易找到出借人或者借款人。公司能通过债券或者银行借款，而融资租赁是由租赁公司提供的，包括银行和金融公司。出租人通常由经纪人来操作，匹配需要设备的使用者，组织谈判并检查文件

---

① 计算器算法：

按键	输入
n	20
I/Y	6
PV	49 065 600
FV	0
	答案
PMT	4 277 675

② 从留存收益或者发行新股中获得的资金

合同。

当需要取得新的资产时，采用租赁一购买分析方法来比较两者的成本是适当的。这个分析包括列出两种融资方法的现金流，并计算出每个的现值。从现值角度考虑，成本低的方法是最好的选择。

两种方法中采用的利率都是公司目前为新债务支付的税后调整利率。使用债务利率是因为租赁和借款有着相似的风险，并且容易取得。

税后调整利率是指考虑所得税后的利率。这是因为利息是可减税的费用，所以支付的每一美元的利息都能节约税收(1 美元×T)，T 为税率。通常，税后利率就是税前利率乘以(1－T)。例如，如果利率是 10%，税率是 40%，那么税后的债务利率就是 10%(1－T)＝10%(1－0.4)＝10%(0.6)＝6%。我们会在后面章节中详细讨论税后利率。

租赁一购买分析是直截了当的，但必须小心执行，以便合理考虑折旧、税收和剩余价值。理解这种方法的最好的方式是通过一个例子来进行。

概念链接　例 7A-4

租赁 VS 购买分析

Halidane 运输公司是一个在芝加哥提供装甲运钞车服务的公司，它在客户所在地和银行之间移动。这家公司现在的 22 辆装甲运钞车在最大限度的来满足客户使用。管理层最近希望承接一项新的业务，但需要增加两辆运钞车，每辆车价值 150 000 美元。Halidane 预期新车能够使用 10 年，但为了节税会在 5 年内折旧。假设税法允许汽车每年的折旧额如下。[①]

年份	初始成本的百分比/%	年份	初始成本的百分比/%
1	35	4	10
2	25	5	10
3	20		

Halidane 能从银行以 10%的利率借入 5 年期贷款 300 000 美元。

或者，它能从 BNI 租赁公司租入所需的车，需要每年支付 70 000 美元，并且在租赁结束时有以市场公允价格购买的选择权。BNI 和 Halidane 都认为那时两辆车的价值是 30 000 美元。

租赁条款规定 Halidane 承担维修费用、财产税和保险费。公司的边际税率是 40%。Halidane 是应该租赁还是购买新的装甲运钞车？

解答：为了回答这个问题，我们会列出两种选择的 5 年现金流，然后计算每个现金流的现值。净流出的现值低的方案更佳。

因为所有计算的现金流都是税后的，所以使用税后的利率来计算现值是合适的。Halidane 公司债务利率为 10%，计算现值的折后利率是 10%(1－T)＝10%(1－0.4)＝6%。

由于两种选择中都需要支付维修费、保险费和税收，所以在分析中不要考虑，并且括号代

① 为了使例子易于理解，我们现在使用的是简化的税收折旧表。我们会在附录的结尾处使用实际的税收系统 MACRS，并在第 11 章中进行讨论。

表的是负的现金流。

我们首先计算借款购买资产。下面的工作表列出了现金流，我们会在后面对其进行讨论。

购买(1 000美元)	年份					
	0	1	2	3	4	5
(1) 购买汽车	(300)					
(2) 允许的折旧/%		35	25	20	10	10
(3) 税前折旧额[(2)×300]		105	75	60	30	30
(4) 税收节约额[(3)×40%]		42	30	24	12	12
(5) 净现金流[(1)+(4)]	(300)	42	30	24	12	12

第1行反映的是当前(0点)用借入的资金购买运钞车。下3行计算的是与折旧有关的现金流[①]。注意，折旧本身并不是一项现金费用，但是由于可以抵减税收，节约的税收列示在第4行。第5行反映的是净现金流，是购买价格和折旧的税收节约额的总和。

租赁—购买分析比较的是付款额的现值和购买价格。

购买方法的现值就是第5行的现值之和，这是一个不等的现金流。不等的现金流的现值需要单独计算每笔支出。

$$\begin{aligned}PV&=-300\,000\text{ 美元}+FV_1[PVF_{6,1}]+FV_2[PVF_{6,2}]+FV_3[PVF_{6,3}]\\&\quad+FV_4[PVF_{6,4}]+FV_5[PVF_{6,5}]\\&=-300\,000\text{ 美元}+42\,000\text{ 美元}(0.9434)+30\,000\text{ 美元}(0.8900)+24\,000\text{ 美元}(0.8396)\\&\quad+12\,000\text{ 美元}(0.7921)+12\,000\text{ 美元}(0.7434)\\&=-30\,000\text{ 美元}+104\,946\text{ 美元}\\&=-195\,054\text{ 美元}\end{aligned}$$

而租赁选择中包括租赁付款额的税收抵减额，它导致了一项稳定的税后现金流出，可以当作年金。但是，在租赁期末，Halidane不会拥有汽车。因为这个计划是10年，所以它必须在第5年末行使选择购买权，以估计的价格60 000美元买下汽车。

租赁(1 000美元)	年份				
	1	2	3	4	5
(1) 租赁付款额	(70)	(70)	(70)	(70)	(70)
(2) 税收节约额[(1)×40%]	28	28	28	28	28
(3) 税后付款额[(1)−(2)]	(42)	(42)	(42)	(42)	(42)
(4) 购买选择权					(60)
(5) 净现金流[(3)×(4)]	(42)	(42)	(42)	(42)	(102)

计算租赁现值最简单的方法是将其看作年金，然后单独计算第5年的数据。年金的税后现值是

① 没有理由将债务看作现金流入而将付款看作现金流出，因此现值会互相抵销。因为我们使用的是税后利率，所以这是正确的。

$$PVA = PMT[PVFA_{6,5}] = -42\ 000\text{美元}(4.2124) = -176.921\text{美元}$$

与购买有关的现金流出是

$$PV = FV_5[PVF_{6,5}] = -60\ 000\text{美元}(0.7473) = -44\ 838\text{美元}$$

与租赁有关的现金流出的现值是

$$PV = -176\ 921\text{美元} - 44\ 838\text{美元} = -221\ 759\text{美元}$$

比较这两种选择，我们发现租赁成本大约多13%。但是，购买运钞车最后的花费可能会超过60 000美元，而租赁在这方面的风险更小。

（注意，租赁—购买计算与我们在7A-1中讨论的资本租赁在财务报表中的列表无关。那是涉及公司财务报告的问题，而租赁—购买分析讨论现金流。）

租赁通常比借款购买更贵，因为出租人要求的回报率要高于出借人。

通过上例的结果，我们可以发现融资租赁通常比借款更贵，这是正常的状况。这是因为出借人要求的回报比借款人更高，并且FASB 13号准则取消了资产负债表外融资的大部分好处，所以很有必要怀疑为什么租赁如此流行。我们会在接下来的两部分讨论这个问题。

租赁的优势

租赁通常有很多优势，增加额外的成本也是十分值得的。我们在这部分会讨论一些问题，在下一部分讨论税收优势。

租赁除了脱离资产负债表外，还有若干好处，使其值得它的成本。

没有首付款

出借人通常不会支付资产的全部成本。他们要求借款人在这项交易中投入一部分资金。在购买汽车或房屋时，我们将购买者支付的部分称为首付款。出租人通常不会只要求一笔首付款，而是提供100%的资金。这对于那些前景很好但目前缺乏现金的公司很有吸引力。非常多的公司是这种状况。

约束

出借人通常会限制借款人的活动，来确保他们能够偿还债务。当借款是通过债券时，这些限制性条款被称为契约。典型的约束包括限制借款人能够支付的股利金额，限制它能从事的业务类型，并要求它的某些财务比率保持在可以接受的水平。出租人的约束通常会小很多或者不存在。

制造商/出租人较低的信贷标准

设备生产商有时会出租他们自己的产品。为了处置设备，他们经常会租给那些信誉不是那么高的顾客。对于那些财务状况不好的公司而言，这可能是取得设备的唯一方法。

避免风险或者过时

某些设备很快就会过时。关于这点，过时意味着新的设备能做的更好或更便宜，因此，那些使用旧设备的公司会处于竞争弱势。在某些高科技行业，这会在一两年内发生。

当设备过时后，承租人能摆脱旧设备，因此，短期租赁将这种风险转移给出租人。虽然支付了高额的成本，但是这对于承租人是很有吸引力的。

税收能减少土地的成本

无论是出于税收还是财务报告的目的，土地都不能折旧。因此，如果一个公司拥有不动产，成本中代表土地的部分不能被确认为利润表中的费用而减少税收。

但是，如果不动产被出租，那么对承租人而言，总的租赁付款额都能抵税，而忽略了其中一部分成本代表出租人购买的土地成本。因此，租赁实际上允许承租人出于税收的目的而对土地折旧。

增加流动性：售后回租

公司有时会缺少现金，但拥有足够的没有被债务拖累的资产①。在这种情况下，将资产出售给一家金融机构来产生流动现金，然后从同一家机构中将资产租回使用很长一段时间，这种现象并不罕见。这种方法被称为售后回租，它经常被用来释放投资于不动产的资金。

勉强盈利公司的税收优势

当可以租赁时，由于税收的原因，拥有资产是没有财务上的意义。这在公司预期会亏损或者数年勉强盈利的情况下发生。这种现象称为杠杆租赁。

杠杆租赁

拥有资产的好处之一是在计算税收时，能够从利润中减去折旧。长远来看，这能有效地减少这些资产的成本。例如，假设一件设备的成本为 100 000 000 美元的边际税率为 40%。那么计入折旧的每 1 美元成本，都能为公司节约 0.4 美元税收，在资产的整个寿命中，所有者可以少支付 40 000 000 美元。实际上，通过纳税，政府分割了所有权的成本。如果资产是通过借入的资金取得的，那么利息也能抵税。

> 通过折旧额可以减少纳税，政府分割了所有权的成本。

如果公司没有获利，它就不需要支付任何税收，那么折旧和利息就能节约了。这种情况也很普遍，航空业就是一个很好的例子。工会员工、政府条例和价格竞争的结合使得很多航空公司很多年都处于或者低于收支平衡的状况。

但是不盈利的公司仍然需要取得新的资产。例如，航空公司必须用新飞机来取代旧飞机。如果不这样做，他们就会失去竞争力。

杠杆租赁（也称为税收租赁）能为这个问题提供解答。在杠杆租赁中，一个盈利的出租人用自有的和借入的资金购买设备，然后与一个承租人建立融资租赁。出租人通常支付资产成本的 20%～40%，然后借入剩余部分。杠杆一词指的就是在交易中利用债务。债务的比例越高，杠杆的程度就越高。杠杆租赁如图 7A-1 所示。

> 在杠杆租赁中，出租人使用自己的和借入的资金取得设备。

承租人将这笔交易视为融资租赁，但出租人出于税收的目的，在报表上的处理有所不同。通常来说，出租人将融资租赁视为债务。这就是说他们不能对资产折旧，也不拥有所有权的税收优势。如果资产是用一部分借入的资金购买的，那么准则就变化了。这时，出租人可以对租赁资产进行折旧，也能享受相关的税收优惠。他们借入的资金利息也可以从税收中减去。

> 杠杆租赁使得不盈利的承租人间接享受一些税收优惠。

所有权税收优惠的内化使得整个交易对出租人更有利，通过减少租赁付款额与承租人分享额外的利润，因此，不盈利的承租人通过杠杆租赁中较低的付款额，

---

① 没有用于抵押债务的资产。

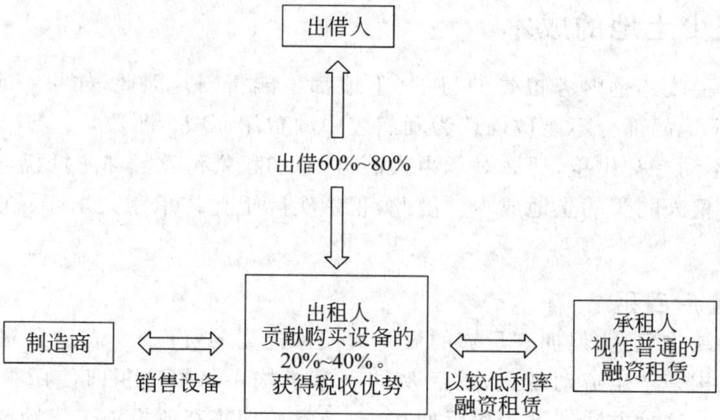

图 7A-1　杠杆租赁

间接地获得了一些所有权好处。

概念链接

例 7A-1　融资租赁的会计处理
例 7A-2　计算租赁付款及回报
例 7A-3　剩余价值
例 7A-4　租赁 VS 购买分析

讨论

1. 通常来说，资产负债表表外融资指的是什么？

2. 描述在 FASB 13 号准则公布以前使得租赁流行的财务报告的特征。

3. 采用 FACB 13 号准则引起了什么争论？

4. 在定义经营租赁的四条规则中，第一、二、四条规则与第三条有着本质的区别，这个区别是什么？

5. 融资租赁在资产负债表上的体现是什么？

6. 在没有残值的租赁中，出租人计算租赁付款额时，他们必须将租赁视为一项债务。残值的存在是怎样改变这个计算过程的？

7. 为什么在出租人与承租人协商时，剩余价值是重要的？

8. 折旧是非现金费用，为什么它在租赁—购买分析中是重要的？（简短的回答）

9. 租赁成本通常比借款购买的成本要高，并且 FASB 13 号准则减少了资产负债表表外融资的好处。为什么租赁仍然这么受欢迎？

10. 对于不盈利公司，杠杆租赁能提供税收优惠。

a. 为什么称为杠杆？

b. 简短的介绍他们是怎样运作的？

分析

1. SeaCraft 公司一家玻璃钢船的制造商，你刚刚成为它的 CEO。你在接受这个工作的时候，就知道这家公司的财务状况不佳。利润还算适当，但公司的债务负担非常重。公司最大的玻璃纤维模具设备快报废了，因而需要更换，这让状况进一步恶化。SeaCraft 不能从经营利润中支付设备的价款，公司的所有者，Sam Alston 也不愿意发行新股筹资，因为这会稀释他的收益。

你试图借入贷款来购买设备，并且已经与几家银行接触，你能达成一笔几乎没有首付款、利率也可以接受的贷款交易。但是，Sam 对承担更多的债务表示担忧。他希望卖出公司，然后退休，但又担心公司过高的债务会压低价格。你认为他的担忧是有道理的吗？

Sam 今天早上冲进了你的办公室，并称他找到了一个好办法。他读到了一篇文章说任何东西都是可以租赁的，并且知道公司已经租入了几台复印机。在他来见你的途中，去了财务部，并且发现无论是复印机还是有关的债务都没有体现在公司的资产负债表上。

他激动地进入你的房间并且说到"租入模具设备可以解决债务问题。你是财务专家，为什么没有想到这个？为什么所有的事都要靠我来想？马上进行，我要在这周末在我的办公桌上见到一份租赁合同"。在你回答之前，他又着急地赶去和市场部开会去了。

准备一个委婉的便条来向 Sam 解释，为什么租赁对 SaaCraft 来说并不能像他所想的那样理想。要求你为一个不是财务专业人员的读者准备这张便条。（例如，避免使用专业术语如 FASB、资本化、权益、年金和现值）。但提及融资、资产负债表、资产和债务是可以的。

习题

1. Caruther 是一个小型的制造企业，资产负债表如下。

Caruthers 公司资产负债表（1 000 美元）

流动资产	20	流动负债	15
固定资产	130	长期负债	65
总资产	150	权益	70
		总的负责和权益	150

公司正在考虑为销售人员建立一个由 10 辆车组成的车队。这些汽车的经济寿命为 7 年，但 Caruthers 准备只保留他们 3 年，因为它不想它的销售人员开着旧车四处工作。每辆车的成本为 20 000 美元，Caruthers 正在考虑借款来购买它们。

a. 重述债务借入后的资产负债表。

b. 计算公司现在的资产负债率和借入债务后的资产负债率。

c. 评价在 b 部分的变化。（仅用文字）

d. 提供一个解决方案，并解释为什么它能避免 b 部分出现的问题。（仅用文字）

2. Henderson 工程公司刚刚租入一套 5 年期的计算机辅助设计系统，它需要在每年末支付 12 000 美元。这项租赁包括一项允许 Henderson 在租赁结束时，以使用过的设备的公允市场价格购买的条款。行业数据显示这类系统通常可以使用 8 年。Henderson 也可以以 9%的利率借入 50 000 美元来购买这项设备。

Henderson 必须要在资产负债表上将这项租赁资本化吗？为什么？

融资租赁的会计处理：例 7A-1 的概念链接

3. Taunton 制造公司是一家机械工厂。公司最近租入了一项期限 为 20 年的机床，需要在每年末支付 9 000 美元。假设在这项融资租赁中没有剩余价值。Taunton 能够以 8%的利率借入款项，并且会采用直线法对机床在未来 20 年内折旧。

在租赁有效前，Taunton 的资产负债表如下：

Taunton 公司的资产负债表（1 000 美元）

流动资产	35	流动负债	25
固定资产	315	长期负债	95
总资产	350	权益	230
		总的负责和权益	350

回答下列问题，将答案取为整数，但将资产负债表账户余额取至最近的千位。

a. 构造 Taunton 公司包含资本化租赁和相关负债的资产负债表。

b. 计算公司租赁前和租赁后的资产负债率，并讨论两种的差别。

c. （选择性）假设其他账户保持不变，重新构造公司在第 1 年末的资产负债表。

计算租赁付款额和回报：例 7A-2 的概念链接

4. Wings 是一个波士顿地区的通勤航空公司。Wings 准备通过 Nantucket 资本公司租入一架新的飞机。租赁期限为 15 年，预计在期末没有剩余价值。

a. 如果 Wings 需要的飞机成本为 150 万美元，而 Nantucket 要求的投资回报为 12%，那么 Nantucket 每月租赁付款额为多少？

b. 如果达成协议每年支付 200 000 美元，那么 Nantucket 的回报率为多少？

剩余价值：例 7A-3 的概念链接

5. 如果在上述问题中 Wings 和 Nantucker 达成协议，在租赁结束时飞机的剩余价值为 300 000 美元，那么为了使 Nantucker 达到 12%的回报率，Wings 每月必须支付的付款额为多少？

租赁 VS 购买分析：例 7A-4 的概念链接

6. Paxton 金属板制作公司准备取得一个新的价值为 400 000 美元的冲压机，正在考虑以 10%的利率借入资金购买设备，并在未来 6 年的年末分期付款。如果 Paxton 也可以租入这项设备，那么就需要在未来 6 年的年末每年支付 86 500 美元。出于节税的目的，设备会在 6 年内折旧，折旧进度表如下。（这实际是一个 5 年期资产的折旧进度表，“半年惯例”指的是在第 1 年和最后 1 年按半年折旧。）

年份	初始成本的百分比/%
1	20.0
2	32.0
3	19.2
4	11.5
5	11.5
6	5.8

租赁包含购买选择权，Paxton 可以在结束时以市场价格买下设备，估计的价格为 100 000 美元。它也规定 Paxton 负责维修费、税收和保险。Paxton 的边际税率为 30%。通过租赁—购买分析来决定，单纯从财务角度考虑，哪个选择更佳？

第8章

股　　票

本章概要

8.1　普通股
- 8.1.1　普通股投资的收益率
- 8.1.2　普通股权产生的现金流的特点
- 8.1.3　现值

8.2　普通股价值评估的增长模型
- 8.2.1　基于增长的估价模型
- 8.2.2　固定增长率模型
- 8.2.3　期望收益率
- 8.2.4　两阶段增长
- 8.2.5　估价模型的现实局限性

8.3　普通股的制度性特征
- 8.3.1　公司的组织和控制
- 8.3.2　投票权与表决权
- 8.3.3　股东对收入和资产的索取权

8.4　优先股
- 8.4.1　优先股价值评估
- 8.4.2　优先股的特征

8.5　证券分析

8.6　期权和权证
- 8.6.1　普通期权
- 8.6.2　股票期权
- 8.6.3　看涨期权
- 8.6.4　内在价值
- 8.6.5　期权和杠杆
- 8.6.6　期权交易
- 8.6.7　期权签订
- 8.6.8　看跌期权
- 8.6.9　期权估价模型

8.6.10 权证

8.6.11 员工股票期权

在此章节，我们将关注权益证券包括普通股和优先股的价值。我们将会发现由于权益现金流的特性，探讨过程远没有研究债券的过程那么严谨。

8.1 普通股

公司为普通股的所有者所有。股东选择董事长，董事长选择总经理经营公司。理论上，这意味着股东通过董事会来经营公司。

然而，许多大型公司股票都是被广泛持有的，就是说股票所有者是分散的，大多数人没有个人或团体拥有那么多的股份。在这种情形下，股东拥有很小的权力来影响公司的决策，简单地说，股票所有权仅是一项投资。

换句话说，当我们购买股票时不要考虑拥有作为所有者的权力。我们只是对股票的未来现金流感兴趣。在这个意义上，股票投资就像债券投资；我们唯一感兴趣的就是钱。（有一个例外，那就是当机构投资者持有大量的股份时。）

8.1.1 普通股投资的收益率

股票投资，收益来源于两种形式。一是投资者获得的股利；二是股票购买时与卖出时的价格差而实现的收益或损失，也叫作资本利得或资本损失。

用一个公式比较准确地来表示这种观点，假定我们购买一只股票，持有一年后卖出。现在我们购买股票的价格设为 P_0，一年后股票价格为 P_1。如果我们在这一年获得股利为 D_1。那么我们的收益就是股利 D_1，加上价格差（P_1-P_0），并且我们的初始投资是 P_0。则收益率 k 为

$$k=\frac{D_1+(P_1-P_0)}{P_0} \tag{8-1}$$

如果股票价格下降，那么股票投资的收益率可能为负数。这意味着，在公式中 $P_1<P_0$。

下面，我们求解今天的价格 P_0，处理公式，等式两边都乘上 P_0，

$$kP_0=D_1+(P_1-P_0)$$

两边都加上 p_0，然后公式左边提出 p_0。

$$P_0+kP_0=D_1+P_1$$

$$P_0(1+k)=D_1+P_1$$

最后两边同除（1+k），可得到

$$P_0=\frac{D_1+P_1}{(1+k)} \tag{8-2}$$

注意到 D_1 和 P_1 是来自于我们现在以价格 P_0 购买股票产生的未来现金流。进一步除以（1+k）等同于乘以一年期利率为 k 的现值系数。因此，股票投资的收益率就是使投资者未来预期现金流的现值等于今天的支付即初始价值 P_0 的利率。

> 与股票相关的未来现金流由股利和股票的最终卖出价值构成。

任意投资的收益率就是使未来现金流等同于投资初始价值的利率，这一规律也适用于投资超过一年的股票投资。

股利和资本收益率

股票投资的收益可以分为两部分，即与股东所有权相关收入的两种来源。将公式 8-1 分为两部分

> 股票投资的收益率来自于股利和资本收益。

$$k = \frac{D_1}{P_0} + \frac{(P_1 - P_0)}{P_0} \tag{8-3}$$

第一部分$\frac{D_1}{P_0}$被称为股利收益率，第二部分$\frac{(P_1 - P_0)}{P_0}$被称为资本收益率。

8.1.2 普通股权产生的现金流的特点

如前所述，一个购买股票的投资者能预期得到两种形式的未来现金流：股利的现金流和最终销售股票获得的收益。

图 8-1 是反映投资者现在投资持有 n 年的时间轴，在股票价值评估过程中，我们使用每年作为时间段，并通过加下标作为每一特定年份的股利支付。

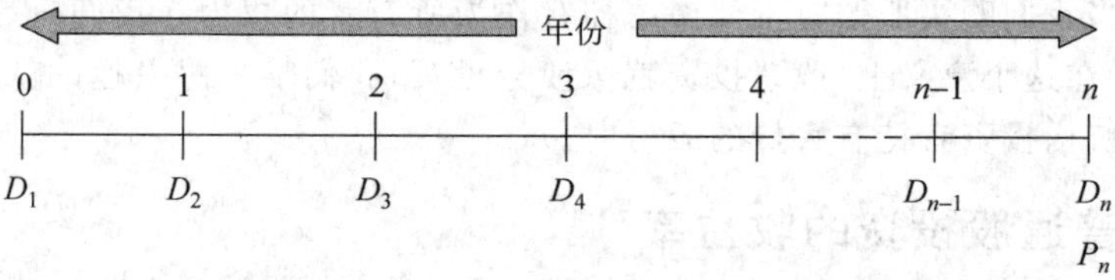

图 8-1 股票估价模型的现金流时间线

例如 D_1 和 D_2 分别表示第一年和第二年的支付股利，相应的，P_n 为第 n 年末的股票的价格。用零为下标表示现值，P_0 为今天的价格，D_0 为今天的股利或者最近一期的股利。假定一个投资者今天购买购票支付 P_0，但没得到 D_0，D_0 已由上一个持有者得到。

股票和债券现金流的对比

注意到股票的现金流形式与债券的现金流形式是相似的。这两种情况中，都是一系列的有规律的支付，再加上被认为是对初始投资回报的更多的支付。也就是说，股利支付相当于利息支付，同时最终的销售股价相当于债券本金的回报。

然而，实际上两者是有本质区别的，这些相似点都是表面上的。两者的不同之处值得我们更仔细地探索。我们将从股利和利息的比较开始。

债券的利息支付由借款人保证，因此债权人获得支付是有保证的。如果公司无力支付债券利息，那么就会面临破产。股利支付是没有这种保证。这是非常重要的一点。没有任何关于股票的协议保证股利必须支付。投资者依赖于股票的价值，但是公司没有做出任何承诺或保证。实际上，一个有股利支付长久历史的公司也可能随时停止支付股利，尤其是在经营业务逐渐变坏的情况下。

接下来，考虑到债券的利息支付在数量上是不变的，就很容易对债券进行估价，因为利息可以作为一种年金。股利很少是固定不变的。实际上人们通常希望股利是随着公司增长而增长的。

相对于债权人获得本金来说，股票所有者最后收到支付的不确定性较大。对于债权，契约中规定债券到期支付按照债券的面值偿还本金。股权所有者不得不以现行市场价格卖掉所持有的股份来实现最终支付。最终销售价格可能比初始价格高，也可能比初始价格低。

最后强调一点，在普通股投资中，公司没有任何关于股票回购和投资者的资本收益的条款规定。这意味着和债券相类似，最后支付的钱来自于另外的投资者而不是发行股票的公司。

总之，和股票所有权相关的现金流来源于股利和最终销售时的资本利得。很明显，两者都是不确定的并且很难预测。

8.1.3 现值

尽管预期的股利和股价都有很大的不确定性，但股票的价值仍依赖于未来现金流的现值。从图 8-1 中可看出，股票的价值就是 n 年股利的现值之和再加上 n 年后销售股价的现值。应该注意，一般连续每年的股利价值是不同的，通过不同的标记 D_1、D_2 依次到 D_n 标注来区分它们。

股票价值评估涉及一些未来股利和股价的假定。一旦做出这些假定，就可以用假定的现金流以合适的利率来估计股票的价值。与之不同，对债券的价值评估，不需要对未来现金流作假定，因为债券的协议中已详细说明了关于利息支付和本金偿还的规定。

根据上述观点，我们可以通过把股利和股价作为未来某些时点得到的一系列的独立的金额，写出一个一般的股票价值评估公式。

第 6 章公式 6-7 给了我们一种未来 n 期获得支付、利率为 k 的股票的现值的表达式。

$$PV = FV_n[PVF_{k,n}] \qquad (6\text{-}7)$$

现在把图 8-1 中的股利和最终销售股价看作 FV_n，在此 n 表示直到将来卖出得到金额的期数，FV_n 表示获得的未来现金流。第一期股利的现值为 $D_1[PVF_{k,1}]$。第二期的股利为 $D_2[PVF_{k,2}]$，因此能得到经过 n 期后股利和股价的现值。

P_0 表示今天的股票价值，它是所有这些数值的和，可以表达如下

$$P_0 = D_1[PVF_{k,1}] + D_2[PVF_{k,2}] + \cdots + D_n[PVF_{k,n}] + P_n[PVF_{k,n}] \qquad (8\text{-}4)$$

概念链接　例 8-1

基于现金流量预测的股票价值评估

Joe 对 Teltex 公司的股票感兴趣。他预计由于政府的合同，公司未来两年会发展很好，但之后可能会不如预期，Joe 认为股票下年会支付 2 美元的股利，再下一年支付 3.5 美元。到那时他相信股票可以每股 75 美元卖出，用这笔钱他可以购买他现在想买的任何东西。投资于 Teltex 公司的人们目前的收益率是 12%。Joe 最多愿意支付多少来购买此公司股票？

解题方法：Joe 不应该支付比预计现金流的现值更多的金额。现金流有第一年末 2 美元加上两年后股价 75 美元。用公式 8-4 计算两年，我们得到

$$\begin{aligned} P_0 &= D_1[PVF_{k,1}] + D_2[PVF_{k,2}] + P_2[PVF_{k,2}] \\ &= 2.00[PVF_{12,1}] + 3.50[PVF_{12,2}] + 75.00[PVF_{12,2}] \\ &= 2[0.892\,9] + 3.5[0.797\,2] + 75.00[0.797\,2] \\ &= 64.37 \text{ 美元} \end{aligned}$$

如果 Teltex 股票的市场价格低于 64 美元，那么 Joe 应该购买，否则，不应投资。

内在价值与市场价值

例 8-1 阐述了证券分析的基本准则。在这个例子中，Joe 的调查引导他预测未来股利和股价。根据他的分析，这些现金流的现值基本上就是股票的价值，我们称之为内在价值。

股票价值评估模型基于预测的增长率，因为准确的预测未来股价和股利非常困难。

然而，如果其他的市场投资者不赞同 Joe 对股利和股价的预测，那么他们对 Teltex 公司股票的内在价值的估计就会和 Joe 不同。一般的，一个企业的市场价值被认为是每一个市场观察者计算的一致的内在价值。如果 Joe 预测的价值高于所有投资者一致认为的内在价值，并且是正确的，那么他买了此股票就赚了。

这个评估得出股票内在价值，并把它和市场价值对比的过程被认为是基础性分析。在随后章节中我们会回顾这一观点

8.2 普通股价值评估的增长模型

当我们有一个相对较短的计划期并且有足够依据对将来的股利和股价能做出明确的假定时，公式 8-4 是一个很方便的方法。然而，一般的说，我们很难详细地预测未来，更可能会观察一个公司，简单地从目前所处的水平预测收益率和股利增长率。

假设一个企业近三四年以 5% 的增长率增长，我们预计短期内它的经营状况会有稍微的改善。未来很难确定，对公式 8-4 中需要的未来股利和股价就很难做出详细地预测。然而，大多数人会很轻松地说，对于不确定的将来，公司和股利很可能会以 6% 的增长率增长。

尽力预测未来的状况是很重要的，这将有助于基于公司目前状况和对增长率的假定进行股票估价。

8.2.1 基于增长的估价模型

注意到在现值评估的过程中，公式 8-4 将股利和最终销售股价作为独立的两项的数额进行处理。每一部分都乘以含有适当利率和适当期限的现值系数，在公式中代表的是 $PVF_{k,i}$，i 从 1 到 n。

在第 6 章我们分析了的每一个 $PVF_{k,i}$ 的形成过程，这里回顾一下

$$PVF_{k,i} = \frac{1}{(1+k)^i} \tag{6-5}$$

股票的价值是股权所有者持股期间收到股利和期末收回金额的现值总和。

显然，乘以 $PVF_{k,i}$ 等同于除以 $(1+k)^i$。

在求现值过程中，除以 $(1+k)^i$ 代替乘以 $PVF_{k,i}$，再次写出公式 8-4，改变公式中的符号，得到

$$P_0 = \frac{D_1}{(1+k)} + \frac{D_2}{(1+k)^2} + \frac{D_3}{(1+k)^3} + \cdots + \frac{D_n}{(1+k)^n} + \frac{P_n}{(1+k)^n} \tag{8.5}$$

无穷期限的现金流

再次注意到公式 8-5 代表的股票价值评估公式涉及一系列股利和最终股价，这符合股票所有权投资的概念：买入，持有一段时间，然后卖出。然而这种股票价值评估还是不够简便。

P_n 是持有期限年末的价格，那时，第 n 期只代表当时的价格，如同 P_0 仅代表今天的价格一样。因此，它的价值会涉及一系列的从 n+1 期开始支付的股利和在将来的某个时点售出时的最终销售价格，将这一时期设为 m。换句话说，一个投资者在第 n 期买入直到第 m 期卖出。

此投资者的估价模型将是如下公式

$$P_n = \frac{D_n}{(1+k)} + \cdots + \frac{D_m}{(1+k)^{m-n}} + \frac{P_m}{(1+k)^{m-n}}$$

我们可以用这个表达式替换公式 8-5 中的 P_n，然后调整表达式，包括一系列更长期限的股利和更远时间点的股票价格。

我们可以对第 m 期做出同样的计算，也就是考虑下一次的股票销售，用另外一系列的股利和更长远将来的股价来替代 P_m。我们可以无穷期限地计算下去，直到达到我们预期的某个时点销售。实际上，我们已经把最终销售价格推到无穷远的未来。

概念上来说，用一系列无限的股利来代替最终的销售价格是可能的。

然而，任何无穷远处的数值的现值都接近于零，因此，公式 8-5 就变成一系列的无穷期限的股利的现值，不含有股票最终销售价格的现值。

简而言之，我们用剩下的无穷期限的股利替代了最终销售股价。如下就是使用汇总符号处理后的更有用的价值评估表达式。

$$P_0 = \sum_{i=1}^{\infty} \frac{D_i}{(1+k)^i} \tag{8-6}$$

基于市场的争论

如果从公式 8-5 转变到公式 8-6 似乎很奇怪，下面给出另外一种更合理的方法。

假设我们对一级市场的交易进行定价，这一价格是企业首先向公众投资者提供股票的价格。把投资公众作为一个整体设定股票价格。换句话说，在发行股票的过程中，忽略那些个体投资者之间反复的股票交易的事实，而把他们看作为一个整体来确定股票的价格。实际上，这就是市场的真实运行情况。

这个被市场整体行为确定的价格，必须以从公司流入投资整体的未来现金流为基础。但是只有一种支付是从公司向投资者转移的，那就是股利。因此，把投资公众作为一个进行价值评估的唯一的基础是所有一系列的未来股利流，投资者没有其他任何可获得的了，这直接得出了公式 8-6。

增长率的作用

增长率的作用就像利率一样。如果我们获知今天价值 100 美元的某物品下一年度将增长 6%，那么增长的数额则为

$$100 \text{ 美元} \times 0.06 = 6 \text{ 美元}$$

变化后新的价值为

$$100 \text{ 美元} \times 1.06 = 106 \text{ 美元}$$

我们通常用字母 g 代表增长率，通常 g 采用小数形式。例如 6% 的增长率表示 $g=0.06$。

增长率通常用来预测一些现值已知的变量的未来的价值。例如，今天的股利是 D_0，我们想预测一年后的股利，假定增长率是 g，那么

$$D_1 = D_0 + gD_0 = D_0(1+g)$$

第二年的股利则在第一年的股利基础上乘以 $(1+g)$

$$D_2 = D_1(1+g)$$

将前面得到的 D_1 带入上式，得到

$$D_2 = D_0(1+g)^2$$

D_3 则为上式再乘以(1+g),可依次类推我们需要的以后年份的股利,一般的第 i 年的股利表达式

$$D_i = D_0(1+g)^i$$

当需要计算股利增长的以后年份的股利时,只需连续乘以(1+g)。

概念链接　例 8-2

增　长　率

Apex 公司今年支付的股利为每股 3.5 美元。如果股利每年以 7% 的增长率增长,那么接下来 3 年的股利为多少?

解题方法:D_0=3.5 美元和 g=0.07,那么(1+g)=1.07,则有

$$D_1 = D_0(1+g) = 3.5\text{ 美元} \times 1.07 = 3.75\text{ 美元}$$

$$D_2 = D_1(1+g) = 3.75\text{ 美元} \times 1.07 = 4.01\text{ 美元}$$

$$D_3 = D_2(1+g) = 4.01\text{ 美元} \times 1.07 = 4.29\text{ 美元}$$

8.2.2　固定增长率模型

公式 8-6 中股票的价值是一系列的无穷期限的股利流的现值之和,但没明确说明这些股利是多少。换句话说,D_1、D_2、D_3、…D_n 是任何的数值,可以是任意的数值或者一组有规律的级数。

当知道上一期支付的股利 D_0,如果股利未来以某一固定的增长率增长,那么公式 8-7 就给出了一种预测未来任何一期股利的便捷方法。

$$P_0 = \sum_{i=1}^{\infty} \frac{D_0(1+g)^i}{(1+k)^i} \tag{8-7}$$

这个表达式是固定增长率模型的基本原理。它代表无穷项分数的和,如下式

$$P_0 = \frac{D_0(1+g)}{(1+k)} + \frac{D_0(1+g)^2}{(1+k)^2} + \frac{D_0(1+g)^3}{(1+k)^3} + \cdots\infty$$

注意到分子代表了一系列的股利支付,每一期股利都比前一期大,每一期股利都等于前一期股利乘以 (1+g),分母表示连续年份直到将来的现值系数。这些分母依次变大,每一期分母都是前一期分母乘以 (1+k)。

每一项都有 D_0,我们可以提出来。则有

$$P_0 = D_0\left[\frac{(1+g)}{(1+k)} + \frac{(1+g)^2}{(1+k)^2} + \frac{(1+g)^3}{(1+k)^3} + \cdots\infty\right] \tag{8-8}$$

> 在股价评估中,k 大于 g 时,股价是正常增长。

在上式右侧括号中的无穷项中,如果 k 比 g 大,那么随着分子的指数变大,分数会变小。随着指数变大,分子和分母也会随之变大。但是由于 k 比 g 大,分母增大的速度会比分子增大的速度更大。任何分母比分子的分数会是一个很小的数。随着指数变大,右边括号中的数越接近于零。

结果,当 k 比 g 大时,括号里整体的表达式是一个有限数。这使得尽管无穷项的数值相加,但也能得到一个有限的价值 P_0。

当 k 比 g 大时，我们称之为“正常增长率”，当 g 比 k 大时，我们称之为“超常增长率”。超常增长率在现实的企业经营中常出现，但持续时间有限。之后我们会进行详细的探讨。现在我们将注意力集中于正常增长。

固定正常增长率模型——戈登模型

公式 8-8 和公式 8-9 看起来很复杂，但可以通过数学运算进行简化，得到一个简便的结果。我们只给出运算后的结果，公式 8-8 的简化后形式如下

> 戈登模型是一个简单的表述，它用来预测以固定、正常的增长率增长的股票价格。

$$P_0 = \frac{D_0(1+g)}{(k-g)} = \frac{D_1}{(k-g)} \tag{8-9}$$

这个公式就是著名的固定增长率模型，因为它假定在未来的无限期里，所以股利以固定的增长率 g 增长。一个著名学者迈伦 · 戈登建立了该模型，随后该模型便广为人知。因此以他的名字命名为戈登模型。

可以看到，只有增长率是正常的，即 k 比 g 大，公式才有意义。否则分母是负数或零，会得到负数或无法确定的价格，价格将没有任何意义。

同时看到，分子可以表达为 $D_0(1+g)$ 或 D_1，但要记住，D_0 是支付给股票所有者上一期的股利，D_1 是下一期的股利，它是今天的股票持有者得到的第一期股利。应该把 D_1 看为进入正常增长期的第一期股利，这将有助于你对后面章节内容的理解。固定增长率模型易于应用，下面就是直接应用的例子。

概念链接　例 8-3

固定增长率模型

Atlas Motors 在以后的年份预期会以 6% 的增长率增长，它最近的股利支付是每股股利 2.25 美元，和 Atlas 类似的股票的收益率为 11%，那 Atlas Motors 的股票价格每股多少？

解答：通过公式 8-10，$D_0=2.25$ 美元，$k=0.11$，$g=0.06$，

$$P_0 = \frac{D_0(1+g)}{(k-g)} = 47.70 \text{ 美元}$$

这个价格包括了在零期后支付的所有股利的价值，而不包括 D_0，D_0 已被支付给当前的所有者。

零增长率模型：支付固定不变的股利

对固定股利的股票进行估价，会很有趣。在这种情况下，不需要给代表股利的变量加下标，它们都是一样的，我们称为 D。

在公式 8-10 中，我们让 $g=0$，则 $D_0=D_1$，那么公式变为

$$P_0 = \frac{D}{k} \tag{8-10}$$

应该可以看出，公式 8-11 就如第 6 章中永续年金的公式。永续年金是指一笔无期限的有规律的、固定不变的付款。固定股利模型就是我们描述的这种情况。

概念链接 例 8-4

固定股利

Lexington 公司正处于一个发展不景气的市场，分析师预计公司长期内会零增长。公司近来一直支付给股东每股 5 美元的股利。同类公司的股票收益率是 8%，那 Lexington 公司股票的售价应该是多少？

解答：利用公式 8-11 代入数据

$$P_0 = \frac{D}{k} = \frac{5}{0.08} = 62.5 \text{ 美元}$$

人们通常不会假定普通股的股利永远固定不变，通常会假定股利以正增长率增长。然而，也有一种证券，优先股每年就支付固定不变的股利，不会增加也不会减少。在以后章节我们会进一步探讨。

8.2.3 期望收益率

在固定增长率的假定下，戈登模型能够表示出股票投资的收益率。通过公式 8-10 变形很容易就可得到 k，在这个公式中，k 代表期望收益率经常写出 k_e。

$$k_e = \frac{D_1}{P_0} + g \tag{8-11}$$

零增长股票就是付给投资者的一种永续年金。

在下一章中，期望收益率的概念很重要。如果投资者通过了解的知识预测得出公司股票的增长率 g，那么期望收益率就如公式 8-11 给出的那样。

如果使 $D_1 = D_0(1+g)$，D_0 和 P_0 分别为最近一期实际的股利支付和当前的股票价格。公式 8-11 就给出了一种投资者以价格 P_0 购买股票的投资的期望收益率。

对比公式 8-11 和公式 8-1 有一定的价值，我们再次写出公式 8-1 如下

$$k = \frac{D_1}{P_0} + \frac{(P_1 - P_0)}{P_0} \tag{8-1}$$

上述公式 8-1，等式右边的两部分分别为股利收益率和资本利得收益率。对比公式 8-11 和公式 8-1，发现只有等式右边第二项不同，其余项都是相同的。这暗示着两公式的不同两项应该有相同的意义。换句话说，戈登模型中的资本利得收益率就是增长率。假定以增长率 g 增长，这很直观地表明整个公式包括股利和股价。

8.2.4 两阶段增长

随着企业经营状况的变化，有时公司的预期增长率不是固定不变的。通常公司近来发生的事件会暂时地影响未来发展。例如，发布新产品会给公司带来一段时间的迅速扩张，随后高增长率会慢慢地回归到正常水平。

通常两阶段增长预测模型会涉及一年、两年甚至三年的超正常增长率和之后一期的正常增长率。超正常增长率意味着增长率 g 大于股票的收益率 k，我们的任务就是应用建立的模型来对具有两阶段增长特征的股票进行估价。

首先，让我们看看这种投资机会的时间轴，如图 8-2 所示，上方显示公司前两年以超正常增长率 g_1 增长，随后第 3 年到无限期的时间以正常增长率 g_2 增长。

我们可以利用固定增长率模型来对这一股票估价，但应慎重使用。这个模型只给我们一种从无穷期限开始时以固定不变的正常增长率增长的股票估价的方法。

在图 8-2 中，有固定的正常增长率但不是从零期开始的，是从第二年末开始。因此，戈登模型就应用在两年末的时点上。

这样计算，得到的结果是第二年末的价值或者说第 3 年初始的价值。它包括所有的第二年以后的年份支付的股利的价值，但不包括第二年的股利 D_2。换句话说，它包括了 D_3、D_4、D_5，……

在第二年末，应用戈登模型需要调整以前运用的符号。回顾公式 8-10，分子表达 D_1 是以正常增长率发展的第一期股利，而在此时，应该是 D_3，增长率是在第二年末改变的。

另外，公式 8-10 的分母包括正常增长率 g。在两阶段增长中有两个增长率，我们必须使用的是正常增长率 g_2，在应用中正确的构建固定增长模型的方法如下

> 两阶段增长模型为我们评估在有限时间里以一般的增长率增长的股票价格提供了方法。

$$P_2 = \frac{D_3}{k - g_2}$$

这一公式及时间轴中所在位置可见图 8-2 中的描述。

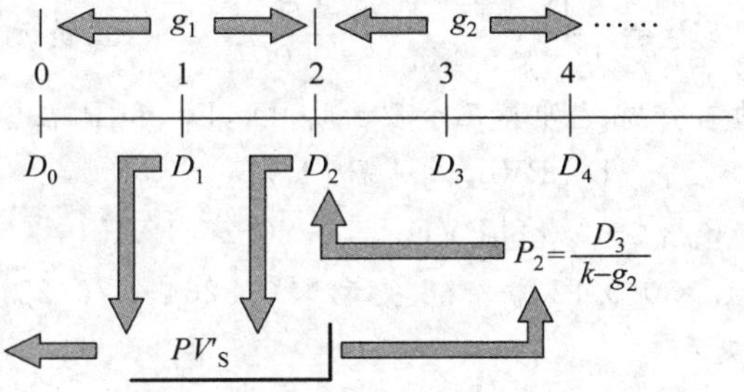

图 8-2　两阶段增长模型

一个今天购买股票的投资者，在将来可得到 D_1、D_2 和 P_2。两个股利收入很显然是在第一年末和第二年末的预测现金流。而 P_2 只有在投资者第二年年末卖出才得到的实际现金流。尽管如此，我们仍视 P_2 为未来二年预期能得到的现金流。

今天持有证券的价值是它产生的现金流的现值，因此，图 8-2 表示的是 D_1、D_2 和 P_2 的现值和，这在图中已有描述。

概念链接　例 8-5

两阶段增长模型

Zylon 公司的股票以每股 48 美元售出。我们已听到传闻，公司下周将发布新产品公告。通过行业分析，我们得出这一产品会使得整个公司在两年内以 20%的增长率增长。而两年过后增长会迅速减慢，跌至 6%的增长率水平。公司当前每年支付 2 美元的股利，预期会随公司增长而增长。与 Zylon 公司类似的收益率为 10%。是否应该以 48 美元的价格购买公司股票？

解答：为了判断是否应该购入股票，我们将以现金流的现值为依据估计股票的价值，再和市场价格相比较。如果我们预测的价值更高，那就可得出购买股票的结论。

画出类似于图 8-2 的图示会有助于问题的解决。下面的时间轴显示了股利和增长率。

最近的股利支付是 D_0，为 2 美元。未来的第一期股利可以在 2 美元和第一年的增长率的

基础上求得。2美元乘以(1+g)可得：

$$D_1 = D_0(1+g_1) = 2(1+0.2) = 2.4\text{ 美元}$$

为了得到第二年的股利，再乘以(1+g)，得：

$$D_2 = D_1(1+g_1) = 2.4\text{ 美元} \times 1.2 = 2.88\text{ 美元}$$

同理求 D_3，在此，增长率为6%，

$$D_3 = D_2(1+g_2) = 2.88\text{ 美元} \times 1.06 = 3.05\text{ 美元}$$

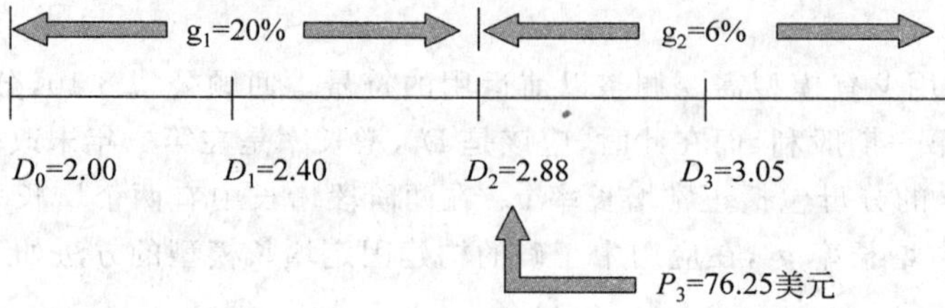

接下来 我们在增长率改变的时点即固定增长率开始的时点使用戈登模型。在此为第二年，所以：

$$P_2 = \frac{D_3}{k-g_2} = \frac{3.05\text{ 美元}}{0.1-0.06} = 76.25\text{ 美元}$$

对股票估价，剩下的工作就是计算几个要素即 D_1，D_2，和 P_2 在零时点的现值，再求和：

$$\begin{aligned} P_0 &= D_1[PVF_{k,1}] + D_2[PVF_{k,2}] + P_2[PVF_{k,2}] \\ &= 2.4[PVF_{10,1}] + 2.88[PVF_{10,2}] + 76.25[PVF_{10,2}] \\ &= 2.4\text{ 美元} \times 0.9091 + 2.88\text{ 美元} \times 0.8264 + 76.25\text{ 美元} \times 0.8264 \\ &= 67.57\text{ 美元} \end{aligned}$$

现在将67.57美元和市价48美元比较，很显然我们估算的价值更大。如果我们的假定是正确的，那么股票的价值比其现在的市场价格高出近20美元。如果我们是正确的，这个价格短期内将会上升，那么购买股票是理智的。

8.2.5 估价模型的现实局限性

CFO 经验谈

记住很重要的一点，前面研究的增长率模型只是对现实的抽象理解。这些模型只是现实世界的简化描述，尽量地给我们预测将来可能会发生的事件。即使我们计算出如上一个例题中的67.57美元这样精确的结果，但仍要谨慎地对待这样精确到“分”。

更值得注意的是，估价模型中输入的数据远比得到的预测结果精确得多。在这里，输入变量是指增长率和利率。

预测增长率是一种猜测。预测增长率稍微改变一点，就会对预测结果产生很大的影响。例如在上例中，我们预测的增长率为20%，实际的增长率所属范围就为15%～25%。这个范围的区间两端值会使上述例子中得到的股票现值 P_0 产生很大的差异，而且也不能得到准确的利率。根据他们感知的不同的特定公司的风险，人们预期得到的投资股票收益率会改变。不同的投资者对风险有不同的感知能力，因此，我们预测的10%，很可能为9%或11%。另外一个导致不准确的重要来源是戈登模型的分母。分母代表的是两个输入变量即利率和增长率

的差。如果两个数值预计比较接近，它们的差就会很小，那么得出的价格就会很大，因为很小的分母会使得分数的值很大。

看一下例 8-5 中的 P_2 计算过程，分母 $k-g_2=0.1-0.06=0.04$。但是假定我们预计 k 和 g_2 都改变了一点，$k=0.09$，而 $g_2=0.07$。那分母就为 0.02，则 P_2 的计算结果为 154.08 美元。[分子也将会变为 2.28 美元×1.07＝3.08 美元]，这将会使得 $P_0=131.89$ 美元而不是 65.75 美元。在价值评估中，股票价值 95％的预测差异来源于输入变量的微小错误(k 变动了 10％，而 g 也仅变动了 17％)。

在股票价值评估中很重要的一点就是，财务不是工程。财务里的数据不可能那么准确。当使用上面模型得出的结果时，必须得记住这一点。上述例子股票的预测价值是 67.57 美元，和市场价格 48 美元比较而言看起来很好。但是如果假设售价是 62 美元而不是例子中的 48 美元，我们还能认为这是一项会赚的投资吗？尽管两者差异没以前大。换句话说，购买股票后我们还能预期得到每股 5.57 美元的收益吗？

这个问题的答案可能就是否定的。每股 67 美元的股票股价产生的每股 5 美元的差异可能无法弥补估价过程中内在的误差产生的差异。在市场价值为 48 美元时，我们可以很肯定地说，能得到很多的收益，但当市场价格为 62 美元时，就不那么乐观了。基本上来说，上面的结果暗示着股票的价值应在 65～70 美元之间。任何更高的预测是没有意义的。

和债权估价的比较

上面一部分关于不准确性的论述仅仅指的是股票价值评估。债券的估价是一个完全不同的概念。债券估价模型给出了这种证券的准确的估计价值，因为债券的未来现金流在数值和时间上如在合同中约定那样得到保证。除非借债公司无力偿还它的债务，当然这种情况在高信用级别的公司是很少见的，我们能够准确地预测未来利息支付和本金支付。这样的话，我们就能根据任何一笔收益，准确地确定债券的价格。反过来，有发行公司的稳定性和债券的条款影响的市场力量能够精确地确定债券的收益。

> 股票价值评估模型得出的是近似值。因为股票估价模型的输入变量是近似值。债券估价是准确的，因为输入变量是准确的。

零股利股票

一些公司即使获得高利润时也不支付股利。还有些公司公开宣称根本就不支付股利。然而这些公司的股票仍然有实在的价值。

股票价值增长模型中股票的估价只依赖于未来股利流的现值。如果这些股票虽然有实在的价值却根本不支付股利，那么模型对此该怎么有效呢？

这个令人困惑的问题的答案，在于理解什么时候并且为什么公司会不给股东支付股利，甚至收益很好的公司，通常在它们发展的初期和快速增长期也不支付股利。快速增长需要现金流，管理层认为发放股利是无益的，反而会借款或发行股票筹集资金来支撑公司的增长。对此股东是赞同的，维持这样的增长率他们拥有的公司的价值会更大。

然而，大多数人都知道不会永远地持续下去。当整个行业和公司的增长变慢的时候，甚至很多口头上说不支付股利的公司也开始支付股利了。换句话说，今天不支付股利的股票预计可能在将来的某个时间会支付大额股利。通过那些预期会支付的股利就能获知股票的价值。

如果一个公司真的从不支付股利，作为一个整体的投资者也没有任何办法得到投资收益了。

有一个听起来有点滑稽的解释，称为“博傻投资理论”。这一理论认为，购买无股利支付股票的投资者，是为了价值增值，也就是说，购买股票时期望以比他们购买价格更高的价格卖给其他的投资者。但只有傻子才会投资于没有任何回报的股票，投资者就期望投资后有更大的傻子以更高的价格购买他所持有的股票。

毋庸置疑的是，投资者的投资行为有时好像搏傻理论里描述的一样，但是一般人们还是更倾向于最终股利支付的那种解释。

实务观察

调和估价理论与实践

那些每天买进卖出股票的投资者一定不会用现值模型来评估股票的价值。

经纪人和频繁购买的投资者才会利用每股收益和市盈率来预测短期内股价的变动。EPS模型表达如下：

$$P_0 = EPS \times \frac{P}{E}$$

P_0 表示股票的价格，EPS 表示每股收益，$\frac{P}{E}$表示市盈率

根据这一公式，一定程度上，公司有不同的市盈率，市场对公司的收益也有不同的评价。例如，两个公司每股收益 1 美元，它们的市盈率是 10 和 20，尽管收益相同，但它们的股票的价格分别为 10 美元和 20 美元。换句话说，市场对同样 1 美元的收益做出的评价是不同的。

这似乎和我们研究的基于收益的现值来确定股票价格的估价模型有些不符。

仔细观察公式中表达的关系会更让人感到困惑。从数学的角度上，$\frac{P}{E}$ 只是股价除以EPS，两者都是等同。因此可推出

$$P_0 = EPS \times \frac{P_0}{EPS}$$

或

$$P_0 = P_0$$

上述表达似乎没有任何意义。

然而事实并非这样。在股票市场上，市盈率会因不同行业而固定在一定的范围内。在同行业内，经营业绩好的公司的市盈率会比经营业绩差的公司市盈率高。换句话说，特定的公众偏爱的行业和公司会得到更高的一个正常市盈率。也就是说，短期内市盈率是稳定的，因此，价格改变主要依赖于近期的每股收益 EPS。

> 不支付股利的股票也是有价值的，因为通常有一个预期，将来某天他们会支付股利。

然而 EPS 模型仍然和基于未来现金流现值的估价模型不一致。当人们意识到以下两点时，就变得一致了。第一点，近期收益是未来收益的预测，因此，今天更高的 EPS 意味着将来会有更多的收益和股利。第二点，无数的研究显示决定市盈率大小的主要因素的预期增长，公司的预期增长率越高，市盈率越高。

这意味着公式(a)就像原始的戈登模型。戈登模型认为更高的增长率和更高的收益率预示着一个更高的股票价格。换句话说，那些股票市场上实践者使用的简易方法和复杂的价值评估模型是一致的。这增加了我们对 EPS 模型的信心。

8.3 普通股的制度性特征

普通股代表了一项权益(所有权)投资,这一权益理论上暗含着能够控制公司。也就是说,假定这种所有权暗含着股东能影响公司的经营方式是符合逻辑的。

然而,实际上能否影响公司的经营依赖于个人投资者或团体投资所持股票比例的大小。因为大多数的管理经营决策是根据大多数投票表决的,所以投票表决时,当某一投资者拥有大比例的股票或没有哪个投资者拥有大的持股比例时,那些持股比例小的投资者几乎没有实质的表决权。为了理解这一观点,我们必须了解公司是如何运营的。

8.3.1 公司的组织和控制

公司受董事会的控制,董事会成员由股东选举产生。董事会任命公司的高级管理层,再由高级管理人员任命中层和基层管理者来共同对整个公司的日常经营进行管理。重要的战略决策由董事会决定,只有一些很重大的事件如合并必须由股东所有者投票表决决定。

> 公司由股权所有者选出的董事会董事所控制。

公司的董事会通常由公司的高层管理者和一定数量的外部董事组成。董事会成员可以是大股东,但并非必须是。

当股票所有权被数量众多的人拥有或没有一个独立的个体、组织拥有大比例的股份时,就认为公司是被广泛持有的。当这种情况出现时,就很难改变董事会的决策,因为组织拥有投票权的股东来反对在任者是很难实现的。在这种情形下,董事会的高层管理者将有效地控制整个公司,并且他们并不对股东负有任何责任。(这一规则也有例外,持有大比例股份的机构投资者对公司的经营业绩不满意时,能够强制改变管理决策和董事会的决策)。

外部董事通常被期望会对管理层的自主权有一定的约束,但这种约束一般地没有实质的效用。当然如果一个独立的组织持有大量的股份,那么这个组织就能有效地控制公司,因为它能选择公司的董事会成员。在被广大公众持有的公司,一般的持有15%或25%的股份就能有效地控制公司,如果没有其他人持有更多的股份的话。

实务观察

大公司的公司治理:董事会的角色

股东通过董事会成员的选举能真正地控制公司吗?在小型企业中明显的答案是"能"。所有者选择他们自己或者与他们关系密切的人做董事,以此直接或间接地控制企业。但是在大型的、被广大公众持有的公司答案一定是否定的。当股票所有权很分散以至于没有哪个投资者拥有一定比例的股份,实际上,即使不满的股东也不能对公司的经营管理实施影响。他们不能拥有足够的股份来影响能改变公司政策和高级管理层的董事会。

这种情况是一个很严重的问题。大公司的高层管理者在执行权利时不负有任何责任。这意味着他们不可能为了其他股东的利益失去象征财富和权力的地位,只是为了自己的利益而决策。他们被支付高的薪酬,通常寻求与他们自身利益相关的商业策略而并非从股东利益出发。

这种情况在2001年和2002年变得很明显，令人痛心。当时，在投资团体发现高级管理者用虚假财务报告欺骗投资者，同时自己却拥有大笔薪酬后，几个大型公司倒闭了。最著名的例子就是Enron，WorldCom和Tyco。

从这些丑闻得到的最令人沮丧的信息反映了公司的董事会成员完全没能保护投资者的利益。实际上他们甚至都没有努力尝试，在一些案例中还参与公司犯罪。

20世纪早期的一些事件导致人们公认的公司治理危机的产生，并很快吸引了政府、会计专业委员会和投资者的关注。最明显的结果是2002年的SOX的章节规定，在第5章我们有所讨论。这一行为对执行者和董事会成员的一些欺骗行为和自我交易附加了严厉的惩罚，并要求公司经理证明企业财务报告是真实的。

在SOX通过后投资者们似乎松了一口气。但是，公司治理问题在2008年的金融危机中再次浮出水面。然而这次焦点是不同的。在2001年的公司倒闭的大多数案例中，完全与欺骗有关。财务报告造假是为了骗取投资者以使他们抬高股价，管理者的经济补偿与股价密切相关。2008年的金融危机使金融投资过于冒险，并且大部分高层管理者都有高薪补偿，不只是首席执行官和首席财务官。结果，金融公司把客户委托给它们的资金进行了不合理的投资。尽管这种行为不是不合法的，但不道德之处在于管理者是在利用别人的钱在做赌注。当管理者赢时，他们获得不成比例股份的价值；当他们输时，唯一承受痛苦的是投资者。公司治理问题是大型金融公司的高层做出的甚至是怂恿的。实际上，当投资公司要支付给周围经济崩溃时引起这种危机的人们数千万的奖金时，背叛行为就产生了。

> 每股普通股在董事会选举时都拥有一份投票权，这种权利被称为委托代理权。

曾经政府通过政策和立法来约束高层管理者的贪婪。在2009年年中，在国会上就有一些以题为"股东权利法案"、"股东授权批准过度支付法案"、"股东授权法案"命名的提案待决立法。2009年6月，财政部秘书长宣布了几项奥巴马提案，这些提案旨在把管理层的经济补偿和股东更加紧密联系在一起，加强金融系统中公司的稳定性。这些法案是否能通过并且实施会有什么影响有待观察。

现在唯一确定的一件事是，控制美国公司高层的贪婪是非常艰难的。

权益投资者的作用

如前所述，大多数大公司的投资者并不会寻求作为经营公司的角色。他们只是对股票所有权产生的现金流感兴趣。

优先认股权

优先认股权指公司给予股东维持持股比例的权利。当发行新股票时，普通股所有者有权购买与他们已持有股份所占比例相同比例的新发行股票。如果存在优先购买权，那么公司在售给其他任何人之前就赋予了当前的股东优先认股权。

> 高级管理者能有效广泛地控制控股公司。因为没有股东有足够的权力开除他们。

优先认股权是常见的，但一般没必要通过立法规定它。因此，如果股东拥有优先认股权，那么这一权利在公司组建之初就被写进公司的规章制度（称为章程、规章及细则）。

8.3.2 投票权与表决权

大多普通股都附有投票权。这意味着在董事会的选举和重大问题的表决上，每一份股票都享有一份相同的投票权。投票表决权通常局限于公司章程的变更问题上，具体表现为公司的经营范围和公司合并问题事项。

股东在每年依法举行的股东大会上投票选举董事和对其他重大事项做出表决。然而大多数股东是不会参加的，他们通过委托代理的方式投票。委托代理就是股东将投票权授予某一被委托的团体。一般的，当前的董事会成员通过邮件来征集作为代理人的身份。如果公司的业绩很好，那么在重选董事会成员时，委托代理权还是会被授予的。

如果利益冲突的团体同时寻求委托代理权，代理冲突就会发生。这通常会发生在当一个股东团体对公司的管理不满意并企图接管董事会的情形下。我们会在第 17 章进一步探讨委托代理权问题。

过半数投票

假定一个公司的股票是由两个具有不同利益的股东团体所持有，并且一个团体明显持有大多数发行在外的股票。传统的过半数投票权使得持多半数股份的股东能有效地对公司实施控制。这是因为每一个董事会成员是分开投票选举产生的，因此大股东能赢得每一个席位。

> 累积投票权给小份额股东占据董事会一席之地的机会。

累积投票权

这是一种小额股份股东在董事会上获得席位的方式。在累积投票方式下，每一份股票在选举每一席位时，都有投出一票的权利。所有小份额股东可以累积起来把所有股票投在一个席位上或者分开投在几个席位上。这意味着小份额股东可以集中投票权投在一到两个席位上，并且可能会成功，因而也能在董事会中有一定的代表权。

附有不同投票权的股票

公司可能发行不只一种股票，每种股票有不同的权力。发行一种只有有限投票权的股票或没有投票权的股票会影响控制权。如果这种股票能像传统的附有投票权的股票一样有同样的股利，那么这种股票就能吸引对控制权根本不感兴趣的特定的投资者。

不具有投票权的股票在 21 世纪前期是普遍存在的，但在 19 世纪 30 年代就不常见了。而且在那时政府、证券交易所和投资者对这种股票都很抵制。然而随着兼并收购的出现，近来这种股票又重新出现了。

> 普通股股东是最后收到收入和资产的投资者，因此会承受比其他投资者更大的风险。但当公司经营业绩好的时候，他们的剩余利益又最大。

8.3.3 股东对收入和资产的索取权

股东对收入和资产有剩余索取权。这意味着在对公司收入和资产的索取时他们是最后获得索取的。

股东在支付完所有的经营成本和费用、债权人得到利息和到期本金、优先股获得股利之后才能得到剩余的收益。这听起来似乎不是一项很好的交易，但有时确实不错。

当企业经营很差时，股东处于最不利的位置，因为公司的收益在支付给其他的索取者之后很可能没有剩余。这也是为什么普通股投资是风险最大的投资。

然而当公司经营很好时，在其他方获得支付后可能剩余收益很大。这都属于普通股票所有者。本质上来说，普通股的收益是没有上限的。

剩余索取权本质上是税后收益。不是以股利的形式支付给股东就是作为留存收益保留在公司。两种选择都对股东有利。支付股利使投资者马上得到回报，而留存收益能有助于提高公司的增长率而使股价升值。

关于资产，剩余索取权意味着如公司破产进入清偿阶段，股东只有在其他各方获得支付后才获得剩余资产。这通常意味着他们无法获得任何资产。

8.4 优先股

优先股是一种既具有普通股的一些特征又有债券的一些特征的证券。它通常被称为两者之间的混合形式。

优先股被支付固定的股利并作为永续年金来估价。

优先股始终支付固定不变的股利。当初始发行的优先股时候，初始售价(一级市场)和股利就已明确了。两者的比例反映了当前具有相同风险投资的报酬率，即市场利率。

例如，利率是10%，公司想以每股100美元的价格发行优先股，那么应该提供10美元的股利。这将被称为每股10美元而不是10%利率的优先股发行。

可以把10%的利率看作和债券利息单上的利率一样。优先股的初始销售价格从概念上和债券的面值相似。优先股一般以每股25美元、50美元、100美元的价格发行。

很重要的一点是，优先股和普通股一样没有任何条款规定确保资本的回报。也就是说发行优先股的公司并非不得不偿还初始售价。

8.4.1 优先股价值评估

一个投资者购买了一支优先股，就能始终得到固定的股利支付。因为所有证券的价值都是未来现金流的现值，那么优先股的价值就是无穷期限的固定股利流的现值。

在第6章，我们提到延伸到无限将来的一系列的固定股利的支付成为永续年金，也得出以简单的求永续年金的公式，如下

$$PV_P = \frac{PMT}{K} \tag{6-24}$$

对优先股应用这一基本的公式，但为更合适地反映一种应用，改变一下变量的符号。永续年金的支付在这里为优先股股利，我们称为D_P，永续年金的现值这里为优先股的价值，称为P_P，利率仍然为K。得到优先股的价值表达式为

$$P_P = \frac{D_P}{K} \tag{8-12}$$

优先股的估价模型从概念上等同于此章前面讨论过的零增长率的普通股的估价模型。

如同债券一样，优先股初始发行会获得与当前利率大致相等的收益。当利率改变时，优先股必须提供给二级市场投资者更有竞争力的股票收益率。这可以通过改变股价来实现。

优先股的估价和债券一样，和市场利率的变动方向相反。然而，相比于计算债券的新价值，计算新的优先股股价更容易实现。我们只需将新利率带入公式(8.12)就能求出P_P。

概念链接　例 8-6

优先股的估价

罗马实业股利每股 6 美元，初始发行价格每股售价 50 美元。相类似证券发行时的利率为 9%。罗马实业的优先股现在应以多少售出？

解答：只需将市场利率带入公式 8-13 求得今天的价值

$$P_P = \frac{D_P}{K} = \frac{6\text{ 美元}}{0.09} = 66.67\text{ 美元}$$

初始收益率为 6 美元/50=12%。市场利率从 12%变到 9%，价格不得不大于初始价 50 美元。这是一个对结果合理的解释。

8.4.2　优先股的特征

作为一种证券，相对于传统的债务和权益优先股具有独特的特点。我们总结有以下几项：

累积性特征

只有累积的优先股的股利被支付之后，普通股股利才能被支付。

为了增强投资者的安全性，几乎所有的优先股都是递增性的。通常累积性特征主要表现为，如果普通股仍一年或连续几年不支付股利，那公司就不允许支付普通股股利，直到所有拖欠的优先股股利支付后才能支付普通股股利。

如果公司陷入财务危机，不能支付 3 年期限的优先股股利每股 5 美元，那么直到每一个优先股股东获得累积的股利 15 美元，才能支付普通股股利。

优先股与普通股、债券的比较

优先股的一些特征和债券的特征相似，然而一些特征和普通股的特征更像。一些特征在两者之间。接下来具体分析一些特征：

对投资者的支付

优先股的股利是固定的并且即使公司利润增长，股利也不能增加，这一事实使得它和有固定利息的债券相似。这和普通股股利不同，通常普通股的股利会随着公司的增长而增长。

优先股的特点使得它是一种处于股票和债券之间的证券。

本金的到期和偿还

债券有一个固定的到期期限，到期时偿还本金。优先股没有到期期限，也就不用偿还本金。在这方面更像普通股，普通股也不用偿还本金。

支付的保证

公司必须支付利息或者说债权人可能使公司破产。普通股股利可以延期支付，优先股也可以延期支付，但要受制于累积性特征。在这方面，优先股介于普通股和债券之间。

破产清算时优先权

在破产清算时，债权人以支付本金为限额对公司有索取权。普通股所有者只对在所有各方得到支付后剩余的资产有索取权。优先股股东介于两者之间。他们以初始的售价为限额索取，但必须在债权人之后获得支付。也就是说，优先股股东索取在普通股之前但在债权人之后。

投票权

普通股股东有投票权而优先股股东没有。这一方面优先股更像债券。

为投资者支付的税收抵扣

利息对于支付公司来说是可以抵扣的，而普通股和优先股股利都不能只抵扣。这一方面来看，优先股是一种权益。

从法律的角度，优先股是一种权益，但是从我们已讨论的几点来看，很多方面更像债权。因为这个原因，在财务分析中优先股通常单独分析。

风险顺序

上述讨论的特征已决定了三种证券的风险大小顺序。债券是最安全的，普通股风险最大，优先股处于两者之间。普通股的风险补偿是通过股利增加和股价上升实现的。如果企业经营很好，普通股的回报很高。这种情况对于另外两种证券是不可能存在的。优先股的"优先"体现在如果公司经营很差或经营失败，那么投资者宁愿选择优先股而不是普通股。

税收与优先股投资者

美国税收法规将优先股和普通股一样对待，在公司支付它们时不能税前扣除。这使得优先股是一种相对昂贵的筹资渠道。

和普通股股利一样，其他公司获得的优先股股利的70%或更多可以免交所得税。这部分税收免除和相对较低的风险使得优先股对机构投资者更有吸引力。因此，机构投资者会抬高优先股股价，直到个人投资者对优先股失去兴趣为止，结果导致很少个人投资者会购买优先股。

8.5 证券分析

证券分析是一种投资选择的艺术和科学。

价值评估只是证券分析的一部分，估价的目的是选择投资方式。这一过程称为证券分析。这一术语既可用于股票分析又可用于债券分析，但大多数情况与选择股票有关。有两个基本的分析方法，我们简单介绍每一种方法。

基本分析

基本分析就是了解一个企业和它的业务来进行预测价值。

基本分析就是做一些调查来了解整个公司，关于公司的经营状况、它所处的行业。一旦某个分析师成为公司所处领域的专家，他们就能预测未来几年的销售和费用，进一步据此能计算公司的利润，然后基于公司披露的和潜在的股利政策预测一系列的股利流，将预测的股利流带入我们讨论的价值评估模型。

本书所提供的 ThomsonOne 数据库是基本分析中一个权威性的工具。

技术分析

技术分析是另外一种不同的分析方法。技术人员认为市场力量支配着股票的价格，更重要的是也支配股价的变动。他们还认为股价变动模式经过一段时间会重复前面的趋势。通过研究股价过去的变动趋势，技术分析者认为他们能够预测个别股票的价格的主要上升或下降趋势。

技术分析是以过去的价格和数量为基础计算价值的。

技术分析者将实际交易的所有股票交易量和交易价格精心地绘制在图表上。

通过观察处理这些数据来识别股价变动趋势。这是一项技术性工作，技术分析者被称作“图表分析师”。

技术分析师认为人们不一定必须从潜在的现金流了解股票存在价值的原因。他们认为只需接受股票现在的价格并根据市场状况来进行投资决策就足够了。

基本分析和技术分析

尽管很多人都使用这两种分析方法，但两派的观点还是相互对立。大多数学者是基本分析派，然而技术分析学派也都是追随者。

为了证明或否定技术分析的有效性，人们做了大量的统计研究。目前为止没有任何一方得出使得另一方满意的成果。

有效市场假设理论

在美国，有效市场假设是与金融市场信息流有关的。这一假设认为，金融市场是有效的，认为信息像光速一样传播。

这一理论主张信息在成千上万的构成股票市场的分析师、经纪人和投资者之间传递，以至于股票的价格会随着新信息而变动调整。换句话说，当有关某种股票的消息已可获得，这种信息会很快被分析和传播，以至于市场价格会在几小时或更短的时间里随着变动而反映新信息。

> 有效市场理论假设金融市场中的信息传递如此之快以致于价格不断变化，因此想持续的讨价还价是不可能的。

例如，假设一个制药公司宣称它发明了一种新治疗癌症的特效药。这一消息当然会使得该公司的股票价格上升。有效市场假设认为，股票的价格会马上上升，因为分析师会立即通过电话告诉委托人，他们会迅速地抬高股票的价格。

这一理论暗示，任何时候所有可获得信息已反映在股票价格中。研究股票的历史变动模式对投资者来说没有任何作用。因此，有效市场假设是对技术分析学派一种直接的反驳。

然而，有效市场假设暗示着我们也不能通过基本分析和估价模型发现市场上的“便宜股票”。有无数的专家们一直在做基本分析，他们会发现并将计算出的结果传播出去。

有效市场假设理论的有效性一直处于争论中。它可能永远不会被证明是对还是错。在学习的过程中，一定要注意它的存在并对它的内容有一个基本的了解。

8.6 期权和权证

期权是一种投资于股票但不实际持有股票。权证和期权相似但共同点不多。我们会详细地介绍期权，然后简单地描述一下权证。

> 期权和权证使得没持有股份的情况下也能投资于股票。

期权是一种给予一方从另一方以特定价格购买商品的权力的合约。(或者期权合约授予一种销售权)在我们进入金融期权市场前最好理解一下期权的基本概念。

8.6.1 普通期权

期权一直被用于商业中。通过了解购买房地产的期权，你会熟悉期权运作方式，引导你了解关于股票的期权。假定一个公司想建造一个厂房，已确定一个理想的厂址，但做最后决策需要 6 个月。现在没做出承诺购买，怎样能获得购买这块土地的权利？

期权赋予投资者以固定价格购买或出售一项资产的权利。

解决方法就是一项期权合同。这项合同,可以赋予公司以固定的价格在6个月内购买此厂址的权利。这固定了这块土地的可获得性和价格,但是管理者不能免费购买这块土地。当然,公司得支付土地所有者以获得这项特权,这项成本只是房地产价值的一小部分。这项期权在购买者的慎重选择后,能在它期满后的有限时间里购买的合同。现在考虑以下几条,能够帮助我们了解金融期权。

期权所有者能利用资产价格的变化而投机,同时不拥有资产的所有权。

假定6个月以后,公司决定不建造厂房但意识到房地产的价值上升了30%。公司会怎样做?

显然,它会行使期权购买这块土地然后卖掉来获得利润。随着土地的升值,尽管公司没有拥有它,但也可以获得利润。这可通过卖掉期权中的任何资产实现。期权的最大优势就是比相关资产花费的要少。这个优势也是金融期权的优势。

8.6.2 股票期权

金融期权和房地产期权在概念上很类似,但是购买股票期权不是为了获得股票,而是对价格的变动做投机买卖。股票期权以股票为标的证券的有价证券,并能够在金融市场交易。一种购买股票的期权被认为是看涨期权或称为买入期权。卖出房地产的期权是不常见的,但卖出股票的期权是很普遍的。它们被称为看跌期权或卖出期权。在接下来的部分,我们分别分析买入期权和卖出期权。

认购期权是购买股票的期权,认沽期权是销售股票的期权。

期权是被称为衍生性产品的一类金融资产的一个很重要的例子。之所以称为"衍生性",是因为它的价值是以标的证券的价值为基础的,股票期权的标的证券是股票。

投资者对股票期权感兴趣,因为期权提供给他们投机杠杆,这一术语用于描述能够扩大投资收益的技巧。期权的杠杆作用来源于这样一项事实,投资于期权获得的收益是标的证券收益的好几倍。我们将简短地描述期权的行使过程。

8.6.3 看涨期权

假定一种股票的售价是每股55美元,有人提供给你一项合约。合约规定他同意在未来的3个月的任何时间以每股60美元的价格卖给你。这是一种基本的看涨期权。它赋予所有者在特定的期间里以固定的价格购买股票的权利,典型的期间段有3、6、9个月。在这些期限的期末,期权期满,就不能够行使权利了。

衍生性证券的价值以标的证券为基础。

期权持有者支付合约的费用就是期权价格,我们称为 P_{OP}。它的价格通常比股票的价格小,期权是一项很好的交易。一种以价值为55美元的股票为标的证券的股票期权可能以2美元或3美元卖出。

杠杆扩大了投资的收益率。

图8-3中生动地描述了这一观点。股票的当前价格只是股票现在的价格,但60美元是期权的成交价、履约价或者合约价。

问自己以下几个问题。你会为这项合约支付费用吗?为什么?如果你愿意支付,那么是什么原因让你愿意支付更多或更少的?在继续阅读之前思考一下这几个问题。

一份以履约价购买股票的期权以期权价格出售。

投资者可能愿意购买这种期权,因为有可能在未来的三个月里股票的价格60美元。如果真的超过,那么投资者可以花费60美元购买,然后立即以更高的市场价格卖掉。例如,假定一个投资者支付1美元购买了这种期权,股票的价格升为63美元。他将以60美元行使期权,立即以63美元卖掉,获得了3美元的收益。

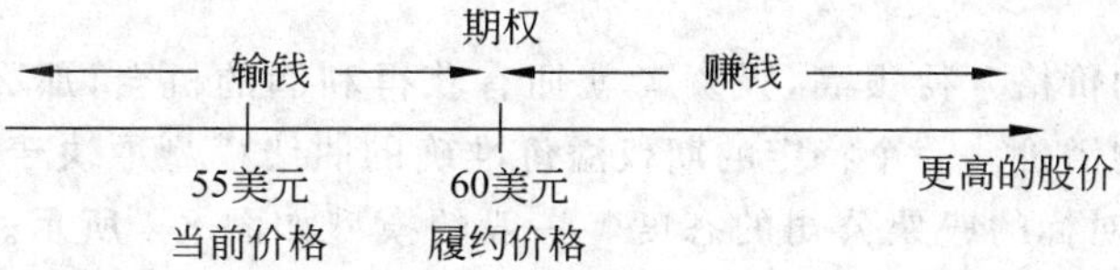

图 8-3　看涨期权的基本概念

注意到 2 美元的利润是基于期权投资的 1 美元的 200%的收益。但是如果在未来三个月股票的价格没有超过 60 美元，期权到期那么就损失 1 美元，投资损失 100%。

期权的发起者被称为订立者。

有两个因素使得期权更具有吸引力。以价格易于变动的股票为标的证券的期权可能比以稳定的证券为标的证券获得的收益更多，因为易于变动的股票价格更可能在指定的时间超过履约价格。人们也愿意支付更多的时间直到期满，因为给股价更多的时间变动以超过履约价格。

看涨期权签订者

在期权合同中有两方，购买者和销售者。不要因为要购买期权的标的股票而拒绝购买或售出期权合同。现在，我们集中关注拥有以履约价格购买股票权利的期权购买者。

关于期权出售者的术语很复杂。出售期权合约的第一个人是创造它的人，他同意以履约价格出售。他被认为是立权人。一旦签订了合约，期权合约变成了一种证券，立权人将期权卖给第一个购买者，第一个购买者随后可能卖给其他人。不论期权被售出多少次，根据合约，当期权当前的所有者行使权利时，立权人一定会以履约价格将标的股票卖给所有者的。

他就可以从期权价值中获得收益。我们随后会具体地探讨如何订立期权。

8.6.4　内在价值

如果一种股票的当前价格低于买入期权的履约价格，如图 8-3 所示，我们称期权是输钱的。如果股票的价格大于履约价格，那么就称期权是赚钱的。

内在价值是股票的当前价格与合约价格的差。

当一种期权的标的股票价格高于履约价格，那么它的当前价格就是最小的，不依赖于标的股票上升的价格。我们称它为期权的内在价值。例如，图 8-3 中标的股票的当前价格是 65 美元。那花费 60 美元购买的期权至少值 5 美元，期权的所有者可以以 60 美元行权然后立即以 65 美元卖出就可获得 5 美元的收益。

一般的，一种认购期权的内在价值是标的股票的当前价格与履约价格的差。公式表达为 8-13，如下

$$V_{IC} = P_S - P_{Strk} \tag{8-13}$$

此处，V_{IC}表示买入期权的内在价值，

P_S表示标的股票的当前价格，

P_{Strk}表示买入期权的履约价格。

当标的股票的当前价格小于履约价格时，V_{IC}接近为零。（$P_S < P_{Strk}$）

从公式 8-13 可以很明显地看出，期权的内在价值与标的股票的价格是线性关系。图中履约价格为 60 美元的期权被称为价值为 60 美元的期权，如图 8-4 所示。从图中看出，内在价值在履约价格的左边是水平线即为零，在履约价格的右边向上倾斜呈上升趋势。

图 8-4 显示期权实际的市场价值 P_{Op}，就是内在价值上方的曲线。很重要的一点是，期权总是会以等于或高于内在价值的数额卖出。内在价值与期权价值的差额称为时间溢价，如

图 8-4 中的差额。

如果标的股票的价格升得很高，投资者就拥有获得利润的机会，那么投资者愿意为期权支付高于内在价值的溢价。一个特定的期权溢价准确的曲线模型取决于标的股票的变动性、到期期限，还有市场对标的股票公司的态度。一般的模型如图 8-4 所示。溢价通常在股票价格接近但稍微小于期权的履约价格时最大，随着股价增加而减小。

这一典型的模型是期权的杠杆作用的结果，期权的价值随标的股票的价格变动。真正的理解模型的形成原因是非常重要的。

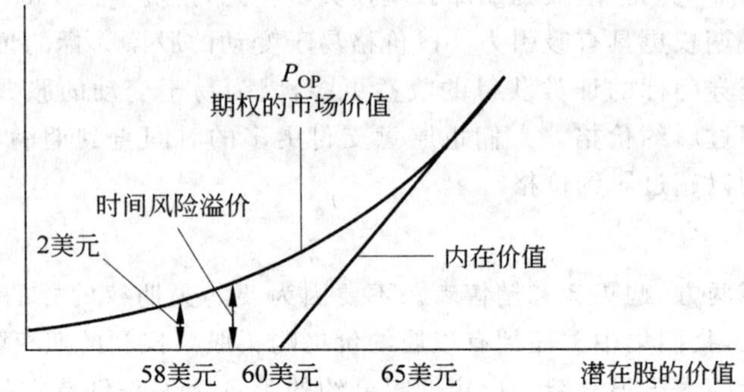

图 8-4　看涨期权的价值

8.6.5　期权和杠杆

> 杠杆增大了收益率。

财务杠杆是一个用于描述任何的放大投资收益的技巧的专业术语。例如，假定一种传统的股票的收益率是 10%。一项有杠杆作用的同种股票的投资，经过一段时间可能获得 40%或 50%的收益率。不幸的是，杠杆作用也对损失起作用，因此股票的收益率下降 10%，那么杠杆作用后收益率会下降 40%或 50%。

期权只是代表大量的杠杆技巧之一。我们通过图 8-4 观察一下它们怎样起作用的。假定标的股票的价格是 58 美元，那时间溢价就是 2 美元。(期权的价值也是 2 美元，它的内在价值是零)。现在如果假定股票的价格升为 65 美元，所有者行使期权，期权的标的股票被售出。当然，我们是为了简便，忽略了经纪人佣金。

首先，我们看一下股票的投资。以 58 美元的价格购买然后 65 美元卖出，获得了 7 美元的利润。那么收益率是

$$\mathrm{ROI}=\frac{7}{58}=12.1\%$$

> 期权提供了很大的杠杆作用。

接下来看期权的投资。最初投资者花费 2 美元购买一种期权。然后他行使期权以 60 美元购买标的股票，立即又以 65 美元售出，获得了 5 美元的收益。由于花费了 2 美元购买期权，因此投资者的净收益为 3 美元。但是交易中只负担了 2 美元的期权价格，他的收益率为

$$\mathrm{ROI}=\frac{3}{2}=150\%$$

注意到期权具有扩大投资者收益的巨大作用。期权投资的收益率是传统的股票投资收益率的 12 倍。当股票的价格低于履约价格时，这种收益的潜在可能性大大地促进期权价值的上升。

当股票以高于履约价格进行交易时，相对来说，期权就不是很好的投资方式了。有两个原因可以解释这个问题。为了获得利润，股票价格必须上升得更高，并且投资者必须为期权支付除去溢价的一个正的内在价值。这使得他投资更多，降低了杠杆作用。这些因素使得溢价随着高于履约价格的股票价格增加而减小。脚注中提供了大量的例子。

图 8-4 显示延伸到履约价格的越远的左边，溢价更小了。简单来说，在那种情形下的股票更不可能获得收益。

期权到期

很重要的一点，期权只有在有限的时间段里可以行权。期权到期，就没有任何价值了。这使得期权投资有一定的风险。例如购买一种期权，它的标的股票的价格从来没有超过履约价格，期权到期时，购买者就损失了支付的购买金额。要意识到这是100%的损失。

> 期权到期时，变得没有价值。

如果以包括正的内在价值的价格购买一种期权，并且它的标的股票的价值日益下降，那么期权购买者在期权到期时的损失，就是时间溢价加上内在价值的下降金额。如果股票价格下降为履约价格，那投资者只承担了 100%的损失。

随着期限日期接近，任何期权的时间溢价会缩减到零，留给股票变动的时间减少了。如果投资者拥有一种的期权，它的内在价值到期前是正数，那么投资者就应该快速行动以避免失去价值。

8.6.6 期权交易

目前为止，我们讨论的好像投资者总是持有期权直到它们到期或被行权。实际情况并非这样。期权在它们到期前的任何时间都能在投资者之间被买入或卖出。以选定股票为标的股票的期权通过大量的交易所进行交易。最大的、最古老的、最著名的是芝加哥期权交易所，简称为 CBOE。

> 最大的期权交易所是芝加哥期权交易所。

期权市场的价格流动性

期权的价格随着标的证券的价格上下波动，但相对的来说，期权的价格变动更大。例如，在图 8-4 中提到的期权的售价 2 美元而标的股票的价格是 58 美元。现在假设股票的价格上升到 65 美元，而此时到期满还有一段时间。从图中观察得到期权以包括内在价值 5 美元和更小的时间溢价的价格被出售，因此期权的价格是 6 美元。

> 期权的价格变化非常大。

股票从 58 美元变到 65 美元，变动了 7 美元，增长率是 12.1%，但是它促使了期权的价格变动了 3 倍，从 2 美元增到 6 美元(增长了 200%)。这一现象导致期权的价格非常容易变动，而且变动得很快。

期权到期前很少行权

在这种情况下，假设期权所有者认为标的股票的价格不可能进一步增加了，并且即使在到期前剩下的时间里有很好的交易机会，他们不愿继续持有期权。这种情形下，实际上所有的投资者会将期权卖给其他的投资者而不是行权。那是因为行权带来的收益仅仅只有 5 美元，小于期权的价格 6 美元。行权需要舍弃时间溢价的价值，此处为 1 美元。结果导致当时间溢价缩减为零时，很少投资者会在到期前行权。

> 期权到期前，很少被行权。

不利和风险

同时考虑期权交易的正面和负面效应是有价值的。通过杠杆作用很可能获得更高的收益,但也可能承受更多的损失。另外一种描述杠杆作用的方法,放大损失或收益。只沉浸在获得潜在收益的可能性之中,而忽视了更多损失的可能性,这是一个很大的错误。

8.6.7 期权签订

投资者可以发行或者签订期权合同,由其他投资者来购买。人们订立期权为了出售时能获得额外的收益。但订立期权者放弃了购买者可能获得的利润。本质上,期权的购买者和订立者对标的股票的价格变动下赌注,并持有相反的观点。

期权的投机包含很多投资损失机会。

期权的订立可能是裸期的也可能是备兑的。在备兑期权中,订立者在签写合约时拥有标的股票。如果股票的价格增加那买入期权的投资者就会行权,订立者必须以履约价格卖出标的股票。订立期权者并没有付出额外的现金,但错失了不订立期权所能获得的股票增值金额。

当订立者拥有了期权的股票时,期权就是备兑的。

例如,一个投资者前一段时间购买了一支每股40美元的股票,此股票当前价格为每股55美元。他签订期权合同,履约价格为60美元。假定股票的价格上升到70美元,购买者行权。尽管当前价格为70美元,投资者必须以60美元的价格出售。一定程度上,他已经承担了10美元机会成本,不能够以70美元的价格出售。事实上,与最初的成本40美元相比,他也获得了20美元的收益。

当订立者没有拥有股票,期权就是裸期的。

一些订立期权者签订期权时,并未持有标的股票。因此,它会面临更多的风险。在这种情况下,如果期权已被签订,那么订立者必须以70美元的价格购买,然后以60美元卖出,与早期购买价格相比损失10美元。

概念链接　例8-7

股票期权

如下信息是关于以Oxbow公司股票为标的股票的买入期权,期限为三个月。

标的股票价格	30美元
三个月买入期权的履约价	25
期权的市场价格	8

a. 期权的内在价值?

b. 此时期权的时间溢价?

c. 买入期权是赚钱还是赔钱的?

d. 如果投资者订立一种备兑的认购期权,获得标的股票,那么投资者投资了多少?

e. 购买买入期权的投资者最多损失多少?

f. 认购期权的订立者订立裸期期权最多损失多少?在期权到期前,Oxbow正以32美元出售?

g. 购买认购期权,损失或收益是多少?

h. 订立裸期权者,损失或收益是多少?

i. 如果订立者在订立期权时持有备兑期权的标的股票,那订立者的收益或损失是多少?

解答：

a. 根据公式 8-14，代入数据

$$V_{IC} = P_S - P_{Strk}$$

$$V_{IC} = 30 - 25 = 5$$

b. 根据时间溢价是期权价格与内在价值的差，可得

$$时间益价 = P_{Op} - V_{IC} = 8 - 5 = 3$$

c. 这一买入期权是赚钱的，有一个正的内在价值。

d. 投资者以市场价格购买股票然后立即卖出。期权的价格抵消了一部分投资：

$$\begin{aligned} 投资 &= 股票价格 - 买入期权 \\ &= P_S - P_{Op} \\ &= 30 - 8 \\ &= 22 \end{aligned}$$

e. 任何一个期权购买者最多损失 8 美元。

f. 订立裸期权者必须从公开市场上购买股票，如果它的期权购买者行权，理论上，市场价格会上升到任意价格，那么期权订立者损失的是无限的金额；实际上，一个明智的投资者观察到股票价格有上升趋势时，会尽快购买股票来限制自己的损失。

g. 认购期权的所有者行权时支付履约价格同时以市场价格卖出。任何收益或损失会因为支付买入期权价格而变小。

行权时市场价为		32 美元
减：履约价	25 美元	
期权购买价	8 美元 （合计 33 美元）	
所以 损失		1 美元

h. 订立裸期权者以市场价格买入股票，当购买期权者行权时，订立者必须以履约价卖出标的股票。结果会因为收到出售期权价而增大收益

行权时市场价格		32 美元
加：履约价	25 美元	
期权售出价	8 美元 （33 美元）	
所以 获得收益		1 美元

i. 订立备兑期权者以订立契约时的市场价格购买股票，然后以履约价格卖出。收益会因为期权售出价而变大

行权时市场价格		30 美元
加：履约价	25 美元	
期权售出价	8 美元 （33 美元）	
所以 获得收益		3 美元

8.6.8 看跌期权

看跌期权是以特定的价格卖出标的证券的期权。如果投资者认为标的证券的价格会下降，那么他们会购买看跌期权。

例如，假定一种股票的当前市场价格为55美元，而看跌期权履约价格为50美元。如果将来这种股票的市场价格降到45美元，通过购买这种期权，投资者以市场价格买入股票然后以履约价50美元卖给期权的卖方，就可获得5美元的收益。

当附期权的股票价格下降时，看跌期权的购买者获得利润。

当标的股票的售价低于履约价时，本例中是50美元，如同图8-5的描述，则称期权是赚钱的。认沽期权的内在价值是当差为正数时，履约价和标的股票的当前市场价格的差，否则内在价值为零。公式8-14为内在价值表达式

$$V_{IP} = P_{Strk} - P_S \tag{8-14}$$

此处，V_{IP}代表卖出期权的内在价值

P_{Strk}代表履约价格

P_S 代表标的股票的当前价值

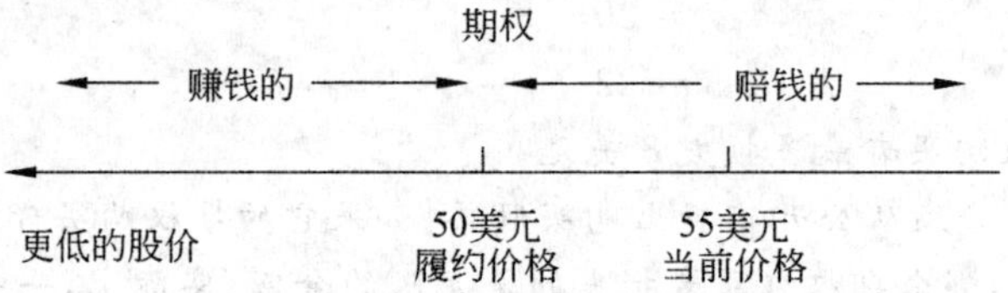

图 8-5　看跌期权的基本概念

当标的股票的价格大于履约价格时，内在价值是零。如同认购期权一样，认沽期权售出只是为了多余内在价值的时间溢价。图8-6显示了这一观点。

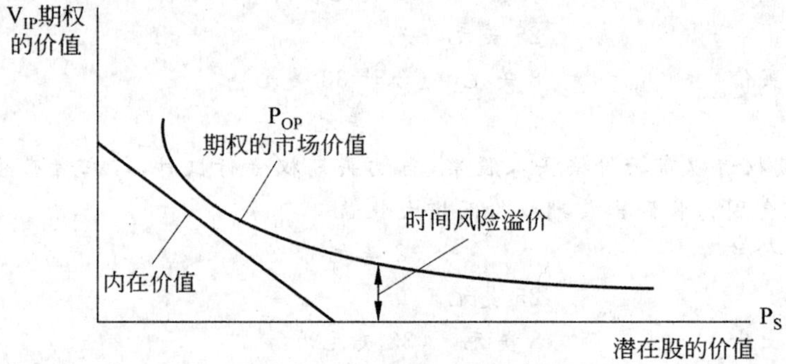

图 8-6　看跌期权的价值

8.6.9　期权估价模型

本章的前面章节讨论了股票的估价模型，第7章也讨论了债券的估价模型。研究价值模型能够让我们预测金融市场中应该控制的价值。期权，如同股票和债券，是交易证券，可以思考一下是否期权也存在类似于股票、债券的估价模型。相对于股票和债券，对期权估价更加困难，很难通过一系列未来现金流的现值来表达期权的价值。

可以利用Black-Scholes期权定价模型来估算期权的价格。

两年前，两个著名的金融学者Fischer Black和Myron Scholes建立了一个可行的期权估价模型。尽管从数学的角度来看，Black-Scholes期权定价模型很复杂，但已获得广泛关注。模型是可行的，许多计算机操作者设计了电子编辑程序，直接将数据输入复杂的数学公式。结果，现实中的实践者频繁地使用这一个模型。

Black-Scholes期权定价模型通过以下变量的作用求得期权的价值：

- 标的股票的当前价格
- 期权的履约价格
- 期权到期前的剩余时间
- 标的股票的市场价格的变动性
- 无风险市场利率

研究中应该注意，Black-Scholes 期权定价模型是存在的，但它的结果是合理的但并非十分准确，这一点类似于股票定价模型。

8.6.10 权证

严格地来说，我们前面讨论的期权是次级市场中的现象。也就是说，它们在投资者之间进行交易，发行标的股票的公司不参与交易。特别的，在订立期权和行使期权时，这些公司不会得到任何收益。

> 期权交易是次级市场交易活动。没有涉及标的证券公司。

权证类似于认购股票，但是由标的股票的发行公司自己发行。兑现权证时，公司会发行新的股票作为对行使价格的交换。权证是基础市场工具。

> 权证就像期权，但是却是收到股票的公司发行的。

权证和认购股票类似，在于它们都赋予持有者在特定的时间以设定的价格购买股票的权利。它们又不同，在于权证的期限很长，典型的是几年。

权证通常会作为好处和其他的金融工具一起发行，使基础证券更加具有吸引力。例如，假定 Jones 公司想借款，但因为财务状况不好，债权人拒绝它的债券。假设长期来看，Jones 公司未来发展不错，并且公司股票价格每股 40 美元。

在这种情况下，如果公司将一个或多于一个权证附加在债券上，赋予持有者在接下来五年能以每股 50 美元的价格购买股票的权利，那么债权人可能会被引诱去购买债券。如果人们认为股票的价格在五年到期前很可能会超过 50 美元，那么权证就使得投资者有动力购买债券。

> 权证就是赋予在其他证券上的增甜剂。

一般的，权证会被分离，单独地以它们的市场价格被售出。这有效地降低了债券的价格，并提高了投资者的收益。或者，如果股票的价格上升到每股 50 美元，那么，债券持有者为了快速获得收益，也可以保留权证并兑现。

> 权证通常是可分离的并且是可以单独交易的。

如果兑现权证，公司会注入一份价值 50 美元权益，而不是更高的市场价值。债券不会受到权证兑现的影响。

8.6.11 员工股票期权

很多年以来，美国公司就发给某些员工股票期权作为补偿金。实际上，职工期权比起交易的期权更像期权，因为它们几年都不到期，而且期权的履约价格总设定得比股票的当前价格高。一般相对于没得到期权的职工，持有期权的员工的工资会低一些。

如果公司有一个好的发展前景，员工会很高兴得到期权，因为即使是持有少量期权，其价值也会比丧失的薪酬更高。例如，在 19 世纪八九十年代，很多高科技公司，如微软的普通员工，因为持有权证而成为百万富翁。

> 股票期权通常被使用而不只是工资的一部分。

公司喜欢发给员工期权，因为发行时不用支付任何的现金。由于获得期权员工的工资会减少，那么这一做法就会降低薪酬开支进而提高财务业绩。除此之外，支持者们还争论到，给员工发期权在保持美国在创新方面的领先地位起到很大的作用。他们认为，通过获得期权能变得更加富有，吸引那些优秀、聪明的、富有创新力的人们到公司工作。

如果没有期权，奋斗中的新公司付不起这种人才工资，就不能成功。

职工期权对其他股东的利益具有稀释效应，但是从过去来看，投资者们能够接受这种效应。

经理股票期权问题

最大职工股票期权持有者是高级主管。在大型公司里，高层领导获得数百万的薪酬和能产生数千万美元的期权作为薪资福利。

> 公司在发行职工股票期权的时候，不会减少企业的现金。

近几年，无数的批评对准获得期权作为薪资福利的高层管理者。也有人争论，这样的支付机制会激励管理层努力提高股票价格。换句话说，既然 CEO 和 CFO 的个人财富通过期权与股票价格直接相关，他们就会被诱导采取极端措施，以他人的利益为代价来保持高股价。在第 5 章讨论公司治理问题和 Sarbanes-Oxley 行为时，我们也研究了这一观点。可能有些读者没读到这一部分，在此再次探讨一下那些观点。

为了理解这种风险，我们要意识到财务业绩促进股价，高层管理者能够操纵财务业绩。这种情形就是一个经典的利益冲突，原因在于一些人控制着决定自己的薪酬系统，他就会有动机来操纵系统损害他人的利益。换句话说，管理者会做出不道德的行为来使财务业绩看起来比实际的经营业绩要好，并且决策取决于高级主管。

> 高级管理者是职工股票期权的最大的接受者。

如果真的是用这种方法，投资者会竟出高股价来过分诠释财务业绩。股价会过度增值，直到投资大众意识到股价的不正常。然后股价急速下跌，大大地损害了股东的利益。但是此时，高枕无忧的高管们已经行使期权，卖掉了自己的股份，将大量现金装入自己的口袋。本质上，投资者们被欺骗，购买大量的股票刺激股价，高管团队从中已获得高额利润。

退休基金也是一个令人吃惊的问题。一些公司控制的退休机制通常都投资于自己的股份，而一旦公司的虚假报告被揭露，公司股份价值将下跌。这种后果就是高管们成功地窃取了员工的退休积蓄。

> 股票期权是一种对高管的诱导，诱导高管粉饰报表来促使股价提升。

多年以来，投资者们不太关注公司的造假行为，他们认为审计者能保证财务报告的业绩一定程度上是真实准确的。换句话说，人们知道夸大业绩的事实存在，但没想到公司会过分地夸大自己的业绩。

但早在 20 世纪初期，很明显的是，不能总是依靠审计师监督公司的财务报告，因为他们也陷入了自己的利益冲突。既然审计师通过对公司审计获得报酬，那他们很可能会按照公司高管的意愿审计。审计师会自由地诠释会计准则，对虚假的、甚至会误导投资者的财务报告出具肯定的意见。

> 在 20 世纪初，被披露的财务报告错报降低了人们对公司管理层信任的信心。

20 世纪初期，当投资者得知几家大型公司的财务报告存在虚假披露时，这几家公司的股价严重下跌。最著名的案例就是美国安然公司，能源领域的领先者，世界级电信巨头，拥有子公司 MCI、Tyco，经营各种业务。另外，它的审计师事务所，世界最大会计师事务所之一，在安然事件中也倒下了。

这些大型公司的“倒下”导致公众丧失了对公司管理层的信心。虽然基于期权的补偿机制不是被揭露的唯一问题，但人们认为这一体制建立了这样一个环境：鼓励管理者集中关注于短期的财务状况。这样就不可避免地造成虚假报告。

这一丑闻引发了人们对财务报告、会计行业制定的审计程序和监督高管欺骗行为的国会立法的重新探讨。主要的问题是要求公司在发行职工股票期权时，即使没有现金支付，也应该将它作为一项费用开支。这使得慷慨地发放职工股票期权对发行公司不再具有吸引力，因为财务报告里的费用会降低利润，而且会降低投资者的投资热情。

费用化的期权是一个技术性的估价问题，因为在发行期权时，没有人知道期权的最终价值。那是因为不可能预测标的股票的价格会是多少。因此发行期权时，很难知道会开支多少费用。

然而，从这一部分我们了解到，即使标的股票的市场价格低于履约价格，发行时期权也具有市场价值。因此，也能够合理地、保守地确定一些费用，进而利用复杂的期权估价模型，如前面讨论的 Black-Scholes 期权定价模型，解决了估价问题。

会计行业对发行期权费用化的态度

财务准则和协议是由会计准则委员会制定和宣传的。1995 年，关于作为薪酬的期权财务处理问题发表公告。这一公告作为 FASB 123 发布的，并建议将期权费用化。不幸的是，这一公告在期权作为费用的计算方法问题上不够明确，而且对个体公司是否将期权作为费用没有决定。实际上，如预料之中的，发布 FASB 123 的结果是没有人愿意将发行时的期权作为费用。

> 经理股份期权系统创立了利息的冲突，这种冲突会导致不真实的报告。

对于 20 世纪初期丑闻事件的反应，董事会再次考虑期权费用的问题，2004 年重新修订了公告，FASB 123(R)。在 2005 年初，修订的公告强制要求公众公司将期权费用化，并对期权作为费用怎样估价给出指导。Black-Scholes 期权定价模型仍然可以使用，但又有了比较简便的方法，即著名的格子模型(lattice model)。

能够灵活地运用期权作为报酬的高科技公司大力支持这样的观点，即应该在行使期权时将它费用化。他们宣称发行期权时作为费用将会使得公司的竞争力处于弱势地位，并会促使风险投资流往国外。然而，到目前为止，这一论述似乎没有对投资者和高科技行业造成什么影响。

概念链接

例 8-1　基于现金流量预测的股票价值评估
例 8-2　增长率
例 8-3　固定增长率模型
例 8-4　固定股利
例 8-5　两阶段增长模型
例 8-6　优先股的估价
例 8-7　股票期权

讨论

1. 讨论股票投资的特征，大多数股东在投资的公司管理中起多大作用？为什么？
2. 比较股票投资和债券投资的现金流量的性质？
3. 用语言简单描述不含作为现金流量来源的售价的估价模型的有效性，给出两种独立的理由。

4. 为什么增长型模型会成为一种有效和方便的估价模型？

5. 正常增长的含义？比较正常增长和超正常增长，哪个持续的时间长，为什么？

6. 描述预期将来会不止一个增长率的股票估价方法，能有两个以上的增长率？最后一个增长率需要具备哪两个特征？

7. 讨论股票估价模型的准确性，将它和债权估价模型相对照。

8. 不支付股利的股票会有价值吗？为什么？

9. 具体地解释为什么说优先股是股票和债券的混合？描述关于优先股和估价模型的现金流。

10. 分析债权、普通股票和优先股的相关的风险。

11. 对比技术分析和基础分析，哪个对你来说更有意义？

12. 有效市场假设的内容是什么？它对股票分析有什么意义？

13. 购买期权比购买标的股票更令人振奋，因为它能提供杠杆作用。谈谈你对这句话的理解。

14. 期权是投资，还是更像赌博？

分析

假设你的表弟 Charlie 去年得到一大笔遗产，他用全部的资金购买了 IBD 公司普通股票，一家大型计算机公司。接下来，他对公司很感兴趣，密切地关注公司的状况。近来，报纸上关于公司主要的战略投资的报道，包括大量地裁员和业务重组。Charlie 现在不知所措。他不理解为什么公司没有经过股东的同意就会有这么大的改变，请你写一封简短的信向他解释公司做法的缘由。

习题

股利与资本利得收益

1. 保罗已分析了五种股票，并预测了他们在下一年支付的股利和年末的股价。预测结果如下。

股票	当前股价(美元)	预期股利(美元)	预期股价(美元)
A	37.50	1.45	43.0
B	24.50	0.90	26.5
C	57.80	2.10	63.5
D	74.35	0	81.0
E	64.80	3.15	63.0

计算保罗预测的五种股票的股利、资本收益率和一整年的收益。

基于现金流量预测的股票价值评估：例 8-1 的概念链接

2. Sedly 公司股票预期接下来几年的股利：

年	1	2	3	4
股利(美元)	2.25	3.50	1.75	2.00

预计四年末的股价为 37.50 美元。如果类似股票的收益率为 12%,那么 Sedly 公司将以多少价格卖出股票?

3. Fred 对棉布制衣业有一个深入的研究,对一个名为 Denhart Fashions 的公司尤其感兴趣,该公司是面向儿童和青少年生产棉布时尚服饰。Fred 观察了公司过去历年的股利支付,对公司的收益率做了预测。他得到结论,公司接下来的两年将每年支付每股 5 美元的股利,第 3 年将支付每股 6.5 美元的股利。Fred 计划现在购买该公司股票,持有 3 年然后卖出。他认为他销售的时候股票的价格大约为 75 美元。如果市场上相似的股票的收益率为 10%,那 Fred 最多愿意为该公司股票支付多少?

增长率:例 8-2 的概念链接

4. Mitech 公司的股价近几年每年大约以 8%的增长率增长,当期价格是每股 30 美元。基于它过去的增长情况,预测一下未来五年的股价?

持续增长模型(戈登):例 8-3 的概念链接

5. 长期一直以来,Spinnaker 公司每年支付 2 美元的股利。近来,董事会投票表决决定,从现在开始股利以每年 6%的增长率增加。如果你期望获得 10%的收益率,那你愿意为股票最多支付多少?

6. Pancake 公司最近每年支付 3 美元的股利,预计以后会以 5%的增长率增长。通常投资者购买类似股票时,要求能至少得到 9%的收益率。

a. 计算 Pancake 股票的内在价值?

b. 如果它的当前售价是每股 76 美元,那么它是否被低估了?

7. Tyler 公司的近来股利为每股 3.55 美元。几年来,公司每年的增长率为 4%,而分析师认为公司以后的经营会更好,未来的增长率为 5%。股票的当前售价为每股 75 美元。类似股票的收益率在 8%~10%。

a. 分别以 8%、9%、10%的利率计算公司的股价?

b. 你认为长期投资于 Tyler 公司股票是一种好的投资方式吗?也就是说,会有人愿意持有该公司股票 10 年以上吗?

c. 短期持有是一种好的投资方式吗?也就是说,现在购买打算一年后或更短时间内卖出?

d. 以下面两个增长率代替预期的增长率 5%,再次计算。

(1) 维持在 4%不变　　(2)下降为 3%

e. 评述一下 a 到 d 计算的股价的范围。

8. Anderson Pipe 公司每年支付股利 3.75 美元,预计在可预见的未来将以 8%的增长率增长。Harley Bevins 投资于类似的股票时通常要求 9%的收益率。

a. Harley 最多愿意为该股票支付多少?

b. 你的答案合理吗?出现了什么问题?Harley 该怎么办?

9. Cavanaugh 建筑公司是专门设计和建造生产服装的厂房,业绩良好,预期可预见的未来的增长率为 10%。公司每年支付每股 3.75 美元的股利,收益率为 11%。

a. 公司股票的内在价值？

b. 合理吗？为什么？

c. 如果公司股票的增长率是 8.5%，类似股票的收益率为 12%，那么内在价值应该是多少？

d. 假设中相对较小的改变是引起内在价值改变的原因吗？为什么？

基于两阶段增长的价值评估：例 8-5 的概念链接

10. Miller Milk 公司最近为那些不喜欢使用普通乳制品的顾客生产了一种不含乳糖的点心食品。管理层预计新产品的开发会使未来两年销售以 30% 的增长率增长。随后竞争者就会仿制开发类似的产品。公司的增长率又会降至行业的正常水平 3%。Miller Milk 公司近来的股利为每年每股 2.6 美元，它会随着公司的增长而增长。类似股票的收益率为 10%。最多你会愿意为 Miller Milk 公司股票支付多少？

以下的 11—13 题都与 Softek 公司有关，Softek 公司是计算机软件行业的领头者，它有两种潜在的产品正在开发。第一种新产品 Alppha，获得成功的概率很大，预计会在未来两年内促使公司增长达到 25%。然而，软件产品的寿命很短，如果新的产品研发出来，一段时间内，增长率将会回到正常水平 6%。Beta，第二种新产品，是 Alpha 的接替者，但管理层对它的成功不像对 Alpha 那样有信心。最近公司每年股利为 4 美元，行业内一般的收益率为 14%。

11. 假如你是一家证券经纪公司的分析师，你被要求为 Softek 公司提供投资咨询服务。你已研究分析了行业和公司的基本情况。现在准备根据未来现金流的现值决定股票的售价。

a. 假定 Alppha 成功推出，而 Beta 失败了。计算公司股票的价格。换句话说，假定未来两年的增长率为 25%，之后将为 6% 保持不变。

b. 假定 Beta 也成功推出，这使得公司的增长率维持在 25%，计算公司股票的价值？

12. 假定 Alppha 成功推出，Beta 也成功推出，但不如 Alppha 成功。也就是，Softek 公司未来两年以 25% 的增长率增长，接着两年以 18% 的增长率增长，然后以后的增长率维持在 6%。

13. 在下面的情况，你将为 Softek 公司提供怎样的投资意见？并说明原因。

a. Softek 公司当前的售价近似于 11 题中(a)计算的值。

b. 它以 12 题中计算的价格销售。

c. 它以稍微高于 11 题中(b)计算的价格销售。

14. Garrett 公司经历了一段金融困难时期。过去的 3 年，股价从每股 50 美元跌至每股 18 美元。她在经济衰落期间，每年支付股利每股 1 美元。管理层也感觉到最差的时候已经过去了，但仍打算在接下来的 3 年里支付 1 美元的股利。第四年计划每年以 6% 的增长率增长。类似的股票的收益率为 11%。

a. 如果预期是准确的，股票的价格为 18 美元，那么是一项好的投资吗？

b. 你认为市场对公司的管理决策会做出怎样的反应？

15. GMW 公司一段时间内损失了不少钱，但管理层仍决定保持以每年 1 美元的股利。公司的战略是通过重组缩减规模，同时提供劳务和生产线问题的服务。一旦战略实施，管理层预计公司会获利。长期会以每年 3% 的增长率增长。近来一段时间，公司股价一直在下降，接近于每股 20 美元。

假定你是一家为股票投资提供财务顾问的小型证券经纪公司的分析师。一些咨询师认为 GMW 公司的战略会成功实施，询问你是否应该让他们的委托者知道这是购买股票的好时机。假定投资者要求的收益率大约为 10%，并且股利未来 3 年会缩小为每年 10%，你将为投资者提供什么建议？

16. Sudsy 近来支付每股 1 美元的股利。分析师预计 3 年以后股利将以 5%的增长率增长。当前股票的价格是 20 美元，投资者要求的收益率为 15%。股票市场对公司股票的合理定价是多少？

优先股估价：例 8-6 的概念链接

17. Blackstones 公司五年前发行了每股价格为 7 美元的优先股。股票的风险利率为 11%。那优先股今天的售价是多少？

18. Fox 公司十年前发行面值为 50 美元的优先股，收益率 9%。股票的当前售价为每股 60 美元。今天购买该优先股的投资者获得多大的收益率？

19. 下面是几种股票，它们正支付给发行时就购买股票的股东的收益率是 8.5%。

股票	股利	当前价格(美元)
A	5%	14.71
B	7%	41.18
C	11%	129.41

计算它们发行时的价格。

20. K&H 支付每股 2 美元的股利，预期将以 5%的增长率增长。类似股票的收益率为 9%。股票的内在价值有多大的比例是归因于未来 20 多年的股利支付的？

21. Seth Harris 是一个贪心的投资者，他喜欢利用股价的变化进行投机。近来他厌烦了大多数股票，因为它们的股价变动很小。想着可能期权会使人更振奋。近来他一直关注一家女士服装生产公司 Chelsea Club 的股票。该公司股票的价格一年多来一直很稳定，但 Seth 认为该公司股价在不远的将来会上升，虽然增值不大。

Amanda 拥有该公司股票 1 000 股，一年前以每股 37 美元的价格购买的。她认为未来公司股价还会在 30 美元以上的，也许会稍微下降一些。她的经纪人已经建议她将停滞增长的股票签订为期权。

Chelsea 股票的当前价格为每股 38 美元，履约价格为 36 美元，期限为 6 个月的买入期权的价格是 4 美元。今天早上，Amanda 将她所拥有的 1 000 股订立期权，Seth 通过期权交换购入。

a. 期权的内在价值？

b. 期权的时间溢价？

c. 认购期权是赚钱的还是输钱的？

d. Amanda 投资了多少？

e. Amanda 最多利润或损失多少？

f. 6 个月后，公司股票的股价为美元 44 每股，期权期满。Seth 行使期权，Amanda 最多利润或损失多少？

g. Seth 的利润或损失是多少？

h. Amanda 的利润或损失是多少？

i. Amanda是否发生了机会成本？如果有，是多少？

j. 如果Amanda签订的是裸期期权，那么她的利润或损失又为多少？

上机练习

22. Rollins Metal公司正在决定公司的长期发展计划，将在几个不同的战略决策中做出选择，每个计划都会给公司带来不同的增长率。高增长率有利于提高公司股价，然而也会增加成本，将给公司带来风险。高风险意味着投资者要求高的收益率，从而使得股票的价格下降。

管理层在收益—成本的权衡中陷入困境，因为收益和风险的概念都比较抽象。换句话说，很难想象增长率和收益之间的相互作用，还有和其他影响股价的因素之间的作用。然而，管理层可以直观地通过每种战略决策的增长率和投资者要求的收益率暗示的风险进行判断，作出决策。

假定你是一个被聘来的为公司解决困境的财务顾问，你认为最好的办法就是建立收益率、增长率、股价的一个统计模型，这样就能直观地展示给管理层。

应用STCKVAL软件编制下面表格，假定每种战略都会立即产生一个相应的增长率。公司上期股利是每股2.35美元。

	增长率			
要求的收益率	6%	8%	10%	12%
7%		—	—	—
9%			—	—
11%				—
13%				

基于表格中数据，对风险和收益做出一般的评论。

23. 假定上面题目22中公司可选择地战略只能暂时地提高股票的增长率。每种战略都会带来超常的增长率，但一段时间以后会回到正常水平5%，进一步假定超正常增长率是影响战略决策的一个变量。对两阶段增长率应用软件，编制表格。假定要求的收益率为10%。

	超常增长率			
年	12%	14%	16%	18%
2				
4				
6				
8				

在假定了每一种战略的特征下，根据表格，对关于权衡风险—收益作出评论。

24. 为一个具有两年的超正常增长率 g_1 而后一直正常增长率 g_2 的模型编制程序。把增长率、上期股利 D_0 和要求的收益率k作为输入变量。下面是编程方法：

1）在以零时刻开始的时间轴上依次设置三个变量；

2）将 D_0 代入第一个变量；

3）接下来的两个变量均可由前面一个变量乘以$(1+g_1)$；

4）第四个变量有第三个变量乘以$(1+g_2)$；

5）应用戈登模型，得到另一个变量 P_2；

6）计算时间轴上中间两个变量的现值，再加上 P_2 的值，得到 P_0。

25. 为一个具有 3 年超正常增长率的模型编制程序。

第9章

风险和投资组合理论

本章概要

本章主要探讨了蕴含在证券投资尤其是股票投资中风险和收益的内在关系。接下来，我们将准确地阐述风险和收益的概念，研究它们之间关系的本质，并找出降低投资风险的方法。

本章研究的主体是投资组合理论。多年对各种投资收益的观察，激发了对投资组合理论的研究。下面我们将回顾对投资收益的探索。

9.1 研究风险收益的原因

> 根据历史记录，股权收益率比债权收益率高很多。

前面提到过，有两种基本的投资方法：债权和权益。债权涉及购买债券和把钱存入储蓄账户；权益意味着购买股票。

人们不断的研究这两种投资工具的相关收益。很明显的，权益投资的平均长期收益率都会高于债权可获得的收益率。实际上，从20世纪初开始，权益收益率平均在 9%～10%，而债券的收益率平均处于 3%～4%。同时，通货膨胀率平均为 3%，因此债券投资者得不到多少报酬。

然而一般的收益率并非总是不变。尽管长期来看，权益收益率高于债权收益率，但短期内，权益收益率还是会受到很大的波动的。例如，在特定的一两年内，股票投资每年的收益率可能高达 30%，或者低达－30%。这个范围的上限对投资者来说是好消息，但下限对大多数投资者来说则可能是灾难。

历史记录显示股票的风险比债券风险高。

观察权益投资收益的短期变动性是很重要的，因为有很少的投资者会真正地进行长期投资，比如 75 年。大多数情况下，人们会进行短期投资，例如 2～10 年或 20 年。这种权益投资收益的变动性意味着，如果你今天投资是为了获得收益五年后供养孩子上大学，那就很有可能五年内，不但没获得报酬反而失去本金。这种情况对大多数人来说，是有可能发生的。

通过观察研究，人们就思索是否存在一种特别的投资方式，既能够利用权益投资的高收益率，又能降低它的风险。

证券投资组合是投资者持有的金融资产的集合。

通过对这个问题的思考，获得了控制和管理人们追求高收益率所面临的风险的技巧和方法的发展。这些技巧涉及多种股票的投资，即投资组合。本章剩下部分是为了人们对风险的概念有一个更好的理解，同时让人们看到风险怎么和投资组合完美的结合。对风险和投资组合理论的研究目的，是尽可能降低风险的同时获得高的平均收益率。

9.1.1 风险和收益的关系

当谈到不利事件发生的可能性时，人们通常会使用“风险”这个词。例如，人们会谈论发生意外事故的风险或失业风险。

在金融交易中，风险通常被认为是失去投入交易的部分或全部的资金的可能性。例如，第 5 章我们谈到的无力偿还贷款的风险，意味着贷款很可能无法偿还，债权人将失去它的投资。类似的，股票的价格在售出前下降，使得股票投资者遭受损失。这些事件发生的可能性就是大多数人们在股票投资中考虑的风险因素。

一般的，能获得高收益的投资机会同时也有高风险。下面用一个例子来阐述这一观点。

假定你对一种股票进行投资，通常会有两种结果。一是获得 15%的收益率；二是股票变得毫无价值，也就是失去所有的投资本金。假设没有任何的中间状态。你不是获得 15%的收益率，就是失去投资本金。假设发生第一种结果的概率为 99%，第二种结果的概率为 1%。投资于这种股票的风险就可以认为是损失全部投资额的 1%的可能性。

进一步假定，所有的股票投资都只有两种结果，获得正的收益率或损失全部投资额。然而，每种股票发生两种结果的可能性是不同的。

设想存在这样的理想世界是很重要的。每一种股票获得正的收益率是很可能发生的。投资者或多或少都希望获得报酬，然而也意识到股票投资会有风险，也就是失去所有投资额的风险。

高收益率的股票发生损失的风险也很高。

现在，假设你对我们前面设定的获得 15%的收益率不满意，你想寻求一种获得更高的收益率的投资方式。一般的，你会发现能提供高收益的股票也会带来更高的损失投资额的可能性。例如一种股票的投资收益率是 20%，它带来 3%的损失全部投资额的可能性；而另外一种能带来 25%的收益的股票，会有 10%的可能损失全部的投资额，等等。

这种关系是对商业经营活动的财务情况的简单描述。能获得高利润的投资机会通常是一些很少尝试的风险投资，也很可能使得投资者投资失败。结果就是高收益伴随着高风险。

当然，在现实生活中，每项投资不只有这两种结果。每种股票的投资回报率都是各不相同的。那种损失全部投资额的情况也只是最差的结果。因此，风险的真正含义比上面的表达更加复杂。然而，通常的规则还是：高投资收益会伴随着高风险。

然而，很难真正的理解风险和收益的关系，也就是说，给出一个投资的收益水平，很难预测会伴随着多大的风险。要想理解风险和收益的关系，需要做两件事情。第一，必须用一种度量的方式定义风险。第二，要用公式表达出收益和风险的关系。

要意识到，明确的定义风险并非上面阐述的那么简单和易于度量。我们得到的最坏的结果就是损失全部的投资额，所以风险也是这一结果的可能性。事实上，会有各种预想不到的不利的结果，每种结果都有一种可能性。有一些不好的结果，比如损失全部的投资额；也有一些让投资者感到不那么满意的结果，比如获得一个小于预期的收益率。不论怎样，必须定义风险，能包括这些所有的可能性。

投资组合理论——对风险和收益的现代思考

一种金融理论——投资组合理论，和风险收益的关系紧密结合在一起。这个理论以度量的方式定义投资风险，然后以预测的方式将投资中可计量的风险与投资中预期收益水平联系起来。

投资组合理论对现实世界的实际活动有重要的影响。该理论诠释了证券业的日常运作，"投资组合"这一术语也一直被广大实践者使用。对于学习财务的同学来说，熟悉并掌握它的定义和原理是很重要的。本章将继续讨论此内容。

9.1.2 投资收益率

在前面两章中，我们仔细的研究了投资收益的思想。回顾前面内容，证券投资可以为权益投资或债券投资。而收益率是将投资获得的未来现金流折现为当前价格所使用的折现率。

可以简单地将投资收益率理解为利率，就如同银行账户所使用的折现率。实际上，投资收益率是将未来现金流折现为现值使用的利率，然后和其他投资的收益率进行比较。

一年期的投资

下面我们将通过一年期投资的分析来阐述投资收益率，并将投资收益率用公式表达出来。在第 7 章和第 8 章，我们建立了收益率的表达式，以方便再次表达。

对于一笔贷款，收益是贷款的利息。可简单的表达两者比率

$$k = \frac{\text{支付的利息}}{\text{贷款总金额}} \tag{9-1}$$

> 股票的预期收益率是投资者最可能感觉到的信息获得的收益率。

从公式可以看出，收益率就是投资者收到的除以投资者投入的。股票投资涉及收到的股利和资本的增值(损失)。如果持有一种股票一年，收益率为

$$k = \frac{D_1 + (P_1 - P_0)}{P_0} \tag{9-2}$$

这里 P_0 是股票今天的价格，而 P_1，D_1 分别为股票一年年末的股价和股利。

期望报酬率与必要报酬率

不论何时任何人投资，都假定他们会对投资报酬率有一定的预期。在银行储蓄的例子中，简单的来说，报酬率就是利率。股票投资中，我们预期的报酬率取决于我们认为公

司将支付的股利和将来股票的价格。这种简单的预期收益率称为期望报酬率。它基于投资者购买证券时，获得的任何关于证券的信息。换句话说，期望报酬率基于公式 9-2 中表达的 P_1、D_1 的数值。

任何理性的投资者在投资时都会对回报有一个预期。人们也知道股票投资的实际回报率可能达不到他们的预期值，因为未来的股利和股价都是不确定的。然而，人们还是会对未来的报酬做出最可能的预期。

同时，人们也考虑了特定的投资中，他们必须得到多大的报酬，我们称之为**必要报酬率**。

必要报酬率与投资中认识到的风险密切相关。人们对不同股票投资的安全性有不同的看法。如果一个公司将陷入困境，将带来股票投资的损失或低收益率，那么人们就要求一个高的预期报酬率作保障。

> 投资者对股票要求的收益率是基于对风险的感知后要求的最低利率。

投资者可能会说"如果预期报酬率达不到 9%，我不会购买 IBM 的股票"。这个比率就是该投资者对 IBM 的必要报酬率。对不同的股票投资，每个个体投资者都会要求不同的必要报酬率。实际上，本章节的主要问题就是研究必要报酬率的形成过程。很重要的一点，特定的股票投资中，只有一般的预期回报率大于大多数人的必要报酬率时，实际的投资行为才会发生。换句话说，只有当人们认为这种股票至少会给他们带来他们要求的报酬率时，他们才会购买这种股票。

9.1.3 风险——初始定义

早期我们探讨过风险的定义，并了解到财务中风险的定义多少有点复杂。以后我们应用的风险定义将与通常的定义有所不同。我们要逐渐的建立这种思想，所以，先简单地定义风险，然后在进一步的研究中逐步进行修改它的定义。风险的简单定义与我们通常认为的不利事件发生的可能性是一致的。

对于投资者来说，风险就是一项投资获得的收益率小于他所预期的报酬率的可能性。注意，此处风险不仅仅指损失金额。如果某投资者投资的期望获得 10% 的回报，那对他来说，风险可能是获得了 9% 的回报的可能，即使仍获得了正的报酬率。让我们在两种不同的投资环境中探讨风险的定义。

> 对于大多数的投资者来说，只有股票的预期收益率大于要求的最低收益率。投资者就会进行大量的股票投资。

首先考虑银行存款。储蓄者会有多大的可能性得到小于银行承诺的利率？如今，这种概率是很小的，因为大多数银行有联邦政府作保证。即使银行破产，储蓄者仍然能得到他们的回报。因此，人们被承诺获得的收益实际上得到了可靠的保证。实际上，银行储蓄是零风险，投资者不能得到期望报酬率的可能性很小或几乎没有可能。

然后考虑股票投资。观察公式 9-2，收益率是由未来的股利和股价决定的。因为没有任何保障来保证这些数量的大小，所以股票投资的收益率很可能不同于购买股票时的预期报酬率。它可能大于或小于预期报酬率。风险则为小于预期报酬率的可能性。

对风险的态度

大多数人对投资活动中的风险持厌恶的态度。例如，如果有这样一种选择：8% 利息的储蓄投资和能获得 8% 预期报酬率的股票投资，相信大多数的投资者会选择前者，因为它的风险小。如果预期收益相同，投资者更倾向于低风险投资。我们称这种投资者为**风险厌恶型**。我们大多数的人都不愿承担风险。

> 当预期收益率相同时，风险厌恶投资者更喜欢更低风险的方案。

同时还有许多人在风险和收益之间进行权衡。如果是这样一种选择：8% 利率的储蓄投资和10%的预期报酬率的股票投资。一些人仍然会选择前者，而将会有一部分人选择股票投资。

一定要理解风险厌恶并非指投资者会不惜任何的代价来规避风险。简单地说，厌恶的态度会被高收益率所抵销。

接下来，我们对投资组合进行深入的探讨。

9.2 投资组合理论

投资组合理论是投资领域的一个统计模型。我们会使用一些统计术语和概念来研究这一理论，但会避免应用复杂的高等数学。先简单的回顾一些统计概念。

随机变量是随机过程的结果，并有一个离散分布。

9.2.1 随机变量的概念回顾

在统计学中，随机变量是某一过程可能发生的结果。随机变量可能是连续的或离散的。离散变量只能取特定的数值；而连续变量则从一个范围中任意取值。

概念链接 例9-1

离散分布

假如连续投掷硬币四次，将出现人头数的次数设为变量X，那么X就是一个随机变量，可取0、1、2、3、4。对于四次连续投掷，X的取值都有一个概率，设为P(X)，如下

X	P(X)	X	P(X)
0	0.0625	3	0.2500
1	0.2500	4	0.0625
2	0.3750		1.000

对于所有出现的取值和取值的概率的表达成为随机变量X的概率分布。所有可能取值的概率和为1。概率分布也可表示为图9-1的形式。

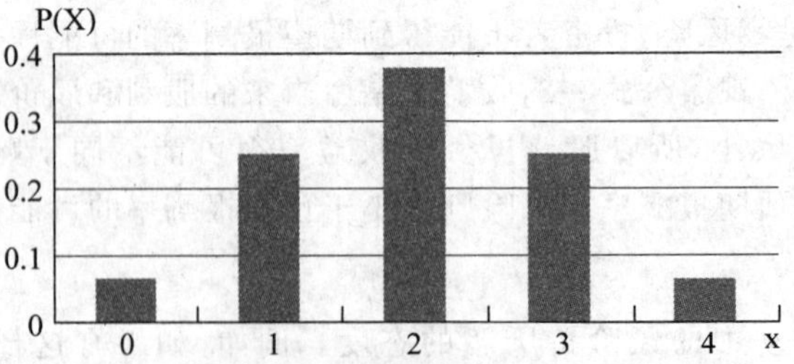

图9-1 离散分布

连续投掷硬币出现人头次数为离散的随机变量，是因为它只能取特定的离散数值。取每一个数值的概率不同。在此例子中，唯一可能的结果只能是0、1、2、3、4。不会出现多余4次或少于0次人头的情况，更不会有出现半次的情况。

均值或期望值

随机变量最可能的取值是统计学中重要的概念。在对称的概率分布中,如图 9-1 所示,只有一个最高点,它位于分布的中间位置。我们称最可能的取值为分布的均值或期望值,并在随机变量 X 的上方加上一横杠表示。在上述投掷硬币的例子中,均值为 $\bar{X}=2$。

分布的均值或期望值是随机变量的最可能的结果。

将随机变量分布的最高点处的值作为均值是直觉的感知,但统计学的定义是非常准确的。实际上,均值是随机变量所有可能取值的加权平均数,权重为每个取值的概率。表达为

$$\bar{X} = \sum_{i=1}^{n} X_i P(X_i)$$

此处,X_i 是每一个取值,$P(X_i)$ 是每个取值的概率。总和符号是指 n 个可能的取值加总求和。

概念链接　例 9-2

计算离散分布的均值

相对来说,计算离散分布的均值很容易。投掷硬币的例子,只要列出所有可能的结果和对应的概率,相乘再求和。

X	P(X)	X×P(X)
0	0.0625	0
1	0.25	0.25
2	0.375	0.75
3	0.25	0.75
4	0.0625	0.25
	1.0	$\bar{X}=2.00$

均值只是日常生活中平均思想的简单的数学表达。也就是说,我们重复多次连续的投掷硬币,平均结果仍然是 2。这样通过每次取值乘以每个取值的概率,再汇总求和就得到一个均值。下文中我们将再次使用这一计算方法。

方差和标准差

随机变量的第二个重要特点就是可变性。通过观察随机变量可能偏离均值的程度反映随机变量的可比性。

假设我们任意测量城市里建筑的高度,将其作为随机变量。每层 3.66 米。结果可能从 3.66 米(一层)到超过 304.8 米(摩天大楼)。假设平均高度是 30 层,也就是 109.73 米,那就很容易看到某些建筑的高度偏离平均高度。有些办公楼会高出几百米,而有些居民住房会比平均高度低几百米。

现在，用同样的方式把电线杆的高度作为随机变量。通过对附近的一些电线杆高度的测量，可得到平均高度为 9.14 米。和建筑物不同，电线杆的高度不会偏离 9.14 米很多，大都是 9.14 米或 8.84 米。很少有些电线杆的高度会偏离这个范围。

很重要的一点是，不同的分布中，变量取值偏离均值的程度是不同的。电线杆的高度大都在均值附近变动，而建筑物的高度却远远的分散在均值周围。

统计学中，对变量的取值结果偏离均值的程度通过随机变量的标准差来描述，通常用希腊字母 σ 表示。可以把标准差看成随机变量取值偏离均值的标准距离。

标准差表示了一个特定的观察值偏离均值的程度。

例如，一般的建筑高度与所有建筑高度的均值平均相差 20 层。尽管这种解释是不正确的，实际的标准差不是这样计算的，但这样解释使得标准差的概念更直观形象。

直观上，标准差可以理解为随机变量偏离均值的平均距离。有人会认为它的计算方法和均值的计算方法一样。也就是说，每个随机取值与均值的差乘以每个结果的概率，再求和。数学表达如下：

$$\sum_{i=1}^{n}(X_i - \bar{X})P(X_i)$$

这个公式的问题在于，这些偏离均值的距离都有不同符号，这些符号取决于每一个结果位于均值的哪一侧。因此，当求和时很可能它们就会相互抵销。统计学家为了避免这种问题，通过对偏离差求平方，再乘以每个结果的概率，然后求和。这就是统计学中的方差，数学表达如下：

$$\text{Var}X = \sigma_x^2 = \sum_{i=1}^{n}(X_i - \bar{X})^2 P(X_i)$$

方差就是偏离均值的差平方的均值，标准差是方差的开方。

直觉上，为了避免随机变量与均值的差符号上的影响，对偏离差求平方再求和，求平方根就能抵消影响。然而，事实并非这样。平方和再开方不等于最初的数值之和。因此，标准差不是偏离均值的平均距离，但是概念上接近。这就是为什么我们用标准差，而不是平均差的原因。任何时候在概率分布中，方差和标准差都是传统的测量可变性的方法，它还被广泛的应用在财务理论中。

对于离散分布如投掷硬币，按下列步骤计算方差和标准差：(1)计算每一个可能的结果与均值的差；(2)求平方；(3)乘以每个结果的概率；(4)再求和即为方差；(5)再求平方根就是标准差。当然，这得首先计算平均值。计算表格如下：

概念链接　例 9-3

计算投掷四次硬币的概率分布的方差和标准差

X_i	$(X_i - X)$	$(X_i - \bar{X})^2$	$P(X_i)$	$(X_i - \bar{X})^2 \times P(X_i)$
0	−2	4	0.0625	0.25
1	−1	1	0.25	0.25
2	0	0	0.375	0

续表

X_i	(X_i-X)	$(X_i-\bar{X})^2$	$P(X_i)$	$(X_i-\bar{X})^2\times P(X_i)$
3	1	1	0.25	0.25
4	2	4	0.0625	0.25
				方差＝1.0
				标准差＝1.0

这个例子很特别，因为它的方差为1，所以标准差也等于1。

记住方差和标准差是都是描述随机变量围绕均值变动的特征。

变异系数

变异系数，CV是一个与方差相关的测量方式。它是标准差与均值的比率。

$$CV=\frac{\sigma_X}{\bar{X}}$$

本质上，它是指变动占变量均值部分的大小。在我们投掷硬币的例子中，连续四次掷硬币平均两次出现人头向上。标准差是1，意味着人头向上出现的次数通常会在两次周围变动。此时，变异系数为0.5，意味着通常出现的结果占均值大小的一半。

连续的随机变量

随机变量是连续的，它是指能够取一个范围内的任意数值。例如，我们任意选择一群人，测量他们的身高。测量的结果可以看成随机变量H。图9-2中的图像表达了变量H的概率分布。在图中，水平轴上方和曲线下方之间的面积代表概率。整个面积和为1.0。

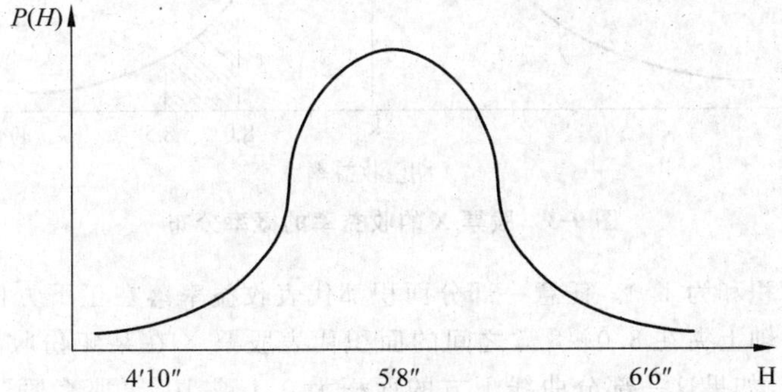

图9-2　连续随机变量的概率分布

当某一随机变量是连续的，我们称实际结果的概率是指在某一范围内的概率而不是取某一确切值的概率。例如，说“找到一个身高为1.57米的人概率”是没有任何意义的。因为实际上这一概率为零。然而，说“找到一个身高在1.57～1.58米之间的人的概率”是有意义的。在连续概率分布中，概率是通过水平轴上两点之间曲线下方、水平轴上方的面积表示的。

计算连续变量的方差和均值在数学运算上比离散变量复杂得多，但思路是一样的。例如，均值是所有可能结果的加权平均，权重是每个可能结果出现的概率。当分布是对称的，就只有一个峰值，均值就是最高点所对应的水平轴上的值。

9.2.2 作为随机变量的股票投资收益率

金融理论里，股票投资的收益率被认为是随机变量。

在投资组合理论中，股票投资收益是一个随机变量。这是有道理的，因为股票投资收益受到许多不确定因素的影响。公式 9-2 中，投资收益的价值取决于未来的股票市场价格和未来股利。然而，这两个数值又受到许多随机事件的影响，这些随机事件是发行股票公司在市场环境经营活动中发生的不确定事件。进而股票价格受到金融市场的影响。换句话说，在未来的股价和股利具有不确定性和随机性，进而投资收益也具有不确定性和随机性。我们将它作为一个随机变量。

收益率是一个连续的随机变量，它的数值一般用百分比来表达。公式 9-2 计算出来的百分比可以转换为小数形式。在直接的股票投资中，最低的收益率是－100%，也就是损失所有的投资额，但是正的收益率是没有上限的。

如同所有的随机变量，股票投资收益作为变量也有一个对应的概率分布。图 9-3 形象的描述了股票 X 投资收益的概率分布情况，收益率为 k_X。坐标轴的横轴表示股票投资收益率 k_X，纵轴表示 k_X 的概率。根据曲线下方的面积，分布的形状描述了投资收益率所有可能的数值发生的概率。

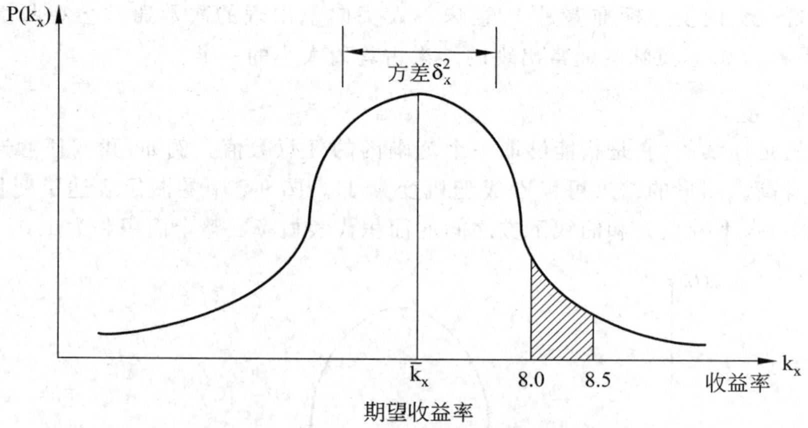

图 9-3 股票 X 的收益率的概率分布

曲线下方的面积和为 1.0。任意一部分面积都代表收益率落在正下方横轴上两点间的概率。例如图中水平轴上夹在 8.0～8.5 之间的面积代表股票 X 在某年份收益率处于 8.0%～8.5%之间的概率。如果这一部分曲线下方的面积为 0.1 或 10%，那么股票在这一年的实际收益率处于 8.0～8.5 之间的概率就是 10%。

均值或期望值通常为曲线达到峰值所对应的值，图中用 $\bar{k}_X$ 表示。

很重要的一点，均值是一般投资者预期收益率平均值在统计上的描述。投资组合理论假定投资者收益率的概率分布能够反映投资者整体对公司股票未来表现的了解情况。特别是，概率分布的均值是投资者购买股票时的预期收益率。

收益率分布的均值是股票的期望收益率。

概率分布的方差和标准差反映了一个确切的收益率偏离期望值一定距离的程度。相比于方差小的概率分布，方差较大的概率分布会出现实际结果偏离期望值的程度更大。

图 9-3 从概念上把方差看作概率分布的"宽度"，用 σ_X^2 来表示股票 X 的收益率的

方差，则 σ_X 为股票 X 的标准差。方差较大的概率分布是指分布范围很宽，坡度较缓，峰值较小。而范围较窄，坡度较大，峰值很高的概率分布的方差和标准差都很小。图 9-4 中显示了一个大的方差分布和一个小的方差分布。

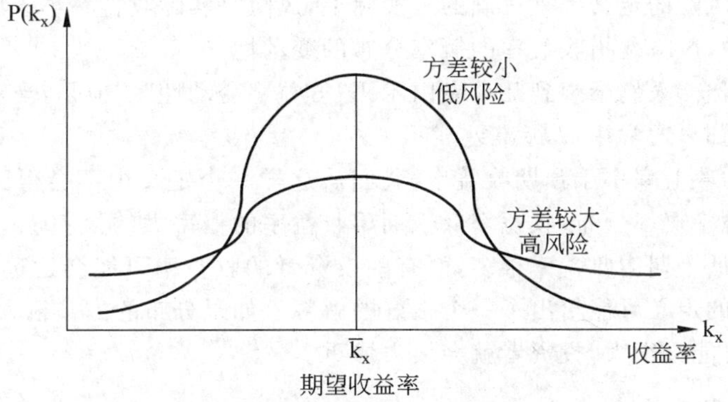

图 9-4　大小不同的两个概率分布

注意到方差大的概率分布的曲线下方偏离均值的面积比方差小的分布大。这个图样意味着方差比较大时，收益率的实际观察结果偏离期望值的可能性较大。用另一种方式表述，对于方差比较大的概率分布，投资收益率更倾向于不同于以前，变化的程度更大。当概率分布的方差比较小时，连续年份的收益率在均值和期望值周围变动的可能性更大，变动的幅度较小。

9.2.3　作为变动性对风险再定义

投资组合理论中的风险的定义不同于前面所属的定义。前面内容中，把风险看作实际的收益率小于预期收益率的可能性。而在投资组合理论中，风险就是变动性。也就是说，收益率可能大大的不同于前一年或后一年的收益率的股票是有风险的。而连续几年的收益率变化不大的股票的风险较小。另一种方式表述就是，有风险股票出现实际收益率结果偏离分布均值的可能性较大，而低风险的股票的收益率更可能在期望收益率周围变动，且幅度不大。

> 金融理论中的风险被定义为收益率的变动性。

但这就是我们探讨的方差和标准差的思想，因此，在投资组合理论中，风险定义为收益率的概率分布的标准差。标准差大的分布意味着高风险，标准差小的分布意味着低风险。实际上，高风险意味着收益率变动性很大，也就是很可能连续几年的收益率都不同于另外几年。

图 9-4 中就展示了一种高风险的股票和低风险的股票，虽然他们有着相同的期望收益率。不同之处在于方差不同，直观上可看出分布的宽度不同。

这里的定义多少和前面叙述的有些不同，前面所说的风险是指收益率小于期望收益率的可能性。那人们就会想，从统计的角度，一个更合适的定义应该是风险仅指概率分布的左边区域，因为只有在这部分区域的收益率小于期望收益率。而将风险定义为整个的标准差，也包括收益率大于期望收益率的可能性，当然这种情况我们不会担心。

实际上，只包括左边区域的定义直观来看是有意义的。然而，这样定义数学运算起来会比较困难。理论家们解决了这个问题，注意到收益率的概率分布通常是对称的。那么左边部分较大的分布，它的右边部分也大。虽然人们只关心小于期望值的左边部分，但考虑到数学运算上的简便，把风险定义为整个变动性。事实也是如此。风险技术上的定义是有些令人诧异，因为它既包括了好消息有包括坏消息，但理解了它的真正含义就不妨碍我们对问题的分析。

因此，这两种风险的定义都是正确的。实际上，风险是实际收益率小于期望收益率的可能性。在财务理论中，风险是指收益率的概率分布的变动性。

说到风险的概念，人们会想到几个专门术语"方差""变动性"。但是，当需要用数学的方式计算风险的准确值时，通常用 σ，标准差表示。

将风险定义为收益率小于预期收益率，我们从这样一个定义中不会得到很多信息。对于差不多对称的收益率概率分布，收益率低于期望收益率的概率大约为 50%。但对于一些投资者，收益率从不会低于期望收益率很多，而有些投资者的收益率可能会远远低于期望收益率。在这一点上，方差的定义可能给出了一个很好的解释。如果分布的方差很大，那么收益率小于期望收益的数值可能会很大，投资者就会损失惨重。

对风险的另外一种观点

有另外一种比较形象的表述方式，能够让学生便于理解。想象一下把某种股票多年以来的收益率都画在坐标轴平面上。描绘出来可能就如同图 9-5 中的起伏的曲线一样。多年以来，股票收益率围绕着均值上下波动。股票收益率上下波动幅度越大，股票的风险越大。这很简单形象地描述了概率分布的方差的含义。图中，相对来说，A 股票的风险较高，B 股票的风险低一些。后面仍会用到这种方式。

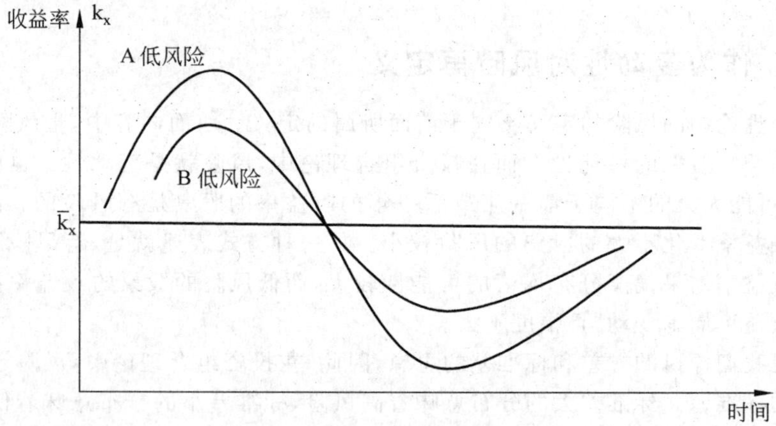

图 9-5　收益率变动性-投资风险

9.2.4　风险厌恶

现在我们准确地给风险厌恶下个定义。通常的规律是，如果期望收益相同，相对于高风险投资，人们倾向于风险比较低的投资。图 9-6(a)体现了具有这种概率分布的思想。图中范围较窄的分布风险相对较低，比范围较广、风险更大的分布更受投资者的青睐。

风险厌恶是指投资者在预期收益率相同时，更喜欢风险较低的投资选择。

很重要的一点，人们在期望收益率相同的时候才会做出偏好低风险投资。而当投资的选择如图 9-6(b)所示，风险厌恶的原理就不适用了。投资 A 是因为低风险，而投资 B 是因为高期望收益率，投资者作出的选择依赖于他们对风险的容忍程度。

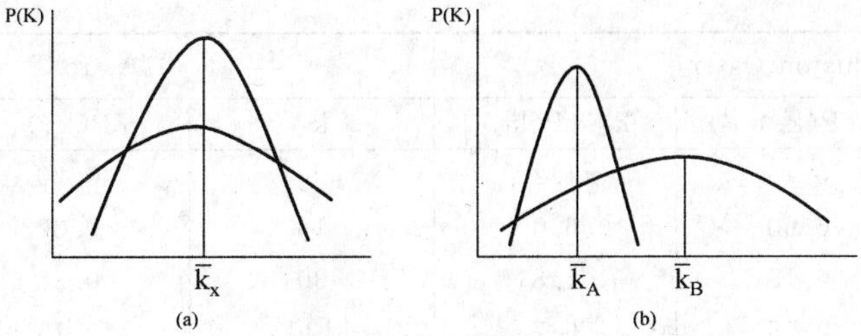

图 9-6　风险厌恶

概念链接　例 9-4

特有风险的评估

前面讨论的风险的概念是指每一种股票身独有的风险。这一特征叫"特有风险",因为股票的变动性与整个投资组合是无关的。

> 特有风险是投资组合对价的变异系数。

HaroldMac Grego 第一次打算购买股票,并打算在一个公司进行大量的投资。他将范围锁定在两家公司。一家 Evanston water,另一家 Astro 科技公司。第一家是一家公共事业机构,负责本地区的供水,第二家是计算机行业里相对较新成立的一家科技公司。

公共事业单位的股票具有低风险的特征,它们受政府管制,垄断性的单位。政府会给予他们在某地区销售商品的特权,但通常也会控制他们的价格,以防垄断者过度收费谋取利润。公共事业委员会通常会制定一个合理的价格,使的股东获得合理的收益率。另一方面,新成立的高科技公司是典型的高风险公司,那是因为一个新的科技项目可能给公司带来高额利润,也可能完全失败。

Harold 已经研究了两个公司和他们所处行业的发展历史和前景,并在他的经纪人的帮助下,对两公司股票做出收益率的离散概率分布的预测,如下:

Evanston water		Astro Tech	
k_E	$P(k_E)$	k_A	$P(k_A)$
6%	0.05	−100%	0.15
8	0.15	0	0.20
10	0.60	15	0.30
12	0.15	30	0.20
14	0.05	130	0.15

从风险和收益的统计学概念的角度,预测投资决策。

解答:首先计算每种股票的期望收益率也就是分布的均值。

Evanston water			Astro Tech		
k_E	$P(k_E)$	$k_E\times P(k_E)$	k_A	$P(k_A)$	$k_A\times P(k_A)$
6%	0.05	0.3%	−100%	0.15	−15.0%

续表

Evanston water			Astro Tech		
k_E	$P(k_E)$	$k_E \times P(k_E)$	k_A	$P(k_A)$	$k_A \times P(k_A)$
8	0.15	1.2	0	0.20	0.0
10	0.60	6.0	15	0.30	4.5
12	0.15	1.8	30	0.20	6.0
14	0.05	0.7	130	0.15	19.5
		10%			15%

下面再计算每种股票的收益率的方差和标准差

Evanston water

k_E	$k_E-\bar{k}_E$	$(k_E-\bar{k}_E)^2$	$P(k_E)$	$(k_E-\bar{k}_E)^2 \times P(k_E)$
6%	−4%	16	0.05	0.8
8	2%	4	0.15	0.6
10	0	0	0.60	0.0
12	2	4	0.15	0.6
14	4	16	0.05	0.8
				方差＝2.8
				标准差＝1.7%

Astro Tech

k_A	$k_A-\bar{k}_A$	$(k_A-\bar{k}_A)^2$	$P(k_A)$	$(k_A-\bar{k}_A)^2 \times P(k_A)$
−100%	−115%	13 225	0.15	1 984
−15	4	225	0.20	45
15	0	0	0.30	0
30	15	225	0.20	45
130	115	13 225	0.15	1 984
				方差＝4 058
				标准差＝63.7%

计算变异系数

$$CV_E=\frac{\sigma_E}{\bar{K}_E}=\frac{1.7}{10}=0.17$$

$$CV_A=\frac{\sigma_A}{\bar{K}_A}=\frac{63.7\%}{15\%}=4.25$$

分析讨论：如果 Harold 只考虑投资收益率，那么他肯定会选择 Astro 公司的股票。因为投资于 Astro 公司的股票获得的报酬会比第一个公司股票高一半还多。但是看到两种股票的分布情况，会发现事实不那么简单了。投资于 Evanston，Harold 获得的收益会较安全，因为他获得的期望收益率是 6%而不是 10%。

投资于 Astro 公司完全是另外一种情况。尽管投资于 Astro 公司，Harold 获得的期望收益率是15%，但有15%的可能他会损失所有投资额。有20%的可能他会获得零收益。这样的收益概率会让人感到不安全。

对于公司Evanston，Harold不可能获得比期望收益率更大的收益率了，因为能获得的最高收益率才14%。这是受公共事业委员会的规定的限制的原因。但对于Astro公司，却可能在相对较短的时间内有更大的概率获得两倍于投资额的收益。有15%的概率获得130%的收益率就能体现这一点。对于投资者来说，这可能会抵销投资者令人沮丧的损失概率。

很明显，从公司特有风险来看，Astro公司是一个高风险公司，而公司Evanston风险相对较低。通过仔细观察两公司股票收益率概率分布的方差，可看出两者的风险程度。但是这种观点同样可以从总结表中的标准差和变异系数分析得到。

Astro公司的标准差是63.7%。这意味着投资者获得的收益率有很高的概率（大约64%）会大于或小于期望收益率15%，那收益率的范围就很大，从－49%到79%。另一方面，Evanston公司的股票的标准差仅1.7%，意味着通常获得的收益率会在期望收益率周围波动两个百分点。

人们可能会通过"Astro公司的风险是Evanston公司风险的73倍"来衡量两公司的风险。但是这是片面的，毕竟Astro公司有一个更高的收益率。比较变异系数可能会更有意义，也就是用标准差比均值。Evanston公司的变异系数是0.17，而Astro公司的变异系数是4.25。因此就可以合理地称，Astro公司的风险是Evanston公司的25倍。

图更有说服力，将上面两种股票近似化成连续分布。

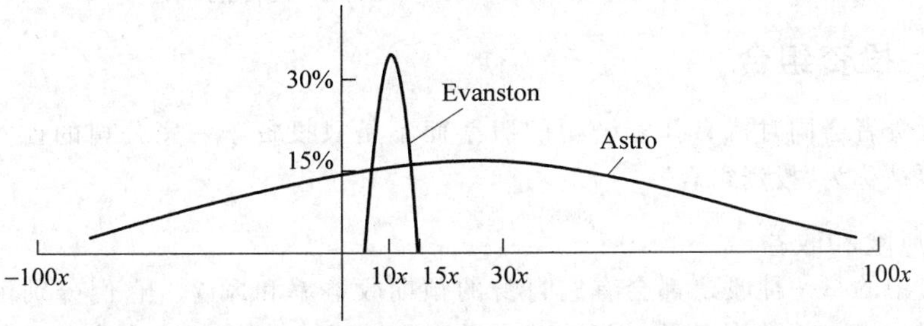

尽管我们的分析已经明显的显示出投资决策方案，但只有Harold才能做决定。因为他的选择取决于他对风险的厌恶程度。对于风险，Evanston公司是更好的选择，对于期望收益率，Astro公司是更好的选择。最终的决策还得投资者自己做决定。

9.2.5 风险构成——系统风险和非系统风险

证券市场中，一个基本的事实就是各种证券的收益率是同时同向上下波动的。他们不一定精确地一起变动，也不一定成比例的变动，但大多数股票的收益率会同时上下波动。

所有证券收益率倾向于一起上下的变动。

影响证券收益率变动的因素

股票投资的收益率会受到它周围环境中的各种因素的影响而上下变动。一些因素影响所有的公司，而又有些因素只影响个别公司。如战争、政治、通货膨胀、利率等类似的经济因素会促使所有股票同时同方向变动。另一方面，特定行业里的劳动纠纷只会影响这一行业的公司股票的价格。

尽管某些事件会影响所有股票的收益率，但不同的股票受到的影响是不同的。假设有消息称市场即将发生经济衰退，大多数股票的收益率预期都会下降，但不同的股票下降的程度不同。公共事业单位如自来水公司的收益率可能变化不大。即使在困难时期，人们对自来水的需求也变动不大，并且这些事业单位是垄断性单位，它的利润多少都会受到政府的保证。然而，生产奢侈品的公司的股票会急剧下降，经济萧条意味着这类产品需求的下降。

简短地说，所有的股票都以一个总体一致的变动趋势，而每种股票的变动又有所不同。

投资收益率的变动——风险

在图 9-5 中，把股票收益率随时间上下波动看作是对风险的理解。所有股票收益率整体的变动就是股票市场的整体风险。

风险分为两部分

概念上来说，将整个股票收益率的变动分为两部分是可行的。第一部分是和所以其他股票一样受到某些因素的影响，一起发生的变动，称之为“系统风险”。这种风险会影响市场中的每一个公司。

> 股票风险可以分为系统风险（市场风险）或和非系统风险（公司特别商业特有风险）。

第二部分是除去系统风险的影响变动而使股票收益率受到影响的变动。这种变动是某些特定的因素所引起的，它们影响到特定公司和特定行业。罢工、天气的好坏、管理的好坏、需求状况等都是一些影响某些特定公司的因素。这些剩下的因素称为“非系统风险”。它们影响特别的公司。

系统风险和非系统风险分别又可以称为市场风险和企业特别风险。

9.2.6 投资组合

大多数投资者会同时持有几家公司的股票而不是只投资于一家公司的证券。某个投资者持有的股票被称为“投资组合”。

投资组合的风险和收益

投资组合中的每一种股票都会有它自身的预期收益率和风险。它们分别可以用股票收益率的概率分布的均值和标准差表示。正如预计，投资组合会有它整体的收益率和风险。

> 投资组合有它自身的风险和收益率。

简单的来说，投资组合的收益率（实际收益率和预期收益率）就是所有股票的收益率的均值。这个均值是以每种股票投资额所占比例的加权平均值。

概念链接　例 9-5

投资组合收益率

假定有下列投资组合

股票	投资额（美元）	收益率（%）
A	6 000	5
B	9 000	9
C	15 000	11
	30 000	

投资组合的收益率，预期的和实际的

$$k_P = w_A k_A + w_B k_B + w_C k_C$$

$$k_P = \frac{6}{30}(0.05) + \frac{9}{30}(0.09) + \frac{15}{30}(0.11) = 9.2\%$$

投资组合的风险是组合收益率的概率分布的方差和标准差，它由投资组合中的所有股票的方差（风险）所决定，但又不是一种简单的方式。随着研究的进行，我们会进一步的探讨投资组合风险和每一种股票的风险的关系。

投资者（投资组合所有者）的投资目标

如前所述，投资者的目标就是尽可能规避风险的同时，获得一个高的平均收益率。通常这一目标可以通过进行多元投资来分散投资组合的风险实现的。

投资理论是基于这样一个假定。那就是投资者只关心投资组合的财务业绩，而不关心组合中每一种股票的自有特征。

> 投资者关心股票怎样影响投资组合的绩效但不关心股票自身的特征。

换句话说，投资者评估一种新股票的风险和收益率，只是从这种股票怎样影响投资组合的表现这一角度来分析，而不考虑某种股票自身的优点。每种股票的特征在投资组合中和不在投资组合中是不同的，不久可以很明显的看出。

9.2.7 分散投资——股票投资增加对投资组合风险的影响

投资中，一个最基本的目标就是要尽量规避风险的同时，获得高收益，而分散投资就能实现这一点。分散投资意味着投资于各种各样的股票，组成投资组合。这是风险管理中最基本的工具。适当的进行分散投资可以降低风险，但不可以消除投资组合的风险。为了实现这一目标，投资时不得不慎重选择。我们需要进一步单独了解系统风险（市场风险）和非系统风险（企业特别风险）。

企业特有风险和分散投资

如果我们分散投资于不同的公司股票组成投资组合，可以想象到影响不同公司的一系列的随机事件会促使股票上下波动。影响不同公司的特定时间是独立的，有些是有利因素，有些是不利因素。

> 企业的特有风险本质上是随机的并可以被分散。

在投资者看来，企业特别风险是随机的，可以通过分散投资于大量的股票可以抵消这种风险。因此，我们说企业特有风险可以通过分散投资消除。换句话说，有利因素的影响会抵销不利因素的影响，如果足够多的话，那么甚至可以完全抵销。

然而，投资者必须谨慎投资。为了分散风险，投资组合中的公司股票最好来自于不同的行业。如果投资组合中股票的公司都是农业领域的，那么旱灾就不是随机的了，它会打击组合中的所有公司股票。因此，企业特别风险就不能被消除。

这个概念虽然简单但相当有用。对于持有大量股票的投资者来说，企业特别风险可以通过投资组合来消除。单种股票的特有风险存在，但投资组合却能消除这种风险。这正是投资者关注投资组合的原因。

系统风险和分散投资

通过投资组合来降低系统风险比消除企业特有风险复杂得多。直观上很明显的是，如果所有股票都同时同方向变动，不可能通过在投资组合中增加股票来消除所有的股票变动。实际上，分散投资只能降低投资风险不能完全地消除风险。然而，即使通过分散投资降低风险也需要仔细考虑投资组合中新增股票的风险。

投资组合

假定某种股票的投资组合的预期收益率为 K_P。为简单起见，假设所有的股票的预期收益率相同。做出这样不现实的假定对下面的研究是没有影响的，因为研究涉及的是股票之间的相互作用而不是收益率。

投资组合有它自身的风险(收益率的方差)，这种风险由组合中的股票决定。假定投资组合能够反映整个股票市场的构成。也就是说，如果微软公司的股票价值占整个市场价值的2%，那么说明投资组合中购买了2%的微软公司的股票，市场中其他股票也这样计算。如果投资组合真的以这种方式构成，那么它的收益率会随市场收益率的变动而变动。换句话说，投资组合的风险就等于市场风险。图 9-7 中较粗的曲线表示的就是一段时间投资组合收益率的变动趋势。

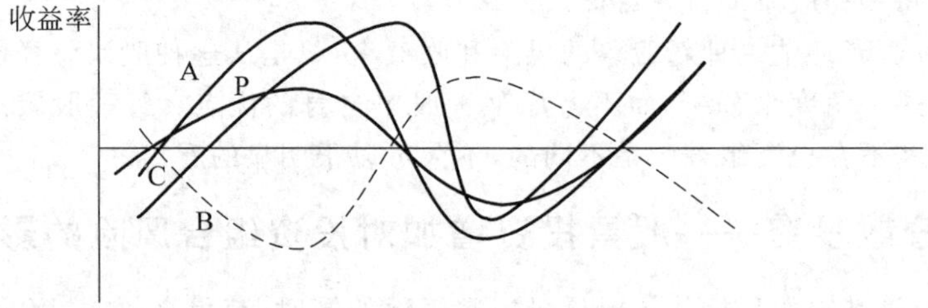

图 9-7　投资组合的内外部风险

投资组合中新增股票的影响

现在考虑投资组合中加入两种中的一种股票对投资组合的影响，这两种股票成为股票 A 和股票 B。图 9-7 中可看出两种股票的收益率的变动趋势。注意我们没有探讨同时增加两种股票，而是研究在投资组合中只增加一种股票对最初投资组合风险的影响。

> 由于收益率方差的时机性，特有风险相同的股票可能对证券组合有相反的方向。

首先讨论股票 A，如果在投资组合中增加一定数量的股票 A，投资组合的风险会有什么变化呢？从图中看到，股票 A 和投资组合一样，同时达到最高点和最低点，而且股票 A 的最高点在投资组合曲线上方，最低点在投资组合曲线下方。很明显，投资组合中股票 A 会使得投资组合的收益率最大值变大，最小值变小。换句话说，它会使投资组合的收益率变动幅度变大，这意味着增大投资组合的风险。

从统计学的角度来看，股票 A 的收益率与投资组合的收益率“完全正相关”。

也就是两种收益率同时同方向的变动。通常，这种股票会增大分散投资组合的风险。

接下来讨论股票 B 的收益率曲线的变动趋势。在股票 B 收益率达到峰值时，投资组合收益率到达谷底；而股票 B 收益率在谷底时，投资组合的收益率达到峰值。股票 B 收益率的变动方向总是和投资组合收益率变化的方向相反。

如果在投资组合中增加一定量的股票 B，对投资组合的风险会有什么影响呢？很明显，投资者收益率变动曲线的峰值会降低，谷底也会变高。也就是说，变动幅度变小。根据定义，这意味着投资组合的风险会随着股票 B 的增加而降低。统计学上，股票 B 收益率与投资组合收益率“完全负相关”。股票总是和投资组合收益率以相反的方向变动。这种股票会降低投资组合的风险。

简而言之，股票 A 增加投资组合的风险，股票 B 降低投资组合的风险。

投资组合中某种股票的自身风险和给投资组合带来的风险

现在分别考虑股票 A 和股票 B 的风险，而不考虑投资组合，也就是考虑每种股票自身的风险。从图 9-7 中可看出，两种股票收益率的变动曲线的方差相同，也就是两者的风险相同。

然而，从投资组合的意义上，股票 A 是有风险的，股票 B 是安全的，因为前者增加风险，后者降低风险。这是一个非常重要和严格的概念。尽管两种股票自身的风险是相同的，但它们对投资组合的风险有完全相反的影响。

投资组合中股票风险的定义主要和股票收益率的变动的时间相关，这种相关性远远超过了与股票收益率变动程度的相关性。投资组合收益率变动，与股票收益率变化的方式有关，或者说如果真如我们假定的，投资组合的构成和市场一样，那么它的股票收益率会随着市场的变化而变化。

这种股票随市场变动的程度就是我们所说的市场风险。因此，我们称投资组合中股票的风险为市场风险。

选择分散市场风险的股票

怎样进行投资来降低投资组合的风险呢？图 9-7 就暗示着一种简单的思想，选择像股票 B 一样的股票，那么投资组合的风险就会越来越小。然而，实际上这种与市场同期却以相反方向变动的股票是很少见的。

> 与证券组合正向相关的股票不能分散市场风险只能降低市场风险。

金矿公司股票是一种典型的例子。当大多数股票呈下跌趋势时，人们就会从证券市场中抽出资本而投资于有形资产，典型的就是黄金。这使得黄金的价格上升。高股价意味着金矿公司的高利润，就会提高公司的收益率。因此，当大多数股票的收益率下跌时，金矿公司股票收益率增加，这种相反的趋势就形成了。

尽管人们为了降低投资组合风险，投资于金矿公司股票，但并没有许多投资者那么做。因为并不存在很多与市场收益率完全负相关的股票。

然而，有些股票收益率变动的趋势是处于股票 A 和股票 B 之间的。这种股票可被认为是股票 A 和股票 B 的混合形式。图 9-7 曲线 C 就是例子。像股票 C 这种股票称它与投资组合呈“不完全正相关”。

市场风险的重要性

让我们再次回顾图 9-7 中股票 A、B。这个例子给出了两种不同的风险的定义。从股票自身考虑，两种股票的风险大小相等，而在投资组合中，一个是高风险，一个是低风险。这种解释恰当吗？何时用这种解释更恰当？如果假设投资者只考虑投资组合而不考虑单个股票投资，那这两种股票的风险就一定改变了。现代投资组合理论正是基于这种假设。最重要的是考虑股票怎样影响投资组合的收益率，而不是股票收益率的特征，并且是怎样影响投资组合只取决于市场风险，因为企业的特别风险已经被分散了。

> 注意：与证券理论相关的风险的概念可能不适于个体投资者。

这是投资组合理论得出的一个基本结果。根据理论，在现实投资中最关键的是市场风险本身，这也是一种“危险”的结果。企业特有风险真的只有在大的投资组合中可以被分散。对于只包括几种股票的小投资者来说，效果不是很明显。如果某个行业陷入衰退，而且这个行业股票占投资组合很大的比例，那么它将破坏整个投资组合计划。因此，投资组合理论的思想适合运用于公共基金的投资，而不适合盲目的运用于个人资产的投资。

9.2.8 对市场风险的计量——β的概念

> 股票的β系数能测量它的市场风险。

市场风险对于投资很重要，因此需要寻找一种能够度量单个股票市场风险的方式。

β系数通常被认为是度量股票市场风险的一个统计量。实际上β系数能够反映股票收益率的方差随市场收益率的变化而变化的程度。

β系数的建立

将某种股票的收益率和市场收益率的历史数据描绘在同一坐标平面上，通过分析而建立β系数。图9-8显示了这种分析方法。每一点代表一个过去的时间点的纵轴上某种股票的收益率 K_X 和横轴上对应的市场收益率 K_M。通过对过去多个时期的历史数据的观察可得到一个"散点图"。由这些点得到的一条回归线成为某种股票的特征线（characteristic line）。

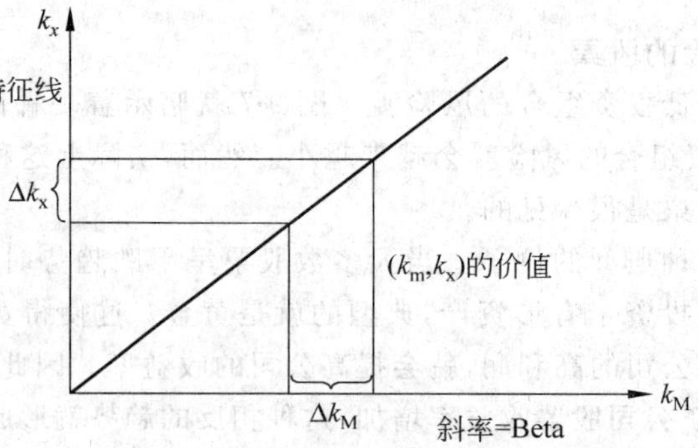

图 9-8 β系数的确定

> 股票的特征线反映了它的收益率和市场收益率之间的关系。β系数是特征线的斜率。

特征线代表了股票收益率与市场收益率的一般关系。它的斜率有丰富的含义。特征线的斜率告诉我们"一单位市场收益率 K_M 的变动会带来多大的某种股票收益率 K_X 的变动"这正是人们寻求的度量市场风险的一种方式。斜率同时也显示某种股票收益率分布的方差随市场收益率方差的变动的大小。

注意到，在特征线上移动一点，会得到变动量 ΔK_M 和 ΔK_X。它俩的关系反映在斜率上就是

$$斜率 = \frac{\Delta K_X}{\Delta K_M} = b_X = \beta \qquad (9\text{-}3)$$

将市场风险定义为股票收益率随市场收益率变动的程度。这正是特征线斜率的内涵所在。因此，特征线的斜率就可以被用来度量市场风险的大小。这种度量方式就成为β系数，简称β。

通过β系数预测收益率

准确的理解β系数的含义，有助于人们在市场收益率的变动给定下，预测某种股票收益率的变动。

实务观察

财务实践
投资还是赌博

投资就是，为了赚取更多的钱即获得收益将资金投入有风险的项目。可是这难道不是赌博的定义吗？当然是，那么投资和赌博有什么不同呢？人们为什么会有不同的伦理和道德态度呢？

投资对社会有经济价值而赌博没有。除去这一点，人们可能还想问"投资于股票市场"和"去拉斯维加斯赌博"还有什么不同。

通过分析两者的收益率的概率分布可能会有所收获。投资的特点就是通常收益率的概率分布会有一个正的期望收益率（均值），并且有很小的概率会获得很高的收益或损失惨重。而赌博却经常会有一个零或负的收益率，并且会有很大的可能性损失所有的投资额。赌博的吸引力就在于：一方面，它存在获得高于投资额几倍的收益的可能性；另一方面，它具有娱乐价值。想想拉斯维加斯的轮盘赌博，有可能押上一个小小的赌注就能赢得房产，然而有很多人却输得分文不剩。当然也有人赢得大奖。投资和赌博的收益率的概率分布情况如下：

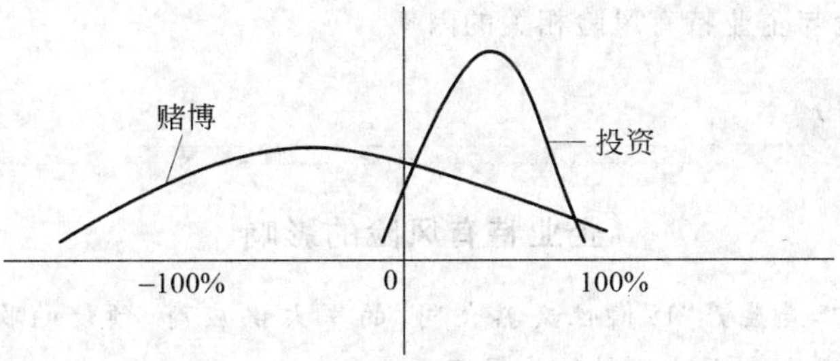

从逻辑的角度存在这样的问题，有没有一些投资活动，人们认为他们更像赌博？答案是有。购买一种高风险的风险投资可能就是一个例子。金融市场上也有这样的投资活动，它们的风险已经类似于赌博。（例如商品期货市场，这已超出课本范围）

实际上，投资组合理论的思想就是要引导投资者走向投资的路径，远离赌博。现实中一些活动已经远离投资，仅仅因为它发生在金融市场。经纪人愿意称其为投资，因为它听起来很好。但实际上，一些金融投资真的更像赌博。

概念链接　例 9-6

运用β系数预期投资收益

Conroy 公司的β系数是 1.8，股东的投资收益率为 14%。通常对于影响世界石油供给量的危机，股票市场反应是消极的。专家预测，投资者担心石油短缺和战争对经济的影响，普通股票的收益率会从 12%下降到 8%。预算 Conroy 公司股票收益率的变动和新的收益率。

解答：

$$b_{Conrpy} = \frac{\Delta k_{Conroy}}{\Delta k_M}$$

代入数据

$$1.8=\frac{\Delta k_{Conroy}}{4\%}$$

$$\Delta k_{Conroy}=7.2\%$$

新的收益率为

$$14\%-7.2\%=6.8\%$$

对 β 系数的理解

任何公司的 β 系数都是基于历史数据的分析，反映了公司收益率与市场收益率之间的关系。为了更好地理解，下面分析图 9-8 中从一点到另一点的变化。

任何两个连续收益率变动都是由市场风险和企业特有风险两种力量联合引起的。换句话说，这种变动是股票整体风险的一部分。在对 K_X 和 K_M 建立回归时，我们假定特征线反映了变量之间的一般关系，特征线上的点的移动反映的只是与市场风险相关的变动。根据这种观点，图中从一点到另一点的变动可以分为两种变动。一种是靠近和远离特征线的变动；另一种是沿着曲线的变动，前者代表的是企业特有风险，而后者代表的是市场风险。

上个例子中对 β 的分析，仅考虑与市场风险有关的公司股票收益率与市场收益率之间的一般关系。没有讨论与企业特有风险相关的因素。

概念链接　例 9-7

企业特有风险的影响

假定上个例题中，是生产“防御性武器合同”的军火供应商，预计的收益率还有效吗？如果 Conroy 公司是一家生产橙汁饮料的公司呢？

解答：如果 Conroy 公司是生产“防御性武器合同”的军火供应商，那么预期结果不可能正确。战争威胁会对公司的发展有一个积极的影响，因为它生产的是防御型武器。换句话说，这种威胁就是企业特有的风险，它会促进公司收益的上升而抵销部分市场风险带来的下跌趋势。

如果 Conroy 公司是生产橙汁的公司，那么预计企业特有风险不会因为中东危机而有什么变化。因此，与市场有关的预测将会更加现实。

β 系数的时效性

任何一个公司的 β 系数都是通过分析股票收益率和市场收益率的历史数据得出的。这一统计量的运用暗示着两种收益率的关系不会随时间而改变。换句话说，使用 β 系数，假定股票收益率将来也会像过去的变动一样随市场收益率变动而变动。通常这种假定是合理的，但有时又不合理。

概念链接　例 9-8

商业环境的改变带来的影响

再次考虑前两个例子中的 Conroy 公司，假定它是一个军火供应商。20 世纪 90 年代初期，“冷战”结束，军事预算也明显下降。用β系数来做的预测还有效吗？

解答：这种情形下，β系数是不确定的。因为特征线上的数据都是在“冷战”早期得到的，那时人们还认为军事开支和利润高的“防御性武器合同”会永远持续下去。而现在时局转变，军事开支大大削减，人们认为生产防御性武器是一种危险的经济业务。因此，未来的β系数的大小可能就会不同于过去的大小。

变动性

β系数能够衡量某种股票收益率随市场收益率的变动而变动的程度。换句话说，β系数能告诉我们某种股票收益率随市场变动比平均的股票收益率是快还是慢。

β系数为1.0，则说明某种股票的收益率和市场平均收益率变动程度一样。β系数>1.0，则说明某种股票收益率的变动程度大于市场平均收益率的变动程度。β系数<1.0，则说明某种股票收益率的变动程度小于市场平均收益率的变动程度。上述三种情况是β>0的情况，是指股票收益率的变动方向和市场收益率变动方向一致。而β<0时，股票收益率变动会与市场收益率变动的方向相反。这种股票很少见，图9-7中的股票B就是与市场变动方向相反的例子，金矿公司股票是现实世界中的这类股票。

β系数让投资者立即想到他们的投资战略。当市场收益率处于上升趋势时，应该持有β系数大的股票，因为它的收益率会随市场收益率增大而增加更多。当市场收益率处于下跌趋势时，转而投资β系数较小的股票，因为它的收益率会下降得更少。

投资组合的β系数

因为β系数能够度量市场风险，也就是股票收益率随市场变动的程度，所以考虑整个投资组合的市场风险和β系数会很有意义。实际上投资组合的β系数的概念很简单。投资组合的β系数就是所有组合中的股票的β系数的加权平均数，权重是每种股票的投资额所占总投资额的比例。看一下例9-9中的两种组合。

概念链接　例9-9

投资组合β系数

股票	β系数	当前投资额	所占比重
A	0.7	800	0.8
B	1.1	200	0.2
		1 000	1.0

投资组合的β系数，计算如下

$$b_p = 0.8 \times b_A + 0.2 \times b_B = 0.8 \times 0.7 + 0.2 \times 1.1 = 0.78$$

实务观察

财务实践
β系数能否真正的体现AT&T风险

计算β系数的过程很简单，直接对股票收益率和市场收益率进行回归就可以。然而很多情况下，一些事件的影响会使得到的β系数不可靠。例如，在评估某公司的风险时，如果此公司经历了重大变革，那么由历史数据得到的β系数实际上就没有任何的意义了。因为公司现在的经营业务和回归分析中用到的收益率时的经营业务是不同的。美国电话电报公司(AT&T)是个很好的例子。

1983年以前，AT&T是一家美国电话公司。它主要在大都市地区提供一种长途通信业务和本地区通信业务，还经营着贝尔实验室。贝尔实验室掌握着通信技术和通信设施的建造技术。但AT&T被法院以违反禁止垄断的反托拉斯法的名义诉讼。最后的判决结果，AT&T分为8个独立的分公司。长途通信技术服务和贝尔实验室仍然以AT&T的名义经营，而本地的通信服务被分为七家独立的公司经营。

20世纪八九十年代，AT&T公司一直经营着长途通信服务和技术，在1991年收购了一家主要的计算机生产商NCR。他一直经营着这三种业务，直到1996年。AT&T再次被分为三家公司。这次长途通信技术服务仍然以AT&T公司的名义经营，而通信技术服务和计算机生产业务分别以朗讯和NCR的名义经营。

2001年，它又分为四个部门：AT&T企业、AT&T无线、AT&T宽带、AT&T。他们经营着1996年AT&T公司拆分出来的所有业务，包括有线电视服务、互联网服务、手机服务和本地通信服务。Broadband在2002年被卖出。

2005年，AT&T又被SBC(1983年贝尔实验室分出来的一个子公司)收购。整个公司重新命名为AT&T公司。这一举动似乎又将公司变回1983年的结构。自从2005年以后，公司的结构就没有什么变化了。

更复杂的是这样一个事实，这段期间此行业本身就经历着不断的变化。1983年以前，通信服务被垄断，手机也不存在。但早期将业务分开后，本行业就成了一个自由进入的行业。无线手机也改变了人们的交流方式。这些改变是非常巨大的，因为受到管制的通信服务公司和处于自由竞争行业的通信服务公司的风险特征是不同的。

因此，今天β系数对AT&T公司还有什么意义？实际上已经没有什么意义了。因为β系数是由过去的数据分析得到的，而公司经历了两次变动，经营业务已经发生改变，所以没有意义了。

对β系数精确位数的解释

注意到我们计算的β系数通常是精确到小数点后两位，有时也会精确到后三位。然而，如果仔细考虑一下β系数的特点和投资组合的β系数的得到方式，就会想到研究这种精确到后几位没有意义的。通常精确到后一位就足够了。

9.2.9 β系数的使用——资本资产定价模型

前面章节讨论的一些参数都将作为一个财务领域中复杂的数学模型——资本资产定价模型的输入变量。这个专业术语有点令人困惑。资本资产是指股票份额，价值模型是试图解释股票市场上股票如何定价。

> 资本资产定价模型企图通过解释怎样决定投资者要求的收益率来解释股票的价格。

资本资产定价模型有一定的历史了，是由经济学家哈利马克维茨和威廉·夏普在20世纪50年代建立的，并因此获得了诺贝尔奖。

资本资产定价模型的应用

决定怎样定价的资本资产定价模型是为了解释投资者要求的收益率怎样发生的。投资者要求的收益率是指投资者想要得到的最低的收益率。只有达到期望收益率，投资者才愿意投资购买公司的股票。它和投资者认识到的公司股票的风险有关。

价格依赖于收益

通常，一旦要求的股票收益率确定，那股票的价格就确定了。例如，公式9-2股票投资收益率的定义。我们解出当前价格

$$P_0 = \frac{D_1 + P_1}{1 + k}$$

此处k为要求的收益率。

如果我们假定未来的股价和股利 P_1 和 D_1 能确定的话，那股票的当前价格 P_0 就取决于k。

另外一个运用就是股票估价模型—戈登模型，第8章的公式8-10，k也为要求的收益率。再次表达

$$P_0 = \frac{D_0(1+g)}{k-g} \tag{8-10}$$

如果已知上一期的股利，如果假定公司增长率g能够确定，当前价格也取决于要求的收益率k。以后的内容会继续使用这种关系。

上面的内容意在说明，如果我们理解要求的收益率是如何被确定的，那也就能了解资本资产定价模型在确定股票价格过程中的大部分内容。

收益率、无风险利率和风险溢价

现在，我们必须对收益率做出几点说明。首先，利率是指借款人获得的收益率，它的概念和权益投资的收益率是一致的。因此我们将两种概念混合。这样，在股票投资中，会同时出现利率和收益率两种概念。

接下来，我们回忆一下第5章中的无风险收益率的概念。无风险收益率就是，不存在投资者实际获得的收益率小于期望收益率的可能性。由联邦政府担保的银行账户是无风险的，短期国债也是无风险的。通常将三个月的短期国债的当前利率成为无风险利率，记为 k_{RF}。

任何投资的收益率都包括两部分，一部分是无风险收益率；另一部分是对风险的补偿，即风险溢价。如果某投资为Y，那么投资的收益率为

$$k_Y = k_{RF} + k_{RPY}$$

此处 k_{RPY} 就是投资Y的风险溢价，解出 k_{RPY} 就是

$$k_{RPY} = k_Y - k_{RF}$$

资本资产定价模型主张解释要求的收益率的风险溢价怎样形成。

也就是，投资 Y 的风险溢价是投资的收益率与无风险收益率的差。投资者要求的收益率就是无风险收益率加上为承担与股票相关的风险获得的风险溢价。

资本资产定价模型的一个主要意图就是尽量解释风险溢价的决定因素。

概念的汇总

前面已讨论过的概念包括作为一个随机变量的收益率、用方差定义的风险、风险厌恶、所有关于投资组合理论的思想及 β 系数都是理解资本资产定价模型所必备的。

上面的所有概念都可以用数学形式表示，可以利用高等数学的知识从风险的角度定义股票投资者要求的收益率，得到一个简单的表达式。这个公式称为证券市场线，它是资本资产定价模型的核心。

模型的形式优美和它被人们广为接受的原因，可能是它得出了一个简单的表达结果。

证券市场线

证券市场线给出了要求的收益率的决定因素，如下：

证券市场线是资本资产定价模型的核心。

$$k_X = k_{RF} + \overbrace{\underbrace{(k_M - k_{RF})}_{\text{市场风险溢价}} b_X}^{\text{股票 X 的风险溢价}} \tag{9-4}$$

k_X 为股票 X 的收益率

k_{RF} 为无风险收益率

k_M 为市场收益率

b_X 的股票 X 的 β 系数

可以看到，公式的右边有两部分：无风险收益率和股票 X 的风险溢价。这和我们前面所表达的关于一般的收益率的思想是一致的。

风险溢价由两部分组成，一部分是括号内的表达式；另一部分就是 β 系数，即对股票 X 的市场风险的计量。括号内是市场收益率与无风险收益率的差。

市场风险溢价

市场的风险溢价是对投资组合团体风险厌恶程度的反应。

公式 9-4 中右侧括号内的内容就是把市场作为一个整体进行投资的风险溢价，可以被理解为股票投资的平均风险溢价或一个反映市场构成的投资组合的风险溢价。

市场风险溢价反映了所有投资者在某个时点上对风险的平均容忍程度。换句话说，它反映了投资整体对风险的厌恶程度。

股票 X 的风险溢价

股票 X 的风险溢价是市场风险溢价乘以股票 X 的 β 系数。

虽然证券市场线的表达式简单，但它的含义很深刻。它指出，股票投资的风险溢价是由市场风险溢价和股票的 β 系数决定。

注意公式中唯一与公司股票 X 相关的部分就是 β 系数 b_X，即对股票的市场风险度量。因此，如果管理者想影响公司股价，那么他们可以采取的一个重要方法就是通过改变公司收益的变动性来改变股票的 β 系数。

证券市场线很重要的暗示是“只有市场风险起作用”。公式中不包括企业特别风险；β 系数可以反映市场风险。另一个角度看，投资者只因为承担市场风险获得额外的报酬，而不会因为企业特别风险获得回报。这是合理的，因为我们假定投资者可以通过投资组合来消除企业特有风险。

资本资产定价模型认为惟一影响特定公司收益率的公司特有的就是市场风险。

证券市场线适用于任何公司的股票投资。这就是为什么我们用一般的 X 代表股票。这个模型说明，任何公司要求的收益率可以通过将公司股票的 β 系数带入公司得到。

证券市场线对证券市场的描绘

证券市场线可以认为是证券市场的描绘，尤其是股票市场。可以在风险—收益坐标平面图上画一条线，纵轴表示收益率，横轴表示风险。通常用 β 系数来代表风险。图 9-9 描绘了证券市场线，可看到是一条直线。

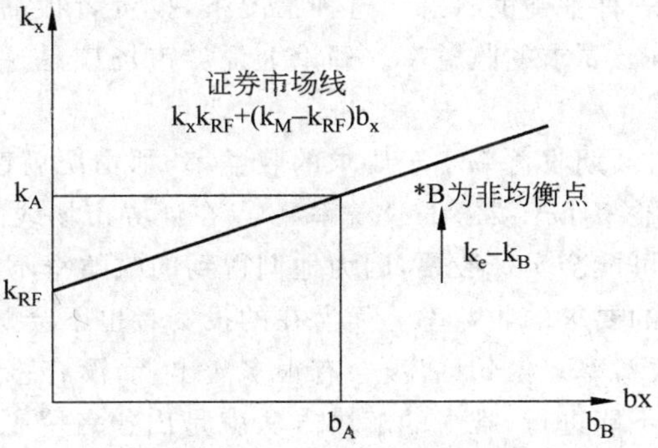

图 9-9　证券市场线

回顾一下标准直线的表达式

$$y = mx + b \tag{9-5}$$

y 是纵轴变量，x 是横轴变量。如果直线用上述公式表达，那么 m 就是直线的斜率，b 就是直线在纵轴上的截距。

在坐标平面内，纵轴变量为 k_x，横轴变量为 b_x。可以将公式 9-4 写成公式 9-5 的形式，对比

风险和收益率之间的关系图中证券市场线对的斜率反映了风险厌恶的一般水平。

$$k_x = \underbrace{(k_M - k_{RF})}\ \underbrace{b_x} + \underbrace{k_{RF}}$$

$$y = \quad m \quad x + b$$

（不要混淆了两个公式中的 X 和 b。首先 X 代表一般公司的股票，而 x 为一般直线中横轴变量。在第一个表达式中 b 代表 β 系数，是一个固定不变的数。）

经过对照，证券市场线的斜率就是（ $k_M - k_{RF}$）。所以，通常证券市场线的斜率反映了投资整体对风险的容忍程度和风险厌恶程度。如果投资者更加厌恶风险，那么等式右侧括号内的值会更大，投资者承担风险会要求更大的收益率，证券市场线就会变得更陡。相反，如果投资者不那么关心风险，市场风险溢价会变小，证券市场线也会变得平缓一些。

要理解投资者对风险的态度会改变，这些改变会反映在市场收益率与无风险收益率的差值的变化上。

接下来，看一下证券市场线的纵轴上的截距。这是传统公式中的 y 的截距。在截距出 k_x 的值是 k_{RF}。因为此时代表的风险的 β 系数是零。截距点说明投资者在无风险的情况下，总是愿意将资金投入政府债券获得收益，收益率为 k_{RF}。

证券市场线的垂直截距反映了短期政府债券的投资收益率。

证券市场线从风险和收益的角度描绘了证券市场。任何一个股票都可以在它的证券市场线上找到一点，这个点由股票的风险水平决定。例如图中显示的股票 A，对应的为 b_A，进而能求得对股票 A 的要求收益率。对纵轴做垂直线，纵轴上的交点即为 k_A。

作为市场的平衡线的证券市场线

如果一个系统在一段时间内保持一种固定的状态，那么就称这个系统是平衡的。当一个系统的平衡被破坏了，就一定会有一种驱动力使该系统重新返回到平衡状态，这时就称这个平衡状态是稳定的。

如果每种股票的收益率和风险都能在证券市场线上找到，预期收益率等于要求的收益率，那么证券市场线就是一种平衡的状态。这种情况下，投资者很高兴持有股票，因为他们的预期收益率至少会等于自己要求的收益率。理论上证券市场应是这样的，此时没有过多的买方和卖方。

现在假定一些股票的预期收益率小于要求的收益率，那情况就改变了。图中 B 点就能反映这种情况，它的预期收益率小于要求的收益率，B 点在证券市场线的下方。

这种情形下，投资者可能会卖掉股票，因为他们得到的收益率不能满足他们的要求。也就是说，小于证券市场线上的要求的收益率。而潜在的投资者也不会购买这种股票，因为预期收益率也小于他们要求的收益率。换句话说，会有很多卖出者，没有感兴趣的购买者。在市场上不论发生什么，如果交易不能进行，唯一的解决方法就是出售者降低股票的价格。也就是，市场价格下降。

证券市场线反映了一种稳定的均衡状态。

回顾一下公式 9-2

$$k = \frac{D_1 + (P_1 - P_0)}{P_0} \tag{9-2}$$

注意此处 P_0 是股票的当前价格，如果股利和股价都不变，而 k 变小，则收益率会变大。这意味着期望的收益率会更高，而新投资者获得同样的未来现金流的同时花费的金额变少。

图 9-9 中，市场动力驱使预期收益率回到证券市场线的平衡状态。因此，证券市场是稳定的。因为当外在的一些事件使收益率偏离平衡状态时，就有一种动力驱使它重回平衡状态。

实际上，市场从来就不是平衡的，总有一些因素使股价和收益率上下波动。这个理论的很重要的一点就是，对于风险和收益率，总是存在一种市场动力会驱使系统重回平衡状态。

利用风险—收益的概念估价

估价模型可以使用资本资产定价模型的观点。这种估价方法假定：(1)市场边缘投资者都以证券市场线的收益率买卖股票；(2)股票的买卖交易决定了市场价格。

根据假定，我们可以分两步来计算股价。首先根据证券市场先求出要求的收益率，然后利用求得的收益率带入戈登模型求出股价。

概念链接　例 9-10

利用资本资产定价模型进行股票估价

Kelvin 公司近年来每年支付的股利每股 1.5 美元，预计股利在无限的未来会以 7%的增长率增加。当前短期国库券的到期收益率为 6%。普通股到期收益率为 10%。相对来说，Kelvin 公司股票是不稳定的。它的股票收益率倾向于随着政治和经济形势的变化而变化，而且股票收益率的变动将会是股票平均市场平均收益率的 2 倍。那股票的当前价格应该是多少？

> 证券市场线和戈登模型提供一种两步法的股价估价方法。

解答：首先，由公式 9-4 写出公司的证券市场线形式，

$$k_{Kelvin} = k_{RF} + (k_M - k_{RF})b_{Kelvin}$$

接下来，注意到没有命名的证券市场线输入变量在题目描述中已明确的给定。短期国库券的收益率代表了当前的无风险收益率 k_{RF}。普通股票收益率等同于市场收益率 k_M。最后，认识到题目已给出一种神秘的术语 β。政治和经济形势的变化会影响所有股票和所有股票对市场风险的反应。因此，公司股票收益率随市场的变动是市场普通股票收益率变动的 2 倍，意味着 Kelvin 公司的 β 系数为 2。

将上述变量代入要求的收益率，我们得到

$$k_{Kelvin} = 6\% + (10\% - 6\%) \times 2 = 14\%$$

下面写一下戈登模型，将利用 k_{kelvin} 来代替分母中的 k。

$$P_0 = \frac{D_0(1+g)}{k-g} = \frac{1.5(1+0.7)}{0.14-0.07}$$
$$= 22.93$$

管理决策对股票价格的影响

管理层的决策能够影响 β 系数和未来的增长率，这一事实使得管理决策和利用证券市场线来估价紧密联系在一起。

概念链接　例 9-11

基于资本资产定价模型的战略决策

上个例子中的 Kelvin 公司现在有了一个令人振奋的新的发展机会。公司将进入一个新的领域，并能在新领域中利用它拥有的新技术。这个机会可能使它的公司的增长率从当前的 7%增长到 9%。然而，这个项目是新的而且没有被验证过，所以也很可能会失败，造成大的损失。另外让人担心的是，股票市场对公司的额外风险的反应对公司不利。管理层预计由于新的额外风险会使得公司的 β 系数从 2.0 增大到 2.3。此公司应不应该从事这个项目？

解答：任何战略决策都应该以公司管理层的基本目标为基础，既是股东的财富最大化，也是股价最大化。

公司变大的增长率有利于股价的上升。通过分析，再次了解一下增长率 g 怎样影响戈登模型中的股价 P_0 的。变大的增长率会使得分母变小，分子变大，这都会使得整个 P_0 的值变大。

另一方面，用证券市场线的公式 9-4 来检验一下，更大的 β 系数会使风险溢价增大，因此，要求的收益率会增大，进而，戈登模型分母中的 k 增大，使得 P_0 的值变小。

因此，新计划给公司股价带来两方面的影响。更大的增长率使股价上升，而更高的风险使股价下降。问题就是哪种影响会占主导地位。我们可以假设从事这项计划，通过计算一下预计的股价。

先计算要求的收益率

$$k = 6 + (10 - 6) \times 2.3 = 15.2\%$$

然后利用戈登模型计算股价

$$P_0 = \frac{D_0(1+g)}{k-g} = \frac{1.5(1.09)}{0.152 - 0.09} = 26.37 \text{ 美元}$$

得到的股价 26.37 美元大于上个例子的 22.93 美元。这表明增长率对股价的积极影响超过了风险对股价的负面影响。因此，这个新计划是个不错的选择。

实际上，很难准确地预测公司的增长率和 β 系数对公司股价的影响。这些预测只能是一些主观的估计。尤其是 β 系数的影响，是不确定的。不过，利用这样的估测可以给管理层一种认识，让他们意识到他们的行为对股价的影响。

市场环境的变化的证券市场线的调整

当证券市场环境随时间发生变化时，证券市场线的平衡状态会调整它的位置来适应改变了的环境。下面分析两种不同的变动。

证券市场线移动到它的平行线作为对无风险利率的变化。

对零风险利率改变的反应

当无风险利率变化而其他变量不变时，证券市场线只是简单的上下变动。新的无风险利率决定新的截距，进而决定了新的平衡状态。图 9-10 显示了这一变化。

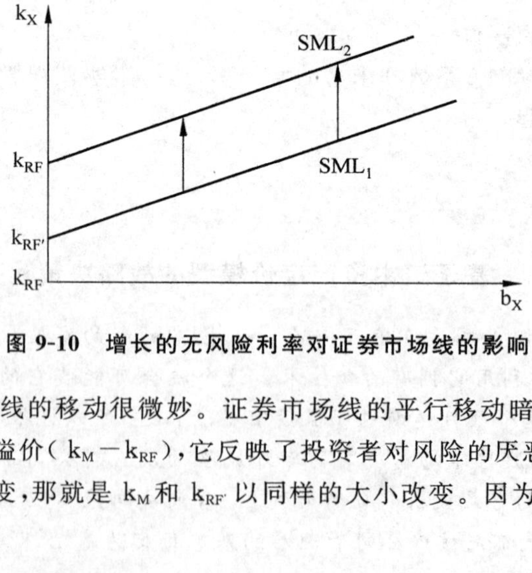

图 9-10　增长的无风险利率对证券市场线的影响

图 9-10 中证券市场线的移动很微妙。证券市场线的平行移动暗示着它的斜率没变。而它的斜率表示的是风险溢价（$k_M - k_{RF}$），它反映了投资者对风险的厌恶程度。如果 $k_{RF'}$ 改变而证券市场线的斜率没改变，那就是 k_M 和 $k_{RF'}$ 以同样的大小改变。因为市场利率等于无风险利率加上风险溢价。

对风险厌恶程度改变的反应

投资者对风险的敏感程度的变动会反映在风险溢价的变化上，（$k_M - k_{RF}$）的值，也是证券市场线的斜率。我们假定 k_M 没有随 k_{RF} 的变化而变化。

现在假定 k_{RF} 不变，则证券市场线会围绕着固定不变的截距转动，如图 9-11 所示。

证券市场线围绕垂直截距顶点的旋转反映了对风险态度的变化。

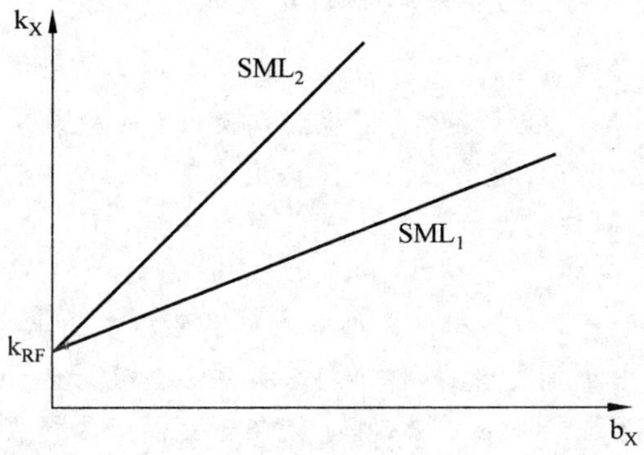

图 9-11　风险厌恶程度增大使证券市场线旋转

从 SML_1 到 SML_2 反映了人们对风险厌恶程度的增加。换句话说，一般的投资者会要求更高的收益率来补偿他承担的风险。证券市场线的斜率更大，直线更陡，反映了更高的风险溢价。

概念链接　例 9-12

证券市场线和变化的市场环境

Sidel 公司的 β 系数为 1.25，无风险利率是 6%，市场收益率为 10%。根据证券市场线可求出要求的收益率

$$k_S = 6\% + (10\% - 6\%) \times 1.25 = 11\%$$

a. 无风险利率改变：如果无风险利率变为 8%，投资者的风险厌恶程度不变，计算新的要求的收益率。

b. 风险厌恶程度改变：无风险利率不变而市场收益率变为 11%，求新的要求的收益率。

解答：

a. 如果无风险利率改变了而风险厌恶程度没变，那么说明市场风险也变化了同样的大小，而两者的差没变。所以

$$k_S = 8\% + (12\% - 8\%) \times 1.25 = 13\%$$

这种情况下，利率也会随无风险收益率增大而增大。

b. 只有市场利率改变，则将变化后的代入公式

$$k_S = 6\% + (11\% - 6\%) \times 1.25 = 12.25\%$$

市场收益率增大，反映了更高的风险溢价，意味着投资者更在意所承担的风险。结果所有风险投资的利率都会增大。

这两种情况的变化，都会使股价下跌。

实务观察

财务实践

实际中的β系数

今天,β系数作为对风险度量的概念被广泛的运用在股票理论中。投资咨询服务机构会公布大量股票的β系数,从事证券行业的人们也经常谈论β系数。

然而,很可能经常使用这个术语的人们不能真正理解它的含义。β系数能度量风险,也就是收益率的变动性,它们是同向的。大多数人都理解这一点,但是他们可能不清楚它只是度量与市场有关的变动,而不是总变动。这常是人们忘记的。

β系数只是与市场风险有关。只有投资组合的股票足够多样化,投资组合风险才能通过β系数度量。假如你是一个中小投资者,那你不能只关注β系数来估量风险,因为β系数不能反映所有的风险。如果你完全依赖于β系数,那么就会遭受很大的损失。

9.2.10 资本资产定价模型和证券市场线的有效性和可接受性

资本资产定价模型和其他我们讨论过的模型的相同之处在于它们都是对现实的一种抽象。它将复杂的证券市场简单化,帮助人们预测股价和收益率,利用预测的股价和收益率来进行决策。

资本资产定价模型被广为接受的原因,可能是因为它形式简单。由模型得出的有效等式——证券市场线,形式简单,易于理解。这在众多的数学模型和统计模型中是很少见的。

另外,资本资产定价模型提供了一种风险和收益率的实质性关系的描述。直观上,人们能够认识到高收益率伴随着高风险。但在资本资产定价模型建立之前,还没有其他有用的方法表达两者的关系。换句话说,它没有说明多大的风险对应多大的收益率,并且也没暗示获得多大的收益率时,投资者会投资,否则就不会投资。

> 资本资产定价模型普遍不被接受。而且一些关于相关性和有用性的持续性争论是存在的。

不幸的是,能简化真实世界的模型一定会遗漏一些因素,它们不总是有效,资本资产定价模型也不例外。学者们深入的研究了它的有效性和实用性。有些人对证券市场线上的点与预测值的一致性提出了质疑,然而有些人则认为证券市场线是正确的,只是人们运用它时不够适当。而一些忠实的拥护者坚持认为模型是有效的,在大多数情况下是适用的。

对资本资产定价模型的最大攻击的来自于两个著名的学者——他们认为无法从历史数据中得到股票收益率和β系数之间的关系。当然,资本资产定价模型假定证券市场线的描述的关系是存在的。如果 Fame 和 French 是正确的,那么资本资产定价模型就没有任何价值了。然而,其他研究者分别从实证和理论的基础上对两者的著作进行辩驳。学术界内的一场生动的辩论还在继续,目前还没有得出一个确定的结果。

这个领域的顶尖学者要想不久之后就得出一个一致的意见,是不可能的。和风险有关的资本资产定价模型和β系数是财务理论框架的一部分,在可预见的未来还是会这样。

对于学生来说,学习的目的就是要了解资本资产定价模型所表达的思想和形成证券市场线的假定条件,并要从风险和收益率的关系角度理解等式的含义。我们假定大多数情况下,资本资产定价模型是对现实的最好的抽象描述。

然而,还应该要意识到模型的局限性。β系数度量的模型风险只是市场风险,而不是总的风险。就如前面探讨过的，它限制了 β 系数的定义。

概念链接

例 9-1　离散分布

例 9-2　计算离散分布的均值

例 9-3　计算投掷四次硬币的概率分布的方差和标准差

例 9-4　特别风险的评估

例 9-5　投资组合收益率

例 9-6　运用 β 系数预期投资收益

例 9-7　企业特有风险的影响

例 9-8　商业环境的改变带来的影响

例 9-9　投资组合的 β 系数

例 9-10　利用资本资产定价模型进行股票估价

例 9-11　基于资本资产定价模型的战略决策

例 9-12　证券市场线和变化的市场环境

讨论

1. 投资组合理论的基本动机是什么？通过多种股票的组合进行投资的投资者的意图是什么？哪些实际的观察结果促使投资组合理论的产生？

2. 风险和收益的关系是什么？

3. 定义和讨论预期收益率和要求的收益率？

4. 口述生活中对风险的定义，讨论财务理论中风险定义的不足之处。

5. 用语言表达风险厌恶的定义，不要参照概率分布的。如果人们是风险厌恶的，那么为什么彩票会受到人们的欢迎？人们为什么还会去拉斯维加斯赌博呢？

6. “为了获得更多的收益，将资金投资与有风险的项目”这句话既适用于投资又适用于赌博。尽管两者相似，但公众对投资和赌博是有不同的道德观念。

a. 讨论投资和赌博的相同点和不同点，为什么人们对投资更感兴趣，而厌恶赌博。

b. 通过分析概率分布，讨论投资和赌博的不同之处，描述损失全部投资额、获得巨大收益和其他可能结果的特征。

7. 为什么将股票投资收益率作为随机变量是有意义的？如果也将债券投资收益率作为随机变量，合理吗？储蓄投资呢？

8. 在日常生活中，风险意味着一些不利因素发生的可能性。而财务理论中的风险定义为收益率概率分布的标准差 。

a. 为什么两种定义看起来不一致。

b. 讨论两种定义的一致性。

9. 分析一下高风险股票和低风险股票的概率分布的形状。

10. 描述一下财务风险作为收益率上下波动的含义。从方差定义风险的角度看，这种观点是否合理？

11. 解释并讨论将风险分为两部分的观点,并描述每一部分的含义。

12. 从风险和收益的角度描述投资组合所有者的目标。他们是如何评估投资组合有关股票的风险特征?

13. 讨论多元投资来降低投资组合的风险,考虑非系统风险和系统风险。

14. 叙述β系数的概念。它是用来度量什么的?是如何建立的?

15. 用语言描述证券市场线,关于投资者要求的收益率,证券市场线表达了什么内容?评估证券市场线暗含的内容。

16. 证券市场线如何确定一种证券的价格?

17. 证券市场线怎样反应风险厌恶的?

18. 资本资产定价模型的目的之一是解释关于风险的管理决策能够影响股东的财富。用语言表述这种影响过程的作用原理。

19. 资本资产定价模型是对证券市场的一种真实、准确地描述吗?

分析

你刚开始在证券经纪公司 Dewey 工作,Howe 是一名股票经纪人。今天早上,你在报纸上读到一篇报道称,国防开支将大规模缩减。公司的经纪人 Fred Fastback 有几名客户是年老的退休人员。你知道他积极地指导他的客户将资金投资于低风险的国防行业的股票。他说国防行业风险较低,β系数是 1.0,或更小。考虑β的真实含义和它随时间的固定性,你该怎样建议 Fred?

习题

1. Duncan 公司股票的当前价格为每股 15 美元。通常人们预计股价下年末会达到每股 18 美元,还预期年内公司会支付每股 0.5 美元的股利。

a. 此公司股票的预期收益率。

b. 如果下一年年末的股价预计为每股 17 美元,股利为 0.25 美元,重新计算预期收益率。

c. 如果下一年年末的股价变为 13 美元,而股利实际为 0.1 美元,计算股票的实际收益率。

2. Rapscallion 公司股票的售价为 43.75 美元。Dave Jones 已经对公司和行业进行了分析,他认为公司接下来两年会分别支付每股 5 美元和 7 美元的股利。他还认为两年后股票的股价会达到高峰,达每股 50 美元。他的策略是现在购买股票,持有两年,然后在股票达到峰值时卖出。如果 Dave 对自己的预测很有把握,并要求获得 25% 的收益率,那他应该购买 Rapscallion 公司股票吗?

离散型分布的均值和标准差的计算: 例 9-1,9-2,9-3 的概念链接

3. Wayne Merritt 经常在克利夫兰和芝加哥之间驾驶经过。他注意到不同的交通和天气导致他旅途驾驶的时间有很大的不同。这使得他很难预测时间计划他的活动安排。为了更好的计划安排,Wayne 想计算一下花费时间的平均时间,并计算实际旅途花费时间平均时间的差距。他来回了 10 次:

驾驶时间(h)	次数	驾驶时间(h)	次数
6	1	7.0	1
6.25	1	7.5	1
6.5	2	9.33	1
6.75	3		

a. 计算驾驶时间的均值和方差、变异系数。

b. 计算驾驶时间的一般的变量。对比一下方差和标准差,有没有很大的不同?哪个更有意义?

离散型概率分布:例 9-1 的概念链接

4. 假设骰子有四面而不是六面,那么掷一次骰子会有四个结果,1、2、3、4,掷两次就会有 2 到 8。

a. 求掷两次的骰子的概率分布?

均值和标准差:例 9-2,例 9-3 的概念链接

接上例:

b. 计算分布的均值、标准差、变异系数。

5. Conestoga 公司股票收益率的概率分布如下:

收益率(%)	概率	收益率(%)	概率
4	0.2	14	0.3
12	0.5		

计算期望收益率、收益率的方差和标准差、变异系数。

6. 投资与 Omega 公司普通股票获得收益率的概率分布如下:

收益率(%)	概率	收益率(%)	概率
5	0.05	12	0.25
8	0.25	15	0.05
10	0.4		

画出概率分布,计算期望收益率、收益率的标准差、变异系数。

7. 计算投资于 Delta 公司的期望收益率,概率分布如下:

收益率(%)	概率	收益率(%)	概率
−5	0.1	15	0.25
5	0.25	25	0.1
10	0.3		

将分布画在坐标轴上,和上个题目中的曲线对照,比较公司股票的风险的大小?

投资者更愿意选择哪个公司股票?为什么?

8. Manning 公司的股票当前价格为 23 美元,下一年的发展前景如下:

下一年		
股价(美元)	股利(美元)	概率
25	1	0.25
30	1.5	0.5
35	2.0	0.25

计算一年期的期望收益率。

风险厌恶：图 9-6 的概念链接

9．为了测量你对风险厌恶的程度，对下面的情形做出选择。一种是确定的情况；另一种是博弈。

（1）博弈：掷硬币。正面朝上，你将获得 1 000 000 美元；背面朝上，你什么也得不到。

（2）确定：你将得到 500 000 美元 。

a．每种选择的期望收益率。

b．你会选择哪一种？

c．将两种选择作为概率分布，哪种选择的方差较大？确定收益的选择的方差。

d．假定博弈中，硬币正面朝上，将获得 1 200 000 美元，背面朝上仍然什么也不能得到。那每种选择的期望收益率是多少？你会选择哪一种？

e．大多数人会选择 d 中能获得确定收益的选择，假定你也选择第二种，那么博弈的金额增至多少时你才会选择博弈，而放弃确定收益的选择？

f．将此题和图 9-6 联系起来。

资产组合收益：例 9-5 的概念链接

10．投资组合由四种股票构成：

股票	当前市场价值(美元)	预期收益率(%)	股票	当前市场价值(美元)	预期收益率(%)
A	180 000	8	C	452 000	12
B	145 000	10	D	223 000	5

投资组合的预期收益率是多少？

11．Laurel Wilson 有一个五种股票的投资组合。股票上年的收益率情况和今年预测如下：

	去年		今年	
股票	投资(美元)	收益率(%)	投资	收益率
A	50 000	8	55 000	8.5
B	40 000	6	40 000	7.0
C	80 000	4	60 000	4.5
D	20 000	12	45 000	9.0
E	60 000	3	50 000	5.0

计算公司股票去年投资组合的实际收益率和今年的期望收益率？

运用β系数预期投资收益：例 9-6 的概念链接

12. Threads 公司是一家生产青少年流行服装的公司。公司的β系数是 1.4，去年的收益率是 20%。然而，金融危机使股票市场遭受重挫，华尔街专家预测今年的平均收益率会减半。近来市场权益收益率为 18%，估计 Threads 权益投资的收益率。

资产组合的β系数：例 9-9 的概念链接

13. 11 题中股票的β系数如下：

股票	β	股票	β
A	1.1	D	1.6
B	0.6	E	0.8
C	1.0		

计算投资组合去年和今年的β系数。假定投资价值的改变因股票价格改变，而不是买卖股票。Laurelia 的投资组合的风险如何？她应该担心？

14. 包括四种股票的投资组合如下：

股票	当前价值(美元)	β	股票	当前价值(美元)	β
A	4 500	0.8	C	6 800	1.3
B	2 900	0.6	D	1 200	1.8

计算投资组合的β系数。

β系数的确定：图 9-8 的概念链接

15. Charming 公司主要生产装饰材料。当前国库券收益率为 5.4%，证券市场收益率 8.1%。

a. 根据图中的特征线，计算公司的β系数

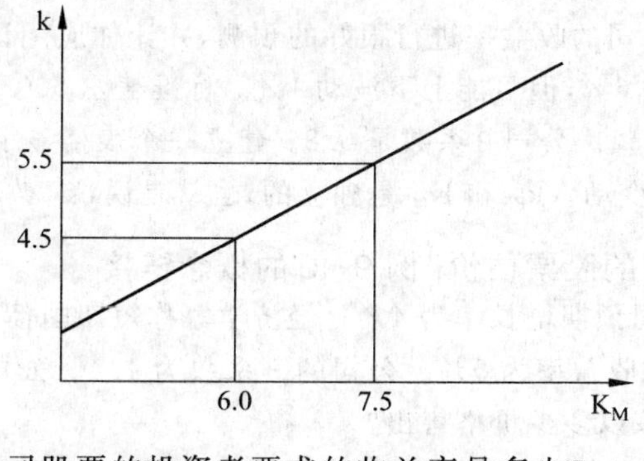

b. 购买 Charming 公司股票的投资者要求的收益率是多少？

c. b 中的收益率是否合理？为什么？

16. Holland-Wilson 公司过去 3 年的收益率和同期的市场收益率如下：

年份	HWI(%)	市场(%)	年份	HWI(%)	市场(%)
1	4	3	3	12	10
2	9	6			

画出 3 年来每年 HWI 的收益率和市场收益率的曲线。通过两两年份之间的证券市场线预测公司的 β 系数。β 系数的范围反映了怎样的股票风险?

17. 近来你购买了 Topical 公司的股票,过去 3 年的收益率都在 7%~9%。你朋友 Bob 认为你应该购买 Combs 公司的股票而不是 Topical 公司的股票,因 Combs 公司过去 3 年的收益率为 10%~12%。Bob 对财务理论了解不多。Topical 公司和 Combs 公司的 β 系数分别为 0.7 和 1.2。国库券的收益率为 4.2%,而市场收益率为 9.4%。

a. 你应该预期从 Topical 公司股票中获得多大的收益率? Bob 应该预期获得多大的收益率?

b. 向 Bob 解释为什么这些预期收益率没有反映所有的内容?

18. Erin Behlen 拥有 3 年期的投资组合,并对于下年的收益率进行预测。他将 25 000 美元投资于 β 系数为 1.3 的 Forms 公司,将 75 000 美元投资于 β 系数是 0.8 的 Crete 公司,将 20 000 美元投资于 β 系数为 1.45 的 Stalls 公司。股票的当前收益率是 10.2%,国债收益率及无风险收益率为 4.6%。Erin 应该对投资组合期望获得多大的收益率?

19. Ramekin Pottery 公司的 CFO 担心公司的股价的上升受到阻碍,他希望你分析预测一下投资者购买股票前,期望获得多大的收益率。股票市场当前的收益率为 16%。三个月期限的国债的收益率为 6%。Ramekin Pottery 公司股票收益率对政治、经济的反应程度是整个市场反应程度的 60%。

a. 应用资本资产定价模型预测投资者对公司股票的必要报酬率。

b. 高的必要报酬率还是低的必要报酬率对公司有利? 为什么?

c. 假定 CFO 问你"为提高必要报酬率,管理层应该怎样做?"你怎么回答?

d. 如果他想在接下来的三个月内达到效果,你应该提供什么样的建议?

20. 假定你是一名 Palantine 公司的初级财务分析师。公司的财务人员认为资本资产定价模型任何时候都能对公司的收益率进行很好的预测,并让你应用证券市场线对收益率作出预测。当前国债收益率是 6%,但可能上下波动 1%。标准普尔 500 显示证券市场的平均收益率是 10%,但可能升至 12%。公司 β 系数是 0.8。建立一个表格显示所有可能的收益率,这里 k_{RF} 和 k_M 以 1%的变动量变动。k_{RF} 和 K_M 是独立的,也就是说,k_{RF} 改变时,k_M 不一定变动。

基于资本资产定价模型的股票估价: 例 9-10 的概念链接

21. Framingham 公司预期增长率为 4%。经济学家称短期国债投资机会很容易获得 5% 的收益率。股票市场平均收益率为 9%。公司的 β 系数为 1.4。公司近来的每年股利为每股 1.68 美元。公司股票应该以多少价格售出?

22. Whole Foods 公司近来每季支付 0.47 美元的股利。国债收益率为 4%。股票的平均收益率为 11%。Whole Foods 公司是一个稳定的公司。公司股票收益率对政治经济变动的反应程度只是证券市场反应程度的 70%。分析师认为在可预见的未来,公司的增长率可能为 3.5%。计算一下投资者愿意为该公司股票支付的合理的价格。

23. Seattle 软件公司近来每年支付每股 1.95 美元的股利,预期会以 15%的增长率增长。

短期国债的收益率为4%,证券市场的平均收益率为11%。该公司股票对经济形势变动的反应程度是整个市场的2.5倍。

a. 公司股票的每股价值?

b. 从预测的结果你能看出什么问题?合理改变一下题中的预测数据,求出新的结果,对比并分析。

24. Aldridge公司预期会以6%的增长率增长。近来的每股股利为2.5美元。国债收益率为7%,证券市场收益率为11%。

a. 如果公司β系数为1.3,那该公司股票的市场价格是多少?

b. 评估公司股票对预期增长率和风险的变动的敏感程度。增长率在5%~7%之间变动,β系数在1.2~1.4之间变动?

25. Bergman公司在过去的七年里一直支付每年2美元的股利,股利固定不变。通常投资者预计这种情况会继续下去。公司股票的当前价格为24.39美元,无风险利率为3%,β系数为1.3。

a. 计算投资者对该公司股票的必要报酬率。

b. 计算市场收益率。

c. 假如你认为公司将公开宣称未来的增长率是3%。你也相信投资者会接受这一信息,他们要求的收益率不变。你会愿意为公司股票支付的股价为多少?

26. Weisman电子公司支付每股1.0美元的股利。市场收益率为10%,无风险利率为4%,公司β系数是1.5。如果公司的股价为27.25美元,投资者预计公司会以多大的收益率增长?

基于资本资产定价模型的战略决策:例9-11的概念链接

27. 上题中的Weisman公司正考虑开展新的业务。管理层认为这一变动会通过改变β系数,增大增长率来改变公司股价。一名咨询师认为并购后公司的β系数会在1.3~1.7之间,而增长率会维持在4%,或下降至3%。基于最好和最坏的情况,计算一下股票内在价值。

28. Broken Wing航空公司支付每股2美元的股利,它的β系数为1.3,未来增长率为6%。市场的当前收益率为10%,国债收益率为4%。如果国债收益率下降0.5%,市场风险溢价就会增长1%,那么公司股价会保持多大的增长率不变?

29. Lipson公司预期未来固定增长率为5%。国债收益率为8%,市场平均收益率为13%。上期股利为1.35美元。公司过去的β系数为0.9。公司引进新行业的业务会使预计的增长率为7%,同时增大公司风险。管理层预计公司引进新业务后,β系数会增到1.2。Lipson公司应不应该开展新的业务?

证券市场线和市场环境的改变:例9-12的概念链接

30. Picante公司的β系数为0.7。国债收益率为5%,证券市场的平均收益率为10%。

a. 写出并画出证券市场线,并找出Picante公司的位置,计算公司的必要报酬率,并标在证券市场线上。

b. 假设财务环境不变的情况下,国债收益率增加到7%,写并画出新的证券市场线,计算下新的必要报酬率,并在线上标明Picante公司的位置。

c. 假定除了b中的变化外,投资者的风险厌恶程度增加,以至于市场风险溢价为7%。写出并画出证券市场线,计算必要报酬率,标明在最后一条证券市场线。

上机练习

31. 第8章中的22题涉及的Rollins钢铁公司，正进行它的长期计划。公司正从几个选项中进行选择，每种选项都暗含着不同的增长率和风险水平。

资本资产定价模型对于风险和必要报酬率之间的关系给出了很好地解释。现在可以将β系数定义为风险，并通过建立类似于第8章中的22题中的表格评价它对股价的影响，β系数替换左边的k。根据历史数据计算的公司的β系数为0.8。然而，正在考虑的风险战略会影响数据。管理层认为选择这些战略使β系数的值上升为2.0。国债收益率为3%，而标准普尔指数显示证券收益率为8%。Rollins上期的股利为每股2.35美元。

a. 运用资本资产定价模型来计算下表。

作为增长率和β系数的函数的Rollins公司股票的价格

	增长率			
β系数	6%	8%	10%	12%
0.8				
1.2				
1.6				
2.0				

b. β系数对必要报酬率和股价的影响会受到风险厌恶程度的影响，通常的风险厌恶水平就是CAPM中的（k_M-k_{RF}）表示的市场溢价，也就是证券市场线的斜率。在a中风险溢价为5%。然而经济学家预期未来的经济衰退会提高风险厌恶水平。假定风险溢价升至7%，即k_M升至10%，而k_{RF}不变，重新构建表格。

c. 从表格中得到“风险—报酬率—增长率”之间的关系，得到什么启示？

d. 直观上，β系数和CAPM的结论会有利于管理层理解吗？也就是说，将战略的风险水平和β系数联系起来比和必要报酬率联系更好理解？

32. 软件开发

编写新程序来计算由10种股票构成的投资组合的期望收益率和β系数，其中10种股票的期望收益率和β系数都是给定的。

该程序需要计算所有股票的期望收益率和β系数的加权平均值，权重就是每种股票的价格占股票总价值的比重。

建立一个程序的流程图，如下：

股票	市场价值	权重	β系数	β系数因子	k_e	k_e因子	
1	ABC	5530	0.0645	0.93	0.06	8%	0.516
2	EFG	2745	0.032	1.25	0.04	12.2%	0.3904
⋮	⋮	⋮	⋮	⋮	⋮	⋮	
10	XYZ	9046	0.1055	1.12	0.1182	1.5%	1.2133
		85715	1.0		×××		×××

计算程序如下：

(1) 输入每种股票的名称、市场价值、收益率、β系数。

(2) 将市场价值所在列加总。

(3) 计算每种股票的价值占总价值的权重。

(4) 分别在每行，用β系数乘以权重得出β系数因子，同理用期望收益率乘以β系数，得出k_e因子。

(5) 分别汇总k_e因子、β系数因子所在列。

你所编制的程序是通用的吗？它只能处理10种股票还是对1、2、3种都适用？如果想让程序适用于n种股票，应该对输入变量采取什么措施？

附加：如果你有1 000 000美元要投资于股票。首先要查阅一些股票的β系数，并预测期望收益率，然后上网搜查每种股票的当前价格，构成投资组合，将资金在每种股票间分配。用程序计算投资组合的期望收益率和β系数。

第三篇

企业投资决策——资本预算

第 10 章　资本预算

第 11 章　现金流量的预测

第 12 章　风险与实物期权

第 13 章　资本成本

第10章

资 本 预 算

本章概要

公司用于正常活动的资金可以分为两个部分。公司的日常支出基本上用于购买存货、支付费用和员工薪酬。这些支出都是短期费用，支持日常经营活动。

> 资本预算涉及计划和判断长期项目的大笔费用。

除了这些短期费用，公司还时常在特殊项目上花费大量金额。例如，机器正常耗损，需要每几年更换一次。这些更换支出数目较大，但不常发生。另外一个例子就是新投资项目，通常需要初始投入来启动项目。启动资金额很大，但投资机会不一定常出现。花费在这些项目上的支出是长期的，涉及的项目持续时间较长。一般花费在长期项目上的资金称为资本。

资本预算的范围涉及计划和调整花费在长期项目上的资本金额。资本预算提供评估在某一特定时期进行特定项目投资的方法，它也为同一时期不同项目的选择提供基础。

10.1 企业项目的特征

10.1.1 项目类型和风险

项目一般分为三类：重置型项目、扩展型项目、新投资项目。在开始部分，已经引用第一个和最后一个类型作为例子来说明。扩展型项目一般指在已经进行的项目上进行扩大规模，通常需要投入资金购买额外的资源和类似于在使用的设施。

> 资本项目的风险根据重置类项目、扩展类项目和新投资项目依次递增。

任何投资的项目都是有风险的。现在，我们将风险简单的定义为提前作出决策时，项目获得的利益少于预期的可能性。

从广义上来说，风险随着项目类型而变化。重置型项目、扩展性项目和新投资项目依次递增。重置型项目是最安全的，因为它进行的是已经被实施的项目。扩展型项目风险较大，因为它是基于对公司产品市场需要的预期，而这种预期可能不会实现。新投资项目的风险最大，因为公司以前从来没做过此项目，没有人能确定实施从未做过的项目一定会成功。

10.1.2 独立项目和互斥项目

可以在两种情况下评估项目。第一种是没有其他可以竞争的项目。例如，一台旧机器报废了，而市场上只有一种可替代产品，公司只能购买这种机器或者什么也不做。

> 一项独立项目就是指没有竞争性的其他项目。

这种单一项目的情况被称为独立项目。我们只需要对单一项目的可行性独立地进行分析。对于公司来说，它是否是一项好的交易？另外一种方法就是说，当前没有其他的项目来竞争这个项目需要的资源。

第二种情况涉及几种项目的选择。通常这种情况在有多于一种选择的项目或者有两种项目被提议，但公司的资金只能投资于一种项目下发生。对第一种情况举例，假定两种以上的机器能替代一台报废的机器，第一种机器相对比较便宜但运营成本较高而且生产的产品质量较差，第二种机器开始成本较高但运营成本低且生产的产品质量更好。公司会选择哪种机器呢？两种机器必须选择其中一种，因为只需要一种机器。这种情况下两项目可以称为互斥项目，选择了一种就得放弃另一种。

有时候性质完全不同的两种项目是互斥的。这种情况发生在公司的资源此时只能选择一种项目的时候。例如，某一电子公司在计算机技术和无线电传输有新投资的机会，但是公司的资金金额只能实施一项新计划。这时，项目就是互斥的，选择一种就得放弃另一种，虽然从商业和技术的角度它们是独立的。这进一步说明，有限的资源不一定非得是资金，也它可以是培训的人员、工厂生产能力或经营管理的时间。

10.1.3 项目现金流量

> 在资本预算中，第一步也是最困难的一步是将项目转化为一系列的现金流量。

资本预算过程的第一步要求将考虑的任何一种项目用一系列能给企业带来增值的现金流来表示。

在新投资项目的情况下，最容易想象这种要求。假定有一个新项目，初始投资需要50 000美元，第一年会损失10 000美元，但预计在未来的五年里每年可产生15 000美元的现金流，直到项目结束。为了资本预算，项目可以用加总的每年的现金流入和现金流出来表示。如果我们称第 i 年的现金流为 C_i，那么 C_0 就是年初的初始投资。我们将项目表示如下，圆括号的符号是负数，代表现金流出。

C_0	(50 000)美元	C_4	15 000
C_1	(1 000)	C_5	15 000
C_2	15 000	C_6	15 000
C_3	15 000		

注意这里表示的现金流量的形式是非常重要的。项目几乎总是由初始现金流出而在随后的时间里表现为现金流入。C_0 实际上总是负的，因为它是启动项目的初始投入。剩下的数据大都是正数，尽管它们其中有可能有负的情况，正如上面例子一样。

> 商业项目涉及初始项目现金流出和随后的现金流入。初始现金流出是项目开始时发生的。

从概念上看，很容易识别新投资项目的增量现金流量，而这对于一个重置型项目会更加困难。重置型项目的增量现金流量意味着节约燃料和维修保养费用或由于高质量的产品带来的利润的增加，那种增量现金流量是难以度量的。

实际上，资本预算过程中最困难、最不准确的部分是现金流量的预测。现在我们继续假定预期现金流量是给定的。下一章中我们会回到这个问题上，并具体的讨论现金流量的预测问题。

10.1.4 资本成本

资本预算过程理论是基于资金的时间价值和投资收益率思想的。这一理论的中心概念是公司的资本成本。资本成本是公司为了使用资金支付给长期投资者的报酬率。

直观上，概念的目的很明显的是：一项投资只有它所获得的收益率高于投入资金的成本才是有意义的。

> 一个公司的资本成本是它为了使用资金支付给投资者的平均收益率。

但可以向你的亲戚借款，而你的这位亲戚要求的必要报酬率为 18%。这一项目有意义吗？当然没有，因为从一开始就在输钱，你为获得资金支付的比你从中获得的收益多。只有你能借到必要报酬率至少小于 15%的启动资金，启动这一项目才有意义。从上述论述中可知，资本成本就是你能借款来承担风险投资的利率。

一般，公司有两种资金来源—权益资金和债务资金—然后支付不同来源的投资者不同的报酬率。实务中，资本成本是能代表两种来源的资金的平均利率。

这里有一个简单的例子。假定公司总资金的 75%是权益资金，25%是债务资金，股东的收益率是 10%，债权人的收益率是 8%，资本成本就是两者的加权平均数。权重是两种资金所占总资金的比重。计算如下：

	比重		收益率
权益	0.75	×	10%=0.075
债务	0.25	×	8%=0.02
		加权平均数	资本成本=0.095

换句话说，资本成本是公司提供给投资者的不同收益率的混合。理论上似乎足够简单，但

实务中就很复杂。资本成本的概念很重要，我们将用后面一章的内容来讨论它。现在我们假定每个公司知道它的资本成本是多少，并能通过它来估计自己的投资机会。

10.2 资本预算方法

接下来，我们会介绍四种资本预算方法。每种方法都由一系列的计算过程和一套决策规则。任何一种方法都需要计算与投资项目有关的数据，并用决策规则来分析这个数据。每种方法在独立和互斥情况下的决策规则有稍微的不同。

10.2.1 回收期法

最简单的资本预算方法就是回收期法。通过使用这种方法，我们计算出项目预期现金流偿还初始投资的时间。换句话说，我们计算项目可以保本需要的时间。这个时间段是用来比较的参数。当项目开始只有一项初始现金流时，回收期法是最有意义的。通过例 10-1 可以很好地理解这种方法。

概念链接　例 10-1

回 收 期 法

下面表格中，初始投入为 200 000 美元，产生四期 60 000 美元的现金流，通过在每期下面列出累积的现金流可以很容易的看出回收期。

	年　份				
	0	1	2	3	4
现金流（C_i）	(200 000)美元	60 000 美元	60 000 美元	60 000 美元	60 000 美元
累计现金流	(200 000)	(140 000)	(80 000)	(20 000)	(40 000)
					回收期为 3.33 年

注意到 3 年后累计现金流是负的 20 000 美元，四年之后是正的 40 000 美元。如果假定现金在一年内是均匀流动的，那 3.33 年后也就是说 3 年零四个月，能够偿还投入资金。这个时间段就是该项目的回收期。

回收期法决策规则

独立的项目 在回收期法中决策规则的观念是，越早"回收"投资额越好。通常使用这种方法的公司会确定一个回收初始资本的最大回收期。独立项目决策规则很简单，被接受项目的回收期必须小于规定的最大回收期，典型的小项目的回收期大约是 3 年。可以便捷的说明这种方法如下：

> 回收期是公司回收初始的现金流出所需要的时间。回收期越短越好。

回收期＜最大回收期→接受

回收期＞最大回收期→拒绝

互斥项目　同理，我们更喜欢回收期短的项目。因此，互斥项目的回收期法决策规则简单的说就是回收期越短越好。如果 P/B_A 和 P/B_B 分别表示项目 A、B 的回收期，那决策规则就是

$$P/B_A < P/B_B \rightarrow \text{相对于 B 项目，选择 A 项目}$$

回收期法的缺点

通常，回收期法是一种不精确的资本预算方法，存在两点主要的缺陷。第一，它忽略了资金的时间价值。因此，这种方法计算过程中，未来的资金和现在的资金价值相同。这明显是对价值的错误曲解。第二，它忽略了回收期之后的现金流。即使在很简单的情况下，也可能会导致错误的结论。下面例 10-2 就说明了这一情况。

概念链接　例 10-2

回收期的缺点

利用回收期法来从互斥项目 A、B 中做出选择。

美元

	项目 A	项目 B
C_0	(1200)	(1200)
C_1	400	400
C_2	400	400
C_3	400	350
C_4	200	800
C_5	200	800

解答：很明显，项目 A 的回收期是 3 年，因为它的初始投入额在 3 年内就可以全部收回。项目 B 前两年的回收额和 A 的相同，但第 3 年稍微不同，第 3 年的现金流减小了 50 美元。然而，稍微减小的回收额意味着项目 B 只有在第四年才能全部收回。换句话说，项目 B 的回收期比 A 的回收期长。根据决策规则应该选择项目 A。但是项目 B 明显比 A 好，因为 3 年后项目 B 的现金流大于 A 的现金流。第四年和第五年的差额弥补了第 3 年的微小的差额，但是回收期法忽略了这一点。

为什么使用回收期法？

考虑到回收期法的缺点，那么发出为什么还要使用这种方法的疑问也就是合理的。答案就是这种方法使用起来快捷、简便，并为我们提供一种粗略的筛选方法。

如果一种项目不能收回初始投资额，很可能它就会被拒绝而不会被进一步考虑。如果它能偿还初始额，那么在进一步的分析中会运用更准确的方法来评估它。

现值回收期法

这是由回收期法改进来的一种方法，企图弥补回收期法的一个缺陷——忽略时间价值。这种方法的计算过程是以合适的一个折现率将所有的现金流折现为现值，再进行分析。

这种方法逻辑上是合理的，但留下回收期法的第二个缺陷没有解决，且失去了快捷、简便

的优点。这导致很少人使用这种方法。

10.2.2 净现值法

财务和经济领域中一个基本的原则就是基于价值做出决策时应考虑未来现金流量的现值。净现值法利用这种思想来分析项目。我们计算项目每期的现金流量然后把它们加总。结果就是项目的净现值，通常缩写为 NPV。"净"字暗含着正的现金流对负的现金流的补偿。最终选择哪个项目以项目的净现值为依据。

资本成本中，一个项目的净现值是指项目的现金流入和现金流出的现值之和。

计算现值的过程中将公司的资本成本作为利率。了解这点很重要，本章前面已讨论公司的资本成本是大多数净现值计算的合适的折现率。我们可以用下面的公式表示项目的净现值

$$NPV = C_0 + C_1[PVF_{k,1}] + C_2[PVF_{k,2}] + \cdots + C_n[PVF_{k,n}] \quad (10\text{-}1)$$

C_1 表示项目第一年的现金流量，C_0 表示初始投资额。当然，$[PVF_{k,i}]$ 是第 6 章中我们研究的现值系数。注意 C_0 没有乘以现值系数。这是因为初始现金流量假定立即发生，就在现在。

我们短暂的偏离主题一会儿，用另外一种方式写出一个代数上的公式 10-1，如果我们回顾 $[PVF_{k,i}]$ 定义为 $1/(1+k)^i$，那公式可变为

$$NPV = C_0 + \frac{C_1}{1+k} + \frac{C_2}{(1+k)^2} + \cdots + \frac{C_n}{(1+k)^n} \quad (10\text{-}1a)$$

除以 $(1+k)^i$ 等于 C_i 乘以现值系数。后面我们还会阐明这一点，但是不用此公式计算。理解这两个公式是等价的很重要，同时记住我们利用公式 10-1 计算。

思考公式 10-1 中符号 C 很重要，并记住负数是现金流出，正数是现金流入。如前所述，负的现金流先发生，接下来才是正的现金流。公式 10-1 说明净现值是所有正现金流现值和负现金流现值的差。如果正现金流现值大于负现金流现值，那净现值就是正的，否则净现值是负的。

净现值和股东财富

深入理解耗费资本的项目会涉及它们对股东财富的影响。一种项目的净现值是实施的项目预期会给公司的价值带来的净影响。如果一项净现值为正数的项目被接受并成功完成，那么公司的经济价值的增加应该就是项目净现值的增加。相反，如果项目的净现值是负，那么公司的经济价值会降低同样的数量。

因此，一个能使项目的净现值最大化的投资计划能促进股东财富最大化，而股东财富最大化也是管理层的目标。理论上，净现值法和股东财富之间的直接联系使得它是最正确的资本预算方法。

目前为止，我们一直在讨论未来将要投资的项目的净现值。但要认识到实际的现金流很可能不同于预期的。有一个高的计划净现值的项目，可能在完成后会对股东财富产生非常不同的影响。然而，在实际现金流发生之前，预期的净现值是我们对未来最好的预测。

决策规则

一个独立项目的净现值大于零时，则意味着人们可以接受。

独立项目 很明显，预期现金流的现值大于现金流出的现值的项目是理想的。相反的，如果现金流出的现值更大，那么这种项目不会被接受。这两种情况分别对应净现值为正和负的情况。规则可表示如下：

NPV>0→接受

$$NPV<0 \rightarrow \text{拒绝}$$

概念链接　例 10-3

净现值法

项目 Alpha 的现金流如下：(单位：美元)

C_0	C_1	C_2	C_3
(5 000)	1 000	2 000	3 000

如果公司认为 Alpha 的资本成本是 12%，这个项目是否应该被采纳？

解答：此项目的净现值通过每期现金流以资本成本折现后加总而得到。应通过每期现金流分别乘以贴现率为 12%，年数为 1、2、3 的现值系数来计算现值。记住 C_0 不乘现值系数，因为它本身就是现在的现金流。

年数	现金流(美元)	现值系数	现金流的现值(美元)
0	(5 000)	1	(5 000)
1	1 000	0.892 9	892.9
2	2 000	0.797 2	1 594.4
3	3 000	0.711 8	2 135.4
			净现值＝(377.30)美元

以资本成本折现，项目 Alpha 的净现值是负的，所以不应该被采纳。

注意，即使项目的总现金流入大于现金流出，净现值也仍可能为负的。因为通常现金流入在更远的未来发生，所以相对于减少现金流出的量，求现值的过程减小了现金流入的价值更大。例子中，未折现的现金流的价值总和为 6 000 美元，而唯一的现金流出是 5 000 美元。然而，在现值的基础上，现金流入少于现金流出。

> 互斥项目的净现值越大越好。

互斥项目 现金流入的现值大于现金流出的现值的量越大，项目的净现值越大，预期对股东财富的贡献越大。换句话说，净现值越大越好。互斥项目的决策规则：

$$NPV_A > NPV_B \rightarrow \text{选择项目 A}$$

这里 NPV_A，NPV_B 分别表示项目 A，B 的净现值。

这种观点表面是很明显的：选择净现值最大的项目。然而，实务中会出现几个问题。下面的例题中对净现值的计算和决策规则的运用进行进一步的研究，同时提出现实中使用这种方法的问题。

概念链接　例 10-4

互斥项目的判断与决策

Xavier 公司是制造户外动力设备的公司，包括割草机和花园拖拉机。该公司正考虑经营两个多元的投资项目。第一个项目是制造一种比公司现有的更大、功率更大的拖拉机。市场调研显示功率大的设备的需求量很大，竞争对手也正向这个经营方向发展；第二个投资机会是制造除雪机。制造这种机器的生产和工程技术和制造花园拖拉机一样，但Xavier公司从来没有生产和销售过该产品。

管理层打算以未来5年的预期现金流为依据进行决策，因为他们认为超过五年，将来的情况太不明确，不能作为现在决策的基础。换句话说，如果一个项目不能够证明在五年内获得足够的收益，那么管理层认为它的风险较大。

在营销部门、设计部门和生产部门的合作下，财务分析师将每个项目的预期的增量现金流量总结在一起，该公司的资本成本是9%。

Xavier公司项目评估

美元

年数	拖拉机	除雪机	年数	拖拉机	除雪机
0	(3 000)	(3 500)	3	1 000	1 200
1	(250)	(700)	4	1 500	2 000
2	500	800	5	1 500	2 000

对项目进行财务分析，回答以下几个问题。

a. 如果两项目是独立的项目，选择哪个项目？

b. 如果公司能募集的最大资金数额是5 000 000美元，应该选择哪个项目？

c. 如果管理层愿意多考虑两年的现金流量，而接下来两年的现金流量和第四年和第五年相同，公司会选择哪个项目？

d. 除了这种情况下的风险之外，还有哪些相关的风险？

解答：先计算每个项目的净现值。我们将计算过程展示在表格中，每年的现金流量乘以现值系数

Xavier公司项目净现值分析

美元

		现金流量		现金流量的净现值	
年数	系数	拖拉机	除雪机	拖拉机	除雪机
0	1	(3 000)	(3 500)	(3 000)	(3 500)
1	0.917 4	(250)	(700)	(229)	(642)
2	0.841 7	500	800	421	673
3	0.772 2	1 000	1 200	772	927
4	0.708 4	1 500	2 000	1063	417
5	0.649 9	1 500	2 000	975	1 300
				净现值=2美元	175美元

从上面的计算过程，我们立即可以回答前两个问题。

a. 这两个项目的净现值都是正数，在独立项目的基础上两者都可接受。然而两个项目相对于规模来说净现值也不是很大。尤其是拖拉机项目刚刚保本，那么项目的可取性就会受到质疑。现在我们仅仅表明使用净现值法是可以接受的，稍后我们再分析准确性问题。

b. 这两个项目是互斥的，因为它们的初始投入总和是650万美元，公司只能获得500万美元的项目资金。从互斥项目角度来说，扫雪机更具有优势，但不很明显。

接下来的两个问题需要更多的计算过程和仔细的判断。

c. 遥远的未来总是很难确定。未来六年或更多年份的销售额和获利性很容易预测。销售人员和营销人员一直在做这项工作。问题是，当对实质性数据进行决策时，一个谨慎、明智的财务经理该在多大程度上接受这些预测？计算一下对另外两年净现值的影响。

公司净现值分析 单位：美元

		现金流量		现金流量的现值	
年	现值系数	拖拉机	扫雪机	拖拉机	扫雪机
6	0.596 3	1 500	2 000	894	1 193
7	0.547 0	1 500	2 000	821	1 094
			对净现值的增加值	1 715	2 287
			原净现值	2	175
			新的净现值	1 717	2 462

注意该问题是很复杂的。因为是独立项目，两个项目都是可取的，也就是说，相对于投资规模，两者的净现值足够大。进而，很明显应该选择扫雪机，因为它的净现值较大。通过预测项目更加远期的现金流量，更方便预测。

> 资本运算的方法很容易运用，但解释计算结果需要值得注意的判断。

d. 关于两个项目的预测，是同等地可靠吗？有充分的理由证明事实并非如此。扫雪机对Xavier公司是一项新业务，而拖拉机是已做过的业务的扩展。这将预示着扫雪机的风险更大。如果真是这样，那只是简单的对比净现值的大小有效吗？可能没用。我们将在第12章研究一些将风险引进资本预算过程的方法。

现在应该可以确定理解了净现值方法的原理，也就是怎样计算净现值和怎样使用决策规则。但要记住上面出现的问题。在接下的两章我们会再次讨论它们。

10.2.3 内含报酬率法

内含报酬率法专注于报酬率，而不是比较净现值的大小。我们可以用两种方法来定义内含报酬率。从根本上说，项目的内含报酬率只是对投入资金获得的回报。然而，我们也可以通过公式10-1a中净现值的方程来定义内含报酬率。我们将近距离观察这两种方法。

> 项目的内含报酬率是现金流出的投资项目所产生的回报。

作为一项投资的项目

在内含报酬率法中，一个项目被视为一项公司资金的投资，本质上，就像购买金融资产。从这一角度看，项目初始投入资金就如同投资者购买股票和债券的支付额。随后项目的现金流入就如投资者获得的利息和红利。

当项目初始时(时间为零)只有一次现金流出，这种类比就很容易理解了。考虑例10-3中的项目，再次重复现金流量(单位：美元)。

C_0	C_1	C_2	C_3
5 000	1 000	2 000	3 000

项目需要一项初始现金流出,接下来三项现金流入。初始投入的 5 000 美元可以看作接受随后现金流入的“价格”。换句话说,接受这个项目意味着为了获得投资公司收到后面的现金流入,而初始投资 5 000 美元。

回想第 7 章和第 8 章中,我们将投资收益率定义为使未来现金流量等于投入金额使用的折现率。同样的思想被运用在这里。内含报酬率是后面 3 项现金流入的现值等于初始流出的 5 000 美元。

从这种观点的角度来看,内含报酬率类似于债券的报酬率。说到债券,购买债券赋予债券所有者获得一系列利息支付和收回本金的权利。投资者支付债券的价格为了获得现金流量。使投资者的现金流量等于债券价格使用的折现率就是收益率。类似的,使项目的现金流量的净现值等于初始投出资金所使用的折现率就是内含报酬率。

当存在多余一项现金流出时,这种观点就有点难理解了。例如,在现金流入之前,有两项负的现金流量。这种情况下,内含报酬率就是所有的现金流入的现值等于现金流出的现值使用的利率。也就是说,内含报酬率的定义是初始投入获得的收益率。

通过公式定义内含报酬率

将净现值和内含报酬率概念联系在一起,能够获得更好地理解。这两种方法是紧密联系,净现值和内含报酬率能用同一个公式定义。

内含报酬率是使得项目的净现值为零的利率。

上一部分,我们用公式 10-1 定义项目的净现值,但随后也提到能用另一公式 10-1a 定义。提到另一种表达,内含报酬率就是净现值为零使用的贴现率 k。这种情况在现金流入的净现值等于现金流出的净现值时发生,也就是两者相互抵销。这意味着内含报酬率法是净现值公式使用的利率未知,净现值确定为零的解。这相当于内含报酬率就是项目净现值等于零时的贴现率。

将公式 10-1a 中净现值设为零,用 IRR 代替收益率 k。来定义内含报酬率,如下:

$$0 = C_0 + \frac{C_1}{1+\text{IRR}} + \frac{C_2}{(1+\text{IRR})^2} + \cdots + \frac{C_n}{(1+\text{IRR})^n} \qquad (10\text{-}2)$$

当以特定项目的现金流量给定,公式 10-2 中,只有 IRR 是未知的。公式的解就是项目的内含报酬率。每个项目都有自身的一个内含报酬率,就如同每个项目都有一个净现值一样。

决策规则

内含报酬率法的决策规则可以直接从投资收益率的角度考虑。

在独立项目的基础上,如果项目的内含报酬率大于资本成本,项目就是可以接受的。

独立项目

在独立项目的情况下,我们就会问这样一个问题:投资与项目是否很好地利用了公司的资金?问题的答案基于公司使用这笔资金支付的报酬率。本章的前面我们将此报酬率形容为资本成本。

回想一下,前面给出的叙述是没人愿意投资,除非投资回报率预期会超过使用投资的资金所支付的利率。

因为一个项目的内含报酬率是投入的项目资金的报酬率，而资本成本反映了公司为使用长期资金需支付的平均报酬率，所以独立项目的决策规则可以归纳为：只有投资项目的内含报酬率大于公司的资本成本时，才能投资于该项目。

$$\text{IRR} > k \rightarrow \text{接受}$$

$$\text{IRR} < k \rightarrow \text{拒绝}$$

此处 k 为公司的资本成本。

互斥项目

互斥项目的决策规则也遵从将内含报酬率作为投资收益率的定义。我们更喜欢投资收益率大的投资项目。因此，内含报酬率越大越好。如果 IRR_A，IRR_B 分别是 A，B 的内含报酬率，则有：

> 互斥项目的环境下，项目的内含报酬率越大越好。

$$\text{IRR}_A > \text{IRR}_B \rightarrow \text{选择项目 A}$$[1]

内含报酬率的计算

通过观察公式 10-2 可知，要计算一系列现金流的内含报酬率，不是一件容易的事。一个项目的内含报酬率是用一系列数值替换 C_i 时公式的解。注意公式使变量为内含报酬率，n 排序的多项式。进而，这一是个复杂的多项式，因为右边的分母部分出现了未知的乘方。一般的，这样的方程式在 $n>2$ 时不能通过代数形式计算解出。

通过一种替代的数字方法计算方程的解。实际上，我们能用公式 10-1 来求得公式 10-2 的解。

公式 10-1 定义了净现值的求法，用此公式在给定的一系列现金流情况下，可以计算任何利率下的净现值。为求得项目的内含报酬率，我们简单地尝试将 k 不同的值带入公式 10.1，直到净现值为零。此时，k 的值就是内含报酬率。

为了解决问题，我们猜测项目的 IRR，并将它带入公式求净现值。如果净现值不是零，那么第一次猜测就不正确，再继续猜。然而，从第一次猜测的结果能获得一些信息，这些信息决定了第二次猜测的方向。例 10-5 会清晰地展示这一猜测的过程。

> 计算内含报酬率通常需要相互作用的反复实验的方法。

内含报酬率法的技术性问题

使用内含报酬率法过程中，会涉及两个技术性问题。它们很少造成实际困难，但每一个使用这一方法的人都会遇到这两个问题。

概念链接　例 10-5

内含报酬率-互动过程

求出例 10-3 中的一系列现金流的内含报酬率：

C_0	C_1	C_2	C_3
5 000 美元	1 000 美元	2 000 美元	3 000 美元

[1] 当前看出，内含报酬率决策原则在互斥项目选择时偶尔会导致错误的决策。

如果公司的资本成本是8%,此项目是一项好的投资计划吗？那如果资本成本是10%呢？

解答：我们开始猜测内含报酬率为12%,计算此时的净现值。我们已在例10-3中做过这一工作,计算的净现值为377.30美元。

很明显,在12%的水平下,项目的净现值不是零,所以得继续猜。为了更好的猜测,我们观察一下项目现金流的特点。正的现金流在将来,显示在右边,这些正数因为我们取现值时折现过程受影响。实质上,在和负的5 000美元求和形成净现值之前,正的现金流量通过乘以现值系数而减小了。要知道,越大的贴现率使正现金流量减小的量越大,但是它不会影响初始投入额,因为初始额不用折现。

我们第一次猜的12%使正的现金流量减小的太多,以至于比初始投入额5 000美元小377.30。我们想让下次猜测的贴现率使正现金流量减小量少些,那我们选择一个更小的贴现率。

我们总结一下：一个项目的净现值与用于计算的贴现率呈反向变动。这种关系可以用图10-1描述。

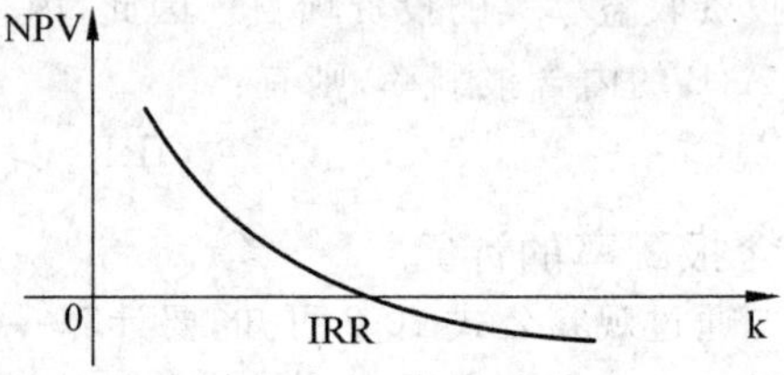

图10-1 内含报酬率曲线

这个图我们称为净现值曲线。每一个有一系列现金流的项目都有和图中所示曲线类似的曲线。通常,曲线向右下方倾斜,并交坐标轴于一点。内含报酬率就是这个交点,即净现值为零的点。这发生在曲线穿过k轴线时,如图所示。

项目的净现值轮廓是相对于资本成本的净现值曲线图。他与水平轴的交点是内含报酬率。

意识到净现值曲线向右下方倾斜是很重要的。因为一般项目开始是负的现金流,随后才是正的现金流。因此,很高的贴现率对正现金流的影响比对负的现金流的影响更大,减小了净现值。

求一个项目的内含报酬率相当于通过测试交点两边的点来定位净现值曲线和坐标轴的交点。

当前问题是,我们第一次猜测的位置处于交点的右边。下一次猜测一定是更小的贴现率使计算的净现值更大,更接近于内含报酬率。

我们将建立含两列的表格记录我们的计算过程,一列是贴现率,另一列是贴现率对应的净现值。用例10-3中的计算方法证明下面显示的是正确的。净现值以最接近的整数表示。

估计的贴现率(%)	净现值(美元)	估计的贴现率(%)	净现值(美元)
12	(377)	8	22
10	(184)	7	130
9	(83)		

贴现率在8%～9%时,净现值的符号发生改变。这意味着内含报酬率处于8%～9%之间。

如果公司的资本成本是8%,项目刚好保本。如果资本成本是9%,项目会损失资本,是不可取的。

这种方法与第7章给定债券的价格,求债券的报酬率的迭代法类似。

一些财务计算器设计程序能求出一系列现金流的内含报酬率。这种机器内部程序也是使用的迭代法，如刚才我们的举例。

多解问题

项目的内含报酬率被定义为公式 10-2 的解，就是用一系列的现金流替换 C_i，内含报酬率视为未知数。这一表达式来源于净现值等于零时净现值的公式。

不同寻常的项目可能有多于一个的内含报酬率，但是他们很少出现实用性的困难。

第一个问题出现了，因为公式 10-2 的变量是 IRR，以 n 排序的公式，此处 n 是项目的持续年数，所以会有 n 个解。我们怎么知道哪个解才是正确的？乍一看，这似乎是内含报酬率法一个很严重的问题，实际上不是。

公式的解可能是正数、负数或数学家们所谓的虚数。

公式 10-2 的正数解的数量取决于项目现金流量的类型。正的解的数量等于现金流改变符号的次数，也就是现金流 C_i 从负数变为正数或从正数变成负数。

正常的现金流量只有一次符号的改变。总有一个初始现金流出 C_0，接下来是正的现金流入。有时仅在 C_0 之后正的现金流之前是负的现金流量，只有一次符号改变，从负数变为正数。这意味着只有一个正解，那就是正确的内含报酬率。

某些特殊的项目有一个或两个负数的现金流量在一系列正数之间，那求内含报酬率时就会有好几个解。然而，实际上在一个合理的贴现率的范围中，是有一个解，比如在 0～50%。这正是我们寻找的。当存在其他正数解时，他们可能是 300%或 400%，这种结果在合理的猜测下，使用迭代法求解时很少出现。

作为一个实际问题，多解的问题几乎可以被忽略。

再投资假定

再次观察公式 10-2，假如有一个典型的现金流量类型，即有一个负的现金流出 C_0，紧接的是一系列长期的现金流量。内含报酬率法内含的假定了收到现金流后将发生什么。它假定将以内含报酬率再投资直到项目寿命期到期。

再投资假定在一些特殊的风险投资项目中出现了问题。假如一个项目有一个内含报酬率为 50%。公司不可能找到将项目产生的资金再投资而获得同样收益率的其他投资机会。因此，再投资假定无法满足。但这使得 50%的解受到怀疑。换句话说，这个收益率很高，但可能是不正确的。

在这种情形下，将内含报酬率法和净现值法相比较。内含报酬率高的项目，会有一个高的净现值，但净现值法只要求以资本成本再投资。因为净现值法中的折现率仅是资本成本，即公式 10-1 和公式 10-1a 中的 k。这种投资实际上能够实现。

再投资问题也是个理论问题，也就是说不是一个实际问题。当项目的报酬率接近 50%，人们就不会担心它到底是多少了。换句话说，如果计算的内含报酬率是 50%，人们不会争论它到底是 50%或者是 40%。如果项目的现金流量是正确的，哪种情况都暗示着此项目是一个好的投资机会。

10.2.4 比较净现值法和内含报酬率法

内含报酬率法和净现值法是两个主要的评估资本预算项目的方法。这样一个问题是合乎逻辑的，即：它们的解总是一样的吗？令人惊讶的是，两种方法的解不总是相同。让我们在净现值曲线的帮助下，探讨前面介绍过的问题。

一个项目的净现值曲线反映了项目的净现值和计算的贴现率之间的关系。它是在给定一系列现金流 C_i 的情况下，公式 10-1 和公式 10-1a 的图形表示。

回顾图 10-1 中的净现值曲线。相关的讨论证明了一些前期现金流出随后是现金流入的项目的净现值曲线是向右下方倾斜的。因为所有项目不变的特点。然而，它们的形状不相同，它们交于坐标轴不同的点处。另外，不同项目的曲线可能会相交，如图 10-2 所示。

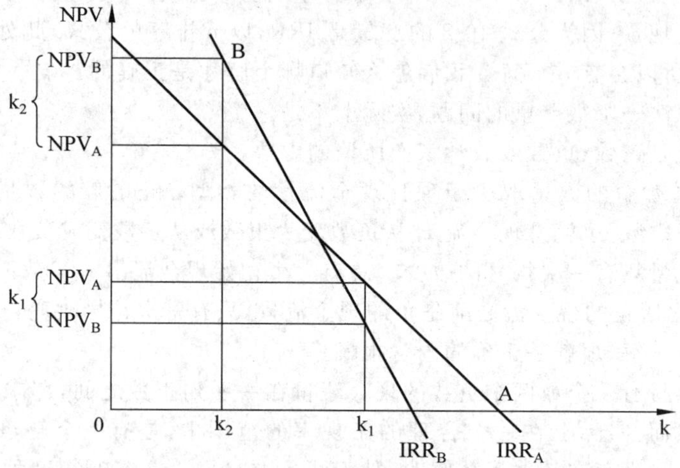

图 10-2　用净现值法和内含报酬率法得到不同的答案

我们可以使用图中的净现值曲线来说明当在互斥项目之间选择时，净现值法和内含报酬率法怎样给出不同的答案。

注意图 10-2 中项目 A 与水平轴的交点在项目 B 与水平轴交点的右边。这意味着 $IRR_A > IRR_B$。因此 A，B 两者之间，应该选择项目 A。利用净现值法时。也选择项目 A？这取决于资本成本。我们将利用净现值法，通过图示评估项目说明不同的 k 值会有不同的结论。

为了确定任何一个项目在特定的资本成本下的净现值，在水平轴上的 k 值处做垂线交于项目的净现值曲线一点，找出对应于纵轴上的点，那就是净现值的值。

首先选择资本成本 k_1，找到项目 A，B 的净现值 NPV_A，NPV_B。它们都显示在图中纵轴的底部。注意 NPV_A 在 NPV_B 的上方，暗示着净现值法选择项目 A 和内含报酬率一样。

> 互斥项目中，净现值法和内含报酬率法偶尔会产生不同的结果。

现在当资本成本 k_2 同样这样做，k_2 在两净现值曲线的左方。结果净现值在纵轴的顶部。注意这次结果是相反的，使用净现值法应该选择项目 B，和内含报酬率法的结果相反。

对于图表的观察让我们在发生这种现象时对问题有了更深入的了解。为了得到不同的结果，净现值曲线不得不超越图形的第一个有实际意义的贴现率部分。这不经常发生。当这种现象发生时，如果资本成本小于内含报酬率但相差不大，我们仍预期两种方法会得到一致。

冲突时优先选择的方法

实际中，内含报酬率和净现值法发生冲突的现象很少出现。当发生冲突时，应该优先选择净现值法，它更能满足再投资假设，并且净现值和财富最大化直接相关。

10.2.5 使用财务计算器和电子表格计算净现值和内含报酬率

现代先进的财务计算器和电子表格软件简化了计算净现值内含报酬率的大量繁杂的工作。当我们需要求内含报酬率时，这些设备使用起来非常方便，避免了前面描述的烦冗的迭代工作。我们将简要地说明如何使用 Texas 工具 BAII PLUS 计算器和 Microsoft Excel 解决问题。将数据输入计算器有点烦琐，因此，你可能不得不查询使用手册。

计算器

只要将相关的现金流量输入计算器能很快算出项目的净现值和内含报酬率。为了将现金流量输入计算器，先按 CF 键进入输入模式，然后按 2nd 和 CLR 键清除工作记录。

计算器设计程序来提示使用者一次只能输入一个现金流量数据，以初始投资额开始称为 CF_0，也称为 C_0。输入数值，再按＋/－键使变成负数，然后按 ENTER 键。

计算器提示最多能输入 24 个不同的现金流量，从 $C_0, C_1, C_2 \cdots C_{24}$。然而，每输入一个现金流量之后，计算器就会提示频数 $F_{01}, F_{02} \cdots F_{24}$。频数能让我们在输入下一个现金流量之前重复输入上一个现金流量多达 9999 次。如果你不输入频数，他就会假定频数为 1。例如数列

－500　100　200　200　200　800

可以按以下顺序输入：

提示符	输入	提示符	输入
CF_0	－500	C_{02}	200
C_{01}	100	F_{02}	3
F_{01}		C_{03}	800

你可以通过按↑↓键在已输入的现金流量和频数之间来回移动。也可以利用使用手册中的程序将现金流量插入、删除或修改。

IRR 和 NPV

一旦将项目的现金流量输入计算器，就很容易计算净现值和内含报酬率了。为求净现值，开始先按 NPV 键。计算器会提示你输入你想求现值的贴现率 I。贴现率以整数输入，(例如 12%，按 12 输入)然后按 ENTER 键。现在按↓键，然后 CPT(计算)。项目的净现值会出现在屏幕上。同理求得 IRR。

练习一下，用计算器计算例题 10-3 和例题 10-4 中的净现值和内含报酬率。

电子表格

很容易用电子表格求出净现值和内含报酬率。我们只需将现金流量输入到行和列的一系列连续的表格，使用电子表格的净现值和内含报酬率函数。这里有一个使用 Microsoft Excel 的例子，现金流量来自于例 10-3。(单位：美元)

	A	B	C	D	E
1	项目的现金流量				
2		－5 000	1 000	2 000	3 000
3					

续表

	A	B	C	D	E
4	资本成本 k=		0.12		
5					
6	净现值=	(377.41)			
7					
8	内含报酬率=	8.2%			

表格中有公式

$$B_6 = B_2 + NPV(C_4, C_2 : E_2)$$

首先，看一下 NPV 函数。第一个变量就是贴现率即资本成本，表格中的 C_4。注意这里以小数形式输入，和计算器输入整数形式不同。另一个变量即为项目未来现金流量的单元格范围即 C_2 到 E_2。净现值函数只计算未来现金流量的现值。这意味着我们不得不单独加上初始投入，正如我们在公式中加入 B_2。

换句话说，内含报酬率函数取全部的现金流量，包括初始投入。单元格 B_8 的公式 $B_8 = IRR(B_2 : E_2)$

10.2.6 只有单一现金流出和固定现金流入的项目

许多项目的特点是有一个初始现金流出，接着是一系列相等的现金流入，它们时间间隔相等。为了说明，以上一个例子为例，将第 3 年的 1 000 美元转到第一年。单位：美元

C_0	C_1	C_2	C_3
5 000	2 000	2 000	2 000

这种类型很容易计算，因为现金流量可以看作年金。在这种情况下，可以用年金的现值公式来重新定义 NPV，IRR。

当项目发生单独的费用和有规律的现金流入时，年金的计算公式可以用来计算净现值和内含报酬率。

公式 10-1 定义净现值

$$NPV = C_0 + C[PVFA_{k,n}] \tag{10-3}$$

C 是固定的每年的现金流入，k 是资本成本，n 是项目的寿命，C_0 是初始现金流出。要记住 C_0 是个负数。等式右边的第二项是项目正的 n 年的贴现率为 k 的现金流入的现值。

类似的 10.2 定义 IRR

$$0 = C_0 + C[PVFA_{IRR,n}] \tag{10-4}$$

公式 10-4 很方便，避免了其他方法求内含报酬率所需的迭代过程。

概念链接　例 10-6

规范现金流下求解净现值和内含报酬率

用上面刚刚描述的例子，求解项目的 NPV，IRR。假定资本成本为 12%。

解答：为了计算净现值，写出公式 10-3 并将现金流量带入

$$NPV = C_0 + C[PVFA_{k,n}]$$
$$= -5\,000 + 2\,000 \times [PVFA_{12,3}]$$

从附表（表格 A-4）中，查找现值系数带入

$$NPV = -5\,000 + 2\,000(2.401\,8)$$
$$= -196.40$$

为了计算内含报酬率，写出公式 10-4 带入数值

$$0 = C_0 + C[PVFA_{IRR,n}]$$
$$= -5\,000 + 2\,000[PVFA_{IRR,3}]$$

求解现值系数

$$PVFA_{IRR,3} = 2.5$$

在附表中，沿着 3 年期一行找 2.5，解在 9%～10%之间。

将求得的净现值和内含报酬率和例 10-3 和例 10-5 中计算的结果相对照，将 1 000 美元前移了两年对结果是否有很大的影响？

10.2.7 获利指数

净现值法和内含报酬率法是最常用的两个资本预算方法。回收期法也经常被使用，但通常是在其他方法之前进行初步筛选的方法。尽管有新方法不断更新，没有一种方法被证明是最好的。然而，有一种方法被大量使用，值得简单提及。本质上，获利指数是净现值法的一个变形。我们将借助公式 10-1a 来定义它。

> 获利指数是现金流入的现值和现金流出的现值的比值。当获利指数大于 1 时，项目可以接受，获利指数越大越好。

初始现金流出是 C_0。因此我们定义，获利指数是公式 10-1a 中 C_0 右边所有项的和比上 C_0 的值。

$$PI = \frac{\dfrac{C_1}{(1+k)} + \dfrac{C_2}{(1+k)^2} + \cdots + \dfrac{C_n}{(1+k)^n}}{C_0} \tag{10-5}$$

PI 也被称为获利/成本的比值，反映了这样一种思想，未来正的现值流入是收益，初始现金流出是成本。

如果在 C_0 之后几期的现金流量是负数，这个概念就是不妥的。这种情况下，就无法确定是否应该将它们看作成本，加总到分母上或者看作负的现金流入从分子中消去。这个概念在只有初始现金流出是负数时，最好用。而只有初始现金流量是负数的情况是相当普遍的。（我们应该在公式中写 $-C_0$，但通常不这样做）

本质上，获利指数是比率：

$$\frac{\text{现金流入的现值}}{\text{现金流出的现值}}$$

相反，净现值是现金流入的现值与现金流出的现值的差。

当现金流入的现值大于现金流出的现值时，获利指数大于 1。这种情况等价于一个正的净现值。从现值的角度来说，获利指数越大越好，获利指数越大意味着相对于现金流出，现金流入越大，净现值越大。

决策规则

上述所有决定了获利指数的决策规则。

独立项目

$$PI>1\rightarrow 接受$$
$$PI<1\rightarrow 拒绝$$

互斥项目

$$PI_A>PI_B\rightarrow 选择项目\ A$$

PI_A,PI_B分别是项目 A,B 的获利指数。

和净现值法相比较

和净现值法的决策规则相比较,这种方法不是很准确。在独立项目决策时,获利指数大于1等价于净现值大于零。然而,这两种方法通过不同的计算过程,来计算相对可取的项目,可能在互斥选择中做出同样选择。

概念链接　例 10-7

获利指数

计算下面项目的获利指数,资本成本 9%作为独立项目,此项目可以接受吗?

C_0	C_1	C_2	C_3
4 500	1 500	2 000	1 600

解答:未来现金流量的现值计算如下:

年	C_i(美元)	$PVF_{9,i}$	PV (美元)
1	1 500	0.917 4	1 376
2	2 000	0.841 7	1 683
3	1 600	0.772 2	1 236
			4 295

然后利用公式 10-5,获利指数为

$$PI=\frac{4\ 295}{4\ 500}=0.95$$

因为获利指数小于 1,所以拒绝此项目。

10.2.8　不同寿命期项目的比较

互斥项目决策有时是很复杂的,因为互斥项目不发生在同一时期。当这种差异很明显时,项目之间的对比毫无意义。

例如,一个制造业公司正置换一台生产机器,必须在不同的寿命期的两种新型号机器中做出选择。假如这两种机器每年都能节省750美元的成本，但预计寿命期较长的型号机器可以持续使用6年，而另一型号机器只可以正常使用3年。当然，更耐用的机器价格越高。假定两种机器的价格分别为2 600美元和1 500美元。图10-3给出了两种机器的净现值和内含报酬率，资本成本为8%。

不同寿命期的项目不可直接比较。

注意到寿命短的机器的内含报酬率更高，但寿命长的机器的净现值更大一些。这种矛盾就是由于项目的寿命期不同造成的。

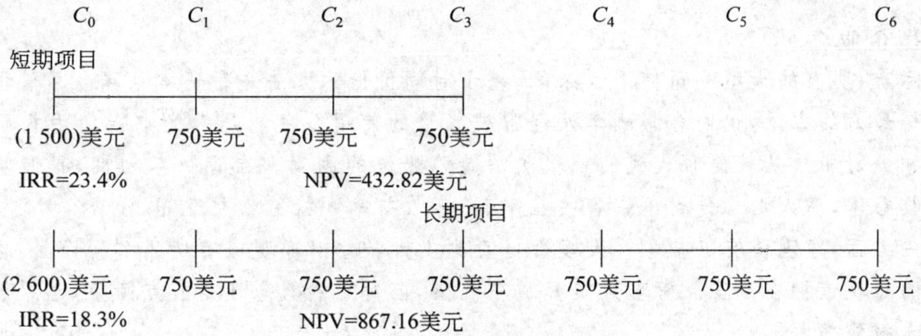

图 10-3　不同年限的项目的比较

问题主要出在净现值法。为使这种困难更直观，想象一台置换的机器在整个寿命期内每年都获利。问题就在于，计算净现值时一个项目总共有6年的收益，而另一个项目只有3年。因此，通常寿命期越长的净现值越大。

换句话说，6年寿命期的机器迫使我们以6年的时间范围来看待，而寿命期短的项目则隐含着假定后3年什么利润也没得到。

概念链接　例10-8

重　置　链

比较图10-3中两项目的正确方法是，明确地对寿命期短的机器在其寿命期终了时进行一次机器的置换。本质上，我们将两个项目链接在一起，从而覆盖了与寿命期长的项目相同的时间段。图10-4形象的描述了这一思想。那里的时间线应该取代图10-3中的短期时间线。

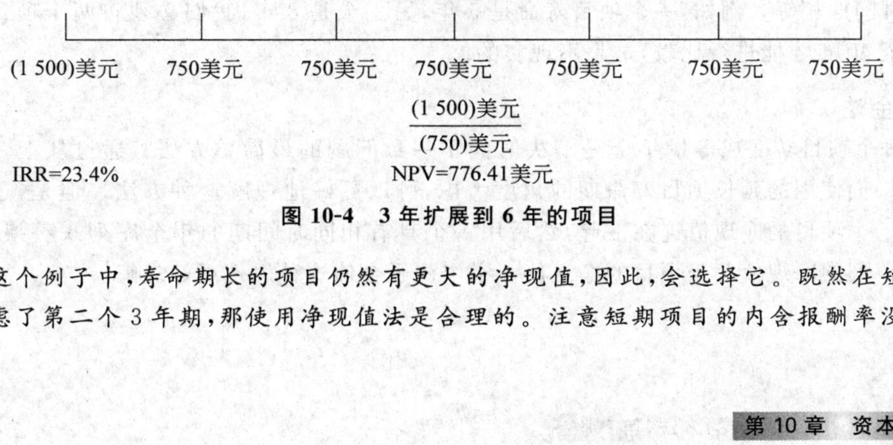

图 10-4　3年扩展到6年的项目

在这个例子中，寿命期长的项目仍然有更大的净现值，因此，会选择它。既然在短期项目中也考虑了第二个3年期，那使用净现值法是合理的。注意短期项目的内含报酬率没有受到时间线的影响。

实务观察

财务实践

企业更偏向于哪种方法?

大型企业

实际上,所有的大型公司使用复杂的、基于时间价值的方法进行资本预算。尽管理论上净现值法是最好的方法,但内含报酬率法经常被频繁的使用。可能是人们觉得使用报酬率比使用现值和更舒服。从孩提时代我们就很熟悉储蓄账户的利率。在青少年初期,我们学习股票投资的收益率,商人们总是讨论销售收益率、资产收益率和权益收益率等。

另一方面,净现值有点抽象。大多数人直到上大学才对净现值有所了解。而且,你不能将一美元的净现值握在手里。管理人员知道净现值,但对它的概念还是有点陌生,结果就偏向于使用内含报酬率法。

小公司

在小公司里情况完全不同。调查表明小型公司更倾向于把回收期法作为资本预算的基础,根本不会进行任何正常的分析。

研究发现可能有两个原因。第一,可能大多数小公司的经理人没有受过财务方面的教育,不知道怎样运用复杂的方法。第二,小公司的重点总是短期现金流量。短期来看,回收期法是可靠的方法,因此企业认为不需要进行其他的分析。

资料来源:L. R. Runyon Capital Budgeting Decision Making in smaller Firms Journal of Buiness Research 11(September 1983):389-97

重置链方法

为了解决难题,我们不得不意识到如果公司购买到相对便宜的机器,那么它必须在第一个3年期末进行另外依次置换。理论上,任何两个不同寿命的项目都可以使用重置链法来进行比较,即通过链接时间线直至达到相同的时间段。例如,两个3年和4年的项目可以通过将时间均延长至12年来对比。

> 重置链法扩展项目直至达到一个相同的时间范围。

这种方法有一个显著的缺陷,就是对于互斥项目来说,必须使用大量的置换链才能使时间期相等。例如,一个项目寿命是5年,另一个是8年,我们必须将两个项目的时间期延长至40年才能进行比较,这是不现实的。

等量年金法

将每个项目转变成等量年金是解决时间不一致问题的最简单方法。通过从上一部分我们使用的延长项目寿命期的角度考虑,可以更好地理解这种方法。但是,这里将每个项目的净现值连在一起,然后用一个具有相同时间期的年金序列来替换,这个序列的净现值等于项目的净现值。举个例子会使这种思想更好理解。

> 等年金法就是利用永续年金来代替每一个项目。

概念链接　例 10-9

等量年金

我们前面讨论过的短期项目有 3 年的寿命期净现值为 432.82 美元(例 10-3)。通过用净现值代入年金现值公式,建立 3 年的等量年金,同时将 3 年和合适的利率也代入(单位:美元)

$$PVA = PMT[PVFA_{k,n}]$$
$$432.82 = PMT[PVFA_{8,3}]$$

然后查找附表的现值系数,代入公式,解出每年的支付,即 EAA

$$432.82 = PMT(2.5771)$$
$$PMT = 167.95 = EAA$$

图 10-5 说明了这种思想,以图 10-4 中 3 年期项目为例。首先,我们用净现值替换了项目,然后我们用具有同样时间期、净现值相等的年金替换净现值。通过这种方法,我们用一系列等收益的等价现金流替换了项目。

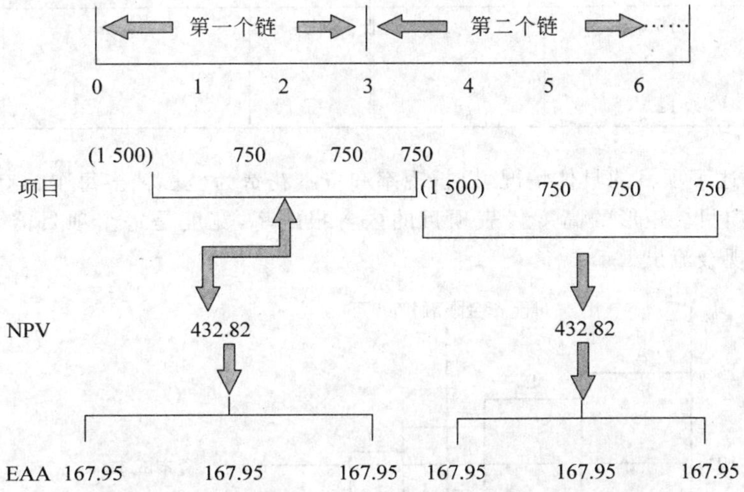

图 10-5　用净现值和等年金法来替代项目(单位:美元)

由于我们可以将项目时间线向前随意延长,所以我们可以用一条不确定长度的现金流等同于 EAA 来代表它。即使 EAA 的计算是基于原始项目寿命期数的,认识到这一点也是很重要的。

进而,我们不考虑项目的寿命期计算任何项目的 EAA。由于所有 EAA 是永续年金,可以通过比较年金支付来选择项目。

我们讨论的例子中较长寿命期的项目,其净现值为 867.16 美元,寿命期为 6 年,它的 EAA 计算如下:

$$PVA = PMT[PVFA_{k,n}]$$
$$867.16 = PMT[PVFA_{8,3}]$$

$$867.16 = PMT(4.6229)$$

$$PMT = 187.58 = EAA$$

它比短期项目 EAA 167.95 美元大，因此我们又可以得出结论，寿命期长的项目更好。

注意我们也可以基于现值通过利用永续年金的现值公式来比较 EAA。这相当于用相关折现率的小数数值来除以 EAA。两个项目的资本成本是相等的，这将导致相同的选择。

10.2.9 资本限额

公司的资本预算是在一段时期内，通常为一年，花费在项目上的全部资金。这笔资金应该为多少？

理论上，这个问题很容易回答。每个净现值为正的项目预期都能增加股东财富，都应该接受。因此，最佳的资本预算应该能满足所有可获得的项目，这些项目的净现值为正数，或等价于内含报酬率大于资本成本。

我们可以通过下面有如下项目的公司来阐述这种思想，内含报酬率递增顺序排列。

项目	内含报酬率(%)	C_0(美元 M)	项目	内含报酬率(%)	C_0(美元 M)
A	16	8	D	11	3
B	14	5	E	8	6
C	12	6	F	6	7

图 10-6 描述了项目的具体情况，以折现率和资本花费为坐标轴。每个标有字母的矩形代表每个提议的项目。矩形的高度代表项目的内含报酬率，宽度是每个项目需要的启动资金。通常称为初始现金流出 C_0。

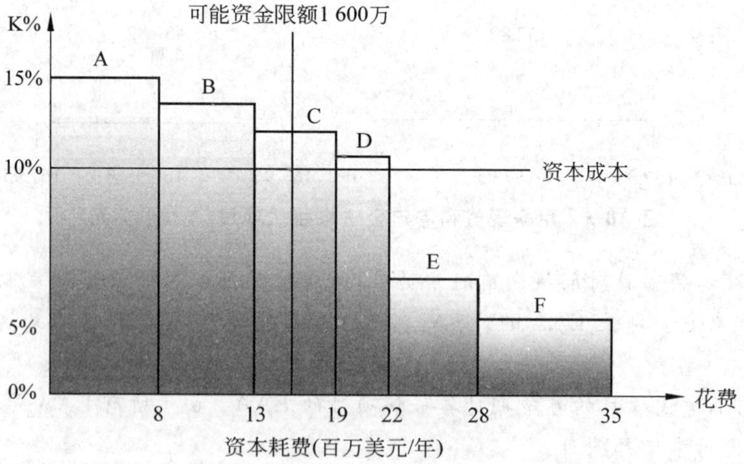

图 10-6 资本配置

再次注意到项目是以内含报酬率递增的顺序排列的，公司的资本成本表现为一条水平线。这些项目可能是独立的投资机会，也可能是互斥项目中最好的选择。

图示让我们更容易看出哪些项目的内含报酬率大于资本成本，而被采纳。这种情况下，如果没有限额，公司可以通过接受 A、B、C、D 项目，放弃项目 E 和 F，来使股东财富最大化。

然而，实务中，很少公司会有足够的资金接受所有净现值为正数的提议项目，一些资本限额通常会被强加给公司，如图中的限额 1 600 万美元。当附加了资本限制，我们不得不将资金在可获得的项目之间进行资金分配。

因为项目通常是不可分的，所以资金分配引发了一个问题。这种情况下，我们不能只做项目 C 的一部分，因此，只能不采纳项目 C。预算资金就会在项目 B 和限额之间有剩余，部分资金未被使用。分配问题就是选择一组最好的适合限额的项目。所谓"最好"，是指这组项目能使净现值最大。通过这样叙述，好像很容易选择，项目 D 正好可利用剩余的资金。然而有一些情况，并不能很明显的选择。很可能选择最大化净现值的项目会选择一个或多个可以更好地适应限额的低收益率的项目，而放弃一个高收益率的项目。

找到资本分配问题的最佳答案需要利用数学上有条件的最大化问题的方法。这个问题很复杂，超越了课本范围，但我们应该知道它的存在。

利用高等数学来求得资本分配问题的准确答案，暗含着它的精确性依赖于考虑的项目预测的净现值和内含报酬率。下一章我们就会讨论到这种准确答案是不可能的。

CFO 经验谈

实务中，大多经理人凭直觉来选择资本配置，基于各种各样的原因选择项目。这不仅仅是一些严格的财务问题。用这种选择方式，他们通常做出接近最好的选择，但却并不是那个最优选择。

概念链接

例 10-1　回收期法
例 10-2　回收期的缺点
例 10-3　净现值法
例 10-4　互斥项目的判断与决策
例 10-5　内含报酬率-互动过程
例 10-6　规范现金流下求解净现值和内含报酬率
例 10-7　获利指数
例 10-8　重置链
例 10-9　等量年金

讨论

1. 定义互斥项目，描述一下什么样的项目才是互斥项目？

2. 资本预算以预测的增量现金流量为依据，一般不包括日常费用。长期来看，这种方法会不会对一些公司造成问题？这些公司采取大量的资本预算勉强能接受的项目？

3. 联系一下资本成本的观点和机会成本的概念，资本成本是项目的机会成本吗？

4. 回收期法被批评说没使用折现的现金流量，在哪种情况下，它会很重要？也就是说，哪种类型的现金流量使用回收期法、净现值法、内含报酬率法会产生不同结果？

5. 用自己的话阐述一下净现值法的原理，为什么净现值越大越好？

6. 项目 A、B 有差不多大的净现值。它们的初始现金流量也相同。项目 A 早期的现金流量是正的，随后预期很少的或没有现金流入。项目 B 的正现金流量比项目 B 大，但在很远的未来。你能说明哪个项目更好？

7. 假定一公司花费 5 000 美元万构建一个工厂的项目的现金流入和流出比较接近与平衡，净现值是 25 000 美元。公司正在考虑购买一辆价值 150 000 美元拖车，车的预期现金流量的净现值大约为 25 000 美元。这意味着这两个项目是可类比的吗？有没有一个比另一个更好？如果现金流量有相似的风险，两项目的风险一样吗？

8. 思考将 100 000 美元存入银行五年的现金流量，假定每年你会取出利息，然后关闭账户。现在假定将同样数量的金额投入一企业，经营五年，能产生一系列现金流量。解释一下为什么企业项目的内含报酬率类似于银行账户的利息，两种投资有什么不同？

9. 论述一下净现值曲线倾向右下方的项目的现金流量是有什么特征？任意选择一系列的正的、负的现金流量，它的净现值曲线会这样倾斜吗？或有另外的趋势？为什么？

10. 下面一列现金流量有两次变号，有两个内含报酬率。找出两次变号。数学方法证明 25％和 400％都是内含报酬率公式的解。

C_0	C_1	C_2
(320)	2 000	(2 000)

在这个例子的基础上，解释为什么在实务中多解并不多见？

11. 在什么情况下，净现值法和内含报酬率在选择互斥项目时会有不同的结果？它们在独立项目决策中也会有矛盾的结果吗？为什么？

12. 为什么获利指数被描述为净现值法的变形比描述为内含报酬率法的变形更合适？

13. 证明下面有获利指数(PI)、初始投入(C_0)、净现值(NPV)的公式

$$NPV = C_0(1 - PI)$$

分析

1. 你是 Ajax 公司的一名财务分析师，此公司每月使用大约 100 万美元的存货。采购经理向你寻求关于采购决策方面的帮助。他现在购买 1 500 万美元的存货可以获得很大的折扣。然而，提前购买这么多的存货有废弃的风险。他知道大量采购可以通过资本预算方法进行分析，所以向你寻求帮助，问你是否应该购买这笔折扣的存货？你该给他怎样的建议？资本预算合适吗？

2. 资本项目的风险是项目的收益小于预期的概率。分别以置换型、扩张型和新投资型描述构建一个假定的项目。列出每种类型的几种失误从而引起现金流量比预期少的几种情况。你能想到几种导致项目损失的情形吗？损失会超过初始投入吗？

3. 查理·布朗正在考虑开设一个起点和终点都是主要城市的往返航线。市场上有四种飞机可启用，每种类型都不同的飞行航程、载重和操作性能。查理不确定服务需求，感觉认为一定程度上依赖于选择的飞机的型号。这项业务是否可行取决于使用哪种飞机，而使用哪种飞机又与预测需求紧密相连。能用资本预算方法分析这种问题吗？如果可以，这个问题是属

于独立项目决策还是互斥项目决策？

4. Budwell&Son 石油公司正在考虑两个钻孔计划。一个项目持续了 3 年开始花费 2 000 万美元，能很快收回，净现值为 1 500 万美元。另一个项目开始花费 2 000 万美元，预期寿命是 7 年，会很长时间收回，净现值为 1 700 万美元。公司的创始人，Budwell 支持短期项目因为它的回收期很短。然而，他儿子 Billy 大学期间学习金融，坚持认为判断项目的唯一方法是净现值，他支持长期项目。他们将你任命为财务顾问来解决这个问题，你将给他们提出什么建议？

5. Webley 公司有一个资本预算限额 2 000 万美元。现有 5 个内含报酬率相对较高的项目，初始投资额总共 1 500 万美元。它们的初始投资额大约都相等。第 6 个项目的内含报酬率稍微小于前 5 个项目，但需要 800 万美元的初始投资额。其他几个项目的内含报酬率都比第 6 个项目小一点。总经理宣布不得不放弃第 6 个项目，但没有足够的预算。你会给他提供什么建议？

习题

回收期：例 10-1 的概念链接

1. Gander 公司正考虑两个项目，如下（单位：美元）：

年	项目 X	项目 Y	年	项目 X	项目 Y
0	(100 000)	(1 00 000)	3	40 000	0
1	40 000	50 000	4	40 000	0
2	40 000	0	5	40 000	250 000

公司采用回收期法进行资本预算，只接受回收期在 3 年或少于 3 年项目。

a. 如果项目是独立项目，公司会接受哪个项目？如果是互斥项目，Gander 不理会 3 年的规定，那会选择哪个项目？

b. 思考 a 的正确答案是否有什么缺陷？

净现值(NPV)：例 10-3 的概念链接；获利指数(PI)：例 10-7 概念链接

2. 项目的现金流量如下：

C_0	C_1	C_2	C_3
(700)美元	200 美元	500 美元	244 美元

a. 项目的回收期是多少？

b. 以 12%的折现率计算项目的净现值。

c. 以 12%计算项目的获利指数。

内含报酬率：例 10-5 的概念链接

3. 使用迭代法计算上一题目中项目的内含报酬率（提示：开始猜测项目 IRR 为 15%）。

4. Clancy 公司正考虑有如下现金流的项目：

C_0	C_1	C_2	C_3
(7 800)美元	2 300 美元	3 500 美元	4 135 美元

a. 此公司有一项政策，就是拒绝那些回收期大于 3 年的项目，然后对通过初步筛选的项目基于时间价值进一步分析，这个项目有进一步考虑的可能吗？

b. 如果公司的资本成本为 8%，用净现值法，公司能接受此项目吗？这种推荐是明确的或者处于边缘？

c. 若资本成本是 8%，基于获利指数法又得到什么结论？这一结论是确定的或处在临界？

5. 上一题目中的项目利用内含报酬率法是被接受还是被拒绝？

6. Hamstring 公司正考虑下面的项目：

C_0	C_1	C_2	C_3	C_4
(25 000)美元	10 000 美元	12 000 美元	5 000 美元	8 000 美元

公司不愿意考虑回收期大于 3 年的项目。如果项目的回收期小于 3 年，公司正对它利用净现值法和内含报酬率法进一步考虑。公司的资本成本为 9%。

a. 项目的回收期是多少？项目是否能被接受？

b. 项目的净现值是多少，如果是独立项目，项目能被接受吗？

c. 利用迭代法计算项目的内含报酬率，从 b 中的净现值计算和资本成本开始。如果是独立项目，从内含报酬率的角度，它能否被接受？

d. 项目的获利指数？如果项目是独立的，利用获利指数法，它能被接受吗？

7. 项目 Alpha 的初始现金流出为 35 000 美元，5 年后会有唯一的现金流入是 56 367.5 美元。

a. 若资本成本 8%，项目的净现值和获利指数是多少？分别用净现值法和获利指数法能接受此项目吗？

b. 项目的内含报酬率是多少？利用内含报酬率法，此项目能否被接受？

c. 若资本成本是 12%，项目的净现值和获利指数是多少？这种情况下，项目能否被接受？

d. 此项目的回收期？回收期对类似于 Alpha 这样的项目有意义吗？为什么？

规则现金流下净现值和内含报酬率的求解：例 10-6 的概念链接

8. Sampson 公司正考虑一个初始现金流出为 75 000 美元的项目，随后 5 年每年的现金流入为 20 806 美元，公司的资本成本是 10%。

a. 使用单一的除法而不是现金流量的累积计算项目的回收期，为什么这种方法在这里能使用？

b. 计算项目的内含报酬率，注意此现金流量是年金的事实。可以接受此项目吗？你在这部分计算的某些数据是否也在计算 a 部分时得出？什么原因使得这种相似结果的出现？这种情况会总是发生吗？

c. 项目的净现值是多少？根据净现值决策规则，此项目可以被接受吗？

9. 计算下面现金流的项目的净现值、获利指数和内含报酬率，每个项目计算净现值和获利指数时使用的资本成本分别为 8%，12%。计算的 IRR 取最接近的整百分数。

a. 初始现金流出 5 000 美元，随后 7 年每年的现金流入为 1 050 美元。

b. 初始现金流出为 43 500 美元，随后 4 年每年现金流入为 14 100 美元。

c. 初始现金流出为 78 000 美元，随后 12 年每年现金流入为 11 500 美元。

d. 初始现金流出为 36 423 美元，随后 6 年每年现金流入为 8 900 美元。

互斥项目的判断和决策：例 10-4 的概念链接

10. Island 航空公司需要置换一个较繁忙的短期航线往返飞机。市场上有两种飞机能满足航线的正常需求。一种飞机比另一种昂贵，但它的燃料利用率和载重性能较好，因此能更好的长期获利。两种飞机的预期寿命期为 7 年，假定 7 年后，都没有任何价值。两种飞机的现金流量如下：

	低成本	高成本
初始成本	775 000 美元	950 000 美元
现金流入(第 1 年到第 7 年)	154 000 美元	176 275 美元

a. 计算两种飞机的回收期，并选择最好的项目。

b. 计算两种飞机的内含报酬率，选择较好的项目。现金流量用年金代替。

c. 比较 a 和 b 的结论。两种结果应该一样。比较回收期的大小和 IRR，是否一种方法比另一种方法更明显？

d. 假设资本成本为 6%，计算每个项目的净现值和获利指数，利用年金的方法。利用净现值法和获利指数法，分别选择哪种飞机？

e. 假设资本成本为 2%、4%、6%、8%、10%，分别计算每个项目的净现值和获利指数，每个不同资本成本水平下，选择的飞机一样吗？调查每种方法下，哪种飞机更具有吸引力。

f. 利用 b 和 e 结果在同一坐标轴中画出两种飞机的净现值曲线，在图中标出内含报酬率、净现值法和内含报酬率法会给出不同的结论吗？为什么？

11. 计算项目的净现值。

a. 初始现金流出为 7 000 美元，随后每年现金流入为 3 000 美元、2 500 美元、3 500 美元，资本成本为 7%。

b. 初始现金流出为 35 400 美元，随后 3 年每年现金流入为 6 500 美元，接着第 4 年 18 000 美元，资本成本是 9%。

c. 初始现金流出是 27 500 美元，随后 1 年现金流入是 3 000 美元，接着 5 年是 5 500 美元，资本成本为 9%。

12. 计算项目的 IRR。

a. 初始现金流出为 15 220 美元，接下来每年现金流入是 5 000 美元、6 000 美元、6 500 美元。

b. 初始现金流出为 47 104 美元，接下来每年现金流入是 16 000 美元、17 000 美元、18 000 美元。

13. 计算项目以 9% 为折现率的净现值以及每个项目的 IRR。

a. 初始现金流出为 69 724 美元，接下来 1 年现金流入是 15 000 美元，随后 5 年每年现金流入为 17 000 美元。

b. 初始现金流出是 25 424 美元，接下来 2 年没有现金流，随后 4 年每年现金流入是

10 500 美元。

c. 初始现金流出为 10 672 美元，接下来 1 年现金流出为 5 000 美元，随后 5 年每年现金流入 5 000 美元。

14. 计算以 12%为折现率的项目的净现值和项目的 IRR。找最接近正数的百分比。

a. 初始现金流出是 5 000 美元，随后 3 年每年现金流入是 2 000 美元。

b. 初始现金流出是 5 000 美元，随后每年现金流入是 1 000 美元、2 000 美元、3 000 美元。

c. 初始现金流出是 5 000 美元，随后每年现金流入是 3 000 美元、2 000 美元、1 000 美元。

d. 注意前面 a、b、c 中经过 3 年收到的现金总共为 6 000 美元。比较它们的净现值和内含报酬率，看看 1 000 美元在各年间变化的影响。

15. Grand Banks Mining 公司计划在一块荒地上开采露天矿的项目，建立生产基地和初始采掘需投入 500 万美元。预期第 1 年经营会比较慢，净现金流入只有 500 000 美元。在随后的 4 年每年会有 200 万美元的现金流入，之后矿将被全部开采完毕。在第 6 年结束开采恢复环境将花费 100 万美元。

a. 计算项目的净现值，资本成本为 12%。

b. 计算项目的内含报酬率，取最接近整数的百分比。

重置链和等量年金(EAA)：例 10-8 和例 10-9 的概念链接

16. Bagel Pantry 公司正在考虑两个寿命期不同的互斥项目。公司的资本成本为 12%。两个项目的现金流量如下：

	项目 A(美元)	项目 B(美元)		项目 A(美元)	项目 B(美元)
C_0	(25 000)	(23 000)	C_5		6 641
C_1	14 742	6 641	C_6		6 641
C_2	14 742	6 641	C_7		6 641
C_3	14 742	6 641	C_8		6 641
C_4		6 641	C_9		6 641

a. 利用回收期法比较两项目。

b. 用净现值法比较两项目。

c. 用内含报酬率法比较两个项目。

d. 使用重置链法比较两项目。

e. 使用 EAA 法比较两项目。

f. 从两项目中做出选择，并证明自己的选择。

17. Callaway Associates 公司正考虑下面互斥项目，公司资本成本为 12%。

年	项目 A (美元)	项目 B(美元)	年	项目 A (美元)	项目 B(美元)
0	(80 000)	(80 000)	3	14 000	0
1	44 000	65 000	4	14 000	5 000
2	34 000	30 000			

a. 计算每个项目的净现值和内含报酬率。

b. 应该承担哪个项目？为什么？

18. Tutak公司正考虑一个初始投资为200 000美元，接下来6年每年现金流入为45 000美元的项目。第二个6年的项目的初始投入为325 000美元。

a. 第二个项目每年需要产生多少现金流入才能和第一个项目有一样的内含报酬率？

b. 如果公司的资本成本为8%，那第二个项目每年需产生多少现金流入，它的净现值才等于第一个项目的净现值？

19. 利用年金的现值函数，补全下面项目的缺失信息。（提示：每年现金流量的年金现值减去初始投资必须等于净现值。例如，对于项目A，计算五年35 000美元的现金流入现值，减去初始投资，以得到项目的净现值。）（单位：美元）

项目	C_0初始流出	年限	每年现金流	资本成本%	净现值
A	100 000	5	35 000	8	?
B	200 000	4	?	13	3 5000
C	300 000	7	50 000	?	15 000
D	400 000	?	56 098	9	20 000
E	?	6	75 000	10	25 000

20. 计算上一个题目中项目的内含报酬率？

21. Huron Valley Homes正考虑一个初始投资为100 000美元的项目。接下来第1年项目的现金流入为25 000美元，第2年现金流入为100 000美元，然后接下来6年每年的现金流入为200 000美元。

a. 假设项目的资本成本是8%，求它的净现值和内含报酬率？

b. 项目最后6年每年必须支付多少才能使项目的净现值为100 000美元？

22. 考虑两个互斥项目A,B。项目A的初始流出为100 000美元，接下来5年每年的现金流入为30 000美元。项目B需初始投资240 000美元，接下来前两年每年现金流入为40 000美元，在接下来两年每年现金流入80 000美元，第5年现金流入是100 000美元。

a. 计算两项目的内含报酬率。

b. 用下列资本成本计算每个项目的净现值：0%、4%、8%、12%、16%，将结果记录在表格中。

c. 资本成本为多少时，用净现值法和内含报酬率法会选择同一个项目？

d. 观察b中建立的表格，资本成本在多少之间时，不同方法选择不同的项目？答案和a一致吗？用净现值曲线解释结果。

互斥项目的判断和决策：例10-4的概念链接

23. Kneelson and Botes公司是一个为国家高速权威机构修路、建设桥梁的建筑公司。政府从私有承包商中选择投标的建筑项目。根据承包商的投标价格和它们的经营能力来选择中标的承包商。

有经验的承包商利用资本预算方法建立标书，大多数项目在开始之前都需要初始现金支出（C_0），如雇佣费、设备、材料等。随后，政府进一步支付满足成本和利润所需资金（$C_1 \cdots C_n$）直到工作完成。

承包商们知道即使它们中标，也不能确保一定能实现预期的利润，因为政府预算可能随着建筑项目实施而发生改变。如果为项目的资金增加，官员通常会在原来的项目基础上增加工作，使得利润和现金流量增加。但是如果项目资金减少，官员们开始想方设法寻求成本节约，这会使得现金流量减小。政府预算项目在一两年内通常会很好，但是更加长期的项目就不会很准确。

K&B 有两个四年期的合同可供选择，但是因为没有足够的现金和管理能力，所以无法承担两个项目（资源有限，为互斥项目）。一个项目是修路，已经建设了大部分，并能很快支付。另外一个项目是建设桥梁，现金流通常会在项目接近尾声时才获得。K&B 的评估部门将两个项目的现金流量列出如下（千美元）：

	道路项目	桥梁项目		道路项目	桥梁项目
C_0	(3 000)	(4 500)	C_3	1 000	3 000
C_1	3 000	100	C_4	100	4 500
C_2	2 000	2 000			

公司不确定自己的资本成本，但认为会处于 10%～15%之间。这在规模更小的公司不多见。

公司已将你任命为财务顾问，提出关于承担哪个项目的建议。

a. 计算两个项目的回收期，利用回收期法应该选择哪个项目？

b. 计算两个项目的内含报酬率，用内含报酬率法选择哪个项目？这个选择明确吗？和回收期法得出的结果一致吗？

c. 用从 10%～15%之间的资本成本，每次增加 1%，计算两个项目的净现值。然后画出类似于图 10-2 两个项目的净现值曲线。净现值法能给出一个有意义的结果吗？和回收期法、内含报酬率法得出的结果一样吗？理论上，哪个结果最好？这种情形有帮助吗？

d. 尽管遇到一些技术性问题，你仍要给管理层提出一些建议，不要提供太多争论性的建议。

e. 你的建议是什么？为什么？

重置链和等量年金(EAA)：例 10-8 和例 10-9 的概念链接

24. Haley 摩托公司正考虑一个重型设备的维修保养项目。一个公司提供一份 4 年的合同，提前支付 100 000 美元。另一个公司提供一份 8 年的合同，能提前支付 165 000 美元。无论接受哪个合同，公司每年能够节省 34 000 美元，不需要自己的雇员做维修工作。

a. 如果 Haley 的资本成本是 10%，应该选择哪个项目？利用置换链法和 EAA 法来证明你的结果。

b. 如果资本成本是 12%，结果会改变吗？为 14%呢？

25. Cassidy Sons 正在评估一个初始投资为 250 000 美元的项目。随后第 1 年需投资 100 000 美元，第 2 年年末需投入 50 000 美元，第 3 年年末开始，项目预期会在接下来的 8 年每年产生 90 000 美元的现金流入。

a. 计算项目的回收期、内含报酬率、净现值和获利指数。资本成本是 8%。

b. 除了 a 的财务计算结果，Cassidy 对于项目还有什么担心？

26. Zuker 分销商处置了腐蚀产品的仓库，正考虑置换一个主要的冷藏室。一个供应商提供了一个预期寿命为 10 年价值为 250 000 美元的车间，此车间预期每年能节省电力成本 50 000 美元，但它从购买后两年开始，每两年需投入 20 000 美元。另一供应商提供一个相似功能的冷藏室，价格为 300 000 美元，它能节省同样数量的电力成本，但需每 5 年投入 40 000 美元。Zuker 的资本成本是 8.5%，利用净现值法来决定选择哪个供应商提供的冷藏室。

27. Griffin-Kornberg 正评估有如下资本预算的项目。

项目	初始投资(美元)	年限	每年现金流量(美元)
A	3 000 000	6	719 374
B	3 500 000	5	970 934
C	4 000 000	7	904 443
D	5 000 000	4	1 716 024
E	6 000 000	6	1 500 919
F	7 000 000	5	1 941 868
G	8 000 000	7	172 5240

A 和 B 是互斥项目，D 和 E 是互斥项目。Griffin-Kornberg 的资本成本是 9%。下年能在项目上花费的资金最大为 14 000 000 美元。利用资本限额法决定公司应该选择的项目。

上机练习

28. 写出一个表格程序来计算一个项目的净现值，此项目十年期的现金流量是不规则的，不能使用电子表格软件的净现值函数。本质上，任务就是利用公式 10-1a，n=10。

首先将折现率输入一个单元格。

接着建一个 3 行，每行 11 单元格(包括 C_0)的表格。第一行输入现金流量。

编程计算每个时期的现值系数，使用前面输入的贴现率，并填入第 2 行，如下：

时期	0	1	2	……	……	10
现值系数	1	$\frac{1}{1+k}$	$\frac{1}{(1+k)^2}$	……	……	$\frac{1}{(1+k)^{10}}$

注意现在我们称折现率为 k，但它会在你的程序显示为一个单元格的名称。

下面建立第三行，每列将前两行的数相乘得到第三行。这使得第三行为每个现金流量的净现值。

最后加总第三行中的所有单元格的数据得到项目的净现值。

注意如果你简单地在从 n+1 到 10 的现金流量单元格中输入 0(或者保持空格)，你的程序只处理少于 10 期的项目。

同时，注意你可以通过增加水平行和程序设计逻辑，轻易地延长你的程序到任意合理的时期数。利用例 10-4 检验你的程序，证明它能正确地工作。

29. Tallahassee 公司正考虑将它的一套生产设施自动化。设备需要初始投入 10 000 000 美元，预期寿命 10 年。公司的资本成本是 9%。该项目的好处是节省劳动力，提高质量，从而降低保修成本。节省成本如下：

年	节省成本(千美元)	年	节省成本(千美元)	年	节省成本(千美元)
1	574	5	3 367	9	1 264
2	864	6	2 437	10	623
3	1 246	7	2 276		
4	2 748	8	1 839		

a. 用上一个题目编的程序计算项目的净现值，此项目是否可接受？

b. 利用程序计算的净现值结果画出净现值曲线。当折现率为6%～14%时，计算净现值。

c. 使用迭代程序求得项目的内含报酬率，取两位小数的百分数。

第11章

现金流量的预测

本章概要

在上一章,我们说到任何用资本预算方法分析的项目都必须用一系列预测的现金流量来表示。将典型的项目现金流量描述为 C_0,C_1,C_2…C_n,假定它们是可以获得的。这一章,我们将探索怎样准确地预测现金流量。下一章我们将进一步研究一些现代方法,将风险考虑其中进行分析。

11.1　现金流量预测

先将现金流量预测放入整个资本预算过程,并重点观察人们的认识。

11.1.1　资本预算过程

> 现金流量的预算是资本预算中最困难和最容易出错的部分。

资本预算由两个不同的过程构成。第一,对项目的现金流量进行预测;第二,利用类似于净现值法和内含报酬率法的方法进行评估预测现金流量。有一个趋势是,将现金流量预测视为理所当然的事情,而忽略了预测的困难。进而,一旦对项目做出了估计,人们就视它为不会出错的事实。

这样的趋势使得人们总是将资本预算的概念,只和预测方法尤其是净现值法和内含报酬率法联系在一起，陷入对整个过程的准确性和精确性的错误理解。实际上，我们在上一章中研究的方法就像财务工程师为了投资项目决策，而采用的直接、准确的方法。问题的解决之道就如分头发一般的精确，从而很容易让人对方法的正确性感到舒适、安全。

然而，这种对准确性的安全感是错误的。净现值法和内含报酬率法分析的结果只是和作为输入变量的现金流量一样准确。这些预测都是对将来的估计，而对将来的估计总是很难的，会有很多的错误。

实务中，准确的预测项目的现金流量是两个资本预算中更困难和主观的过程。一定意义上，这个过程很重要，这里是错误和偏见潜入分析过程的地方。应用净现值法或内含报酬率法是不太可能产生错误和误解的直接方法。计算过程可能会很复杂，但一定程度上很简单，我们不需要对我们正做的程序进行判断。另一方面，预测项目的现金流量需要大量判断的练习，这种判断包括考虑什么，不考虑什么以及各项之间的权衡。结果一系列特定的现金流量可能很好或很坏，这取决于项目的本身和预测者。

这是经常被忽略的很重要的一点。给定一列现金流量，任何人都能利用净现值法和内含报酬率法做资本预算。而建立一列正确的现金流量是很难的。

本章我们将仔细考察现金流量的估计问题。我们将尤其关注在估计过程中的那些模棱两可和不确定的实际问题。

11.2 项目的现金流量——概述及细节

首先我们概述整个预测过程的一般方法，然后考虑一些相关的需要特别处理的问题，最后研究具体的例子。

11.2.1 现金流量预测的一般方法

现金流量预测过程很复杂，但它的概念很简单。我们只是研究项目预期带来的所有结果，然后在未来预期发生的期间写下它的财务含义，最后在每个期间将所有结果加总。

我们通常用电子表格的格式进行预测。表格的纵列是从项目现在到寿命期终结的时间段。横向是产生或需要现金的财务项。

> 现金预测是通过利用电子制表软件列出影响现金流量的事项和预测未来各期现金流量来实现的。

例如，销售预测会产生来自消费者的预计现金流量入量，而费用类项目会产生向员工和供应商的现金流量出模式。当每个事项都列出后，我们加总每一列来得到对未来每个期间的预测。

如果你向后看表 11-1，它会帮助你了解完成的产品将是什么样子。

对新投资项目的预测通常最为复杂。因此，我们先考虑新投资项目的预测，然后，简单地描述置换类项目和扩展类项目。对于那些项目，我们会剔除一些新投资项目考虑的一些问题。如果我们分门别类地思考问题，那么将有助于我们整理思路。通常，预测新投资项目现金流量的过程概述如下：

预启动，初始流出。列举出项目启动之前所有需要花费的事项，包括必须购入的资产和必要支出，也包括费用项目对税收的影响。这些事项的总和为 C_0，初始流出。

销售预测、销售数量和销售收入。将预期项目带来的增加值按时间段列在电子表格里，最好以单位进行预测然后乘以预期价格得到销售收入。

销售成本和费用。成本计划和新的销售预测直接相关，也包括为支持业务增长而间接支出的费用直接相关。为此，我们假定，销售收入和成本之间的关系，以及销售收入和费用的关系，都以所分析业务的性质为基础。

资产。需付出现金的新资产在项目的整个寿命期里都需要被计划在内，而不论何时被需要。大多数情况下它是在初始预启动期计入初始现金流量出。不要忽略了营运资金，因为它像其他资产一样需要资金。

折旧。当为实体资产预测时，即使没有指出现金流量，预测折旧也很重要，因为它影响税收。

税和收益。加总每期应纳税和可扣除的事项，来计算项目对收益和税的影响。计算税收增量，将它们视同其他的现金流量事项一样。

加总及合并。调整折旧影响后的收益，与资产负债表中项目结合起来，得到每个预测期内的现金流量估计值。

扩展类项目需要和新投资项目一样的要素，但通常需要的新设备和设施少一些。

置换类项目因为没有新投入，通常会节省一些成本，因此，预测现金流量的过程不那么烦琐。计划未来期间预计能节省的金额，并考虑需要实现这些节省金额的资产。大多数情况下，需要计算折旧和税费。

下一部分我们将看一些具体的实例。

11.2.2 一些具体问题

预测现金流量时记住一些具体的事项是很有帮助的。在看例子之前我们先讨论几个具体的问题。

典型类型

> 大多数现金流出在早期发生；现金流入随后发生。

几乎所有的项目在启动之前都需要初始投入资金，即初始现金流量出。随后现金流量一般是正的，除了一些特例。典型的现金流量类型的特点就是开始是现金流量出，随后是现金流量入。

置换类项目通常在这方面非常简单。初始现金流量出是新设备的成本与旧设备残值的差。未来的现金流量就是使用新的、高效率设备节省的成本或获得的利润。一般它们立即能获得，而且比较稳定安全。

其他类型的项目会有负的现金流量。例如新投资项目，在初始投入之后的前几年一般会损失金额，因此会有几期负的现金流量。更多复杂的项目在不同的时间点需要注入资金，可能在任何时间点产生负的现金流量。例如，期末的清理需求使得项目最后一期的现金流量为负。

> 只有递增的现金流是有价值的。

递增的项目现金流量

项目现金流量最基本的概念是企业正常经营产生的现金流量是递增的。递增意味着增加，至少概念上是独立的形式。换句话说，我们必须回答一下问题：我们承担这个项目，与不承担这个项目而继续以前的业务相比，现金流量会有什么样的变化？

沉没成本

> 沉没成本是指已经花费的，并被忽视的成本。

一些与项目有关的支出不应该计入资本预算现金流量预测中。沉没成本是在分析之前已经花费的资金。沉没资金一去不复返的事实，不会因为项目决策而发生改变。例如，一个公司为研究新的业务领域而花费一些支出，然后分析决定是否进入该领域。研究成本就不应该计入项目的资本预算分析的现金流量中，因为在研究分析时，支出已经发生。

决策分析只包括未来的决策成本。研究成本已经发生，无论未来企业是否进入新领域，都不会再收回，因此它与决策无关。

机会成本

任何资源不是免费的，虽然有时它们看起来是。假定一个公司拥有一个闲置的生产设备，而一个正在评估的项目需要这样类似的资源。如果承担这个项目，这个闲置的生产设备将会被使用，而这不会有现金支出。在项目的资本预算分析中，这是否意味着该设备是零成本呢？

> 资源的机会成本是它最好的选择使用时的价值，并被包含在资本预算分析中。

在这个例子中，假定公司对该闲置设备没有其他生产用途，但能卖到 100 万美元，那么，我们就称这一百万就是这个设备的机会成本，将这一数量计入分析中的现金流量出。实际上，公司实施项目中使用这个设备放弃了 100 万美元的资金流入。只有这个设备没有任何的市场价值，并且对公司来说没有其他用处时，它才是免费的。

对公司其他项目的影响

我们不得不考虑，项目有时对公司的其他项目有影响。假设一家公司销售家用型产品，正在考虑引入一类奢侈型产品。一些消费者就会转而购买奢侈型的产品，导致其他家用产品的收入损失，这些损失应该在新的计划中反映为负的现金流量。

管理水平

通常，基本的管理费用是被认为是固定的，被排除在项目分析之外。然而，我们也有时必须考虑管理费用的改变。

例如，一个公司有一个主要的人事部门，该部门费用视为生产部门的费用。因为大多数项目预算只增加几个新人员，所以人事部门的工作量并没有因为增加新人员而变得很大。但是，假设一个新项目需要很多的员工，以致于为支持该项目需要增加管理费用。这种情况下，人事部门增加的成本就应该计入项目的成本。换句话说，项目增加的管理费用反映在项目的现金流量之中。

税费

资本项目通常能提高收益，但更多的收益意味着更多的税费。重要的是计算除去由项目引起的税费增加后的增量现金流量。

> 所有的资本预算现金流是税后披露的现金流。

为了得出现金流量增量，我们不得不计算税费对项目税前收益的增长性影响，并计算税收的增加，计入现金流量出。换句话说，我们分析的是税后现金流量。

现金与会计结果

当做项目预测时，记住现金与现金流量的区别是很重要的。资本预算处理的是现金流量，因此，理论上我们几乎不需要注意会计净收入。然而，公司经理总是想知道项目对净收入的影响和资本预算分析的结果。因此，尽管两者是独立的，但获得两者的数据却是很重要的。

营运资金

增加销售项目一般会增加应收账款和存货。换句话说，更高的收入需要更多的营运资金。营运资金在项目的早几年会随收入一起增长。重要的是要认识到，如同购买其他资产一样，营运资金的增加也就意味着现金流量出。这些现金流量必须纳入到项目预测中去。

> 一般项目需要的现金就是营运资金。

忽略财务费用

当预测项目的现金流量时，不要将包括一段时间获得累计现金流量的利息费用。这是现金流量预测和与业务计划相关的财务预测的最大的区别。现金流量预测关心的是项目的价值，而不是怎么筹措资金的，因此我们只关注经营现金流量。

当预算增值现金流量时，忽略利息费用。

这不是说资本预算分析忽视了利息费用支出和资金的时间价值。当运用净现值法和内含报酬率法时，明确地考虑了资金的时间价值。因为在那里考虑了，所以在预测现金流量时就不考虑了。

旧设备

一些项目，尤其是置换类项目，涉及旧设备的处置。通常这些旧设备可以在二手市场卖出，提供一些现金流量入，能抵消一部分新设备的现金流量出。

考虑这部分现金流量入是很重要的。还要记住这部分销售收入可能会因为收入增加引起税费而降低。

11.3 新投资项目的现金流量预测

新投资项目通常会比扩展类项目或重置类项目更大、更复杂。然而，新投资项目的增量现金流量也更容易分散，因此整个项目很容易与公司其他的业务分开。

概念链接 例 11-1

新投资项目的现金流量

Wilmont 自行车公司生产传统的公路变速自行车。管理层正考虑一项新的业务计划，生产越野山地车。该业务计划已被仔细的研究过，得到如下信息：

新生产设备、机器的成本包括运输费和调试费		200 000 美元
新员工的雇佣费和培训费		125 000 美元
启动前的广告费和其他各项费用		20 000 美元
增加的销售费和管理费		120 000 美元
销售量预测	第 1 年	200
	第 2 年	600
	第 3 年	1 200
	第 4 年及以后年份	1 500
单价		600 美元
单位生产成本（收入的 60%）		360

去年，预计越野自行车会获利，公司以 50 000 美元的价格买入一项变速杆设计的生产权。

目前公司的生产车间已经全部利用，为了增加生产，需要购买一个新的生产车间。该公司拥有现在生产车间附近的一块土地，可以在这块土地上构建新厂房，需 60 000 美元。这块土地十年前以 30 700 美元的价格购买，现在市场价值预期为 150 000 美元。

如果公司生产越野山地车，那会损失现在一部分销售额，转移给新产品。新的销售预测中的 3%，预期来自于旧的产品。旧产品和新产品的价格和直接成本大约相同。

Wilmont的日常支出包括人力资源、行政管理、财务等方面的支出，大约占收入的5%。销量的一次业务增加不会影响日常费用，但业务量的持续增加会增加更多的支出来支持。管理层预计日常费用的增加量大约占新产品收入的2%。

新的收入预计会在30天收回。估计在开始和第一年增加的存货为12 000美元，之后存货周转12次，并以销售成本为基础。增加的应付账款预期是存货的25%。

Wilmont当前业务是获利的，因此新生产线的损失会减少税收。公司的边际税率是34%。

解答：初始投入

首先，我们将考虑启动前需要的资金，也就是构成初始投资 C_0 的一部分。

我们将以千美元为单位，保留小数点后一位，这相当于预测到最接近的百分数，这为预测提供足够的细节。

营业费用的本质应该是启动前抵减收入可税前扣除的费用，包括雇佣员工、培训、广告、和其他各项费用。

雇佣与培训	125美元
广告及其他各项费用	20
可减税的费用	145美元
税(34%)	49.3
税后净费用	95.7美元

接下来，为开始需要的实体资产增加现金流量：

设备	200美元
新设施	60美元
期初存货	12美元
资产小计	272美元

将经营项目和实物资产，得出实际的预启动初始投入：

税后净费用	95.7美元
资产小计	272美元
实际预启动最初投入	367.7美元

接下来，我们必须认识到土地的机会成本。财产的市场价值是150 000美元，但如果它以此数量销售，资本利得税会因为价值的增加而增加原有的支出。公司没有得到满意的资本报酬率，因此税率为34%。

通常用单位和单价的乘积来计算收入是最好的方法。

售价	150美元
成本	30.7
资本增加	119.3美元
税(34%)	40.6美元
放弃的现金	109.4美元

加总，我们得到一个数字，即为 C_0

实际的预启动现金流量出	367.7美元
土地的机会成本	109.4
C_0初始流出	477.1美元

启动后的现金流量

一般来说，销售增长预计开始会很小，随后几年逐渐增长，然后达到稳定。通常其他的项目也是这样，前几年变化然后保持稳定。如果真是这样的话，我们必须及时的预测出数字的改变直到稳定为止，随后的几年就是重复的。

在这个例子中，预期在稳定之前会有四年的增长。然而，五年后的折旧会影响税收。因此，预计每年的现金流量会改变直到第六年才会保持稳定。所以，我们只预测六年的现金流量，长期的现金流量，我们只需重复最后一年。表 11-1 已列出计算过程，接下来的段落会讨论分析。继续看这个例子的同时关注表 11-1。

表 11-1　预期现金流量

	公司山地自行车的预期现金流量(千美元)					
	年份					
	1	2	3	4	5	6+
收入和毛利润						
数量	200	600	1200	1500	1500	1500
收入美元	120	360	720	900	900	900
成本	72	216	432	540	540	540
毛利润美元	48	144	288	360	360	360
可扣税费用						
SG&A 费用美元	120	120	120	120	120	120
折旧费美元	41.5	41.5	41.5	41.5	41.5	41.5
一般支出美元	2.4	7.2	14.4	18	18	18
旧产品销售损失美元	1.4	4.3	8.6	10.8	10.8	10.8
总计	165.3	173	184.5	190.3	190.3	190.3
利润的影响和税收						
EBT 影响美元	(117.3)	(29)	103.5	169.7	169.7	209.7
税美元	(39.9)	(9.9)	35.2	57.7	57.7	71.3
EAT 影响美元	(77.4)	(19.1)	68.3	112	112	138.4
增加折旧美元	41.5	41.5	41.5	41.5	41.5	1.5
小计	(35.9)	22.4	109.8	153.5	153.5	139.9
运营成本						
应收账款美元	20	45	67.5	75.5	75.5	75.5
存货美元	12	18	36	45	45	45
应付账款美元	(3)	(4.5)	(9)	(11.3)	(11.3)	(11.3)
运营资金美元	29	58.5	94.5	109.2	109.2	109.2
营运资金的变化美元	(17)	(29.5)	(36)	(14.7)		
净现金流量						
净现金流量	(52.9)	(7.1)	73.8	138.8	153.5	139.9

收入

通过列出的销售量乘以预期的单价 600 美元，形成表格上端的收入预测。很重要的一点，应该预测销售量和单价而不仅仅是预测收入。保留单价的细节能更容易预测来反映不同的假定，并能够检查整个的预测过程。

成本

生产成本可以根据相关因素预测或根据前面相同或类似的业务经验预测为收入的一定比例。这个例子中，Wilmont 公司是生产自行车的公司，有一定经验，认为新产品的成本占收入的比重为 60%比较合适。运用这个比例来预测成本。接下来的毛利是在收入中除去成本。

销售管理费

接下来我们计算影响税前收入的项目，从销售、共同费用和管理费用开始，预计每年为 120 000 美元。

折旧

可扣除的可以分为两部分，设备和建筑有不同的寿命期。设备可以在五年内完全折旧，而建筑必须分为 39 年摊销。我们假设两者都是直线法折旧，为方便忽略半年的情况，每年的折旧如下：

设备(200000/5)	40 000 美元
建筑(60000/39)	1 538
折旧，前五年	41 538
随后年份	1 538

很重要的是，理解折旧为什么要计入现金流量预测，尽管它是非现金性支出。在计算 EBT 时，折旧从收入中扣除，税收又从 EBT 中扣除。一旦扣除了折旧和税收，在单独计算产品中，我们再次加回折旧。

日常支出

下面产品的一般费用的预期将以增加的收入的 2%增长。

旧产品的损失

接下来的支出是旧产品预期带来的补贴。预期 3%的销售量来自于旧产品。假设新产品的成本和价格的关系和旧产品的一样，我们就可以预测损失的利润也占毛利润的 3%。

税前收入、税收、税后收入

将这些费用项目加总，再从毛利润中扣除总和就是它对税前利润的影响。税收是税前利润的 34%，产生了项目对税后利润的影响。尽管这个数据与资本预算的目的无关，但它对经营经理来说总是很重要的，因此应该计算出来，作为分析的一部分。

加回折旧

这些经营项目对现金的影响是通过加回折旧计算出来的，而折旧是这个例子中唯一的非付现项目。

运营资金

最后我们计算出为支持项目所需要的运营资金。这意味着要预测年末的应收账款、应付账款和存货的差额结算。

应收账款

假设应收账款能在30天内收回，这意味着总是只有一个月期限的收入未收回显示为应收账款。一般每年的平均应收账款应该为那年收入的1/12。有两个连续的平均数据，我们就可以通过求平均得到两年中第一年的期末数据。两年的计算过程如下。第一年的平均每月收入为10 000美元；第二年为30 000美元。在两个水平之间，假设收入是均匀的，在第一年末恰好超过20 000美元。

年份	收入	平均 A/R	年末 A/R
1	120 000	10 000	20 000
2	360 000	30 000	45 000
3	720 000	60 000	

存货

存货预测为一个月售出商品的成本，因此用每年的成本数据除以12，第一年除外，已经假定为12 000美元。

应付账款

应付账款为存货的25%。

加总这些项目，计算每年的运营资金的变化，反映项目寿命期内所需的现金。第一年的营运资金变化为17 000美元而不是29 000美元，因为假定了开始之前获得的初始存货是12 000美元。

通过将营运资金加总小计计算出税后的现金流量预测。这个数据加上前面计算的初始现金流量出就表示越野自行车项目的现金流量。

C_0	C_1	C_2	C_3	C_4	C_5	C_6
(美元)(477.1)	(52.9)	(7.1)	73.8	138.8	153.5	139.9

注意如果销售数量稳定地保持在1 500的水平，那后面年份的现金预测就是第六年的重复计算。因此这个例子中，我们可以增加更多的现金流量139 900美元延续我们的预测。

一定要注意上面有两项资金没计入计算，这点很重要。

沉没成本和利息

我们没计算花费在新变速杆设计上的50 000美元。因为无论是否接受新项目，这部分成本都已经花费，因此和项目是无关的。只有未来依赖于项目的现金流量，才被考虑在项目的分析中。过去的或沉没成本无法改变，也无法收回。即使与项目有关，也不对其考虑。

我们没有将累积现金流量的利息补偿作为项目的收入和成本。资金的成本在净现值法和内含报酬率法过程中，已经明确的包括在内。因此，不需要将它考虑在项目现金流量的预测分析之内。

11.3.1 终值

可以假定项目的增量现金流量可以持续下去。这个假定是非常普遍的，尤其是对于新投资项目，因为它会随业务一直持续。例如我们已讨论的 Wilmont 公司的越野自行车项目，假定第 6 年的现金流量大约 140 000 美元会持续到遥远的未来是合理的。

预期未来无限持续的现金流量会通过永续年金公式被压缩成有限的终值。

有一个很方便的方法可以反映 Wilmont 公司资本预算使用的现金流量中的这种假定。第 7 年重复的现金流量是一个永续年金，它在第 7 年初（第六年末）的现值为 $\frac{C_7}{k}$，这里 k 为资本成本。这个数值作为项目的终值（terminal value），将被加到第 6 年的现金流量中来反映项目的持续。

注意项目的终值大小是和项目前面的现金流量有关的。事实上，终值假定在预测中是最重要。同时注意，终值的大小对假定增长率很敏感。

有人争论到根本不应该使用无限的预测，因为遥远的未来是不确定的。他们的立场是如果在合理长度的期限内不能评估一个项目，那不应该接受这个项目。我们会在第 17 章具体的讨论终值。

概念链接 例 11-2

终　值

如果 Wilmont 公司的资本成本是 10%，项目的终值为

$$\frac{140\,000}{0.1}=1\,400\,000 \text{ 美元}$$

也可以假定持续的现金流量以增长率 g 增加，这种情况下，终值就可以通过除以（k－g）而不是 k 求得。假定公司预计越野自行车在第 7 年以 140 000 美元开始，会有一个 3% 的增长率。项目的终值为

$$\frac{140\,000}{0.1-0.03}=2\,000\,000 \text{ 美元}$$

CFO 经验谈

终值对于资本预算的准确性来说是个很大的问题。即使短期预测比较差，一个乐观的长期预测可以使一个项目在净现值法和内含报酬率法的基础上看起来很好。因为终结期不会在某个特定时间开始，所以很难否定后面的假定。因此，提议这个项目的人会描绘它们很快增长并拥有一个无限的未来。通常，这依靠财务部门来保持这种预测的合理性和保守性。

11.3.2 准确性和预测值

既然已看到了预测过程，我们需要回顾一下本章开始简要讨论过的精确度问题的要点。

净现值法和内含报酬率法给我们的印象是很准确的，因为净现值法和内含报酬率法是很容易计算到小数点后几位的，然而这种准确性不一定是事实。虽然净现值法和内含报酬率法的计算非常精确，但它也以资本预算模型中输入的现金流量，这些现金流量是未来现金流量的预测，就像所有的预测一样，可能会有错误和偏见。

资本预算结果比在未来项目中的输入变量准确的。

例 11-1，Wilmont 的现金流量预测建立在销售量预测的基础上。但对于一个新产品，预测很容易偏离 20%。这种变动性暗示着通常花费大量力气使其他项的估计精确并没有什么回报。例如，预测者可能会花费大量的时间决定越野自行车项目合适的成本比率应为 60%还是 61%。考虑潜在的销售预测的不准确性，这可能会浪费很多时间。注意我们在表 11-1 中以千美元为单位计算，且保留到小数点后一位，而且很容易取整到千位数而没有实质性的损失。

CFO 经验谈

预测的不准确性有很多原因，但无法预期的偏见可能是资本预算最大的问题。通常，项目会由那些对项目感兴趣的人员提出。而通常这些人中的一部分人正是预测资本预算输入现金流量的人员。这会产生一个内在的利益。

例如，假定公司的生产部门已提议购买一台新的、当前最先进的生产机器来置换要报废的旧机器。如果购买了新机器，生产质量会维持在高水平上，并且会减少生产的中断等问题，这些问题曾给生产经理带来很大的压力，并大大地影响了他们的经营业绩。因此，生产经理认为这台新机器会让他们的生活更容易、更轻松。

生产部门要承担新机器的成本，这是一定的，但如果将此成本算入预算之中就不会有需要解释的问题。将所有因素考虑在内，生产经理会认为此种机器会有一个好的前景。

我们用一系列的现金流量来表示一台新机器需要花费更高的价钱在产品质量的提高和机器更高的稳定性的问题上。这种暗示就是，产品质量的提高会带来顾客更高的满意度，减少诉讼。更好的稳定性也能减少生产停滞而损失的时间。

类似于这种财务预测的影响是一种主观的事情。通常，我们会说新机器会有一个积极的影响，但是很难确定地说它的影响到底是多少。甚至在项目已经实施，也很难识别。能够使顾客更满意，减少诉讼这些影响不能在财务报告中清楚的显示出来。如果它们真的发生了，那么也只是出现在正常的经营财务数字中。

由于上面的所有因素所致，预测项目的影响通常也只是基于经验和知识的猜测结果，而不能证明对与错。但这些猜测的人们可能就是首先提议项目的生产组成员，他们认为这是一个极好的想法。因此，他们倾向于高估利润，低估成本。我们将通过简短的例子看一下这种情况。

11.3.3 修正的加速成本回收法(MACRS)——对折旧的说明

美国政府允许企业在计算应税收入时使用加速折旧法。在加速折旧法下，资产的折旧在寿命期内前移，因此前期计提的折旧多一些，后期的折旧少一些，总的折旧额不变。这意味着前期的应税收入减少，税收减少，而后期的税收增多。实质上这种方法推迟了税款。

因为货币有时间价值，所以这是一种有利因素。为了更好理解，想象推迟交一美元的税款，将它存入银行几年后取出，同时获得了利息收入。

然而，加速折旧法也产生了一个问题，因为企业不想在短期内显示出较低的利润，即使后期能得到弥补。结果，公司在计算披露给公众和股东的收益时不使用加速折旧法。重要的是要理解，像这样使用两套会计原则是合法的，一个是为了税收，一个是为了财务报告。

折旧是非现金支出类事项。它代表一种虚构的成本在时间上的分配，为了使财务结果更符合实际活动。它不反映实际的支出。在资本预算中，我们感兴趣的是现金流量而不是会计结果，因此我们将折旧计入资本预算的唯一原因就是它对税款的影响，而税则是真正的现金流量项目。

因此，如果企业使用加速折旧法计算税款，那么它应该将这计入资本预算范围中。为了叙述简便，我们在上述例子中没有具体的描述，但应该意识到税收系统是如何运作的。

修正的加速成本回收法

有很多加速方法将折旧在资产的寿命期内分摊。然而，税收准则明确的规定了怎样计提折旧。这个方法通常被称为修正的加速成本回收法，通常缩写为 MACRS。首先这个方法将资产分成不同的类别，并分成不同的折旧期。然后建立一个表格，显示寿命期内每一年的折旧占资产成本的比例。分类的标准和表格都相当全面，因此，我们将展示一个代表性的样本，由3、5、7年构成。如下：

类别	代表性设备		
3 年	研究设备		
5 年	汽车和计算机		
7 年	家具和设施		
年份	各类资产占资产成本的比重(%)		
	3 年	5 年	7 年
1	33.3	20	14.3
2	44.4	32	24.5
3	14.8	19.2	17.5
4	7.5	11.5	12.5
5		11.5	8.9
6		5.8	8.9
7			8.9
8			4.5

注意每列的折旧都多一年，并且每列的第一个数都比第二个小。这些奇怪的现象都是因为半年惯例，假定资产是在它被需要那年的年中投入使用。因此每列的第一个数字代表半年的使用，留下另外半年在寿命期的年末确认。

MACRS 只适用于设备。楼房使用直线法折旧，折旧期是 27.5 年。如果用于居住，那么折旧期就是 39 年。土地不折旧。

11.3.4 扩展类项目

扩展类项目和新投资项目类似，都涉及收入和资本的增加，需要获得新资产，并提折旧，还涉及各种费用支出。因此，我们在新投资项目中使用的现金流量预测格式(如表 11-1)也能用于扩展性项目。而重置类项目则有一些不同的结构，下面一部分我们将具体讨论。

11.4 重置类项目的现金流量预测

通常，重置类项目考虑的要素比新投资项目要少一些，但是识别哪些是增量更为棘手。尤其是你不实施项目，很难确定将来会发生什么。例如，假定一台机器正在变旧，需要置换。我们是否将新机器的业绩和旧机器的业绩进行对比，还是假定旧机器会继续变坏？如果还是后者，那么机器变坏会带来多少成本的增加？重置类项目的税收影响也很复杂。

概念链接 例 11-3

重置类项目

Harrington Metals 公司 5 年前以 80 000 美元购买了一台大型的打印机。为使例子简单一些，我们假定当时的税收法允许在 8 年内用直线法折旧，而今天购买的这种机器可以在 5 年内直线法折旧。这台机器不是很好，管理层正考虑用一台新机器置换它，新机器将花费 150 000 美元。如果购买新机器，那么预计旧机器可以卖得 45 000 美元，以上成本包括运输费、调试费和安装费。

旧机器需要 3 名操作人员，每人每年收入是 25 000 美元，包括津贴和工资。新机器的设计效率更高，只需要 2 名操作人员，每人的收入不变。

旧机器过去有很高的维修费用和很长的停工期，如下：

	年份				
	1	2	3	4	5
停工小时数	40	60	100	130	128
维修费用(千美元)	在保修期内	10	35	42	45

机器的停工是很麻烦的事情，但一般它不会停止生产，除非停工持续到扩展期。公司已保存了急用的有标记的存货，能够暂时的重新安排生产而不引起太多注意。生产经理预测每小时停工的成本是 500 美元，但没有确切的数据支持这个数字。

新置换的机器制造商声称公司需要每年花费 15 000 美元来维护产品，并预计每年只有 30 个小时的停工期。然而，他们不愿意在一年保修期过后继续对预测做出保证。

预期新机器生产的产品的质量比旧机器生产更高。结果预期会使顾客更加满意，将来的销售会提高。管理层想将这些积极影响考虑在分析之中，但不知道怎样计量它们。

预测一下购买的新机器接下来 5 年的增量现金流量。假定 Harrington 的边际税率为 34%，并且公司当前是获利的以致于应税收入的改变会引起税款变化 34%，可能正向，可能负向。假设旧机器的销售收益也是以 34% 的税率纳税。

解答：在这个问题中，有两种现金流量项目：一种，能够相当客观的预测；另一种，需要一定程度的猜测。首先我们来考虑客观的项目。

包含旧资产的销售收入的初始现金流量

不论旧机器能带来多少收入，新机器都会花费 150 000 美元的费用。

旧机器的市场价值为 45 000 美元，但以这个价格销售收入会带来税款的增加，使得收入以少于销售价格的现金得到。旧机器最初以 80 000 美元的价格买入，经过 8 年的直线折旧，每年折旧额是 10 000 美元。现在已经过去 5 年，所以剩余价值为 30 000 美元。税后收入计算如下（千美元）：

销售价格	45	45
账面价值	30	
销售收益	15	
税（34%）	5.1	(5.1)
净现金收入		39.9

项目的初始现金流量出如下：

新机器成本	150
旧机器销售收入减少的现金流量出	39.9
初始流出	110.1

现在考虑一下 5 年预测期的增量现金流量。直接的项目就包括新折旧方式带来的税的影响和因为减少一个员工而节省的成本。

折旧

购买新机器会改变的税如下：

千美元	年				
	1	2	3	4	5
新的折旧额	30	30	30	30	30
旧的折旧额	10	10	10	—	—
折旧额净增加	20	20	20	30	30
节省税款(34%)	6.8	6.8	6.8	10.2	10.2

人力资本

人力资本的节约来自于人员减少的成本节约。

千美元	年				
	1	2	3	4	5
人力资本节约	25	25	25	25	25

现在我们必须考虑一下预测中主观类的项目。有三种影响必须考虑。它们就是新旧机器

不同的维修费用、停工期、产品质量。每一个影响都有一个价值，但很难明确它们的大小。

CFO 经验谈

财务分析师的作用就是在分析的这个阶段最关键。提议购买机器的人员很可能对主观的收益过于乐观。在决策过程中，财务部门的工作就是，发出质疑的声音并确保只能对主观收益进行现实的预测。

基于主观意识的主观收益优势很难量化，并且导致希望批准项目的人们预测时产生偏见。

维修成本

最具体的事项就是维修成本。我们必须预测新机器和旧机器的维修费用的差额。观察历史记录，旧机器的成本近几年逐年增加，但最近稳定在 45 000 美元。问题就是，它仍然处于这个水平，还是随着机器变旧继续增加。

金融分析应该确保只使用合理的无法证实的收益。

新机器提供一年的保修期，还承诺一年后维修成本是 15 000 美元。然而这个数字是没有保证的。问题就是是否相信这个 15 000 美元的数据，还是增大数额。我们将列出一系列维修成本的数据，继续稳定在 45 000 美元，新机器按承诺的数额算。

千美元	年				
	1	2	3	4	5
旧机器	45	45	45	45	45
新机器	保修期内	15	15	15	15
节省	45	30	30	30	30

预测的维修费用的差额反映了由于置换机器节省的现金流量。注意可以通过改变一个或两个项目预测来操纵分析。如果我们想让这个项目看起来更好，可以假定旧机器的成本更高，而新机器的维修费维持在 15 000 美元。如果我们假定新机器的成本会更高，而旧机器的成本维持在 45 000 美元，那些项目就看起来不是很好。

关键是在预测中有大量的自由。维修费用合理的预测可进行微小的改变。为了举例，我们会使用这里展示的例子。

停工期

接下来我们看一下停工期预测。这里有两个变量要考虑：使用新机器节省的实际停工时间和每一小时的价值。预测节省的停工时间和预测节省的维修费用类似。旧机器每年的停工时间是 130 个小时，而新机器的停工时间承诺是 30 个小时，节省了 100 个小时。我们可以很好地讨论一下是否应该增加或减小这个数字。

还有一个复杂的问题是节省的每小时能节省多少金钱。它肯定能节省一定的数值，但很难说明数值的大小。这是个普遍的问题。我们知道会有成本或收入，但不能准确的预测大小。

制造商主观性预测的 500 美元有些高，前面我们已经讨论过这种偏见。另一方面，保守的方法是拒绝在分析中加入任何的停工时间，因为无法确定它的价值。

介乎两个方法之间的方法都是可以的。

CFO 经验谈

这种情况下，大多数人会支持中间方法，也就是计算一些停工时间的价值，但它的数值小于制造商推荐的价值。这种情形下，每小时 200 美元是个合理的价格。将这个数值和节省的 100 个小时结合，得到预测的每年节省的现金流量是 20 000 美元。

产品质量

接下来我们预测一下支持新机器的最主观的声明，能提高产品的质量。再次提到，在人们证明一个项目有利可图的时候，问题不是产品的质量是否能提高，应该可以测试新旧机器生产的产品对比得出结论。问题在于一定因素的提高是否能提高顾客的满意度，是否能转变成未来更高的销售额。

有几个方案是可能的。如果顾客或服务技术人员抱怨旧机器的某些部分，就很容易辩论到产品质量的提高能对未来销售额有积极的影响，这比旧机器的某些部分没有问题更有说服力。但是，影响很难预测。通常，当项目与声称的对现金流量有积极影响两者之间有很微弱的联系时，财务人员倾向于将它们排除在外。在这个例子中我们也是这样做的。

现在我们汇总一下新机器安装后几年的预测现金流量。

千美元	年				
	1	2	3	4	5
节省的人力成本	25	25	25	25	25
节省的维修费用	45	30	30	30	30
节省的停工时间	20	20	20	20	20
总计	90	75	75	75	75
税款	30.6	25.5	25.5	25.5	25.5
税后净数值	59.4	49.5	49.5	49.5	49.5
折旧节省的税	6.8	6.8	6.8	10.2	10.2
现金流量	66.2	56.3	56.3	59.7	59.7

将这些与初始投入相结合得到估计的现金流量（单位：美元）：

C_0	C_1	C_2	C_3	C_4	C_5
(110.1)	66.2	56.3	56.3	59.7	59.7

实务观察

现金流量预测准则

我们刚刚看到很强的部门利益将附加在资本预算中，而做出那些决策时输入值可以在很大范围内被接受。同样的事实是人们为得到他们想要的东西扭曲事实。明知道为决策过程提供的信息是有偏向的，只是为了得到对自己有益的结果。这是怎样的伦理问题？

为了回答这个问题，我们回顾前面的道德问题，一个团体总是比另一个占优？是信息更强吗？例 11-3 中，如果公司根据制造商夸张的声明购买新机器，那谁会受益？谁会受害？

这里有另外一个利益问题。想象一下一个执行官得到一个新投资项目的提议。由提出这个计划的人来实施这一个项目是很普遍的。如果项目很成功，那提议人就会很快爬向更高的管理层，赚到很多钱。这样就可以理解执行官过分夸大项目的利润，低估不利因素的动机了吧？执行经理是不是在赌博，在于他(她)在赌博中获益颇丰而受损无几？如果项目失败了，谁会受损？

概念链接

例 11-1　新投资项目的现金流量
例 11-2　终值
例 11-3　重置类项目

讨论

典型的项目现金流量模式是开始有现金流量出，随后有现金流量入。然而，有一些项目的现金流量情况是相反的。例如，我们可能为获得随后确定的现金支出，现在可能收到现金流量入。

回收期法、净现值法和内含报酬率法能用于这种项目吗？这种项目的净现值曲线是什么样的？净现值法和内含报酬率法会有不同的结果吗？

分析

1. 你是一家大型制造生产企业 Belvedere 公司的一名财务分析师，此公司正在考察多元投资的机会。营销副经理对一个新项目很感兴趣，此项目与公司当前业务关系很小。其他经理建议公司应该进入与公司业务相关的领域。持不同意见者已经给你提供相关的财务预测，从这些财务预测你可以建立财务计划，包括项目的现金流量。你已经计算了每个项目的内含报酬率。

项目	内含报酬率(%)	评　价
A	19.67	市场部项目，几乎完全的新领域
B	19.25	生产部的项目，不同的领域
C	18.05	工程部项目，熟悉的领域

你现在正和几位主管开会讨论如何选择。你刚刚提出你的分析，以上面的信息结束你的发言。

在你讲完之后，营销副总裁对你的工作提出表扬，并说很明显项目 A 是最佳选择。他还说你的财务分析显示项目 A 能得到财务部门的支持。所有人包括 CFO 都转向你。你该做出什么样的回应？

2. 大多数高层管理者基本上是基于净利润而不是净现金流量来评估的。为什么资本预算使用的是增量现金流量而不是增量净利润？

3. Creighton 公司正准备将一个大型的电话通信系统售给一个主要的业务客户。电话业务的典型特点就是销售系统的供应商通过对系统的改变和调整得到大量的后继业务。营销部门希望能采用增量的方法竞价，基本的把它看作一个资本预算项目。他们计划以劳动力和材料的直接成本或低于直接成本的价格来销售这个系统，确保能得到后继业务。他们计划以低于直接成本的价格预测将来的销售现金流量。

他们认为初始流出是安装这个系统的成本，可以很快通过售价收回。未来的现金流量就是来自后继业务的净现金流量入。这些计算使得作为项目的销售有一个大的净现值和内含报酬率，举出支持和批评这种方法的理由。

4. Webley Motors 公司是一家小型燃气发动机的制造商。公司已经花费好几年进行一项设计。现在正在考虑进入新产品的市场，已经预测将来的销售和现金流量。营销部门和财务部门准备了向董事会撰写计划书，希望能得到它们对新项目的支持。其中计划书的一部分就是项目的资本预算分析，只分析了未来的成本和收入。投资事务的主管 Dan 坚持认为呈给董事会的计算过程应该包括过去几年花费在调查上的费用。他说，忽略这部分成本是欺骗了董事会项目真实的成本，这是不道德的，并且法律上来说也很危险。对 Dan 的立场作出评论，如果你不同意他的观点，给出能让他改变观点的论述，提出一个能让双方都满意的计划书。

5. Carpricorn 公司正考虑一个新项目，它所属领域与公司当前领域相关，但又独立于当前的业务。管理层建议通过当地一家银行支持这个项目，向银行借一笔贷款。公司的财务部门已经做了新项目的资本预算分析，合理地预测了现金流量，计算了净现值和内含报酬率。这些数值看起来很有利。然而，银行的贷款主管却不同意分析过程。她坚持认为应该在累计现金流量上计算利息，把这部分利息也计入项目的成本，并显示完成计划所需的债务的增加和减少。她本质上想将业务计划和财务报表一起完成。请用资本预算理论来劝解这位银行主管。

6. Wilson Petolemu 是一家当地的家用取暖油的分销商。公司还为家庭和小型企业安装火炉和加热设备及相关服务。消费者服务部门保留着顾客销售和服务记录，目前是 400 个客户。详细的顾客记录人工手写完成并保留在文件柜里。一个小型计算机系统记录了所有顾客的姓名、地址以便于邮寄和付费。一名员工负责所有的记录并处理所有的账单和客户需求。如果交货或服务晚了，顾客会偶尔的发出抱怨，但每月只收到一两个小诉讼。延迟交货主要是因为地域问题而不是服务部门的分配问题。

一个顾问建议了一个新计算机系统，可以使客户服务完全自动化。它可以提供在线付款功能并立即获取所有客户的记录。这个计划系统的初始投入是 50 000 美元，再加上每年大约 7 000 美元的维修和保养费用。它还需要一个员工来操作。顾问说，这个系统可以提供更快速的服务，并能看到客户需求。这样能建立更好的客户关系，长远的说有利于销售的提高。

试讨论顾问建议的系统的优缺点。在购买之前，管理层还需要什么进一步的证据？顾问可能不以 Wilson 的最大利益提出建议吗？顾问有可能会有偏见吗？作出解释。

习题

新投资项目的现金流量：例 11-1 的概念链接

1. 一个预期持续 6 年的项目，每年能产生税和折旧前的现金流量是 23 000 美元。初始购买设备需要 60 000 美元，设备的折旧期是 4 年。相关的税率是 25%。计算项目的现金流量。将你计算的所有数据取整千位数。

2. Auburn 混凝土公司正在考虑购买一台新的混凝土搅拌机，来替换效率低、已完全废弃的旧机器。

如果购买新的搅拌机，购买成本是 90 000 美元，5 年内每年预计可以节省 40 000 美元。5 年末可以以 20 000 美元卖出。使用直线折旧法，搅拌机 3 年后的价值为零。对新机器的现金流量进行预测。Auburn 的边际税率是 30%。取整千位数。

重置类项目——处置旧资产: 例 11-3 的概念链接

3. Flextech 公司正考虑一个新项目，项目需要花费 150 000 美元购买新设备，用新设备替换账面价值为 35 000 美元的旧设备，并且旧设备能在二手市场上以 75 000 美元的价格卖出。公司的边际税率是 35%。计算项目的初始流出。

重置类项目——初始现金流量出: 例 11-3 的概念链接

4. Tomatoes 公司正在计划一个新项目。项目需购买一台价格为 100 000 美元的新机器。新设备可以在 5 年内使用直线法折旧。用新机器替换账面价值为 22 000 美元的旧机器，并且旧机器预期能卖到 36 000 美元。项目需要雇佣和培训 10 个新员工，每人的工资是 12 000 美元。所有这些事项必须在项目实施前发生。公司的边际税率是 40%，计算 C_0，请计算项目的初始流出。

5. Olson 公司打算用一台价值 85 000 美元的新机器替换旧机器。旧机器的初始成本是 55 000 美元，它的预期寿命是 11 年，现在的剩余年限是 6 年。它使用直线折旧法折旧，假设残值为零。当前的市场价值为 24 000 美元。公司的有效税率是 36%。计算和销售旧设备、购买新设备相关的现金流量出。

6. 一个 4 年期的项目每年税和折旧前的现金流量是 12 000 美元。项目需要购买一项价值为 50 000 美元的资产，这项资产通过 5 年直线法折旧。第 4 年末资产可以 18 000 美元卖出。公司的边际税率是 35%。计算项目的现金流量。

7. Voxland 工业购买一台价值 10 000 美元的新计算机，它使用直线法折旧，5 年残值为 1 000 美元，然后计算机以这个价格卖出。公司的边际税率是 40%。计算从购买到最后卖出之间的年限内的现金流量。

8. 假定 Voxland 使用五年期、无残值的修正加速折旧法对计算机进行折旧，解上面一个题目。同时，假定这台机器 5 年后以 1 000 美元的价格卖出。(提示：使用 MACRS 来计算计算机的全部成本。但是，注意五年后将会有一个正的账面净值，因为 MACRS 由于半年惯例在六年中有五年的折旧。)

9. Shelton Pharmaceuticals 公司正计划引进一种新的止疼药。管理层预计第 1 年能卖得 300 万美元，以每包 8.5 美元的价格销售。预期销售额随后几年每年以 10% 的增长率增加。运营成本预期是收入的 70%。公司投资 2000 万美元购买应计提折旧的设备生产产品。使用直线法折旧，折旧年限 15 年，残值为 200 万美元公司的边际税率为 40%。计算项目第 3 年的经营现金流量。

新投资项目的现金流量: 例 11-1 的概念链接

10. Harry 和 Flo Simone 正打算一起开一家餐厅。冰箱、厨房设备和家具预期成本是 50 000 美元。这些资产使用直线折旧法折旧，折旧年限是 5 年。建设和其他开建的成本为 30 000 美元。Simones 预计收入现金流量(000)如下(单位：美元)：

年	1	2	3	4	5	6	7
销售	60	90	140	160	180	200	200

食品成本预计为收入的35%,而其他的各种支出是收入的25%。每年固定日常开支是40 000美元。所有的经营支出都是用现金支付,收入可以立即收到。存货可以忽略不计,所以不需要考虑运营成本。假定税率是25%。假定在损失年份不能抵免税收,忽略以前年限的税收损失。预测Simone的餐厅的现金流量。

终值:例11-2的概念链接

11. Oxbow正在考虑一个新投资项目,并做了详细的5年现金流量预测,如下(千美元):

C_0	C_1	C_2	C_3	C_4	C_5
(257)	(65)	50	90	130	170

公司的资本成本是12%。

a. 利用财务计算器计算项目的净现值和内含报酬率,给管理层提出合适的建议(如果没有计算器,只需计算净现值)。

b. Charles Dunn,公司的市场经理,认为只分析过去5年的现金流量是不合理。假定第5年的现金流量会持续下去,计算项目的净现值和内含报酬率,再根据Charles Dunn的观点计算项目的净现值和内含报酬率。

c. Charles进一步说,最合适的假定是超过5年的现金流量应该合并为以3%的增长率增长。根据他的假定,计算项目的净现值、内含报酬率和终值。

d. 对终值假定的结果作出评论。

12. Sam Dozier是一名聪明的计算机科学家。他想到了一种生产新产品的办法并计划成立一家公司付诸于现实,将生产新产品推向市场。他预计他和他的一名雇员将花费一年的时间成立一个标准模型,还需要另外一年将经营模型推向市场。在这两年里都没有任何的收入。随后预期销售会快速增长,接下来第3、4、5年的预期收入分别为700 000美元、1 500 000美元、5 000 000美元。启动这个项目的调研设备需要花费成本是500 000美元,将用修正加速折旧法(MACRS)折旧。继续经营,除了这些还需花费可税前扣除的费用400 000美元。

Sam认为他能使公司发展足以养活自己,并能支付雇佣员工每年200 000美元的工资。一旦第3年销售开始,直接成本为收入的40%,而第3、4、5年的间接成本包括Sam和所有雇员的工资分别为300 000美元、500 000美元、1 800 000美元。业务的性质使得营运资本需求达到最小。第3年的净投入200 000美元预期能满足经营资本的需求。Sam有自己的积蓄1 500 000美元,他认为这笔钱能在获得收入之前满足启动和经营业务的需求。

Sam打算在第5年卖出公司。他认为那时它的价值为2 500 000美元。这个公司属于C型公司,应缴纳联邦公司所得税。Sam是唯一的股东,当他销售公司时,应缴纳个人所得税。忽略政府税收。

a. 对Sam的公司进行现金流量预测,将上年结转的税收影响和任何销售产品需支付的资本收益税都考虑在内。没有外部的投资者投入资金,Sam拥有的资金能负担这个项目。

b. 计算项目的净现值和内含报酬率。假定资本成本为12%,从时间和Sam的资金角度考虑，这个新投资项目是一项好的投资项目吗？

13. Leventhal 烧烤公司正在考虑扩大经营范围，生产一系列新的糕点。公司预期每年新产品第一年销售收入是 350 000 美元，随后每年的收入为 500 000 美元，直接成本包括人力和材料成本是收入的 60%。预期每年的间接成本增量为 40 000 美元，项目需要购买几个新烤箱，需花费 500 000 美元。烤箱使用直线法折旧，折旧年限是 5 年。当前的厂房都被使用，因此没有多余的地方卖出或租出。公司的边际税率是 35%，资本成本是 12%。假定能很快收到收入，每天购买存货并支付价款，因此不需要运营资本。

a. 准备一个报告书，给出项目 8 年期的增量现金流量的预测。

b. 计算项目的回收期、净现值、内含报酬率。

c. 给出建议，接受还是拒绝该项目。

d. 如果厂房不被使用，可以每年以 30 000 美元的价格出租，你将怎样将这一部分计入分析过程？这种情况下这个项目还可以接受吗？

新投资项目的现金流量——营运资本：例 11-1 的概念链接

14. Harrington 公司正引入一个新产品进入它的家用电器系列。通常家用电器的周转期是 10 年，这段期间它可视为资本预算项目。Harrington 的项目资本预算营运资本如下：

- 项目启动前，需投资 100 万美元作为存货。
- 存货在前 6 年每年增长 10 万美元。
- 应收账款在前 4 年将每年增长 15 万美元，接下来两年每年增长 10 万美元。
- 应付账款前 6 年每年增长 11 万美元。
- 在过去的 4 年里，上述每个科目都是平衡的，余额为零，4 年同等额度增加。
- 自然增长额忽略不计。

计算项目从初始投资到寿命期结束的经营现金流量。

重置类项目：例 11-3 的概念链接

15. Meade Metals 公司正打算开始自己的送货业务，不再使用每年花费 150 000 美元的外包服务。为了这个业务，公司将购买 200 000 美元的卡车。卡车使用直线法折旧，折旧年限是 10 年，残值为 40 000 美元。每年的经营费用预期为 80 000 美元，包括卡车的保险、燃料、维修费用，还有司机的工资。管理层计划在第 5 年以 100 000 美元的价格卖掉卡车。预测项目的 5 年的现金流量，税率为 40%。

16. 假定上题中的 Meade Metals 公司用一辆新卡车替换旧卡车，而不是完全放弃外包送货服务。旧卡车是 8 年前以 120 000 美元的价格购入的。它是以 10 年的折旧期使用直线法折旧的，残值为 20 000 美元。旧卡车每年的经营费用是 110 000 美元，它的市场价值是 40 000 美元。对这个置换类项目的现金流量进行一个 5 年期的预测。

17. Olson-Jackson 公司正考虑置换一台两年前购买的机器，因为新机器有了显著的进步。旧机器初始成本是 240 000 美元，以直线法折旧，折旧年限 10 年，预期净残值 20 000 美元，它当前的市场价值是 180 000 美元。如果再使用旧机器 5 年，到那时它的市场价值会变成 60 000 美元。新机器的成本是 350 000 美元，以直线法折旧，折旧年限 5 年，残值 50 000 美元，并在 5 年年末以 50 000 美元的价格卖出。预测继续使用旧机器和购买新机器的现金流量的差额，假定税率是 40%。

18. Catseye Marbel 公司用一台机器代替手工生产过程。手工生产过程需要 3 名不熟练的工人和一名管理者。每个员工的工资是17 500美元,管理者的工资是24 500美元。机器运作只需一名技术熟练的操作员,他的工资是41 000美元,工资所得税和其他的收益是所有工资和薪水外的第三部分。

机器的成本是150 000美元,折旧年限5年。公司选择直线折旧法计税。一项服务合同一年5 000美元,包括所有的维修费。机器预期可以使用6年,那时残值为零。实际上,机器的产出在质量和数量上与手工过程几乎没什么差别。机器和手工生产过程中没有其他生产上的区别。公司的边际税率是35%,资本成本是10%。

a. 计算购买机器这个项目的增量现金流量。

b. 计算项目的回收期和净现值,你会接受还是拒绝这个项目?

c. 假设没有其他的选择,只能解雇多余的员工,解雇成本大约是三个月的工资。你将怎样计入分析过程?会因为这部分改变投资决策吗?

d. 你会如何描述这个项目的风险?

重置类项目: 例 11-3 的概念链接

19. Blackstone公司制造生产西部马靴和马鞍。公司正考虑用一种新型、效率高的机型置换过时的皮革加工机器。旧机器是在6年前以48 000美元的价格购入的,预期寿命期是8年,使用直线折旧法折旧,旧机器的预期市场价值是15 323美元。新机器的成本是60 000美元,新机器的折旧年限5年,直线法折旧。假设两者的残值为零。

新机器预期使用8年,然后必须被置换,假定那时它没有实际的残值。边际税率是35%,经营成本如下(单位:美元):

	旧 机 器	新 机 器
每年的维修费用	2 000,以后每年增加200	前两年是零,以后每年1 500
修理残次品成本	3 000	1 000
操作员工	2名(20 000/1)	1.5名(24 000/1)

车间管理员认为新机器生产的产品质量更高,会提高顾客的满意度,影响以后的销售。她认为每年的收益至少是5 000美元,但没有证据证明这个数据。税收也产生债务。

a. 计算在新机器预期的寿命期内项目相关的相对确定的增量现金流量和它的净现值,资本成本是12%。

b. 假设由领班估计的质量提升带来的收益5 000美元也考虑在内。它对其他的数据有多大的影响?请进行论述。

新投资项目现金流量/最终价值: 例 11-1 和例 11-2 的概念链接

20. Ebitts Field生产棒球手套。公司的高级销售员Charlie Botz建议扩大业务到棒球拍业务。他已经提交了关于这个项目的提议,信息如下:

- 新生产设备成本是75 000美元,直线法折旧,折旧期为5年。
- 项目的日常开支和费用预计前两年每年是20 000美元,随后每年40 000美元。
- 有足够的厂房备生产球拍使用,厂房没有其他的使用方法和价值。
- 开始项目前的建设生产设备和建立分销渠道需花费300 000美元。
- 将生产铝制和木制球拍并销售给体育用品零售店。每单位的批发价和增量成本如下:

	铝 制	木 制
单价	18 美元	12 美元
成本	11 美元	9 美元
边际收益	7 美元	3 美元

- Charlie 提供如下销售预测：

	年					
	1	2	3	4	5	6
铝制	6	9	15	18	20	22
木制	8	12	14	20	22	24

第 6 年的销售水平预期将继续保持下去。

- 应收账款会在 30 天内收到。存货相当于一个月的成本，而应付账款则是预期存货的一半。假定不需要多余的现金。
- 公司的边际税率是 35%，资本成本是 12%。

a. 对 Charlie 的提议进行现金流量预测，取整千位数。

b. 计算项目的回收期。

c. 计算项目的净现值，假定项目的寿命期是 6 年，可以接受这个项目？

d. 考虑到关于剩下的业务可能风险，资本成本是一个合适的折现率吗？

e. 如果计划期扩展到 8 年，项目的净现值是多少？

f. 如果管理层愿意以无限长的时期计算，净现值是多少？

g. 对 e 和 f 部分的结果加以评论。

21. Segwick 公司是一家生产男式鞋的企业，通过自己的连锁零售商来销售。该公司正考虑增加女式鞋的业务。管理层认为这是一个新投资项目，因为男式鞋和女式鞋的生产过程有很大的不同。

该项目需要建设一个生产设施，并扩展或更改零售店来销售两种产品。店铺是租赁的，因此需要租赁更大的空间，安装新资产，注销旧资产。预期成本如下：

资产项目	
新的生产设备、折旧期是 5 年(直线法折旧)	750 000 美元
设计和生产设施的获得	
土地(无折旧)	480 000 美元
大楼(31.5 年的折旧期)	630 000 美元
	111 0000 美元
租赁的零售场所	
每年的净新租赁资产	40 000 美元
新的租赁资产、接下来 5 年折旧	200 000 美元
注销旧资产	90 000 美元
剩余 3 年每年由于注销旧的租赁资产而减少的折旧	30 000 美元

费用项目

雇佣和培训新员工	150 000 美元
初始广告和促销	200 000 美元
每年的广告和促销	50 000 美元
每年销售收入工资	900 000 美元
增加的公司管理费用(千美元/年)	20,42,60,80,80,80

收入和成本

销售单位量预测如下(千美元):

年份	单位	平均价格
1	30	65
2	40	68
3	50	70
4 及以后	60	75

除去折旧后的直接成本是收入的 40%。

营运资本

销售给以支票和信用卡支付的零销商,大约花费 10 天的时间全部兑现这些项目并收到现金。

存货预期是两个月销售的直接成本。

应付账款预期为存货的 1/4。

根据当年的销售和成本预测当前账目。假定需要的增量现金流量等于 2%的收入。

其他项目

管理层预计有几家公司会流失一些男士顾客,因为他们不想在不只卖男式鞋的店里买鞋。预期总的边际影响每年为 60 000 美元。

公司花费 60 000 美元购买女式鞋的当前流行设计。

Segwick 公司的资本成本是 10%,边际税率为 35%。

a. 对 Segwick 进行 6 年期的现金流量预测。

b. 计算项目的回收期、净现值、内含报酬率和获利指数,对项目的可取性提出建议。

c. 假定已被告知男鞋行情很稳定,每年都有同样的供货商供货。然而经常有公司进入和退出女鞋市场。这个信息会不会多少对你已经做的分析感觉有些不舒服?为什么?

上机练习

22. Paxton Homes 公司是一家成功的中高价位房产的建筑商。公司正在考虑进入轻型商务建筑行业,建造一些商业中心和小型写字楼。因为商用和居住建筑有很大的不同,所以管理层将它视为新投资项目。

进行新的业务需要在设备上投入 1 250 万美元,费用花费 300 万美元,设备的折旧期是 5 年。启动资金的一部分会来自旧卡车和吊车的出售。他们总的市场价值是 180 万美元,账面价值是 60 万美元。销售这些设备会导致接下来是 3 年每年折旧额减少 20 万美元。

来自商用建筑的销售收入预期第 1 年会 600 万美元，后面每年会增长 200 万美元直到增加为 2 000 万美元。再往后，每年的增长率是不确定的，可能介于 0～6%之间。成本和费用包括增加的管理费用，第 1 年是收入的 1.1 倍。第 2 年是收入的 85%，以后就是收入的 70%。采购材料的规模效应预期每年节省居住性建筑大约 25 美元的成本，但是从第 4 年开始，所需的经营与资本预计是收入的 10%。联邦政府和州的税加总是新增业务的 40%。损失可以由其他的利润弥补，因此被视为以同一税率获得税收减免。公司的资本成本是 12%。

你是一名被安排评估商用建筑项目的财务分析师。使用 CAPBUD 程序来分析这个项目并准备一个讲稿，其中给出建议，关于是否应该接受这个项目。下面是你准备讲稿的想法和思路。

a. 利用已给的信息建立一个基本案例。预测未来直到数据不发生改变为止(8 年)。假定终值以第 8 年现金流量的延续为依据，8 年后的现金流量没有任何的增长。根据假定，利用净现值法和内含报酬率法判断是否应该接受这个项目？

b. 通过将增长率由 3%增长 6%，测试基本案例对终值的敏感性。

1. 对终值假定不同而造成的差别作出评论。

2. 建筑业是一个周期性的行业，受到经济起伏跌宕的影响。在经济发展好的时候，增长率会很大，但在经济衰退时，整个行业和公司会迅速缩水。考虑到这个事实，对于终值假定，你有什么想法？

3. 假设有 10 年的计划期，也就是假定 10 年以后没有现金流量。估计项目的净现值和内含报酬率，这个方法会不会使 a 部分中的终值假定多少对你有一些意义？

c. 测试分析对收入增长率的敏感性。例如，假定收入每年只增加 100 万美元而不是每年增加 200 万美元，直到第 8 年，那么项目是一个好投资吗？如果成本或费用比预期的收入百分比高呢？

第12章

风险与实物期权

本章概要

12.1 资本预算中的风险——主要考虑的问题

在以前的章节中,我们强调过现金流量的估计存在很多错误。不同的人对同一件事情有不同估计,而实际的现金流量往往与任何人的估计相差甚远。简单的说,现金流量估计是有风险的。

近几年来,在财务学领域中,尤其是在投资组合理论中,风险思想已经引起了巨大的关注。在这部分,我们将研究把风险运用到资本预算中的相关内容,包括把投资组合理论运用到资本预算中。

12.1.1 作为随机变量的现金流量

在生活中“风险”是常指发生某种不好事情的可能性。然而在财务学理论中,风险是与随机变量还有概率分布联系在一起的,即风险是指与我们的期望值有明显差异的概率,而不论这种差异是不利的还是有利的。用概率分布来解释我们所期望的价值是一个均值(期望值),一次观测值与均值明显不同的概率是与方差或者标准差相关的。

在资本预算中,未来现金流量的估计值是一个随机变量。

在第 9 章的投资组合理论中,一项投资的报酬被看作是与概率分布相关的一个随机变量,风险则被定义成概率分布的方差或者标准差。在资本预算中,估计现金流量的内在风险可以按照类似的方法来定义,即每一项未来现金流量都是有自己概率分布的一个独立的随机变量。这种思想如图 12-1 所示,其中 C_i 表示未来现金流量。

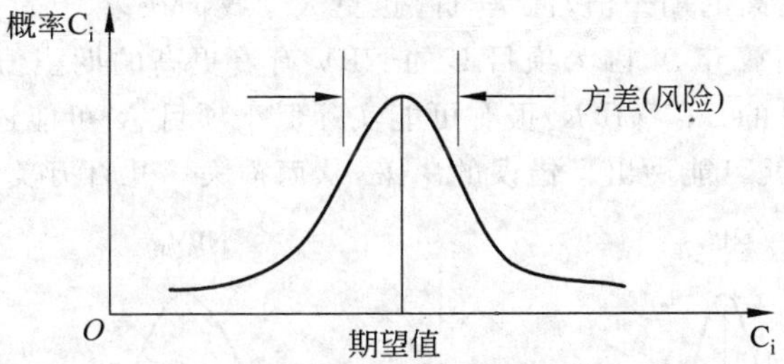

图 12-1　作为随机变量的未来现金流量的概率分布

同样的,项目的 NPV 值和 IRR 值也是有其各自概率分布的随机变量。这是因为它们是由不同的现金流量组成的方程计算而来,而这些现金流量本身就是随机变量,这种思想如图 12-2 所示。

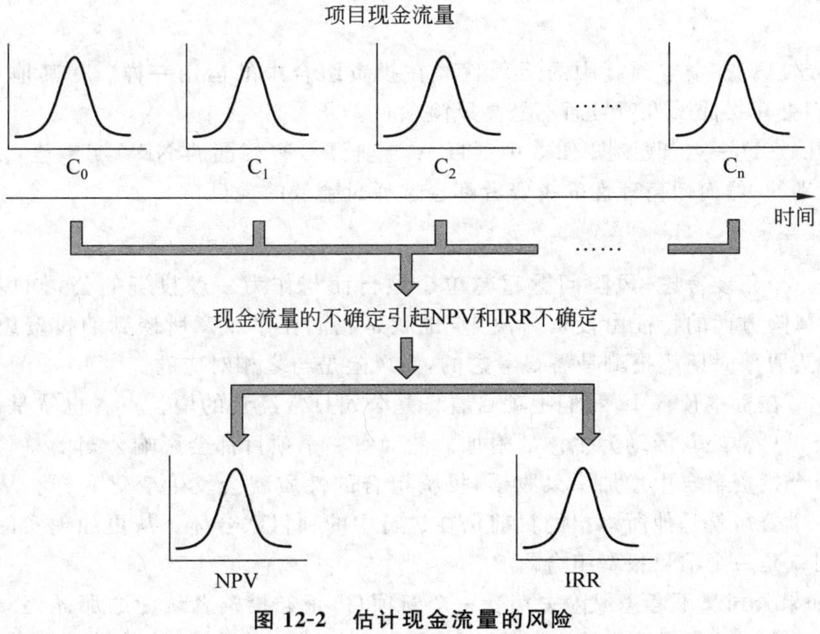

图 12-2　估计现金流量的风险

这种看法使估计现金流量和由此计算得出的 NPV 值和 IRR 值有更多的可能(期望、均)值,而有可能实际值与这些可能值有些差别。实际值与期望值可能偏差的大小与概率的方差或标准差有关,这个偏差可以直观地从大型曲线的宽度看出来。

任何项目的 NPV 和 IRR 都是随机变量,方差反映风险。

12.1.2 资本预算中风险的重要性

到目前为止,我们对每项现金流量的估计都是点估计,它是一个单独的数字而不是具有概率分布的一组可能值。因此,对 NPV 和 IRR 的计算也是按照点估计来完成的,而忽略了真实的 NPV 或 IRR 可能更高或更低。这也就意味着,运用风险现金流量的估计值来计算 NPV 和 IRR,可能会做出错误的决定。

例如,假定我们正对两个具有如图 12-3 中所示的 NPV 值的项目做资本投资决策。注意到 NPV_B 比 NPV_A 有更高的期望值,但是风险也更大。我们在第 10 章所考虑的资本预算方法将毫无疑问的选择 B 而放弃 A,因为项目 B 的 NPV 有着更高的期望值,而这些方法忽略了项目的风险。如果项目 B 的 NPV(IRR)很有可能实际低于项目 A,可能还会低很多,如果这种情况真的存在的话,那么就可能做出了错误的决策,从而损失了几百万美元。

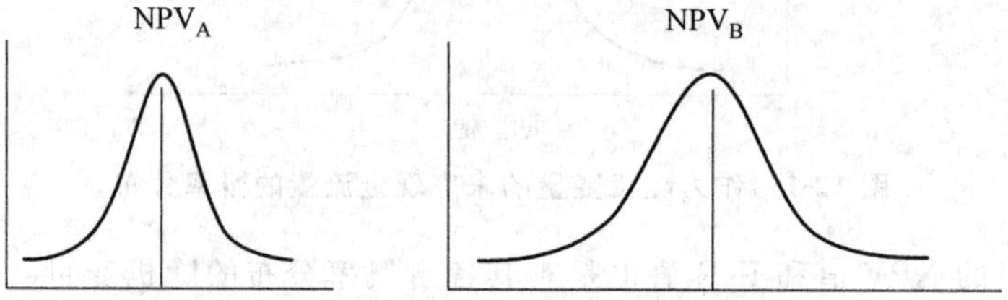

图 12-3 反映现金流量的项目 NPV

风险厌恶

风险厌恶思想在资本预算中的运用就像在投资组合中的运用一样。在其他条件相同的情况下,我们更喜欢低风险项目而不是高风险项目。

为了弄清楚这一点,假设图 12-3 中项目 A 与项目 B 有相同的 NPV 期望值,使用的 NPV 法是不能区别的,然而任何理性的投资者都会选择风险低的项目。

改变公司性质

从另外一个角度考虑,风险问题超越单个项目而与作为一种投资的公司的基本性质相关。公司在风险方面的特征由投资者决定,也就是我们在第 9 章所谈到的投资组合的观点。当人们在购买股票时期望报酬是需要考虑的,而风险是与之相对应的。

> 在资本预算中忽视风险会导致决策失误以及改变公司的风险特征。

在资本预算中,我们把项目看作是公司日常经营的增长点。也就是说项目是以公司日常经营活动为主体的附加。然而每一个项目都会影响公司的总价值,就像给一个投资组合中增加一只股票,投资组合的性质就会发生变化一样。从长远来看,一个公司就是他所承担的目前仍在进行中的项目联合体。从更加现实的角度看,公司就是一个项目投资组合。

因此,如果公司毫不考虑风险去接受一个新项目,正如投资者认为的那样,公司将面临它的基本性质危险。一个接受比过去风险更高项目的公司会慢慢变为高风险公司。这种高风险反映为公司报酬的不稳定性增强,从而导致公司更高的 β 值。而这个更高的 β 值通常被认为是对公司的股票价格有负面的影响。

我们认为对风险的考虑应该包含在项目分析当中。如果不是这样的话,那么项目的所有影响在其选择和实施的时候是不能被简单理解的。也就是说,在项目的选择和实施时应该考虑风险因素。

12.2 资本预算中风险的应用——数字方法和计算机方法

一旦风险应用到资本预算中的思想被接受的话，问题就在于如何去做了。考虑到我们在上一章学习了资本预算方法，我们应该如何来对风险相关的思想进行因素分析还完全不清楚。下面我们就介绍一些数字方法，然后检验一种更加理论化的方法。

12.2.1 情景/敏感性分析

资本预算中风险的基本思想就是现金流量并不像估计的那样精确。因此，真实的 NPV 和 IRR 可能与基于估计的现金流量计算得出的数值不同。管理的问题就是在现金流量给定偏差的情况下，NPV 或 IRR 会变化多少。两种变化之间的关系可以通过情景分析法的过程来分析。

在下面的讨论中，我们仅仅用 NPV 来讨论，当然这种思想也是可以适用于 IRR 或者其他资本预算方法。

假设一个项目给定了一系列的估计未来现金流量，其中的每一个现金流量都可能是围绕估计值的一定范围内的许多值。同时，假设我们知道每种现金流量的最好、最差、最有可能的三个值，每条现金流量都可以用图来表示这种思想。

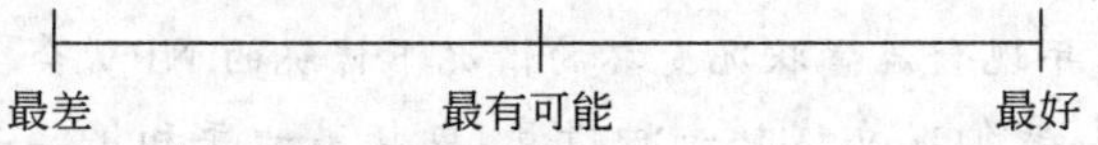

每一条现金流量的最可能价值就是我们直到现在一直使用的估计值，有些时候被称为点估计。

如果我们运用每一条现金流量最有可能值来计算项目的 NPV，通常我们得到的是项目最有可能的 NPV。如果我们用每一个 C_i 的最差值计算的话，得到的将是最差可能的 NPV。同样的，如果运用最有可能的现金流量得到的就是最有可能的 NPV。注意我们可以用现金流量的任何组合来计算一个 NPV。也就是说，我们可以选择最差情况下的 C_1，最好的 C_2，而 C_3 选择中间某一个值，等等。要计算 NPV 所要做的就是对每一现金流量的值做出选择。

每次对项目的各条现金流量的值做出选择，我们把它定义为一个情景，它就是项目众多可能结果中的一个。但我们计算了一些情景的 NPV 的时候，我们就是在运用情景分析法。

> 对一系列假定的现金流量评估结果就是情景分析。

这个过程产生了 NPV 的一组值，但是它不能进一步给出在这个范围内各种的概率。然而，通过为现金流量在不同组的结果中选择的不同数字，我们可以选择更多的情景。评价一系列情景给了我们关于 NPV 变化的一种主观感觉，这种变化体现在我们对现金流量真实情况的假设中。

概念链接　例 12-1

敏感性分析

项目 A 的初始现金流出为 1 400 美元，并且有三种可变的现金流量，如下所示：

单位：美元

	C_1	C_2	C_3
最差情况	450	400	700
最可能	550	450	800
最好情况	650	500	900

a. 分析项目 A 的 NPV 及其对第 3 年现金流量变差的敏感性。

b. 假设每年最差现金流量发生的概率是 0.2，最好情况的概率是 0.3，最有可能的情况概率是 0.5。计算最差、最好、最有可能情景的概率？在前两年产生最有可能现金流量的情况下，第 3 年产生最差现金流量的概率？

解答：

a. 如果三种最差情况的现金流量同时出现会导致最差可能的 NPV，假设资本成本为 9%，那么最差的 NPV：

$$\begin{aligned}NPV &= -1\,400+450[PVF_{9,1}]+400[PVF_{9,2}]+700[PVF_{9,3}]\\ &= -1\,400+450[0.917\,4]+400[0.841\,7]+700[0.772\,2]\\ &= -109.95\end{aligned}$$

运用同样的方法计算每一种 C_i 的最好状况下的 NPV 是 312.14 美元，而最有可能情况下的 NPV 是 101.10 美元，这也是项目传统意义上的 NPV。

现在假设管理者对前两年的现金流量估计很好，但对第三年的现金流量估计不是很满意。他们都想了解第三年现金流量状况变坏的情况下传统的 NPV 会变成什么样的状况。

为了回答这个问题，我们建立这样一种情景，包括第一年和第二年最有可能现金流量和第三年最差状况现金流量，最后的结果就是 NPV 为 23.88 美元。注意管理层的想法是有很好的基础的，因为第三年是差的现金流量产生了一个将为正的 NPV 值。

b. 最差的情景发生的概率是

$$0.2\times0.2\times0.2=0.008$$

最好的情景发生的概率是

$$0.3\times0.3\times0.3=0.027$$

最有可能的情景发生的概率是

$$0.5\times0.5\times0.5=0.125$$

前两年产生最有可能现金流量，第 3 年产生最差现金流量的概率是

$$0.5\times0.5\times0.2=0.05$$

另一种本质相同的方法就是敏感性分析。也就是说，当 C_i 发生改变的时候，我们观察传统的 NPV 的敏感性。在上例部分 a 中的最后一部分我们看到第 3 年现金流量变化 100 美元导致项目的 NPV 变化了 77.22 美元(101.10－23.88)。换句话说，第 3 年现金流量的变化导致 NPV 变化了大约 77%。数学较好的人或认识到在简单的例子中 77%正是 9%和三年的现值因子。

12.2.2 计算机(蒙特卡洛)模拟法

计算机通过一种被称为蒙特卡洛(Monte Carlo)模拟法的技术把风险运用到资本预算中。

名词“蒙特卡洛”方法是对一些数据的运用，而这些数据是随机从概率分布中抽取的。[①]

图 12-2 直观的表明了这种方法，重新观察就会注意到每一种现金流量本身都是随机的概率分布，它们组合在一起就组成了项目的 NPV(IRR)的概率分布。

蒙特卡洛模拟方法包括了资本预算项目当中，为每一未来现金流量的概率分布的形状做出假设，这些假设的分布置入一个计算模型以便随即观察[②]能够从中抽取[③]。

在蒙特卡洛模拟法中，现金流量是随机变量，利用这些变量重复计算 NPV 值，就可以得到 NPV 的概率分布。

一旦所有的概率分布确定以后，计算机就从每一现金流量的分布之中抽取观测值进行模拟。利用计算机可以计算出项目的 NPV 值并且记录计算出的结果。然后再为每一个现金流抽取新的随机数据代替以前的数据，计算并记录一个 NPV 值。注意第二个 NPV 值可能会与第一个 NPV 值不相同，因为它使用的是不同的随机抽取的现金流量。

计算机重复这个过程多次，产生 1 000 个或者更多的 NPV 值(观测值)。计算出的价值被分成各个值域并且以柱状图形式来反映每一值域观测值的数量，图 12-4 就是显示结果的图例。在这个图中，横轴表示计算出的 NPV 值域的中心。例如 NPV 处在 100 美元的 600 个观测值就表明计算出的 NPV 值在 50 美元和 150 美元之间有 600 个点。

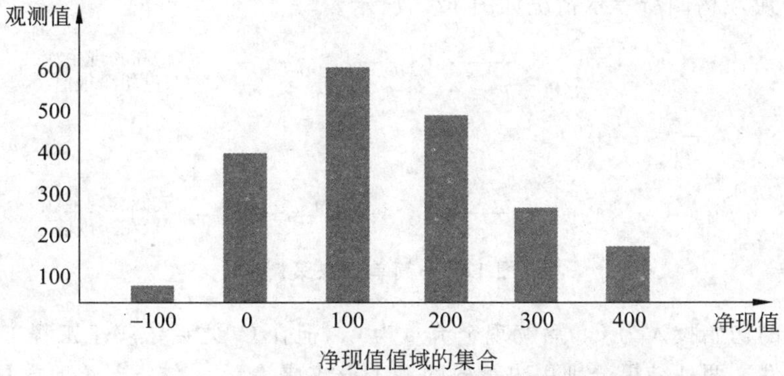

图 12-4　蒙特卡洛模拟法计算出的 NPV 结果

如果每一列的高度按照所有的观测数的百分比来表示的话，柱状图就成为项目 NPV 的概率分布不错的估计值，这些 NPV 是在单个现金流量的分布假设条件下得到的。

利用这些风险相关的信息，管理者可以在项目中做出更好的选择。例如，参照图 12-3，模拟方法给出了概率分布的近似情况以及 NPV 的最有可能值。在这个例子中，尽管 B 有 NPV 的优势，管理者可能会更偏向于选择项目 A 而不是项目 B，因为项目 A 的风险较低。

缺点

使用模拟法有一些缺点。一个很明显的问题就是每种现金流量的概率分布都是主观估计的，这比较困难。然而，要估计一个问题的简单要素，如单一现金流量，总是会比估计最终的 NPV 或者 IRR 的分布要简单的多。

① 蒙特卡洛是摩纳哥一家非常著名的赌场所在地。

② 在这里“观察”指的是从概率分布中抽取的一个数字或者由这一系列数字计算得到的结果。

③ 在更加详细的模型中，一个概率分布可以针对某阶段现金流量估计的要素的多个。例如，阶段现金流量是收益和成本之间的区别，人们可以强调两者的分布，以收益观察值和成本观察值之间的区别来计算现金流量。

一个相关的观点就是，单一现金流量的分布通常不是独立的。项目现金流量通常是正相关的，就如项目前期的现金流量比较少的话，后期的现金流量也可能是比较少的。不幸的是，估计这种相关性的程度是比较困难的。

另一个问题就是模拟概率分布的解释能力。在选择有风险项目的时候，没有任何决策法则。知道风险程度有多大，多大的方差可以抵消 NPV 的优势是不会写在任何地方的。这样的判断是主观的，依赖于管理者的智慧和经验。

尽管有这些问题，模拟方法还是一种相对实用的把风险运用到资本预算中的方法。

12.2.3 决策树分析

在资本预算项目中，前面讲的情景分析能对 NPV（和 IRR）可能的变化做出直观的描述，但不能提供 NPV 的概率分布。如果能够估计项目当中特定事件的概率，那么我们就能通过决策树分析估计出 NPV 的分布。决策树本质上就是一个延伸的时间轴，在事件可能不只是按一条路线发展时，通过“分支”来进入不同的路径。

> 决策树是对项目的直观性的描述，这种项目可能有多种结果，同时每个结果的概率是特定的。

例如，假定一个有一些不确定性工程工作的资本预算项目，不确定性产出在项目持续一年以后才能完成。如果工程运行良好，后续现金流量会比运行不好时要高。决策树图所表示情况如图 12-5 所示。

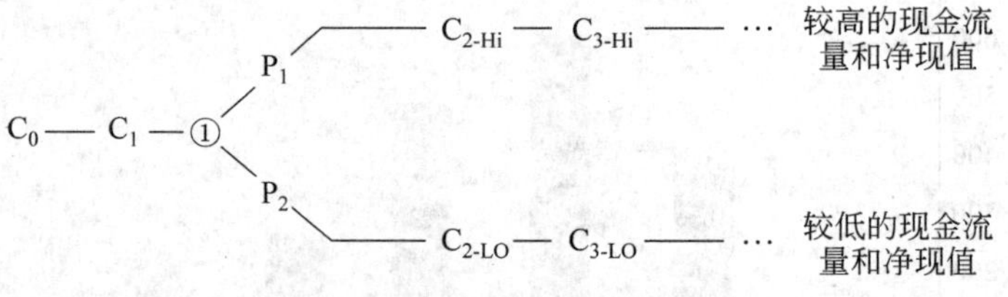

图 12-5 简单的决策树

项目实施的初始投入为 C_0，后续现金流量为 C_1，但在 C_1 之后依赖于工程工作的成功与否存在两种可能性。两种结果分别用决策树的一个分支来表示。在分支的地方称为节点，通常使用一个小圆圈数字来表示，以此来追踪复杂的项目。

在节点之后的每一个分支发生的概率用（P_1，P_2）来表示。在这个例子中，上面的分支表示项目成功的情况，它的高现金流量用 $C_{2\text{-Hi}}$，$C_{3\text{-Hi}}$…来表示，下面的分支表示项目不够成功的可能性，它的低现金流量用 $C_{2\text{-Lo}}$，$C_{3\text{-Lo}}$…来表示。

从任一节点可以引出任意多的分支，但它们的概率之和必须为 1，表明其中的任意一个分支都必须被接纳。

一条路径从左边的 C_0 开始，沿着决策树通过节点 1，然后沿着其中一条分支或者另一条。在图 12-5 中，很明显的发现只有两条可能的路径。最终 NPV 的结果是和每一条路径相关的。在这个例子中，较好的结果是按照上面那条路径，拥有的现金流量 C_0，C_1，$C_{2\text{-Hi}}$，$C_{3\text{-Hi}}$…而较差的路线的现金流量为 C_0，C_1，$C_{2\text{-Lo}}$，$C_{3\text{-Lo}}$…

要评价一个项目，需要计算各种可能路径的 NPV 和每条路径相关联的概率，从路径概率就能得到 NPV 的概率分布。通过一个例子我们能更好的理解这种方法。（在这里我们讨论的是 NPV，但是这些同样适用于 IRR，仔细阅读下面的例子，后面的内容是建立在这些之上的）

概念链接 例 12-2

决策树分析

Wing Foot 鞋业公司正在考虑一个三年期的项目，主要是关于采用新技术跑鞋的市场销售活动。项目的成功依赖于消费者的接受程度和产品的需求状况。需求可能会很大，也可能会很糟糕，但是为了计划的目的，管理层只把它分为两种情况：好和差。市场调查表明有 60% 的可能性需求很好，40% 的可能性需求会很差。

新鞋投放市场需要 500 万美元，如果需求状况很好的话，在全部生产能力的情况下，三年内的每年现金流入量为 300 万美元，但在市场需求差的情况下，现金流入量仅为 150 万美元。Wing Foot 公司的资本成本为 10%。分析这个项目并且给出 NPV 大致的概率分布图。

解答：第一步画出项目的决策树(千美元)

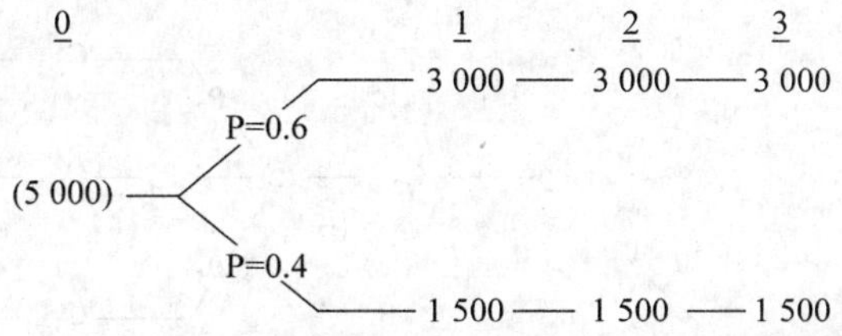

第二步计算每一个路径的 NPV，运用公式(10-3)，为了方便在这里我们重复一遍。

$$NPV = C_0 + C[PVFA_{k,n}] \tag{10.3}$$

好的消费需求：

$$NPV = -5\,000 + 3\,000[PVFA_{10,3}]$$
$$NPV = -5\,000 + 3\,000[2.486\,9]$$
$$NPV = -5\,000 + 7\,461$$
$$NPV = 2\,461$$

差的消费需求：

$$NPV = -5\,000 + 1\,500[2.486\,9]$$
$$NPV = -5\,000 + 3\,730$$
$$NPV = -1\,270$$

注意现在我们已经有了项目 NPV 的概率分布，沿着上面的路径概率是 60%，其具有 2 461 000 美元的 NPV，沿着下面的路径概率为 40%，其具有 −1 270 000 美元的 NPV。

NPV 的期望值(NPV 的概率分布的平均值或期望值)通过每种可能的 NPV 乘以各自的概率然后加总来计算(千美元)。(如果需要的话，可以参照第 9 章开始的统计知识。)

需求	NPV	概率	产出
好	2 641	0.6	1 585
差	(1 270)	0.4	(508)

NPV 的期望值＝1 077

总体上讲，我们认为项目最有可能的 NPV 产出大约是 100 万美元，很有可能(60%)产出是 260 万美元，但是也有相当可能(40%)会损失 130 万美元。

注意 Wing Foot 公司的管理层从这分析中对公司跑鞋项目风险的了解比从单一的 NPV

值 110 万美元要深刻透彻的多，决策树清楚的表明损失时很有可能的。那种规模的损失可能会导致一个小公司破产，也可能使提出项目的人名誉扫地。因此这种信息是非常重要的。

分析同样表明，如果状况良好，承受风险的报酬几乎达到初始投资的一半，那也是一个重要的发现。相比那些产出是初始投资的好几倍的投资而言，人们不愿意为不大的报酬承受巨大的风险。

在这个例子中，分析的最终结果可能是，即使项目的 NPV 期望值是正的，由于风险的原因，公司最好的选择是拒绝这个项目。

更复杂的决策树和条件概率

决策树所表示的大多数过程包含的不只是一种由概率表示的不确定性事件。每一个这样的事件有一个节点来表示。从这个节点可以有两个或者更多的分支出现，并且是向右迅速扩展。一个典型的决策树如图 12-6 所示。

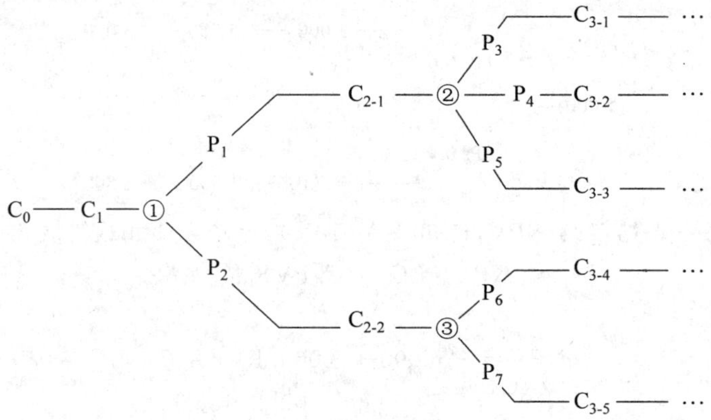

图 12-6 更复杂的决策树

注意沿着从节点 1 发出的不同分支会有更多的节点，每个节点将原来的分支成 2、3 条甚至更多的分支。在这个图中，沿着树图从左到右有 5 条路径，每一条路径从 C_0 开始，沿着向右的分支结束。每一条路径都有一个沿着那条路径的现金流量计算得出的 NPV。

每条路径的概率就是沿着这条路径所有分支的概率乘积。这些被称为条件概率，意味着节点 2 的概率是节点 1 发生条件下的概率①。应当记住的就是每一节点的概率之和必须等于 1。例如 $P_1+P_2=1$，而 $P_3+P_4+P_5=1$。

概念链接 例 12-3

复杂的决策树分析

例 12-2 中的 Wing Foot 鞋业公司已经做了深入的市场调研，并且对潜在的消费者对新产品的接受程度也有了更多的信息。管理层现在认为，沿着上面的分支有两种可能。顾客反应可能是极好的。研究表明，如果第一年的需求是好的话，有 30% 的概率销售会增长并且第二

① 一条路径的概率也称为沿着这条路径的单一分支的联合概率。

年和第三年是极好的。当然也有70%的概率需求是在第二年和第三年不变。

如果顾客对产品的反应是极好的,那么追加在工厂扩建上的100万美元的投资使得公司生产和销售更多的产品,产生的现金流量是500美元。而不是第二年和第三年的3 000万美元。因此,在第二年的现金流量就是400万美元(500－100),第三年的现金流量是500万美元。(扩张对于获得更好的财务结果是必要的,例12-2描述了公司以全部生产能力生产是沿上面的分支的。)一个又追加投资的项目决策树如下:

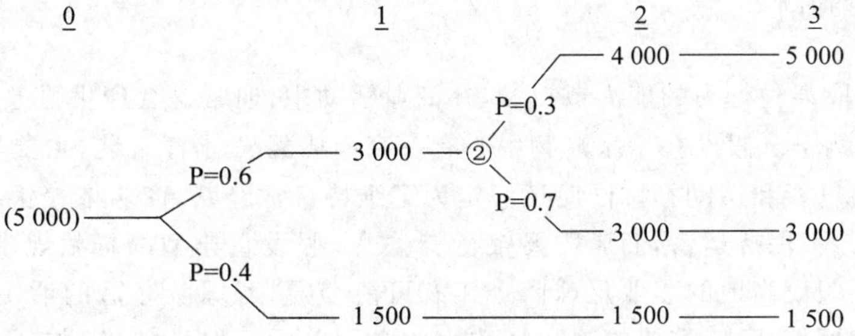

节点2之后的概率是条件概率,意味着它们仅仅是沿着需求好的路径存在。换句话说,它们是在节点3需求好的情况下才出现的,需求好的概率是0.6。沿着决策树到任意路径最后的概率就是沿着这条路径的所有的概率相乘。因此,上面的路径的概率就是0.18(0.6×0.3),中间的路径的概率就是0.42(0.6×0.7),最下面的那条路径还是0.4。最重要的一点就是这些所有的概率之和为1.0,表明沿着决策树的所有路径就能得到所有可能的产出。

每一条路径的NPV是利用传统方法用沿着这条路径的所有现金流量计算出来的。中间和下面的路径的现金流量与例12-2中的路径的现金流量相同。因此,我们已经计算出了这些现金流量的NPV,而上面那条新路径的NPV是三个现值的和加上最初的初始投入(单位:千美元)。

$$
\begin{aligned}
NPV &= -5\,000+3\,000[PVF_{10,1}]+4\,000[PVF_{10,2}]+5\,000[PVF_{10,3}] \\
&= -5\,000+3\,000(0.909\,1)+4\,000(0.826\,4)+5\,000(0.751\,3) \\
&= -5\,000+2\,727+3\,306+3\,757 \\
&= 4\,790
\end{aligned}
$$

因此,项目的概率分布和期望报酬计算如下所示:

接受程度	NPV	概率	产出
极好	4 790	0.18	862
好	2 461	0.42	1 034
差	(1 270)	0.4	(508)
		NPV的期望值＝1 388	

分布图如下图所示:

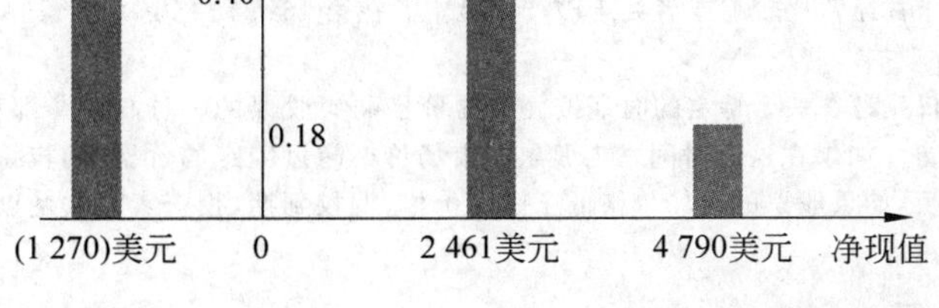

再次要强调的是，通过决策树分析比单一的从某一点估计 NPV 能得到更多的信息。在这个例子中，额外的信息告诉我们有一定的概率（18%）项目完成的极好，但是仍有很大可能（40%）项目会亏损。正如例 12-2，亏损可能使公司破产，谨慎的经营者不会选择这个项目，即使 NPV 的期望值在某种程度上高于以前。

12.3 实物期权

期权就是采取某种行为的能力或权利，在商业活动中，通常是会产生财务上有利的结果。

> 实物期权是一个行动过程，在特定情况下可以改善公司的财务结果。

下面看一个例子。假设在一家购物中心有一家商店经营体育服装，主要经营职业球队标志的夹克衫和运动衫。同时还假定为了维持日常经营，商店依赖银行的信贷。也就是说，为了保持运营，商店需要银行贷款①。假设它典型的贷款规模是 100 万美元，现在还假设当地的职业足球队今年有可能夺冠，若球队夺冠的话，对足球夹克衫的需求会翻倍，商店需要的银行贷款为 200 万美元。但是如果没有额外信贷的话，额外的销售也会失去。

这种情况使得商店主陷入两难的状况，他不想额外多借 100 万美元，并且在整个年度内都在担负利息，因为他不能确信额外的销售会实现。但是他也知道，如果在最后时刻才去银行贷款的话，那么可能贷不到款，因为那时候银行可能也缺少资金。

> 实物期权的价值可以看作是项目中所含的实物期权带来的 NPV 的增加值。

解决办法可能就是店主与银行签订一份协议，在这份协议里面，店主通过支付承诺费用让银行有保证贷款的承诺，承诺费用通常是承诺贷款的 0.25%。如果商店贷款的话，银行就获得正常的利息收入，如果店主没有贷款的话，那么只须支付承诺费就可以了，承诺费是 2 500 美元（100 万美元×0.25%）。

这种协议给了店主利用对职业球队服装需求潜在增加的优势的能力，也就是说，他有权利去借款用来支持销售的增加。我们把这种能力称为一种实物期权。单词实物的意思就是存在于实际的、有形的业务上。在这里有必要区分实物期权和金融期权②。

注意实物期权对店主来说有价值，它的价值至少是付给银行的保证金，甚至依赖于当地球队夺冠的概率和夺冠后多销售商品的利润，它可能价值更高。

12.3.1 资本预算中的实物期权

实物期权在资本预算项目中经常出现，当项目是用像决策树分析一类的概率分析法时，实物期权的影响能更好地体现出来。实物期权的出现通常增加了项目的 NPV 期望值，那个增加值通常是期权价位的一个很好的估计值。

---

① 这本身并不是意味着经营比较差或者处于破产危险中。在第 16 章研究资本运营的那部分，我们可以理解这种融资方式。

② 最普通的金融期权就是在一个特定的时期按固定的价格购买股票的一种权利。那种权利就是一种认购权，并且按照期权价格进行出售。如果在这段时间之内股票的市场价格超过固定的价格，期权持有者就会购买股票并且很快地卖出获得利润。相反，如果股票的市场价格低于固定价格，期权到期，投资者损失的就是所付出的期权费。股票期权已经在第 8 章详细讲解。

概念链接　例 12-4

实物期权

考虑在例 12-3 中介绍过引入极好需求概率后的 Wing Foot 鞋业公司的状况。

a. 实物期权是否存在?

b. 假设 Wing Foot 公司的厂房用地缺乏,并且扩张的空间在项目开始时的成本仅仅是 50 万美元,这是扩张的 100 万美元的成本之外的增加值,例如,如果扩张期权存在的话,那么项目的最初支出将会增加 50 万美元。如果市场需求不是很好,那么费用将会被浪费。在例 12-3 中提到的情况下扩充用地是不是应该购买?

解答:

a. 注意在例 12-2 中,Wing 的工厂是在按照顾客对新产品好的接受程度的基础上的销售水平全负荷生产。这在决策树中显示为最上面的一条路径。如果扩张是不可能的,那么管理者就没有办法去利用需求增加的优势了。在例 12-3 中的状况就不同了,因为如果需求状况预测良好的话,公司可以选择去增加 100 万美元的投资去扩张,那么就可以有更多的销售,项目产生的现金流量会更多,从而补偿公司增加新的生产能力的成本。

拥有通过扩大公司规模来满足顾客接受新产品的程度极好的情况的机会是一个实物期权。换句话说,管理层有这样的一个选择权,那就是若顾客需求比期望需求高,可以通过投入额外的成本来扩充生产能力。到目前为止,还没有介绍实物期权的成本,我们将在 b 部分了解实物期权的应用。

b. 在跑鞋项目开始的时候拥有多余的空间给予管理层一种扩大规模的实物期权。如果没有多余空间的话,就没有那种选择权。因此,为了决定购买多余的用地是否明智,我们就需要对扩大规模的实物期权设定一个值,然后将之和持有期权的成本 50 万美元进行比较。

在这个例子中,对实物期权的价值作进一步的估计是相对容易的。它即为有实物期权和没有实物期权的项目的 NPV 的期望值之间的差别。这看起来是合理的,因为 NPV 期望值是项目对公司价值的基本测量方法。

我们计算了在例 12-2 中的没有期权的 NPV 期望值和例 12-3 中有期权的 NPV 期望值。期权仅仅是这两种情况的差别。从那些例子中我们可以得出下面的结果。

有期权的 NPV 期望值	1 388 美元
无期权的 NPV 期望值	969美元
实物期权的价值	419[①]美元

因为实物期权的价值是低于 50 万美元的成本,因此,看起来管理层不应该提前购买这块地用于以后的扩张。然而,我们稍后就会发现有其他的原因使我们考虑持有这个扩张期权。

---

① 非常重要的一点就是不要把统计上的用期望值含义而计算出的期权价值和如果扩张真的发生之后期权价值混淆了。观察例 12-3 中的项目 NPV 的期望值的计算过程。如果需求是极好的并且扩张发生的话,NPV 是 4 790 美元,如果需求仅仅是好的话,NPV 是 2 461 美元,两者相差 2 329 美元。这就是如果需求是极好的情况下扩张所带来的贡献。

然而,在项目开始时,作资本预算的时候,我们并不清楚扩张是否会发生。那时我们仅仅知道有 18% 的概率需求是极好的。明白了这一点之后,计算的期望值增加了 2 329 美元的 18% 到项目的 NPV 期望值,近似地等于 419 美元 (2 329×0.18)。

放弃期权

重新观察例 12-3 的决策树，最下面的路径代表差的需求状况有负的 NPV 为1 270 美元，表明了如果消费者不愿意购买新设计的产品，项目就是亏损的。一旦管理层认识到需求是差的话，比如一年之后，公司是否应该在第 2 年和第 3 年仍生产这种跑鞋，而仅仅获得 1 500 美元的现金流入量？如果除了制造跑鞋之外，资源没有其他的用途，答案是肯定的，那么每年 1 500 美元的现金流入量总比什么都没有强。

> 放弃一个表现很差的项目的能力就是一种便宜的实物期权。

但是假定用于生产跑鞋的设备可以有其他用途的话，公司可能应该放弃这个项目。

概念链接 例 12-5

放弃期权

Wing Foot 公司如果放弃新跑鞋项目的话，公司为新跑鞋项目购买的大多数设备可以用于其他鞋业的生产线。管理层估计在第 1 年末用于其他用途的设备价值 450 万美元。这个信息将如何影响公司的跑鞋项目的分析？

解答：

如果在第一年末放弃项目，设备将被重新配置，在例 12-3 中，决策树下面的那条路径第 1 年的现金流量为 6 000(1 500＋4 500) 美元，而第 2 年和第 3 年的现金流量为 0，那么下面路径的 NPV 值如下：

$$
\begin{aligned}
NPV &= -5\,000 + 6\,000[PVF_{10,1}] \\
&= -5\,000 + 6\,000[0.909\,1] \\
&= -5\,000 + 5\,455 \\
&= 455
\end{aligned}
$$

重新计算项目的 NPV 期望值，假设下面的路径换位放弃决策。重复例 12-3 中的计算，下面路径的 NPV 用 455 美元代替－1 270 美元。

接受程度	NPV	概率	产出
极好	4 790	0.18	862
好	2 641	0.42	1 034
差	455	0.4	182
		净现值的期望值＝	2 078

可以看到 NPV 的期望值从 1 388 美元增加到 2 078 美元。

了解到刚才我们计算过程中的两个方面的问题是非常重要的。第一，放弃对于管理层来说，是提高项目的 NPV 期望值的一组可选行为。因此，如果放弃是可能的，那么它就是一个实物期权。

第二，放弃期权的存在实际降低了项目的风险。我们通过观察例 12-3 中的图就可以明白，图形显示了项目 NPV 的概率分布。可以看出，最初提出的项目有 40％的概率 NPV 为－1 270 美元，这确实是一笔损失。前面我们提到过，这样的一笔损失可能使一家小公司破产，这可能就是放弃项目的一个原因。

但是，如果我们已经描述过的放弃期权存在的话，结果就向右移动，变为有 40％的概率获得 455 美元的收益。这使得项目整体上来看风险低很多。事实上，如果放弃期权存在的话，一家公司就不太可能因为破产风险而放弃项目。

12.3.2 实物期权的评估

在例 12-4 中，我们已经计算出实物期权的价值，它是存在于项目中使得项目的 NPV 增加的价值。这是价值评估的一个好的开始，但是由于已经描述过的风险降低问题，它并没有揭示整个问题。

> 实物期权的价值至少是其带来的 NPV 的增加值。

事实上，实物期权是由于它的风险效应，通常使得它的价值要高于 NPV 期望值的影响。前面提到的个人和经理都是厌恶风险的，也就是说当项目的期望报酬或者 NPV 相等的话，他们更偏爱低风险。那种偏好通常表明人们愿意为降低风险付出的比获得 NPV 期望值的增加更大的代价。因此，一个实物期权的价值通常不仅仅是 NPV 的增加值。不幸的是，因为既不能对风险也不能对在资本预算过程中的风险和价值的关系进行精确的度量，所以很难讲实物期权价值比 NPV 增加值大多少。换句话说，我们知道由于风险的效应，实物期权的价值会增加，但是却不能说出增加值是多少。

利用报酬率

评价实物期权价值的一种可能的方法就是按风险调整的报酬率法。在下一部分我们将详细地讨论这一思想。现在需要明白的就是在 NPV 计算中，低风险应当和低报酬率相关联。因此，如果一个实物期权降低了项目的风险，那么运用低于公司的资本成本的较低折现率去重新计算它的 NPV 是比较合适的。因为低折现率带来较高的现值，这使得重新计算的 NPV 变大，因此实物期权的价值变大，困难就在于如何选择合适的风险调整折现率。

风险效应是难以处理的

考虑例 12-4 中的扩张期权，在那里我们指出了项目的期望收益可能会低于它的成本（回忆前面内容，NPV 期望值的增加值是 419 000 美元，而持有期权的成本是 500 000 美元）。不考虑期权对风险的效应，我们得出一个尝试性的结论。我们谈到实物期权的风险降低特性使它们增加了额外的价值。如果这种情况属实的话，是不是有可能扩张期权的价值超过了 419 000 美元？

在继续往下读之前，先暂停片刻来回答这个问题。（提示：比较放弃期权和扩张期权对项目 NPV 的概率分布的影响。）

尽管实物期权通常可以降低风险，但是扩张期权的风险效应可能并不能增加它的价值。通过与放弃期权的效应仔细的比较，我们就能明白这一点。放弃期权降低风险的效应是明显的，消除了一笔巨额损失的风险。另一方面，扩张期权在情况良好的时候，能够获得更大的利润，但是却不能改变有 40% 的可能会产生巨额损失的事实，而这种损失可能使一家公司破产。因为巨额损失的高可能性是风险的关键问题，所以，在扩张期权中几乎没有降低风险的价值。

这里说明的是关于实物期权的价值，需要通过个案研究来仔细考虑。目前在该领域大量的深入理论研究工作正在继续。

实务观察

不稳定的能源价格和实物期权思想可以帮助低效设备获得高额利润

实物期权思想在那些需要大额资本设备投资的行业中特别盛行。典型的例子有航空运输业，它需要价格昂贵的巨型喷气式飞机，还有电力行业，需要电力供应者建立耗资巨大的发电站。在 2001 年以前，安然(Enron)公司是一个大型能源公司，它的基本业务包括建造和经营电力发电厂，还有天然气管道输送。该公司在 20 世纪 90 年代后期对实物期权思想在发电厂中的应用都是该项思想应用的绝好例子。

实物期权的原理曾被用于证明在 Mississippi 和 Tennessee 建立的三座电力发电厂的设计是低效率的，它们效率如此之低以致其生产成本超过了行业标准的50%到70%。建立电厂的成本比购进最先进的设备成本低很多，但是这并不是修建电厂的真正原因。

最近几年政府对电力行业管制的放松已经导致了电力批发价格的极度不稳定。事实上，电力价格从正常的40美元/兆瓦特小时的水平涨到了不可思议的7 000美元/兆瓦特小时。这种不稳定性再加上实物期权的思想就使得低效发电厂不仅可行，而且是一个很好的想法。

电厂不会一直都在运行。只有当能源的报酬率高到可以不考虑生产成本时，电厂才会开工。例如，如果每兆瓦特小时的电价格是1 000美元，那么生产成本是20美元或30美元已经不重要了。

低效的电厂给予电厂所有者一定的期权，可以在电力价格攀涨时生产和销售更多的电。而其他的时候，它们都是闲置的。建造电厂的成本就是获取期权的成本。这是一个典型的实物期权案例。如果价格暴涨的可能性很高的话，电厂超额利润的期望值就会超过修建这些电厂的成本，并能增加发电生产的期望净现值。

结果这些电厂每年只开工一到两个星期就能够获得超过支付自身成本的利润。电厂提供了一个灵活性期权，因为这种期权可以使所有者拥有增加的产出来对高昂的电力价格做出灵活的反应。

资料来源：不确定性探讨．商业周刊，1999-6-7.

12.3.3 在项目中设计实物期权

设计项目的时候尽可能地使它们包含有益的实物期权是有意义的。我们已经分析过两个例子表明在项目开始时就考虑实物期权会对以后的分析带来很大的不同。

在例12-5中讨论过的放弃期权增加了NPV期望值，同时降低了风险。因此，描述的例子表明设计项目的退出能力是一个很好的想法。不幸的是，这一点是很难做到的。例如，履行合同义务就使放弃变得困难。在我们的描述中，假设 Wing Foot 公司和零售商签订了3年的合同，还签订了厂房用地合同，另外还有和供应商签订长期购买合同。当1年以后中止项目，就需要违约，这是比较困难而且成本很大的。谨慎的经理应该尽量减少陷入难以退出的境地。

扩张期权就如同例12-4中所描述的一样，是非常普遍的。当项目在早期有能力花费一些额外的成本进行扩张的时候，进行仔细的财务分析是很有必要的。然而，这一期权通常几乎不需要前期保证金，因而应当尽可能做出计划。

投资时机期权也会经常出现。看下面的一个例子，假设一家公司正在考虑一个新建工厂的项目，并且已经选择了一个非常好的位置，但是在六个月内公司还不能做出最后的决定。管理层不想现在就买下这块地，因为还有可能不用新建工厂，但是公司又不想让别人买走这块地，因为如果公司决定在以后要建立工厂的话，就需要再寻找合适的地点。

解决的办法可能就是签订一份土地期权合约，在这份合约里面，土地所有者保证公司在以后的六个月内能够以一个固定的价格随时都可以购买这块土地，当然公司需要支付一笔不可退回的费用，这笔费用称为期权价格。

期权就是买卖双方的一份购买合同，这份购买合同在一定的时间之内会因为购买者的判断而终止。如果购买者在到期后还没有执行期权，那么合约就过期了。土地期权允许公司延迟它的土地投资，直到其他相关的因素和问题都确定下来。

流动性期权使得公司更容易对商业环境变化做出反应。例如，假设一家公司从两个供应商那里都按照每单位1美元的价格购买同样的零件。如果它把所有的业务交给一个供应商的话，价格将会是每单位0.9美元。但是如果那个唯一的供应商出现问题，公司的业务就会由于得不到所需的零件而遭受损失。因此，拥有两个供应商的灵活性值得每单位增加额外的0.1美元。

12.4 把风险运用到资本预算中——理论方法和风险调整报酬率方法

理论上把风险运用到资本预算中的方法主要关注报酬率。我们知道折现率在NPV法和IRR法中起着非常重的作用。到目前为止，我们一直用资本成本作为折现率来进行计算。下面简单地回顾一下这两种方法的应用。

在NPV法中，通过把资本成本当作折现率来计算现金流量的净现值。高折现率产生低的NPV，从而降低了项目被接受的概率。在IRR法中，决策方法是对项目投入资金的报酬与资本成本的比较，高的资本成本意味着接受一个项目需要更高的IRR，这也降低了项目被接受的概率。

> 资本成本在NPV和IRR中扮演重要角色。

总之，项目被接受与否依赖于两种方法中的关键因素：折现率。高折现率意味着接受的可能性低。在下面的内容中，我们将研究利用不是资本成本的折现率进行计算的含义。

高风险项目接受可能性降低

把风险运用到资本预算中的思想就是与其他有类似的期望现金流量的项目相比，有特定风险的项目接受的可能性更低。注意在资本预算法则下，如果项目是运用高折现率来进行评价的话，那么这就是事实。对任何给定的一组现金流量，高折现率降低了计算的NPV，而更高的折现率意味着计算出的IRR需要更大才能接受项目。

因此，把风险运用到资本预算的一种可行的方法就是设计出一种使用NPV和IRR的方法，但是用高折现率代替资本成本分析风险较高项目，从理论上讲，风险越高，应当运用的折现率就越高。这种方法就自动地接受高风险项目的可能性更低。在财务分析中，用于弥补风险的较高折现率被称为风险调整折现率。

风险调整折现率的起点

在前面的部分，我们谈到从长远来看，一个公司就可以被看作是项目的集合体，并且接受大量相对高风险的项目可能会改变公司的基本性质，使得公司风险性提高。

> 使用较高的风险调整利率，降低了项目被接受的概率。

公司把当前的状态作为风险测度的起点，并且以公司资本成本作为开始时的折现率是合理的。用公司的资本成本来分析与公司当前风险相似的项目，而用高折现率来分析高风险项目，是符合逻辑的。

与风险相关的折现率

这些思想和第5章讨论的利率基础是一致的。回忆一下，每个利率被分成两个部分：基础利率和风险溢价。为了分析的方便，我们在这里把公式重新描述一次。

$$K = \text{基础利率} + \text{风险溢价} \tag{5.1}$$

这个公式表明，如果投资者承受亏损风险增大的时候，就要较高的风险溢价和相应的高利率。在资本预算中，公司研究被分析项目，用于项目分析的折现率和投资者要求从证券中获得的报酬率是相一致的。

如果项目的风险和公司整体风险大致相同的话，运用公司的资本成本是比较合适的。如果项目的风险较高，就需要一个有更大风险溢价的折现率。

为不同的项目选择风险调整折现率

> 如果项目风险和企业日常经营风险是一致的，那么评价项目应该使用资本成本率。

在这两部分中，我们所描述的思想从理论上来说是合理的，但在实际运用当中，却会产生一些问题。障碍就是为特定的项目选择合适的风险调整折现率的主观随意性。

在项目提出时，通常是带有对未来现金流量的点估计。估计那些现金流量的风险或离差通常是主观的。因此，风险调整折现率的选择几乎没有标准。但是一些理论却可以帮助我们。

回想一下，通常项目的增加有三种类型：重置、扩张和新投资。重置通常是前面的工作的继续，只不过使用新设备而已。因为它已经是公司的一部分，它的风险和目前公司的风险是一致的。因此，资本成本用来当作分析重置项目的折现率是比较合适的。

扩张项目是指在一些业务领域做更多同样的事情。它们比当前水平的活动风险要大，但是通常又大不了很多。在这种情况下，在资本成本的基础上加一到三个百分点做折现率通常是比较合适的[①]。

新投资项目是个大问题。它们的风险通常要比当前运营风险大很多，但是又很难准确的度量它，因此选择一个风险调整折现率是比较困难和主观的。然而，某些时候我们能从投资组合理论中得到启发。

12.4.1 用 CAPM 估计风险调整折现率

投资组合理论和资本资产定价模型用来计算投资的风险。在某些情况下，这些技术是可以用于资本项目中的风险调整折现率的计算。

将项目视为多样化

> 风险投资丰富了公司业务和利益相关者。

当一个公司接受一个新的风险投资的时候，就好像是向一个投资组合中增加一只新的股票一样，项目可以被看作是一个多样化的投资。我们可以通过两条途径来理解这点。

第一种是把公司看作是项目的集合。一个新的风险投资仅仅是给公司项目的投资组合中增加了一项投资，然后这个项目组合变得更加多样化；第二种观点，是项目分散了公司股东投资新的业务领域的投资组合。

第二个观点是非常重要的和深刻的。在这里我们进一步地来分析它。假设一个公司是从事食品生产的，因为股东对这种业务的风险和报酬是满意的，所以他们选择了投资在该公司。现在假设公司准备在电力行业进行投资，从新项目的方面来看，股东现在面临着电力业务的风险和报酬。股东可以通过出售他们持有的食品公司的股票，然后买进电力行业公司的股票来达到相同的结果。而本质上，有可能未经股东同意，公司已经那样做了。

项目的可分散和不可分散的风险

在第 9 章，我们把投资风险分为系统和非系统风险。非系统风险是单个公司或行业特有

---

① 如果扩张活动是非常大的话，那么就需要比较大的调整。

的，能够通过投资组合中的大量股票来分散掉。相反，系统风险是与整个市场的走势相关的，不能通过分散化来完全消除掉。

看作投资的项目可在两个层面分散风险，因为它们同时处于两个组合当中，一些风险通过公司项目的组合分散掉了，而另一些可以通过股东的投资组合分散掉。

这些思想导致了一种风险附加，风险中性的思想。公司通过增加一个项目增加了不可分散风险，这种思想如图 12-7 所示：

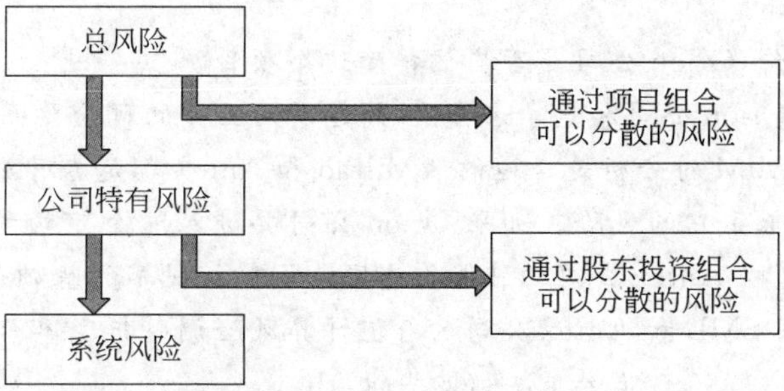

图 12-7　项目风险组合

注意，在两类可分散风险被分散后剩下的就是系统风险。这与在投资组合中的系统风险的概念是一致的，只不过在这儿是与项目相关而不是与公司相关。

通过β系数来估计风险的调整折现率

第 9 章讨论的资本资产定价模型给我们提供了一种通过证券市场线（security market line，SML）来度量公司系统风险的方法。SML 定义了基于基准利率和风险溢价上的公司要求的报酬率。在这里，我们为了方便，重新描述这个公式：

> 在特定的条件下，SML 可以用来确定风险投资的风险调整折现率。

$$k_x = k_{rf} + (k_m - k_{rf})b_x \qquad (9.4)$$

其中：k_x 是公司 X 的要求报酬率，k_{rf}是无风险利率，k_m 是市场报酬，b_x 是公司 X 的β值，描述了公司的市场风险，也就是在图 12-7 中最底部的那个矩形框。而$(k_m - k_{rf})b_x$ 是公司 X 股票的风险溢价与 b_x 的乘积。换句话说，SML 给我们提供了与一个公司股票的特有风险相关的风险调整折现率，而我们发现在项目的分析中有着同样的风险。

如果一个资本预算项目被认为是一特殊领域中的一项业务，那么在 SML 中使用那个行业通用的β值去估计一个风险调整折现率来分析项目就是合情合理的。

> 专营公司是指只从事一中产品生产的公司。

回想一下前例中准备在电力行业进行新投资的食品公司。它在 SML 中使用电力公司典型的β值来确定风险调整折现率以分析投资项目的做法是合适的。而当一个独立的、公开交易的公司处于相同业务领域且β值已知的情况下，此法中的这种思想尤其适用。这种方法就是我们所知的构建风险调整折现率的专营（pure play）方法。专营公司必须是进行单一经营业务的公司，否则的话，它的β值就不是真的恰当了。

概念链接　例 12-6

风险调整折现率——SML 法

Orion 公司是一家成功的民用波段无线电生产厂商。公司的管理层正在考虑生产一种复杂的用于军事战斗的无线电设备销售给军队，但是所担心的就是军用品市场是非常有风险的。

军用无线电设备的市场是由 Milrad 公司主导的，它占有了 60％的市场份额。另一家公司，Antex 无线电公司是另一家存在的竞争者。它占有了 20％的市场份额。Milrad 和 Antex 公司是专门生产军用无线电设备的。Milrad 公司的 β 值是 1.4，Antex 公司的 β 值是 2.0，Orion 公司的 β 值是 1.1。市场上公开交易的股票的平均报酬率(k_M)大约为 10％。短期国库券的当前报酬率是 5％。Orion 公司的资本成本是 8％。

军用无线电设备的初始投入需要 1 000 万美元。随后的 5 年合同期内，公司预期每年有 300 万的现金流入。

基于对 5 年的评价，Orion 公司是否应该接受这个项目？

解答：通过比较 Orion 公司和竞争者 β 值，知道军用业务的风险要高于民用波段业务。因此基于风险调整的 CAPM 对分析是合适的。Milrad 和 Antex 都是专营公司，但是 Milrad 公司的市场领导者地位降低了它的风险。如果 Orion 公司要进入这个市场的话，将和 Antex 公司处于相同的地位，那么以 Antex 公司的 β 值作为风险调整折现率的基础是合适的。

第一步，我们运用 SML 和 Antex 公司的 β 值计算风险调整折现率。

$$
\begin{aligned}
k_x &= k_{rf} + (k_m - k_{rf})b_x \\
&= 5\% + (10\% - 5\%) \times 2.0 \\
&= 15.0\%
\end{aligned}
$$

注意到这个折现率是要比 Orion 公司 8％的资本成本明显要高。

第二步，我们使用风险调整折现率计算项目的 NPV(单位：百万美元)

$$
\begin{aligned}
NPV &= C_0 + C[PVFA_{k,n}] \\
&= -10 + 3\,[PVFA_{15,5}] \\
&= -10 + 3 \times (3.3522) \\
&= 0.1
\end{aligned}
$$

注意到风险调整折现率计算的 NPV 刚好是正值，表明项目是处于收支平衡边缘的。

如果 Orion 公司运用 8％的资本成本进行分析的话，那么结果如下：

$$
\begin{aligned}
NPV &= -10 + 3[PVFA_{8,5}] \\
&= -10 + 3 \times (3.992\,7) \\
&= -10 + 12.0 \\
&= 2.0
\end{aligned}
$$

对这两种结果进行对比就会发现，对风险没有进行调整的资本预算项目分析法则会很明显地接受这个项目，但是考虑了风险之后就会发现项目是处于接受的边缘。这在管理上是一个非常重要的发现。然而，在下一部分，我们就会发现有更多潜在的问题。

12.4.2 理论方法存在的问题——找到合适的 β 值和关注恰当的风险定义

在前面的一部分运用 CAPM 估计风险调整折现率是非常简单明了的，但是在现实生活中，CAPM 的方法像例子中那样使用是很难的。通常的问题就是需要找到一个专营公司，然后找出它的 β 值来。例如，如果 Milrad 和 Antex 是一个公司的子公司，它们本身的 β 值就不合适了。母公司的 β 值受到其他子公司经营的影响。因此，我们经常使用与项目有相似而不是完全相同业务领域的公司的 β 值，这在很大程度上降低了这种方法的可靠性。

然而，还有另外一个更基本的问题。观察图 12-7。项目有三种层次的风险，CAPM 使用的是最后一个层次的风险，系统风险。但是系统风险是一个只与金融资产的风险分散化的投资组合相关的概念，它排除了所有与项目本身或公司相关的非系统风险。考虑一个每天都需要做决策的公司，不考虑非系统风险是不合适的。

例如，假设在例 12-6 中的军用无线电设备项目的失败是因为 Orion 公司的管理层不了解如何与政府[①]处理好关系。因为这只与 Orion 公司有关，所以这种风险不属于系统风险。但是考虑项目的时候，Orion 公司难道不应当考虑这样的风险吗？大多数人认为应该考虑这个风险。

这个推理表明，在图 12-7 中的总风险对资本预算是更加合理的评价方法，但是 CAPM 不能给我们这样的估计。我们所能说的就是总风险高于系统风险。

让我们按那种方法再看例 12-6。按仅反映系统风险的风险调整折现率来评价军用无线电项目的话，项目是处于收支平衡的边缘的。如果内涵更加宽泛的风险定义是合适的话，那么风险调整折现率的值应该更高，这会降低 NPV 的值，从而使得项目不可接受。

子公司项目：会计 β 值方法

有时候，大公司在不同的领域都有自己的子公司，每一个子公司都有不同的风险特性。在这种情况下，整个公司的资本成本就不是和任何特有子公司单独相关。因此，子公司的资本预算就应该找一个替代的折现率。

如果能在同样的领域找到专营公司的话，那么刚刚所提到的专营方法就是可用的，但经常这是不可能的。如果找不到一个合适的代替者的话，并且每个子公司都有独立的会计报表，那么就可以使用一种近似的方法。这个近似方法就是从子公司的会计报表中而不是从公司的股票市场业绩中找到合适的 β 值。这可以通过对子公司权益报酬率的历史值和主要股票市场如标准普尔 500 指数的报酬率进行回归而得到。回归直线的斜率就是子公司的估计 β 值，SML 可以用来估计风险调整折现率。这种方法就称作为会计 β 值法。

关于资本预算中风险的最后评论

调整资本预算程序对识别风险有很大的意义。然而运用这种思想的方法不是很确定的。总之，风险调整的资本预算方法更多停留在理论界中，而财务经理应用相对较少。

CFO 经验谈

换个角度来讲，几乎每个人都使用资本预算方法，但只有一部分人极力试图把风险思想运用到资本预算当中。企业经理确实能意识到风险，但是当最终决策的时候，他们仅仅是通过在分析结果中加入自己的判断来做决策。

不管怎样，学生理解风险思想是非常重要的，这是制定决策的一部分。认识风险是理论与实际结合的重要一步。尽管我们不能准确地把受概率分布支配的现金流量思想运用到我们的分析中，但是具有这样的思想会有助于我们更好地做出决策。

概念链接

例 12-1　敏感性分析

---

① 这是一个非常现实问题，因为政府和民用消费市场是完全不同的。

例 12-2　决策树分析
例 12-3　复杂的决策树分析
例 12-4　实物期权
例 12-5　放弃期权
例 12-6　风险调整折现率——证券市场线法

讨论

1. 1983 年，像 AT&T 一样经营的贝尔电话系统解体，产生了 7 个地域性的电话公司，它们被称为“贝尔宝宝”。但是控制着长途服务的 AT&T 公司的股东获得了新公司的股票，从而使 AT&T 得以继续经营。在解体以前，电话服务是一种受管制的公共服务。这意味着，AT&T 虽然在电话服务业处于垄断地位，但因为政府的管制却也不能制定过高价格。受管制的公共服务公司是一种典型的低风险企业。“贝尔宝宝”从很多贝尔系统运营的管制中解放出来，同时也有很多资金。这些新巨人公司的管理层决定要超过他们以前工作过的老公司。他们宣布要在任何新的领域进行风险投资的决心时雄心勃勃，虽然事实上他们几乎所有的工作经验都是在以前老的电话公司的那种管制的环境下获得的。很多的股东都感到担心，他们非常关心这些声明。对股东各种可能的关心进行评论。

2. 一个随机变量是根据一个或者多个随机过程的结果来定义的。假想你正在预测一项新的业务投资的现金流量。列举一些能够在将来产生现金流量的事情。描述它们应该如何考虑随机过程的产出和随机变量。使用对一个项目现金流量的预测以及公式(10-1)和公式(10-2)计算项目的 NPV 和 IRR。使 NPV 和 IRR 也成为随机变量。NPV 和 IRR 的离差相对于组合它们的单个现金流量来说是更大还是更小?

3. 用模拟方法把风险运用到资本预算中的一个问题是和连续现金流量的概率分布通常不是独立的有关系。例如，如果第一阶段的现金流量处于它值域范围的峰值，后续阶段的现金流量也比较大的可能性很大。你认为为什么通常是这样的结果？描述一种方法，从而使计算机可以对这种现象进行调整以便更好说明风险。

4. 为什么建立资本预算法则使得高风险项目接受可能性比低风险项目要低是可取的?

5. 说明用资本成本分析正常风险项目和高折现率分析高风险项目的合理性。

6. 评价把 CAPM 理论运用到资本预算中风险调整折现率的确定问题中的理论价值，根据你对 CAPM 的学习和你现在正在学习的资本预算的知识来提出你的观点。这些观点已在图 12.7 中得以简要的总结。在投资组合中产生的风险的概念在这里是不是仍适用？不要认为教科书上提出的思想就一定正确。许多学者和从事实践工作的人感到实际应用和理论相差甚远。但另一方面，其他人认为贡献很大。你是怎么认为的？为什么这样认为?

商业分析

1. Ed Draycutt 是 Airway 技术公司的工程经理，这个公司是为机场的空中交通控制设施配置电脑系统。他已经提出了一种新的设备，成功性依赖于两个独立的事件。第一个就是联邦航空管理委员会(FAA)必须采纳一份新的提议，这份提议是关于当飞机遭遇紧急情况的时处理飞机呼叫的一种新程序方法。每个人都认为 FAA 接收这个新方法的可能性至少是

98%，但是需要在一年以后才能实施。如果新的方法被采纳的话，无线电通信制造商不得不在下一年对它们技术中的两个可能的变化的一个做出反应。我们把它们简称为A和B。A变化更可能发生，概率大约为98%。Ed的设备与A系统相配而且是一个工程学的创新产品。如果A系统成为行业标准而Airway公司拥有Ed的产品，那么在其他任何人开发出类似设备之前，Airway公司将大赚一笔。而另一方面，如果A系统没有被采纳，Airway将亏损掉它向新设备开发中投入的任何资金。

开发Ed的设备成本大约为2 000万美元，它对于像Airway这样的小公司来讲是一个非常巨额的投资。事实上，2 000万美元的损失会使公司陷入破产的危险。

Ed刚刚向执行官委员会提交了他的一个资本预算项目报告。该项目需投资2 000万美元，并且如果采纳A系统的话，该项目将有很大的NPV以及IRR值。委员会中的每个人都很兴奋。你是公司的财务主管，对此并不那么乐观。你问Ed在该报告中他如何反映出A系统不被采纳的可能性，虽然很小但必须承认。Ed显然很为他对业务的丰富经验而自豪，他说他已经用统计的方法考虑了这个问题。他说A系统的采纳需要两个条件，每个条件发生的概率为98%。两个条件同时发生的概率是(98%×98%=96%)96%。所以他将所有他估计的现金流量都减少了4%。他坚持认为已经正确地考虑了项目中的风险。

Ed的NPV期望值正确吗？他的分析错在哪里？提出一种可以能体现深刻见解的方法。为什么尽管Ed计算出来的NPV及IRR值都很大，公司仍可能考虑拒绝该项目？

2. 上一案例中Ed的方案中建立一个实物期权是否会有所收益？如果可以的话，应该建立哪一种实物期权？怎样建立这个期权？

3. Charlie Henderson是著名的风险投资公司。Bartok是公司的高层主管。他最近提出公司应该扩大经营范围，进入一些新的和没尝试过的行业。他估计出了项目一组现金流量，并且计算出项目的内部报酬率是25%。公司的资本成本大约是10%。Charlie坚持认为相对于资本成本而言，项目较好的IRR使得项目很容易被接受，并且力劝管理层尽快地实施项目。

几个经验丰富的人看了计划之后，认为Charlie的计划中只反映了项目仅有1/3的概率可能出现的乐观情况。他们认为项目也有1/3的概率会失败的。需要特别关注的就是，由于项目很庞大，如果失败的话，就会使得公司破产。

Charlie不想去讨论这些问题，他认为其他人都是“消极的”，并且他在过去有过这种风险投资项目成功的经验。当遇到这些反对意见的时候，他使用25%的内部报酬率和8%的资本成本作为证实自己提议的证据。

公司总裁已经问你对这种情况的看法。尤其是关于25%的IRR和10%的资本成本的看法。这个项目是否应用不同的标准来评价？该项目导致公司破产的可能性是如何来影响项目分析的？资本预算的法则是不是仍适用？Charlie成功的经验会对总裁的考虑有何影响？

4. 在评价上一题所提出的情况的时候，你发现一个项目行业中的专营公司。该公司的β值是2.5。当前的短期库券的投资报酬率是8%，一个典型的股票投资报酬率是14%。解释这种信息会如何影响Charlie提议的可接受性。在上面你已经提到过的理论中，应该包含什么样的现实问题的考虑？它们使项目的可接受性增大还是减少？在这之前Bartok从来没有从事过这种类型的项目的事实对该项目有影响吗？由于缺少经验的影响你应该怎样来调整？公司破产风险是不是仍很重要？你会如何建议？所有的这些都考虑了之后，你建议总裁接受还是拒绝这个项目？

习题

敏感性分析：例 12-1 的概念链接

1. Glendale 公司正在考虑一个房地产发展项目，该项目的成本是 500 万美元，公司预期在未来的两年内每年能够产生 100 万美元至 400 万美元的现金流量。管理层觉得如果项目状况良好的话，在第一年将会产生 300 万美元的现金流入量，第二年会产生 400 万美元的现金流入量。另一方面，如果项目情况非常差的话，两年产生的现金流最可能分别是 100 万美元和 250 万美元。如果公司的资本成本是 12%，分析项目 NPV 的值域范围。

2. 如果在上面的问题中 Glendale 公司管理层认为有 0.7 的概率项目会产生好的结果，那么项目最有可能的(期望的)NPV 是多少？

3. Keener Clothiers 公司正考虑投资 200 万美元购置一套自动缝纫机用来生产新款服装。这种服装的售价是 200 美元，管理层认为在未来 6 年里每年销量是 12 000 件。但是，新机器的生产成本存在一定的不确定性。生产部门估计运营成本是收入的 70%，但是，高级管理者认为这个数字在 65%到 75%之间。新机器每年的折旧是 200 000 美元(直线法折旧，无残值)。Keener 的资本成本是 14%，所得税税率 35%，运用点估计法计算最好和最差情景下的 NPV。

4. 假设上一问题中 Keener Clothiers 的新机器生产成本占收入的百分比及概率如下所示：

占收入的百分比	概率
65%	0.3
70%	0.5
75%	0.2

画出项目 NPV 的概率分布图并计算 NPV 的期望值。

5. Blazingame 公司正在考虑一个三年期的项目，项目的初始现金流量(C_0)是 175 000 美元，以后三年的现金流量收入按照下面的相互独立的概率分布来给出。所有的数据都以千为单位。Blazingame 公司的资本成本是 10%。(单位：美元)

C_1	C_2	C_3	概率
50	40	75	0.25
60	80	80	0.5
70	120	85	0.25

a. 通过对每个现金流量运用点估计方法来估计项目最可能的 NPV。它的概率是多少？

b. 最好的和最坏的 NPV 分别是多少？它们的概率是多少？

c. 随机的选择一些产出，计算它们的 NPV 和相关的概率，并且画出项目 NPV 的概率分布图。

提示：项目有 27 种可能的现金流量形式(3×3×3)，每一种都是通过从每一列中选择一个现金流量和项目的初始支出结合在一起获得的。每种形式的概率就是三种不确定现金流量的概率的乘积。例如，一种特定的矩阵可能就是下面的情况：(单位：美元)

	C_0	C_1	C_2	C_3
C_i	(175)	50	120	80
概率	1.00	0.25	0.25	0.50

这种形式的概率：

$$0.25 \times 0.25 \times 0.50 = 0.03125$$

6. Sanville Quarries 公司正购置一台比现有的更有效率的新钻孔机。该项目估计可使公司受益 4 年。实施项目的初始投入是 675 000 美元。新项目未来增加的现金流量是不确定的，因此，管理层预测了未来现金流量及其概率(单位：千美元)，如下图所示。Sanville 的资本成本是 10%。

第 1 年	概率	第 2 年	概率	第 3 年	概率	第 4 年	概率
150	0.30	200	0.35	350	0.30	300	0.25
175	0.40	210	0.45	370	0.25	360	0.35
300	0.30	250	0.20	400	0.45	375	0.40

a. 计算项目最好和最差情况下的 NPV 和它们的概率。

b. 最有可能产生的 NPV 的值及其概率是多少?

c. 画出 a 和 b 计算结果的概率分布。

7. 利用上一问题的数据，任意地选择 4 个 NPV(从每年的现金流量中选择一个，并计算项目的 NPV 及其概率)，描绘出选择的 NPV 的概率分布。从你选择的 NPV 中能看出它的聚集性吗?

决策树：例 12-2 的概念链接

8. Northwest Entertainment 是一家经营综合电影院的公司，拥有一栋含 9 个剧场的建筑。最近业务也很好，管理层考虑投资 300 万美元用来增加 5 个放映室。项目的成功依赖于未来 2 年的需求能否支持扩大了的影院容量。需求依靠经济的发展。附近的一所大学的一位经济学家预测本地经济两年内有 90%的可能性持续繁荣，10%的可能性出现低迷。管理层觉得如果经济持续繁荣，新增加的剧场第 1 年能新增 200 万美元的利润，第 2 年会有 300 万美元；如果经济低迷，第 1、2 年产生的收益分别是 150 万美元和 200 万美元。Northwest 的资本成本是 12%。

a. 画出项目的决策树。

b. 计算每一条路径的 NPV。

c. 做出项目 NPV 的概率分布。

d. 计算 NPV 的期望值。

e. 在考虑风险的基础上，对该项目提出合适建议。

更复杂的决策树：例 12-2 和例 12-3 的概念链接

9. Work Station 公司生产办公家具。公司对“人类工程学”的产品感兴趣，这种产品设计用来减轻那些因为长时间坐着工作的办公室工作人员遭受诸如背部和颈部疼痛的疾病痛苦。不幸的是，顾客对这种人类工程学产品的接受程度很难预测，各种可能的市场反应都会出现。管理层已经用决策树形式做出了项目两年的可能的现金流量估计(单位：千美元)。

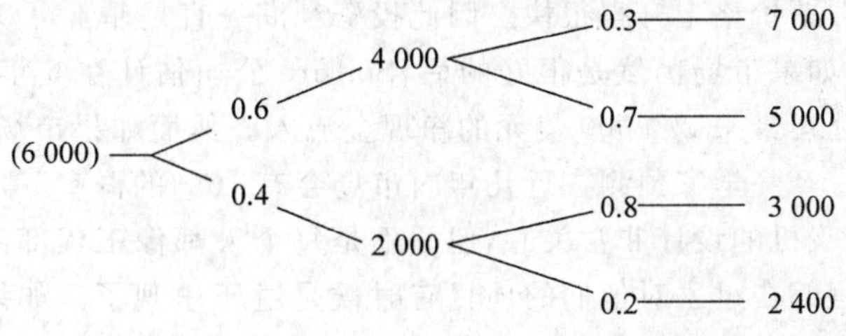

Work Station 公司规模很小，如果项目损失 150 万美元的话，公司就会遭受极大的破坏。公司的资本成本是 14%。

a. 根据预测做出 NPV 的概率分布。换句话说，为决策树的每条路径和相关的概率计算出项目的 NPV。

b. 计算项目的 NPV 期望值。

c. 分析你的结果，考虑项目 NPV 期望值和风险之后提出对项目可接受性的建议。

放弃期权：例 12-5 的概念链接

10. 假设上面一题中 Work station 公司在第 1 年年末有一个放弃期权，公司将在第 1 年收回 500 万美元的投资。企业拥有放弃项目的期权的价值是多少？你的整个建议会有什么变化？

11. Vaughn Clothing 正在考虑投资 140 万美元整修商店。管理层需要考虑经济情况和竞争对手 Viola Apparel 是否会在附近开设新店。估计下年 Viola 开新店的可能是 60%，当地经济状况直到第 2 年才会影响到该项目。管理层认为第 2 年的经济状况繁荣的可能性是 40%，衰退的可能是 60%。项目带来的现金流量增量如下所示(单位：美元)：

第 1 年：

Viola 开店——700 000

Viola 不开店——900 000

第 2 年

Viola 开店且经济繁荣——850 000

Viola 开店且经济衰退——700 000

Viola 不开店且经济繁荣——1 500 000

Viola 不开店且经济衰退——1 200 000

采用决策树法分析该项目，画出决策树图，计算沿着每条路径的 NPV 并做出 NPV 的概率分布，然后计算 NPV 的期望值。假设该公司的资本成本是 10%。

实物期权：例 12-4 的概念链接

12. 上一题中的 Vaughn Clothing 现在有一个实物期权。在公司整修商店之后 Carlson Flooring 公司有兴趣购买该商店。如果交易达成，Carlson 在第 1 年末可以退回 70%的整修成本，Vaughn 则要放弃第 2 年的现金流量增量。另外，Vaughn 要支付 150 000 美元。Vaughn 需要购买这份实物期权吗？

13. Spitfire Aviation 公司生产小型的私人飞机。管理层正在评估一个引入新的高性能飞机的提议。高性能飞行主要是由那些年轻而且富有的人从事的一项昂贵的运动。Spitfire 明白公司的目标市场就是那些近几年在股票市场上赚了很多钱的 35 岁以下的富有的职业经理人。

一段时间以来，股票价格上升得很快。因此投资利润一直是非常可观的，但是近来有很多对市场下跌的担心。如果市场仍然是很好的话，Spitfire 公司估计在 5 年内每年销售 50 架新型飞机，每一架将给公司带来 200 000 美元的净现金流入。然而如果市场下降的话，每年仅仅销售 20 架新型飞机。经济学家预测在近几年内市场会有 40%的概率下降。

公司也同样对新飞机的设计非常关心，但并不是每个人都像工程部门那样对新产品的表现看好。事实上，工程部在过去对他们的项目有时候是过于乐观了。如果业绩低于工程部的估计的话，飞行者之间的交流会使公司的产品形象受损，并且一年之后的销售量只有原先估计的一半。管理层认为有30%的概率是新产品的表现不会像工程部门所认为的那样好。飞机从设计到投产的成本估计是1 500万美元。Spitfire公司的资本成本是12%。

a. 画出并且完全表示出项目的决策树。

b. 计算每条路径的NPV和概率。

c. 计算项目的NPV期望值。

d. 描绘出项目N的概率分布。

e. 和NPV的点估计相比，用文字描述出风险情况。

14. 如果Spitfire通过投票通过这个项目，在第一年末放弃项目，从而Spitfire公司能收回800万美元的初始投资用于其他用途的放弃期权价值多少？如果收回的是300万美元的话，结果又是如何？

15. New England Brewing公司生产一种企业主家族，自从殖民地时代就一直使用的配方制造的超爽啤酒。令人吃惊的是，公司并没有自己的酿造设备，但是公司通过租用大的酿造商的多余设备来生产。其他小的酿造商近来也一直是租用设备，因此要想寻找剩余的设备是比较困难的，因此公司就需要提前几年签订租用合同。

New England公司的销售额一直稳定增长，并且市场顾问认为不久以后需求会有大的增长。去年的销售收入减去所有的成本和税收之后产生的净现金流量是500万美元。市场顾问预测接下来的三年公司每年可能产生的现金流量会达到600万美元，但是他们也认为有20%的概率公司会有非常大的销售量，从而产生的净现金流入量能够达到每年800万美元。

因为需要提前签订租用酿造设备的合同，所以满足需求的这种增长会带来一个问题。除非New England公司现在安排多余的生产能力，否则公司就有70%的概率不能满足增长的需求。公司可以和一个大的酿造商签订一份期权合约，这个期权合约能够为New England公司保留生产设备直至期权期限结束，签订这个期权合约需要现在马上支付100万美元，而且这笔费用是不可返还的。New England公司的资本成本是9%。

a. 做一个决策树反映New England公司没有期权的接下来三年的现金流最，并且，计算运营现金流量的NPV期望值。(注意没有必要包含公司的初始支出，处理的是持续运营。)

b. 重新做一个决策树，将生产能力期权作为一个实物期权加入你的计算中。它的价值是多少？公司是否应该购买期权？

c. 这个实物期权是否能降低New England公司的风险？

风险调整折现率—SML法：例12-6的概念链接

16. Hudson Furniture是一家很有特色的个体经营的办公室家具企业。Hudson的家具强调个性化并且取得了相当的成功。公司正在考虑进入更具竞争性的工业家具市场，该市场的销量很大但是价格竞争也很激烈。要进入市场，公司需要投资1 000万美元。管理层预测未来8年每年会有170万美元的现金流量。股票市场平均报酬率是8%，无风险利率是4%。Hudson的β值是0.5，但是一个单独经营工业家具市场的竞争对手的β值是1.5。Hudson应该选择进入该市场吗？

17. Crest Concrete公司为新建房屋修建地下室和混凝土地基，已在La Crosse经营了20年。但是，最近新建住房销售缓慢，住宅建筑类工作已经很难找了。因此，管理层考虑进行商业写字楼的开发。尽管Crest仍然从事楼盘建造，但是商业写字楼的开发和公司正在从事的住宅楼的开发是完全不同的。

有两家公司主导着当地的商业用楼盘业务，即 Readi-Mix 和 Toddy Concrete。Readi-Mix 已有 50 年的历史，占据 70%的市场份额，β 值是 1.3。Toddy 进入当地市场只有 5 年时间，β 值是 2.4。在房地产市场繁荣和成长迅速的时候，这两家公司都获得了长足的发展。Crest 公司自身 β 值是 0.9，资本成本是 9.3%。股票市场报酬率是 11%，无风险报酬率是 4.2。

Crest 进入当地商用楼盘开发的初始投资是 900 000，预期第 1 年的现金净流入量 250 000 美元，第 2 年是 400 000 美元，第 3 年是 700 000 美元。

Crest 应该进入该市场吗？

18. Illinois Fabrics 公司生产用来装饰高档家具、椅子和沙发的纺织垫衬物。Illinois 把产品销售给家具制造商，制造商再把这些垫衬物附在家具上，然后制造商把完工产品销售给家具店。管理层分析了几家制造商生产的椅子和沙发，发现他们从 Illinois 生产的纺织物中获取了很大的利益。他们进一步发现这些家具的框架结构是非常容易生产的。

Harrison Flatley 是 Illinois 的制造部副经理，他提出新建一个叫做 Illinois Furniture 业务部，以生产和销售本公司生产的纺织垫衬物装饰家具。Harrison 提交的建议中指出，该项投资的初始投资是 2 500 万美元，用来建设生产加工车间和与零售商建立销售关系，然后每年能获得 500 万美元稳定现金净流入。假设项目的现金流量是永续的，公司资本成本是 10%，NPV 计算如下：

$$NPV = -2\,500 + 500/0.10 = -2\,500 + 5\,000 = 2\,500$$

高级管理者赞赏这个想法，但是仍然考虑到两个行业的风险。制造行业易于进入和离开，因此，家具制造业的风险要比本公司要高。社会上产品的制造和销售行业的平均 β 值高达 1.9，而 Illinois 的 β 值仅为 0.9。

另外，管理者担心经济衰退对新建立的业务部的影响比那些已经存在了的竞争对手的影响要大。管理者预测经济衰退的概率是 40%，这会使 Harrison 提议的项目的收益降低 20%。

无风险报酬率是 4%，标普 500 指数显示的报酬率是 10%。重新分析 Harrison 的提议，并且给管理者提出合适建议。

第13章

资本成本

本章概要

在第 10 章我们已经对资本成本做了简单的介绍，能够通过它掌握资本预算的基本原理。在本章中我们将更加详细地讨论这个概念并且掌握如何来计算公司的资本成本。

13.1 资本成本的目的

公司的资本成本就是公司为所使用的资本成本所付出的平均代价。这个价格为公司提供了衡量资本预算中投资机会的标准。

这种思想是显而易见的，没有人愿意投资效益低于投资成本的任何项目。因为公司的成本就是它投入资金成本的最好评价指标，如果报酬低于这个值，那么公司就永远不会接受这个项目。

这也就是说，评价一个项目能否被接受，要求这个项目的内涵报酬率(IRR)大于投资成本，或者按这个资本成本计算的净现值(NPV)是大于零的。这些思想在第10章里已做过介绍,在那一章里我们用k来代替资本成本。必要的时候可以复习一下本书10.1中内容。能够准确地估计公司的投资成本对于公司进行有效地管理是非常重要的。否则的话,公司可能会做出错误的投资决策,从而危及公司的利润以及长期生存。

资本成本:公司的资本成本就是公司为所使用的资本成本所付出的平均代价。它主要运用于资本预算中。

资本成本思想与个人投资者对某只股票所要求的报酬的思想是相似的。在第9章已经谈到,只有股票的期望报酬高于投资者对公司的期望报酬,投资者才会购买这只股票。而且要注意的一点是,这个报酬是基于风险基础上的报酬。

公司的投资成本可以理解为,与公司风险相当的所有资本预算项目所要求的报酬率。项目的期望报酬率就是IRR。因此,如果项目的IRR低于公司的资本成本(要求的报酬),那么公司将不会投资于该项目。

13.2 资本成本的概念

"资本"就是长期使用的货币。这些资金通常用于投资项目的启动,获取长期资产,或是为了开展我们在第10章至第12章研究基于投资预算的各种项目。在公司的财务报表上,资本出现在资产债务表的右下方。

13.2.1 资本要素

一个公司的资本组成分为债务,普通股权益和优先股。

按照融资渠道的不同,资本可以分为不同种类。两种基本的类别就是债务和普通股权益。债务就是通过贷款或者是出售债券获得资金;普通股权益代表了所有者利益,主要是来自出售普通股或者留存收益。

资本的第三类来源是优先股的出售。(必要时复习本书8.4中内容。)优先股具有债务和权益的特征,可以认为是二者的交叉。从法律上来讲,它与债务的特征更加接近。由于具有混合特征,为了分析方便,优先股有时候被视为是两种基本资本要素的一部分。然而,优先股给投资者的报酬通常与债务和普通股权益不同。因此,在资本成本这部分,它是作为另外一类资本要素来处理的。

在本章的后面部分,为了简便,我们将普通股权益简称权益,而将有限股权简称为优先股。

13.2.2 资本结构

资本结构是三种资本要素的组合。

所谓资本结构,就是在某一时间点上,公司所使用的资本要素的组合。通常用资本要素的相对份额的百分比来描述资本结构。例如,具有下列资本要素的公司可以这样来描述它的资本结构:30%的债务、10%的优先股和60%的普通股。(单位:美元)

债务	30 000 000	30%
优先股	10 000 000	10
普通股	60 000 000	60
总资本	100 000 000	100%

公司的目标资本结构就是管理层所认为的最理想的和试图去维持的要素的组合。

目标资本结构

有时候以最优资本结构运营是非常重要的。然而,最优资本结构如何确定存在着很大的争论。同时,我们假定公司的管理可能会有一个特定的资本要素的组合,这是公司更期望能够得到的。我们称这个特定的资本要素为公司的目标资本结构，并且假定公司的管理层在融资时会按照这种资本结构来进行。

公司的目标资本结构确定之后，在一些计算中会用它来代替真实的资本结构。

按照资本结构来进行筹资

在现实中，一个确切的资本结构不可能一直保持下去，公司可以通过每次发行一种或者多种证券来筹集大量资金。

例如，假设公司的资本结构就是上面所举例的，而且这还是它的目标资本结构。进一步假设公司需要在筹集 100 万美元。通常情况下公司会发行和出售 100 万美元的债务、优先股或者是普通股。按照 30：10：60 的比例来发行债券很不现实。

实务观察

资本成本——直观的看法

假设一个企业家打算开一家可以盈利 12%的公司，他没有任何资金，但是他可以按 15%的资本成本借到钱。在这种情况下他是否有能力启动这个公司呢？

很明显，这样不可以。这个公司肯定会赔钱，因为他不能够赚到更多的钱来支付下一期发展所需的资金。这个公司只有在借债率低于 12%的情况下才能生存。

这是资本成本的含义。我们不能往公司里投入比盈利还多的资金。在这个简单的案例中，资本成本仅仅是借到的资金的成本率。在现实中，公司有多种资本并且每种资本都有不同的成本。资本成本仅仅是一种代表这些所有成本的平均数的单一税率。

> 资本成本的计算一般是假定资本是以某种资本结构的确切比例筹集的。

为筹集额外的资金而发行证券，可能导致公司的目标资本结构与所期望的比例大相径庭。因此，在下一次筹集资金时公司会试图回到目标资本的构成。

虽然在现实中有很多困难，但是资本成本的计算一般是在假设一些资本构成的资金筹集是在确切比例的情况下进行的。在这个实例中，我们可以假设一个公司一共筹集到 100 万美元，其中有 30 万美元是通过出售新的债券，10 万美元是新的优先股和 60 万美元的普通股。普通股权益是留存利润和出售普通股收入的集合。这个假设虽然不是很现实，但是所产生的偏差通常是比较小的。

13.2.3 投资报酬和资本要素的成本

投资者通过购买公司的证券提供资本给公司，然后获得报酬，这些报酬就是公司投资的成本。这是个很基本的问题。投资者购买特定类型的证券（债券、优先股和普通股）获得的报酬和筹资公司通过出售这些证券承担资本的成本是一个问题的两个方面。

> 投资者基于资本要素投资证券所获得的回报是公司未经调整的成本。

对特定的公司而言，每种证券的风险特性不同，三种不同资本要素的证券投资所要求的报酬也不同。这样的话，每种资本要素有一个特定的成本，这与提供这种资本要素的投资者所要求的报酬有关。而正因为报酬不同，所以成本也就不同。

通常而言，普通股投资所要求的报酬高于债券投资或者优先股投资，这是因为普通股投资的风险高一些，公司普通股的成本比债券和优先股的成本高。债券投资的报酬（成本）是三者中最低的，这是因为债券投资的风险最小，优先股的成本通常是介于债券成本和普通股成本之间。

因为证券有不同的风险，所以它们有不同的回报和成本。普通股风险最高，债权投资风险最低，优先股处于中间。

尽管公司付出的成本是投资者的报酬，真正的成本和报酬保持一致还是需要一定的调整，因此，我们说成本和报酬是相关的而不是等同的。后面我们会谈到这个问题。

现在的关键问题是，债券、优先股和普通股三种资本要素都有各自的资本成本要素。每种资本成本都和持有那种证券的投资者要求的报酬有关。

13.2.4 加权平均资本成本的计算：WACC

计算资本成本的思想是非常简单的。公司用不同的方式来筹集资本，每种资本都有自己的成本。公司的总成本就是各种资本按照融资比例进行加权平均计算的成本，不同的融资方式就是上面提到的资本要素，融资就是在公司资本结构中每种资本的比例。

WACC 是加权平均资本成本，而且权重能够反映出每个资本的使用数量。

这个过程即为加权平均资本成本的概念，简称为 WACC，这种表达方式与我们一直使用的资本成本有相同的含义。在对这个问题的讨论中，我们习惯上使用 WACC 这种表达方式，避免与单个资本要素成本之间的概念混淆。

WACC 的计算：一个例子

计算 WACC 需要两组数据：所使用资本要素的组合和每个资本要素的成本。首先让我们看看如何处理这些数据，然后再进一步研究如何获得这些数据。例题使我们容易理解这个过程。

概念链接　例 13-1

WACC 的计算

根据给定的 Zodiac 公司的资本结构的信息来计算公司的 WACC。（单位：美元）

资本要素	价值	成本
债务	60 000	9%
优先股	50 000	11
普通股	90 000	14
	200 000	

解答：首先我们根据给定价值来计算公司的资本结构。这包括所有价值加总和计算每种资本占总资本价值的百分比。计算结果显示在下表中的前两列数字。例如，债务的权重就是：

$$\frac{60\,000}{200\,000}=0.30=30\%$$

注意权重加起来总和应为 1 或者是 100%，它们就是在公司资本结构中的百分比的十进制表示。接下来就是每种资本要素的成本与各自的权重相乘，然后加总，如下表示，这个结果就是 WACC。

资本要素	价值	权重		成本	
债务	60 000	0.30	×	9%	=2.70%
优先股	50 000	0.25	×	11%	=2.75%
普通股	90 000	0.45	×	14%	=6.30%
	200 000	1.00		WACC	=11.75%

13.2.5 资本结构和成本：账面价值和市场价值

关于 WACC 的一个主要疑惑，就是资本结构和要素成本是根据所使用资本的账面价值还是市场价值。下面，我们先讨论资本结构，然后讨论资本要素的成本。

资本结构：账面价值和市场价值

一个公司资本账户的账面价值反映了公司用来融资的证券的原始出售价格，在资产负债表中体现在资本部分。市场价值反映了这些证券的当前市场价值。公司的资本结构可以按任何一种来计算。下面我们通过一个只有债券和普通股(不包括优先股)的案例来说明二者的区别。

假设一个新的公司 Diplomat 公司按每股 10 美元的价格出售 1 万股普通股融资 10 万美元，同时通过出售价格为 1 000 美元的债券 100 张借到 10 万美元。交易之后，Diplomat 公司的资本结构见图 13-1，表中反映了资本的账面价值和市场价值。

> 资本的价值可以用标的证券的账面价值和市场价格来描述。

现在假定 Diplomat 公司的普通股价格上升到每股 12 美元，而利率上升导致债券价格下降到 850 美元。这些变化并没有改变公司的账面资本情况，因此基于账面价值的资本结构仍然还是表 13-1 所示。

表 13-1　Diplomat 公司的初始资本结构——账面价值和市场价值相等

普通股	10000 股×10＝100 000	50.0%
债券	100 张×1000＝100 000	50.0
	总值 200 000	100.0%

然而，基于市场价值的资本结构发生了明显的变化，结果如表 13-2 所示。

表 13-2　Diplomat 公司的基于市场价值的资本结构

普通股	10 000 股×12＝ 120 000	58.5%
债券	100 张×850＝85 000	41.5%
	总值 205 000	100.0%

因为证券市场的价格随时间一直在变化，而且这些变化在公司账面价值上并不反映出来，所以，基于账面价值和市场价值的资本结构通常是不一样的。我们的问题就在于计算 WACC 的时候采用哪种价格基础更恰当?

资本报酬/成本：账面价值和市场价值

投资者的报酬和相关资本要素的成本可以用账面价值或者市场价值来考虑。下面我们以债券为例来说明。

假设公司按票面价值出售一份票面利率为 10% 的债券，起初一个投资者购买债券获得 10%的报酬，公司按相同的 10%利率借入资金。现在假定市场利率下降至 8%。

当在市场利率变化之后，和债券相关的有两种报酬。最初的投资者仍然获得 10%的报酬，公司仍按照 10%的利率支付初始贷款。然而，购买债券的新的投资者不得不付出更高的价格，而且因此仅仅获得 8%的报酬。这样的话，8%的市场利率和 10%的账面利率就和债券有关。

同样的一个问题是，在计算 WACC 的时候应该采用哪个利率来反映债务资本成本?

计算 WACC 的恰当观点

账面价值反映了已经花费的资本成本。市场价值用来估计最近一段时期内所筹集资金的成本。

市场价值法是合适的，因为新的项目一般情况下是用新筹集到的资金。

计算 WACC 时究竟是采用账面价值还是采用市场价值更合适？为了回答这个问题，我们要确切理解资本预算中每种资本所表示的意义。

账面价值与公司已经拥有的资本相关。它是在过去为支持过去的项目而筹集到的。运用账面价值计算 WACC 的结果反映出已使用的现存资本要素成本。

市场价值与资本市场的当前状况相关。运用市场价值计算 WACC 反映了过去筹集到的资本在当前的平均成本。

在新设项目的评估方法中，我们都会使用 WACC。如内含报酬法和净现值法。历史资本由于已经耗用而不能为这些项目提供资金，公司通常不得不通过新筹集的资金来支持这些项目的运营，因此，用支持新项目而新筹集的资本成本对这些项目估价是切合实际的。

这意味着，用 WACC 反映当前市场状况是适当的，因为这些状况是对资本在将来所要花费成本最好的估计。因此，在计算 WACC 的时候，应该运用市场价值法。

惯用方法

惯用方法就是，假设公司在将来要么维持基于市场价格的现有资本结构，要么努力达到某种同样基于市场价格的目标资本结构。这两种资本结构中的任一个与基于市场的资本要素成本结合起来，都可以计算出 WACC。

人们在计算公司的 WACC 时，通常对资本结构准确性的关心程度要低于对公司资本要素成本的精确性关心。在实际中，就表现为按市场价格计算当前的资本结构有些令人厌烦。而且基于市场价值的资本结构是经常变化的。为了简便和其他一些原因，公司经常使用一个合理的目标资本结构。这其中暗含的错误通常是很小的。

13.3 计算 WACC

计算 WACC 包括 3 个独立的步骤：首先确定以市场价值为基础的资本结构，然后是调整投资于证券上的各种资本要素的报酬，以使它们反映公司真实的资本要素的成本，最后就是用这些数据来计算 WACC。

13.3.1 确定以市场价值为基础的资本结构

确定一个资本结构包括很多步骤：明确公司所使用的各类资本要素的数目，然后加总，再确定各种资本占总资本的百分比。以账面价值为基础的资本结构就比较困难，它需要先确定在资产负债表中各项资本当前的市场价值，然后以这些数据来确定资本结构。理解这一过程的最好方式就是举例。

概念链接 例 13-2

以市场价值为基础的资本结构

Wachusett 公司的资本状况如下：

债务：5 年前公司发行了 30 年期、面值为 1 000 美元、票面利率为 12%的债券 2 000 张。

现在出售报酬率为10%。

优先股：对外发行4 000优先股。每股年股利7.50美元，面值为50美元，初始报酬率为15%，现在出售报酬率为13%。

普通股：Wachusett公司对外发行200 000股普通股，当前股价为15美元/股。

确定Wachusett公司的基于市场价值的资本结构。

解答：每种资本要素的市场价值就是当前该债券的市场价格乘以发行在外的证券的数量。这里我可以运用第6章和第7章的价值思想来计算债券和优先股的价格，普通股的价格已经给出。

债务：Wachusett公司的债券价格可以利用第6章公式(6-4)的债券价格计算公式来进行计算。在这里k=5%，n=50，PMT=60，FV=1 000。

$$\begin{aligned} P_b &= PMT[PVFA_{k,n}] + FV[PVF_{k,n}] \\ &= 60[PVFA_{5,50}] + 1000[PVF_{5,50}] \\ &= 60(18.255\,9) + 1\,000(0.087\,2) \\ &= 1\,182.55 \end{aligned}$$

发行在外的债券共有2 000张，债券的市场价值就是：

$$1\,182.55 \times 2\,000 = 2\,365\,100$$

优先股：每股股利是750美元，当前报酬率为13%，那么每股优先股价值如下：[参看第8章公式]。

$$P_p = d_p/k = 7.50/0.13 = 57.69$$

发行在外的优先股是4 000股，总的市场价值就是：

$$57.69 \times 4\,000 = 230\,760$$

普通股：Wachusett公司的普通股市场的价值就是市场价格乘以发行在外的普通股股数。

$$15.00 \times 200\,000 = 3\,000\,000$$

基于市场价值的权重：接下来我们加总并且计算基于市场价值的各类资本要素的权重。

债务	2 365 100	42.3%
优先股	230 760	4.1
普通股	3 000 000	53.6
	5 595 860	100x

13.3.2 资本要素成本计算

在这一部分，我们将进一步研究债务、优先股和普通股各种总资本要素的成本计算过程。在每个案例中，我们首先考虑有新投资者持有每种资本要素的证券获得的当前市场报酬，然后再作某些调整使那些报酬可以反映现实实际状况。在计算单个资本要素成本之前，我们先描述各种调整。

> 公司付给新投资者的报酬，会因公司有效资本的调整而调整。

调整：资本市场和税收效应

尽管投资者所获得的报酬和公司支付的成本是相同的，但是有效支付和付出的数目是不同的。这是因为税收和金融市场上商业活动的某些交易成本所致。

税收。税收效应仅仅适用于债务，主要是因为公司的利息支出是可以抵税的。

这种效应使得债券资本成本比利息不可抵税时要低。

例如，如果公司的遍及税率是40%[①]，1美元的利息支出就减少了1美元的应纳税收入，尽管投资者获得了1美元的利息，但是公司少支付了0.40美元的税。相比较而言，1美元的股利是没有税盾的，因而没有税收节省。

> 由于风险较低，利息抵税使得债券成为一种成本更低的资本来源。

付出一定量的利息I的成本是：

$$I(1-T)$$

在这里，T是税率，当利息是通过报酬率来表示时，该公司也适用。如果公司按利率 K_d 支付利息，那么实际的税后成本就是：

$$K_d(1-T)$$

> 证券发行时的发行成本会减少筹集资金的数量，增加集资成本。

例如，如果利率是10%、税率为40%，那么税后调整债务的成本就是：

$$K_d(1-T)=10\%(1-0.4)=6\%$$

让我们回想本书前面的论述，由于债务的风险最小，债券投资者的报酬是三种资本要素中最低的。与其他的资本要素相比，税收效应降低了债券成本，使成本更加低，从而使债务真正有利可图。

筹资费用

筹资费用就是在证券发行和出售过程中发生的管理费用和支出，被认为是公司为在筹资过程中投资银行提供的服务而支付给他们的佣金。

如果筹资费用率是按百分比来表示f，投资者投资的资金为p，那么发行公司所获得的资金为：

$$p-f_p=p(1-f)$$

f在方程中十进制形式。很明显，筹资费用减少了公司发行债券所获得的资金，使得发行成本高于投资者所获得的报酬。通常我们按下式来表示：

$$资本要素成本=投资者报酬/(1-f)=k/(1-f)$$

总之，资本要素的成本比投资者的报酬高1/(1－f)[②]的比率。

例如，如果一个特定的证券报酬率是10%，筹资费用率为20%，那么该资本的要素成本就是：

$$资本要素成本=k/(1-f)=10\%/(1-0.2)=12.5\%$$

债券成本

要计算基于市场报酬的债券的要素成本，我们使用投资者当前所购买公司债券的报酬，并且根据税收效应进行调整。大多数债券最初都没有出售给公众，而是由大的机构投资者持有。筹资成本是比较小的，因而不用去考虑进行调整。

> 债务成本是投资者由于利息抵税而经过调整的报酬。

对于公司本身的证券和有相似风险的发行物，债券的市场报酬是众所周知的，我们称那个报酬率为 K_d，债券的成本就是：

$$债券成本=K_d(1-T) \tag{13-1}$$

其中，(1－T)是利息是对公司产生的抵税效应而做出的调整。

---

① 对大多数公司而言，联邦边际所得税率是35%，可是还要承担州所得税，因此40%是平均总税率的一个比较合理的估计值。

② 只有当公司预期产生永续的现金流量的时候，这种关系才是严格正确的。如果现金流量不是永续的话，它就是一个近似值。

概念链接 例13-3

债务成本

Blackstone公司发行在外债券的票面利率为12%。若现在购买，投资者可以获得8%的报酬。Blackstone公司的边际税率为37%(包含联邦税和州政府税率)。Blackstone公司的债券成本是多少？

解答：首先注意 K_d 是当前的市场报酬8%，不是票面利率。按照公式(13-1)就可以根据所给定的信息计算出公司的债券成本。

$$
\begin{aligned}
\text{债券成本} &= K_d(1-t) \\
&= 0.08(1-0.37) \\
&= 5.04\%
\end{aligned}
$$

优先股成本

只要股票仍然存在，优先股就会给投资者提供持续的股利。在第6章和第8章的分析中我们把这种情况称为永续年金。

优先股的价格是永续股利的折现值，用下式来表示：

> 优先股成本是投资者对发行成本的收益的调整。

$$P_p = D_p/K_p \tag{13-2}$$

其中，P_p 是股票当前价格，D_p 是优先股利，K_p 是投资在优先股上获得的报酬。整理公式(13-2)得到投资者的报酬率：

$$K_p = D_p/P_p \tag{13-3}$$

优先股股利对发行公司是没有税蔽的，因此不需要进行税收调整，但是，筹资成本必须考虑在公式(13-3)乘以1/(1－f)，重新整理就有：

$$\text{优先股成本} = D_p/(1-f)P_p = K_p/(1-f) \tag{13-4}$$

概念链接 例13-4

优先股成本

几年前Francis公司发行了面值为100美元，股利为6%的优先股。新发优先股的发行成本预期是筹集金额的11%。

a. 如果当前类似的优先股的股利为9%，那么Francis公司的优先股成本是多少？

b. 如果现在股票售价为75美元，那么Francis公司的优先股成本是多少？

解答：注意这个问题的a和b部分用稍有不同的条件提出了同一个问题。在a部分中，市场报酬已经直接给出，而在b部分中，需要根据所给信息去计算。

a. 用公式(13-4)右边的最后一项，直接用发行成本对市场报酬进行调整：

$$\text{优先股成本} = K_p/(1-f) = 9\%/(1-0.11) = 10.1\%$$

b. 在这个例子中，给出的是股票当前售价75美元，而不是报酬率。我们已经知道面值100美元的年股利率为6%或者6美元。写出公式(13-4)，使用中间一项并且用所给数据进行替换：

优先股成本 $= D_p/\{(1-f)/P_p\} = 6/\{(1-0.11)/\times 75\} = 9.0\%$

普通股成本

普通股投资的市场报酬率不像债券或者优先股那样容易。债务和优先股能够给投资者根据他们支付的价格确定未来现金流量，因此计算报酬是比较容易的。而相反地，普通股投资的市场报酬依赖于对未来股利和价格的估计，与利息和优先股股利相比，不确定性要大得多。

> 新增股权主要来源于两种形式：股票发售和留存收益，它们有不同的成本。

正是这种不确定性，普通股的市场报酬需要估计。为了进行估计，在前面的章节里我们可以使用已经提出的思想。我们主要看看三种方法，包括 CAPM，戈登模型和风险增益法。

另外一个复杂之处就是普通股权益主要有两种来源：留存收益和新股发售。由于它们的成本不同，计算时需要分开来对待。下面我们依次来研究这两种来源，先来看留存收益。

留存收益成本

因为留存收益是公司内部运营产生的，所以我们经常认为留存收益对公司来说是免费的。然而所有留存收益归股东所有，无论是把留存收益作为股利发放还是保留。在某种程度上，管理者保留留存收益就相当于他们将股东的资金在公司内部进行在投资。

> 留存收益的成本等于公司股票的新购买者所获得的没有调整的报酬。

换句话说，留存收益代表以股利的形式发放而股东本可能花费的资金。因此，股东要求的报酬就相当于是股东将得到的股利再投资于新股而应得的报酬。利用这种思路，购买新股的报酬就可以用来估计留存收益的成本。

无留存收益的成本不要对报酬作调整。留存收益是公司内部唯一产生的资本来源，它们不需要到金融市场去筹集。因为没有发行成本，也没有税蔽作用，所以，通过报酬来计算成本并不需要进行调整。

资本资产定价模型(CAPM)法——必要报酬率。在第 9 章，我们已经对资本资产定价模型(CAPM)法进行了讨论。这个模型是用来解释投资者如何确定特定股票的必要报酬率。前面提到过，必要报酬率就是刚好使投资者愿意购买股票的那个报酬率，而且通常认为它是股票风险的函数。相反地，预期报酬率就是投资者在给定一只股票当前可利用信息的情况下，对未来报酬的一种期望值。

> 股票成本的不确定性是由未来资金投入的不确定性决定的。

在正常的市场情况下，股票价格基本上是处于均衡状态，也就是说预期报酬率和必要报酬率基本相等。因此，一只特定股票的市场报酬可能通过预期报酬率或者必要报酬率来估计。CAPM 法可以估计必要报酬率。在下一部分我们将研究预期报酬率的估计。

CAPM 法的必要报酬率就是证券市场线(SML)，在第 9 章中就已经给出，为了方便我们在这里重新说明。

$$K_x = K_{rf} + (K_m - K_{rf})B_x \tag{13-5}$$

其中，K_x——股票 X 的必要报酬率；

K_{rf}——无风险利率，通常是用三个月国债的当前报酬率来代替；

K_m——市场报酬或者一般股票的报酬，通常是用市场指数来估计，如标普 500；

B_x——股票 X 的 β 协方差，度量公司 X 的市场风险。

公式(13-5)对持有公司 X 股票的投资者的当前市场报酬做了直观的估计。因为无需税收或市场调整，它也可以用来直接估计留存收益的股权成本。

概念链接 例 13-5

留存收益成本——SML 法

Strand 公司股票的投资报酬率相对不很稳定，这反映为公司的β值为 1.8。标普 500 的当前报酬率是 12%，并且预期保持这一水平，国债报酬率是 6.5%。估计 Strand 公司的留存收益的成本。

解答：写出公式(13-5)代入数据。标普 500 当前的报酬率用 K_m 表示，国债的报酬率用 K_{rf} 表示。

$$留存收益成本 = K_x = K_{rf} + (K_m - K_{rf})B_x = 6.5\% + (12\% - 6.5\%) \times 1.8 = 16.4\%$$

股利增长模型——预期报酬率。在第 8 章，我们描述了一种股票定价模型，在模型中，股利按固定增长率持续增长，直至永远，这个模型或者被称为股利增长模型，或是戈登模型。在这里我们重新提出公式(8-10)来并做一小的变化，把分母上的 K 用 K_e 来代替，以强调是投资于股票上的报酬率。

$$P_0 = D_0(1+g)/(K_e - g) \tag{13-6}$$

其中，P_0——当前的股票价格；

D_0——公司最近所支付的年股利；

K_e——投资于股票上所获得的预期报酬率；

g——公司及其股利流的预期固定增长率。

通过整理 13-6，就可以得出 K_e，也就是对留存收益的普通股的资本的一个直接估计，结果如公式(13-7)所示。①

$$留存收益的成本 = K_e = \{[D_0(1+g)]/P_0\} + g \tag{13-7}$$

概念链接 例 13-6

留存收益的成本——持续增长模型

Periwinkle 公司去年每股支付股利 1.65 美元，当前的股票价格为 33.60 美元，公司预期增长率是 7.5%。估计公司留存收益的成本。

解答：根据公式(13-7)用 Periwinkle 公司的期望值报酬代替就可以计算留存收益的成本。

$$\begin{aligned}留存收益的成本 = K_e &= \{[D_0(1+g)]/P_0\} + g \\ &= [1.65 \times 1.075]/33.60 + 0.075 \\ &= 0.053 + 0.075 = 12.8\%\end{aligned}$$

风险溢价法。在第 5 章，我们开始对利率进行研究之前，就已经认识到任何报酬可以看作

① 回想在戈登模型中下一年的股利是 $D_1 = D_0(1+g)$。因此公式(13-6)和(13-7)中的分子也可以用 D_1 来表示。

是基础利率和所承担风险的溢价之和。

虽然投资风险和相关的风险溢价随公司不同而不同，但一个公司的不同证券之间的投资风险和风险溢价也不相同。债券是最安全的投资，而股票的风险就高很多了。

留存收益成本可以用 CAPM、股利增长模型（戈登模型）、风险溢价法来估计。

债券风险和股票风险的关系在公司之间是相对稳定的，也就是说，债券风险和股票风险的增量在高风险与低风险公司之间是几乎相同的，这个风险增量往往要求一种额外的风险溢价，大致在3%～5%之间。

要估计一个股票的报酬就可以在公司债券的市场报酬率基础上加3%～5%。这种方法是可行的，它们之间的关系如下：

$$K_e = K_d + r_{Pe} \tag{13-8}$$

其中，K_d 和 K_e 分别是债券和股票的市场报酬率，r_{Pe}是股票的风险溢价。留存收益的成本就相当于这个 K_e 的估计值。

概念链接　例 13-7

留存收益成本——风险溢价法

Carter 公司长期债券的当前报酬率是12%。估计留存收益的成本。

解答：运用公式(13-8)，代入数值，风险溢价假设为4%，则

$$留存收益的成本 = K_e = K_d + r_{Pe} = 12\% + 4\% = 16\%$$

新发普通股的成本

到目前为止，我们讨论的是公司通过留存收益来筹集权益资本，当公司所需的资本超过从公司利润中筹集的权益资本之后，就需要通过发行新股票来进行筹资。

新股成本中包括对发行成本的调整。

发行新股权益与留存收益相同，除了发行新股存在发行成本之外。因此，到目前为止，前面我们所使用的估计权益资本成本的公式就需要进行调整以反映那些发行成本。公式(13-7)，也就是股利增长模型的调整最容易。在公式中，股票价格已经反映出来了，仅仅用$(1-f)P_0$ 代替 P_0 就可以了，在这里 f 代表股票价格中用于发行成本的那一部分。结果如下：

$$新股成本 = K_e = \{[D_0(1+g)]/[(1-f)P_0]\} + g \tag{13-9}$$

概念链接　例 13-8

新股成本

假设在例13-6中的periwinkle公司中，除了留存收益外，公司还需要筹集更多的资本。如果发行成本是新筹集资本的12%，那么发行新股的成本是多少？

解答：写出公式(13-9)，并且代入例13-6给出的数据，包括12%发行成本，则

$$\begin{aligned}新股成本 = K_e &= \{[D_0(1+g)]/[(1-f)P_0]\} + g\\ &= \{[1.65(1.075)]/[(0.88)33.60]\} + 0.075\\ &= 0.06 + 0.075 = 13.5\%\end{aligned}$$

13.3.3 考虑权重的资本成本

我们已经计算了基于市场价值的资本结构和一系列基于市场报酬的要素资本的成本，那么，要计算有权重的 WACC 就比较容易了。这个过程与例 13-1 中使用恰当的权重和成本中所描述的一样。在这里参照前面同样的计算。

通过一个综合的例子来进行计算，其中包括对加权平均值的计算。

13.4 边际资本成本(MCC)

公司的 WACC 并非独立于筹集资本的数量。事实上，它往往是随公司需求增加而不时突然增加的。WACC 的变化在边际成本(MCC)表中反映出来，这个表表明当公司在一个计划时期内(通常是一年)筹集更多的资本的时候，WACC 如何变化。图 13-1 中能够表示出该思想。

WACC/MCC 这个术语有一定的困惑性。MCC 表明了当公司筹资资本数量越多，WACC 的变化值。我们仅仅把它称为 WACC 曲线图。术语“边际资本成本”(MCC)本身表明多筹资到 1 美元的成本。

> MCC 是由于在计划阶段筹集了更多资本，而表现为一条陡然增加的 WACC 曲线。

注意到 WACC 开始的时候是处于一定的水平上，当筹集的总资本超过一定数量之后，就会跳跃到一个更高的水平。如果还需要筹集更多的资本，MCC 将会有更多阶梯式的跳跃。第一个跳跃或者突发点是应该特别关注的。

13.4.1 留存收益用完之后边际资本成本的跳跃

MCC 第一次跳跃通常发生在公司留存收益用完之后，开始通过出售股票进行外部筹集权益资本时。因为权益成本增加，所以 WACC 在这点也增加了。我们可以从上一部分的两个例子中比较清楚地看到这种现象。

> 当留存收益用完后，MCC 会发生跳跃，权益资本成本也会因此上升。

在例 13-6 和例 13-8 中都包含 periwinkle 公司的权益资本，在第一个例子中，我们计算了留存收益的成本，在第二个例子中我们计算了发行新股的权益成本。注意新股权益的成本是 13.5%，要高于留存收益的成本 12.8%。这二者之间的不同是由于发售新股的发行筹资费用造成的。

通常我们假设公司在发行新股前会用完留存收益，因此，当公司转向外部筹集资本的时候，权益资本的成本会突然上升。但是如果权益成本在某一点上发生变化，那么 WACC 也必须在这一点发生变化，因为权益是按照加权平均来计算的。一个有关数字的例子能使这些观点更加清楚。

概念链接 例 13-9

边际资本成本

假设表 13.3 有关于 Brighton 公司的信息和它的 MCC 图。

解答：计算 WACC，首先要是用收益成本和新股成本。这是 WACC 在收益成本前后的跳跃点。这一计算将会在表 13.4 中表示出来。注意两者之间的唯一区别是普通股的成本。

表 13.3 brighton 公司的资本结构要素资本成本和资本需求

	资本结构	要素资本成本
债务	40%	8%
权益	60%	来自留存收益 10% 来自新股发行 12%
预期的留存收益		3 000 000
总资本需求		10 000 000

表 13.4 Brighton 公司 WACC 的计算

	资本结构权重	要素资本成本
以留存收益为权益		
债务	0.4 × 8%	=3.2%
权益	0.6 × 10%	=6.0%
		WACC=9.2%
以发行新股为权益		
债务	0.4 × 8%	=3.2%
权益	0.6 × 12%	=7.2%
		WACC=10.4%

表 13.4 表明，Brighton 公司利用留存收益到转向利用新股票的发行，WACC 增加了 1.2%。

跳跃点的确定

下一个问题就是与筹资数量有关的跳跃点的确定。也就是说，当 WACC 增加的时候，能够筹集到的资本有多少？

这是一个比较简单的问题。假设资本是按照一定的资本结构比例来筹集的。在这个例子中，资本结构是这样的，60%的普通股，因此，每筹集到的 1 美元当中，就有 60%是股票。在发行新股前我们同时预期将有 300 万美元的留存收益可以使用。因此，我们的问题就相当于是总资本的 60%是 300 万美元的筹集水平或者是什么数目的 60%是 300 万美元。

这个问题的解答就是除以 0.6。Brighton 公司当留存收益用完之后，可以筹集到的总资本就是：

$$3\,0000000/0.60=5\,000\,000$$

因此 WACC 就在 500 万美元处发生跳跃。

这个计算非常重要，WACC 的第一个跳跃点经常是通过留存收益的数量除以在资本结构中权益资本的权重而得出的。

MCC 图

Brighton 公司的结果用图 13-1 表示出来。该图表明在不同资金水平上的 WACC。正如前面所提到的，所有描绘全部是按照 MCC 曲线图体现出来。要注意的是在 MCC 图上如何确定一个跳跃点，在这个点上，留存收益被耗尽。同时也要注意到，这个跳跃点是发生在留存收益用尽时已经筹集到的总资本(500 万美元)的水平上，而不是留存收益(300 美元)的水平上。

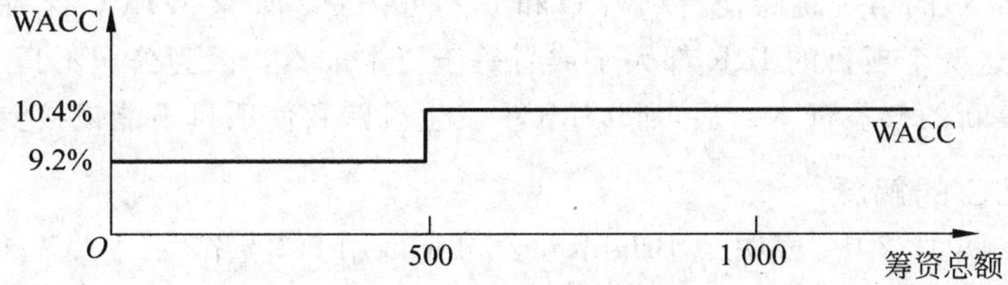

图 13-1　Brighton 公司的边际资本成本(MCC)(单位：万美元)

MCC 图中的其他跳跃点

对大多数公司而言，只要融资水平适中，除非有外部权益的介入，WACC 一般来说是保持不变的。然而，公司处于或者接近最初 WACC 时是不可能无限度获得低成本的资金的。在任何时期，资本市场的内部机制对公司在任何时期可获得的新的筹资数额产生约束。

例如，假设 Brighton 公司打算筹集的资金是 2 000 万美元而不是 1 000 万美元。投资者认为这样的一个大型资本项目是有风险的，因此要求更高的报酬，用于未来对债券和股票的投资。这就意味着，Brighton 公司不得不付出更高的利息借钱或者按照较低的价格出售增加的股票。如果市场是有效的话，资本边际成本在图上 1 000 万美元和 2 000 万美元之间的部分将向上跳跃更多。[①]

边际资本成本和投资机会图的结合

一个公司的资本预算项目是按照 IRR 顺序由高到低排列的，在 MCC 图中表示为斧头形状。对 Brighton 公司而言，这种思想如图 13-2 所示。每一矩形块都代表一个项目。所有矩形块的高度和宽度分别代表了项目的 IRR 和所需要的资本数额。项目的右上边缘线就是著名的投资机会图(IOS)。IOS 的水平部分就是各个项目的 IRR。

> 投资机会图是按照项目的 IRR 从高到低排列绘制的。

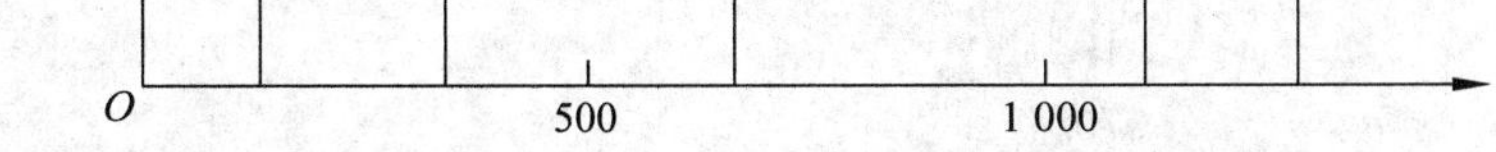

图 13-2　边际资本成本(MCC)和投资机会图(IOS)(单位：万美元)

这个图清楚地显示了哪个项目应该被接受，哪个项目不该被接受。只要 IOS(IRR)大于 MCC，Brighton 公司就应该接受这个项目。图 13-2 表明了项目 A、B、C 应该被接受，而 D、E 不

① 有时候在从留存收益向外部权益转变之前，债务或者优先股的成本是增加的。这个点就不是我们所描述过的 MCC 第一个跳跃点。

能接受。注意 MCC 的第一跳跃使得项目 D 和 E 不可接受。如果 WACC 保持在 9.2%不变化的话，这两个项目的 IRR 都大于或者等于资本成本。因为公司不得不通过出售股票而筹集新的权益资本之后，所以 MCC 发生跳跃致使项目不能被接受。

将 MCC 图和 IOS 图放在一起可以显示出哪些项目应该被放弃。

计划期的 WACC 是受 MCC 和 IOS 共同影响的。

对 MCC 的解释

在图 13-2 中，表明了 Brighton 公司应该用 9.2%作为 WACC 值来评价前一个 500 万美元的资本项目，用 10.4%作为 WACC 值来评价后一个资金为 500 万美元的项目。然而，由于需要追踪的不只一个 WACC，因而这种方法是非常不方便的。采用边际方法并且定义 WACC 为 IOS 和 MCC 相交那一点的报酬率，可以达到同样的效果，如图中的 10.4%。

这是非常重要的一个点，在一个计划期内(通常是一年)，一个公司的 WACC 通常由这个时期财务资源的可用性和项目的投资机会的类型来决定。

13.5 资本成本：一个综合的例子

在这部分，我们通过考察一个综合计算的例子来决定公司的 WACC 和 MCC 曲线，同时在考察过程中对实际情况加以评论。

概念链接　例 13-10

资本成本综合性案例

Baxter Metalworks 公司有如下的资本成分。

债务：Baxter 公司在 10 年前发行了面值为 1 000 美元，票面利率为 9%，30 年期的债券 5 000 张。目前出售类似债券的报酬率为 12%。

优先股：10%的优先股在 5 年前按照每股 100 美元的面值出售 20 000 股，现在类似证券的报酬率为 13%。

权益：公司最初按每股 10 的价格出售 1 000 000 股普通股。累计留存收益达到 3 000 000 美元。股票价格现在为每股 12.5 美元。

目标资本结构：在第 14 章之前，我们不去探究一种资本组合要比其他的更好的原因。现在假设 Baxter 公司已经选择了下面的目标资本结构：

债务	20%
优先股	10%
权益	70%

这表明管理层在以后筹集资本的时候尽力地去保持各种资本要素的市场价值的比率接近于这个比率。

其他的信息：

包括联邦和州政府税在内，Baxter 公司的所得税率为 40%。

发售普通股和优先股时的发行成本平均为 10%。

短期国库券的当前报酬为 7%。

普通股目前的报酬率为 13.5%。

Baxter 公司的β系数为 1.4。

公司预期按 6.5%的速率持续增长。

去年的每股年股利为 1.1 美元。

下一年的公司计划中,包括 2 000 000 美元的盈利,其中 1 400 000 美元作为留存收益。

计算 Baxter 公司的资本要素权重和它的 WACC。(在留存收益用完之前和之后)描绘出公司的 MCC。

解答:我们解答这个问题并且通过下面的步骤来描述一些要点。

1. 账面价值和权重(仅供参考)
2. 市场价值和权重
3. 比较目标、账面和市场权重,以及在实践中的运用
4. 资本要素成本
5. 计算 WACC
6. 描绘 MCC

下面依据要点进行解答:

1. Baxter 公司的资本要素的账面价值和权重

首先重新建立 Baxter 公司资产债务表的资本部分:

债务(5 000 债券×1 000)		5 000 000
优先股(20 000 股×100)		2 000 000
权益		
普通股(1 000 000×10)	10 000 000	
留存收益	3 000 000	13 000 000
总资本		20 000 000

现在通过债券、优先股和权益占总资本的百分比率来计算账面权重。这个计算仅仅是参考,因为不用账面价值计算 WACC。

债券	5 000 000	25%
优先股	2 000 000	10%
普通股	13 000 000	65%
	20 000 000	100%

2. 市场价值和权重

为计算基于市场价值的资本要素权重,需要清楚每种要素证券的当前市场价值。

债券:Baxter 公司债券的市场价值基于目前在外流通的债券的当前价值,这个价值不同于面值,因为市场利率不再等于债券的票面利率。计算是运用第 7 章公式(7-4)的债券公式来进行的。在这个例子中,k=6%,n=40,PMT=45 美元,F=1 000 美元。

$$\begin{aligned} P_p &= PMT[PVFA_{k,n}] + FV[PVF_{k,n}] \\ &= 45[PVFA_{6,40}] + 1\,000[PVF_{6,40}] \\ &= 45 \times 15.046\,3 + 1\,000 \times 0.097\,2 \\ &= 774.28 \text{ 美元} \end{aligned}$$

发行在外的债券有 5 000 张,债券的市场价值就是:

$$774.28 \times 5\,000 = 3\,871\,400 \text{ 美元}$$

优先股：优先股面值为100美元，发行的报酬10%。因此，优先股的股利是每股10美元。现在市场报酬是13%，每股优先股的价值如下(参看第8章公式(8-13))。

$$P_p = \frac{D_p}{k} = \frac{10}{0.13} = 76.92 \text{ 美元}$$

发行在外的优先股共有20 000股，它们的市场价值为：

$$76.92 \times 20\,000 = 1\,538\,400 \text{ 美元}$$

普通股：Baxter公司的普通股的市场价值是容易计算的，现在售价是每股12.5美元，在外流通的股数是1 000 000股。它们的价值就是：

$$12.5 \times 1\,000\,000 = 12\,500\,000 \text{ 美元}$$

基于市场价值的权重：下面通过加总并且计算基于市场价值的资本要素的权重。

债券	3 871 400	21.6%
优先股	1 538 400	8.6%
普通股	12 500 000	69.8%
	17 909 800	100.0%

正如你看到的，计算市场价值权重有些烦琐，尤其是当股票和债券的不同种类同时在外发行时这种现象更是复杂。

3. 账面价值、市场价值和目标资本结构

在这里，让我们暂停一下，先来比较我们已经讨论过的各种资本结构，即指目标资本结构和基于账面价值和市场价值的资本结构。结果如下：

	账面	市场	目标
债券	25%	21.6%	20%
优先股	10%	8.6%	10%
普通股	65%	69.8%	70%
	100%	100.0%	100%

注意在这个例子中，各个权重不是差别很大。当然，事实并不是这样，但却是经常发生的。基于市场价值的资本结构和目标资本结构非常的相似时尤其是这样。

在这个例子余下的部分，我们要运用的是市场价值权重，它们和目标资本结构是非常接近的。

4. 资本要素成本

下面将运用以前的方法来计算每种资本要素的成本。

债券：债券的成本由公式(13-1)给出，它等于税率调整后债券投资者所获得的报酬。

$$\begin{aligned}\text{债券成本} &= k_d(1-T)\\ &= 0.12 \times (1-0.40)\\ &= 7.2\%\end{aligned}$$

优先股：公式(13-4)给出了计算优先股成本的方法，要么是通过考虑优先股与市场价格相关的股利，要么是直接通过发行成本对市场报酬率进行调整。在这个例子中，给出的是市场报酬率13%，我们运用后一种方法：

$$\text{优先股成本} = \frac{K_p}{1-f} = \frac{138}{1-0.1} = 14.4\%$$

权益：权益成本要通过两步来计算，首先估计留存收益成本，然后就是新股的成本。

留存收益：我们运用已经提到过的三种方法来计算留存收益的成本，然后归纳成统一结果。

CAPM法：公式(13-5)给出了持有Baxter公司股票的投资者要求的报酬，需要的是无风险利率，市场报酬和Baxter公司的β值。

$$
\begin{aligned}
\text{留存收益的成本} = k_B &= k_{RF} + (k_M - k_{RF})b_B \\
&= 7.0\% + (13.5\% - 7.0\%) \times 1.4 \\
&= 16.1\%
\end{aligned}
$$

股利增长模型：公式(13-7)给出了在当前价格，过去收到的股利和预期增长率已知的条件下Baxter公司股票的预期报酬。

$$
\begin{aligned}
\text{留存收益的成本} = k_e &= \frac{D_0(1+g)}{P_0} + g \\
&= \frac{1.1(1+0.065)}{12.5} + 0.065 \\
&= 0.094 + 0.065 \\
&= 15.9\%
\end{aligned}
$$

风险溢价法：风险溢价法是在公司债券报酬的基础上增加3%～5%的增溢，主要是为了弥补股票投资的额外风险。运用公式(13-8)和中间价值4%的额外增溢，则

$$
\begin{aligned}
\text{留存收益的成本} = k_e &= k_d + r_{pe} \\
&= 12\% + 4\% \\
&= 16\%
\end{aligned}
$$

重新调整：在整个案例中，三种方法的得到了比较相似的结论。总结如下：

CAPM	16.1%
股利增长模型	15.9%
风险溢价法	16%

> 我们对不同的计算方法得到的结果需要一些判断来重新调整。

因此，用16%作为留存收益的成本是比较合理的。

新股发行：通过发行新股筹集资金的权益的报酬是通过调整发行成本的股利增长模型来进行估计的，运用公式(13-9)得：

$$
\begin{aligned}
\text{新股成本} = k_e &= \frac{D_0(1+g)}{(1-f)P_0} + g \\
&= \frac{1.1(1+0.065)}{(1-0.1)12.5} + 0.065 \\
&= 0.104 + 0.065 \\
&= 16.9\%
\end{aligned}
$$

注意到新股的成本比留存收益的成本要高0.9%。

准确性的关注：前面提到过，对于权益报酬/成本的计算并不是和计算出的百分数那样准确到千分之一，能够估计到千分之五通常就能达到我们的期望。

5. 计算WACC

WACC的计算现在是直接进行加权平均计算就可以了。我们使用市场价值的权重，由于留存收益和新发股票的成本不同，有两个不同权益成本，所以需要计算两次WACC，结果就是

在留存收益用完之前和之后的WACC。

计算结果在下面的表中。在权重那列的项目是以基于市场价值的资本结构的百分比的十进制小数表示的。表中跳跃点前和跳跃点后是分开计算的。各种要素资本的成本乘以各自的权重就得到分项结果，然后把各分项的结果相加就得到WACC，最后的结果是用百分数表示的，精确到1%。

资本要素	权重	跳跃点之前		跳跃点之后	
		成本	结果	成本	结果
债券	0.216	7.2%	1.56%	7.2%	1.56%
优先股	0.086	14.4%	1.24%	14.4%	1.24%
普通股	0.698	16.0%	11.17%	16.9%	11.80%
		WACC=13.97% 近似值：14.0%		WACC=14.6% 近似值：14.6%	

6. MCC

MCC图展示了留存收益跳跃点之前和跳跃点之后的WACC。为了确定这个点我们需要知道当发生跳跃时已经筹集了多少资本。

Baxter公司预期下一年能有1 400 000美元的留存收益，筹集每一美元的资本中就有69.8%的权益——要么是留存收益，要么是新发股票。要确定跳跃点，我们需要回答下面的问题：多少资本中的69.8%是1 400 000美元？要得到答案，用1 400 000美元除以0.698(是在资本结构中权益资本的比重)就可以了。

计算过程是：

$$1\,400\,000/0.698=2\,005\,731$$

为了实际应用方便，我们将这个结果取整。假设留存收益跳跃点是在200万美元。Baxter公司的MCC点如下图所示。

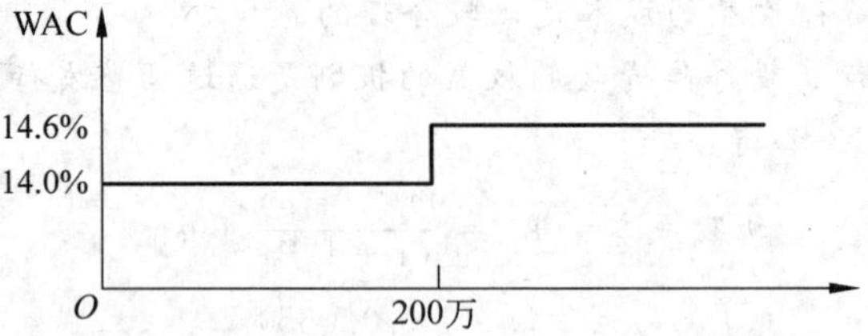

在往右移动的某个点上，MCC将再次向上跳跃。如果Baxter公司超过了它的筹集资金能力，那么各种资本要素的成本会更高。然而，与预测由于留存收益用完而发生的跳跃不同，我们不能准确的预测这些跳跃。

13.6 一个潜在的错误——处理单独融资项目

有些时候某个项目的资金来源是单一的，这种情况会对WACC方法的实际应用产生一些问题。

例如，一个公司可能完全通过发行债券来为一个项目融资。很容易有这样的疑问，是否应使用债券的成本而不是公司的 WACC 来评价项目。债券的资本成本往往低一些，这样的话项目就更容易被接受。

尽管资金的来源和使用尽可能的匹配看起来似乎是恰当的，但是在资本预算中却是错误的，因为资本预算是要考虑公司全部的筹资资本的容量的。公司不可能永远使用低成本的债券而从不使用高成本的股票。也就是说，公司有个债务容量，当债务容量用尽之后，就需要用股票来筹集外部资本。

考虑下面的一个例子，公司借款仅仅是为了支持唯一的一个项目，如果仅基于债务成本而做出接受/拒绝决策的话，那么会发生什么样的情况。为了简便我们假设公司没有优先股，债务和普通股的成本分别为 8%和 12%，债务和普通股各占 50%，公司的 WACC 为 10%，假设要实施项目的 IRR 是 9%大于债务成本 8%，因此项目被接受。注意如果按照 WACC 为 10%来评价项目，那么项目就被拒绝。

现在假定后来有个项目的 IRR 是 11%，并且公司试图通过借款来为项目融资，但是债权人认为公司的债务容量已经用尽，从而拒绝进一步投资。

假设可以通过发行股票来为公司的项目融资，但是它的成本为 12%。（根据同样的原则）使用为项目融资特有资本要素的成本来评价项目的话，股票的成本为 12%，公司就会拒绝第二个项目。

> 评价项目用的 WACC 要包含各种来源的资金。

注意发生了什么事情。公司接受了 IRR 为 9%的项目而拒绝了 IRR 为 11%的项目。这一明显的错误就是由要尽可能在公司筹资容量限制中使资金来源及其使用相匹配造成的结果。如果两个项目都是用 10%的 WACC 来评价，那么会做出正确的接受/拒绝决策。这就非常清楚地说明了所有的项目（和公司运营风险相当）都应该运用 WACC 来进行评价。

实务观察

重新评价 EVA

回忆一下在第 3 章我们在比率分析的研究结束时，介绍了两种新的绩效评价思想，市场价值附加值（MVA）和经济价值附加值（EVA）。现在我们对 EVA 进行更好的解释。

净收益作为一种传统的财务绩效评价的方法是有缺陷的，因此 EVA 就是比较重要的。净收益是用收益减去成本和包含利息在内的费用，从而达到所谓的“账本底线（bottomline）”。因此，传统的损益表中的费用是债务费用，忽略了权益和优先股的成本，也就是说净收益法隐含了权益和优先股是免费资金。但是事实却不是。EVA 通过考虑所有资本而不仅仅是债务的费用纠正了这个问题。这个费用就是本章中所提到的所有所用资本乘以资本成本所得。EVA 的计算如下（其中权益包括了优先股）：

EVA＝EBIT(1－T)－(债务＋权益)(资本成本)

EBIT(1－T)就是税后营业收入，然后减去所有资本的费用。

EVA 在现代管理中是非常重要的一个思想。现在如果能更好地回顾这种思想的含义，你对资本成本就会有更深的理解。

资料来源：sternstewart. com

概念链接

例 13-1　WACC 的计算
例 13-2　以市场价值为基础的资本结构
例 13-3　债务成本
例 13-4　优先股成本
例 13-5　留存收益成本——SML 法
例 13-6　留存收益的成本——持续增长模型
例 13-7　留存收益成本——风险溢价法
例 13-8　新股成本
例 13-9　边际资本成本
例 13-10　资本成本综合性案例

讨论

1. 对资本成本和单个投资者对股票的必要报酬率进行比较。把这二者和投资风险联系起来。一个风险非常高的投资项目在资本预算/资本成本相关问题中如何进行处理？

2. 定义资本结构和资本要素。为什么资本结构对资本成本概念是非常重要的？在很多关于资本结构的讨论中，优先股可以认为是债务，也可以认为是普通股，但为什么牵涉到资本成本的时候，又需要单独来处理呢？

3. 你是一个具有 100 多年历史公司的新财务分析师。公司的 CFO 要求你和一个年轻的会计工作者一起去重新审查公司的资本结构从而重新计算公司的资本成本。当你们两个离开 CFO 的办公室之后，你的会计同事说这个工作是非常容易的，因为他已经掌握了信息。在准备最近的年度报告时，他整理了公司资产负债表上的资本项目，并且掌握了公司的债务，优先股和普通股的价值。他说可以在 5 分钟之内将这些数据整理成报告然后出去喝啤酒。你将如何反应，为什么？和公司的悠久历史是不是有关？为什么？

4. 投资者的报酬和公司的成本就是一个事物的两个方面——几乎是，但不全是这样。请解释？

5. 关于资本要素的成本和用来计算权重时使用的资本要素的数量有两种观点：历史价值和市场价值。我们愿意接受对权重的估计而不是对成本/报酬的估计。为什么？

6. 你的公司现在正在考虑好几个投资项目。你已经计算了基于市场价值和利率的资本成本，并且还运用了 IRR 和 NPV 法分析了这些项目。有几个项目将是可以接受的。当昨天晚上你看新闻时，得知大多数的经济学家预测下一年的利率将会上升。你是否应该修正你的分析？为什么？

7. 在确定公司的资本成本的时候，权益成本的确定带有很大的主观性并且是最困难的。列出这种问题的原因以及确定权益成本的最好方法。

8. 留存收益通常是公司内部经营产生的，并且为公司和股东能获得更多的利润，且立即再投资的。因此，这种资本对公司来说成本为零。这种解释是不是正确？解释你的观点？

9. 定义边际资本成本(MCC)并且用文字解释当在一个预算期内融资额增加的时候为什

么预期边际成本会发生阶梯式跳跃?

10. 在留存收益用尽导致 MCC 跳跃之后,MCC 图不一定可以保持平滑。这个描述是不是正确?如果是错误的,解释 MCC 会发生什么情况,为什么?

11. 将 WACC 定义为 MCC 处于 IOS 之下的最高点是否恰当?如果运用这种定义的话是不是有些项目会遗漏?

商业分析

1. 你是一个小建筑公司新雇佣的财务经理。公司是一家私人所有的公司,公司拥有股东的 200 万美元的股票投资和 300 万美元的浮动利率银行贷款。建筑行业的风险是非常大的,因此权益投资要求的正常报酬一般是在 20%~25%。公司债务的利率目前是 14%,但是利率可能在近期内提高。你的老板,公司所有者以前是木匠,并且有很好的日常经营能力,但是对于财务了解的很少。公司最近经营状况很好,目前正在考虑几个扩充项目。每一个项目的现金流量计划已经做出。你对这些估计比较满意,认为它们是合理的。

公司老板把你叫进来并且承认他对项目还是有一些疑问的。他直觉认为有一些项目处于收支平衡边缘,并且可能对公司产生不利的影响,但是他不知道怎么来描述这些或者是怎样在财务可行范围内选择项目。

假设公司的老板明白投资报酬,写了一份简单的备忘录来解释 IRR 和资本成本,以及通过这些如何来解决他的问题。不通过详细的计算,运用上面给定的数字可以对公司的资本成本做出粗略的估计并且可以在你的备忘录里运用这些结果。

2. 你是一个小公司的 CFO,正在考虑一项新的风险投资。公司总裁和其他几个管理者对于这个项目很感兴趣,是基于相关的工程和市场,而不是利润方面的考虑。你已经通过资本预算方法分析了这个项目,发现用公司的基于市场报酬的资本成本分析之后,不管是用 IRR 还是 NPV 法来评价,这个项目都是失败的。问题就在于去年的利率急剧地上升了,公司的资本成本异常的高。

你已经把你的分析报告提交给公司管理层,他们非常的失望。事实上,他们希望可以找出分析报告的不可信性,以便使得可以继续这个项目。你已经解释了你的分析,并且除了其中的一点之外,其他每一方面都是很好理解的。管理层坚持把现在给投资者的报酬作为公司资本要素的成本不是很合理。营销部的副总裁提出了下面的反对意见:“两年前,我们以 10%的利率借了 100 万美元,现在还没有归还这部分贷款,而且我们仍然可以每年向银行支付 100 000 美元的利息。很明显我们的债务成本还是 10%而不是你所用的 14%。如果你愿意使用普通股和优先股以及债务的‘真实’成本的话,我们的项目就很容易被证实在财务上是可行的。”

你对此如何反应?

CFO 经验谈

恰当的反应可能相对较少。但是值得注意的就是这种事情时时刻刻会在公司中发生。营销部和工程部的人经常会被一些“净”项目迷惑,而这些所谓的“净”项目在财务上是无价值的。CFO 需要时刻关注账本底线,而他们经常被认为是在做一些让别人扫兴的事情。

3. Digitech 公司的工程部门想购买一个新的美术处理电脑。这台机器要比公司现在所用的机器的处理速度快很多,但是这笔费用带来速度提升在公司当前的情况下是不是值得还需要商榷。工程部经理（他是MBA毕业并且对财务原理有很好的理解）已经对公司购买新机器提出了一份非常详细的财务预算书，认为这个计划是非常值得的。你是公司的一个财务分析师并且被分派去重审这个工程项目计划。你的结论强调两个问题：第一，运用新机器带来的成本节省的估计有点过于乐观了；第二，资本成本太低，不切实际。

关于第二点，工程部计划书中包括了下面的分析和分析时所使用的资本成本。

Digitech公司的资本结构是60%的债务和40%的股票

计算机制造商为了促进销售，提供了利率为8%的资金

$$资本成本 = 8\% \times 0.6 = 4.8\%$$

$$税后 = 4.8\% \times (1-T) = 4.8\% \times 0.6 = 2.9\%$$

你已经考察过市场，并发现目前出售Digitech公司的债券报酬是14%，股票的报酬是20%。

你将会如何做？也就是说，你如何向工程经理解释这些错误，并且提出正确的计算方法？

4. Whitefish公司在北大西洋经营着15条渔船的一个公司。在过去的几年捕鱼业市场需求很好，公司可以把所捕到的鱼全部卖掉。公司的生产部副总裁Charlie Bass已经做了关于公司购买新船只的资本预算计划。每只渔船被看作是与其他相同的独立的项目，并且IRR为22%。公司的资本成本已被正确计算出来了，在留存收益发生跳跃之前是14%，之后是15%。Charlie认为资本预算的数字表明了公司应该尽可能地购买新渔船，通过各种可能的渠道进行融资。你是Whitefish公司的CFO。你是支持还是反对Charlie的观点？如何来确定应该购买的新渔船的合适数量？购买大量的新渔船会造成什么样（不能立即从财务数字上显示出来的）的问题或者风险。

习题

计算WACC：例13-1的概念链接

1. Blazingame公司的资本要素的市场价值如下所示：（单位：美元）

债务	35 180 000
优先股	17 500 000
普通股	48 350 000

计算公式的资本成本和权重，计算公司的加权平均成本（WACC）。

2. Aztec公司的资本成本和要素如下所示，计算公司的WACC。（单位：美元）

资本要素	价值	成本
债务	23 625	12.0%
优先股	4 350	13.5%
普通股	52 275	19.2%

3. Willerton Industries公司12月31日的资本账户余额如下：（单位：美元）

长期负债	65 000 000
优先股	15 000 000
普通股	40 000 000
资本公积	15 000 000

留存收益　　　　　　　　37 500 000

以账面价值为基础计算公司的资本结构。

以市场价值为基础的资本结构：例 13-2 的概念链接

4. 指出上一题中 Willerton Industries 公司的问题。公司 7 年前发行了 20 年期，面值 1 000 美元，票面利率为 8%的债券，现在市场要求报酬率为 6%。对外发行的优先股面值是 100 美元，股息是 9%，现在市场要求的报酬率是 8%。另外，公司有 4 000 000 股流通在外的普通股，每股股价 31 美元。计算 Willerton 以市场价值为基础的资本结构。

5. 假设公司留存收益的成本是 11%，所得税率是 40%，重新计算上述两道题。不考虑价值变动以账面价值为基础计算 WACC，同样的，再以市场价值为基础计算 WACC。两者之间有重大的区别吗？

6. 一个新成立公司的资本要素的账面价值和市场价值以及基于市场的要素资本成本如下所示。自从公司最初融资之后公司就没有发行过新的证券。(单位：美元)

要素	价　值		成本
	市场价值	账面价值	
债务	42 830	40 000	8.5%
优先股	10 650	10 000	10.6%
普通股	65 740	32 000	25.3%

a. 计算公司的资本结构和基于市场价值和账面价值各自的 WACC，并且比较二者。

b. 自从公司开始经营之后，利率发生了什么变化？

c. 公司是不是比较成功？为什么？

d. 使用基于账面价值的 WACC 与基于市场价值的 WACC 是相反的，其中含义是什么？换句话说，使用账面价值的时候，管理层会犯什么样的错误？

7. Hemingway 公司在 5 年前发行了面值为 1 000 美元，票面利率为 8%的 30 年期的债券 6 000 张。债券现在出售的报酬率为 5%。公司同时在外发行 15 000 股优先股，每股的股利为 6.5 美元，现在的报酬率为 10%。公司的普通股的当前股价为 21 美元，发行在外的股数为 20 000 股。计算 Hemingway 公司基于市场价值的资本结构。

8. Wall 公司发行在外的普通股股数为 142 500，当前的股价为 28.63 美元。发行在外的距到期日还有 20 年的债券 4 530 张，它们的面值为 1 000 美元，票面利率为 6%。相似的债券的报酬率为 9%。公司按 8%发行在外的面值为 100 美元，现在的报酬为 11%的优先股有 7 500 股。计算 Wall 公司基于市场价值的资本结构。

9. Albertson 有限公司的普通股的市场价格为 5.50 美元，发行在外的股数为 100 000 股。公司的账面上表明普通股的账面价值为 40 000 美元。公司目前发行在外的优先股有 5 000 股，最初是按照面值为 50 美元发行的，年股利为每股 3 美元，当前出售的市场报酬为 8%。同时，公司在 5 年前发行了面值为 1 000 美元，票面利率为 7%的 30 年期债券 200 张，现在出售的报酬是 10%。分别计算 Albertson 公司基于账面价值和市场价值的资本结构。

债务成本：例 13-3 的概念链接

10. Asbury 公司 11 年前发行了 30 年期的债券，票面利率 9.5%，现在这些债券的市场报酬率是 7%。2 年前公司发行了 20 年期的债券，票面利率 8%。标准普尔和穆迪对这两种债券的评级是一样的。

a. Asbury 的税后债务成本是多少？

b. 目前 20 年期的债券的市场报酬率是多少？

11. Dentite 公司的债券如果现在出售的话，新的投资者可以获得的报酬是 12%，公司的所得税率是 38%（包括了联邦税和州政府税）。公司债券的成本是多少？

12. Kleig 公司的债券的市场报酬率是 9%。公司计划向公众发行新的债券，发行成本是 6%。公司的所得税率是 42%。

a. 公司发行新债券的成本是多少？（提示：使用发行成本调整债务成本的计算公式）

b. 假设公司直接以 12%的利率向银行借款。

1. 向银行借款这种债务的成本是多少？（提示：银行借款需要考虑发行成本吗？）

2. 如果通过发行债券筹集 60%的款项，银行借款筹集 40%的款项，公司总得债务成本是多少？（提示：考虑加权平均）

优先股成本：例 13-4 的概念链接

13. Harris 公司在 5 年前发行的优先股的报酬是 9%。现在二级市场上购买这些股票的投资者获得的报酬是 14%。在发行新证券的时候，公司支付的发行成本通常是 12%。Harris 公司优先股融资的成本是多少？

14. Fuller 公司在 5 年前发行了面值 100 美元，股利 8%的优先股，当前的售价是 84.50 美元。假设公司的发行成本是 10%，Fuller 公司的优先股成本是多少？

15. 几年前，Hendersen 公司发行了面值为 50 美元，报酬为 8%的优先股。当前的售价为 38 美元。优先股的发行成本为 15%。Hendersen 公司的优先股的成本是多少？

16. Simmonds 公司股票的新购买者期望获得 22%的报酬。公司在发行新证券的时候支付的发行成本是 9%。Simmonds 公司的权益成本是多少？

a. 权益是来自留存收益。

b. 权益来自发行新股。

留存收益成本——永续增长模型(戈登模型)：例 13-6 的概念链接

17. Klints 公司去年每股发放股利 1.45 美元，每股股票市价 29.50 美元，公司在预期增长率是 4%。估计 Klints 的留存收益成本。

留存收益与发行新股的成本：例 13-6 和例 13-8 的概念链接

18. Pepperpot 公司当前股票的售价为 52 美元。上期股利是 4.5 美元，公司期望有 7%的增长率。普通股的发行成本是所筹集资本的 10%。估计 Pepperpot 公司的留存收益的权益成本和发行新股获得权益的成本。

留存收益成本——SML 法：例 13-5 的概念链接

19. Longlife 保险公司的 β 值为 0.8。当前股票的平均报酬为 15%，短期国库券的报酬是 6%。估计 Longlife 公司的留存收益的成本。

留存收益成本——风险溢价法：例 13-7 的概念链接

20. 在上一题中的 Longlife 保险公司有几种发行在外债券当前出售的报酬是 9%。这些对于公司权益的成本来讲意味着什么？

21. Hammell Industries 使用 10%作为留存收益成本已经很多年了。管理层计划根据目前的金融市场的变化对其进行重新估价。股票市场的平均收益率是8%，国库券利息是3.5%，Hammell公司的股票价格是29.44美元。公司刚刚支付每股股利1.5美元，预计在可预见的未来每年增长5%。Hammell的CFO向投资银行咨询发行债券事宜，获知发行类似债券的票面利率是6.5%。Hammell的β值是1.4。帮助Hammell公司评估留存收益成本。

22. 假设Hammell需要发行新股以增加股东权益。发行成本是12%，新发行股票的成本是多少？

边际资本成本：例13-9的概念链接

23. Whitley Motor公司的资本要素如下：

债务：5年前平价发行25年期债券900张，面值1 000美元，票面利率7%。目前该债券的报酬率是10%。

优先股：12年前以每股50美元的价格发行3 500份优先股，股利是8%。目前该优先股的报酬率是11%。

权益：公司最初以每股100美元发行10 000股普通股，至今已有800 000美元的留存收益，目前每股股价89美元。Whitley预计下年净收益为300 000美元，其中的一半收益转为留存收益。

公司的所得税率是38%(包括联邦和州所得税)，新股发行成本是8%。Whitley预计永续增长率是3.5%，最近每股支付股利4美元。

计算Whitley留存收益用尽之后发生的成本跳跃之前和之后的WACC，以及发生跳跃时公司筹集了多少资金。

24. Longenes公司在计算公司的资本成本时运用了公司的目标资本结构。公司的目标资本结构和当前基于市场价值的要素资本的成本如下：

资本要素	结构	成本
债务	25%	8%
优先股	10%	12%
普通股	65%	20%

注：债务和优先股的成本已经经过税率调整或者发行成本调整。权益成本没有进行调整。

公司期望明年获利2 000万美元，并且计划投资1 800万美元在新的资本项目上。公司通常把利润的60%作为股利发放。普通股和优先股的发行成本是10%。

a. 计算Longenes公司最初的WACC。

b. 在MCC图上留存收益的跳跃点在什么位置？(百万美元为单位，取小数点后一位。)

c. 在跳跃点之后公司新的WACC是多少？(调整具有发行成本的整个权益成本。)

d. Longenes公司能够以表中所示的8%的净成本可以筹集到400万美元。在那之后，公司筹集资金的债务成本增加到12%。在债务成本增加之后公司新的WACC是多少？

e. MCC图的第二个跳跃点在什么位置？在WACC发生第二次跳跃时，公司所能筹集到的总资本是多少？

f. 描绘公司的MCC。

综合资本成本举例：例13-10的概念链接

25. Taunton建筑公司的资本状况如下所述。

债务：公司10年前发行了面值为1 000美元，25年期的债券10 000张。债券的票面利率为14%，现在出售的报酬是10%。

优先股：公司在6年前发行了面值为50美元的优先股30 000股。每股年股利为6美元。类似的优先股现在的报酬是9%。

普通股：Taunton公司最初按12美元的价格出售了200万股普通股。公司现在的累计留存收益是500万美元。公司的股票价格现在是13.25美元。

Taunton公司的目标资本结构如下：

债务	30%
优先股	5%
普通股	65%
	100%

其他的信息：

- Taunton公司的边际税率(包括州和联邦税)为40%。
- 普通股和优先股的平均发行成本为12%。
- 短期国库券的当前报酬是7.5%。
- 市场报酬是12.5%。
- Taunlon公司的β值是1.2。
- 公司预期增长率为6%。
- 上一年的每股年股利为1.00美元。
- Taunton公司预期明年获利为500万美元。
- 公司可以按相似于公司旧债券的市场报酬的成本筹集额外的200万美元。超过这个值之后，贷款方期望获得的报酬是14%。
- Taunlon公司明年考虑的资本预算项目如下，这些代表了公司的投资机会表(IOS)(单位:美元)。

项目	IRR	资本需求	累计资本需求
A	15%	3 000 000	3 000 000
B	14%	2 000 000	5 000 000
C	13%	2 000 000	7 000 000
D	12%	2 000 000	9 000 000
E	11%	2 000 000	11 000 000

a. 计算公司基于账面价值和市场价值的资本结构，并且和目标资本结构进行比较。目标结构是否是基于市场价值的资本结构的近似值？账面资本结构是不是相差很远？

b. 计算基于公司现有债券市场报酬的债务的成本。

c. 计算基于现有优先股的市场报酬的优先股的成本。

d. 用三种方法来计算公司留存收益的成本：CAPM法，股利增长模型和风险溢价法。将三个结果归纳为一个统一的估计。

e. 运用股利增长模型来估计公司通过出售新股筹集资本的权益成本。

f. 运用基于要素成本估计的留存收益和目标资本结构来计算WACC。

g. MCC图中的第一个跳跃点在什么位置(留存收益用尽的点)？计算结果以百万美元为

单位，保留一位小数。

h. 计算发生跳跃之后的 WACC。

i. MCC 图中的第二跳跃点在什么位置(债务成本增加的点)？为什么第二个跳跃点存在？计算结果以百万美元为单位，保留一位小数。

j. 计算第二个跳跃点之后的 WACC。

k. 画出 Taunton 公司的 MCC。

l. 画出与 MCC 同样拥有斧头的形状的 IOS 图。哪个项目应该被接受，哪个应该拒绝？那些被拒绝的项目的 IRR 是否高于最初的 WACC？如果是的话，解释被拒绝的原因。

m. 计划期内的 WACC 是什么？

n. 假设项目 E 是自有资金，就是说它的资金来源是来自于自身的债务融资，通过一个设备制造商贷款的成本是 9%。贷款成本是：

$$9\%\times(1-T)=5.4\%$$

项目 E 在这种情况下是不是应该被接受？

26. Newrock Manufacturing 公司的目标资本结构如下：

债务	25%
优先股	20%
普通股	55%
	100%

投资银行家告诉公司的 CFO，公司以 6% 的利率发行债券融资的最高额度是 5 000 000 美元，超过这一金额，利率将会达到 7%。Newrock 曾平价发行面值 100 美元的优先股，年股息率是 8.5%，最近市价是每股 112.50 美元。公司有 3 000 000 股流通在外的普通股，最近每股发放股利 2 美元，最近每股股价 36.00 美元。预计下年公司的净收益是 1 400 000 美元，在可预见的未来增长率是 6%。债券的发行成本是 6%，股票和优先股的发行成本是 11%。所得税率是 40%。

a. 使用目标资本结构计算公司的资本成本，计算留存收益成本。

b. 描绘 Newrock 的 MCC 图，确认前两次发生跳跃的资金水平，并且计算出每次跳跃之后的 WACC。

c. Newrock 下年的资本需求项目如下：

项目	资本需求	IRR	项目	资本需求	IRR
A	4 000 000	11.0%	E	5 500 000	9.5%
B	3 600 000	10.5%	F	5 000 000	7.2%
C	8 600 000	13.2%	G	4 100 000	10.5%
D	2 000 000	8.7%	H	6 400 000	8.0%

假定项目 A、B 是互斥的，C、H 也是互斥的。画出 Newrock 的 MCC 和 IOS 图，并决定下年理想的项目组合是什么。

第四篇

长期筹资

第14章

杠杆和资本结构

本章概要

在第 13 章，我们为了介绍资本成本的概念引入了资本结构。在本章中，我们会发现资本结构不仅仅是计算资本的加权平均成本，事实上，资本结构管理是财务总监所要做的最重要的事情之一。

如果运用得当,资本结构管理是一个改善财务业绩的有效方法,它可以使好的结果变得更好,甚至可以提高公司股票的价格。

然而,使用资本结构时必须非常谨慎,带来好处的同时也要付出一定代价。通过资本结构改善业绩的成本可能会增加风险。风险,前面已经学过,是一个非常严肃的问题。在本章中,我们将学习资本结构给管理带来的好处和成本。

14.1 背景

财务杠杆是指资本结构中债务所占的比重。它会使权益的效用成倍增加,同时也会增加风险。

在第 13 章中我们说资本结构是企业使用的债务、优先股和权益的组合体。在本章中我们假设优先股的本质为债务形式[①]来简化资本结构的概念。因此,从现在起,当提到资本结构就表示资本中债务和权益的组合体。

"杠杆"是一个总的概念,表示成倍增加某种效果的影响能力。这个词源于物理学中被用来增加力量的杠杆。财务杠杆是指用借款来扩大投资于经营企业中权益的效果。

财务杠杆中提到的借款是指公司资本结构中的债务,因此"财务杠杆"和"资本结构"在某种意义上是同义词。有杠杆意味着有债务,没有杠杆意味着公司只用权益资本经营。

这个概念可以用总资本(债务+权益)中债务的百分比来量化。比如,10%的财务杠杆就表示在一个资本结构中有10%的债务和90%的权益。

14.1.1 中心问题

学习资本结构要始终围绕一个中心问题:利用债务(杠杆)能否增加企业权益的价值?也可以用另一种问法:它可以增加股票价格吗?

资本重组包含了杠杆的变化,即受债务和权益比重变化的影响。

假设一个企业有 100 万美元的权益资本,没有债务,接着这个企业借了 25 万美元的债务,回购了自己 1/4 的股票。事实上,该企业是用 1/4 的权益交换了债务,这个过程被称为资本重组。

从直观上讲,这个过程不应该影响在外流通股票的价格。因为最初 3/4 的股票代表原来 3/4 的权益,所以每股的基础没有改变。

在特定条件下,改变杠杆可以增加股票价格。最优资本结构使股票价格最大。

但是事实上,我们刚刚所描述的增加财务杠杆的方式经常会提高流通在外股票的价格和企业的价值。然而,这种影响也是不确定的,在某些情况下,增加财务杠杆会降低股票价格和企业价值。

换句话说,资本结构和股票价格存在着联系,但这种联系并不是很明确,也没有被完全理解。在学习中,要试图更好地解释二者关系的本质,并且预测一下在什么时候增加财务杠杆会提高或降低股票价格和企业价值。

尤其重要的是,我们想知道当其他情况都保持不变时,可以使股票价格最大化的最优资

① 这个假设是基于优先股的股利是固定的,从这个角度讲,优先股股利更像是利息而不是普通股股利。你可以认为无论公司的财务状况如何,公司都要对债务和优先股的投资者支付相对固定的回报。而另一方面,权益提供的回报是随着经营业绩而变化的。

本结构。

介绍了一些背景后，我们通过一个例子看一看杠杆是如何起作用的。

14.1.2 杠杆中的风险

在前面几章里，我们了解到风险和报酬是相关的，并且在决定股票价格时起到了很大的作用。在这里，我们发现确定价值时风险也起到了很大的作用。事实上，在权益投资中杠杆改变了风险与报酬的关系，进而影响了股票价格。在下面的学习中我们将更好地理解这一点。

营业收入（EBIT）不受财务杠杆的影响。

业绩的衡量

在本章中我们会经常提到 EBIT、ROE 和 EPS，非常有必要回顾一下它们的含义。

EBIT，息税前收益，也称为经营收益。它在收益表中是独立于融资的最底线。换句话说，只要 EBIT 超过利息费用，它就不受企业是否采用杠杆的影响。

投资者将 EPS 作为重要的未来获取收益的指标。

ROE 和 EPS 是指权益报酬率和每股收益，用以下公式定义：

$$ROE = \frac{EAT}{权益} \quad EPS = \frac{EAT}{股票数量}$$

这里 EAT 是指税后收益，一般位于收益表中的最后一行（也称净收益）。

权益报酬率和每股收益是能够较为全面考察企业经营业绩的指标，包括了经营的结果和融资的影响。对于投资者来说，当他们考虑到购买公司股票时，这两个指标都是非常关键的。但是每股收益更为重要一些，经常被视为是企业在未来获取收益的指标，因此，也是股票市场价格重要的决定因素。

EBIT、ROE 和 EPS 在第 2、第 3 章中提到，现在最好再回顾一下这些章节。

重新定义风险

我们习惯于把财务中的风险认为是投资回报的变化。在本章我们将缩小范围，把财务风险视为用 ROE 和 EPS 的变化衡量财务业绩的变化。风险可分为两类：经营风险和财务风险。

经营风险是指 EBIT 的变化。

经营风险　经营风险是用 EBIT 衡量的公司经营业绩的变化，它由收入、成本和费用中的变化而引起，因此经营风险可用 EBIT 本身的变化来定义。①

财务风险　在一个没有财务杠杆的公司里（即没有债务），ROE 和 EPS 的变化与 EBIT 的变化一致；在一个有财务杠杆的公司里，ROE 和 EPS 的变化幅度总会大于 EBIT 的变化。而且，公司用的财务杠杆越高，二者变化的差额就越大。

这样就可以将财务风险定义为，由于公司使用财务杠杆（债务），而使 ROE 和 EPS 产生的额外变化，这个概念可用图 14-1 来解释。左边一列表示在企业经营活动中产生的 EBIT，在 EBIT 上加上融资，得到 ROE 和 EPS。换句话说，EBIT 衡量的是企业的经营活动，而 ROE 和 EPS 则衡量的是整体业绩，即经营和融资的结合。

财务风险是指 ROE 和 EPS 的变化。

第二列和第三列表示在度量中变化的来源以及变化是如何定义成风险的。要注意经营

① 注意不要将经营风险和我们在第 9 章提到的企业特别风险混淆在一起。企业特别风险不仅包括 EBIT 中的变量也包括有关特定公司或特定行业的变量。例如，考虑一个行业的联邦管制可能会在财务状况不变的情况下压低股价。联邦管制和诸如此类的威胁就是一种企业特别风险。

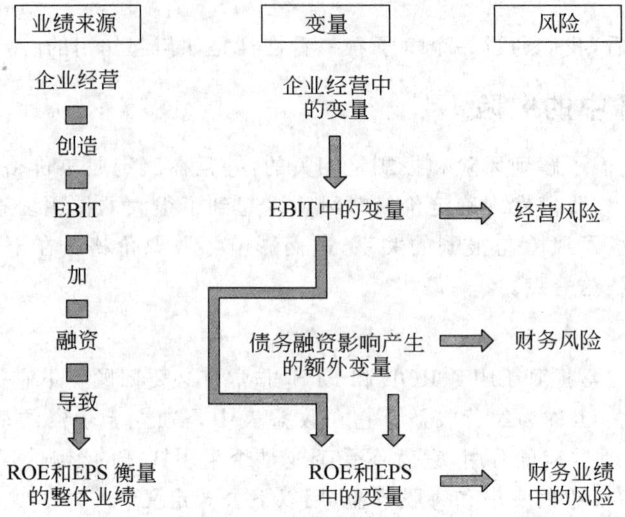

图 14-1　经营风险和财务风险

风险本身是融进 ROE 和 EPS 中的，只要有债务融资就会出现财务风险。

14.1.3　杠杆和风险

> 财务风险是由财务杠杆引起的 ROE 和 EPS 的额外变化。

我们从上一部分清楚地知道财务杠杆实际上是与财务风险相联系的，财务杠杆会引起财务风险。我们也将经营风险定义为 EBIT 的变化。这产生了另一种杠杆，它对经营风险的影响类似于财务杠杆对财务风险的影响，这个杠杆被称为经营杠杆。

经营杠杆与一个公司的成本结构有关，而与资本结构无关。成本结构是用来描述生产和管理过程中相关的固定成本和变动成本的。

当单独使用"杠杆"这个词时，一般是指财务杠杆，这是一个更为重要的概念。我们将在本章后面讨论经营杠杆以及它与财务杠杆的关系。

14.1.4　学习杠杆的方法

在本章的剩余部分，我们将进一步学习财务杠杆。首先，我们将考察一下财务杠杆在实际中是如何应用的。然后，用相同的方法考察经营杠杆，考察过后将二者结合起来，并看一看它们之间是如何相互作用的。

接下来，我们会花一些时间学习资本结构理论。在学习中我们不会涉及太多计算，但是学习后，我们就能够很好地掌握学者们所说的方法。同时，我们也能发现理论上和我们从直觉上得到的结果大体一致，但原因却有些不同。

14.2　财务杠杆

介绍了必要的背景之后，我们就可以讨论杠杆为什么会起到这种作用，我们从直观的解释开始。

14.2.1 财务杠杆的影响

杠杆增加股票价格的根本原因是在特定的情况下，它可以改善根据 ROE 和 EPS 衡量的财务业绩。

然而，它有时也会使业绩变得更糟，风险增加。因此，我们不能很快确定杠杆何时带来好处，何时带来坏的影响。

为了理解杠杆是如何作用的，我们考察一个处于上升阶段的初创公司 Arizona Ballon Corporation（简称 ABC）的财务结果，这个公司出售跨越亚利桑那州沙漠的热气球。我们看一下 ABC 在用杠杆的三种情况下是如何经营的。我们看一看没有债务的情况，有 50％的情况，有 80％的情况。

表 14-1 中的每一列代表一种情况，每一列的上面是公司的资本结构和在外流通的股数。从左到右反映了用所借的钱以每股账面价值 10 美元回购的股票数量。

表 14-1　资本报酬率超过债务成本所增加财务杠杆的影响

Arizona Ballon 公司的杠杆分析　　（单位：千美元）

	杠杆种类		
	1 0％债务	2 50％债务	3 80％债务
资本			
债务	—	500	800
权益	1 000	500	200
总计	1 000	1 000	1 000
股数@10 美元	100 000	50 000	20 000
收入	1 000	1 000	1 000
成本/费用	800	800	800
EBIT	200	200	200
利息（10％）	—	50	80
EBT	200	150	120
所得税（40％）	80	60	48
EAT	120	90	72
ROE（％）	12	18	36
EPS	1.20	1.80	3.60

我们研究的问题是，当持有的经营收益（EBIT）水平不变时，改变杠杆，财务业绩会有什么不同？换句话说，给定某个 EBIT，杠杆是多一点好还是少一点好？

为了回答这个问题，我们先假设 EBIT 是 200 000 美元（列示在每一列的中部），下面的四行使得收益表变得完整，债务利率是 10％，税率是 40％。

权益报酬率（ROE）和每股收益率（EPS）列示在最后，这些是我们最感兴趣的业绩测量指标。

有关财务杠杆的好处

在表中我们观察到最重要的现象是从左到右 ROE 和 EPS 是逐渐增加的，即当杠杆增加，ROE 和 EPS 也显著增加。

注意根据计算为什么会出现这种情况，ROE 和 EPS 是 EAT 分别除以权益和股票数得到的结果。

当获利能力良好，EPS 和 ROE 随着杠杆的增加而增加。

债务导致利息增加使 EAT 下降，然而由于债务代替了资本结构中的权益，股票被回购，权益和在外发行的股票数量也减少了。但是在这种情况下，权益和股票数量成比例下降的速度比收益更快，所以指标的结果还是增加的。

这是杠杆带来的好处。如果基本的获利能力还不错，用债务代替权益可以改善用 ROE 和 EPS 衡量的财务业绩。[①] 接下来，如果投资者对这种增加的反应是积极的，那么就会抬高股价。

资本报酬率和债务成本

表 14-1 中杠杆带来的好处是合理的，因为 ABC 的经营收益(EBIT)表示资本的税后报酬率大于债务的资本，所以，发挥借款的长处，公司借来的钱获得的报酬会多于它的支付。

资本的税后报酬率可用已占用投资报酬率(ROCE)来衡量。ROCE 考察的是在不考虑融资方式的情况下公司的获利能力，但是这个比率是税后的。ROCE 等于在没有可抵扣利息的情况下，用 EBIT 的税后收益除以总资本。税后 EBIT 用 EBIT 乘以(1－T)就可以得到了，T 代表税率。

计算结果可以和资产报酬率、权益报酬率或债务的税后成本相比较，公式(14-1)给出计算过程：

$$\text{ROCE} = \frac{\text{EBIT}(1-\text{T})}{\text{债务}+\text{权益}} \tag{14-1}$$

用公式(14-1)计算表 14-1 中的每种情况得出的 ROCE 都为 12%，这说明 ABC 在这三种情况下资本的税后收益率都为 12%。

如果你对 ROCE 的概念还是有点模糊，注意第一种情况，在这种情况下，因为没有债务和利息，ROCE 就等于 ROE，是 12%。

ABC 的税后债务成本是：

$$K_d(1-T) = 10\%(1-0.4) = 6\%$$

这里 K_d 是公司支付的利息，T 是税率，债务的债后成本只有 6%，仅仅是资本报酬率的一半，因此借债是合理的。

只要一个企业可以获得的 ROCE 超过其债务的税后成本，似乎就可以尽可能多地利用债务。在这种情况下，每借一美元就可以给 ABC 的股东赚得 6%的超额收益。

我们将很快了解到其他因素也会影响借钱的合理性，但是有个基本的定律是如果 ROCE 超过债务的税后成本、权益等价交换为债务时，那么公司的财务状况才会得到改善。

事物的另一面——杠杆的坏处

不幸的是，事物都有正反两面，当一个公司的 ROCE 小于债务的税后成本时，杠杆会使结果变得更糟。为了说明这个问题，我们重新设计了表 14-1。假设坏天气使 ABC 的气球生意一落千丈，用表 14-2 反映得到的结果。

---

① 有一种影响在例子中没有包括，即利率随着债务的增加而增加，这意味着第三列中的债务成本比所示的成本要高。然而，这种影响不会扭转 ROE 和 EPS 增加的趋势。

表 14-2　债务成本超过资本报酬率时增加财务杠杆的影响

Arizona Ballon 公司的财务杠杆　　（单位：千美元）

	杠杆种类		
	1 0%债务	2 50%债务	3 80%债务
资本			
债务	—	500	800
权益	1 000	500	200
总计	1 000	1 000	1 000
股数@10 美元	100 000	50 000	20 000
收入	800	800	800
成本/费用	720	720	720
EBIT	80	80	80
利息(10%)	—	50	80
EBT	80	30	—
所得税(40%)	32	12	—
EAT	48	18	—
ROE(%)	4.8	3.6	0
EPS	0.48	0.36	0.00

假设收入和收益下降到 ROCE 刚好等于 4.8%的那一点(看一看表 14-2 中第一列的 ROE),ROE 小于 6%的债务成本。

> 当 ROCE 小于债务的税后成本,增加杠杆会使 ROE 和 EPS 恶化。

当公司逐步将权益转换成债务时,公司的 ROE 和 EPS 随着杠杆的增加逐渐下降,公司运用资本所得的报酬率(4.8%)小于其支付所借资金的成本(6%)。

这是有关杠杆的另一基本定律：当 ROCE 小于债务的税后成本时,债务增加会使结果变得更糟,这会导致公司股票价格的下跌。我们很清楚在这种情况下增加杠杆是不合理的,财务经理是不会这么做的,除非由于其他原因而不可避免地借钱。

杠杆管理

前面的叙述暗示在特定情况下,管理层可以通过改变企业的资本结构来操纵企业的财务成果和股票价格。这确实是真的,但是在做的时候必须要谨慎。

CFO 经验谈

改变资本结构需要花些时间,然而这样可以使经营成果在一夜之间有很大的转变。这意味着一个企业在繁荣时期可能会扩大杠杆,但是会在无法预测的衰退时期陷入困境。当那种情况发生时,公司的 ROE、EPS 和股票价格都会急速下滑。

用以下例子来说明对 EPS 的管理。

概念链接　例 14-1

通过杠杆管理 EPS

以下是 Albany 公司部分的财务信息：

Albany 公司有 1 000 万美元债务时的情况

（每股股价除外） 单位：千美元

EBIT	237 00	债务	10 000
利息(@12%)	1 200	权益	90 000
EBT	22 500	资本	100 000
所得税(@40%)	9 000	股数	=9 000 000
EAT	13 500		

$$股票价格 = 10/股$$

$$ROE = \frac{EAT}{权益} = \frac{13\,500}{90\,000} = 15\%$$

$$EPS = \frac{EAT}{股数} = \frac{13\,500}{9\,000\,000} = 1.50$$

注意：Albany 的总资本是 1 亿美元，1 000 万美元债务的利率是 12%，州和联邦税率总计 40%。这个公司正以每股 10 美元的账面价值出售它的股票。财务人员感觉用债务交换权益不会立即影响股票价格和企业的利率。

管理层相信这样会使公司处于最佳状态，它的股票持有者会将公司的 EPS 从目前的每股 1.50 美元抬高到每股 2.00 美元。然而，没有任何机会可以增加经营利润(EBIT)使其超过目前水平 2 370 万美元。

借更多的钱并且回购股票可以提高 Albany 的 EPS，如果是这样的话，那么什么样的资本结构可以使 EPS 达到 2.00 美元？

解答：如果 ROCE 超过债务的税后成本，EPS 就会增加，通过公式(14-1)计算 ROCE：

$$ROCE = \frac{EBIT(1-T)}{债务+权益}$$

$$= \frac{2\,370\text{ 万}(1-0.4)}{1\text{ 亿}} = \frac{1\,420\text{ 万}}{1\text{ 亿}} = 14.2\%$$

债务的税后成本是利率乘以 1 减税率。

$$K_d(1-T) = 12\%(1-0.4) = 7.2\% < 14.2\%$$

因此，通过权益和债务交换可以改善 EPS。

问题的第二部分问如何找到可以使 EPS 等于 2.00 美元的资本结构。从概念上讲，最简单的方法是反复试验。简单地选择一系列的债务水平，反复计算财务结果直到找到一个可以使 EPS 等于 2.00 美元的结果。

让我们任意增加 2 000 万美元债务，使债务达到 3 000 万美元。以每股 10 美元的账面价值出售股票，每借来的 10 美元可以回购一股同时减少 10 美元的权益，因此，新权益就为 7 000 美元，重新修正的利息支出为 360 万美元(3 000 万×0.12 美元)，这种方法计算是直接的。

Albany 公司有 3 000 万美元债务时的情况

（每股股价除外） 单位：千美元

EBIT	23 700	债务	30 000
利息(@12%)	3 600	权益	70 000
EBT	20 100	资本	100 000
所得税(@40%)	8 040	股数	=7 000 000
EAT	12 060		

$$ROE = \frac{EAT}{权益} = \frac{12\ 060}{70\ 000} = 17.2\%$$

$$EPS = \frac{EAT}{股数} = \frac{12\ 060}{7\ 000\ 000} = 1.72$$

EPS 的结果 1.72 美元小于目标值 2.00 美元，这意味着需要更多的债务。作为练习，计算出 4 500 万美元时的 EPS，这时非常接近正确值。

另一种方法(选学)

这里我们选用一种代数方法，即使有些复杂计算，代数法也更为有效。接下来就要讲解这一种方法，它是解决财务问题非常重要的分析工具。写出财务比率或者利用财务报表的一部分内容来构造出一个方程式，就可以解出未知的财务值。那些对数学计算没有兴趣的同学可以跳过这部分，这对学习的连贯性没有影响。

在本例中，我们要利用一些比率的定义、收益表中 EBIT 到 EAT 的部分、债务和利息的关系以及资本的定义来构建方程式，来得到我们需要的债务的精确值。

首先，我们注意到，EPS、ROE 和每股的账面价值之间的关系很简单：

$$EPS = ROE \times 每股账面价值 \tag{1}$$

为了使等式具有说服性，可以在书本上找到它们的定义，进行验证。

因为 Albany 以每股 10 美元的账面价值出售它的股票，回购股票不会改变账面价值，所以我们可以写出：

$$EPS = ROE(10.00) = \frac{EAT}{权益}(10.00) \tag{2}$$

接着考虑 Albany 公司的收益表底部。EAT 可以被写成：

$$EAT = (EBIT - I)(1 - T) \tag{3}$$

其中，I 是指利息，T 是指税率。(EBIT－I)是税前收益(EBT)，乘以(1－T)就可以调整为税后收益。

利息是债务乘以利率(K_d)，所以，我们可以写出：

$$I = K_d \times 债务 \tag{4}$$

把这个等式带入(3)，得出：

$$EAT = [EBIT - (K_d)\ 债务](1 - T) \tag{5}$$

进一步讨论，总资产是负债和权益的加总，那么：

$$权益 = 总资产 - 负债 \tag{6}$$

将其余等式带入(1)，得出：

$$EPS = \frac{[EBIT - (K_d)\ 债务](1 - T)}{总资产 - 负债}(10.00)$$

在上面的等式中，除了债务，其他都可以从题中得到，如果我们将债务视为未知数，把 EPS 定为 2.00 美元，这样我们就只有一个未知数和一个等式了，问题的第二部分问当 EPS 正好等于 2.00 美元时，公司的资本结构。带入已知数，我们有：

$$2.00 = \frac{[23\ 700\ 000 - 0.12\ 负债](1 - 0.4)}{100\ 000\ 000 - 负债}(10.00)$$

解得：负债＝45 156 250(美元)

因此，使 EPS 等于 2.00 美元的资本结构大约为 45%的负债，55%的权益。

14.2.2 财务杠杆和财务风险

表14-1和表14-2反映了财务杠杆是一把“双刃剑”，它会使好的结果变得更好，也会使坏的结果变得更糟。这意味着当就经营状况发生变化时，采用高杠杆的企业比那些采用较少债务企业的经营更易变，这些结果中增加的变化量是所谓的财务风险。

我们可以通过Arizona Balloon公司的例子用表14-1和表14-2来解释这个概念。表14-1代表相对好的时期，而表14-2反映的是较差时期和较低的收益。在每个表的第一列都是没有杠杆的情况，而第三列都是有较高杠杆的情况。

为了了解财务杠杆对风险的影响，我们可以比较一下这两个表第一列和第三列ROE的变化，分析过程反映在表14-3中。注意表中的前三行，左边一列表明当没有杠杆、经营状况从好变坏时，ROE只改变了7.2%，而右边一列采用了高杠杆，却改变了36%。

表14-3　财务杠杆的风险　　单位：%

	ROE	
	第一列 无债务	第三列 80%债务
好时期(表14-1)	12.0	36.0
坏时期(表14-2)	4.8	0.0
差异	7.2	36.0
由财务杠杆的增加而引起的差异	=36.0−7.2=28.8	

杠杆的增加，使企业经营结果更易变动。

因为在表14-1和14-2这两个表中的第一列都没有财务杠杆，则二者ROE的差异就是基本经营成果的变化。换句话说，是经营风险[①]导致的这种变化。

第三列中ROE的差额代表经营活动和融资活动差额的总和，而这增加的变化，即二者差额的差，就是财务风险造成的，差额在表14-3第四行中列示。

在ABC这个例子中，商业风险在ROE中占了7.2%，有80%债务的财务风险在ROE中占了(36.0%−7.2%=)28.8%。换句话说，财务风险是经营风险的4倍。这个结果是合理的，80%的债务意味着高杠杆。

检查一下你是否理解清楚了。计算50%的债务(第二列)的财务风险是经营风险的1.25倍。

要理解清楚这种方法，就要说杠杆将经营收益(EBIT)的差异扩大到了ROE和EPS中去了，而且采用的杠杆越高，这种差别就越大。

14.2.3 总结：杠杆对股票价格的影响

杠杆强化经营业绩的同时会增加风险，使股价向两个相反的方向发展。

我们对Arizona Balloon公司的研究证实了杠杆具有双重影响：

1) 在业绩好的时候，杠杆会强化好的结果。

2) 当经营结果发生改变时，杠杆增加了财务业绩的可变性，这就意味着杠杆越高风险越大。

随着杠杆水平的提高，这种双面效果会更明显。

---

① 我们一般用EBIT测量经营风险，但是当没有财务杠杆时，用ROE的结果也一样。

这些影响可以促使股票价格向两个相反的方面发展。第一，在好的环境下，业绩的提升会有效地使股票投资的预期报酬提高。这使得股票对投资者更具吸引力，这样就使他们进一步地抬高股票价格。

当杠杆水平较低，增加杠杆会对投资者产生积极影响，但是当处于较高的负债水平时，投资者主要担心风险，此时增加杠杆会产生消极影响。

在 ABC 的例子中，假设每个人都如表 14-1 那样预期下一年繁荣，并且相信衰退的概率非常小，那么 ABC 没有杠杆时的预期 EPS 为 1.20 美元，当有 50% 债务时预期 EPS 会增加到 1.80 美元。如果没有人担心会出现糟糕的经济状况，那么就会预期其有更高的回报。

第二种影响使股票价格投资的风险变大，而且我们从风险负面影响的定义中（第 9 章）知道投资者并不喜欢，因此第二个影响会吓跑一部分投资者，从而降低了股票价格。

关键的问题是，哪个影响起决定作用，在什么时候影响更大？

实际投资者行为和最佳资本结构

当债务水平较低或处于中间水平时，投资者会看重杠杆的正面影响而忽略增加的风险。如果在经济前景看好时，事实也确实是这样的。因此，当杠杆较低或处于中间水平时，杠杆的增加会提高股票价格。

随着杠杆的增加，其效用会从积极变为消极，这一过程会导致最佳资本结构的产生。

随着杠杆的增加，在人们心中对风险和糟糕业绩的担心开始超过增加报酬的好处。这样，在高水平杠杆处，杠杆进一步增加会对股票产生负面影响。

换句话说，当杠杆从零上升到非常高的水平时（其他情况保持不变），股票价格先增加到一个最大值时，然后再下降。图 14-2 反映出了这种情况。从理论上讲，图中最大值的那一点是非常重要的，它对应的是最佳资本结构。通过定义，这就是可以使股票价格最大化的资本结构（债务百分比，杠杆水平）。

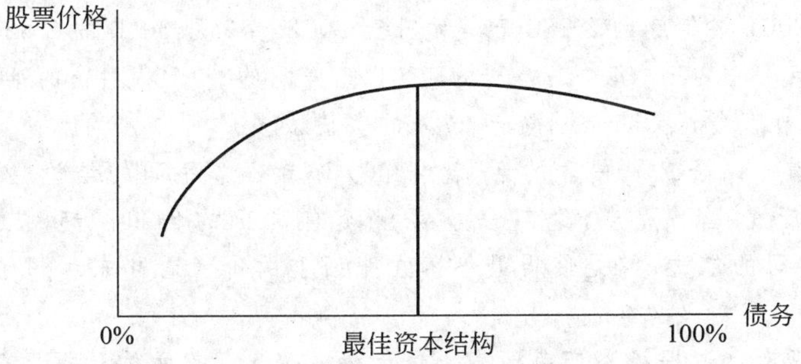

图 14-2　杠杆对股票价格的影响

寻找最佳资本结构：一个实际问题

没有人怀疑图 14-2 中杠杆和股票价格的对应关系，也没有人怀疑确实存在某个最佳的债务水平可以使股票价格达到最大。但问题是，没有人有方法能精确地算出一个特定的公司在特定的时间里的最大值在哪里。

实际上，最佳资本结构不可能被准确得出。

合适的杠杆水平会随着公司经营业务和经济形势的变化而改变。一个基本业务易变的企业采用的杠杆就要比业务稳定的企业低，这是因为较高的经营风险和较高的杠杆会产生一个风险极高的公司。

至于经济形势，投资者在前景差的时候比好的时候对风险更敏感。因此杠杆的最佳水平在业绩差的时期会低一些,投资者拒绝风险的增加。

可惜的是,这些思想都不是可以量化的,我们用图 14-2 无法准确地在纵轴上确定最佳值。

这并不意味着资本结构这个思想是没有用处的,这个思想更多的是一种总的准则向导而不是一套管理公司的精确算法,下面是一些普遍接受的经验。

实务观察

美国在线和时代华纳:杠杆的风险

2009 年 5 月 28 日,时代华纳公司宣称将分拆美国在线。这也预示着截至目前为止,最具有灾难性的商业并购案终结的时代来临。本次分拆预期在 2009 年年底完成,这将使得美国在线和时代华纳作为两个独立的商业团体,各自自由发展和追求利润。

在 2001 年,美国在线在当时被认为是世界上最好的因特网提供商,而时代华纳在出版和电影工业方面是一个传媒巨人,它们在一宗高达 1 470 亿美元的交易中结合在一起,在当时被认为是新旧传媒的联姻。大家普遍的预期是,这将会是一个巨大的成功,两个公司都具有各自巨大的市场和专业领域。

很不幸的是,这桩联姻从一开始就没有产生任何利润而是赤字,在合并仪式的数月后,美国在线的业绩垂直下滑,并且合并后的公司,即最初命名的 AOL 时代华纳公司,其股票市场价值以超过 1 亿美元的幅度垂直下降,更糟的是,在"9·11"恐怖袭击之后,时代华纳的印刷出版业务在广告收入上也有了显著的下跌。这桩合并案的最终失败,被归结为一系列因素:不同的运营文化、不断变化的工艺,以及领导层人物的个性和风格。

但是公司失败的另外一个原因,正如它在股市中一样,可能是由于高杠杆经营。据报道,它的长期负债从 2001 年年底的 2 280 万美元升至 2002 年 9 月 30 日的 2 820 万美元。初看上去,和截至 2002 年年底的三季度末,公司的 1.61 亿美元的资产来比较的话,也不算太多。事实上,几乎没有分析家会认为占公司资产 17%的负债太多。

但是再仔细看一眼资产负债表的话,就会给投资者一个不同的结论。问题就在于,报表中超过半数的资产是无形资产,这部分事实上没有真正的价值。超过总资产一半,大约 8 200 万美元是公司的信誉,它是使得最终落在账面上的价值看起来远超于公司实际拥有价值的原因。

其他的无形资产也占据了资产负债表价值大约 4 500 万美元的数据。假如投资者按照他们的思路,拒绝给予这部分资产完全的信任的话,那么公司实际的"纯"资产只剩下 3 400 万美元,包括现金、应收账款、设备和不动产。在这些假设下,2 800 万美元的债务就相当于公司资产的 82%,这个数据在大多数工业企业中也是一个很大的数字,这个数据也暗示着 AOL 时代华纳公司已经高度负债运行,是一个风险很大的公司。

在 2003 年年初,该企业已经把大多数的信誉从资产负债表中拿了出来,报表显示在整个交易中有 9 900 万美元的损失。这个行为是在新会计准则下执行的,而这使得公司的负债愈发明显。

合并后的公司一直在艰难地偿还债务和促使二者的结合有效运行。而这一切在经历了 8 年的运营之后宣告结束,公司承认无以为继并宣告"离婚"。2010 年当"离婚"尘埃落定之后,华尔街目睹了两者结合的整个过程以及各自所付出的代价。

参考文献：WSJ. com，"AOL Posts a ＄98.7 Billion Loss on New Goodwill Write-Down，"January 30，2003；AOL Web site，3rd quarter 2002 10-Q；Thomson One Financials，June 2000；and cbsnews. com/stories/2009/05/28/business.

CFO 经验谈

1）一个有好的利润前景并且没有债务的公司在利率合理的情况下，如果不用债务那么可能会错过一个机会。

2）对大部分公司来说，30％～50％的债务比率是最佳的资本结构。

3）超过 60％的债务水平会产生过多的风险，应该避免。

记住这些只是些带有主观预测的粗略准则，不是定律。

目标资本结构

我们在第 13 章讨论资本成本时涉及了目标资本结构。目标资本结构是一个管理层最愿意采用并且在其筹资时努力保持的结构。我们现在可以更好地理解这句话的含义。

一个公司的目标资本结构是其管理层对最佳资本结构的估计值。

目标资本结构是最佳资本结构的估计值，它是管理层认为可以使股票价格最大化的杠杆水平。

回忆一下，在第 13 章中我们不太关心目标资本结构和实际资本结构之间的确切区别，现在原因则很明显，我们不可能准确地找到最佳的资本结构的估计值，那就没必要花过多的时间去计算它。

股票不以账面价值交易时杠杆的影响

我们不应忽视一个非常重要的细节。在杠杆债务代替权益的转换中，我们做了许多假设，包括在外发行的股票数量的变化与权益的变化成比例。

这种比例成立的基础是，假设股票可以按其账面价值的市场价格回购。当情况不是这样时，事情可能会变得有些复杂，ROE 和 EPS 之间的关系可以通过下式反映出来：

$$EPS = ROE \times 每股账面价值$$

当股票以账面价值回购，剩余股票每股的账面价值保持不变，这种交换对 EPS 和 ROE 本质上有相同的影响。然而，当股票以不同于账面价值的价格回购时，剩余股票的账面价值就发生了改变，交换对 ROE 和 EPS 产生的影响也会不同。我们的结论对 ROE 还是适用的，但是对 EPS 就不适用了。

这种现象增加了我们所得出结论的不精确性，但重要的应该是杠杆对股票价格驱动的大方向，而不是影响精确值。

14.2.4 财务杠杆度(DFL)：一种测量方法

财务杠杆将杠杆的改变量扩大为 ROE 和 EPS 的改变量，直到任何特定的杠杆水平上扩大的倍数是非常有意思的。

例如，假设一个公司确定 EBIT 下降了 20％，如果公司没有债务，ROE 和 EPS 也会下降 20％。但是如果公司有 30％或 40％的债务，会下降多少？很显然，如果管理层对 ROE 和 EPS 的改变对投资者的影响感兴趣的话，这个问题是很重要的。

我们可以用财务杠杆系数(DFL)回答这个问题，DFL 让我们可以通过计算在任何一个杠杆水平下 EPS 和 EBIT 相对变化量之间的关系，来衡量杠杆的有效性。[①]

计算公式如下：

$$DFL = \frac{\%\Delta EPS}{\%\Delta EBIT} \tag{14-2}$$

DFL 是 EPS 和 EBIT 相对变化量之比。

这里%ΔEPS 和%ΔEBIT 分别代表 EPS 和 EBIT 的相对变化量。

理解 DFL 含义的最佳途径是在方程两边同时乘以%ΔEBIT，重新写一下公式(14-2)：

$$\%\Delta EPS = DFL \times \%\Delta EBIT \tag{14-2a}$$

这种表达式反映的是 EBIT 的相对变化量乘以 DFL 得到 EPS 的相对变化量。比如，如果一个公司的 DFL 是 1.5，EBIT 变动 20%，那么 EPS 就会变动(1.5×20%)＝30%。

如果可以获得财务报表，就可以通过假设 EBIT 的相对变化量和 EPS 的相对变化量，将其带入公式(14-2)，从而计算出 DFL。然而这个方法相当的烦琐，可以用下面这个较为简单的公式计算：

$$DFL = \frac{EBIT}{EBIT - I} \tag{14-3}$$

这里 I 指利息。

公式(14-3)的推导有些复杂，只需要接受这个结果。

概念链接　例 14-2

通过财务杠杆进行预测

下面是 Moberly Manufacturing 公司部分收益表和部分资本信息(单位：千美元)。

		资本	
收入	5 580	债务	1 000
成本/费用	4 200	权益	7 000
EBIT	1 380	总计	8 000

目前有 700 000 股的普通股在外流通，公司借债的利率是 15%，并且假设公司可以其利率借到所需足够的钱，所得税税率是 40%。

Moberly 有兴趣提高其公司的股票价格，为了达到这个目标，管理层正在考虑重新调整资本结构使债务达到 50%，希望增长的 EPS 会对股价有一个正面的影响。然而经济前景不太好，公司的财务总监认为会有一个好机会：明年营业环境的恶化会降低 EBIT，到时候 Moberly 就会以每股 10 美元的账面价值出售其股票。

估算一下重新资本调整结构对 EPS 的影响，然后用财务杠杆度来估算一下增加的风险。

解答：首先，我们先计算一下调整后的资本结构，将调整后的资本结构和目前的资本结构

① 这里的相对变化是指百分比变化。例如：20 变化 5%就是一个单位，因为 1 是 20 的 5%。21 是 5%的正向变化，19 是 5%的负向变化。一般来说，数值的相对变化时用变化量除以数字本身，以百分数表达。如果我们用 ΔN 表示变量，那么 N 的相对变化是

$$\%\Delta N = \frac{\Delta N}{N} \times 100$$

如果 N 等于 20，ΔN 等于 1，我们就可以得到

$$\%\Delta N = \frac{1}{20} \times 100 = 5\%$$

同时反映在下表。因为权益可以账面价值进行交易,调整就是直接将权益转成债务,相应地减少在外发行的股票数量。

单位:美元

	目前	预计
资本		
债务	1 000	4 000
权益	7 000	4 000
总计	8 000	8 000
在外流通的股数(股)	700 000	400 000

接下来计算一下在目前经营水平下两种资本结构的EAT和EPS。

单位:美元

	目前	预计
EBIT	1 380	1 380
利息(债务的15%)	150	600
EBT	1 230	780
所得税(@40%)	492	312
EAT	738	468
EPS	1.054	1.170

很容易看出如果经营环境不变,调整后的结构会产生较高的EPS。下一步用公式(14-3)计算每一种结构下的DFL。

$$\text{DFL 目前} = \frac{\text{EBIT}}{\text{EBIT}-\text{I}} = \frac{1\,380}{1\,380-150} = 1.12$$

$$\text{DFL 预计} = \frac{\text{EBIT}}{\text{EBIT}-\text{I}} = \frac{1\,380}{1\,380-600} = 1.17$$

现在能明白财务总监担心的原因了,EPS在调整后的结构下更为易变。为了说明这个问题,假设经营恶化,EBIT下降了30%,这种情况是比较普遍的。我们用公式(14-2a)来看一看在当前和调整后的结构下会发生什么。

在目前的资本结构下,通过下面的公式可以计算出EPS下降的百分比:

$$\%\Delta\text{EPS 目前} = \text{DFL 目前} \times \%\Delta\text{EBIT}$$
$$= 1.12 \times 30\% = 33.6\%$$

在调整后的结构下,下降的百分比是:

$$\%\Delta\text{EPS 预计} = \text{DFL 预计} \times \%\Delta\text{EBIT}$$
$$= 1.77 \times 30\% = 53.1\%$$

现在将这些下降的百分比应用到预计的EPS中看一看如果经营发生恶化,在两种资本结构下会得到什么结果。

目前:1.054(1−0.336)=0.70

预计:1.170(1−0.531)=0.55

这暗示着,如果采纳了调整的资本结构,同时潜在的衰退发生了,那么EPS的结果要比在原结构下得到的EPS低。很明显采用这个方案会增加潜在的风险。

计划调整对股票价格的影响是具有争议的，我们不能肯定EPS增加所带来的正面影响会超过风险增加所带来的负面影响，这完全取决于目前投资者的洞察力。

这种不确定性可以用图14-2反映出来，问题围绕着Moberly在图中所处的位置和调整资本结构是否会使公司越过顶点。对这两个问题我们都不能确定。然而用DFL分析交易中增加的风险对管理层来说要比只考虑EPS好。

可惜的是，DFL概念在实际中并不常用。在Moberly这个问题上，许多分析师在计算了两种情况下的EPS后就停了，他们明白风险增加了，但是他们没有试图测量一下给决策者究竟带来了多少好处。我们确定目前的读者将会在未来的几年中改变这种情形。

14.2.5 EBIT—EPS分析

我们已经学到财务杠杆会提升正常水平下的经营利润，但是同时也会使这些结果更加易变。如果这些知识有用的话，在对未来经营产生一系列预期的情况下，经理人就可以利用这部分知识做出有关杠杆的明智的选择。

这意味着经理人需要一个方法权衡和分析从一种杠杆到另一种杠杆所带来的结果和风险之间的关系。EBIT—EPS分析给交易提供了图表描述，这使得选择相对比较直观。

为了说明问题，让我们回到Arizona Ballon公司，假设在表14-1中，管理层预期情况是相对较好的一年。为了使说明简化一些，我们假设选择是在第一列和第二列之间做出的。

EBIT—EPS技术是在每一个杠杆水平下，将EPS作为EBIT的线性函数，结果反映在图中，提供了企业的最佳资产负债水平和对企业未来盈利能力的预期。观察例14-3和表14-3，并得出结论。

概念链接 例14-3

EBIT—EPS分析

利用表14-1中的财务信息，画出Arizona Ballon公司EBIT和EPS的关系。第一列为全是权益的情况，第二列为50%权益。在这两种选择下，Arizona Ballon公司的EPS应该是不同的，找出它们的价值。

解答：我们以第一列全是权益的情况开始，这个表给出当EBIT为200 000美元时，EPS为1.20美元，这是在零杠杆的情况下EBIT—EPS中的一点，EPS是EBIT的线性函数，我们只需要在图中再找出一点就可以画出图像。我们选择EBIT为400 000美元来计算EPS。

单位：美元

EBIT	400 000
利息(10%)	—
EBT	400 000
所得税(40%)	160 000
EAT	240 000
股数	100 000
EPS	2.40

这些点决定了图 14-3 中“零杠杆”这条线。

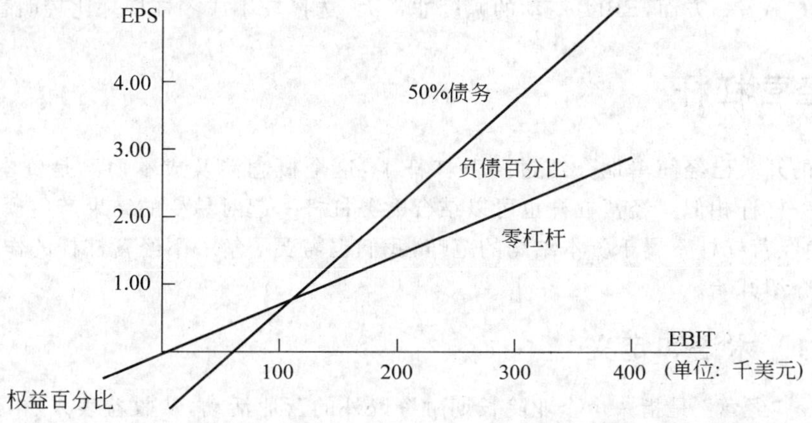

图 14-3　表 14-1 中 Arizona Ballon 公司第一列和第二列的 EBIT-EPS 分析

在 50% 债务的情况下，在表 14-1 中的第二列显示出当 EBIT 等于 200 000 美元时，EPS 为 1.80 美元。如我们刚才所做的那样(用 50 000 美元的利息和 500 000 美元的股票)计算出第二个点，当 EBIT 等于 400 000 美元时，EPS 等于 4.20 美元。这些点决定了图中 50% 债务那条线。

这两条线表示，在各自杠杆假设下不同经营利润的 EPS，注意它们是相互交叉的。在交点两边，我们会对最优杠杆做出不同选择，除了交点之外我们会选择 EPS 较高的那条线。

> DFL 是 EPS 和 EBIT 相对变化量之比。

能够找到交点是非常重要的，一般来说用以下的公式来计算 EBIT-EPS 的公式线。

$$\text{EPS} = \frac{(\text{EBIT} - \text{I})\ (1 - \text{T})}{\text{股票数量}}$$

$$\text{I} = \text{利息} \quad \text{T} = \text{税率}$$

将公式和上面部分的收益表相比较，分子(EBIT－I)(1－T)是税前收益 EBT 乘以(1－T)得到的，然后再除以在外流通的股数就得到了 EPS。

我们将零债务杠杆和 50% 债务杠杆列等式就可以得到交点。

$$\overset{\text{无杠杆}}{\frac{(\text{EBIT}-0)(1-0.4)}{100\,000}} = \overset{\text{50\%债务}}{\frac{(\text{EBIT}-50\,000)(1-0.4)}{50\,000}}$$

解得：

$$\text{EBIT}_{\text{无差异}} = 100\,000$$

换句话说，当 EBIT 超过 100 000 美元，杠杆的最优选择也就变了。

请注意图 14-3 是多么有用啊。它告诉管理层当预期 EBIT 超过 100 000 美元，公司最好选择较高的杠杆，同时也能显示出在任何 EBIT 水平下公司的 EPS。

这个图同时也反映了伴随杠杆出现的风险，在 EBIT 低于 100 000 美元这个范围内，ABC 较高的 EPS 是落在零杠杆那条线上，较低的反而是 50% 债务的那条线。

CFO 经验谈

分析师不会为 ABC 的管理层做出杠杆决定。但是结合 EBIT 的易变性，说明管理层应该收集足够的信息来做出这个决定。如果 EBIT 不可能低于 100 000 美元，那么选择较高的杠杆是比较合适的。另一方面，EBIT 变动的幅度非常大，选择较小或零杠杆是比较明智的选择。

14.3 经营杠杆

在本章的开头已经简单地介绍过经营杠杆了，这个概念涉及成本而不是资本，但是作用和影响与财务杠杆相似。经营杠杆也可以结合财务杠杆一起对易变的结果产生预警。由于这个原因，即使经营杠杆不属于资本结构的范畴，我们也需要了解一下经营杠杆的作用。我们还是先从背景介绍开始。

14.3.1 术语和定义

EBIT 的变化被定义为经营风险。

"经营"是指一个企业除长期融资以外的营业活动，从收益表来看，这些活动包括从销售收入到经营收益（EBIT）的全部项目。

经营中的风险：经营风险

一个企业的 EBIT 由于不同的原因随着时间而改变，其中的原因有销售收入的起起落落、成本状况的变化和管理层的效率。回忆一下在 EBIT 的变化中已经定义了经营风险。

意识到在每一项经营活动中都有变化是很重要的，可能有些项目的变化量多于其他项目的变化量，项目中的风险数量取决于经营活动本身。有些行业的需求和成本状况比较稳定，但是其他情况就不然。一般来说，EBIT 大部分的变化量都是因为销售水平的变化。

固定成本和变动成本以及成本结构

公司经营的成本结构由固定成本和变动成本构成。

一项经营活动的成本被分为固定成本和变动成本。当销售水平变化时，固定成本不会变，但是变动成本会随着销售水平的改变而改变。

固定成本包括租金、折旧、设施和管理层工资。变动成本包括直接人工、直接材料和其他随着销售数量变化的项目，比如销售费用。不能归于任何一个确定项目的成本通常可以被分为固定成本和变动成本以便于分析。最后，所有的成本和费用都可以大致分成固定项目和变动项目。固定成本也可以被称为间接费用。

一个企业的成本结构是指在经营过程中固定成本和变动成本的结合，这个定义类似于在资本结构中债务和权益的结合。

经营杠杆的定义

经营杠杆随着固定成本比重的增加而增加。

假设成本结构和资本结构的定义相似，经营杠杆是根据成本定义的，就像财务杠杆是根据资本定义的一样。经营杠杆是指在成本结构中的固定成本。如果一个企业中大部分是固定成本，那么它的经营杠杆就会很高。

理解成本结构和经营杠杆的一个很好的方法是想象一个工厂是以两种方式中的一种经营的。(1)许多工人和较少机器；(2)许多机器和较少工人。我们将第一种方式称为劳动密集型或人工型，第二种方式称为资本密集型或自动型。

人工代表变动成本是因为当销售和生产下降时，可以让工人回家。而机器代表固定成本，即使是在衰退期，也不能让机器下岗。因此，自动型工厂要比人工型工厂经营杠杆高。

14.3.2 保本点分析

保本点分析被广泛用于确定一个企业要想长期生存必须达到的活动水平。这种方法直接将销售量的影响和企业所用的固定成本和变动成本联系在了一起，并且对理解经营杠杆及其影响非常有帮助。我们首先介绍保本点模型，然后用它来解释说明经营杠杆。

> 保本点分析，展示了企业的固定成本和变动成本以及零损益条件下所需的销售量。

保本点的概述

"保本点"是指用 EBIT(经营收益)衡量的零利润或损失。在保本点，收益（收入）刚好等于支出（成本和费用），企业刚好可以生存。保本点分析是一种通过考察经营活动来决定销售量的方法，企业必须出售一定量的产品才能达到零利润、零损失的情况。

接下来我们将使用的"成本"广义上也包括费用等相关项目。成本和费用既可以是固定的也可以是可变的。

14.3.3 保本点图

图 14-4 的前两个图反映的是固定成本和变动成本，纵轴代表成本，横轴代表销售量（用字母 Q 表示）。当销售量增加固定成本不变，而变动成本随着销售量的增加成比例的增长。

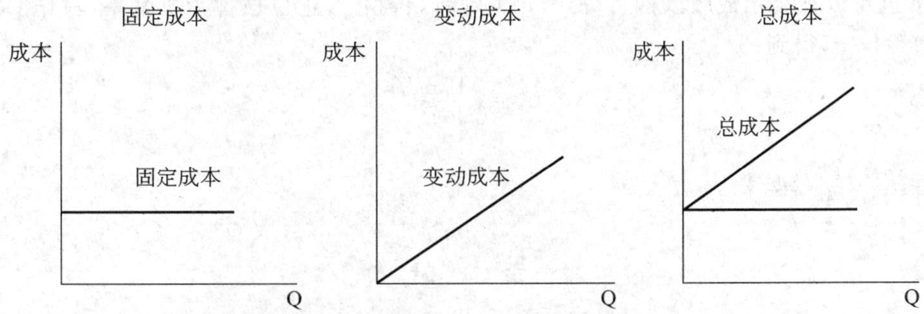

图 14-4 固定成本、变动成本和总成本

将前面两个图结合起来，就得到了第三个图，图中斜线代表总成本，即固定成本和变动成本的和。

> 保本点是收入和总成本的交叉点。

保本点图可以用图 14-5 来描述，图 14-5 是在上面总成本的图中加入了一条代表收入的斜线。不管销售是多少，收入都是 PQ，价格乘以数量。

保本点的销售量是收入等于成本的销售量，在图中就是总成本和收入的交叉点。保本点销售量就是图中水平轴上 $Q_{B/E}$ 那个点。

> 每售出一单位产品，其价格和变动成本之差形成贡献。

不管销售量是多少，企业的利润或损失都是收入与成本的差。这可以用这两条线纵轴高度的差来测量。交点右边两线之间的阴影部分代表营利性的经营，左边的阴影部分代表损失部分。

边际贡献

每售出一单位的产品，就发生了一单位的变动成本，价格超过单位变动成本的差被称为销售产生的贡献。用计算公式表示如下：

$$C_t = P - V \tag{14-4}$$

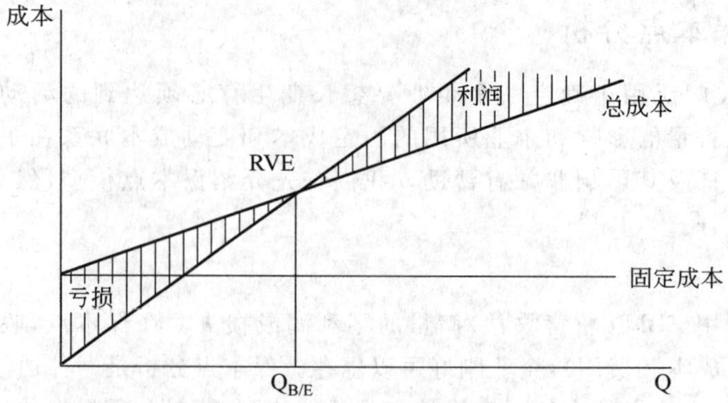

图 14-5　保本点图

式中：C_t——贡献

　　P——价格

　　V——单位变动成本

边际贡献这个词表示对利润和固定成本的贡献。注意在保本点图中单位贡献处处相等，也就是说在任何销售水平下，单位贡献都处处相等。

贡献也可以被表示成收入的百分比，用 C_t 除以价格 P，这也被称为贡献率，写作 C_M，用公式(14-4)除以 P，得到

$$C_M = \frac{P - V}{P} \tag{14-5}$$

概念链接　例 14-4

贡　献

假设一个公司每单位产品中的变动人工和材料是 7 美元，单位售价是 10 美元，那么贡献量和贡献率是多少？

解答：用公式(14-4)直接就可以计算出贡献量

$$\begin{aligned} C_t &= P - V \\ &= 10 - 7 \\ &= 3 \end{aligned}$$

可以用公式(14-5)计算出贡献率

$$C_M = \frac{P - V}{P} = \frac{3}{10} = 30\%$$

计算保本点销售量

EBIT 是收入减成本，也可以用价格和数量来表达。

$$EBIT = PQ - VQ - F_C \tag{14-6}$$

P——每单位的价格

V——每单位的变动成本

Q——出售的数量

F_C——固定成本

注意在这个等式中，Q 分别乘以 P 和 V 代表收入(PQ)和总变动成本(VQ)，但是固定成本单独用 F_C 代表。EBIT 是用收入减去两项成本，即变动成本和固定成本。

当收入(PQ)等于总成本($VQ+F_C$)时，可得到保本点，即 EBIT＝0。为了这个点，我们可以将 EBIT＝0 代入公式(14-6)。

$$0=PQ-VQ-F_C$$

然后把 Q 提出来，重新写这个公式，就可以解出在保本点的 Q，我们称其为 $Q_{B/E}$，保本点销售量。

$$Q(P-V)-F_C=0$$

$$Q_{B/E}=\frac{F_C}{P-V} \tag{14-7}$$

注意算出保本点的销售量是用固定成本除以(P－V)，即单位贡献量。也就是说，贡献量的计算就是看产出多少产品才可以弥补固定成本。

> 保本点销售量是用固定成本除以单位贡献量。

如果用销售收入而不是销售量来表达保本点就是在公式(14-7)上再乘以价格 P，如果我们称 $S_{B/E}$ 为销售收入下的保本点，那么我们可以得到

$$S_{B/E}=\frac{P(F_C)}{P-V} \tag{14-8}$$

公式(14-8)分子和分母同时除以 P，再用公式(14-5)替换一下，可以得到一个有用的表达公式：

$$S_{B/E}=\frac{F_C}{(P-V)/P}=\frac{F_C}{C_M} \tag{14-9}$$

公式(14-9)中销售收入的保本点计算就是用固定成本 F_C 除以贡献率 C_M(小数形式)。

概念链接　例 14-5

保　本　点

在例子 14-4 中，如果该企业每月的固定成本为 1 800 美元，那么保本点上的销售量和销售额是多少？

解答：为了求出保本点上的销售量，写出公式(14-7)，将数字带入

$$Q_{B/E}=\frac{F_C}{P-V}=\frac{1\,800}{3}=600$$

如果每单位的产品售价 10 美元，将其带入公式(14-8)，得保本点的销售额是

$$10\times600=6\,000$$

同样也可以用公式(14-9)，用固定成本除以贡献率，得到销售额

$$S_{B/E}=\frac{F_C}{(P-V)/P}=\frac{F_C}{C_M}=\frac{1\,800}{0.3}=6\,000$$

这个计算主要告诉我们，当贡献率是 0.3 时要销售多少固定成本才能达到 1 800 美元。

注意保本点的销售量还是销售额都是一个时期的量。在本例中的时期是一个月，题中给出的固定成本是以月为基础的。

14.3.4 经营杠杆的影响

保本点分析给我们一个很好的方法来理解经营杠杆是如何起作用,我们可以用两个采取不同经营杠杆的企业来考察保本点图,也可以说,这两个企业的成本结构不同,一个企业的固定成本比另一个高。结果反映在图 14-6 中。

> 在高经营杠杆的公司中,当销售量偏离保本点时,其损益扩展较快。

为了方便起见,我们假设这两个企业在保本点的销售量是一样的。回忆一下,图 14-6 中反映的是保本点两边阴影处的利润或损失。当产出扩大,利润就会在保本点的右侧继续增长;而另一方面,如果销售量低于保本点,损失也会继续向左进一步地扩大。

风险的影响

注意在以上两个图中偏离保本点时的相对速度。右边高经营杠杆利润扩展的速度要快于左边低杠杆的企业。然而,当产量低于保本点点 A 时,其亏损扩展也较快。

这是经营杠杆的本质。在低杠杆公司中任何偏离 A 点都会引起 EBIT 的改变,但是在高杠杆的公司中偏离的速度会更快。换句话说,杠杆越高则因给定销售量的变化引起的 EBIT 的改变量就越大。

这样,经营杠杆也可以称为是由于销售量的改变而导致 EBIT 的改变量。因为将 EBIT 的变化定义为经营风险,也就是说经营杠杆越高,经营风险越高。

> 经营杠杆越高,EBIT 的变化量越大,即经营风险越大。

这种影响可以从给出的几何图中看出,高杠杆企业中的变动成本较小,这可以使该公司的总成本线比低杠杆的企业更陡峭(相对于纵轴而言),这意味着它偏离收入线的速度更快。

另一种说法是,高杠杆企业每单位销售的贡献较高,所以当偏离保本点时该企业积累利润或损失的速度也比较快。当然,这适用于横轴中两种销售情况之间。高杠杆企业在盈利之前比低杠杆企业有更多的固定成本需要弥补。

预期 EBIT 的影响

经营杠杆越高意味着在超过保本点时公司的经营利润越高。为了理解这一点,看一看图 14-6 中的 B 点。这两个图表明距保本点的相同处,固定成本高的企业可以赚得较多的 EBIT。

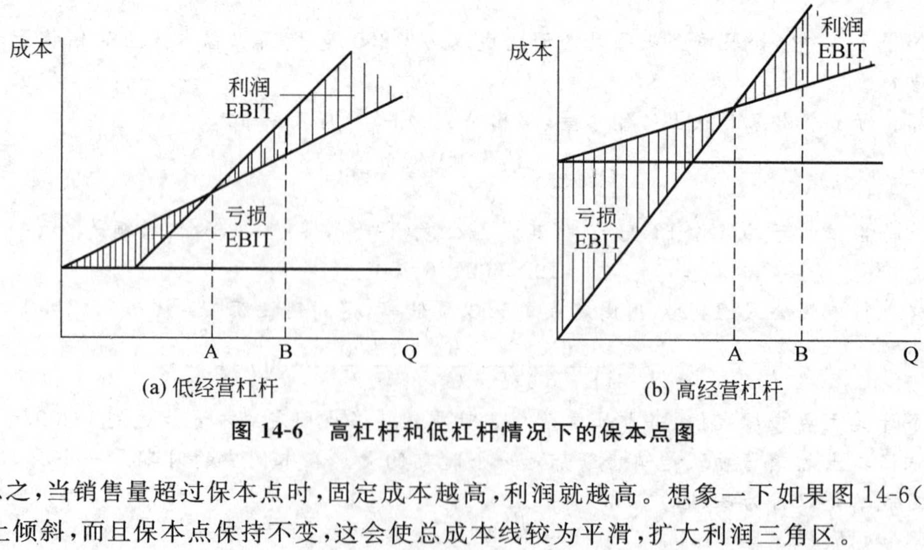

图 14-6 高杠杆和低杠杆情况下的保本点图

总之,当销售量超过保本点时,固定成本越高,利润就越高。想象一下如果图 14-6(b) 中的 F_C 向上倾斜,而且保本点保持不变,这会使总成本线较为平滑,扩大利润三角区。

因此，如果一个企业能够比较确定它的产出量，那么它最好用变动成本换固定成本。换句话说，在任何产出量水平上，增加的经营杠杆可以成倍地增加经营收益(EBIT)。

我们已经假设过高固定成本伴随着同比例的低变动成本，所以保本点或多或少会保持一致。如果这种情况不会发生，固定成本就没有什么意义了。

概念链接　例 14-6

固定成本与变动成本的抵消

假设图 14-6(a)中低杠杆的企业每一期的固定成本是 1 000 美元，产品单位售价是 10 美元，每单位的变动成本是 8 美元。进一步假设图 14-6(b)中高杠杆企业的固定成本是 1 500 美元，每单位的售价也是 10 美元。

图中显示出这两个企业在保本点的销售量是一样的，如果高杠杆的企业要达到和低杠杆的企业相同的保本点，高杠杆企业每单位的变动成本是多少？看一看在保本点上的交易，如果有选择，更愿意选择哪种成本结构？

解答：用公式(14-7)可以计算出低杠杆企业保本点的销售量。

$$Q_{B/E-a}=\frac{F_C}{P-V}=\frac{1\,000}{10-8}=500$$

这也可以是 $Q_{B/E-b}$，高杠杆企业在保本点上的销售量。

现在用公式(14-7)计算高杠杆企业的销售量，可以用 V_b 代表未知的单位变动成本，将已知的固定用公成本和价格带入公式。

$$Q_{B/E-b}=\frac{F_C}{P-V_b}$$

$$500=\frac{1\,500}{10-V_b}$$

解得：

$$V_b=7$$

$$C_t=10-7=3$$

总结，我们可以得到以下结论。

单位：美元

	低杠杆	高杠杆
贡献	2	3
固定成本	1 000	1 500

这样，在保本点，每相差 1 美元的贡献，可以弥补相差 500 美元的固定成本。

对于高于保本点的预期销售量，结构的选择取决于收入的可变性。如果预期处于相对稳定的行业，那么高固定成本会带来比较好的经营结果。然而，如果销售情况变换不定，特别是当销售量低于保本点时，较低的固定成本从长期来讲是一个比较明智的选择。

14.3.5　经营杠杆系数(DOL)：一种测量方法

经营杠杆将销售收入的变化扩大成 EBIT 的变化，这可以用经营杠杆系数来测量，简写为

DOL,这个概念同前面的DFL非常相似。

DOL是EBIT的改变量和销售收入改变量的比,计算公式如下:

DOL是EBIT和Q的改变量之比。

$$DOL = \frac{\%\Delta EBIT}{\%\Delta Q} \tag{14-10}$$

我们可以先推导一下公式的来历,DOL也可以用以下的公式表示:

$$DOL = \frac{Q(P - V)}{Q(P - V) - F_C} \tag{14-11}$$

这些变量的含义和之前表示的相同。

概念链接 例14-7

经营杠杆

Albergetti公司出售其产品的平均价格是10美元,每单位的变动成本是7美元,每个月的固定成本是600美元。计算一下当销售收入高于保本点5%和50%时的经营杠杆。

解答:首先用公式(14-7)计算一下保本点

$$Q_{B/E} = \frac{F_C}{P - V} = \frac{600}{10 - 7} = 200$$

在保本点上加5%和50%意味着销售量是210单位和300单位,用公式(14-11)计算每月210单位和300单位时的DOL。当等于210单位时,可得到

$$DOL_Q = 210 = \frac{Q(P - V)}{Q(P - V) - F_C}$$

$$= \frac{210(10 - 7)}{210(10 - 7) - 600}$$

$$= 21$$

当销售量等于300单位时,可得到

$$DOL_Q = 300 = \frac{300(10 - 7)}{300(10 - 7) - 600} = 3$$

注意当销售量高于保本点时,DOL随着产出量的增加而减少。

作为练习,试证明公式(14-11)中在保本点上,DOL是无穷大的。

14.3.6 比较经营杠杆和财务杠杆

经营杠杆将销售额和EBIT联系在一起,就像财务杠杆将EBIT和ROE以及EPS联系在一起一样。

财务杠杆可以改善ROE和EPS的业绩,并且可以将EBIT的改变扩大到那些相关比率的改变。相似的,经营杠杆也可以在给定的销售水平上提高EBIT,将销售额的变化量扩大到EBIT的相关变化量,这种观点可以用图14-7来反映。

另一个相似点与经营和财务成本的性质有关。财务杠杆表示在企业的资本结构中用债务代替权益,而经营杠杆则是在成本结构中用固定成本代替变动成本。

注意,债务在融资中是一项固定成本,无论公司经营好坏,公司都要向投资者支付一定数量的利息。而权益是融资中的变动成本,因为如果公司的经营状况不佳,可以少付或不付股东

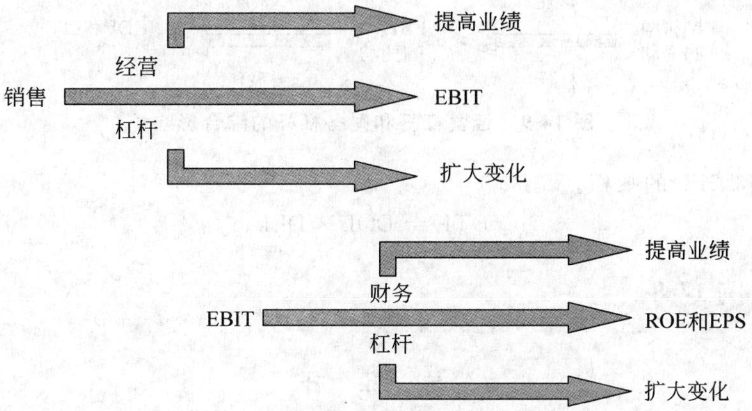

图 14-7　经营杠杆和财务杠杆的相似作用

股利。因此,这两种杠杆形式都是用固定的现金流出量代替变动的现金流出量。

最后,这两种杠杆的风险也有一些相似但不完全匹配。财务风险是由财务杠杆引起 ROE 和 EPS 的额外变量,而经营风险是经营杠杆所提高的 EBIT 的变化量。这两种杠杆都使风险随着杠杆的增高而增高。然而,财务杠杆是财务风险的唯一原因,但是即使没有经营杠杆,依然存在经营风险。这些想法可以用图 14-8 来总结。

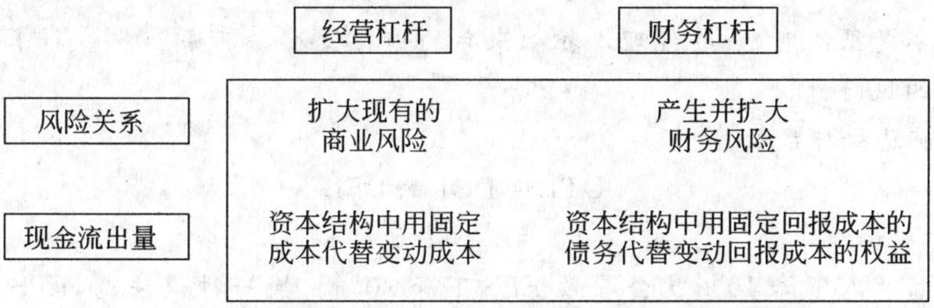

图 14-8　经营杠杆与财务杠杆之间风险和成本的关系

比较中的最后两点没有太大的实际含义。第一,实际上在所有生产过程中都包括使用设备,也就产生了固定成本,因此所有的企业都有经营杠杆。另一方面,许多企业没有债务,因此也就没有财务杠杆。

第二,财务杠杆比经营杠杆好控制。由于生产技术决定了生产一定量的产品所需的最大限度和最小限度数量的机器,因而,管理层对经营杠杆的选择就相对受到了限制。而另一方面,管理层可以在较大范围内选择债务的数量。

14.3.7　经营杠杆和财务杠杆的综合影响

存在于两种杠杆的一个重要结果是它们之间的相互结合。销售收入的变化通过经营杠杆扩大了 EBIT 的变化,EBIT 的改变量又通过财务杠杆顺次扩大了 ROE 和 EPS 的改变量。净影响很大程度上是两种杠杆相乘而不是相加的影响。

> DTL 反映了 DOL 和 DFL 的综合影响。

这表明销售量的一点变化,都可以导致使用经营杠杆和财务杠杆的公司 ROE 和 EPS 一个相当大的变化。这种观点反映在图 14-9 中。

经营杠杆和财务杠杆的综合影响可以用总杠杆系数来测量,简写为 DTL。

图 14-9　经营杠杆和财务杠杆的综合影响

DTL 是 DOL 和 DFL 的乘积。

$$DTL = DOL \times DFL \tag{14-12}$$

概念链接　例 14-8

总　杠　杆

Allegheny 公司正在考虑用机器代替手工作业，购买机器的钱以借款的形式筹集。用机器代替人工将会改变企业的成本结构，加入更多的固定成本。而借款也会使资本结构中具有更多的债务。以下是这个企业在未采取这种方案和采取后两种杠杆的结果。

	DOL	DFL
当前	2.0	1.5
预计	3.5	2.5

经济前景不是很明朗，一些经理人担心来年的销售收入会下降 10%。计算一下这个项目在财务业绩中的风险性。

解答：目前总杠杆系数是

$$\begin{aligned} DTL &= DOL \times DFL \\ &= 2 \times 1.5 = 3 \end{aligned}$$

这表明销售收入下降 10%就会导致 EPS 下降 30%。换一种说法是，EPS 的可变性是销售收入的 3 倍。

在预计情况下，DTL 会更高

$$\begin{aligned} DTL &= DOL \times DFL \\ &= 3.5 \times 2.5 \\ &= 8.75 \end{aligned}$$

这里，EPS 的可变性几乎是销售收入的 9 倍。销售下降 10%就会导致 EPS 下降 88%。换句话说，EPS 就快没有了，这比下降 30%对股票价格的影响要大得多。

结论是预计情况下的固有风险可能要比我们所设想的大得多。[①]

---

① 这两个杠杆度的概念比较有趣，两个比率的可变性会随着债务或固定成本的增加而增加，但是它们在保本点附近更加敏感。

考察一下公式(14-3)中的 DFL 和公式(14-11)中的 DOL，注意这两个公式中的分母在保本点都是零。在 DOL 中，分母是 EBIT，我们讨论的这部分中在保本点 EBIT 等于零。DFL 的分母是 EBT，当利息等于经营收益时，EBT 也等于零。

在这些点的附近，分母都特别的小，所以整个分数值就特别的大。因此，我们就可以得到相对较大的 EPS 或 EBIT 的改变量，但是这些改变量的绝对值都不是太大，因为经营水平中的 EPS 和 EBIT 接近于零。

14.4 资本结构理论

在过去的50年里，财务学者对资本结构做过很多思考。从本质上来说，他们都提到了本章开头的那个问题：资本结构是否会影响股票价格和企业的市场价值，如果会，什么样的资本结构是最优的？

相比我们所做的，学者们的方法中包含较多的数学，但是得出的结果大体一致。资本结构是可以影响股票价格和企业价值的，而且也存在一个最优点，只是没办法精确地找出这一点。

资本结构理论是现代财务理论中最重要的元素之一，对现实世界中的问题也提出了许多有价值的思想和看法。因此，专业人士非常有必要熟悉这些理论方法并且掌握这些结果的本质。幸运的是，我们不需要掌握大量的数学方法也可以做到这些。

14.4.1 背景：企业价值

资本结构理论研究的焦点放在企业的市场价值和资本成本上。如果调整资本结构可以增加市场价值，那么股票价格也会随之提高。

我们在学习理论之前，需要了解一些术语和基本原理。

> 这个理论假设没有发行费用和税收，资本成本正好是债务和权益成本的加权平均。

符号

首先让我们先定义一下我们将要用到的符号，企业的市场价值就是企业所有的债券和权益证券的市场价值。

$$V_f = V_d + V_e \tag{14-13}$$

V_f——企业总的市场价值；

V_d——企业债务的市场价值；

V_e——企业股票(权益)的市场价值。

企业证券的投资报酬率是

$$K_d = \text{投资债务(债券)的报酬率}$$

$$K_e = \text{投资权益(股票)的报酬率}$$

在学习资本成本(第13章)时，我们说企业的债务成本和权益成本是根据发行费用和税率调整后的投资报酬率。这个理论适用于抽象的世界。它假设没有发行费用和税收，因此债务和权益的成本正好分别是 K_d 和 K_e。资本成本是这二者的加权平均，计算公式如下

$$K_a = \text{资本的平均成本}$$

实务观察

杠杆和商业战略

商业战略涉及公司管理层要了解决定行业竞争的是哪些因素？战略中一个重要的问题是预计公司在面对困难时期和竞争时会怎样反应，杠杆在这些预测中起到了非常关键的作用。

一个企业的杠杆越高，无论是财务杠杆还是经营杠杆，当企业销售量下降时企业的损失就越多。当两种杠杆都存在时，情况就变得更加复杂。这表示当有杠杆公司的销售量受到威

胁时，这些公司的反应会更加激烈。它们削减价格、增加广告并且采用特殊的促销活动以保持销售量。这会使它们所处的行业经营非常混乱，并对每个人都缺乏吸引力。

基于收益现金流量的价值

任何证券的价值都是其自身现金流量的现值。所有支付给投资者的现金都来自收益，因此收益最终决定价值。

我们非常关注经营收益(EBIT)，这是分配给债权人和权益投资人的收益流量。为了避免以后符号的混乱，本节用 OI 表示经营收益，而不是 EBIT。

假设 OI 可以完全由利息和股利组成，可以写出

$$OI = I + D \tag{14-14}$$

I——每年支付给债权人的利息总额；

D——每年支付给股东的股利总额。

股利支付和利息支付都是永续年金，企业的市场价值是两者永续年金现值之和。

假设债务的期限是永久的，无论什么时候偿还本金，都会立即再借入相等数额的债务，因此每年的利息是固定的。因为没有留存收益，公司就没有发展，OI 也会保持不变，用公式(14-14)表示的股利支付也是不变的。换句话说，每年的支付 I 和 D 都是永久性的。

企业债务和权益的价值是这些永续年金的现值，计算公式如下：

$$V_d = \frac{I}{K_d} \tag{14-15}$$

$$V_e = \frac{D}{K_e} \tag{14-16}$$

这里 K_d 和 K_e 是债务成本和权益成本，利用公式(14-13)，我们也可以写成：

$$V_f = \frac{I}{K_d} + \frac{D}{K_e} \tag{14-17}$$

加权平均报酬率的本质可用以下的公式来表达，其本质上等于公式(14-17)：

$$V_f = \frac{OI}{K_a} \tag{14-18}$$

总之，这些公式都是说企业的价值是由其债务和权益的成本决定的，我们可以通过资本的平均成本 K_a 来考察它们。记住比率越低意味着价值越高。

这是考虑问题的一种重要方法。这意味着我们可以将报酬率视为驱动因素。例如，投资者要求公司提高股票的报酬率，公式(14-16)表示这会使企业的价值下降。如果债务报酬率保持不变，那么资本成本 K_a 会上升，整体价值会下降。

图表描述

前面所述表明我们可以通过三个报酬率 K_d、K_e 和 K_a 的变化，将价值视为是资本结构的变化。我们特别关注 K_a，资本的平均成本，它关系着企业整体价值。

在前面已经讨论过股票价格和企业价值会随着杠杆的增加达到最大。公式(14-18)告诉我们当价值达到最大等于 K_a 下降到了最小。这种思想可以用图 14-10 来表达，图中价值和股票价格 V_f 和 P_s 都达到了最大，而 K_a 同时达到了资本结构的最低点。

接着，我们发现在图 14-10 中画出 K_d 和 K_e 非常有用，这样可以分析出资本结构中这两个要素的变化对平均成本的影响。

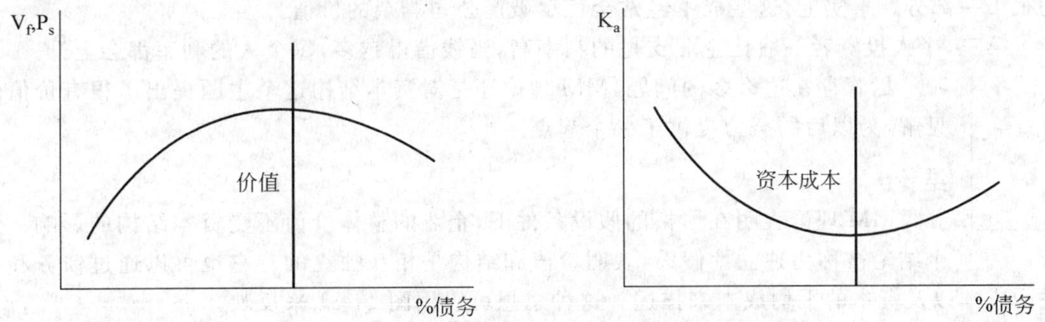

图 14-10 资本结构平均报酬和价值中的变量

14.4.2 早期的 Modigliani 和 Miller 理论

该理论始于 1958 年，当时非常著名的学者 Franco Modigliani 和 Merton Miller 发表了一篇有关资本结构对价值影响的文章①。由于 Modigliani 和 Miller 经常被提到，一般称他们为 MM。

原模型中的限制性假设

MM 的著作中有财务金融领域里非常复杂的数学模型，它对企业和个人都有许多限制，使这个理论变得很不现实。尽管如此，它提出了资本结构对价值有影响的重要观点。后来的著作中放松了前面的假设，形成了现在的理论。

以下是一些重要的假设。

1）没有所得税。

2）证券交易都是在一个完美高效的资本市场中进行的，市场内没有交易成本。

3）投资者和公司在相同的利率下都可以借到他们想借到的数目。

a. 当借钱的人增多时，利率不会上涨。

b. 利率对投资者和公司来说是一致的。

第二个假设中包含着一个重要的细节，它表示在其他一些情况下，没有破产成本。这种想法听起来比较矛盾，需要解释一下。

> MM 理论最初假设没有税收和破产成本。

一个破产的公司需要经过两个程序。第一，公司由于经营情况恶化而损失价值，然后就会进入破产程序，破产程序包括债务重组和资金清算。

零破产成本的假设表明在重组和清算中不会发生法律和管理费用，而且如果需要清算，那么资产出售的价值接近公司的价值。

换句话说，破产成本是出售所用资产的费用和损失，不是指企业进入破产状态的价值损失。

假设和现实

很明显，最初 MM 理论的假设是不现实的，首先最明显的就是所得税。

第二，破产的法律和管理费用都是相当大的，在强迫下出售的资产通常只能收回其价值

① 见 Franco Modigliani 和 Merton H. Miller，"The Cost of Capital，Corporation Finance，and the Theory of Investment，"American Economic Review，48(June 1958)：261-297.

的很小一部分。事实上，这些成本经常会耗尽破产公司剩余的价值。

第三，个人投资者一般比企业支付的利率高，当钱借得越多，每个人的利率都会上升。

在 MM 理论诸多限制条件下，企业价值独立于资本结构。

尽管存在这么多的问题，MM 理论还是对资本结构这个主题提出了很有价值的见解，为以后的努力提供了一个起点。

结论

MM 理论表明在严格的假设条件下，企业的整体价值不受资本结构的影响。这个结论被称为独立性假设，表明价值和结构是相互独立的。它也可以通过债务和权益的成本以及资本的平均成本来描述。这种思想可以用图 14-11 来反映。

图 14-11 中，(a)图比较直观，企业价值随着杠杆增加保持不变，股票价格也保持不变。(b)图需要进一步的解释。

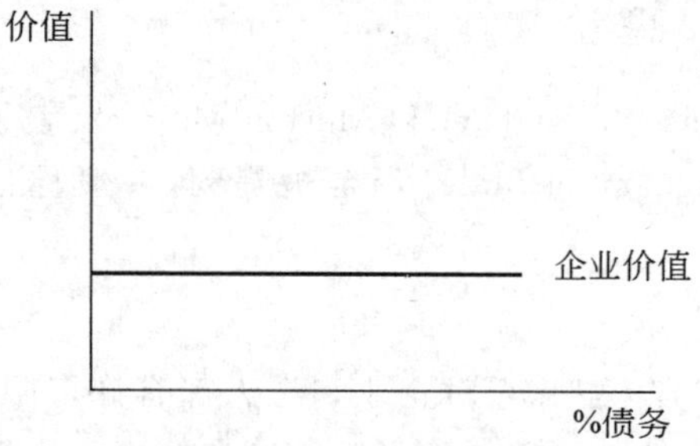

(a) 企业价值和杠杆保持一致

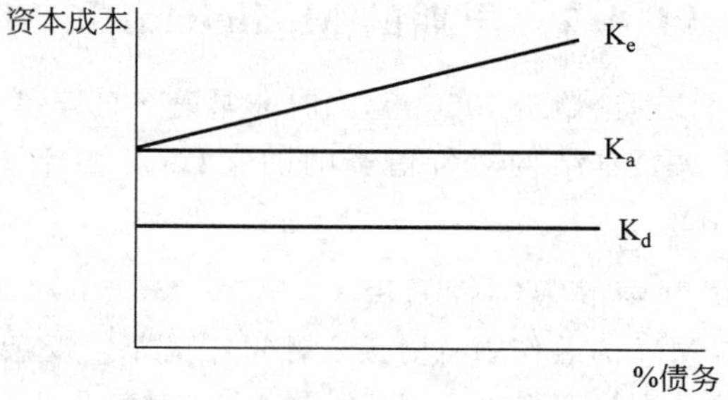

(b) 资本成本和杠杆

图 14-11　独立性假设

注意纵坐标，在零债务点，我们只有权益资本，所以 $K_e = K_a$。同时也应该注意到 K_d 低于 K_e，反映出投资债务多少都要比投资同一家公司的权益安全。企业以固定的比率借款可以用图中水平线 K_d 来表示，即无论企业中的债务比率是多少，债务成本都是 K_d。

现在考虑一下当用债务替代权益时会发生什么。因为债务的成本比较低，你可能会预期随着债务比率的增加，资本的加权平均成本 K_a 会下降。然而事实却不是这样，随着债务的增加，K_e 也上升了，这就弥补了平均成本中降低的债务成本。

当债务增加，K_e 总会升高一些，额外的债务会增加权益持有者的财务风险。当风险增加，权益持有人就会要求更高的报酬率。但是 K_a 不变，相关固定的价值就意味着 K_e 的增长足以抵消增加债务降低成本带来的好处。

MM 理论的结论支持经营收益的观点

MM 理论的结论并不是很新颖。许多人所持有的经营收益观点和 MM 理论大部分是一致的。

这种观点主张：因为企业的价值是其预期经营收益流量的现值，在一个理性的市场中，无论资本在权益和债务之间是如何分配的，收益流量的总价值总会保持不变。从某种意义上讲，无论做什么也是没有用的。企业投资价值的基础是收益，你不能通过调节资本结构而虚增更多的价值。

然而，直到 MM 理论的出现，没有人能很好地解释市场上所发生的事情。也就是说，没有人能满意地解释当杠杆增加或减少时，为什么投资价值保持不变。

套利的概念

MM 提出了权益投资者为了使他们的报酬率最大化而采取了套利过程[①],套利通过杠杆变化而使企业的价值不变。这个观点有些复杂,本质上是说如果一个企业的价值由于杠杆的增加而上升,那么股东就会因为股价上升而出售股票,同时借入一些钱,投资于相似的没有杠杆的公司(套利运用于有杠杆和无杠杆的公司之间)。MM 理论中统一利率假设使投资者可以自己借到资金。

> MM 理论提出套利运用于有杠杆和无杠杆公司,使企业价值不变。

股票出售使有杠杆公司的股票价格下降,而购买无杠杆公司的股票会对此公司产生股票价格上升的压力,使这两个公司的股价趋于一致。当杠杆增加,这个过程使任何一个企业的价值都趋同。(不要从我们上面的叙述中去细究这是如何起作用的,我们不准备详细地讲述这一点,只要大致理解这种理论方法就可以了。)

MM 理论给经营收益观点提供了行为支持。换句话说,理论说明了当资本结构改变时,投资者在金融市场上的何种行为会使企业的总价值保持不变。然而,为了做到这点,必须假设投资中不存在税费和交易成本(如:委托费用),每个人都可以相同的利率借到想要借到的数额。

> MM 理论的结果说明,杠杆影响企业价值源于市场的不完全有效性。

解释结果

理解前面的结论在现实世界中意味着什么很重要。不是说企业的价值和它的股票价格不受杠杆的影响,这个结论显然是不正确的。想要说明的是,杠杆影响价值是源于市场的不完全有效性,像税收和交易成本,而不是因为投资者和公司的相互作用。

14.4.3 放松假设:更多的观点

当假设中不排除税收和破产成本时,情况就变得更加有趣了。在了解这些变化的影响之前,我们需要理解税收制度是如何起作用的。

> 税收制度支持债务融资,是因为利息费用可以税前抵扣,而股利不可以。

融资和美国税收制度

税收制度更支持债务融资而非权益融资,利息费用可以税前抵扣,而股利不可以。我们用表 14-4 中描述的两个公司来解释这个问题。假设这两个公司中一个全部是权益融资,另一个采取 50% 的债务融资,其余的情况一样。同时假设这两个公司将所有的税后收益都用来支付股利,利率是 20%,税率是 40%。

表 14-4 税收制度支持债务融资 单位:美元

	100%权益	50%债务 50%权益
资本		
债务	0	500
权益	1 000	500
总资本	1 000	1 000
EBIT	100	100

① 套利表示为了获取利润,在同一时间不同市场上买卖相同的东西。假设你得知一种股票在纽约的售价是 45 美元,而在波士顿的售价是 50 美元。你可以在纽约设置一个购买订单,同时在波士顿设置一个出售订单,将你在纽约购买的股票拿到波士顿出售,这样你就可以获利。

续表

	100%权益	50%债务 50%权益
利息(债务的 10%)	—	50
EBT	100	50
所得税(40%EBT)	40	20
净收益(EAT)	60	30
股利	60	30
留存收益	0	0
支付给投资者		
利息	0	50
股利	60	30
总计	60	80

两个公司都将收益分配给提供资本的投资者。在全是权益融资的公司里,这就意味着所有的 EAT 都将分配给股东。然而,另一个公司会将利息支付给债权人,EAT 支付给股东。

表的最后一行反映出支付给投资者较高回报的是有杠杆的那家公司,二者差异的原因是有杠杆的企业可以在应纳税所得额中扣除利息,因此少支付了所得税。

包含所得税的 MM 理论

如果存在税收,就必须将经营收益(OI)在投资者和政府之间分配。价值最终是基于投资者得到的收益,因此没有所得税会降低企业的价值。然而,价值下降的数量取决于企业使用杠杆的情况,这会影响政府所征收的税额。

关注一下政府能得到多少税收,这取决于税率和资金在债务和权益投资者之间的分配。

在不存在债务的情况下,所有的 OI 都是要征税的。如果税率是 T,那么政府就能得到

$$T(OI) \tag{a}$$

在包含所得税的 MM 理论模型中,利息可以避税,最终会减少政府的税收。

然而利息是可抵税的,如果有债务,就必须支付一定的利息,那么政府就只能得到

$$T(OI-I)=T(OI)-TI \tag{b}$$

在有无债务的情况下,政府得到的税收差额就是公式(a)和公式(b)之间的差额,即 TI。这样,企业用债务融资,政府每年就少得税收 TI。

反过来说,采用债务会导致每年将永续年金 TI 分配给投资者。如果不存在债务,就不会有这笔钱。TI 也被称为有关债务融资的避税。

避税对价值的影响是永续年金 TI 按贴现率 K_d 得到的现值。

$$\text{避税的现值}=\frac{TI}{K_d} \tag{14-19}$$

利用利息等于债务乘以利率,上面的公式就可以被简化

$$I=BK_d \tag{14-20}$$

B——债务

债务带来的收益可以用债务乘以税率来表示。

代入公式(14-19),可以得到

$$\text{避税的现值}=\frac{TI}{K_d}=\frac{TBK_d}{K_d}=TB \tag{14-21}$$

TB也指债务收益。总之，公式(14-21)表明资本结构中有债务可以增加企业债务乘以税率那么多的价值。

比如，假设一个完全是权益的企业，税率是40%，市场价值是200万美元，企业进行重组，用100万美元的股票换相同数量的债券。理论上，企业的价值会增加：

$$0.4 \times 100万 = 400\,000$$

达到240万美元。

> 在包含所得税的MM理论模型中，杠杆增加，企业价值稳定增加。

此外，增加的价值全部由股东得到，根据债券合同和目前的利率，债券的价值是固定的。

这是一个十分重要的结论，表明当企业按固定的比率，用债务替换权益时，企业价值和股东财富也会增加，直到融资中的债务达到100%(实际上必须要有一点权益)。结果反映在图14-12中。

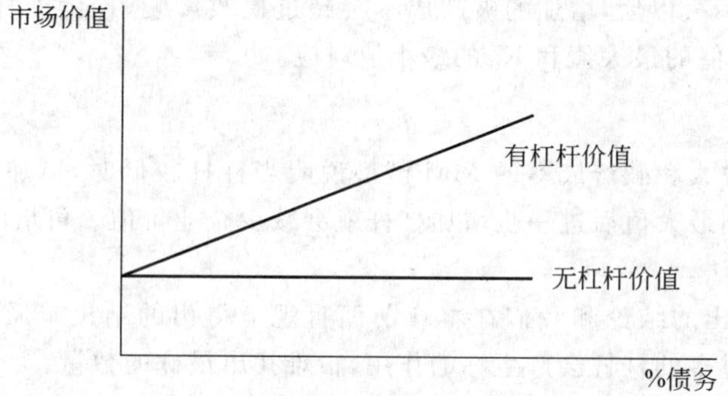

(a) 企业价值为杠杆的函数

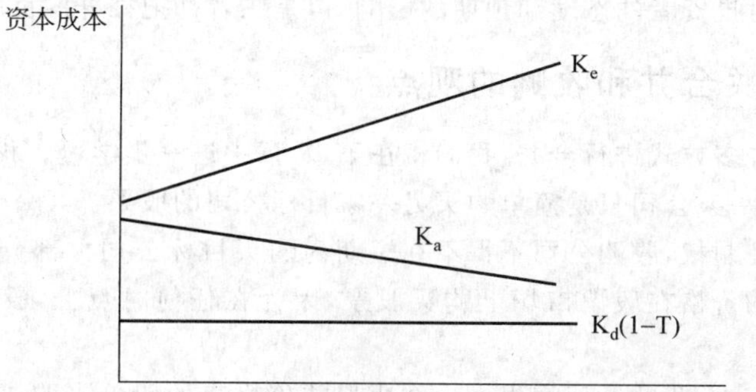

(b) 资本成本为杠杆的函数

图 14-12　包含所得税的 MM 理论

图14-12(a)表示企业的市场价值从全是权益开始，随着债务的增加，伴随杠杆而得到的避税现值也会增加。图14-12(b)表明各要素的走向和资本的加权平均成本。注意包含税收的债务成本是$K_d(1-T)$而不是K_d。

在图中，资本的平均成本随着低成本债务的增多而下降，同时权益的成本也会增加，但是增加的速度不足以弥补低成本债务的影响。

> 破产成本最终会使投资者要求提高报酬率，这会降低企业的价值。

包含破产成本的MM理论

企业的债务增加，经营失败的可能性也会增加。正如前面所说的，当企业倒闭时，破产成本对股东来说就是额外的损失。当杠杆超过某个点，投资者就会格外地关注破产成本,并且开始提高他们要求的报酬率。换句话说,如果企业破产,投资者开始担心由于产生破产成本他们会遭受损失。这种情况首先会发生在权益投资者身上,接下来是债权人。当投资者所要求的报酬率增高,企业的资本成本也会上升。

这种影响反映在图 14-13(b)中。当向右移超过关键点后,K_e 和 K_d 开始上升。应该注意到当 K_e 开始上升时,资本的加权平均成本 K_a 并不是从一开始就随着 K_e 上升的。在资本组合中用低成本的债务代替高成本的权益,使资本成本下降了。当 K_e 上升一点后,K_a 就会达到最小值。

包含所得税和破产成本的 MM 理论模型推断出了最佳资本结构的存在。

图 14-13(a)表示的是企业的价值。根据公式(14-15)～公式(14-18),增加要求报酬率会对价值产生下跌的影响。然而,增加的避税现值会同时增加价值。

首先,报酬率的影响不足以抵补税收的影响,增加杠杆的净影响仍是使价值增加。然而,不久以后,增加的破产成本会超过税收影响,伴随着杠杆的增加,价值开始下降。价值的最大值和 K_a 的最小值对应。

总结

简而言之,包含税收和破产成本的 MM 模型说明当杠杆较低时,增加的杠杆会增加企业的价值。然而,当达到最大值后进一步增加杠杆就会减少企业价值。可惜的是,这个理论没有提供找到最优点的方法。

注意这个方法得出的结论和我们在本章前面直观上得出的结论本质上是一致的。适当的杠杆会有所帮助,过多的杠杆会产生坏的作用,很难找出最优的数量。

然而,得出这种结果的理由是不同的。MM 模型将杠杆的好处都归于税收,而直观的方法是依靠改善业绩对投资者的态度和预期的影响,但是二者都把杠杆的负面影响归于风险。

14.4.4 有关合并和收购的观点

公司可以通过许多方式进行合并,我们将在第 17 章中进一步学习。我们现在只需要了解在多种合并情况中,一家公司只是简单购买另一家目标公司的股票。

为了尽快得到控制权,收购公司不得不在短期内购买目标公司大部分的股票。这意味着公司不会只以现存的价格在股票市场上购买股票,因为在任何时点上,股东都不会愿意以那个价格出售股票。

为了克服这个困难,收购公司会提供一个比目前价格高的股价来购买目标股票。这种股价可以直接提供给所有的目标股东,也可以直接或间接通过企业的管理层。

这个过程意味着收购公司通常会比当前市场高得多的价格来收购目标公司。支付原来价值的 2 倍也是发生过的。

这里提出一个有趣的问题。为什么一个健全的收购公司会认为支付价格超过目标公司市场价值的 50%或 100%是合理的呢?是不是财大气粗的人做事都是这么疯狂还是他们知道一些别人不知道的事情?

高溢价收购的基本原理是资本结构理论和融资购买方式。一般认为目标公司的价值被低估了,它们一般不会采用太多的债务。换句话说,它们的资本结构处于图 14-13 中的左边部分。这表明增加债务的资金重组会提升企业的价值。

收购公司为了购买目标公司的股票,经常会通过借钱来筹集资金。收购的结果是公司会换一个新的雇主,同时背上了比原来更多的债务。但是如果由于增加债务(图 14-13 中向右

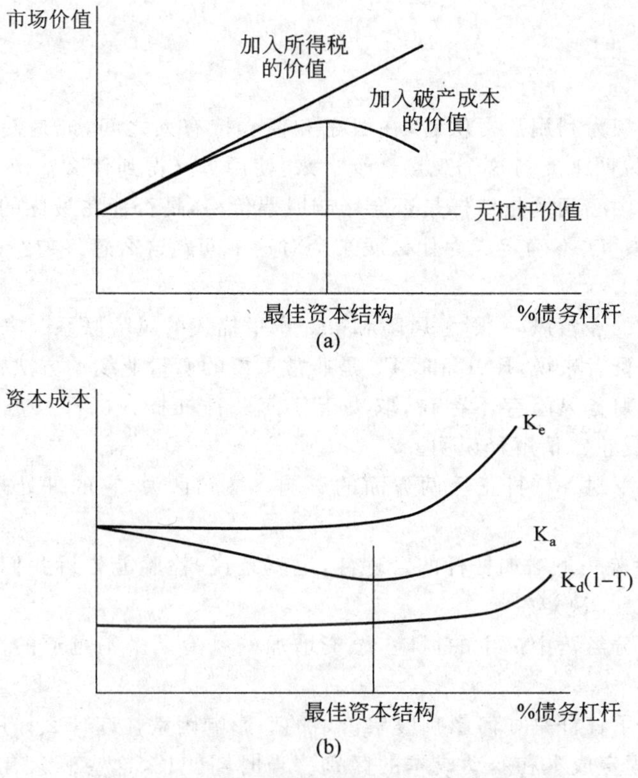

图 14-13　加入所得税和破产成本的 MM 理论

移)而增加的市场价值超过支付股票的额外费用,那么不管是购买者还是原来的股东,每个人都是赢家。

换句话说,收购导致的杠杆增加从理论上讲可以产生增值并在新旧股东之间进行分配。如果增值足够大,新股东能够协商好,那么他们就会得到大笔财富。反过来,如果他们错误判断了杠杆增加的影响,就很可能导致破产。

这种观点确实有一定的正确性,但是有时也会受到一些质疑。确实,许多收购支付的溢价看起来要比通过增加杠杆而提升的价值多得多。

概念链接

例 14-1　通过杠杆管理 EPS
例 14-2　通过财务杠杆进行预测
例 14-3　EBIT—EPS 分析
例 14-4　贡献
例 14-5　保本点
例 14-6　固定成本与变动成本的抵消
例 14-7　经营杠杆
例 14-8　总杠杆

讨论

1. 使用杠杆被视为利用了提供者,在股东和债券持有人之间,谁是使用者,谁是提供者。给出一定的解释或说明来支持这个观点。反过来,使用方又得到什么?

2. 研究杠杆的中心问题是杠杆是否会影响股票价格,是否存在最优的资本结构。但是这个问题看似有些不真实、不确定。为什么股东会对这个问题这么感兴趣?(想一想管理层的目标和现实中的合并。)

3. 将本章阐述的经营风险、财务风险和第9章里描述的风险联系起来。

4. 为什么对投资者来说,ROE和EPS是非常重要的衡量业绩的方法?

5. 经营风险和财务风险存不存在,取决于任何一种杠杆。杠杆只是使风险变得更加重要。这种说法是对是错?请解释说明。

6. 简单说明一下财务杠杆正反两方面的影响。换句话说,它的好处是什么,随之又带来了哪些成本?

7. 用ROCE检验一下增加杠杆的合理性,也就是说,检验能告诉我们什么?它在什么时候会显示出公司做错了决定?

8. 相对于大部分经营中产生的风险,融资增加的风险是微不足道的。这种说法对不对?请解释说明。

9. 总的描述一下杠杆是如何影响股票价格的。影响因素在起什么作用?

10. 解释一下固定成本和变动成本的区别。当时期变长,这些概念有什么变化?换句话说,一个在一年期中典型的固定成本在五年期中也同样是固定成本吗?十年期呢?当我们谈论经营杠杆时,相关的时期是什么?

11. 为什么劳动密集型产业比自动化产业经营杠杆低?自动化产业中相关的固定成本是什么?通过出售机器设备为什么不能消除这些成本?

12. 用简短语言解释一下保本点分析。

13. 用贡献和固定成本的概念描述一下保本点的概念(简要回答)。

14. 总结一下经营杠杆对EBIT的影响。

15. Braithwaite Tool公司正在考虑用借来的钱,将车房进行彻底的现代化和自动化改造。详细讨论一下由这项计划带来的负面影响。

16. 解释什么是破产成本。为什么它对投资者来说是非常重要的?什么时候投资者开始担心破产成本?

17. 描述一下MM原始限制模型的结果。尽管这个模型有那么多的限制条件,为什么它还是很重要?

18. 总结最初的MM理论支持经营收益的观点。

19. 概括MM理论提出的套利过程,套利是什么之间的差?

20. 解释税收制度是如何支持债务融资的?

21. 简述增加税收后的MM模型。

22. 简述增加税收和破产成本后的MM理论。

23. 比较带有税收和破产成本的MM理论和我们通过研究Arizona Balloon公司得出的结论。

分析

1. Armageddon 公司正面临困境，销售下降，利润下滑。紧接着公司的信贷额度也被削减了，它在未来的借款将会面临较高的利率。目前公司固定利率的长期借款占资本的60%，公司不会受到影响。

公司的大股东 Apocalypse Group 已经安排要召开会议和管理层讨论一下公司现在的问题。每一个人都非常的紧张，执行团队正在开会决定要告诉 Apocalypse 些什么。

Charlie Gladhand，营销部经理，笑着走进了会议室。他解释道，他读过一篇有关杠杆的文章可以解决公司现存的问题。这篇文章讲述了几个成功的企业，为了满足它们的所有者，通过借钱来提高价值。Charlie 建议 Armageddon 可以在以后的几天通过大量借债来迷惑 Apocalypse。

评价 Charlie 的提议。

2. 假设你对投资 Peters 公司非常的感兴趣，因为该公司的 EPS 在过去三年中飞速增长。根据调查，该公司同期的债务权益比也有显著增长，现在是 4∶1。这个消息对你投资 Peters 公司有什么影响？

3. 你是 Axelrod Trucking 公司的 CFO，这是一家私人企业，所有者 Joe Axelrod 正在考虑出售公司退休，想通过各种可能的方式抬高公司的价值。Joe 在一本经营杂志上读过一篇有关杠杆的文章，发给你一份备忘录，让你重组企业的资本，使资本结构达到最优，从而使公司价值最大化。准备一份对 Joe 的简短回复。

4. Revere 公司目前的经营状况良好，资本结构中有 20%的债务。公司的 EPS 在其行业中也属于较好的。管理层的奖金很大程度上是基于年底股票的价格。现在是 10 月份，主席 Harry Upscale 正在寻找办法争取在 12 月 31 日之前抬高股价。Harry 自己也投资了股票，在购买和售出时密切关注着 EPS 的变化。他也明白杠杆可以扩大 EPS，但是他也只知道财务上的这点知识。Harry 强烈建议公司的财务主管重组公司的资本，将债务比率提高到 65%，从而提升 EPS 和股票价格。

你是公司财务部门的一个分析师，财务主管要求你分析一下 Harry 的建议，做成书面报告，以便于他和老板讨论这个问题。你计算出公司目前的 DFL 是 2.2，在计划的杠杆水平下是 5.8。给财务主管起草一份报告，向 Harry 详细解释一下为什么他的想法不起作用，甚至会起反作用。

5. Appleridge 公司是一个生产资本商品的制造商。（对资本商品的需求随着经济形势时好时坏。）最近经营情况较好，预计未来这种情况会继续保持。企业目前是劳动密集型企业，总工程师 Mike Quickwrench 提议了一个大计划，将工厂改造成现代化的大型企业。这样预计明年的总成本会减少 10%，Mike 已将计划提交给了管理层，希望有一个正面的答复。其他的主管都被 Mike 的热情感染了，准备开展这项计划。你是 Appleridge 的 CFO，感觉到应该全面讨论一下这个问题。你的顾虑是什么？你会通过什么方式使你在他们面前显得不是彻底地反对这项计划？

6. Wycombe 公司目前经营状况相当好，准备搞多元化经营，正在寻找收购目标。在一个投资银行家的帮助下找到了 Albe 公司，Albe 公司盈利情况非常好，经营规模是 Wycombe 的一半，通过市场价值可以反映出它们之间规模上的区别，并且这两个公司都是通过权益融资的。银行家建议支付高于市场价值 30%的价格收购 Albe。Wycombe 的主席很难裁决这个问题，来征询你的意见。构建并解释一种方法使溢价更加合理化。如果 Albe 和 Wycombe 的经营状况都不是特别好，这是否会影响你的观点？如果是这样，应该怎么办？

习题

基本概念和计算：针对表 14-1、表 14-2 和公式(14-1)

1. 以下是 Connecticut 计算机公司选出的部分财务结果。

单位：美元

	10%债务	40%债务	75%债务
债务	10 000		
权益	90 000		
总资本	100 000		
股数(@5)	18 000		
EBIT	18 000		
利息(15%)	1 500		
EBT	16 500		
所得税(40%)	6 600		
EAT	9 900		
ROE			
EPS			

公司正在考虑资本重组，将杠杆从目前 10%的水平增加到 40%或 75%。

a. 计算 Connecticut 目前资本结构中的 ROE 和 EPS。

b. 假设 EBIT 保持不变，股票继续以账面价值出售，如果 Connecticut 借钱回购了股票，使其资本结构中的债务达到 40%，重新填写上面报表中的在外流通股数、ROE 和 EPS。（填写表中第二列。）

c. 假设 Connecticut 公司继续资本重组直到债务达到 75%，重新计算这些数据。（填写表中第三列。）

d. 增加的杠杆是如何影响财务业绩的？这些变化对 Connecticut 的股票价格有什么影响？为什么会有这些影响？（提示：分别考虑债务从 10%上升到 40%的情况和 40%上升到 75%的情况。）

2. 重新考虑习题 1 中的 Connecticut 公司的情况，假设企业正面临一些困难，EBIT 下降到了 8 000 美元。

a. 假设 EBIT 保持在 8 000 美元，重新填写习题 1 表中第三列的数据。

b. 在这些条件下，根据股价和资本重组的合理性来解释这些结果。

c. 这些结果能不能用更简单的方法预测出来？请用 ROCE 的概念得出相同的结论。

3. 假设上面两题中的 Connecticut 公司的 EBIT 是 15 000 美元，再计算增加杠杆时的结果。解释这些结果。

4. Watson Waterbed Works Inc. 的 EBIT 是 275 万美元，公司的利率是 15%，联邦和州的所得税税率是 40%，公司目前没有债务，权益为 1 200 万美元，在外有 150 万美元的流通股，以账面价值出售。

a. 计算 Watson 公司目前资本结构中债务比例是 20%、40%、60%以及 80%情况下的 EAT、ROE 和 EPS。

b. 比较在不同杠杆水平下的 EPS 和 EPS 之间的差。随着杠杆从一点增加到许多,较多的债务会有什么影响?

通过杠杆效应管理 EPS: 例 14-1 的概念链接

5. Tanenbaum Tea 公司想在股票市场上的 EPS 达到 3 美元,在预计的财务计划下,公司明年的获利能力不会得到改善。下面是公司计划的情况。

Tanenbaum Tea 公司

在 20×1 年的财务计划

单位: 千美元

EBIT	18 750	债务	13 000
利息(@12%)	1 560	权益	97 000
EBT	17 190	资本	110 000
所得税(@40%)	6 875		
EAT	10 314	股数	=3 700 000

Tanenbaum 公司的股票以账面价值出售,增加债务代替权益会帮助公司达到 EPS 目标吗? 如果可以,债务比率达到多少可以产生满意的 EPS?

6. Canterbury Coach 公司的 EBIT 是 362 万美元,总资本为 2 000 万美元,其中有 15%的债务,在外流通的 425 000 股股票以账面价值出售。公司支付 12%的利息,联邦和州政府的税率为 40%。Canterbury 计划资本重组将债务提高到 30%、45%、60%或 75%。

a. 在目前的获利水平下,较多的债务会有更好的结果吗? 为什么?

b. 计算当前和预计情况下,公司的 EAT、ROE、EPS 和 DFL,并将结果制成一张表。

c. 根据你制成的表讨论当杠杆增加,业绩和增加风险(由 DFL 反映)之间的关系。一些情况是不是比另一些要合理? 什么经营特点会使高杠杆的问题较少?

通过 DFL 进行预测: 例 14-2 的概念链接

7. Balfour 公司有如下的经营结果和资本结构(单位: 千美元)。

收入	6 000	债务	1 200
成本/费用	4 500	权益	8 800
EBIT	1 500	总计	10 000

这个企业正在考虑将资本结构中的债务比例增加到 60%,目前股票每股以账面价值 25 美元交易,利率是 9%,联邦和州政府的税率是 42%。

a. 计算在当前和预计资本结构下的 EPS。

b. 计算两种资本结构的 DFL。

c. 如果经营利润下降 5%、10%或 25%,用 DFL 预测每种结构中的 EPS。

d. 预计资本结构和目前的资本结构作为经营易变函数,哪一种更为合理?

e. 采取预计的资本结构会不会提高股票价格? 请做简短说明。

8. 推导下面的公式:

$$EPS = ROE \times (\text{每股账面价值})$$

（提示：写出 ROE、EPS 和账面价值的定义，然后互相代替）

EBIT-EPS 分析：例 14-3 概念链接

9. 你是 Pinkerton Interactive Graphic Systems(PIGS)的分析师。PIGS 处于一个全新、快速成长的领域。在大多数的新领域中，企业都是快速成长的，而 PIGS 未来的业绩存在着不确定性。

企业预期明年的经营利润是 400 万美元，而去年的经营利润是 100 万美元。为了支持这种快速增长，企业准备筹集 1 500 万美元的新资本。企业现有的资本中有 40%的债务。

PIGS 可以按管理层选择的任何债务权益比来筹集资金，CFO 正在考虑三种可能性：全是权益、800 万美元的债务和 700 万美元的权益以及全是债务。

目前的债务和新债务的利率都是 10%，联邦和州政府的税率是 40%。公司可以按等于账面价值的市场价格以每股 10 美元出售股票来筹集权益资金。

CFO 让你准备一份解决方案，帮助管理层做出债务/权益决策。你也可以提出一份你自己的意见。

a. 用 EBIT—EPS 分析来计算这三种选择的资本结构。（计算当 EBIT 等于 100 万美元、200 万美元和 400 万美元时，每一种资本结构下的 EPS，然后画出每一种选择下的 EBIT 和 EPS。参考图 14-3，并且在图中指出去年的 EPS。）

b. 讨论各种选择对股票价格的影响。

c. 假设经营利润是 400 万美元，在下列不同假设下提出你的建议。用所做的 EBIT—EPS 分析解释你的观点。

1）400 万美元经营利润的计划是最佳方案，任何 200 万～400 万美元之间发生的可能性都是相等的。

2）获利 400 万美元有 60%的可能性，比 400 万美元好的可能性几乎不存在，结果只能是在 0～400 万美元之间。

3）400 万美元是一个很容易达到的目标，甚至有可能会在 400 万～800 万美元之间。

贡献和保本点：例 14-4 和例 14-5 的概念链接

10. Cranberry Wood Products 公司的单位产品中有 9.50 美元直接人工和 12.40 美元直接材料。销售和运输费用是 3.10 美元，其他所有的成本都是固定成本，每个月总计为 140 000 美元，每单位产品的售价是 32.00 美元。

a. Cranberry 的贡献和贡献率是多少？

b. 企业在保本点的销售量是多少？

c. 用两种方法计算保本点的销售额。

固定成本和变动成本的抵消和经营杠杆：例 14-6 和例 14-7 的概念链接

11. 参考习题 10 中 Cranberry 公司的情况。

a. 当销售量超过保本点 20%、30%和 40%时，计算 DOL。

b. 假设增加设备会使每个月固定成本增加 20 000 美元，则当保本点保持不变时，变动成本总额会下降多少？

c. 计算习题 11a. 中在相同产出水平下的 DOL。

d. 在增加固定设备前后，DOL 有什么不同。

12. BWP 公司预计明年以每单位 50 美元的平均价格销售 100 000 单位的商品。变动成本约为收益的 40%，固定成本约为 240 万美元。BWP 有 100 万美元的债务，利息为 8%，边际税税率是 40%。在外发行的 100 000 股股票以账面价值 30 美元出售。计算 BWP 的贡献、贡献率、EAT、DOL 和 EPS。

13. BWP 预备购置一台机器设备，主要会使产品质量提高以及生产效率小幅增加。这台机器价值 100 万美元，将以借款方式筹集，利息为 9%。产品质量的提高预期会对 BWP 公司的竞争地位产生重要影响。管理层预期销售量提高 5%，尽管计划价格上涨 10%。效率的提高和价格上涨的共同影响会导致变动成本变为收益的 36%，而固定成本会提高 19%。

a. 计算 BWP 公司新情况下的贡献、贡献率、EAT、DOL 和 EPS。

b. 如果 BWP 所有的计划都实现了，股票价格会受到怎样的影响？预测股票价格变化需要考虑哪些因素？

14. 计算 BWP 在新机器购置前和购置后的 DFL 和 DTL。

15. 利用前两题所提供的信息，计算 BWP 公司在新机器购置前和购置后的保本点销售量和销售额。

总杠杆：例 14-8 的概念链接

16. Spitfire Model 航空公司修正的收益表如下，生产 100 000 单位产品。（单位：美元）

收入	10 000
变动成本	6 500
固定成本	2 200
EBIT	1 300
利息(@10%)	500
EBT	800
所得税(@40%)	320
EAT	480
股数	20 000

a. Spitfire 公司的边际贡献是多少，保本点的销售额是多少？

b. 计算 Spitfire 公司目前的 DFL、DOL 和 DTL。

c. 计算目前的 EPS，如果销售下降 25%，估计 EPS 会下降多少。首先用 DFL，然后重新计算调整后的收益表。（假设负 EBT 会导致负税收。）

17. Singleton Metal Stamping 公司正在考虑购买一台价值 1 000 万美元的计算机控制的贴花机器，这次购买机器的钱全部用借款支付，这将会改变 Singleton 的资本结构。在目前的销售状况下增加 150 万美元的固定成本，减少 200 万美元的变动成本。公司当前的财务状况反映在下面的表中（单位：千美元）。

收入	18 000		
变动成本	10 000	债务	5 000
固定成本	5 000	权益	15 000
EBIT	3 000	总计	20 000
利息(@10%)	500		
EBT	2 500	股数	750 000
所得税(@40%)	1 000	EPS	2.00
EAT	1 500		

a. 重新填写购买机器后的财务报表，计算购买机器前后的保本点。

b. 计算购买机器前后的 DFL。

c. 计算购买机器前后的 DOL。(提示：在用公式(14-11)时不需要 Q，因为 PQ 是收入，VQ 是总的变动成本。)

d. 计算购买机器前后的 DTL。

e. 讨论 EPS 随着销售的可变性以及这种变化的原因。

f. 如果预期销售保持目前的水平，购买机器是不是一个很好的选择？给出两个原因说出为什么是或为什么不是。这个项目怎样做才是合理的？

18. Schoen 公司债券的平均票面利率是 7.5%，每年支付 300 万美元的利息。公司在外发行的股数是 450 万股，所有的收益全部用来支付股利。每股收益(EPS)是 3.50 美元。Schoen 的权益资本成本是 12%。利用 MM 模型(在金融市场上，没有所得税和交易成本)，计算公司的总价值。(负债价值和权益价值的加总)(提示：利用公式(14-15)～公式(14-17)。)

19. 假设上题中的 Schoen 公司需要交 40%的所得税。

a. 假设债务无法避税，重新计算企业的价值，并和上题计算出的价值相比较。也就是说，假设利息在计算收益中可以减去，而在计算所得税中不可被扣除。对于投资者来说理论上损失了多少价值？哪些投资者承担了这个损失，是股东还是债权人？

b. 什么是企业债务的避税价值，什么是债务收益？计算包含债务收益的理论上的企业价值，并和上一问计算出的价值相比较。谁得到了由于避税产生的价值增值？

c. 假设破产成本也考虑进去，在这种情况下，投资者可以得到习题 19b. 中计算出的债务收益的全部好处吗？

第15章

长期筹资衍生问题

本章概要

在本章,我们将关注公司支付给权益投资者①的普通股票股利。在现代财务管理中,股利是一个有趣的难题。一般来说,根据股利对投资者的重要性和支付股利对股票价格的影响,将人基本区分为两类——实业者和学者。实业者一般认为,股利对股票的价格很重要;而学者则认为从理论上讲二者间并没有太大的联系。由于股利在财务管理中起着核心作用,因此,这个关于股利和股价的争论显得尤为必要。为了进一步理解这个问题,我们将需要回顾一些背景知识。

---

① 虽然支付给优先股股东的也称为"股利",但在这里我们不涉及优先股。

15.1 背景

15.1.1 股利是价值的基础

因为股利是决定股票价值的关键因素，所以在财务系统中股利是非常重要的一项。回顾我们在第 8 章得出的结论：股票价格的确定完全取决于未来预期的股利。我们需要重温这些知识，并根据当前讨论的结果稍加修订一下我们的重点。

我们可以从个人投资者和整个市场的角度来分析股利和价值的关系。

个人的观点

个人购买股票是因为他预期可以得到股利收入或在未来出售股票时得到好处。今天的股价是未来现金流量按公司权益投资的适当比例折现的，如果投资者计划持有股票 n 年，则公式如下：

$$P_0 = \frac{D_1}{(1+k)} + \frac{D_2}{(1+k)^2} + \cdots + \frac{D_n}{(1+k)^n} + \frac{p_n}{(1+k)^n} \tag{15-1}$$

其中：P_0——今天的股票价格

D_i——第 i 年的股利($i=1,2,\cdots,n$)

P_n——第 n 年出售股票的价格

k——权益的预期回报率

这个公式在第 8 章的公式(8-5)中更详细。

由于，

$$[PVF_{k,i}] = \frac{1}{(1+k)^i}$$

因此，

$$P_0 = D_1[PVF_{k,1}] + D_2[PVF_{k,2}] + \cdots + D_n[PVF_{k,n}] + P_n[PVF_{k,n}]$$

它比公式(8-4)更方便计算。

整个市场的观点

> 股价可以以一系列的股利和最终卖价为基础。

在第 8 章中，我们关注用未来无限期的剩余股利现值替代 P_n 来计算整个市场的价值。我们讨论了购买者在第 n 年使用的公式类似于公式(15-1)，并且从理论上讲可以用进一步向未来延伸的卖价来替代 P_n。我们可以尽可能多地运用这一步骤，以得到在无限远未来的股票卖价，而在这个时点上股票的现值为零。因此，我们在公式中用的是无限远的股利流而不是有限的股利。

我们目前的观点

有限和无限的股利流模型都是对价值的表达都是合理的。在第 8 章中我们重点关注有限流量，在这里我们将从一个有限时间的视角来使用这一模型。

股利和比率

> 股利支付率指明股利只是收益的一部分。

在进一步了解股利之前，我们需要介绍一个新的财务比率，并且复习之前学过的一些财务比率。

股利支付率是支付的股利与收益的比率。我们通常把它写作 d，用小数或百分数来表示。它既可以用整体来计算，也可以用每股来计算，

$$d = \frac{股利}{收益} = \frac{每股股利}{EPS}$$

例如：支付率为 40%表示企业每赚一美元就要支付 40 美分的股利。

这里包含的一个微妙之处需要被指出。股利是以现金支付的，但是收益数字并不代表有那么多的现金，这是因为净收益(净利润)包括收入和成本的应计项目。因此，在任何特定的年份，可用于支付的现金不是比收益中的现金多就是比收益中的现金少。

更重要的是，一个企业在其有大量现金需求时，即使以最保守的支付率来支付适当的股利，其也会面临困难。这些困难可能包括资本支出和债务偿还。

股利支付率有时可以转换成留存比率，通常记作 r，它是留存收益与收益的比率。

$$r = 1 - d \quad 和 \quad d = 1 - r$$

我们需要复习的财务比率是每股收益 EPS 和市盈率 P/E，它们的定义在现在看来已经很明显了。如果需要的话，可以回顾一下第 3 章。

概念链接　例 15-1

股利和比率

Bokberry 公司保持的股利支付率为 40%，目前每年支付的股利为每股 2.5 美元，公司的市盈率 P/E 为 19。

a. 计算 Bokberry 公司的 EPS 和股票价格。

b. 如果 Bokberry 公司的支付率为 55%，那么一个持有 500 股的股东将会得到的股利收益是多少？

c. 如果 Bokberry 公司发行在外的股票数量是 350 万股，那么在这两种支付率下分别需要从留存收益中留出多少权益资本才适合于资本预算？

答案：

a. 首先，根据股利支付率求 EPS

$$d = 每股股利/EPS$$
$$0.4 = 2.50/EPS$$
$$EPS = 2.50/0.4 = 6.25$$

然后，根据 EPS 和 P/E 求股票价格

$$P/E = 股价/EPS$$
$$19 = 股价/6.25$$
$$股价 = 19 \times 6.25 = 118.75(美元)$$

b. 当支付率为 55%时，

$$每股股利 = d \times EPS = 0.55 \times 6.25 = 3.44(美元)$$

每股股利的增加额，

$$3.44 - 2.50 = 0.94(美元)$$

乘以股票数量，得到股利收益的增加额，

$$500 \times 0.94 = 470.00(美元)$$

c. 利润总额，

$$6.25\times3\ 500\ 000=21\ 875\ 000.00\text{(美元)}$$

乘以留存比率(1－d)得到适当的留存权益，

当 d＝40％时，$21\ 875\ 000\times0.60=13\ 125\ 000$(美元)

当 d＝55％时，$21\ 875\ 000\times0.45=\underline{9\ 843\ 750}$(美元)

差额＝3 281 250(美元)

再次回顾第 8 章，股票投资的报酬率包括股利收益率和资本利得收益率，公式(8-3)表示的是投资期为一年的股票收益率。

$$k=\frac{D_1}{P_0}+\frac{P_1-P_0}{P_0}$$

其中：D_1 是股利，P_0 和 P_1 分别是年初和年末的股票价格，D_1/P_0 是投资 P_0 美元所获得的股利收益率，$(P_1-P_0)/P_0$ 是股票价格的增长率，即资本利得收益率。

15.1.2 理解股利政策

股利政策表面上简单，它是关于公司应该支付其收益的多少作为股利的一种选择，这个选择涉及各方面。然而，有些选择不是很明显，因此理解这个选择中所有暗含的意思对我们来说很重要。

股利的随意性

我们需要记住股利分配是可以选择的，公司董事会有权决定股利支付的数量，包括是否应该分配股利。

这是非常重要的一点。尽管股利在价值计算过程中非常重要，但是并不能确保每一期都分配股利。购买股票包括未来无保障的股利，而不是过去已支付的股利。

股利政策

公司的收益属于股东，股利政策是管理层代表股东在处置他们的收益时所做出的选择。从理论上讲，只有两种选择：或者将收益以股利的形式支付，或者将收益留在企业进行再投资。这两种方式对股东都有利，但是以两种不同的形式。

股利选择可以使股东立即获得现金支付，股东可以按其意愿消费或进行再投资。而另一方面，留存收益是将资金投资于预期可以提高盈利能力的企业项目。那些高利润可以提升公司的股票价格，这意味着股东可以持有更有价值的金融资产。了解这两种机制创造收益的不同特点是非常重要的。

> 股利政策是在支付现金股利和留存收益之间做出的选择，哪种方式有利于公司的成长，抑或可以让股东受益。

股利可以作为股东的当前收益，使他们可以立即消费。对一些投资者来说，当前收益非常重要，因为他们靠股利来维持生活；而对另一些人来说，股利并不十分重要，因为他们不需要立即拥有股利，而是将他们再投资。

只要不出售股票就不会立即获得股价增值，可许多人又不愿意这么做，因此留存收益可以产生递延收益。

股利政策是在近期支付股利多与少之间做出的选择，这意味着在两个股东之间的交易是有利的。这不是股东获不获得股利的问题，而是获得当前收益还是递延收益的问题。

15.2 股利争论

有关股利的中心问题是支付股利、支付较多的股利或支付较少的股利对公司股票价格的影响是正面的、负面的还是中性的。这个问题也可以根据股东的偏好提出，股东是否如之前描述的那样，愿意选择当前收益还是递延收益？假设按照股东的意愿做出可以使股票更有价值，股票价格从某种程度上讲将会提升。换句话说，我们想知道管理层是否通过股利支付政策完成了一部分股东财富最大化的目标。

有关投资者偏向支持或反对支付股利有三种主要的争论，一些理论倾向于将这几种论点结合起来，它们没有哪一个是绝对正确或绝对错误的。

> 股利争论是对支付股利会影响股价还是不支付股利会影响股价的争论。

15.2.1 股利无关论

大多数理论家认可的观点是股利和股票价格无关。这种说法的依据可以从公式(15-1)中看出。在那个公式中，假设早期股利如 D_1 和 D_2 减少或省略，从而增加了留存收益。此时，保留的额外收益可能使公司的获利能力更强或者使公司增长地更快。反而言之，这也可以使股票的最后售价 P_n 更高，从而也使以后的股利如 D_n 更多。

股利无关论假设减少或不分配早期股利对 P_n 的负面影响可以通过 n 期增加的股价和以后更多的股利来弥补。因此，用 P_0 表示的当前股票价格与早期股利的变化是相互独立的。

> 在股利无关论下，不分配股利的价值通过股票未来创造的价值来弥补。

所得税

所得税机制在无关论中起着非常微妙的作用。无关论是建立在用短期的股利收益交换长期的股票价值上。我们在公式(15-1)中描述的交易是税前的，然而所得税机制使得问题变得更复杂了。

股利作为普通收益缴纳所得税，而股票增值则是作为一种资本利得缴税的，因此也要考虑各种收益之间税率的不同。从概念上讲，这是很容易做得到的。从某种程度上来说，资本利得的税率要比普通收益的税率低。所以，P_n 较小比例的增长就可以弥补在税率相同情况下短期股利价值的减少。

概念链接　例 15-2

股利无关论和所得税

Troy 公司实行一种“单一股利”政策，即将它所有的利润都作为股利支付给股东。这个公司在几年里一直没有增长，在股价为 60 美元时支付的股利收益率为 10%。于是，Troy 公司考虑将原先的股利政策换成“单一增长”政策。在这种股利政策下，公司不再支付股利，而是将积累的资金投资于公司的成长，且此时的增长率预期也为 10%。

Troy 公司的一位投资者计划出售其所持有的股票，他所适用的股利边际税率是 30%，资本利得边际税率是 20%。(单位：美元)

a. 计算投资者分别在“单一股利”政策和“单一增长”政策下的税后收益。

b. 当没有股利的资本利得收益率为多少时，在税后基础上投资者不会太关心这两种股利政策？

c. 评论。

答案：

a. 单一股利政策(股利收益率＝10％)

$$\text{股利}=60\times0.1=6(\text{美元})$$
$$\text{税收}=6\times30\%=\underline{1.80}(\text{美元})$$
$$\text{净收益}=4.20(\text{美元})$$

单一增长政策(增长率＝g＝10％)

$$\text{卖价}=60\times(1+g)=60\times1.1=66(\text{美元})$$
$$\text{成本}=60(\text{美元})$$
$$\text{资本利得}=6(\text{美元})$$
$$\text{税收}=6\times20\%=\underline{1.20}(\text{美元})$$
$$\text{净收益}=4.80(\text{美元})$$

b. 在单一增长政策下，资本利得税率(T)为20％，为了得到4.20美元的税后利润，资本利得是

$$4.20/(1-T)=4.20/0.8=5.25(\text{美元})$$

为了得到此资本利得，股票价值必须在一年内由60美元上升到65.25美元。因此，

$$60\times(1+g)=65.25(\text{美元})$$

求g，

$$(1+g)=65.25/60=1.0875$$
$$g=1.0875-1=0.0875=8.75\%$$

c. 这一结论非常明显。不考虑税收时，只要有10％的资本利得收益率就可以弥补损失的10％的股利收益率。但是一个较低的资本利得税率会显著地降低这一要求。

调整现金流量

如果投资者对当前收益没有偏好，则无关论是合理的。如果投资者对当前收益有偏好，则我们解释起来就会有一些困难。

对当前收益的偏好意味着人们不仅关心投资产生的现金流量的形式，还关心整个现金流量的现值(证券价格)。例如：退休人员需要通过投资获得当前收益以使生活过得更舒服些，如果他们所持有的股票减少股利分配，他们就会沮丧，而不管整个流量的现值是不变的。

这会不会意味着如果管理层在近期减少或不分配股利，需要当前收益的投资者会出售他们的股票？从理论上讲，答案是否定的，因为需要现金的投资者一般会出售一部分股票以获取现金。额外留存收益的保留会使未出售的那部分股票增值，因此，尽管一部分股票出售了，一部分股东持有的股票数量下降了，但原先投资的那部分股票价值会保持不变。

投资者可以通过出售正在增长的没有发放股利的股票来调整他们的收入流量。

概念链接　例 15-3

调整现金流量

Jack 和 Wendy Winter 是退休人员，他们将大部分的积蓄购买了 Ajax 公司 10 000 股股票。Ajax 以每股 10 美元的价格出售股票并且每年支付每股 0.50 美元的股利，这个公司在一段时间里没有增长。Winter 靠 Ajax 的股利补贴他们退休后的收益。

今年 Ajax 不再继续分配股利，但是因为有额外的留存收益公司开始以每年 5%的速度增长。Winter 如何保持他们的收益和他们在 Ajax 中的位置？假设没有购买和出售证券的成本。

解答：当每股 10 美元时，Winter 原先持有 Ajax 公司 10 000 股的股票总价值为 10 000 美元。这是他们想要保持投资的本金。同时，他们必须每年产生 5 000 美元的收益来代替不再分配股利。

增长一年后，Ajax 的股票价格是 10.50 美元，Winter 可以通过出售股票增加 5 000 美元的现金：

$$5\,000/10.50=476 \text{ 股}$$

以这个增值后的价格，剩余的 9 524 股值

$$10.50\times 9\,524=100\,002(\text{美元})$$

因此 Winter 投资的总数量保持不变。（我们取整数因此数字不是非常准确。）作为练习，计算一下第二年需要出售多少。

很容易想象公司股利提供了过多的现金会有的反面情况。在这种情况下，获得过多的现金会用来购买该公司更多的股票，那样会有效地减少股利并增加投资者在公司的风险。

总而言之，理论上可以通过购买或出售股票使投资于成长性公司的股票达到任何一个水平以调整当前收益。

交易成本

只有所有股票交易都不需要成本，前面所说的理论才会很好地起作用。大多数正规的经济理论都是在一个假设的经济环境下起作用的。假设资本市场是完全有效的，这表示证券交易不需要成本。在这样一个世界里，人们不会关心股利支付。

> 交易成本往往使调整的收入流量不切实际。

在现实中，金融市场充满着非有效性，包括交易成本，如经纪人委托费用。考虑一下例 15-3 中 Winter 的情况。如果他们出售股票时必须支付佣金，那么在调整当前收益时就会有成本，则他们最后就不可能保持对 Ajax 的投资。

在实际中，如果手续费率比较小，则出售股票产生的当前收益就有可能保持不变；但是如果这个比率比较大，那么可能导致成本太高而禁止出售股票。不再支付股利就很可能使 Winter 和其他像他们一样的人离开 Ajax。如果公司的大部分股东都受到影响，那么 Ajax 的股票市场价格就会下跌。

很明显，交易成本越高，股利无关论就变得越不合理。

公司内部的观点

从公司内部角度来讲，股利表示的是可以用于其他情况下的现金流出。尤其是支付股利

会减少留存收益,而留存收益是资本预算项目的资金来源。

回顾在第13章中我们提到的当公司在做完项目之前就用完了留存收益会发生什么。我们得出的结论是如果在耗完留存收益后需要更多的权益,公司就要出售额外的股票来筹集资金。这就意味着支付股利可能会导致出售新股。

如果新股是在不发生发行费用[①]的有效市场中出售的,就不会产生新的问题。在那种情况下,公司内部对支不支付股利就不会太在意,用来支付股利的现金可以用出售股票得到的现金来替代。

CFO 经验谈

然而,如果存在发行费用,那么出售股票就会产生费用。支付股利就会发生额外的成本,且公司对不支付股利有一定的内部偏好。由于较多的成本最终还是会减少收益,因此股东也有这种偏好。

毋庸置疑,在现实中的确存在发行费用,而且它们非常重要。

15.2.2 股利偏好论

在股利偏好论下,投资者更比较喜欢即时现金而不是不确定的未来收益。

股利偏好理论坚持股东一般都更愿意接受股利,这种理论是基于未来的不确定性,并且确信股东更倾向于当前的股利而不是未来的资本利得,因为今年支付的股利比未来预期收到的更确定。这一观点也可以理解为股东不相信管理层能够运用目前的资金使企业在未来变得更强大股票更有价值。

注意这一理论不是关于货币时间价值,它不是说人们喜欢今天的股利是因为今天的股利更值钱,而是说人们觉得现在得到股利会更确定些。这通常被称为"一鸟在手论",源于一句俗语:"双鸟在林不如一鸟在手"(因为你可能抓不住灌木丛中的任何一只)。

15.2.3 股利厌恶论

在股利厌恶论下,由于资本利得的税率较低,投资者比较喜欢未来的资本利得而不是当前的股利。

股利厌恶者坚称投资者一般更倾向于公司为了日后能提高股票价格而不分配股利。这一理论是建立在税前资本利得上的,它的推理也是基于当前税法的。

这个论点所潜在的意思就是股利是按照普通收益进行征税的,而资本利得则是按照较低的"资本利得税率"征收的。注意在公式(15-1)中的股利政策包括用早期的股利来代替第n期时较高的股票出售价格。当前的股利是普通收益,而增值的价格代表的是当股票出售时的资本利得。因此,不得不在今天的股利和日后较高股价之间进行调整以反映这样一个事实:投资者在税后得到的增值要比股利多,这使得递延利得更具吸引力。

美国国会不断地调整资本利得的税率。大部分情况下确定的资本利得税率都要比普通收益的税率低,这样可以促进投资,进而刺激经济。但是事实上也总不是这样。这是一个很敏感的政治问题,因为资本利得大部分都是随着财富的增加而增加的,所以对富人来说优惠的税率很重要。

有关资本利得的还有两个比较不明显的税收好处可以支持股利厌恶论。第一,对资本利

① 发行费用是指与发行新股权有关的交易成本。

得征收的税可以递延到股票出售时。第二,如果当投资者去世时股票还没有出售,那么资本利得的税就可以避免了。当股票传给后代时会以它们当时的市场价值作为征税基础,这样增值部分就不用再交税了。(这项优惠政策截至2010年。)

15.2.4 其他理论观点

毕竟我们还不能确定是支持股利还是反对股利,还有一些理论可以帮助我们理解整体情况。

客户影响

客户观点是个人投资者确实有一定的股利偏好,这是因为他们都或多或少需要当前的收益。由于存在交易成本,这种偏好使得通过买卖股票来调整现金流变得更加昂贵更加不方便。

> 客户影响是指投资者会根据股利政策选择股票,因此股利政策的任何变化都会极大地影响客户。

分辨不同偏好的客户类型是很容易的。比如,退休人员依靠固定收入生活,他们可能需要股利收益来弥补退休金和社会保障金。另一方面,年轻的专业人士有大量的可支配收入,如果预期的回报率较高,他们就更愿意在未来获得资本利得。人们一般会选择能够满足自己需要的公司。退休人员会选择像公共事业这样比较稳定又可以支付固定股利的公司,而年轻的专业人士则喜欢刚成立的高科技企业,这些企业根本不会支付股利,但是可能会有大量的股价增值。

每个公司都会培养自己的投资者,公司股利支付的特点应该符合客户的要求,因此这种观点也被称为客户影响。这种影响最重要的含义是一旦确定了客户,改变股利政策不是明智的选择。这种改变肯定会使股东疏远公司,甚至离开公司,因为股东投资这个公司至少有部分原因是喜欢公司的股利政策。股利政策的改变会使股东出售取票,对公司的股价也会有一定的压力。

> 在剩余股利观点下,只有在所有可行项目建立后,才能从收益中支付股利。

剩余股利理论

剩余股利理论关注的是公司内部对企业的需求。之前我们提到过的股利会减少留存收益,那么公司需要权益资本做项目时,就可能被迫出售额外的股票。此外,我们注意到由于发行费用的存在,发行股票获得的权益资金要比留存收益的成本高。

在剩余股利的概念下,公司认识到留存收益成本的有效性,同时在分配股利之前需要为所有可行的项目提供充足的资金,剩余的可以作为股利分配给股东。

CFO经验谈

剩余股利理论看起来很有吸引力,但是大多数的公司都不太使用这个理论。大部分的管理层都看出了股利的价值,并且会提前取消股利。此外,大多数公司都会提出很多看起来不错且无资金约束的项目。因此一个坚持剩余股利理论的公司从不分配股利。

概念链接 例15-4

剩余股利理论

Aquafine Filters公司的资本结构是60%的权益和40%的债务,公司有一组正净现值的资本项目,这些项目的原始投资共计4 500万美元。当股价为75美元时的市盈率P/E是15,公司现发行在外的股票数量是 800 万。如果公司采用的是剩余股利政策,那么今年的每股收益将是多少?

解答:Aquafine 的收益可以从市盈率和每股收益中获得

$$P/E=股价/EPS$$

替代 P/E 和股价

$$15=75/EPS$$
$$EPS=75/15=5(美元)$$

代入 EPS 公式计算收益

$$EPS=收益/股票数量$$
$$5=收益/8\ 000\ 000$$
$$收益=40\ 000\ 000(美元)$$

用于 4 500 万美元的资本计划 60% 的资金需要从权益中获得

$$45\ 000\ 000\times 0.60=27\ 000\ 000(美元)$$

因此,需要从权益中拿出 2700 万美元的资金用于资金计划才能得到上述收益,剩余的权益则用于股利分配,因此每股收益是

$$18\ 000\ 000/8\ 000\ 000=2.25(美元)$$

股利信号传递论

不管是对还是错,在金融市场上都会从公司支不支付股利中读出一些信息。实际上,股利被看作管理层传递给股东信号的一种方式。人们更愿意相信金钱传递的信息而不是语言传递的信息。这种现象被称为股利的信号或信息影响,当收益改变时这种影响非常的重要。

如果收益下降,公司继续定期支付股利就会被视为管理层的基本经营是可靠的,下滑只是暂时的。结果,公司一般会继续正常支付股利来面对收益暂时的滑坡。传递给股东的信息是"每股收益下降了一些,不用担心,事情会好转。从长远来看我们预期会有足够的资金,这里仍然会有你定期的股利。"

现金股利传递着管理层对未来充满信息的信号。

同样,股利增加也使管理层对未来充满信息的信号。股利的增加伴随着收益的增加,这表示收益的改善是永久的,这预示着公司有一个光明的未来。当公司衰退时,股利增加是为了缓和股东的恐慌。

另一方面,股利的减少是一个很糟糕的消息。一般股利减少是在收益的持续下降后发生的,并且告诉市场管理层不再期望公司会像过去那样产生足够的现金。通常投资者的反应是负面的,并且倾向于出售股票,这样就会使股价下跌。如果股利下跌不是因为收益的下降,这将是我们收到的一个很奇怪但仍然很糟糕的信息。

结果,管理层会维持甚至是提高股利以防出现严重问题而对投资者产生负面影响,但这种做法显然是不恰当的。

信号影响非常真实,而且很难了解投资者对现金股利的偏好情况。假设一个企业有稳定的收益但还是削减了它的正常股利,并且向股东们解释公司需要较多的资金来开展项目。尽管如此解释,公司的股价还是会下降。股价下跌时因为投资者希望有较高的股利还是他们不相信管理层的解释而怀疑公司有经验问题?这些都很难解释。

预期理论

预期理论是信号影响理论的修正。这个理论是指投资者会对公司下一期的股利形成预期，如果预期满足，就会对投资者产生预警，即使股利实际上是稳定的或是在增加的。

股利没有达到股东的预期时，即使股利支付得很高，这也传递着一种负面的消息。

假设一个公司在每股股利是 2 美元时，公司的经营得到了改善，则人们预期下一期的股利是 2.20 美元。假设公司下一期的股利是 2.10 美元，比预期的股利低了一些。预期理论是指当预期没有被满足时，投资者的反应就会是负面的，股票的价格也很可能会下跌。

15.2.5 结论

结论是我们没有得出真正的结论。没有人确切地知道应该支付多少的股利才会使股票价格上升或下降。大多数有实践经验的财务专家认为股利对股价有正面的影响，但学者们却说这个结论是不能被证实的。

但实际上，绝大多数的公司的确会支付股利。总的来说，美国的公司都会支付其 30%到 40%的收益作为股利。

15.3 实际考虑

15.3.1 法律和契约对股利的限制

公司并不是想支付多少股利就支付多少，这都是有法律和契约的限制的。

法律的限制

股利不能从资不抵债的公司支付，而必须从当期或前期的收益中支付。

法律对公司股利的制约在各州都不同，但是都有两个普遍的特点。

第一，支付股利是不能耗尽资本的；它们必须来自留存收益。这条规则保护了债权人的利益。假设 Able 要创建一个公司，投资 1 000 美元作为权益资金，他也相信 Baker 会借给他另外的 1 000 美元。一旦公司开业了，Able 就是其唯一的股东。如果 Able 宣布要分配 2 000 美元的现金股利给他自己，那么公司就没有经营资金了，它就会关闭。这将相当于 Able 偷了 Baker 1 000 美元。为了避免这种情况的发生，法律要求公司在支付股利之前必须先赚到钱，而且支付的股利必须是过去收益的积累。

第二，如果一个公司破产了即负债超过了资产，它也不能分配股利，制定这条规则也是为了保护债权人。一个破产的企业可能会面临破产程序，它的资产都要用来拍卖以尽可能地来偿还债务。一个企业预计的程序中可能会有出售它的资产并用获得的现金向股东支付股利，这就会使企业的资产在最后一刻消失了，留给债权人的就只有本应该是股东承担的损失。

契约的限制

债务契约可能会通过限制股利支付来保护债权人的利息收益。

债务合同 营业贷款和债券发行的同时都有一些对借贷公司的限制条款以确保其偿还借款，这样的合约被称为契约，制定这些限制条款的目的是为了使公司保留现金，坚持谨慎、保守的经营原则(见第 7 章)。

在某些情况下用条约来限制或禁止公司支付普通股股利是比较普通的。比如：一个债权人可能规定如果 EBIT(息税前利润)低于债务额度(利息和债务本金的和)的两倍,就不能支付现金股利。这种限制条款在经营出现困难时通过阻止现金流入股东手中的方式保护了债权人的收益。

> 优先股积累的特点限制了股利支付。

优先股 另一个限制支付普通股股利的条款是优先股股利积累的特点。回顾一下向优先股在无限的未来支付固定的股利,但是这种支付是不能得到保障的。一般地,这种积累的特点说明了如果支付了一项或多项优先股利,那么直到优先股股利达到了一定数量才能支付普通股股利(见第8章)。

15.3.2 股利政策

股利政策指的是一个企业决定究竟支付多少股利才是合理的。它包括股利支付的数量和随着时间支付数量改变的形式。首先,我们来明确一些定义:

稳定指的是一段时间内股利政策的稳定性,稳定的股利政策是在一段时间内各期股利不变但是偶尔也会有些增加。有稳定增长率的股利会以一个或多或少的固定比率增长。

回顾股利下跌通常传播的都是坏的消息,管理层都试图避免股利下滑。结果"稳定"一般意味着股利上升或持平,而不会下降。

其他政策

有三个股利政策是非常普遍的。

> 典型的政策有目标支付比率政策、稳定股利政策和年终额外股利政策。

目标支付比率政策 采用这个政策的企业选择了一个使其合适的长期支付比率。但是,这不代表企业每年会盲目地选择支付比率,而是使股利围绕收益上下波动。从我们学过的信号理论中得知,这会对股票的市场价格产生负面影响。考虑到收益的变化,实际支付比率可能会低于目标支付比率。

稳定的每股股利政策 除非公司经营状况恶化的非常严重使得其继续经营的能力遭到了质疑,那么公司就会无视收益的变化,而继续支付稳定的股利。如果情况变好,且公司持续增长,那么股利也会不断增长。稳定的每股股利政策是迄今为止最常用的股利政策。

如果收益允许下的低正常股利加额外股利政策 采用这种政策的管理层或多或少都确保股东低水平的正常股利,但是保持偿付额外股利与否的能力。这个理论降低了企业支付股利的水平而有没有产生负面的影响。换句话说,公司试图通过避免股东指望额外支付来战胜股利下跌的信号影响。可惜的是,人们又很快习惯了额外支付。

实务观察

股利大佬的艰难时刻

有些投资者会密切关注股利。这些人通常都希望自己的股票产生可靠的现金流,同时拥有更高的收益,以及在通常情况下,债券、银行存款和存款单等固定收益投资工具无法获得的通胀保值。

但是,股票仅仅支付股利以取悦于这些以股利为焦点的人群,这样是不够的。令人惊奇的是,只是支付高股利还不够,这些人对那些能够反映股利增长的持续性历史的股票感兴趣。

股利增长投资者更加青睐加入了精英俱乐部的公司,即股息大佬的那些公司。要取得"大佬"的身份认证,这家公司必须入围标普500,并且连续25年保持股利的持续增长。一旦公司业绩有微小滑落，即使是与上一年持平，也会被从大佬名单上除名。更不用说，它是一个独一无二的俱乐部，需要花很长的时间成为其中的一员。大佬们甚至有自己的业绩指数，而这个指数丝毫不逊于标普 500。自 1989 年以来，大佬们每年平均返还投资者 9.1%，而标普 500 仅返还 6.1%。

但大佬们的日子过得并不如意，他们还未走出 2008 年的金融危机或者说经济衰退。俱乐部成员人数在 2001 年达到 64，但 2008 年年底锐减至 52。更严重的是，分析人士预测至 2009 年年底，会员将减少至低于 40。有些落榜公司是俱乐部的长期会员以及行业的支柱。例如，通用电气在 2009 年打破了 32 年持续增长的势头；而制药业巨头辉瑞在连续 41 年的增长中跌落。

在大范围内看来，形势同样严峻。至 2009 年 8 月底，已有 46 家标普 500 公司宣布，股利下跌总值达 420 亿美元，超过 2008 年整年的价值 410 亿美元。这就意味着，与 2008 年各大公司争相保存现金的情况相比，标普 500 公司的平均股息预计下降了约 23%。这是自 1938 年平均股利下降达 36% 以来最大的下滑。

怀着对大佬们的敬重，有建议称，应该由标普执掌俱乐部，通过降低会员资格权限至 20 年来保证会员人数在 40 以上。但一些目前已有能力提高股利的会员反对这一提议，很明显他们更愿意会员在一个更加独一无二的团体中。

资料来源：Elizabeth Stanton, The Aristocracy Is Under Siege, bloomberg.com(2009 年 4 月 2 日)，更新至 2009 年 8 月 31 日。

15.3.3 股利支付程序

从前面所学的，我们已经把股利看作每年的现金流量。但实际上，许多公司都是按季度①支付股利的。

关键日期

每季度与股利相关的日期有四个。

> 股利在宣告日授权，登记日确定，支付日支付。

宣告日　每季度的股利数额都是由公司董事会批准的，即使公司支付股利的数额不变，还是需要董事会每季度批准。董事会批准股利的日子被称为宣告日。

登记日　股票是注册证券，这就意味着有名单记录着每股股票所有人的名字。当股票出售后，名单上所有权就从卖者转到了买者②手中。当董事会宣告了股利，它就确定了登记日。在股权登记日只有在股东名册上的股东才有权分得股利。

支付日　董事会确定向股东发放股利的日期。

> 在除权日或者之后购买股票的投资者不会获得未决股息。

除权日　因为股票出售后要花几天的时间来更新所有者的记录，所以公司不会承认登记日之前做的交易并对其支付股利。考虑到交易记录的延迟性，经纪公司同意剥离在登记日之前的两个交易日为了股利目的的交易，这一剥离日成为除权日。

图 15-1 反映了几个日期之间的关系。在股票市场活动中除权日是非常重要的。在除权

① 人们所用的每年的数据一般是用最近一个季度的数据乘以四。
② 大多数的公司都用所谓“过户代理”的专业公司来做登记股权这类的琐事。

日之前购买股票的投资者就可以得到下一期的股利，而在除权日之后购买股票的就不行了。比如，在图中不能获得股利的股票交易是从5月10日早上开始的。

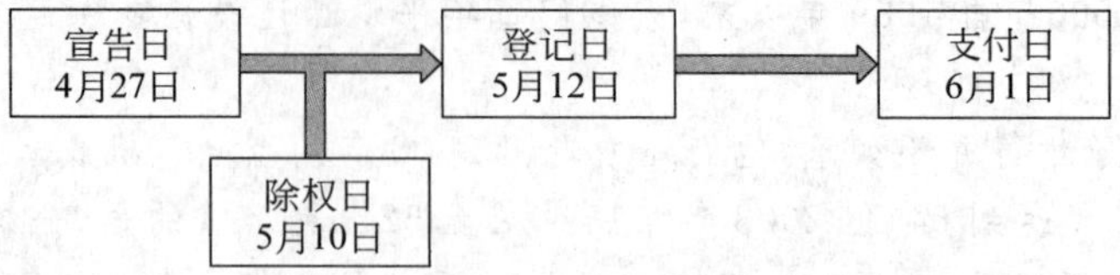

图 15-1　股利宣布和支付流程

除权日之后股票价格一般会下跌，这反映了新购买者的股利损失。有趣的是下降幅度一般为20%～30%，而小于所支付的股利。相信其中的差异是由于投资者相信税后的股利比税前的更有价值。

5月12日登记股票所有者可以在6月1日得到4月27日宣布的股利。

然而，投资者必须已经购买了5月9日的份额才可以成为5月12日被记录的所有者。

大公司会向股东提供股利再投资计划。

股利再投资计划

大多数大公司都会给股东提供选择性的股利再投资计划，即公司希望保留参与计划股东手中的股利，而代替给他们额外的股票。

概念链接　例 15-5

股利再投资计划

Dinsmore公司的股利再投资计划中有40%的股东参与。管理层试图估计需要多少的权益对今年的收益是合理的。公司代表性地支付了其收益的30%作为股利。EPS预期是6.50美元，发行在外的普通股票为600万美元。Dinsmore公司可能要从留存收益和再投资计划中筹集多少的权益资本？

解答：根据EPS和发行在外的股票数量计算Dinsmore公司收益，

$$\text{收益}=6.50\times 6\ 000\ 000=39\ 000\ 000(\text{美元})$$

留存收益是用留存比率(r=1－d)乘以收益，

$$\text{留存收益}=0.7\times 39\ 000\ 000=27\ 300\ 000(\text{美元})$$

股利是用收益减去留存收益，

$$\text{股利}=39\ 000\ 000-27\ 300\ 000=11\ 700\ 000(\text{美元})$$

再投资是用股利乘以参与比率，

$$\text{再投资}=11\ 700\ 000\times 0.4=4\ 680\ 000(\text{美元})$$

新的权益是留存收益与再投资股利的总和

$$\text{新的权益}=27\ 300\ 000+4\ 680\ 000=31\ 980\ 000(\text{美元})$$

如果一个公司支付的每股股利为0.50美元，某人手中有100股，那么他的股利账户中就有50美元。如果此时股票的价格是25美元，那么这个人得到的不是钱而是两股股票。

再投资计划所需要的股票可能有两个来源，这取决于计划本身。第一种方法是将未分配的股利都集中起来，用于购买公开市场上现存的股票，然后再把他们分配给参与计划的股东。

这种方案仅仅是给股东提供服务,对公司没有什么好处。

第二种方法是公司以略低于市场的价格发行新股。这种方法有两个好处,它可以避免购买现存股票的经费,还可以给公司提供一个没有发行费用的新权益资本的来源。

税收政策　理解再投资的税收待遇是非常重要的。在再投资的过程中,股东可以有效地收到现金并且用这部分钱来购买更多的股票。公司是以其自身利益出发来进行这些交易。由于这个原因,国内税收署将再投资股利作为应征税项目,即使股东手中从没有拿到现金。

15.3.4 股票分割和股票股利

有时公司会通过股票分割和股票股利来改变公司发行在外的股票数量,这种交易增加了股东持有的股票数量却没有其他实际的影响。

> 股票分割和股票股利是根据已持有股票数量按比例向现有股东发行新股。

股票分割

股票分割是指按照目前发行在外的股票同比例地发行新股,我们将用 2∶1 的比例来解释这一概念。

一个有 10 万股流通股的公司准备用 2∶1 的方式来发行新股,这样使现在所有股东持有的股票增加了一倍,分割后在外流通的股票达到了 20 万股。

意识到分割后每个股东所持有的股票比例与原来是一样的,这一点很重要。因此,股票分割不会影响股东的所有权和控制权。

因为分割后两倍的股票仅代表同一家公司的所有权,因此每股的价值只是原来的一半。但每个股东持有的股票数量是原来的两倍,因此每个股东的财富并没有发生变化。事实上,分割除了改变计算股票数量的方法,其他什么也没改变。

> 股票分割和股票股利不会改变或限制所有者,对股东没有真正的价值。

分割的比例不一定非要是 2∶1,它可以是任何比例。比如,1.5∶1 的分割比例意味着股东每拥有两股就可以得到一股新股,1.25∶1 分割的比例意味着每拥有四股就可以得到一股新股。不管是哪种情况,效果都是一样的。股东在公司的股份比例没有变,则股东的财富就没有变。

反向股利也是可能的。比如,一个公司可能回购其所有的股票,并每两股发行一股新股,这样就会使发行在外的股票数量缩小 50%,而股价则是原来的两倍。

股票股利

如我们前面描述的发行额外的新股,且新股数量小于或等于原来在外流通的股票数量的 20%,这个程序被称为股票股利而不是股票分割。比如,1.1∶1 的分割比例是指每 10 股会得到 1 股新股,也就是 10%的股票股利。

股票分割和股票股利的会计处理

股票股利实际上就是比例较小的股票分割,这两种处理从概念上是一致的,它们都不会产生任何实际的经济价值。然而,它们之间的会计处理却有很大的不同。股票分割的会计处理很简单,而股票股利的处理却很复杂。我们将用例子来说明二者之间的区别。

回顾资产负债表中的权益被分成了三个部分:

- 普通股表示所有流通在外的股票的票面价值。
- 资本溢价表示出售股票所得比原账面价值高的数量。

• 留存收益表示所有过去未被分配为股利的收益。

表 15-1 反映的是 Eagle 公司的权益情况，这个公司以每股 4 美元的价格出售了 200 万股票面价值为 3 美元的股票，随后又赚了 400 万，且这些收益没有作为股利进行分配。

表 15-1 Eagle 公司的股东权益 单位：美元

普通股（在外流通 200 万股票，每股 3 美元）	6 000 000
资本溢价	2 000 000
留存收益	4 000 000
普通权益总计	12 000 000
每股的账面价值	6.00

股票分割仅改变每股价值和股票数量，资本账户不受影响。

股票分割的会计处理　股票分割对权益账户的影响十分简单，股票数量的增加和账面价值的减少是成比例的。如果 Eagle 的股票是按 2∶1 的比例分割的，那么股票数量是原来的两倍，账面价值是原来的一半，这一结果反映在表 15-2 中。

表 15-2 Eagle 公司在 2∶1 股票分割之后的股东权益 单位：美元

普通股（在外流通 400 万股票，每股 1.5 美元）	6 000 000
资本溢价	2 000 000
留存收益	4 000 000
普通权益总计	12 000 000
每股的账面价值	3.00

注意表中三个账户的金额没有改变，变化的只是在外流通的股数，票面价值和每股的账面价值。同时也要注意分割后的每股当前的市场价值没有相关的参考指标。

股票股利的会计处理　在股票股利中，发行了新股但是股票的票面价值没有改变。因此，为了新发行股票的票面价值就不得不增加普通股的股数。除此之外，即使新股出售的价格与发行股票股利之前的股票市场价格相等，也不得不增加资本溢价的金额。为了平衡账户，将使留存收益的减少额与额外普通股和资本溢价之和相等。

我们用 Eagle 公司 10%的股票股利来说明一下，10%的股票股利导致了 20 万股的新股，假设在股票股利之前，股票是以每股 10 美元的价格出售的。

普通股账户增加的新股票面价值是

$$200\,000\times 3=600\,000\text{（美元）}$$

当股票的市场价格是 10 美元，则股票的市场价格比股票的票面价值多 7 美元，资本溢价账户增加了

$$200\,000\times 7=1\,400\,000\text{（美元）}$$

同时留存收益减少 2 000 000 美元，是前面两者之和。

因为前面两个账户数额增加的总额用留存收益的减少来弥补，所以权益总额没有变化。然而，因为额外的股份，每股的账面价值改变了。结果在表 15-3 中显示。

据说账户记录的股利将新股的市场价值计入了两个实收的账户中。即使在权益总额不变的情况下，它们也好像反映出创造了新的市场价值。这是一种误导，股票股利没有创造任何新的经济价值。

表 15-3　Eagle 公司分配完 10%的股票股利后的股东权益　　单位：美元

普通股(在外流通 220 万股票，每股 3 美元)	6 600 000
资本溢价	3 400 000
留存收益	2 000 000
普通权益总计	12 000 000
每股的账面价值	5.45

股票分割和股票股利的基本原理

看起来股票分割和股票股利并没有任何实际的经济意义，但是为什么公司还要这么做？还是看一下下面的理由。

股票分割可使股价保持在一定的范围内

股票分割可以使股价维持在一定的范围内。

许多财务专业人士认为如果每股股价太高，那么股票就会失去对小投资者的吸引力。假设 IBM 每股的售价是 20 000 美元，如果投资者没有那么多的钱，就没有人愿意投资这家公司，那么大多数的小投资者就会被排除在 IBM 的市场之外。

为了保持公司权益来源的广泛性，公司会时不时地分割其公司的股票，使其股价保持在一个适当的范围内。大多数人都认为股价在 30～80 美元之间是比较适合。

股票股利是对信号影响的一种尝试。

通过股票分割保持股票市场的广泛性对上升的股价可以产生压力，因为这种方式使潜在的购买者最大化了，这种说法的真实性是备受争论的。然而，几乎所有的公司都通过分割股利来使其股价保持在一定的范围之内。查一下网上列出的所有大盘，你会发现少有股票的交易价格会超过 100 美元。

无成本地给股东分派股利

股票股利被用作信号工具。当公司想要向股东传递正面的信号，而又不能支付那么多的股利时，公司就会采用股票股利。

如果企业经营得格外好但它又需要保留现金用于投资项目，那么这个企业会在分配完常规现金股利后采用股票股利。相反，如果企业经营得非常糟糕且没有现金用来分配股利，但是管理层又想通过给股东些什么来传递正面的信息，那么可能也会采用股票股利。很明显这样做的股票价值是值得怀疑的。

对股价和价值的影响

股票分割和股票股利会增加在外流通的股数而不会改变公司潜在的经济价值。学者们和大多数的专业人士都接受这些会导致股票市场价格同比例下降的交易，因此股东们没有得到实际的利得。

然而，在一些投资者中有一种潜在的观点，即投资者从股票分割和股票股利中可以得到什么。这很可能来自于交易，尤其是股票分割通常伴随着股价的上升。因此，股票分割和股票股利通过上涨的股价传递的是一种积极的信号影响。

现有的统计数据表明的确没有免费的午餐，且股价会随着股票分割和股票股利成比例地下降。

争论中潜在的论点

重要的是不要混淆股票股利和我们上一部分讨论的股利再投资计划。在股利再投资计划中，股东实际上购买了额外的股票，因为不是每个人都参加，所以公司股东持有的股权比例改变了。

15.4 股票回购

公司会时不时地购买自己的股票，这样做是有原因的，但是最重要的是，这样做是股利的有效替代。

15.4.1 股票回购是股票股利的替代品

一个手头有现金以支付股利的的企业，可以用这部分钱来购买自己的股票。这样做会减少在外流通的股票数，增加剩余股票的每股收益。如果市场赋予回购后的股票和以前相同的市盈率(P/E)，剩余股票的价格就会上升。结果，剩余的股东不是从现金股利而是从他们的股票价值中看到了增值。我们可以用一个计算题来阐明这一观点。

概念链接 例 15-6

股票回购

Johnson 公司的税后收益为 500 万美元，在外流通的股票为 250 万，且市盈率 P/E 为 10。管理层有 100 万美元的现金可以支付给股东。比较将现金作为股利支付给股东和用它来回购股票的影响。

解答：首先计算 Johnson 的每股收益 EPS 和股票市场价格

$$EPS = EAT/股票数量 = 5\ 000\ 000/2\ 500\ 000 = 2(美元)$$

$$市场价格 = EPS \times P/E = 2.00 \times 10 = 20(美元)$$

如果 Johnson 将现金用于分配股利，则每股股利为

$$每股股利 = 1\ 000\ 000/2\ 500\ 000 = 0.4(美元/每股)$$

如果公司将 100 万美元的现金回购股票，则回购的股票数量为

$$1\ 000\ 000/20 = 50\ 000$$

回购股票后，剩余股票数量为

$$2\ 500\ 000 - 50\ 000 = 2\ 450\ 000$$

如果收益不变，则 EPS 将是

$$EPS = 5\ 000\ 000/2\ 450\ 000 = 2.04(美元/每股)$$

最后，如果 P/E 保持不变，则剩余股票的市场价格将是

$$市场价格 = EPS \times P/E = 2.04 \times 10 = 20.4(美元)$$

股票回购是股利支付的替代。

在 15-6 的假设下，回购股票会使剩余股票的价格增值等于股利。公司花了现金，股东得到了价值，但是没有支付股利。

注意用回购代替了用当前现金收益获得的潜在资本利得。因此，为了消费他们得到的价值，股东必须出手他们的股票。

回购股票的方法

回购股票有三种方法,第一种也是最简单的方法,它是在公开市场上购买股票。然而,如果需要回购大量的股票,那么这将很难快速回购,且不影响股票的市场价格。

第二种方法是设定一个开标价格,使任何有兴趣出售股票的股东都设立一个固定的价格。这种会邀请股东来为他们的股票开价,这个价格可能会比目前的市场价格稍微高一些。如果太多的股票被报价,那么公司就会按比例购买提供的所有股票。

第三种方法是公司与持有较大比例的大股东签订转让协议。这些大股东通常是一些机构投资者,如信托资金、养老基金或保险公司。这种方法可能会有一些风险,因为同大投资者协商的价格一般会高于股票的市场价格。本质上公司是用属于股东的钱以一个带有溢价的价格来购买大股东持有的股票,这显然对不想被购买的股东是不公平的,剩余的股东可以因此来起诉公司。

15.4.2 股票回购的其他问题

当股票被暂时低估时或者当公司有额外现金时,回购股票是适当的。

机会主义的股票回购

如果一个公司的股票被低估[1]了,那么回购股票对剩余的股东来说是有利的。如果股票市场突然处于低迷时期且这种状况又被认为是暂时的,那么这种情况就会发生。让我们来讨论下面的一个例子。

概念链接 例 15-7

机会主义回购

Cataonic 公司以每股 10 美元的账面价值出售了 10 万股的在外流通股,这意味着市场认为这个公司值 10 万美元,这就是它权益的账面价值。公司还有 10 万美元可用的现金。

如果股票市场突然崩溃,公司损失了 30%的价值,则 Cataonic 的股票价格下跌到 7 美元。然而,管理层相信在一段时间内市场会恢复,公司将会再次以账面价值出售股票。

如果市场恢复且再次以其权益的账面价值评估公司,那么计算公司用 10 万美元的现金回购股票的影响。(注意:这个例子是用来解释购买贬值股票的影响,市场不再以公司的账面价值来给公司定价。)

解答:当每股 7 美元时,公司将会

$$100\ 000/7=14\ 286(\text{股})$$

还剩下

$$100\ 000-14\ 286=85\ 714(\text{股})$$

股票流通在外。

当市场恢复时,公司权益的账面价值和市场价值将是 90 万美元,因为有 10 万美元是耗费在购买股票上。因此每股的市场价格是

$$900\ 000/85\ 714=10.5(\text{美元})$$

① 如果证券在金融市场上以低于其真实价值的价格出售,我们就说这种证券被低估了。很显然,这也反映了对真实价值的不同看法。

这个数额比市场低迷之前每股价值还高 0.5 美元。管理层利用市场价格暂时下跌为剩余股东赢得额外的价值。当然，公司赚钱的代价是失去了以每股 7 美元出售股票的股东。

例子中的情况在 1987 年股票市场下跌时的确发生过。股票在几个星期内损失了约 30% 的价值，然后又恢复了稳定。许多公司的管理层都承认这是一个回购公司股票的好机会，都蜂拥而至回购自己的股票。事实证明，这是在那时做的正确的事，因为不久以后市场就恢复了。可惜的是，很难确定什么时候股票是被暂时低估的。

股票回购可以处理多余的现金

一段预期不会重复的高收益期可能会在一个时期内给公司留下一笔钱。如果没有充足的资本投资机会来花掉这笔资金，公司可以将它分配给股东。

公司可以通过支付一定时期的股利来分配掉这笔钱。然而，这样的支付可能会因为信号影响产生新的问题。经理人不愿意先增加股利再减少股利，因为他们预期股利下降产生的负面效应会大于支付额外的股利带来的正面效应。

股票回购可以说是解决这个两难问题的好办法，它有效地把钱分配给了股东，但是又不会产生对未来股利分配方式的预期。

所得税

正如我们所指出的，股票回购创造了未实现的股票增值。如果企业偶尔回购一下股票，这种增值会被视为资本利得，直到股票出售时才征税。

然而，如果一个企业回购其股票是定期的且可预计的，那么美国税务局就会认为这些交易会产生实际股利。即使股东没有收到现金，也会按照股东当前普通的收益那样征税。

这种可能性的结果是，用定期回购的活动来代替股利是不明智的，因为在税收这方面有很大的不确定性。

股票回购可以重组资本

我们在第 14 章中就清楚的看到债务方向的资本重组包括股票回购。实际上，资本重组是回购的一个主要原因。在一个债务的资本重组中，企业也仅仅是借一笔钱，并用这笔贷款来回购自己的股票。

概念链接

例 15-1　股利和比率

例 15-2　股利无关论和所得税

例 15-3　调整现金流量

例 15-4　剩余股利理论

例 15-5　股利再投资计划

股票分割：基础

股票分割和股票股利的会计处理：表 15-1～表 15-3

例 15-6　股票回购

例 15-7　机会主义的回购

讨论

1. 股利是股票的价值基础。如果这种说法是真的，那么我们又该如何解释不分配股利的公司通常有较高的市场价值？（这样的公司通常相对年轻并处于高增长领域。）首先用个人价值模型（股利流伴随着股价，公式(15-1)）解释这一现象，然后结合整体市场模型（无限股利流）。你能够解释一下管理层宣称他们的公司将不会分配股利这种情况吗？（提示：这一宣告合理吗？）

2. 假定股利对权益投资者的福利很重要，那么他们为什么还能接受股利的随意性？

3. 详细解释一下，股利决策意味着要做出怎样的选择，这些选择的结果是已知的还是不确定的？

4. 有关股利有一个争论，这个争论是什么，它为什么这么重要？

5. 你是一个投资分析师，你的客户中有几个富裕的老人。他们中的一个叫 Charlie Haverty 的人，坚决反对投资分配巨额股利的公司。这是因为 1965 年，一个非常成功的投资分析师曾建议他避免买这样的股票，从此他就一直坚持这个原则。然而，他却从未真正理解过这个建议背后的理由。今天你会给 Charlie 什么样的建议？包括解释为什么分析师会建议他在 1965 年那么做，并解释那个建议是否比现在的好。

6. 你是一个大信托基金的财务分析师，你在给 Truebright 服装公司做财务分析，这是一个给青年人做时尚棉料衣服的公司。最近公司受到了外国同行的竞争，眼看要失去在时尚市场上的竞争优势了。公司的每股收益 EPS 在过去的三年里从 2 美元下跌到 1.80 美元再下跌到 1.20 美元。尽管公司这两年的收益一直下降，但股利却保持不变，每股为 1 美元。去年公司的股利增加到 1.50 美元。你想一下股利为什么会在之前保持不变，然后又开始上升，这会怎样影响你的建议？

商业分析

1. 你是 SuperTech 公司的财务人员，这是一家处于高速发展的计算机行业的高科技企业，管理层最近准备制定一项长期的股利政策。这家公司的收益很好，但是公司的投资机会所需的资金要比收益多得多。

毫无疑问，公司在不久的将来需要出售更多的权益为公司的增长提供资金。因此，管理层尽可能地将股票价格最大化，包括选择正确的股利政策。

这天早上总工程师，Susan Mathematica，来到会议室，表示要帮助公司解决这个问题。她说她正在上一门高级财务课程，她的老师向她保证股利不会影响到股票价格，根据 Susan 所说，这是因为投资者有能力调整她们自己在投资中的现金流量。因此，她建议不用支付任何股利，而将这些钱都用作项目投资。

你对 Susan 的建议会做出怎样的回答？你会不会认为她错误地传递了她老师的部分信息？有没有可能她的建议是对的，但是理由却错了？你会建议 SuperTech 怎么做？

2. Tangleferm 公司传统上是用其 60% 的收益来分配股利，最近有一些非常好的增长机会，这些项目只有一点风险却需要大量的现金。大多数的管理人员认为公司应该做两件事来筹集所需的资金。他们想(1)出售更多的股票和(2)在未来的两三年里暂停支付股利，在暂停支付股利的同时向股东们解释将要发生的事。你是公司的 CFO，准备如何回答其他人的建议？采取这两种方法是否会引起一个特别的问题？

3. 你是一个银行官员正考虑给一个家庭所有的小公司贷款。这个企业的主人是一个勤劳保守的妇女，她成立这家公司已经有几年了。然而，她的两个成年的孩子正在经营这家公司，他们同样聪明勤劳，但是他们喜欢冒风险、生活奢侈。你想借这笔贷款，但是又担心公司的经营方向会发生改变。你会怎么处理这笔贷款，且又会保护你的银行投资？

4. 你的好朋友 Fred Flinderbinder，早上来到班里悄悄告诉你，他建议他父母投资的股票现在的情况非常好。Fred 说这家公司一般会支付每股 2 美元的股利，这是股票市场价格 50 美元的 4%。昨天他的朋友收到一封来信说不会再发现金股利了，但是公司会每 10 股发行 1 股新股。Fred 计算了一下这样每股值 5 美元，是正常现金股利的 2.5 倍！Fred 告诉你这些，是因为他知道你懂财务。他问你的看法，显然希望得到你的称赞和同意。而你应该跟 Fred 说些什么呢？

5. Blazingame Mill Works 公司最近出手了一片拥有了 30 年的土地，已经支付了所有的费用和税费，公司将得到的 1 000 万美元存入银行。因为没有什么紧迫的投资项目，董事会想把这部分钱分给股东，大多数董事会成员都是高收入者，而且他们本身就是公司的大股东。讨论一下公司处理这笔钱的选择。

习题

股利和比率：例 15-1 的概念链接

1. Argo Pamphlet 公司的股利支付率是 35%，目前每年支付的股利为每股 1.30 美元。

a. Argo 的每股收益 EPS 是多少？

b. 如果公司的市盈率 P/E 是 14，那么 Argo 股票的市场价格是多少？

c. 如果 Argo 将股利支付率减少了 20%，其他情况没变，那么当前每股收益会损失多少？

d. 如果支付率的变化不影响股票价格，一个拥有 1 000 股的股东需要出售多少股票以弥补他当前的损失？不考虑税收影响和交易成本。

股利无关论和所得税：例 15-2 的概念链接

2. Richard Ingram 购买了 Sisson Electronics 每股 40 美元的股票 1 000 股，他计划在出售股票之前持有一年。Sisson 正在选择一种新的股利政策，公司或者将其所有的收益作为股利支付或者将它们全部保留进行再投资。分析师预计如果不支付股利股票在一年之后值 45 美元，如果支付每股 5 美元的股利股票在一年之后值 40 美元。假设 Richard 获得的包括股利的普通收益的边际税率是 33%，资本利得税率是 20%。

a. Sisson 对 Richard 的税后收益所做的决定有多大的区别？

b. 比较 a 部分得出的结果和 2.4.5 中描述的在 2009 年中生效的税法下的结果。

c. 计算在 Sisson 两种可能的政策下 Richard 的税前和税后报酬。

d. 当税后报酬率是多少时，Richard 对两种政策不在乎？

调整现金流量：例 15-3 的概念链接

3. Randal Flapjack 是一个退休的快餐厨师，他依靠 Utopia 州的固定收益生活，那里所有的金融市场都是完全有效的。Randal 持有 Sugarcooky 公司的 2 万股股票，该公司每年支付每股1美元的股利。Sugarcooky的市盈率P/E是10，这些年保持的支付比率是50%，已经有一段时间没有增长了。最近管理层宣告将使Sugarcooky公司的股利支付率减少至25%，但是期望从现在开始收益以5%的速度增长。

a. Sugarcooky目前的股价是多少？

b. 由于管理层的决定，Randal当前的收益损失是多少？

c. 如果Randal将钱全投资在Sugarcooky，但是他又需要保持他目前的收入，那么他在第一年应该出售多少股？

d. 如果公司的P/E保持不变，那么他到年底所持有的剩余股票的价值是多少？他的投资还会增加吗？为什么？

4. Biltmore实业公司在过去很长一段时期内平均每年以6%的速度增长，目前的股票价格是4美元，最近的每股股利是2.50美元。Biltmore宣布计划不再继续分配股利以利用一些增长机会。分析师预计由于这种增长机会公司在未来两年内的股票价格会每年至少增长10%。Elmer Bartlett持有Biltmore 4 000股股票，他依靠这些股利来补贴他的退休收入，而现在他必须开始出售Biltmore的股票来代替损失的股利收入。在未来两年内Elmer每年必须出售多少股票来代替他损失的股利收入？不考虑税收和交易费用。

剩余股利理论：例15-4的概念链接

5. Holderall Rope and Yarn公司在外流通的股票有200万股，公司资本结构中有2/3的权益。公司预期明年的收益是1 000万美元，但是投资于项目的资本需要1 200万美元。假设公司可以按现存的资本结构中债务/权益的比例来筹集资金，同时公司坚持剩余股利政策，那么明年的每股收益是多少？

股利再投资计划：例15-5的概念链接

6. Montauk公司有一个股利再投资计划，其中25%的股东参加了这项计划，公司去年的每股收益是4.20美元，它的支付率是50%，目前尚有200万股流通在外的股票。Montauk通过再投资计划可以筹集到多少新资本？

7. Segwick Petroleum有限责任公司有一个股利再投资计划，Segwick的股利支付率是40%，有30%的股东参与了这项计划，公司的净资产收益率(ROE)是10%，这项计划提供的无发行费用的权益增加了百分之多少？

8. Harrison Hardward参与了公司的股利再投资计划，该项计划明年的净收益是200万美元，并有20%的股东参与了该计划。管理层预计花费237.5万美元在新的资本项目上，且保持当前的资本结构，即在没有发行新股时64%的权益。明年Harrison公司在该项计划中采用的股利支付率是多少？

股利分割：基础

9. 你持有Jennings公司的1 000股股票，该股票目前的售价是88美元。在每种股票分割之后，计算你将持有公司多少股票和股票的市场价格。

a. 2∶1的股票分割

b. 3∶1的股票分割

c. 3∶2的股票分割

d. 3∶4保留股票的分割

e. 5∶3的股票分割

股票分割和股票股利的会计处理：表 15-1～表 15-3

10. 以下是 Addington Book 公司的权益情况，目前公司以每股 3 美元的价格出售股票。（单位：美元）

普通股（发行在外 800 万股票，每股 3 美元）	16 000 000
资本溢价	4 000 000
留存收益	12 000 000
普通权益总计	32 000 000
每股账面价值	4.00

a. 公司原先出售股票的平均价格是多少？

b. 重新编制上面的权益表以反映 4：1 的股票分割。

c. 重新编制上面的权益表以反映 12.5%的股票股利。

11. Seinway 公司宣告了 10%的股票股利，在这之前公司以每股 34 美元的价格出售股票，公司资产负债表中权益的每个部分如下面所示：（单位：美元）

普通股（1 000 万股票，每股 0.5 美元）	5 000 000
资本溢价	56 000 000
留存收益	87 500 000
总计	148 500 000

在出售股票之后，重新列出权益账户并计算股票的价格。

12. Wysoski 企业正考虑股票股利，企业的资本包括 300 万股股票面价值为 1 美元的股票，这些股票发行时的平均价格是 8 美元，公司留存收益总计 2 000 万美元。列出现在和在下面几种股票股利之后的权益账户。

a. Wysoski 宣告一个 5%的股票股利，且目前的每股价格是 15 美元。

b. Wysoski 宣告一个 10%的股票股利，且目前的每股价格是 20 美元。

c. Wysoski 宣告一个 15%的股票股利，且目前的每股价格是 23 美元。

13. Alligator Lock 公司计划实行一个 2：1 的股票分割，假设你持有 Alligator 5 000 股的普通股票，且目前每股售价是 120 美元。

a. 你手中持有的 Alligator 股票现在总价值是多少，在股票分割后又是多少？

b. Alligator 的 CFO 说因为公司的股价在价格范围之外，所以股票价值下降的比例要小于股票分割。如果股票价值下降的比例是 45%，那么股票股利使你得到多少？

股票回购：例 15-6 的概念链接

14. Featherstone 公司准备了 800 万美元作为下一期的股利，但是公司也在考虑股票回购。目前 Featherstone 有 1 000 万股在外流通，以每股 40 美元出售。当每股收益是 2 美元时，市盈率 P/E 是 20。

a. 如果支付股利，那么每股股利是多少？

b. 如果回购股票，那么在外流通的股票还剩多少，新股的每股收益是多少？

c. 如果市盈率 P/E 保持在 20，新股的价格是多少？剩余的股东每股会赚多少？已经支付了股利的公司会怎么样？

d. 还有什么其他的考虑？

15. Parnell Bolts 公司流通在外的有 2 000 万的普通股，且有 3 000 万美元的净收益，股票的市盈率 P/E 是 15。公司有 500 万美元的现金用于支付下季度的股利，但是公司正在考虑股票回购。

a. 如果 Parnell 支付现金股票，那么按年计算股票的股利是收益是多少？

b. 如果选择按股票市场价格进行回购，那么能够回购多少股票？

c. 如果留存收益保持不变，那么市场回购后的每股收益是多少？

d. 如果市盈率 P/E 保持不变，那么新股的股价是多少？

机会主义回购：例 15-7 的概念链接

16. Tydek 公司刚刚输了一场诉讼，它的股票下跌 40%到了 6 美元，现在在外流通的普通股有 350 万股，每股的账面价值是 10 美元，公司有 500 万美元可用的现金。CFO 认为股价是暂时地下跌，这是一个投资公司股票的好机会，如果 Tydek 将 500 万美元都用来购买自己的股票，那么市场价与账面价值的比率就会返回原先的水平，那么剩余股票的价格会比原先股票下跌时的价格高多少？

17. 通常股票市场萧条时，Westin Metal 公司普通股的价格会低于其一段时期的历史平均价值。股票价格是 35 美元，此时公司在收益为 700 万美元时的市盈率 P/E 是 19。在目前估计暴跌之前，Westin 通常保持的 P/E 至少是 24。尽管市场一般处于低迷时期，但公司却经营良好，且 CFO 考虑当市场恢复时进行权益回购以提高仍持有公司股票的股东的地位。她确定了公司拥有的一片闲置的不动产，它是公司 20 年前以 200 万美元购置的，现在的出售价格是 900 万美元。利用这样一种交易所得不仅能用于回购还不会影响股利和资本预算。CFO 让你去衡量一下她的计划对股票价格的影响，并对她是否应该将计划方案提交给董事会提出建议。假设需要两年的时间市场才恢复，在那时 Westin 的市盈率 P/E 又回到 24。同时假设在那之前公司每年收益的增长率是 5%，公司的边际税率是 37%。股票的回购量是接近 1 000 股的任何数量。

第五篇

公司运营

第16章

营运资本管理

本章概要

16.1 营运资本基础
- 16.1.1 营运资本、资金需求和流动账户
- 16.1.2 营运资本管理的目标
- 16.1.3 经营：现金周期
- 16.1.4 永久性和临时性营运资本
- 16.1.5 筹集净营运资本
- 16.1.6 营运资本政策

16.2 短期筹资的来源
- 16.2.1 自发性筹资
- 16.2.2 无担保银行贷款
- 16.2.3 信贷周转协议
- 16.2.4 商业票据
- 16.2.5 流动资产担保的短期信用

16.3 现金管理
- 16.3.1 定义和目标
- 16.3.2 可交易证券
- 16.3.3 支票支付和回收过程
- 16.3.4 加速现金收据的回收
- 16.3.5 管理现金流出
- 16.3.6 评估现金管理服务的成本

16.4 应收账款管理
- 16.4.1 目标和政策
- 16.4.2 应收账款余额的决定因素

16.5 存货管理
- 16.5.1 谁对存货负责
- 16.5.2 存货管理的收益和成本
- 16.5.3 存货管理和控制
- 16.5.4 经济订货批量(EOQ)模型

营运资本账户产生于企业的日常经营管理，包括现金、应收账款、存货、应付账款和应计款项。

营运资本由产生于大多数公司日常活动的资产负债表账户所组成。营运资本管理就是控制账户的平衡，但更重要的是基本功能的运行方式。下面我们将得出对决策的理解，包括营运资本管理以及因其所产生的财务和其他部门之间的关系。

16.1 营运资本基础

"营运资本"是指企业在日常的经营中所要求的资产和负债。资产包括现金、应收款项和存货，负债通常是应付款项和应计款项。

从长期项目中识别这些科目很重要，如资产负债表中，资产一方的工厂设备和负债一方的长期借款和权益。长期资产是指长期持有(至少一年)并通常由不需要同样时间偿还的负债来筹集或支持的资产。

营运资本账户中的资产和负债项目是连续周转的。

另一方面，营运资本项目是短期科目。大多数连续周转，意味着该科目是短期持有。存货就是一个很好的例子。尽管公司总有库存，但分批量的购进和出售其周转速度也是很快的。重要的一点是，一般的经营活动定期产生和清偿营运资本要素。

16.1.1 营运资本、资金需求和流动账户

大多数公司中与短期经营活动相关的资产是现金、应收账款和存货，它们统称为总营运资本。"资本"一词是指资金必须承诺支持短期资产，而"营运"一词强调它们必须与企业日常经营相关。

营运资本对几乎所有公司的经营是绝对必要的，认识到这一点很重要。公司没有营运资本比起没有厂房设备来说更难经营。

营运资本所需资金

提供营运资本或多或少需要资金的长期投资。例如，假设一家公司营运需要 1 000 万美元存货。即使分批的存货项目被经常买卖，也始终需要大约 1 000 万美元来支持。事实上，企业购买存货水平正像它购买房屋或机器一样。

实务观察

盈利性破产

一家能够盈利并很有前景的公司会失败吗？这听起来像是一个骗局，但实际上并不是。盈利性企业，特别是小企业，随时可能失败。所有的可能都与营运资本的过失有关。

假设一个企业家有一个关于产品的好想法，并想将产品出售给附近的一家大公司。每件售价 1 000 美元，成本 500 美元，需要大约 200 美元经费。这意味着每件净赚 300 美元，这家企业看起来将稳定地获利。

我们的企业家兴奋激动地开始租场地，雇工人，并购买了一年的存货。然后她经营了 3 个

月，把产品卖给一个开心的客户，他承诺30天内付款。

但是，到了期末，应收账款没有支付，企业没有了现金。企业家给客户打电话，抱怨有关产品的细微技术问题，陈述发货单与订货单不符让人糊涂，并承诺这些问题解决后付款。

但是，检查完以后，她发现该客户以使用借口拖延付款而出名。她还发现他们财务困难，并且最近付款情况特别糟糕。注意，此时企业家的损益表显示每卖出一件产品就产生300美元的收益。但是，资产负债表所显示的结果却不同。她有一大堆存货、一大笔应收账款，却没有现金。那意味着她在经营的第四个月不能支付租金和工人工资。这家新公司将立刻倒闭，除非有银行帮助它摆脱困境。

这个企业家的失败源于营运资本管理的两个错误。她买了太多存货并且没有对客户进行信誉评级。那些似乎很小的疏忽毁掉了她的一切。我们将在这章学习如何避免这类错误。

这对应收款项同样适用，尽管使它形象化更加困难。当产品赊销时，产生的应收款项在客户付款之前是不能以现金形式实现的，同时企业已经确认了从销售得来的应收款项所表示的现金，但事实上没有。

保持银行中的现金也需要资金。即使现金经常从公司的银行账户上流进流出，也必须保持一定的平均余额来维持企业支付还款或经营。这些资金必须从某些地方获取并代表着一定的资金需求，就像存货和应收款项。事实上，公司在它的银行账户上保持现金余额。

短期负债：自发性筹资

经营活动也产生应付款项和应计款项。当存货是赊购时，应付款项代表可以使用(暂时使用)而无须付款的材料。类似的，已得到的但未被支付的劳动力反映在应计款项中。(如果必要，回顾第2章应计款项的定义。)

> 经营活动中产生的负债自发的抵消了一部分形成资产所需要的资金。

这些负债补偿了上一节所讨论的资金需求。注意它们是由关联资产和经营活动自动产生，这是很重要的。换句话说，购买存货和生产产品的行为直接影响相关的应付款型和应计款项。

因为产生于经营活动中负债的自发性，所以它们被称为自发性筹资。它们自发地降低了支持总营运资本的资金需求(现金、应收账款和存货)。

> 在实务中，营运资本等于流动资产减去流动负债。

营运资本和流动账户

“净营运资本”是指营运资本总额与自发性筹资间的差额。企业的净营运资本反映了支持日常营运所需资金的净数额。

在第2章，我们将流动资产和流动负债定义为预计一年内产生或需要现金的账户。大多数公司的流动账户绝大部分由营运资本要素构成。出于这个原因，通常定义营运资本如下：

总营运资本＝流动资产

净营运资本＝流动资产－流动负债①

用法

在这个领域中一般用法不是特别一致。人们经常使用“营运资本”代替“净营运资本”。在

① 这个定义存在一个小问题。特定科目被正规地划分为流动科目，而它们与日常的经营活动无关。例如，当长期借款的偿还期小于一年，负债通常被划分为流动负债。同样，销售除产品(如不动产)外物品的应收款项是流动资产，但是与日常经营无关。因此，流动资产和负债与营运资本概念不完全相符。但是，根据流动科目来定义营运资本是约定俗成，忽略了隐含的不精确因素。

实际中要确保和你所交谈的对象是用同样的定义。

16.1.2 营运资本管理的目标

良好的营运资本管理意味着尽可能少地占用流动账户中的资金来有效地经营公司。它包括一系列重要成本/效益权衡。权衡的产生是由于拥有较多营运资本比拥有较少营运资本更容易经营一个公司，但也是昂贵的。让我们简单地考虑一下每个营运资本要素，看看为什么。

存货：持有大量存货会使客户很满意，因为公司总是能立刻提供他们所需要的产品。而且，由于原材料短缺导致产品的推迟，可以通过大量库存达到最小化。但是，因为无形磨损、破损、失窃带来的巨大损失和占用较大的仓库空间，使较多存货比较少存货有较高的筹资成本。

应收款项：大量的应收款项余额意味着公司容易授予客户信用并且愿意长期等待付款。这使客户很高兴并且往往使销售额增加。但是，它也意味着相当大的坏账损失和应收款项筹资的巨额利息费用。

现金：银行中留有较多现金比留有较少现金更容易经营企业并且使现金短缺的可能性最小，但是它也增加筹资成本。

> 营运资本管理需要在便于经营与降低短期资产的使用成本之间做出权衡。

应付款项和应计款项：在负债一方，较多的净营运资本意味着较少的应付款项和应计款项。那是由于很快支付卖主和雇员酬金的缘故，这种做法使他们很高兴。但是，它也减少了自发性筹资并且因此增加了外部资金需求。

一般来说，使用更多的营运资本来增加销售额并且改善与客户和卖方的关系，但是那样花费更多。不存在神奇的处方来设定正确的营运资本水平。选择是一种策略，包括很难量化的权衡点。因此，营运资本管理需要判断、经验和在组织中同他人合作的能力。

下面我们将详细考察每个营运资本要素的管理。

16.1.3 经营：现金周期

流动资产被认为是与公司经营同时进行的一系列转换的完成。现金"变成"存货和劳动力，它们结合在一起就变成了产品。当产品出售时，产生应收款项，当收回时依次变为现金。

这个转变过程在概念上是重要的。本质上，企业从现金开始，依次变成产品最终变成现金。这使得它能够买更多的存货，重新开始了循环。我们在第3章讨论过现金流的过程，称为现金周期或者跟踪图(图3-3)。我们为了方便将在这里重复其中的某些部分，如图16-1所示。

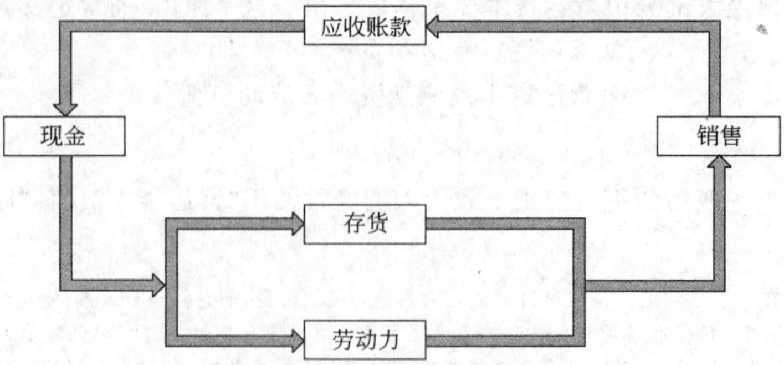

图 16-1　资金流转周期

现金时间图

另一种考虑现金周期的方法是在时间图上列出它的要素,如图 16-2 所示。在这样的描述方式下,交易事项沿着时间轴出现,他们之间的间隔表示时间的过程。

经营周期是指从购买存货到销售收款之间所需的时间。

注意图底部中如何定义的两种循环,这很重要。一家企业的经营周期是从购买存货开始到销售产品实现现金收入为止的一段时期。但是,这期间企业持有的存货应付款项,使现金周期缩短。现金周期是从现金支付到现金收回的时间。

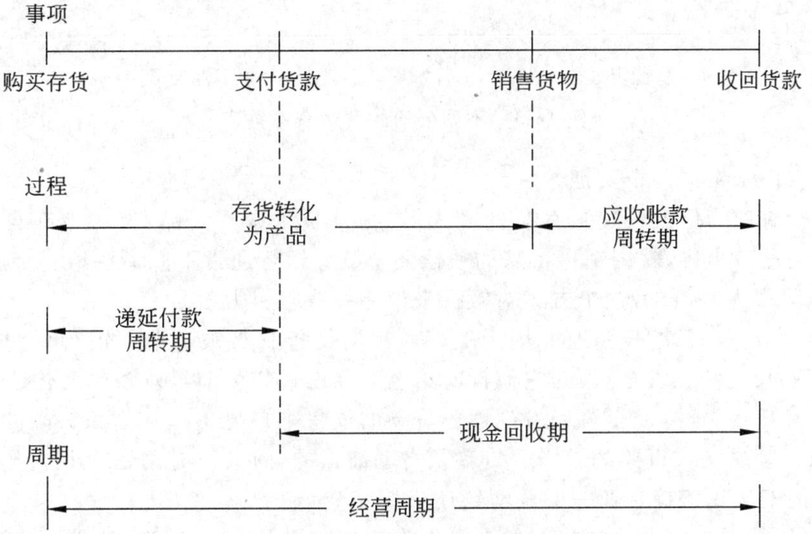

图 16-2　现金周期时间图

注意图 16-2 没有标出劳动力要素。一般地,劳动力在转换为产品的过程中被不断地加到存货中,并且相对很快地得到支付。

现金周期概念是重要的,因为它有助于我们理解一家持续经营的企业如何运作。它关于物质和货币之间的关系,特别具有启发意义。

16.1.4　永久性和临时性营运资本

一家企业需要的营运资本直接随着它的销售水平而变化。它生产和销售的越多,它的存货就越多,通常也有更多的应收款项,并持有更多的现金。

临时性营运资本支持了企业的季节性业务高峰的需求。

一些企业终年以相对稳定的销售水平运营,因此或多或少对营运资本有固定的需求。然而,在季节性行业中,其销售始终在变化,同样营运资本需求也在变化。

季节性变化的行业导致了永久性和临时性营运资本概念的产生。营运资本在支持固定或最低销售水平范围内来讲是永久性的。另一方面,支持企业在最低销售水平以上经营的并持有不超过一年的营运资本被认为是临时性的。临时性营运资本被认为是支持最高销售水平的。这些概念在图 16-3 有生动的描述。

16.1.5　筹集净营运资本

营运资本倾向于用独立的短期融资来获取。

营运资本不同于其他资产,是因为它的短期性导致它应当独立的用短期融资来进行适当支持,而不是使用企业一般的债权和权益资本。这种想法的产生是很

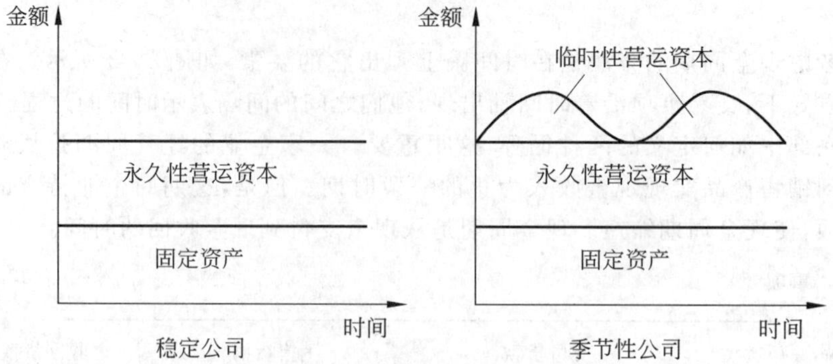

图 16-3　不同公司的营运资本需求

自然的。让我们来考虑一个例证。

假设一个有商店但没钱购买存货的商人,向银行贷款购买商品,然后他在自己的店里销售。他承诺商品一出售,就用销售得来的钱偿还贷款。银行通常不愿借钱给小企业,因为它们风险很大。但是,这个方案对银行来说有一些吸引力。

当借款人手中的对应的资产变现后,自动清偿贷款必须偿还。

第一,贷款是短期的,因为随着商品的销售它将被还清。银行认为短期贷款比那些长期贷款安全,因为它们没有给企业在偿付贷款前经营条件恶化留有时间。

第二,银行完全可以看到偿还贷款的钱将来自哪里——借款买来的存货的销售收入。这是很重要的一点。贷款是自动清偿的,商人没有用销售收入作其他事情的自由。这样的安排比依赖企业一般利润偿还贷款安全。

第三,银行能要求商人保证将存货本身作为贷款的担保品。一旦无法偿还贷款,可以收回并销售容易交易的存货。同样的例子也适用于以应收款项为基础的贷款。

这些特征使银行将营运资本贷给那些没有一般无抵押贷款资格的企业。要点是营运资本的短期筹集是通过提供贷方担保商品,而这些担保品不能为了得到贷款用于其他方面。

提供给大多数公司的选择权

尽管每个人与我们例子中商人的处境不完全一样,大多数公司有筹资的选择权,至少它们的一些营运资本需求是短期的。实践中,贷款不是总和特定的资产相关联,但它们却总是短期的。

另一方面,企业总是使用它们的长期债权/权益资本中的一部分来筹集营运资本。因此管理者在使用长期和短期资金之间有一个选择。

我们将在回顾重要的融资理论后开始探讨每种选择的优势和劣势。

到期匹配理论

到期匹配理论强调项目筹资的到期日应当与资产或筹资项目的持续时间大致匹配。

到期匹配是指筹资的到期日应当与资产或筹资项目的持续时间大致匹配。换句话说,一个项目的贷款应该在该项目大约完成时偿还。这使得贷款/项目组合成为一个自动清算的方案。

假设一个项目目前需要 100 万美元的投资并且预计在 6 个月后偿还 120 万美元。到期匹配理论隐含着应当借 100 万美元 6 个月并使用该项目的收入来偿还贷款。长期借款在项目结束后可能会有支付利息却未使用的资金。较短期借款可能导致违约。

为了例证短期借款的危险性,假设一家公司只借了 3 个月期限的 100 万美元,并试图在第

2个月再借。但是假设条件改变了，贷款者在3个月后拒绝了它的再筹资。企业那时将不能偿还贷款，因为项目还没有产生预期的现金，那可能导致违约和潜在的破产。

因此，原则上，用与中短期项目寿命有着相近匹配到期日的筹资来支持是一个好主意。长期项目应该使用权益来筹集，它没有到期日，或者可以使用持续20到40年的长期负债来筹集。

> 永久性营运资本可以使用长期或者短期项目来筹集，但是临时性营运资本只能用短期贷款筹集。

对项目的过度筹资也不是一个好主意。假设一个新的企业开张需要600万美元，但是所有者能够筹集1 000万美元。投资者对这1 000万美元将有很高的预期，但可能会失望，因为得到的收益机会只有600万美元。

这些指导方针不能太逐字逐句的理解。在时间和数量上适度的过度筹资是谨慎的。在我们的第一个例子中，如果120万美元晚一点到，较长期的借款将避免错过6个月的贷款偿还期。在第二个例子中，如果开张的成本比预期成本高，稍多的初期贷款可能省去向投资者第二次贷款的麻烦和尴尬。

短期和长期营运资本筹集

现在让我们回到用短期还是长期资本筹集营运资本的选择上来。很容易看出，到期匹配理论就永久性营运资本来说，没有给我们一个明确的解释。尽管要筹资的存货和应收款项明显是短期科目，但是它们可以不断地被更换，所以营运资本资产的水平是保持固定的。在到期匹配中，这种情况被解释对于短期或长期筹资是适合的。另一方面，临时性营运资本有更明确的有限时期，因此使用短期筹资。

企业无疑有一系列筹集营运资本的合理选择。它们大量使用长期资源而很少使用短期借款或不使用，或者使用大量的短期借款来支持营运资本。让我们考虑一下为什么企业会做出不同的选择。

> 长期资金筹资是安全但昂贵的；短期资金却是便宜但是有风险的。

用长期资金筹资是安全的但也是昂贵的[①]。它是安全的，因为在一开始筹集的资金可满足长期的预期营运资本需求，并且企业永远不可能资金短缺。它是高成本的，因为长期利率通常比短期利率高，并且长期资金通常要求支付发行成本。

另一方面，用短期资金筹资是廉价的但也是有风险的。它廉价，因为短期利率通常比长期利率低，并且持有现金的转换成本相对是低的。但使用短期资本筹资是有风险的，因为每次需要新的贷款时，企业必须面对一系列新的市场条件。如果利率将来要上升，企业的短期借款将必须按增长的市场利率支付。这得出的结果将是短期利率高于最初得到资金的长期利率。

> 使用长、短期项目筹集营运资本是一种策略问题，使用长期资金筹集反映了保守策略。

也存在资金变得供不应求[②]的可能，使筹资无论如何无法实现。如果这样的事情发生了，公司根本不可能筹集到营运资本，这将严重的影响它的生存。

可替代的政策

所有这些结果，使企业使用短期筹资来支持营运资本的程度是一种政策问题。图16-4生动地描述了一个既有永久性也有临时性营运资本的公司的两种可能选择。

如果主要使用长期资金筹资，我们说营运资本筹集政策是保守的，如图16-4(a)所示。我

---

① 长期资金是资本，可能包括权益、长期债务或者优先股。

② “资金供不应求”意味着几乎不可能筹到资金，贷方要求很高的利率并且可能拒绝除了高质量借款人以外所有的信贷筹资。

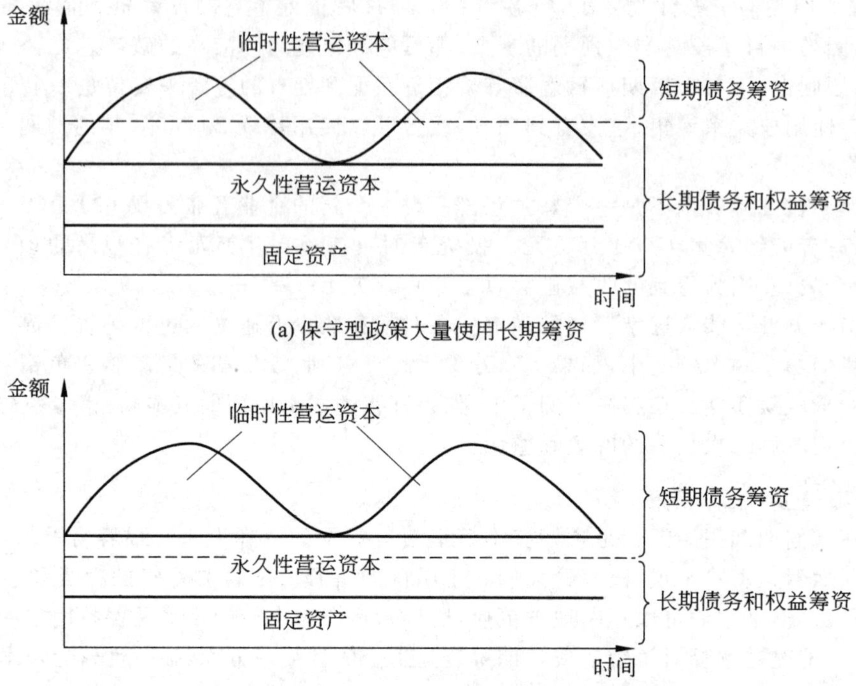

(a) 保守型政策大量使用长期筹资

(b) 激进型政策更多使用短期负债

图 16-4 营运资本的筹资政策

们注意到短期资金只支持临时性营运资本的高峰。当临时性营运资金降低并且总资金需求在长期水平以下时，多余的资金被投资于短期可交易证券。这种政策是保守的，因为在营运资本的波动中几乎没有筹不到资金的风险，但是它的成本常常是相当高的。

如果用相对较多的短期资金筹资，我们说这个营运资本筹资政策是积极的，如图 16- 4(b)所示。这里短期资金支持所有临时性的和一部分永久性的营运资本。这种政策是积极的，某种意义上，一些风险被用来降低成本。这个图使我们更容易看到短期利率的突然上升将大量地增加企业的利息、成本。此外，短期资金的消失将使企业的正常经营非常困难。

16.1.6 营运资本政策

营运资本政策指的是企业在以下四个方面的政策。

(1) 使用多少营运资本。

(2) 用长期与短期筹资支持营运资本的程度。

(3) 短期筹资的性质/来源。

(4) 如何管理营运资本的各个要素。

我们已经讨论了第一和第二个方面，我们下面讨论第三和第四个方面。

概念链接 例 16-1

营运资本筹资政策

Carolina Card 公司生产节日贺卡，主要是在 7 月到 10 月这四个月进行的，因此产品在 11

月会被储存在仓库。公司的永久性营运资本是200万美元，但在7月到10月营运资本会暴涨到800万美元。长期资本成本是18%，短期筹资成本是12%。Carolina正在考虑以下两种筹资方案。

保守型：永久性营运资本全部用长期资本筹集，临时性营运资本的一半用长期资本筹集，另一半用短期资金筹集。

激进型：永久性营运资本的一半用长期资本筹集，另一半使用短期资金筹集，临时性营运资本全部用短期资金筹集。

计算每一个方案的成本。如果选择价格更高的保守型政策，那是为什么？

解答：采用题意政策，计算结果如下：

（单位：美元）

保守型		
永久性营运资本	200×0.18	360 000
临时性营运资本的一半	300×0.18×4/12	180 000
临时性营运资本的一半	300×0.12×4/12	120 000
合计		660 000
激进型		
永久性营运资本的一半	100×0.18	180 000
永久性营运资本的一半	100×0.18	120 000
临时性营运资本	600×0.12×4/12	240 000
合计		540 000

如果财务总监认为使用短期资金筹资是很困难的，而且保守型政策的成本不是高很多，考虑到风险因素，Carolina公司采取保守型政策。

16.2 短期筹资的来源

营运资本是大多数公司寻求短期负债的主要原因。应该明确注意，短期筹资总是一种或另外一种形式的负债。

我们将短期筹资来源分成下面四类并将逐一详细讨论。

(1) 自发性筹资，包括应付账款和应计款项。

(2) 无担保银行贷款。

(3) 商业票据。

(4) 担保贷款，来自银行或其他渠道。

16.2.1 自发性筹资

自发性筹资是由应付账款和应计款项所组成，我们首先考虑应计款项。

应计款项

应计款项的产生是因为企业不断地得到服务，但是在固定的期间支付报酬。（回顾第2章）应计工资相对容易理解。假设员工工作了一周，在周五的下午支取报酬。从周一开始工作直到周五工资发放的任何时刻，企业得到员工一周的服务。如果除星期五外，其他时刻账簿是封闭的，义务将通过资产负债表的应计款项表现出来。

应计款项是被用做任何其他服务和义务，如财产税、保险和租金。实际上，它们是来自提供服务者的无息贷款。

应付账款和应计款项是在企业日常经营中形成的，是一种自发性的筹资。

应计款项，特别是对劳动力来说，是短期科目。在大多数公司中，它们每周或每两周在发薪日上清算。它们也不是可控的。当付款有很小或几乎没有弹性时，劳动力市场的惯例和税法才会对其进行指导。换句话说，应计款项提供了一个适度的筹资优势，但它们不是一个政策问题。

应付账款——商业信用

大多数公司间的销售是以信贷为基础的。买方收到货物并且要求在之后一个特定日期支付货款。实际上，从发出货物到货款支付，卖方无利息地借给了买方购买价款。这种现象称为给客户展期商业信用。

典型的是无抵押和几乎没有契约支持的商业信用。各方之间的契约仅限于写在买方的订货单和卖方的发货单上的条款。

商业信用是一个有吸引力的筹资来源，因为它是免费的，但是它的特点是不能持续很长时间。

信用条件

卖方的销售条件规定了发出货物后预计支付货款的天数。在大多数情况下，提前支付有折扣。典型的条件是

2/10，net30

这种表示的意思是应在30天内付清款项，但是在10天或10天内及时还款可得到2%的折扣。任何折扣期，净期间和折扣的组合都是可能的。

你也可以这样解释信用条件，货物的真实价格是发货单的98%，2%是没有立即支付产生的罚金。

及时付款折扣

提前支付折扣是典型的对卖方的慷慨给予。我们将把2/10，net30作为例子。因为付款30天到期并且在10天内付款可得到折扣，因此放弃折扣为客户赢得额外20天的商业信用。我们可以认为为使用20天的资金支付了2%的利息。那个比率可以通过乘以一年中20天的个数转换为每年的数字①，如下所示。

放弃现金折扣的成本通常是非常昂贵的。

$$[365/20]\times 2\%=36.5\%$$

这暗示着没有得到及时付款折扣的企业借款实际利率是36.5%，一个相当高的利率。很明显，当提出折扣时，应该提前还款，得到折扣。

大多数及时付款折扣，如上例，非常具有吸引力。因此，许多公司命令它们的付款部门得

---

① 这个算法是在两方面进行了简化。第一，无折扣的资金不是发货单上的数额，而是它的98%。额外的2%是利息。意思是20天使用资金的成本不是2%而是2%/0.98=2.04%。

第二，将20天利率算到一年里而不是乘上它。因为一年有(365/20=)18.25个20天，无折扣的实际利率是

$$[(1.0204)^{18.25}-1]=0.446=44.6\%$$

尽管这是一个更严格的正确的算式，但是大多数人还是按照简单的方法思考。

到提供的所有折扣。这促使一些卖方对于一些并不是很好的交易也提供折扣。作为练习，计算 0.5/15，net30。提供折扣是一个好主意吗？

滥用商业信用条件

延迟付款是一种很常见的滥用商业信用。

表面上，商业信用是单纯的给客户的优惠。事实上，这种行为在行业中变得根深蒂固并且是大家所期望的。换句话说，卖方提供信用是因为他们必须提供而不是他们愿意提供。

在这种情况下，当客户在可能情况下滥用信用特权时，商业信用关系变得有些不利。付款推迟，超过了卖方发货单规定的最后净期限，是司空见惯的。这种行为被称为延期付款或依靠贸易(leaning on the trade)。可以不妨说，大多数公司在可能情况下都至少会有些延期付款。另一个常见的做法是在规定的期限过去后提供及时付款折扣。

CFO 经验谈

在资信调查机构的信用报告中，拖欠户将会得到一个很低的信用级别。

卖方将忍受有限的滥用，因为他们想维持客户业务。但是如果这种行为过分了，客户将被划分为拖欠户，并且给自己带来麻烦。拖欠户将在进一步发货时被排除，直到他偿还债务，或是被拒绝供货除非提前付款。

除此之外，卖方经常将拖欠户报告给资信调查机构(也称资信所)。资信调查机构备有全国几乎所有营业公司的信用报告。当新客户出现时，卖方要求其提供商业信用时，新客户通常向资信调查机构咨询其商业信用。一个糟糕的信用评级将使企业不能得到商业信用。

16.2.2 无担保银行贷款

银行贷款对大多数公司来讲是主要的短期融资来源，而且是商业银行的主要业务①。它们有各种形式并且可能是有担保或者是无担保的②。

期票

期票是传统银行的贷款协议。签名的票据承诺在未来确定的日期偿还借款和规定数量的利息。有时候还款时间表是有规定的。如果有担保的票据，则规定了担保品的性质和其他可能一致同意的协议和条件。

当协议签订时，银行通常将贷款数目直接记入借方公司支票账户的贷方。

信贷额度

信贷额度是银行提供的非正式、可撤销的借款限额。

信贷额度相对来说是非正式的，银行和借款公司之间的无约束力的协议，规定了在一个特定时期内借款的最大数额，通常为一年。

例如，一家有 10 万美元信贷额度的公司在一年里能有多达 5 张未兑现的 2 万美元的期票。但是，因为协议不具约束力，银行能在任何时候降低该额度。例如，它在 8 万美元已经预付后认为该公司条件已经恶化，并拒绝后期贷款。但是，它不能缩短任何已经签字的票据的期限。已记下的额度就成为了信贷额度借款数额。

在信贷额度协议下，借款人只支付实际借到款额的利息。

---

① 尽管商业银行做长期贷款业务，它们贷款的大约 2/3 要求的到期日小于一年。

② 担保贷款是有特定资产支持的。如果借方违约，银行得到资产，并将它出售偿还贷款。

信贷额度通常是无担保的，意思是贷款没有特定的资产支持并且银行只能依靠借款人通常的信用来还款。

16.2.3 信贷周转协议

信贷周转协议类似于信贷额度，不包括银行保证在规定期限内提供最大数额的资金。换句话说，一个信贷周转协议本质上是一个有法律效力的信贷额度，它通常是无担保的。

> 周转信贷协议是一种不可撤销的借款限额，但应缴纳保证金。

银行在协定中承诺提供最高的不免费的资金数额。借款者被要求为协定中的未借数额支付一定的保证金，不论是否使用。保证金每年约 0.25%。

信贷周转协议的利率通常是变化的。它们相对于银行的基础利率是指定的，基础利率是给它的最大和信誉最好客户的利率。大多数银行的基础利率依纽约主要银行的利率来定。较小公司的周转贷款的利率可能是在基础利率上加 2%～3%。

概念链接 例 16-2

信贷周转协议

Arcturus 公司在一个年度内有 1 000 万美元、保证金为银行基础利率加 2.5%的信贷周转协议。在 6 月前它已经签了 400 万美元，当月没有偿还。在 6 月 15 日基础利率为 9.5%并且银行的保证金是每年 0.25%。它又签了另外 200 万美元（假设 6 月 16 日可得到资金）。Arcturus 6 月要支付银行多少钱？

解答：Arcturus 公司的支付款包括实际借款的利息和周转协议中未借款余额的保证金。它的月利率是

$$(\text{基础利率}+2.5\%)/12=(9.5\%+2.5\%)/12=1\%$$

月保证金是

$$0.25/12=0.020\,8\%$$

6 月 400 万美元的贷款是整个月未偿还的并且另外的 200 万美元 15 天没有偿还。因此利息费用是

$$(4\,000\,000\times 0.01)+(2\,000\,000\times 0.01\times 15/30)=50\,000(\text{美元})$$

未使用的信贷周转协议余额是 15 天的 600 万美元和 15 天的 400 万美元，平均为 500 万美元。保证金是 5 000 000×0.000 208×15/30＝1 040（美元）

因此，全部利息费用是 51 040。

补偿余额

短期银行贷款经常伴随着对借款者来说似乎极端不公平的特点，但是事实上它只是补偿银行服务的一种间接方式。补偿余额是必须留在借方账户中贷款数额的最小百分比，而且不能使用。

> 补偿余额要求在账户中存入一定的款项，因而增加了借款利率。

如果一家公司借到有 20%补偿余额的 100 000 美元，银行将把 100 000 美元存入公司账户，但是只有 80 000 可取出使用。补偿余额增加了贷款的实际利率。假设利率是 12%，意味着借款人将支付 100 000 美元 12%的利息，实际只借到 80 000 美

元。一年的利率将是

$$12\ 000/80\ 000=15\%$$

有两种补偿余额，一种是我们刚描述的最低余额需求。另一种是平均余额需求。在这样的协议下，一个月以上的平均日余额不能降到一个特定的水平。这意味着可以使用全部贷款，但不能一直使用。

企业大部分时间在它们的支票账户里保持正的现金余额，一个平均余额需求不能说明很多问题。如果确实是这样，贷款的实际利率未必会上涨的很多。补偿余额通常为贷款数额的10%～20%。

概念链接　例 16-3

补偿余额

90 天的 9%的 50 000 美元的贷款，如果要求 15%最低补偿余额，那么它的实际利率是多少？如果要求 15%平均补偿余额，那么实际利率是多少？

解答：首先注意我们不需要贷款数额或条件来解答问题。我们能通过除以 1 减去一个小数形式表示的最小补偿需求余额来直接调整名义利率。在这个例子中，算式是

$$\text{实际利率}=9\%/(1-0.15)=9\%/0.85=10.6\%$$

第二个问题没有答案。因为我们在不知道公司平均余额的情况下不能说通过多少平均余额需求能降低借款者使用的资金。

清偿需求

理论上，一家公司能够通过借到新的票据偿还旧的到期票据，一直保持短期借款余额。这样有可能使用短期资金为长期项目筹资，一次又一次地再筹资贯穿项目的有效期。

> 多数银行要求借款者每年清偿债务。

这个步骤相当冒险，原因有二。如果短期利率上升，利息费用将很快上升，这会降低公司的收益率。更糟的是，如果不能得到筹集的资金，短期票据在它们到期时很可能违约。

借款公司的这种风险也是银行的风险，一个违约用户可能意味着一笔贷款的损失，因此银行试图避免客户掉进用短期资金支持长期项目的陷阱。

他们的方法是清偿需求。银行要求借款者定期偿还无担保短期负债，并且在规定期内无负债。大多数清偿需求规定借款者每年有 30～45 天无短期负债。

16.2.4　商业票据

商业票据是指规模大有实力的公司发行的票据，向投资者进行短期借款。票据本身只是一个在约定日期偿还借款的承诺。概念上，商业票据是一种短期公司债券，但是它们之间存在着一些管理差异。

买方和卖方

> 商业票据是由大公司发行的短期债券。

商业票据是由有限的全国最大和最有实力的公司发行的无担保债券，它将被有过量资金的其他大机构购买进行短期投资。典型的买方是保险公司、货币市场共同基金、银行和养老基金。票据通常由买方向收取一定佣金的交易商进行购买。

到期日和条件

商业票据实际上是发行公司的债券。但是,只要它的到期日少于 270 天并且买方是“有经验”的投资者,它就能够售出而不受证券交易委员会(SEC)管制。到期日通常是 1～9 个月,平均 5～6 个月。

商业票据因为它的到期日很短及借款公司的实力很强而被认为是非常安全的投资,因此它支付相对低的利率,约为 3 个月短期国债利率的一半。不仅产生利息,同短期国债一样,票据通常也可贴现。意思是当票据售出时,利息已经不包括在价格中了。例如,一张 6 个月的 100 万美元的票据每年以 6 美元的利率支付利息,将以大约 970 874(100 万/1.03)美元的价格出售。

商业票据即使是大规模有实力的公司发行也有一个缺陷。商业票据市场非常严格和正式。如果一个公司在票据到期时缺少现金,那么还款条款是没有弹性。另一方面,银行通常愿意给那些波动的公司一些通融和妥协。

16.2.5 流动资产担保的短期信用

一些普通协议使公司借款筹集营运资本时,用流动资产价值本身担保贷款。提供信用担保的资产是应收账款和存货。资金来源通常是银行,但也可以是其他金融机构。

> 一些短期融资是可以通过流动资产担保筹集的。

靠应收账款和存货进行借款,比起其他形式在一些行业中更受欢迎。特别是在季节性行业中很普遍,它们需要大量的临时性营运资本。

承诺、条例和程序在不同的协议中变动很大。我们首先考虑应收账款筹资,然后再考虑存货筹资。

应收账款筹资

在一般情况下,应收账款代表不久将收到的现金。贷款机构通常愿意承认这种将收到的资金的价值,而且在它们一旦收不回来时,愿意扩展信用期。关键问题是,应收账款的回收能力与公司客户的信誉有关而不是它本身的信誉。有两种一般的应收账款协议,担保和代理。

担保应收账款

担保应收款项需要将它们的现金作为贷款担保品。借方签订了一个具有法律效力的协议,声明担保应收账款收回的现金将被用来保证偿还贷款。

> 借款者可以使用担保应收账款借款,即声明担保应收账款收回的现金将被用来保证偿还贷款。

协议突出的特征是应收账款继续属于该公司,如同它没有担保协议一样,从客户那里直接收到现金。事实上,公司的客户通常不知道他们的债务已经被担保。

> 如果贷方行使追索权,担保的未收的应收账款的所有权仍归借方所有。

在担保协议下,如果某笔应收账款被证实不能收回,借款公司不能向卖方解除他的义务,这个特征称为追索权。贷方有向借方要求偿还违约应收账款的追索权。

将应收款项作为担保可以由两种方式实现。贷方可以对公司的所有应收款项提供一般的信用额度,而不详细考虑每笔款项。在这种情况下,贷方不可能预付超过应收款项余额 75%的资金,因为有某些款项存在不能偿还的风险。

另一种方法,贷方单独考虑每笔应收款项,考虑欠钱客户的信誉。只有在可接受项目的基础上才提供资金。在这种方法下,贷方可能预付可接受款项余额的 90%。

在一系列应收款项担保下,借款公司继续靠它的信贷和收款运行。因此贷方很大程度上依赖借方担保贷款的资产的质量。一些银行提供记账单和收款服务,借方接受服务要额外付费。

担保应收账款是另一种相对昂贵的筹资方式。筹资来源通常要求基础利率加2%到5%的利息，再加上另外担保应收款账面值1%或2%的管理费。

概念链接 例16-4

担保应收账款

Kilraine Quilt公司有平均应收款项余额100 000美元，每45天周转一次。它通常将所有应收款项担保给Kirkpatrick County财务公司，它以基础利率加4%和1.5%的管理费贷出总数的75%。如果基础利率是8%，Kilraine的应收账款筹资是支付的总实际利率的多少？

解答：因为财务公司贷出应收账款余额的75%。待偿还的平均应收账款是75 000美元。在这个基础上支付利息的传统利率为12%(8%+4%)。

管理费是所有应收款项的1.5%。100 000美元周转期为45天或一年周转8(360/45)次。也就是每年新的应收账款中的800 000(100 000×8)美元被抵押。管理费是它的1.5%，或12 000(800 000×0.015)美元，可以用平均贷款余额的百分比表示，

$$12\ 000/75\ 000=16\%$$

因此，包括传统利息和管理费的筹资成本是

$$12\%+16\%=28\%$$

一个相当高的实际利率。

代理应收款项

代理是指公司将应收账款销售给财务公司，有财务公司负责收款。

代理不同于我们当前已经考虑过的短期筹资，因为它不需要借款。代理应收款项意思是将它们以一定的折扣卖给称为代理商的金融机构，它可以是商业银行或财务公司[①]。销售应收账款产生的现金为卖方提供融资。

当应收款项被代理时，代理商承担一系列的义务并且通常对它的应收款项负有责任。大多数情况下，欠钱的客户被通知将应收款项直接支付给代理商而不是销售企业。代理商支付它的费用后，并通过应收款项面值与它实际支付给买方公司的差额来获利。这个差额取决于提供的服务，大约为10%。

代理商通常考虑它们要购买的应收款项的客户信誉，而不接受卖方公司提供的任何东西。被拒绝的客户必须由卖方自己来处理。

公司不断地将它们的应收款项代理出去，即常规程序是在未来订单直接服从于代理商并且在持续筹资的基础上制定的。

刚才描述的程序是基本的代理功能。实际上，代理在应收款项方面提供了很广泛的服务。它们愿意接管企业的信贷和收账工作。但是，也没有必要使用它们提供的每项服务。公司可以在服务项目中进行选择并做出适合它们需求的安排。

① "客户"一词关于代理有一点疑问。销售应收账款公司有客户，而它们同时也是代理商的客户。我们使用这一词是指销售应收账款公司的客户。它们是真正欠钱的群体并且赋予应收账款价值。我们称销售应收账款的公司为卖方公司。

公司可以使用代理商提供的其他服务项目，这样可以为它们节省资金。雇用专家来做专门的管理工作比它们自己运作更便宜，特别适用于小企业。

一般来说，代理商愿意做下面任何或者所有的事情，并要求适当的劳务费。

(1) 对潜在客户的信用核查。

(2) 根据它接受的客户预付现金或回收后汇寄现金。

(3) 向客户收账。

(4) 当客户不能支付时承担坏账风险。

第二条需要解释一下。预付现金可以在两种方法中任选一种。代理商能够用售出的应收款项或从客户那里收回的潜在现金来支付给销售公司。如果在应收款项被接管时付款，代理商直到从客户那里收回应收款项时才有现金。因此它的费用包括利息，尽管应收款项已经被购买并且没有未清偿贷款。

如果支付给销售公司的货款拖延直到向客户收回现金，代理商不收取任何利息。注意到在这种协议下代理不是真正的应收款项筹资，而是管理回收款。

如果销售公司选择不把坏账风险转嫁给代理商，那么代理协议有追索权。在这种情况下，坏账由卖方负责。

概念链接　例16-5

代理应收账款

Bradley Fabrics公司平均每年因赊销形成的收入有25 000万美元。公司将应收账款不附带追索权的代理(出售)给Frasier Financial公司，金额是面值的92%。在Frasier手上的这笔应收账款的平均余额是2 800万美元。代理采取预付现金的方式，并且要支付坏账的7%作为利息。应收账款很少出现坏账。计算Bradley公司代理应收账款的成本，以及隐含的实际利率。

解答：必须认识到代理应收账款的成本是非常昂贵的。在这个案例中，Bradley实际上是连续的借入一笔资金，如果不代理发生的坏账，金额是2 800万美元。

代理费用是整个面值25 000万美元的8%。

$$25\ 000\times 0.08=2\ 000(\text{美元})$$

另外，还支付坏账2 800万美元的7%的利息

$$2\ 800\times 0.07=196(\text{美元})$$

所以，这项财务活动的实际成本是

$$2\ 000+196=2\ 196(\text{美元})$$

这笔借款的实际利率是

$$2\ 196/2\ 800=78.4\%$$

存货筹资

存货筹资是用企业存货作为短期贷款的担保。这种方法很普遍，但也引发许多问题使它付出更多代价并且很难管理。

一个根本的问题是贷方手中的存货市场化。不像应收款项，存货本身不能变为现金，它必

须出售，而贷款人通常不能很好的做到这一点。那意味着他们必须廉价处理掉违约存货，这样就减少了他们贷款所能获得数额。

> 由于存货的特殊性和已变质存货难以出售，使用存货担保筹资是很困难的。

特别的，特殊存货如唯一的或不寻常的存货，几乎没有担保价值，因为贷款方很难将其售出。已坏的物品有类似的问题，因为它们到贷方拥有时已经失去了价值。另一些类型商品是易于交易的并且是很好的贷款担保品，罐头食品是很好的例子。

如果存货有一个可接受的抵押价值，倘若违约，它的可得性必须向贷方以某种方式担保。这是困难的，因为借方在经营业务时不断地使用并且替换存货。可以使用几种方法，包括转变管理注意力和成本。

全部扣押权①

全部扣押权是指贷方有扣押借方所有存货的权利，但是借方实际完全控制着存货，并且能够将它降低到任何水平而不必咨询贷方。

假设一家企业向一家银行借了 60 万美元，用 100 万美元存货的全部扣押权作抵押，这已经在贷款发放日由银行核实过了。只要贷方不核查运营设备，什么也不能阻止买方停止持续卖出已有存货直到达到支持存货购买的水平，即 20 万美元。这很轻易的就将贷方至于无担保境地，除非它花费大量的时间和精力监管借方的行为。

信托收据或动产抵押协议

在这样的协议下，筹资的存货通过编号识别并且没有贷方的许可不能合法的买卖。当存货售出，收入必须用来偿还贷款。这个约定具有法律效力，但是借方仍控制着存货并且可能将它出售而不偿付贷款人。为了保证借方守约需要贷方代表的监督。

存储

在存储协议下，筹资的存货被放在仓库内，并且借方取货受第三方的控制。当借方取出存货，文案工作也就生成了，示意贷方可以索取存货融资的贷款。存储公司专门管理这类协议。

> 存储公司控制担保存货，能够保证贷款人的利益。

有两种存储协议存在。实地存储是借方自己设备的安全地，它只允许存储公司员工进入。一道从地到天的铁丝网围栏将工厂空地隔开，存储公司员工可在每周指定时间进去。

公开存储是通过把借方设备转移，形成一个实地的仓库来运行。这种协议为贷方提供最大程度的担保，因为物品安全不由借方控制。

存储给了贷方最好的担保，但通常是昂贵的，因为仓库运营和追踪个别存货项目需要管理费用。

概念链接 例 16-6

存货筹资

MacDougal 是一家制造企业，年销售成本 9 000 万美元，存货周转率是 6 次。如果公司以存货的全部扣押权担保，Homestead Finance 公司可以提供存货价值的 80%的贷款，利率 9%。

---

① 扣押权是和特定资产相联系的法定资金要求权。销售资产的收入必须用来满足扣押权。

Homestead 坚持由 Williams Warehousing 的实地存储系统保证自己的权益。Williams 在 MacDougal 划出一块安全地用来存储存货，员工进入安全地的时间限制在每天 3 小时。存储费用是存货价值的 1%加上 200 000 美元。Homestead 提出的这项存货筹资的实际成本是多少？

解答：首先利用存货周转率计算平均存货水平，然后计算平均贷款金额。

存货周转率＝销售成本/存货

6＝9 000/存货

存货－9 000/6＝1 500(美元)

平均贷款金额是存货的 80%，即 1 200(1 500×0.80)(美元)

实地存储成本	
9 000×0.01	90(美元)
基础成本	20(美元)
合计	110(美元)
实地存储成本的贷款百分比 110/1 200	9.20%
利率	9.00%
筹资实际成本	18.20%

16.3 现金管理

尽管现金管理能改善财务结果，但它不可能使一个公司由弱变强。但另一方面，糟糕的现金管理却能使一个强大的公司走向失败，特别是在小公司中，公司同时盈利和破产是很平常的。换句话说，没有现金还款和支付工资，公司就会破产，不管其长期前景有多好。出于这个原因，需要知道现金如何润滑经营传动机制和企业如何最大程度的利用它。

16.3.1 定义和目标

企业的现金是手头的货币或是银行的支票账户。绝大多数企业现金在支票账户[①]中，因为几乎没有用现金交易的商业行为。

持有现金的动机

企业持有现金是为了做出交易、预防意外、把握投机机会和保持补偿余额。

企业手头必须有现金出于三个经济原因和一个管理原因。经济原因是交易需求、预防需求和投机需求，管理原因是需为银行提供的服务付费。

交易需求

企业需要银行的货币来支付货款和它们所使用的服务。款项支付给员工、供货方、公用事业公司和税务部门，这只是一部分。同时，大多数收入以支票形式存入银行。源源不断的现金流进流出银行，形成了与交易相关的平均账户余额。

① 银行支票账户形式为众所周知的活期存款。银行代表账户所有者将支票账户上的现金划拨给第三方。在经营的正常过程中，当买方和卖方互相了解时，支票很快兑现为现金。因此，经济上可得现金被定义为包括支票账户余额。现金的财务定义有同样的原理。

如果企业很清楚地知道现金什么时候流进什么时候流出，交易余额将保持在很低的水平。但是，我们通常不知道，尤其是关于收入。因此有必要保持足够高的余额支持日常经营。尤其重要的是如果手头有足够现金，就可利用供货方提供的及时付款折扣。

预防需求

有时紧急情况毫无先兆的出现。假设准备给一个苛求的用户装载的货物，在装卸码头意外的损坏了，新的货物必须立即制造出来。这需要支付加班工资的额外劳动力和很快得到新的原材料。公司手头保留现金以支付这类紧急需求。

投机需求

公司保持现金还可以利用没有料到的机会。假设一项特定投入的价格突然下降，但预期会很快回升。如果现金是可获得的，机会就可以廉价得到。如果没有，则将错失良机。公司手头留有现金以利用这样的机会。

补偿余额

银行通过将个人和企业存入银行并要求回报的货币进行投资来维持运营。因此，银行通常需要得到一定服务的存款者保持最小补偿余额来部分抵消那些服务的成本。这种协议相当于收取服务费。我们已经讨论了贷款的补偿余额。银行还要求兑现支票和执行不同的交易。

第四个持有现金的原因不完全是多余的。交易可获得的现金也提高了投机和预防能力，并且有助于满足补偿余额需求。

现金管理的目标

银行中现金存在的问题是它不能产生回报。银行不支付商业支票账户的余额利息①，意思是公司必须在银行中留有一定的资金来源，但从它们那得不到任何回报。出于这个原因，持有现金越少越好。

同时，很明显拥有较多现金比拥有较少现金的企业更容易经营。一个拥有大量银行存款的公司将永远不会出现现金短缺的窘境。这被称为清偿能力。一个有足够清偿能力的公司将总是能够按时还款。得到适当的折扣并且轻松面对紧急情况和机会。

> 好的现金管理意味着使用最少的现金保持足够的清偿能力。

现金管理要求在冲突的目标之间进行权衡。好的现金管理使银行里的现金最小化，但同时确保可得到足够现金来高效地运营。我们一会儿将看到几个相对标准的技巧来实现这一点。

16.3.2 可交易证券

我们注意到预防和投机动机要求留有的库存现金并不经常使用。这些需求只通过比现金流动性差一点但可得到回报的资产就可以大大的满足。

---

① 尽管支付商业支票的余额利息能给顾客带来好处，但是大多数银行不愿意这么做。在目前的法律环境下，只有非盈利组织、个体经营者、政府团体、律师和特定的信托财产组织可以使用附息商业支票。相关的法律在20世纪30年代的大萧条时期已经制定了，但是到现在还没有意图做出改变。一些运动试图改变这些已经存在的法律，但是国会认为不合适。在任何情况下，这个问题并不像它所看起来的那么重要。实际上，银行支付给商业支票账户余额的利息非常小（通常低于1%），而且，带息账户比零息账户往往要负担更多的费用。

假设一家公司将它的部分现金投资于短期国债，以便资金的紧急需求。因为有一个政府债券的准备市场，债券可以在一天内售出，其收入用来满足紧急需求。同时，短期国债支付给投资资金适当的报酬。这种折中就是可交易证券投资。它损失一点流动性但得到适当的并且很有意义的回报。

可交易证券是非常强大的机构的短期义务。包括短期国债和商业票据，证券是短期的，这很重要。这将使它们免受利率波动引起价值变化的影响。"可交易"含有证券可很快出售的意思。可交易证券也指近似现金或现金等价物。

将多余的现金投资于可交易证券是大公司财务部执行的专门职能。在这儿工作的人员提供大量关于可得的不同投资工具的正反两方面的专业知识。我们这里不探讨运作的细节，但是，可交易证券的概念和大多数公司定期投资于它们的事实是非常重要的。

16.3.3 支票支付和回收过程

公司需要的现金数量与财务系统从付款机构（付款人）支付给收款部门（收款人）的还款中得到的现金直接相关。理解这个系统的基础是理解现金管理的关键。

划拨现金的基本程序

让我们通过一个部门经银行支付支票来看一下常规的程序。下面写出程序并且用图 16-5 形象地表示出来。在这种形式中，需要花费的时间如下。

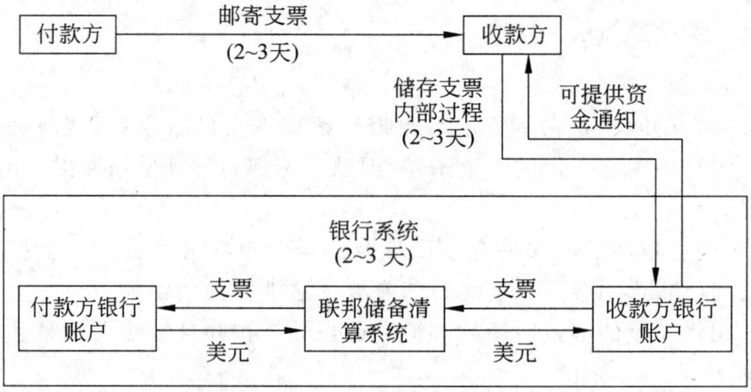

图 16-5　支票清算过程

(1) 从它的银行中签一张支票并将它寄给收款人(2～3 天)。

(2) 收款人收到支票、记录，并且进行内部处理，以便储蓄。

(3) 收款人将支票存入自己的银行(2 天——第 2 和 3 步)。

(4) 收款人的银行将支票发到美国联邦储备办公室的联邦储备银行的票据清算系统。

(5) 票据清算系统处理支票。现金从付款人银行账户划拨到收款人银行账户。这些资金现在可供收款人使用，已兑支票通过它的银行返回到付款人(2 天——第 4 和 5 步)。

> 浮游量是在支票支付的过程中挤出来的。

注意每一步占用的时间长度是很重要的。过程中占用的资金称为浮游量。在寄送支票这段时间里它们叫作邮寄浮游量，当在收款人单位被处理时，它们称为处理浮游量，当在联邦储备系统时，它们称为运输浮游量，整个过程的回收现金称为支付现金浮游量或浮游量。

注意在我们描述的过程中有两个重要的物理变量。付款人离收款人越远，邮寄浮游期越长。而且如果收款人银行远离联邦储备办公室，则需要额外的时间将支票发送到票据清算系统。我们一会儿将回过头来考虑这些因素。

管理票据清算过程的目标

支票清算过程一般花费6～7天时间。在那段时间里，收款方不能使用现金，即使付款方已经签发并且邮寄支票。事实上，资金仍保留在付款人的账户余额中，并且可以技巧的使用它们，直到银行系统进行支票清算。

这产生了两个重要的现金管理想法。首先，从收取现金的收款方角度来看，在支票被寄出后加速支票回收可很快地得到现金。其次，从寄钱给别人的付款方角度来看，在支票寄出后减慢支付支票，可以使公司更久地使用它的现金。

> 收款方喜欢加速收回，付款方喜欢缓慢支付。

所有公司同时既是收款人也是付款人，因此每个公司可以使用两种方法降低满足现金余额要求的资金。

16.3.4 加速现金收据的回收

在这一部分，我们将站在收款方的角度考虑并测试加速现金回收的方法。

保险箱系统

保险箱系统是指一旦支票已经寄给收款方，银行将提供加速现金回收的服务。这种系统基于的想法很简单。

> 保险箱设在客户附近，缩短了邮寄和浮游期。

注意图16-5支付过程的第一步要求付款人寄出支票，它被收款人在第二步进行处理和储蓄。这两步共需要4～5天时间。保险箱系统通过将支票直接从付款方划拨到银行来缩短浮游期，省去了在收款方办事处的停留。

在保险箱系统中，收款方在它的银行附近租了一个邮箱，然后要求付款方将支票寄到邮箱而不是它的总部。银行一天打开邮箱几次，收走回收支票，并且将它们存入收款人的账户。这样将整个过程缩短了2～3天，这种方法在图16-6有描述。

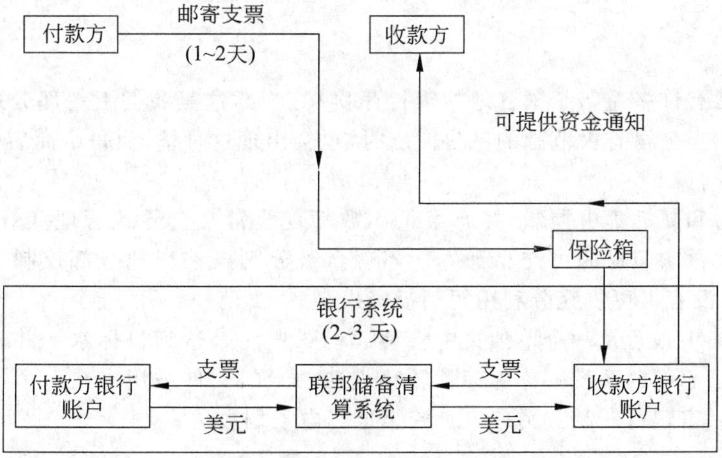

图 16-6　清算过程的保险箱系统

银行存款以后，将复印件寄给收款方办事处。它的内部处理就是在存款后这些复印件的基础上进行的，然后开始清算过程。

微调保险箱系统两个地理位置的细节使保险箱特别有效。假设付款方在西海岸，而收款方和它的开户银行在东海岸，那意味着付款方的支票在它们被收到之前必须进行一个穿越整个国家的费时旅行。

收款方通过在西海岸建立一个保险箱能够加速回收过程，这也省去许多邮寄浮游期。当资金快速进入西海岸银行，它就被电子划拨到东海岸收款方的开户银行。

收款方通过选择靠近联邦储备分支机构银行来提高速度，这样可以使支票从银行到票据清算中心的必要时间最小化，大公司可以在它们客户集中的地方设立保险箱，收取来自全国各地的付款。

实务观察

科技加速支票清算支付：21世纪支票清算法案，“支票21”

科技在支票清算过程中的应用解放了银行系统大量的时间和精力。但是直到2004年，支票进入银行清算系统还必须靠物理运输，这是一个耗时耗力的过程。大多数支票的运输是靠空运，这也使用了大量的航班，每年银行系统经手的支票大约有400万亿美元。

随着21世纪支票清算法案(简称“支票21”)的实行，情况发生了改变。这项法案在2003年10月28日通过，在一年后实施。

这项法案使银行致力于“支票电托收(check truncation)”。这意味着在一定程度上，银行采用电子形式处理支付信息，不再使用纸质支票。从那时起，银行可以使用电子支付的方式传输信息，不需要使用空运支票了。在某些系统，使用手写的复印件是必须的，清算过程同意允许使用纸质“替代支票”。替代支票具有与它代表的原始支票同等法律效力。

电子支付方式的转变是循序渐进的，银行没有被要求必须使用电子传输。虽然使用电子支票的越来越多，仍有一部分坚持使用纸质替代支票，还有很多使用这两种方式的。

资料来源：www.federalreserve.gov/paymentsystems/truncation.

集中银行

大公司通常有许多遍布全国各地的银行存款[①]账户。这是我们上一部分描述的多个保险箱系统的结果。当公司有大范围的零售商店时，也会出现这种情况，每个商店每天必须将它的收款存入当地银行。

重复的努力和缺乏集中控制，持有大量小数额现金常常会导致管理低效，它也使得公司很难投资趋于大数额交易的可交易证券。当现金被分割成在当地分部控制下的许多小量金额时，没有人可以充分利用短期投资机会。

> 集中银行每天将远程存款账户的很多资金转入总部所在地。

集中银行是一个单独集中管理远程账户使其达到目标水平并且将许多现金划入自己总部的系统。称为存款转移支票的专门文件被用来在一个集中网络内将资金从一家银行转移到另一家。资金也可电子划拨。

有线转移

现金从一家银行转移到另一家银行的最快方法是电子线路转移。两个线路转移网络由

① 一家大公司的经营银行账户通常有两种管理目的。存款账户收取进来的现金，支出账户签发支出的支票。

银行使用，联邦储备有线系统只提供给会员银行和它们的联络者。银行线路是一个支持250家美国银行的专用网络。有线转移是快速和安全的，但是相关费用使它对于经常使用小数额现金的企业来说是昂贵的。

有线转移通过电子方式转移现金。

优先核定支票

当付款方和收款方之间有很好的工作关系时，优先核定支票可以省去整个邮寄浮游期。在这样的合约下，付款方、客户给收款方、贷方签字的支票类似事先文件。当贷方（收款方）将货物给客户（付款方）时，它只是简单的将优先核定支票存入它的银行账户。很明显，这样的合约需要对付款方有一定程度的信任。

16.3.5 管理现金流出

我们将从付款方的角度简短的看一下管理现金流出。有两个目标，控制支出和减缓支票的清算过程。

控制流出

大多数公司是分权的，意味着它们有的经营部门所在地远离总部。中央控制现金有好处，但是分散控制也有好处。

在大公司中，大多数客户与贷方的协议是在分部签订的。因为现金支付是管理这类协议的关键要素，这样支付权由分部经理控制是有道理的。但是，这样导致了每个分部至少有一个支付账户的后果，接着又导致了现金余额不必要地在全国分散。

零余额账户

零余额账户（ZBAs）可以解决这类控制问题。它们是公司在集中银行（concentration bank）为它的不同分部建立的空的支付账户。部门在它们的ZBAs上签支票，也就是他们付款时自动用现金支付。这部分资金从集中银行的总账户中销去。实际上，ZBAs是总账户的细分，尽管ZBAs从未有正的余额，但它有数字和收益报表，使分部能像管理其他支票账户一样管理它的运营。

远程支付

付款方有时会通过远程银行支付，以延长浮游期，减缓付款。

回顾图16-5和图16-6，考虑付款方的前景。付款方想减缓支票回收过程并且尽可能延长浮游期，来延长现金在它们银行账户中停留的时间。

远程支付是将支票保留在银行清算系统中的一种方式。如果支票是一个远方的城市或没有联邦储备分支机构的城市中的银行签发，它从离开银行到收回要花费一天或两天之久。这种拖延又增加运输浮游期的效果，保留现金在付款方账户的时间更长。出于这个原因，大城市的大公司利用偏远地方小银行支付是很平常的。

16.3.6 评估现金管理服务的成本

有效的现金管理应该降低账户余额，使获得的收益大于成本。

现金管理，特别是加速票据回收，能减少公司现金账户中占用的资金。一般的含义是公司通过减少它的现金余额的数目，以借更少资金并且支付相对更少的利息。这种节省必须衡量现金管理系统的成本看它是否值得。这个计算相对是容易的。

概念链接　例 16-7

评估保险箱系统

Kelso System 公司主要在东海岸经营，但在加利福尼亚有一群客户每年划拨约 5 000 张支票，支票平均数额为 1 000 美元。西海岸的支票从它们被客户邮寄到记入 Kelso 的东海岸账户花费平均 8 天时间。一家加利福尼亚银行提供给 Kelso 一个保险箱系统，每年要 2 000 美元，每张支票加 0.2 美元的费用。这个系统预期将清算时间缩短到 6 天，如果银行建议 Kelso 以 12% 的利率借款，这是一个好的交易吗？

解答：支票相当于年收入 500 万美元，西海岸平均收入占用资金为

$$5\ 000\ 000\times 8/365=109\ 589(\text{美元})$$

提议将这个数目降到

$$5\ 000\ 000\times 6/365=82\ 192(\text{美元})$$

差额 27 397 美元是保险箱系统节省出的现金数额。如果 Kelso 建立了这个系统，它将能够一直借到相当于这个平均数的更少的现金。以 12% 计算节省的利息是

$$27\ 397\times 0.12=3\ 288(\text{美元})$$

但是，系统的成本是年费用加上每张支票费用

$$2\ 000+0.20\times 5\ 000=3\ 000(\text{美元})$$

因此，银行的建议几乎不值得执行。

现金管理依赖于巨大的经济规模，所以大公司比小公司能从复杂系统中获得更多的利益。

实务观察

道德现金管理

远程支付这种方式道德吗？利用邮寄浮游期更久的持有现金大体上合适吗？使用这种方式的付款方，实际上从每张支票收据中偷取了一点利息，不是吗？

如果付款方是对收款客户负有受托责任的金融机构时，这种情况能引起更敏感的道德争议吗？受托关系是一种信任和信心，即一方信赖另一方的职业忠诚。这种关系通常存在于用金钱联系在一起的专业人员和他们的客户之间。银行、经理人、会计师和律师可能是受托人。

换句话说，当一方信任你并让你看管他们的利息时，在交易中利用它是不是不太合适？大多数认为是这样的。

董事会认为远程支付确实是违背了存在于双方之间的信任，像股票经纪人和客户就不允许有这种做法。这样做的董事会被认为是不道德也是不合法的。

16.4 应收账款管理

企业的应收账款账户代表赊销发生出现时，客户有未来付款的义务。应收账款的管理是

财务中相对独特的功能，它要求与客户建立互动关系，而这通常是由销售部执行的。

16.4.1 目标和政策

较高的应收账款有利于销售和建立销售关系，但也会导致坏账和利息损失。

一般的，公司愿意尽可能少地占用应收账款进行经营，这样的偏好有两个基本原因。首先，持有较少的应收账款使支持应收资产的利息成本最小化。其次，它最小化了坏账损失，因为无论何时，只要有欠款就存在不能收回的可能性。

但是，存在着平衡点。我们将简短地指出几个原因，如高水平的应收账款通常能增加销售额和良好的客户关系。

应收账款管理是在这些影响因素中寻求一个平衡点。随着应收款增加，销售额增加，进而利润增加。但同时，利息成本和收款损失也会增加，进而降低利润。

注意到权衡利弊的焦点是EBT水平，这是很重要的。应收账款管理是找到收益率最大化的那一点作为力量对抗的结果，而不是销售额最大化的那一点。

应收账款政策包括信用政策、销售条件和收账政策。

公司通过应收账款管理来影响盈利能力所做的工作，统称为应收账款政策或信贷和收账政策，包括三个粗略的问题。

(1) 信用政策：客户必须有多大实力，企业才可以进行赊销？

(2) 提供信贷客户什么销售条件(到期日折扣)？

(3) 收账政策：客户没有按时付款将如何处理？

谁为应收账款政策负责

尽管应收款项政策在大多数公司里是在财务管理控制下的，但是它对销售额有重要影响。因此大多数政策决策是财务部门和销售/营销管理部门共同决定的。实务中，在两个组织共同承担责任的领域中产生一些冲突是很寻常的。我们接下来将明白为什么会发生这种情况。

16.4.2 应收账款余额的决定因素

企业应收账款余额的多少主要由它的信贷销售水平决定。它使用现金销售越多，它的应收账款越少，也就有越少的与之相关的问题。不言而喻，每个人在可能情况下更喜欢现金销售。但是，行业惯例不允许企业间太多的现金销售，大多数企业中应收账款为总资产的25%[①]。

信用政策

信用政策是影响应收账款水平的最重要的决策变量，它决定公司愿意赊销的客户。

大多数企业有配备信贷专家的信贷部，当收到新客户的订单，或老客户想比以前赊购更多货物时，信贷部有同意或拒绝请求的权利。

为了做出决定，该部门通过大量信息来源调查客户的信用可靠性。这些渠道包括资信调查机构(也称征信所)的报告、客户自己的财务报表、银行证明和客户与其他销售方之间的信誉。

信息的主要来源通常是资信调查机构的报告，该组织保留许多公司财务状况档案和还款

① 在消费者市场惯例是不同的，通常零售商销售时要求客户支付现金，可以是客户的也可以是信用卡公司的现金。

记录。为了收取劳务费，资信调查机构给销售方提供任何客户或潜在客户的报告。

公司的信用政策以延展信用前，客户有多大风险为中心。有代表性的政策要求客户：

- 至少营业三年。
- 净资产为要求信贷额的3倍。
- 流动比率为2.5∶1或更高。
- 没有来自其他销售方有关信用报告的负面言论。

如果上述条件不满足，企业和该客户只在现金收付制基础上销售。

信贷申请被拒绝的客户通常不再从公司购货，明白这点很重要。他们不再购货是因为他们没有现金或者他们可能找到了另一家有较宽松政策的销售方。

因此，紧缩信用政策意味着要求高质量的信用客户，这通常会降低销售额。另一方面，较宽松的信用政策接受低质量的客户，但会增加销售额。但是，在宽松政策下增加的客户中，有一部分表现出不能或不愿意付款。结果会产生应收款项价值的信用损失(也称坏账损失)。随着政策的放松，坏账损失的频率趋于大幅上升。

很明显，制定信用政策需要在这些影响因素中寻找平衡点。我们想找到使利润最大化的政策。不走运的是，没有公式可以使用，它只能依靠判断和经验。

概念链接　例16-8

信用政策和收款政策

Nationwide Glass公司向建筑企业提供窗户玻璃。一次轻微的经济衰退使建筑业陷入萧条，导致像Nationwide这样的供应商销售下降。销售副总提议放松信贷标准以刺激销售。她的建议会使销售收入增加1 500万美元并伴随产生5%的坏账。Nationwide的CFO对此持怀疑态度，他认为销售副总对销售收入增量的估计过高。最近对调整信贷政策的复核使他确信销售收入会增加500万美元，而且还会有20%的坏账。另外，他还警告说额外的收账成本高达100万美元。站在两位管理者的角度考虑放松信贷政策对EBT的影响。Nationwide的毛利率是30%。

解答：先说一下对坏账精妙的分析。(假设没有坏账准备。)当一笔款项被证明无法收回，最初确认的收入会被转为费用，导致EBT减少相同的金额。实际上，这项减少额高估了损失。这是因为收入包含着利润，尽管在销售的同时确认收入，但实际上只有在款项收回时才形成利润。

这意味着坏账损失实际上是销售成本加上直接销售费用，而不是整个销售额。

通常，类似于此处提出的信贷政策的财务结果是，那些及时付款形成的利润减去未能付款导致的损失之间的差额。收益等于收入增量乘以毛利率再乘以新增加顾客中及时付款的百分比。损失等于收入增量乘以1减去毛利率再乘以坏账率。

收益＝收入增量×毛利率×(1－坏账率)

损失＝收入增量×(1－毛利率)×坏账率

按照Nationwide销售副总的假设，收入增量中95%能及时收款，坏账率是5%，所以，

收益　　15 000 000×0.30×0.95＝4 275 000(美元)

损失	15 000 000×0.70×0.05=525 000(美元)
净利润	3 750 000(美元)

按照 CFO 的假设，

收益	5 000 000×0.30×0.80=1 200 000(美元)
损失	5 000 000×0.70×0.20=700 000(美元)
毛利润	500 000(美元)
相关费用	1 000 000(美元)
净损失	(500 000)(美元)

销售额与信用政策的冲突

销售部的工作通常是尽可能多地销售产品。当销售人员的报酬是以佣金为基础时，任务就成为一个针对个人的挑战。大多数公司的理念是销售人员将愿意购买者移交给信贷部，由他们来决定同意或拒绝信贷销售。

销售和信贷部门通常存在矛盾。

实务观察

实际管理预警

很明显，通过放松信贷和收账政策增加销售额很容易，但是应收账款余额和信贷损失同时上升。这种情况对高级财务经理来说很危险。对销售额增加的称赞常常给予营销部门，但是高的应收账款余额和相关损失的责怪唯独属于财务部。这对于财务经理来说可能是一个政治性失败。

在大多数公司，优化信贷所需要的对客户的熟悉及其问题把握，财务部都不具备。一个好办法是销售部在销售时积极参与对客户的信用状况的确认。

确保 CEO（总裁、总经理）明白应收账款是财务与销售部门共同努力产生的，并且问题需要两个组织共同承担，这是很重要的。

如果同意销售，客户可以赊购，销售人员得到佣金，皆大欢喜。如果赊销被拒绝，一般就是一无所获。这意味着销售人员没有得到佣金，所考虑的每项工作都白费了。可以理解，销售人员对信贷部会产生很多怨恨，特别是如果客户的信用级别处于边缘位置。

但是如果同意信贷销售但最终客户未付款会发生什么？假定在这种情况下，销售人员将被索回他的佣金，这是符合逻辑的。但是大多数公司不会这么做。信用决策将被严格认为是信贷部的责任，坏账损失只归咎于他们，销售人员仍保留佣金。

CFO 经验谈

这种做法产生了相反的利益冲突。销售人员一般和客户密切联系并且可能了解其他人不知道的情况。但是如果事情是消极的，佣金系统将使他们不与信贷部门共享信息。信贷人员在应收账款变得糟糕时会对销售人员心怀怨恨。

销售条件

回忆一下，赊销是在规定了付款到期日和及时付款折扣期限的天数基础上制定的。例如，2/10，net30 的条件是如果 10 天内付款可得到 2%的折扣，否则在 30 天内支付全额付款。

条件以两种方式对应收账款产生影响。首先,缩短或延长净期限来影响不拖欠客户还款的时间长度,因此似乎缩短期限将降低应收账款余额,但是实际上,公司几乎没有制定比行业惯例更短的净期限的自由。

及时付款折扣通常是应收账款有效的管理工具。

及时付款折扣常常成为更有效的政策变量。一般的折扣通常会降低应收账款余额,因为客户会很快付款以节省资金。但如我们前面所说,对公司来说,为他们提供折扣是昂贵的。

偶尔的及时付款折扣根本无助于降低应收账款。在公司的客户得到折扣但缺乏现金时,不管它多么有吸引力,这种情况也会发生。艰难经营的小企业通常是这样的。在这种情况下,通过增加折扣来努力降低应收账款可能是失败和耗费成本的。原因是,已经提前付款的客户将会得到增加的折扣。

讨债是在应收账款过期后执行的程序。

收账政策

企业的信贷部通常和它的收款部门密切联系。收账部门的功能是追查过期应收账款,使拖欠账款的客户还款。这个过程称为讨债。

一般的程序是,一开始在付款超过发货单上净期限几天后,邮寄一封礼貌的催款单。如果付款没有收到,接下来的另外2封催款信使用更强烈的语气。之后,首先给客户的付款部门然后是负责管理人员打电话。如果客户大量欠款,通常停止进一步的发货直到收到部分货款。

大多数情况下,未付款是一些产品或管理问题所造成的。例如,如果购买的产品没有按预期的运行,许多企业将不会付款。在这种情况下,收账部门应让客户与销售服务人员商讨以解决问题。

收账公司专门追讨过期限应收账款,而且通常都很激进。

另一个普遍问题是,公司发票与客户的记录所载明的订购与收到货物的不匹配。如果不是精确的吻合,许多机构拒绝付款。这种情况下,收账部门应协调文案工作以收回账款。

在其他情况下,客户不还款是因为他们没有现金或信誉不好,直到迫不得已才付款。当这种情况发生时,信件和电话不会起作用,客户最终将由收账公司接管。收账公司是专门催债和收回过期资金并索取一定比例费用的公司。它们使用和销售公司同样的方法,但更倾向于持久、激进和威胁性。

收账政策是公司向拖欠款项的客户追讨欠款时的行为和激进性。

如果收账公司没有成功,就会对欠债公司提起诉讼,提起诉讼可以由公司或收账公司任何一方处理。如果诉讼成功,但客户失踪或破产,仍收不回欠款。

公司的收账政策决定了追查过期账款的速度和攻击性。例如,一个发了数封信和打了数次电话的公司与另一个在收账单超过30天时就威胁、起诉的公司之间就存在着许多差异。

收账部与客户间关系

过度激进的收账努力会损害客户关系。假设一次特定的交易由于运转不正常的产品和运送、收货和发货的差错而变得非常混乱,客户与公司的销售服务部门正在公正、努力地工作以解决问题,客户因为有争议付款被收账部首次起诉。

这将产生客户未来向另一家销货方购买产品的趋势。这也使销售部感到不安,因为销售部想继续向客户销售产品。另一方面,通常销售人员试图安抚收账部门,为了售出更多获取佣金的产品,虽然他们知道客户可能有还款风险。

实务观察

财务部与收账部共同承担应收账款责任

几年前，高级财务经理杂志《CFO》公布了有效收账管理的故事。Lafarge 集团是一家国际建筑材料企业，其北美分部成功地将平均收款期降至 11 天。该区的副总裁列出改善收账的 12 条基本原则，其中销售部参与的部分如下：

- 在销售人员间分派客户账户所有权以避免推卸客户责任
- 由销售人员确定月回收目标
- 信贷与收账经理和总经理同销售小组参加每周的信用和收账会议

信息应当明确。出色的应收账款管理取决于确保销售部认识到同财务部共担承担收账责任。对拖欠还款客户的账户负责的销售人员的责任被明确制定出来，并且要求参加全部收账活动的管理讨论。

资料来源：Steven L. Mintz, "Dollars in the Details, Winners Sweat the Small Stuff in the Third Annual Analysis of Work Capital," CFO, The Magazine for Senior Financial Executives (July 1999):55.

16.5 存货管理

存货是企业所持有的销售给客户的产品，它的重要性和管理的复杂性因企业而不同。例如，在零售企业中存货管理是极其重要但相对简单的，而生产它可能与它的重要性一样复杂。另一个极端，大多数服务企业只持有零星存货，因此其问题相对很少。

认识到在任何行业中存货是很重要的，它的管理失误会对公司产生潜在的破坏力。

16.5.1 谁对存货负责

不像现金和应收账款，存货几乎不由财务部直接负责。它通常由一个职能部门管理如生产部或经营部。那些部门的经理在选择存货水平和管理方法上通常有很大的自由。

财务部对存货管理有监督权。

财务成为一种管理或监督的方式。如果存货水平太高，财务管理的工作是提醒其注意应高效的运营。财务人员通常监测丢失或必须报废的过期的存货水平，以保证不过剩。他们也定期监督实地盘库，使实际存货数量与公司记录相一致。简而言之，尽管财务部自己本身不管理公司存货，但它有义务确保那些管理存货的人员有效的工作。

16.5.2 存货管理的收益和成本

如预期的那样，公司的存货是重要的，有更多可供使用的存货比较少的存货更容易经营。但是，持有额外的材料要耗费成本，因此在成本与收益之间有一个平衡。存货管理的目的就是找到接近于最理想正负抵消的平衡。

持有足够存货的利益

在生产过程中，存货将不同产品部门的工作分开，并使其顺利进行。假设 A 部门和 B 部门连续生产产品，产品从 A 部门出来后直接进入 B 部门，只要在 A 部门没有耽搁，一切进展顺利。但是，如果有一些差错或故障导致在 A 部门耽搁，B 部门将不能工作并且无所事事，直到问题解决。很明显，时间和金钱将被浪费掉。如果两部门之间有一些存货，在 A 部门修理时，B 部门可以继续工作，避免浪费时间。

在任何企业，持有足够的存货比较少的存货更能减少库存缺货和拖欠订单的情况。库存缺货是在产品或客户需要而公司没有库存时发生。公司没有存货时会向它的供应商开具拖欠订单。"拖欠订单"一词暗含订单某种意义上是当前需要产品的补救，并且通常要求尽快解决。

在生产过程中，库存缺货使经营混乱，并且导致浪费时间和错过安排，这都要付出代价。从销售角度，库存缺货意味着客户不能立即得到他们想要的产品，将招致不满并且使客户转向其他的供应商，也就是损失了销售。太多的库存损失会永久的失去客户。

总的来说，持有更多的活跃的、有用的存货，可以使企业经营更顺畅，改善客户关系，并增加销售额[①]。

持有存货的成本

保持库存存货要耗费资金，可分为存货的传统成本和价值的潜在损失。一般来说，两者都随着存货数量的增加而增加。

> 存货越多意味着降低失去销售机会以及生产延迟，但是会增加持有成本。

下面是与持有存货相关的传统成本。

利息：公司必须支付用来购买存货的资金一定的回报，同它们购买其他资产一样。

储存和安全：存货占用空间并且经常容易被偷。储存空间的提供必须安全，以防被盗。

保险：公司通常为它们购买保险，避免因为火灾、失窃和自然灾害造成大量存货损失。

税收：许多州和地区根据存货价值征税。

有几种现象会导致存货损失价值。一般来说，公司持有存货越多，根据下面原因它遭受的损失风险就越大，进而它的总损失就越高。

损耗：尽管有安全措施，一些存货还是不可避免地消失了。这类大致由于失窃而导致的消失被称为损耗。

变质：许多商品有一个有限的储藏寿命，在此之后它们部分或全部的失去价值。即使存货被仔细的检测，易损商品的变质是预料之中的。

破损：库存存货可能会溢出、漏出、渗进或其他各种方式的损坏。

无形磨损：新产品通常更好、更快或比老产品更便宜。当这种情况发生时，老产品很快失去价值，因为没有人想要它们除非价格大打折扣。

成本和损失统称为存货的持有成本。

订货成本

订货和发货的过程产生一种不同的与存货相关的费用。我们目前讨论的持有成本取决于一段时期内持有存货的数量。订货成本反映了向供应商订货、取货、将材料制成存货的费用。这些成本与订货次数有关而不是持有存货的数量。

我们稍微一看就会发现订购成本和持有成本之间呈反方向变化。

---

① 显而易见，持有额外的过时的或损坏的存货不能带来收益，因此我们必须不只观察资产负债表上存货表明的金额来确定企业是否有足够或太多的存货。

16.5.3 存货管理和控制

公司建立了追踪和控制存货的复杂体系。这套体系和操作它的人员成本是有关存货的额外费用。这种成本不是必然随存货和订单的增加而增加。一定程度上它与持有不同商品的数目和使用方式有关。

存货管理是指公司监测它的存货,并使用它的控制系统管理持有存货收益来抵消成本的一个整体的方法。可以将该过程定义为关于库存缺货、拖欠订单和生产问题的经营效率的可接受的水平,并试着以最少存货成本达到该有效水平。

没有单一的、涵盖全部的方法来管理存货。成功是通过不断讨论、对细节的修订和使用各种机械和手工的方法达到的。在剩下的部分,我们将讨论存货管理过程中一些知名的理论。

16.5.4 经济订货批量(EOQ)模型

我们用不同方式定义了存货的相关持有成本和订购成本。随着持有存货数量的增加,持有成本增加,而订购成本随着订购次数的增加而增加。存货的总成本是二者之和。经济订货批量(economic order quantity,EOQ)模型是通过识别特定条件下持有成本和订货成本之间的平衡点以使总存货成本最小化的一种方法。

假设一年中使用的存货是稳定的,并且定期的以数量 Q 补充进货。图 16-7 是这些假设条件下库存数量对时间的点的连线。

注意库存沿着对角线直线下降直到再补充点为止。在这些条件下,库存平均数量为 Q/2 单位,订货次数是年需求量除以 Q。

模型假设持有成本直接随着平均存货数额变化,订货成本每次订购是固定的。如果 C 代表单位持有成本,总的持有成本可以写为

$$持有成本 = C(Q/2) \tag{16-1}$$

从公式(16-1)和图中很明显看出,通过小批量的频繁订购可以降低总的持有成本。如果 Q 是小的,图 16-7 将有更多的锯齿状峰值,但每个峰值将更低并且库存平均数(Q/2)将更低。

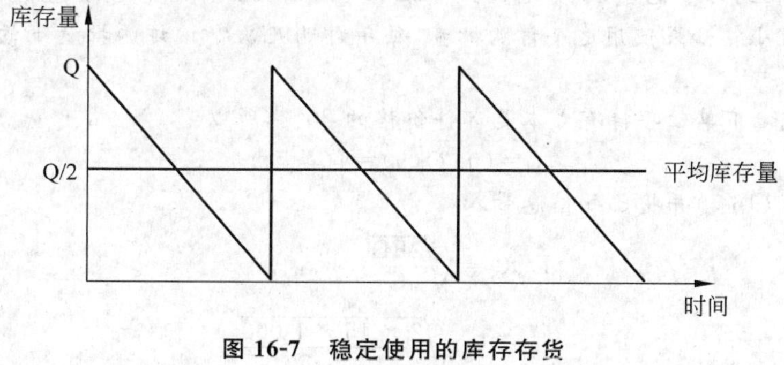

图 16-7 稳定使用的库存存货

但是,频繁的订购将增加年订货次数。每次订购有固定成本,这将增加总的订购成本。如果年需求量为 D,公司每年订购

$$N = D/Q \tag{16-2}$$

次。如果每次订购的固定成本是 F,总的订购成本将是

$$订购成本 = FN = F(D/Q) \tag{16-3}$$

该表达式很明显，订购成本将随订购数量减少而增加。因为Q出现在分母中。总的存货成本，我们称为TC，是持有成本和订货成本之和。将公式(16-2)和公式(16-3)相加得到

$$TC = C\frac{Q}{2} + F\frac{D}{Q} \tag{16-4}$$

这在图16-8中形象地表现出来。该图显示出，随订购批量Q增加持有成本增加，而订购成本下降。注意到这些成本之和，总成本，随Q增大先下降然后上升。因此，我们有可能选择使存货成本最小化的最优订货批量。Q值被称为经济订货批量，简写为EOQ。图中，它正好在总成本线最低点的下方。我们可以找到如公式(16-4)的最小值的技巧来直接计算，我们承认下面的结果而无须计算①。

$$EOQ = \sqrt{\frac{2FD}{C}} \tag{16-5}$$

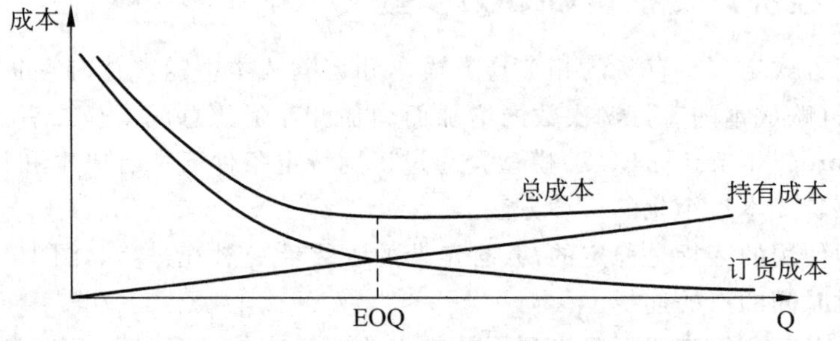

图16-8　存货成本和EOQ

概念链接　例16-9

经济订货批量(EOQ)

Galbraith公司买了价值5美元的部件。存货的持有成本每年约为部件价值的20%。它的订购、处理和收到订单花费45美元。公司每年使用1 000个5美元的部件。多大的订购批量使存货成本最小？如果使用这个订购批量，每年订购几次？该订购批量下的部件的存货成本是多少？

解答：首先记下单位年持有成本是部件价格的20%，所以

$$C=(0.2)(9)=1(美元)$$

下面写公式(16-5)并将已知信息带入

$$\begin{aligned} EOQ &= \sqrt{\frac{2FD}{C}} \\ &= \sqrt{\frac{2\times 45\times 1\,000}{1}} \\ &= \sqrt{90\,000} \end{aligned}$$

① 这个数学表达是对变量Q求EOQ简单最小化问题。对Q求微分，让结果等于零得到

$$O=\frac{C}{2}=\frac{FD}{Q^2}$$

解出Q得到公式(16-5)。

$$= 300$$

年订购次数是

$$1\ 000/300 = 3.333\ 3$$

持有成本是

$$(300/2) \times 5 \times 0.2 = 150(\text{美元})$$

订购成本是

$$45 \times 3.333\ 3 = 150(\text{美元})$$

因此部件存货总成本是 300 美元。

作为练习，通过计算 300 美元左右几种不同的订购批量，证明这是最小值。

注意图中两部分成本线相交达到最小总成本。那意味着在最优点，持有成本等于订购成本。

16.5.5 保险储备、再订货点和订货提前期

注意图 16-7 中表示的存货安排，假设有一个稳定的、可预测的产品部件流，无论何时需要都可以及时供货。实际上，使用率是变化的并且再补充供货并不总是准时到达。

很明显这些因素会导致公司缺货并遭受与我们前面描述的库存缺货相关的问题。这些中断供应通过持有应急的安全储备存货可以大大避免。安全储备是一直持有的额外的存货供应，在正常经营储备用完后使用。

保险储备为不可预计的超额耗用和延迟交货提供了一个缓冲。

在图 16-7 的 EOQ 模型的基础上，通过将锯齿线放在保险储备量之上而引入保险储备，使得概念得以修正，如图 16-9 所示。

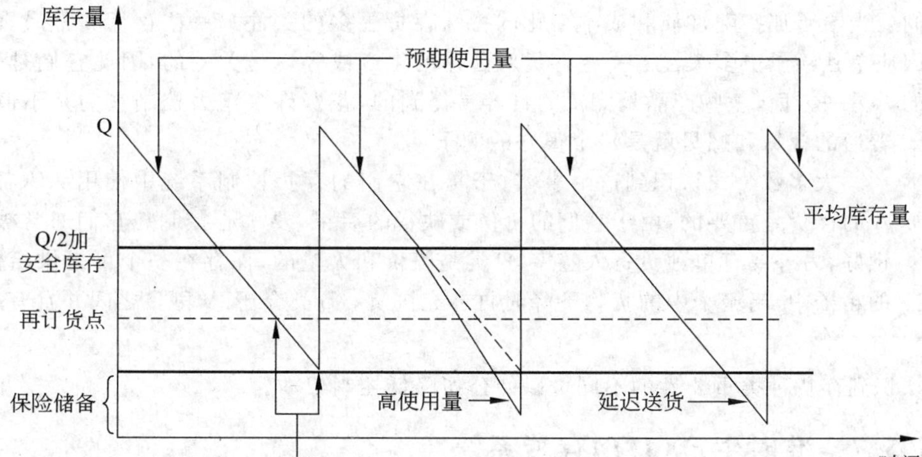

图 16-9 包括保险储备的库存存货模式有再订购点、订货提前期和高使用量与延迟交货的影响

提前期和再订货点

实际上，再补充进货必须要提前几天采购。这个提前期称为订货提前期，通常由商品的供应商估计。谈到图 16-9，我们看到，随着时间的推移，存货数量沿着图中的对角线减少直到再

订货点(用纵轴表示)。在那时补充进货由产品供应商提供。我们需要计算再订货点,订货提前期内的预期使用量将使得新进存货到达之时,存货达到它的最低年计划水平。

但是,如果订单发出后使用率增加,存货将比计划的减少的快,存货余额将降到保险储备范围内。这种情况在图中描绘在第三个峰值下。如果没有安全储备,增加的使用量将导致库存缺货。

我们很容易看到,发出订单后运输的耽搁将导致动用保险储备,这种情况在图中描绘为在最后一个峰值下面,并且如果没有保险储备,也将导致库存缺货。

保险储备和 EOQ

加入保险储备并没有改变 EOQ,只是因为保险储备的总成本而增加了存货的总成本。事实上,EOQ 模型在保险储备水平的上面,如图 16-9 所示。

恰当的保险储备水平

选择保险储备水平要求另一个成本均衡点。额外的存货增加了持有成本但避免了产品拖延和错失销售的损失。这些负面影响必须在选择恰当的保险储备水平时进行权衡。这种选择是困难的,因为这种节省是无形的。它们是那些未发生的问题的后果,所以不会出现在财务报表中。另一方面,持有成本是有形的并且可以计算出来。持有太多的保险储备而完全避免库存缺货是非常不明智的。

在大多数情况下,那需要大量超额成本的存货。一般最好忍受偶尔的中断供应来保持合理的存货水平。在一些公司中,及时交付拖欠订单,库存缺货也不会引起很多麻烦。在这种情况下,保险储备是最小的。

16.5.6 跟踪存货:ABC 制

我们应当给予那些随性质和成本变化的特殊存货更多的关注。一些存货非常昂贵,出于这个原因应单独给予更多关注。一些存货对公司的生产或客户是关键的,因此它们是否丢失是重要的。另一方面,一些产品是廉价的且容易得到的,花费许多精力控制它们是不值得的,普通的螺钉和螺母就是一个很好的例子。

> ABC 制通过评估和加强对贵重存货的控制实现对其的分类管理。

大多数公司认识到这个事实,于是在它们的存货控制系统中使用 ABC 制。标 A 的存货是重要的,由于它们的价值或缺货的后果,要小心控制。它们通常被编号、锁好,另外要有单独负责人签字,C 类是廉价和大量的,保存在一个可提供给任何人的箱子中,当箱子中的货物下降时再补充进货。B 类介于 A 和 C 之间并且有相应的处理。

要认识到存货种类重要性的不同可以使公司降低控制成本。

16.5.7 准时生产(JIT)存货系统

最近几年里,一个由日本提出的生产存货概念,得到广泛的宣传。理论上,准时生产(JIT)系统实际上不需要工厂存货。在 JIT 系统下,供应商可以及时(几个小时内)将货物运给生产商用于生产。这种思想要求在生产商和它的供应商之间的许多信任和合作,因为拖延运输将使工厂整条生产线停产。

在 JIT 系统下,生产商实际上将持有存货的任务推给了它的供应商,供应商又同样推给了他们的供应商,最终整条生产链是在协调的状态下运营,大大的削减了存货。

这种想法听起来理论上是好的，在一定条件下是可以运行得通的，但是它没有如其拥护者所期望的那样被证明成功。在许多情况下它根本行不通。

在生产商对供应商来说是强大且有势力并且购买了供应商的大部分产出时，JIT 系统运用得最成功。在这些情况下，供应商几乎愿意做任何事情保持与生产商的交易，包括精心按照 JIT 送货。即使这个理论起作用，也要求供应商离生产商足够近，使运输不会成为问题。自动化工厂常常这样组织，使用 JIT 获得一些成功。这套理论最初由日本丰田提出。

那些对供应商没有任何特殊影响的小公司，这套理论可能不现实。在这种情况下，由于 JIT 系统要求及时准确的送货，但供应商几乎没有动力去做这件费时麻烦的工作。

概念链接　例 16-10

准时生产(JIT)存货系统

Wallace Manufacturing 公司持有的存货大约有 200 万美元，负担的利息是存货价值的 8%，正常损耗是 4%，税金和保险费是 2%。公司每年支付仓储费 150 000 美元。

生产部副总最近参加了一个 JIT 讨论班，认为该系统能降低 Wallace 公司 90%的存货成本。但是 CFO 却缺少信心，认为生产商很难严格一贯地执行 JIT 规定的送货时间表。他强调如果不能按时进货，就会使 160 名工人停工，却要支付他们 6 小时工资，每小时 45 美元。这还不包括一部分主观性成本，比如说推迟交货对客户满意度造成影响。

按照生产副总的建议，使用 JIT 系统节省的存货成本是多少？如果要求 4 家供应商每周 3 次精确送货，这套系统可能节省成本吗？

解答：利用百分比根据存货价值估计存货持有成本

利息	8%
损耗	4%
税金保险费	3%
总计	15%

存货持有成本＝2 000 000×0.15＝300 000(美元)

仓储成本	150 000(美元)
总持有成本	450 000(美元)
节省 90%	405 000(美元)

不能按时送货的成本是

160(工人)×45(每小时)×6(小时每天)＝43 200(美元)

节省成本与错失送货倍数＝405 000/43 200＝9.4

JIT 要求每年精确送货总次数

4(供应商)×3(次/周)×52(周/年)＝624

每年允许的错失送货率＝9.24/624＝0.015＝1.5%

这意味着每家供应商必须保证 98.5%的精确送货率，JIT 系统才能省钱。而要达到这一目标似乎不可能。

概念链接

例 16-1　现金回收期
　　　　营运资本筹资政策
　　　　及时付款折扣
例 16-2　信贷周转协议
例 16-3　补偿性余额
例 16-4　担保应收账款
例 16-5　代理应收账款
例 16-6　存货筹资
例 16-7　评估保险箱系统
例 16-8　信用政策和收款政策
例 16-9　经济订货批量模型
例 16-10　准时生产存货系统

讨论

1. 解释企业所使用的短期和长期资金在运用和来源方面的差异？

2. 因为公司总是有存货和应收账款，所以大多数银行愿意给他们长期贷款支持那些资产。驳斥或支持这种说法。

3. 描述到期匹配原理。没有到期匹配的风险是什么？你如何描述一个忽略该原理企业的特征？你能想出一个另外的谨慎的企业背离该原理却是明智的情况吗？

4. 营运资本是自发性筹资，因为它一直在周转。这种说法正确、错误或两者皆有？自发性筹资确切是什么意思？营运资本需要资金吗？为什么？

5. 营运资本通常定义为流动资产与流动负债之差。这种定义很正确吗？为什么？

6. 对下面的每种说法支持还是提出异议？

a. 应收账款不像存货或固定资产可购买，因此它们无须筹资。

b. 现金代表了可提供的资金，因此它实际上降低了筹资需求。

7. 企业的经营周期与它的现金周期有何不同？详细解释一下。

8. 你在一家生产企业的财务部工作。午饭后，工程部的一个朋友说，她听说公司使用大量的临时性营运资本。临时设备通常比永久的质量差，她想知道为什么公司处于成功时期，却没有购买最好的设备并且将之作为储备呢？

你的朋友有什么误解？给那些对财务一无所知的人写一个简短的解释来帮她解除疑虑。

9. 为什么单独的从固定资产筹集净营运资本是合理的？

10. 你在 Hi Tech 的财务部工作。企业的所有者和 CEO，Charlie Dollars 以盈利为宗旨，他明白当前的短期利率非常低，并且建议企业用短期贷款筹集它的所有营运资本需求。CFO 要你准备一个他签字的备忘录，简要说明为什么这可能不是最好的战略。在你的备忘录中，指出提供大多数企业的营运资本筹资选择并讨论使用长期和短期筹资间的一个均衡点。

11. 应付款项展期的优势和劣势是什么？如果你经营自己的公司，你将这么做吗？为什么？

12. 期票、信贷额度和信贷周转协议间的差异是什么？它们互相排斥吗？也就是说，某一个可能是另一个的一部分吗？

13. 解释担保和代理应收账款之间的差异，哪种可能是更昂贵的筹资来源？代理筹资同担保一样吗？

14. 代理可能包括利息即使它不是贷款。这是怎么发生的？

15. 用存货担保筹资的最大问题是什么，实际中如何支出？

16. 简单列出持有现金的理由和与之相关的巨额成本。这些如何影响现金管理的目标，可交易证券如何帮助或阻碍这一目标的实现？

17. MedcoSupply 公司经营范围超出韦科(Waco)和得克萨斯州(Texas)，在波特兰，Maine 附近有许多客户。波特兰客户的支票到达 Medco 似乎要花费特别长时间。公司怎么样提高速度？解释你的答案如何操作？

18. SallyJohnson 住在 Baltimore 并且与一家大的国家经济公司有业务来往。当她给经纪人发送一张支票时，她将它邮寄到 Baltimore 的当地通信地址。但是，她从经纪人那里收到的支票来自旧金山。她的姐姐 Joan 住在洛杉矶，并用了同一家公司，她把应付款寄给离她家几条街的办事处，但是收到支票来自迈阿密办事处。这是怎么回事？Johnson 姐妹应当担忧吗？

19. 你是 Huge 公司的现金经理，它在全国都有工厂和仓库。每个子公司有几个银行账户来接收存款和付款，所以公司的现金在分部 CFO 的控制下遍布全国。本质上，那些分部经理控制现金以使它们有效运营。但是，相当大量的现金不能盈利，因为它们太分散以致不能投资于可交易证券。建议一种可解决这个问题的方法并解释如何操作。

20. 每家公司应当充分利用当今银行业提供的复杂的现金管理服务。正确还是错误？解释一下。

21. 简单列出包含在紧缩和宽松应收账款政策间权衡利弊的成本和效益。

22. 如同应收账款管理中的销售和财务，存货管理是财务部和生产部共担的责任吗？正确还是错误？请解释。

分析

1. 你是 Big 公司财政部的管理人员，近来愈来愈关注公司增加的利息费用。Fred Eyeshade 是你们组的分析家，不久前从会计部门调过来。他建议高级经理授权全面削减 50% 的现金、存货、应收账款并加倍应付款项来降低公司对经营与资本的筹资需求。根据净营运资本中的每个要素(4 个)解释为什么这可能不是一个好主意。

2. 有更多的营运资本，事情往往运营得更顺畅和高效。关于每个营运资本账户(除应计款项)，解释为什么这种说法不是绝对正确。换句话说，为什么大量存货或应收账款根本不好。

3. 你和你的朋友 Harry 开了一家企业。Harry 是个技术能手，但是不太懂管理或财务。在几个月后你以看起来似乎相当高的利率 16% 得到一家银行 100 000 美元的贷款。Harry 因为这个利率特别烦恼，他认为银行利率不应该超过 4% 或 5%，但实际上他不知道为什么自己那样认为。当你们俩要签订贷款合同时，银行提出最少保留 20 000 美元余额在银行中。听到这个，Harry 拿出他的计算器做了一个计算后变得非常愤怒，他大发雷霆地离开了会议。

为什么 Harry 如此烦恼？他做了什么计算？写一个简短的备忘录解释银行行为，使 Harry 平静下来。有一种最小余额需求使 Harry 的计算无效吗？

4. 你是 Wachusett Window 公司的 CFO，销售住宅建筑的窗户。公司的客户常常是小型的、资金薄弱的建筑公司，经常缺少现金。在过去的几年里，地产业有一个大的滑坡，因而 Wachusett 的销售额也下降了。几个月前营销部提出一个方案吸引新客户以消除销售额下降的趋势。营销副总和总裁同意公司与小的新建筑商做生意，如果它能提高销售。这时，总裁驳回了你为这类客户信誉质量的担忧。他个人同意带来大量客户的销售部通常没有资格信贷。

最近应收账款大幅上升，收账效果比平常更不成功。收账人要求在追讨拖欠客户账款时得到销售代表的帮助，但是营销副总说他们没有空因为"代表必须上街销售"。

总裁突然变得关心增加的应收账款，并且要求知道为什么财务部门让这种情况发生。准备一个文件解释产生过程和应收账款管理，并且解释增加的原因是什么？得体的解释为什么不能只责怪财务部。你能为财务部在文件中完全开脱吗？

5. 在上一个问题所列 Wachusett Window 公司的情况下，你认为新的销售计划中高的及时付款折扣能降低应收账款吗？

6. 思考 4 和 5 题中 Wachusett Window 的信贷和收账部门与销售部门间关系的本质。

7. Wildebrant 向来都用完工厂和销售点的存货。然而公司是盈利的，没有人过多的担心。这好吗？经理没发现将可能发生什么事情。他们为什么没看到？你将提出什么建议解决问题？如何操作？

习题

定义

1. Scherbert 公司的部分资产负债表账户余额如下：（单位：美元）

应付账款	650 000
应收账款	845 000
应计款项	257 500
现金	137 200
普通股	1 200 000
固定资产	8 250 000
存货	655 000
长期借款	3 500 000

计算营运资本和净营运资本。

现金周期：图 16-2

2. Southport 公司有 10 张 45 天 ACP 周转存货，并且它的应收账款一周周转一次，Southport 的经营和现金周转期是多少？（使用一年 360 天）

营运资本筹资政策：例 16-1 的概念链接

3. Langley 公司是一个季节性企业。它一年需要永久性的净营运资本 1 000 万美元。但是需要在每年的 4 个月期间临时增加到 2 000 万美元，Langley 三种筹集净营运资本选择。

(1) 用权益筹集年最高峰水平的资本，资本为 20%，并且将临时未使用资金投资于可交易证券，收益 6%。

(2) 永久性净营运资本用权益来筹集，临时性净营运资本用 12%短期贷款筹集。

(3) 所有净营运资本需求用 12.5%短期贷款筹集。

计算每种选择的成本。你选择哪个？为什么？

及时付款折扣

4. 计算下面销售条件暗含的实际利率(一年使用 365 天)。

2/10，net30

1/5，net15

0.5/10，net30

2.5/10，net25

1/5，net20

5. Rocky 公司可以从 4 家供应商中的任一家购买价格、质量完全一样的存货，这 4 家供应商的信贷政策如下

A 2/10，net30

B 3/5，net20

C 1/20，net45

D 3/5，net90

a. 计算这些信贷政策暗含的实际利率。

b. 假设 Rocky 从每家供货商进货，公司营运资本筹资成本是 18%，那么哪些折扣可以使用，哪些应该放弃？为什么？

信贷周转协议：例 16-2 的概念链接

6. Thompson 公司和它的银行有一个 1 000 万美元的信贷周转协议。它的借款支付利息是基础利息加 2%和一个提供的未使用资金 1/4%承诺费。Thompson 上半月借了 500 万美元，下半月借了 1 000 万美元。计算本月的利息费用。银行基础利率是 6%。

7. Conejo 公司在 800 万美元信贷周转协议下从银行借款。它支付未清偿贷款 9%基础利率加上未使用余额 1/4%的承诺费。公司在 4 月初借 200 万美元，在 4 月 11 日借了另外 400 万美元。这个月没有再借或还款。计算 Conejo 4 月利息费用。

8. Grass Ridge 公司有如下的流动资产账户：(单位：美元)

现金	1 900 000
应收账款	4 600 000
存货	5 500 000

它的流动比率是 2.5∶1。银行愿意以 12%基础利率和未使用余额 3/8%承诺费 1 000 万美元信贷周转协议借款给公司，足以满足它的营运资本需求。如果流动账户一年保持相对固定，Grass Ridge 为了营运资本筹资还银行多少钱？

9. Bridgeport 公司和它的银行有一个公历年基础上的基础利率加 3.2%的 3 000 万美元

信贷周转协议。在4月之前，它借了一整月的1 500万美元贷款，4月10日又借了另外的500万美元。基础利率是8.2%，银行的承诺费每年0.25%。计算Bridgeport 4月的信贷周转协议的相关费用。

补偿余额：例16-3的概念链接

10. 如果要求20%最小补偿余额，以8%贷款750 000美元，120天的实际利率是多少？

11. 计算下列有补偿余额贷款的实际利率

	贷款利率	补偿余额
a.	6.5%	20%
b.	12.0%	10%
c.	10.5%	15%
d.	14.0%	25%
e.	8.5%	30%

应收账款抵押筹资：例16-4的概念链接

12. Jenkins Appliances公司遇到现金流问题，需要筹集大约60天到期的50 000～60 000美元资金。由于款项很小，相关的短期无担保借款很难筹集而且成本高昂。银行提供的相关借款的利息为25%。Climax财务公司可以提供一项借款，但是要以应收账款做抵押。Climax可以借给公司应收账款余额70%的款项，公司支付14%的利息加上1 200美元的管理费用。Jenkins的应收账款平均余额是80 000美元。公司应该采取哪种筹资方法？一年360天。假设银行会借给同样的款项。

13. DeSquam公司每年担保给Sharkskin财务公司2.5亿美元应收账款，财务公司预付担保贷款账面值80%的现金。DeSquam的应收账款通常都36天内回收，所以任何时刻年预付款的10%通常并未支付。(36天是一年的1/10，应收账款一年周转10次。)Sharkskin要求14%的利息和抵押款的1.6%管理费用。DeSquam应收款筹资的成本是多少？用美元和利率表示结果。

14. York公司有55 000美元平均应收账款余额，每30天周转一次。它将所有应收账款作为银行短期借款抵押品。银行通常接受提供应收账款的60%并预付它们85%的现金。利息是基础利率加3%，并且银行要提供所有款项全部价值的1%作为管理费。基础利率当前是9.5%。York支付给它的应收账款筹资的实际利率是多少？

应收账款代理：例16-5的概念链接

15. Southern Fabrics公司代理了它所有的应收账款。公司每年营业收入1.5亿美元，并且如果它收回应收账款，就有一个36.5天的ACP。公司的毛利率是35%。代理商自主经营并且一收到账款立即支付。它将代理总额打了10%折扣并且立刻支付给Southern Fabrics。因为代理商直到客户支付才能收到款，它这段时期要求10%利息。

a. 如果所有应收款都是可回收的，计算Southern Fabrics的代理总成本。

b. 协议暗含的利率是多少？

c. 假设Southern Fabrics考虑放弃代理协议并自己处理应收款。如果坏账损失预期为总销售额的3%，并且收账部每年花费150万美元，公司还这样做吗？假设持有应收账款的利息成本也是10%。

d. 如果考虑c部分的成本，代理协议暗含的利率是多少？

存货筹资：例 16-6 的概念链接

16. 城市中心银行将借给 Williams 公司存货价值的 60%款项。如果 Williams 将存货作为贷款的抵押品，银行也坚决要求 Williams 雇用存储公司来监管和控制存货材料。Blyth Warehousing 做这项工作要求年费用 150 000 美元加上它所有存货价值 2%的回报。Williams 每年将价值 1 500 万美元存货移出它的厂房，每年周转 5 次。这个建议的筹资成本是多少？用美元和借款利率的百分比形式表示结果。

17. Shamrock 公司有 2 000 万美元原材料存货，一年大约完全周转 10 次。Bridgewater 银行愿以 12%利率预付 Shamrock 存货价值 75%的筹资额。但是，它要求有一个存储系统担保它的利息。有一家存储公司将安装并运营这个系统，每年需要 800 000 美元，还要加上进入系统的材料价值 0.5%的费用。Shamrock 这样筹资的实际成本是多少？

评价保险箱系统：例 16-7 的概念链接

18. Tambourines 公司每年从远方客户收款 1 200 万美元。平均汇款支票是 1 200 美元。保险箱系统将这些票据整个浮游期从 8 天缩短到 7 天，但要耗费每年 2 500 美元加上每张支票 0.20 美元成本。相关利率是 9%。Tambourines 应当建立该系统吗？一年按 360 天计。

19. Hadley 汽车公司坐落在佛罗里达但在西北太平洋有许多客户。对这些客户的销售是一年 3 000 万美元的支票付款，平均每张支票约为 1 500 美元。支票平均 9 天拨入 Hadley 的佛罗里达银行。Oregon 的银行将为 Hadley 管理一个保险箱系统。要求年 8 000 美元加上每张支票 0.05 美元的报酬。该系统预期将清算时间减为 6 天。

a. 如果 Hadley 以 13.5%借款，保险箱系统值得吗？

b. 系统必须节省(保留到小数点后一位)以使它有价值的最少浮游期的天数是多少？

20. Colburn 公司正考虑一项保险箱系统。该公司分析应收账款的回收情况，列示如下：

邮寄支票——3 天

储存支票内部过程——3 天

银行清算系统——2 天

总赊销金额——1.8 亿美元

平均支票金额——10 000 美元

Colburn 发现与应收账款相关的短期借款利率是 8%。First Bank 暗示它所提供的保险箱系统可以减少邮寄浮游期 1 天，并取消储存支票内部系统。要求每张支票 0.50 美元加上总赊销额的 0.05%的报酬。Colburn 应该使用保险箱系统吗？如果收入是一定的，每张支票如何收费对 Colburn 是没有影响的？

21. Bozarth Business Machines(BBM)公司分析了实施保险箱系统的价值。企业预计收入是 6.3 亿美元，平均每张支票 1 500 美元。BBM 可以以 12%的利率借到资金。公司已经使用 Old Second 银行的保险箱系统，支付的报酬是每张支票 2.4 美元加上总收入的 0.06%。BBM 估计该系统每年可以节省 200 000 美元。BBM 预计该系统在收款过程中节省多少？

信贷和收款政策：例 16-8 的概念链接

22. Bailey Machine Tool 公司认为它能通过放松它的信贷标准增加销售额到 1 000 万美元。公司据一般经验认为坏账约为销售额的 2%。但销售预测，增加的业务来自财务薄弱的客户。他们一般不能支付的多达 17%。公司毛利率是 17%(相关产品成本是收入的 82%)。

a. Bailey 应当降低它的信贷标准以得到新的业务吗？

b. 如果新的业务也会增加 150 000 美元的年收账费用，试回答会有什么变化？

23. 在过去的几年中，Goldston & Co 公司的市场部说服财务部使用赊销以增加客户。随着销售收入的增长，坏账损失已经达到销售收入的 6%。财务部建议紧缩信贷政策降低坏账损失。这项建议会使销售降低 8%，但是坏账损失会降至销售的 2.6%。在现行政策下，Goldston 的预期销售是 4 亿美元，毛利率是 38%。实施新政策对毛利率没有影响，但每年要增加 50 万美元的固定成本。

a. Goldston 应该采用财务部建议的新政策吗？

b. 需要考虑哪些非财务因素。

c. 如果坏账损失降至 4%，应该实施新政策吗？

24. KranberryKids 布业公司属于不稳定的服装行业。公司年收入 2.5 亿美元并且销售毛利率为 30%。坏账损失是平均销售收入的 3%。Kran berry 正考虑放松它的信用政策试图增加销售额。放松政策要求接受低质量客户的信贷销售。这种方式下，估计销售将每年增加 2 000 万美元。但是收账部门估计新业务的坏账损失是一般水平的 4 倍，并且内部收账成本将每年耗费额外的 100 万美元。

a. 这种政策改变是个好主意吗？

b. 将增加的及时付款折扣与宽松政策联系起来降低坏账损失可能吗？

c. b 问题的办法可能产生净的负影响吗？如何影响？

经济订货批量模型：例 16-9 的概念链接

25. Sharon 的毛衫商店以每件 65 美元的批发成本从一个供应商那订购了 5 000 件毛衫。持有成本是存货的 22%，每次订购将花费 52 美元。Sharon 每年应向供应商订购几次，每次订多少？

26. SmithsonHydraulics 公司出售每件成本 25 美元的阀门。公司存货持有成本约为存货价值的 18%。每次订购成本为 38 美元。公司一年使用 20 000 个阀门。

a. 阀门的最小化存货成本的订货批量是多少？（保留到整数）

b. 如果使用 EOQ，每年订购几次？

c. 如果使用 EOQ，阀门的持有成本和订购成本各是多少？

27. EmmonsMotors 生产电子摩托。企业下年的生产将耗用 25 000 个零件，每次订货成本是 320 美元。管理者已经计算出 EOQ 是 1 000 个。Emmons 每年持有存货成本是多少？

准时生产存货系统：例 16-10 的概念链接

28. EverFit 公司制造健身俱乐部中使用的普通消费级健身器材，主要生产复杂的阻力运动设备用以增强特定的肌肉。一旦 Ever Fit 的研发中心设计出新设备，就会联系各个金属生产中心生产符合规格的零部件。这些零部件储存在 Ever Fit，然后组装销售给客户。零部件存货价值是 250 000 美元，与之相关的借款利息是 6%。损耗和无形磨损成本是 1%，每年税金和保险费是 10 000 美元。

由于供货商全部分布在 50 英里以内，Ever Fit 讨论实行准时生产存货系统（JIT）。供应商都是依附于本公司的小企业，而且有意愿按照生产计划供货。

但是，Ever Fit 的 CFO 考虑到尽管这些意图都是好的，可供应商没有能力足够精确地管理自己的生产以持续满足客户的 JIT 需求。另外，他考虑到一旦供应商不能按时送货，通常会延迟一天半。在这段时间里，25 名装配工人将无事可做。但是无论他们工作与否，公司每天必须支付他们 8 小时的工资(每小时 30 美元)。

a. 如果这套系统可以省钱，那么多少次 JIT 失败是可以容忍的？

b. 基于对 a 的回答，做出对 JIT 理论合适评价。

c. 有哪些实质性因素需要被考虑？

d. 在最终决策前提出一个测试系统的方法。

第17章

兼并重组

本章概要

公司重组是一个广义的概念，用来描述公司再造的各种方式。这些方式包括资本结构的变化(第14章)，所有权的变更，将公司合为一体与把它们分离开(剥离)，资产结构改良以及经营方法的改变。除此之外，所有企业失败和破产通常也导致某种形式的重组。

近些年，公司兼并已成为公告最多的重组活动，它是将两个或更多公司合并到统一的所有权控制下。

在本章，我们来讨论几种公司重组的方式，首先来详细地介绍一下兼并。

17.1 兼并与收购

兼并是现代企业的一股重要推动力量，它曾几次重塑了美国工业，并继续对企业及金融市场有着重要影响。

17.1.1 基本定义，术语和程序

兼并是一个很宽泛的概念，表示任意的两个及以上的企业合并到一个经济体之下。

"兼并"、"收购"和"合并"都指将两个或两个以上的企业实体合并到一个所有权控制下。在日常实践中，"并购"一词可以宽泛地指代任何一种企业结合，但从技术上说，每一个词都特指一种类型的交易。

兼并(merger)是两个或两个以上的企业合并，只有一个企业存续下来，合并后的企业沿用存续企业的名字。合并(consolidation)是指参与结合的法律实体全部解散，取而代之的是一个冠以新名称的新公司。图 17-1 用两个公司的合作加以说明。左图表示的是 B 被兼并到 A 中，右图表示 B 与 A 合并，形成新公司 C。

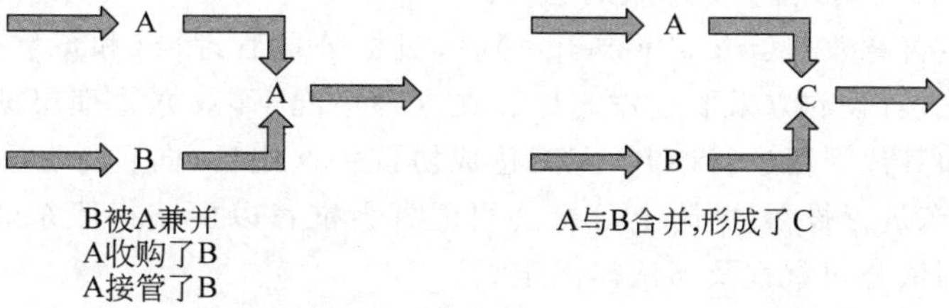

图 17-1　企业合并基本方式

兼并有时也称为收购(acquisition)，因为退出存续企业的股票通常被存续企业收购。图 17-1 左图中，A 是收购公司，B 是目标公司。接管(takeover)一词有时也来描述公司合并，因为在大部分时间，A 确切地说是接管了 B。这个词往往会包含敌意，暗指 A 是在违背 B 管理层意愿下接管了 B[①]。

其中一个很重要的微妙之处在于，参与结合的公司规模并不决定结合的性质。一般地说，左图所示的并购中 A 通常比 B 规模大，而在右图的合并中，A、B 是规模相当。然而这并不绝对，实际中有许多小公司接管大公司的案例。

在股票收购或者接管中，被收购或被接管方就是目标公司。

关系

不论合并从法律上被称作什么，当公司结合在一起时，明白由此产生的关系是很重要的。一种情况下，公司自愿结合，即使其规模上有差别，这种情况通常发生在合并中。

还有一种情况，一个公司占主导地位，决定最终的关系，因为它收购了其他公司股票。在兼并和收购中通常是这样。被收购公司的管理层在兼并后一般是为收购公司工作。并购可以在得到被收购公司管理层友好许可下完成，也可以在违背被收购公司的意愿下完成，注意到这一点是很重要的。

---

① 接管是一个很宽泛的概念，简单地说，就是一个集团从另一个集团取得了控制权。如果在同一公司内，一群股东从另一群股东手中得到控制权，这种接管不同于兼并。

股东

任何并购或合并都代表一种所有权的变更。如图 17-1 左图所示的兼并中，公司 B 退出存续，这意味着股东放弃了 B 公司的股票，并获得其他东西作为补偿，通常是现金或 A 公司的股票。而在右图的合并中，A 和 B 公司的股东都放弃了原有股票而得到 C 公司的股票。

目标公司的多数股东必须接受收购公司的报价。

没有人可以强迫股东作为一个团体参与企业结合。他们必须愿意为收购方所报的收购价放弃自己的股票。在收购过程中，这意味着收购价必须经大多数目标（被收购）公司股东通过。（如果大多数股东同意了，少数反对派会被强制接受。）

兼并分析中的主要问题是退出存续公司的股票价值问题。例如，考虑到并购中（图 17-1 左图），A 股票每股 10 美元，B 在兼并谈判前每股仅为 5 美元，那么谈判开始必须提出以 10 美元或 1 股 A 股票交换 2 股 B 股票，任何少于这一比例的交换条件都不会吸引 B 公司股东。

善意兼并程序

接下来，我们主要讨论图 17-1 左图所示的兼并（收购）。兼并开始时，通常是即将成为收购方的管理层与目标公司接触，提出收购意向。

在善意兼并中，目标公司管理层批准交易，合并到收购公司一方。

发生善意兼并（friendly merger）时，目标公司管理层（和董事会）认可结合是一项好建议，对收购方采取合作态度。在这种情况下，双方管理层就目标公司股票价值问题和其他问题进行谈判，直至达成协议。这之后，向目标公司股东提交兼并计划，由股东进行投票，并附上目标公司董事会推荐以便获得股东通过。要求通过的人数比例依公司章程及州法律而定。

如果股东通过了兼并计划，每个收购公司都应向其所在州提交适当的文件，并向被收购公司的股东发放现金或新股许可，兼并圆满完成。

敌意兼并程序

当目标公司管理层和董事会反对兼并时，他们会拒绝告知股东。如果收购方不接受该拒绝，就会直接和目标公司的股东接触，兼并由此变成敌意的或非友好的。有时收购方甚至不通过目标公司管理层而直接和股东接触，使得目标公司管理层措手不及。

在敌意兼并中，目标公司的管理层会抵制甚至采取防御措施阻止交易。

在敌意兼并（unfriendly merger）中，收购公司向目标公司股东发出收购要约，这是一种特殊的股票收购计划。收购方以所报的固定价格购买目标公司手中的股份，但规定，如果该价格不能获得居于控制地位的足够股份，则终止收购。如果收购价格适当，有足够的可获控制权的股份愿意出售，收购方可以购买这些股份从而接管公司。

在收购方进行要约收购时，目标公司会采取防御措施来抗议，一旦收购方开始行动，防御措施通常包括为说服股东不要向收购方出售股票所做的努力。而如果收购价非常高，努力效果就非常有限了。目标公司也可以先发制人，寻求与它更中意的收购公司合并的防御措施。我们以后再讨论这些战略以及收购发生前管理层采取的防御措施。

收购方可以跳过目标公司管理层直接向股东发出要约。

在敌意兼并中，认识到是双方管理层或董事会而不是股东之间存在敌对状态是很重要的。对于大部分股东来说，目标公司只不过是一项投资，如果有人愿意以足够高的价格来收购其持有的股票，他们会毫不犹豫的把股份卖掉。

敌意收购不友好的原因

当收购公司对目标公司感兴趣时，通常会发生兼并。它可以通过双方管理层友好的协商也可以通过针锋相对的斗争。

为了理解这些差异，回想一下大多数公司是由职业经理人来经营，理论上讲他们应该完全为了股东的利益。而实际上，经理在经营时既为了股东，也为了自身利益。（可以回想一下第1章所讨论过的代理问题。）

有两个基本原因可以解释为什么目标公司会抵制兼并。一个原因是收购方不能支付给目标公司股东足够的价值。目标公司认为公司股票只是暂时下跌，收购价虽然经常高于市价，但并不代表股票的真正价值。这是一个众所周知的原因。

> 目标公司管理层抵制合并是由于自身利益或者收购方的报价太低。

CFO经验谈

另外一个原因则属于个人原因。并购后，被收购公司管理层普遍会丧失大部分权力和影响力。实际上，目标公司主要经理人员在短期通常会失去工作。这是他们抵制并购的最大动因，特别是被一个有着无情对待被收购公司历史的公司收购。

公司合并的经济分类

对并购[①]进行分类的最常见方法是依据合并各方产品和产业的联系，这一联系很重要，可以帮助定义交易的经济影响。

> 兼并双方的关系：
> 纵向——供需
> 横向——竞争
> 混合——无关

纵向兼并。当公司收购了它的一个供应商或客户，称为纵向兼并。因为各公司处于一个垂直生产过程的各个阶段，这一过程包括从原材料的投入到最终产品的产出。一个汽车制造商收购了一个轧钢厂，或是麦片生产商收购了一个食品杂货店，这些都属于纵向兼并。

横向兼并。如果合并各方处于同一行业中，而且通常存在竞争关系，这种兼并称为横向兼并。横向兼并可以减少行业内的竞争。例如，一家个人电脑生产商收购了另一家同样的公司，兼并就是横向的。

混合兼并。当参与兼并的公司所处行业互不关联时，称为混合兼并。如果电气公司与一个薯片加工企业合并，就属于混合兼并。由所处不同行业的公司合并后组成的集合体称为集团企业(conglomerate)。

投资银行的角色

回想一下投资银行是帮助公司发行证券的组织(第5章)。它们通过承担向投资者销售公司发行的证券而把投资者和公司联系起来。

投资银行也是并购活动的工具，典型地是作为收购公司的顾问。它们通常协助收购公司对目标公司进行价值评估，并在必要时帮助收购方筹集收购股票的资金。

投资银行也可以为不愿被收购的目标公司提供防御措施方面的建议。

17.1.2 反托拉斯法

美国一直致力于保持一种竞争性的经济，在这种经济下，大多数行业中至少要有几家竞争性企业。

---

① 本章其他部分中，我们宽泛地使用“兼并”，指的是一个兼并和一个合并。

竞争性经济可以用机会与公平交易来描述。因为任何人只要拥有适当资源就可以进入任何行业与业内已有企业竞争，所以机会总是存在的。公平交易源于这一观念：可以确保消费者受到合理对待，没有哪一家公司能够在不输给对手的条件下将产品价格提得过高。

这些观点都已得到美国政府的认可，尤其在美国比在其他工业国家体现得都要明显，并已反映在立法中，即反托拉斯法。[①]

反托拉斯法是在 19 世纪 90 年代和 20 世纪 30 年代之间制定的，自那以后又经历了数次修改。该法的目的是禁止某些会减少经济竞争性的活动。

反托拉斯法与兼并

当某一行业中企业数量减少时，剩余企业的权力变大，竞争会减少。当出现这种情况时，我们就说该行业变得更集中了。兼并是将两个或两个以上的企业结合成单一实体，显然有可能会加强这种集中趋势，减少竞争。因此，兼并属于反托拉斯法管辖的范围内。

> 在兼并明显削弱竞争时，反托拉斯法就会阻止兼并。

很明显，横向兼并是两个或更多竞争者的合并，因此具有反竞争性。纵向兼并也可以是反竞争的，它们可以间接发生作用，如拒绝向收购方的竞争者供货[②]。混合兼并一般不具有很强的反竞争性。

反托拉斯法限制了企业的兼并自由，超过一定规模的兼并计划必须经过联邦政府司法部的审查，以确定它们是否过度削弱了竞争。如果法院裁定兼并的影响太具危害性，那么政府就会阻止兼并进行。

17.1.3 并购动因

大多数并购并不像人们预期的那样成功，许多的失败案例很值得我们认真审慎地看一下为什么人们如此热衷于兼并。

协同效应

兼并最具说服力的原因就是，出于某种原因，合并后的企业业绩通常好于兼并前单个企业业绩的总和，这意味着公司合在一起产生了一些额外价值，这一价值可以被两个（或更多）参与合并的公司所有者所分享。这一现象叫作协同效应，它是指整体的价值要大于各组成部分之和。下面我们来举例说明。

> 当整体价值大于各个组成部分之和，协同效应就产生了。

假设某公司生产割草机，另外一个公司生产铲雪机[③]。割草机工厂在冬天生产（以便在夏天出售），夏天闲置。铲雪机工厂在夏天生产（为冬天做准备），冬天闲置。如果这两个公司合并，那么就可以在一个工厂生产这两种工艺流程相似的产品，而且设备可以整年运转，这样就节省了第二个工厂的成本。这种节省就是由兼并带来的协同效应。

如上所述，协同效应通常是一种节省成本的机会，但有时也表现为某方面的增强。举例来

---

① 托拉斯是一个处于单一控制下的企业集团，类似于垄断。因此，反托拉斯意味着反垄断或反对经济权利的过度集中。

② 假设两个竞争性公司从一个低成本供应商那里购买关键的原料投入。一个公司收购了供应商并拒绝再向另一个公司出售该廉价原材料。第二个公司不得不使用更为昂贵的替代品，并被迫提高价格来弥补成本的增加。这使得前一个公司占据了价格优势，并有可能将第二个公司逐出行业。

③ 为了照顾南方读者，我们再解释一下，铲雪机实质上就是安装了动力装置的铲雪的铁锨。与割草机用法相同，但它不是用来割草，而是铲除便道和车道上的雪。用来生产铲雪机的零部件和过程与割草机的相似。

说，假设某一著名品牌的早餐麦片生产商收购了一个不知名的薄煎饼混合料生产公司，由于人们对前者品牌的认知与接受，以前者的品牌去销售被收购公司的产品会大大加快该产品的成功速度。

CFO 经验谈

协同效应听上去很不错，但在实践中，却很难发现有协同效应，而实施起来更难了。

增长

> 外部增长的速度通常大于内部增长。

公司的增长可以是外部的，也可以是内部的。内部增长是指公司通过增加现有产品的销售或成立新公司来扩大规模，外部增长指公司通过收购其他公司扩大规模。

外部增长比内部增长要快得多。公司可以通过收购同行业内的竞争对手而迅速变大，这要比通过竞争从对手那里夺取市场份额快得多。同样，公司也可以通过收购其他行业的企业更加迅速地进入新领域，而不是从头做起。因此，对快速增长的要求也是兼并的一个主要原因。

多元化经营以分散风险

如果公司收购了与自己处于不完全相同行业的公司，就称公司进行多元化经营。公司成了一个集合体，在集合体中，不同行业的公司被合并到统一控制下。当风险被定义为财务业绩的变动程度时，这样的企业通常比单一经营的风险要小。

> 多元化经营的企业比单一经营的企业更加稳定。

多元化经营的原因与股票投资组合多样化的原理相同（见第 9 章）。每个企业业绩都会随着时间推移上下波动，但波动并不完全同步。这些波动往往可以相互抵消，使企业整体业绩保持相当稳定。

这种稳定有时可以作为兼并的一个原因，然而，该解释并不能明显体现出逻辑的恰当性。实际上，我们有强有力的证据来反驳它，总结如下。

当公司收购了另一家公司，它有效地使股东投资组合多样化。由于收购公司是其与新被收购公司的结合体，股东对两个公司都会感兴趣，承担相关的风险并享有相关收益。

但股东并不需要或不想让他们的公司这样做。假设 A 打算收购 B，如果 A 的股东想投资于 B，他们就可以卖掉部分 A 股票去购买 B 股票。换句话说，股东自己就可以使投资组合多样化，而不需要或不想让公司替他们这样做。

依照这一逻辑可以得出一个结论：管理层通过收购实现多元化经营是为了稳固自己的地位，而不是出于维护股东利益。

规模经济

横向兼并可以扩大公司规模，而且兼并后的生产成本比参与兼并的任何一个公司生产成本更低。规模经济实际上也是一种协同效应。

有保障的资源与市场

纵向兼并可以保证公司急需资金的及时供应，还可以为其产品创造市场优势。

廉价地获取资产

当公司需要某种资产时，有时可以通过收购拥有该资源的公司来获得。有时，这比单独购买资产要便宜，无论资产是新的还是用过的。这种情况通常发生在目标公司经营不善，股票以低于账面价值出售时。

税收方面的考虑

公司的利润部分要纳税，但亏损公司不能获得其亏损应带来的税收抵免的好处。这种情况下，兼并可以节省应纳税额。例如，思考以下两个公司 Rich 公司和 Poor 公司可能会发生的结合情况。（单位：美元）

兼并一家亏损企业可以抵免收购方的所得税。

	Rich 公司	Poor 公司	兼并后
税前利润	2 000	(1 000)	1 000
所得税(35%)	700	0	350
税后利润	1 300	(1 000)	650

如果各自独立经营，Rich 应纳税 700 美元，Poor 不用纳税。兼并后，Poor 的损失可以抵消部分 Rich 的税前利润，这样，兼并后的公司只需纳税 350 美元。然而，兼并的主要原因是为了避税，美国国税局(IRS)不会允许公司这么做，因此兼并必须有其他可证明的商业原因，才能享受节税的好处。

批判者认为兼并的原因是建立商业帝国，但是这似乎没有得到佐证。

自我实现与构建企业帝国

虽然无法证明，但是组织顶层的有权势的人员有时好像是为了扩大其企业帝国而进行收购。部分原因在于经理的薪酬往往是企业规模的函数，而非企业经营成功度的函数。有争辩说，这种自我/帝国现象导致了许多收购价格膨胀得远高于目标公司的合理价值。① 这对于目标公司的股东来说无疑是天上掉馅饼，却是以收购方所有者的损失为代价的。

17.1.4 控股公司

控股公司通常是指拥有其他公司（又称子公司）达到决定性表决权的股份，而行使控制权或从事经营的公司。控股公司也叫母公司。子公司在法律上是独立的实体。当公司被另一家公司收购后，它可以与收购公司合为一体，也可以作为子公司存在。

母公司或者控股公司所拥有的子公司是一个独立的法人实体。

如果保持两个或两个以上的企业分开独立运作是有必要的，母子公司形式有一定优势。例如，由于通常有可能将不同子公司的负债分开，因此，其中一家子公司的失败不会在财务上影响母公司或其他子公司。

控股公司还有一个优势就是，它可以在不拥有子公司全部股票的情况下控制子公司。有时 10%的持股比例就可以有效控制一个股权分散的公司。在这样的公司里，没有哪个单一股东持股会超过 1%或 2%。一般说来，25%的所有权可以保证实现控制权，这意味着某种意义上，控股公司不必花费收购整个目标公司的费用就可以达到控制目的。

而另一方面，如果兼并的好处来自于合并带来的协同效应，控股公司就不占优势了。混合兼并中的被收购企业通常作为控股公司的子公司。

17.1.5 美国兼并运动的历史

在过去的 115 年中，美国出现了 5 次兼并热潮。

---

① Richard Roll, "The Hubris Hypothesis of Corporate Takeovers." Journal of Business, 59, No. 2(April 1986): 197-216.

第一次浪潮：世纪之交，1897—1904年

世纪之交的兼并运动对美国的工业结构产生了深远影响。这一时期的兼并运动主要是横向兼并，而且多发生在采矿业、冶金、食品生产、交通及能源业。

世纪之交的横向兼并浪潮使美国进入工业巨头时期。

第一次兼并浪潮把一个拥有众多小公司的国家变成了一个拥有工业巨头的国家，而且多为垄断企业。例如，美国钢铁公司（U. S. Steel）就是以卡内基钢铁（Carnegie Steel）领导的785个独立公司合并而成。其他的新兴工业巨头还包括标准石油（Standard Oil），伊士曼柯达（Eastman Kodak），美国烟草公司（American Tobacco）和通用电气公司（General Electric）。

第一次兼并浪潮可以描述为大公司吸收吞并小公司，它们有时会采用一些不公平甚至极端的手段。大公司通常利用权力和财力强迫小的竞争对手退出行业，然后再以相当于小公司部分价值的价格将其购买过来。

第二次浪潮：轰轰烈烈的20年代，1916—1929年

第二次兼并浪潮始于第一次世界大战，结束于1929年的股市崩溃。战后的经济复苏和20世纪20年代的普遍繁荣推动了这一时期的兼并活动。这时期的兼并多为横向兼并，并导致了几个行业的集中，形成寡头垄断①。

第三次浪潮：飘摇的60年代，1965—1969年

20世纪60年代晚期是混合兼并的时代。像国际电报电话公司（ITT），立顿工业公司（Litton Industries）和LTV这样的公司都收购了一些其他行业的公司，这些公司在经营上绝无关联。

20世纪60年代的多数混合兼并是通过股票市场完成的。

20世纪60年代的混合兼并与其说是出于商业经营的目的，还不如说是一种财务金融现象。当一个有着高市盈率（见第3章）的大公司以股票支付方式收购了一个有较低市盈率的小公司，结果可能是增加了被收购公司的每股收益。如果股市认为收购公司在收购前后有相同的市盈率，那么股价就会上涨，虽然双方都没有改善经营的预期。20世纪60年代许多兼并结果如此，因此导致了大量企业兼并，不是为了经济健康运行，而是受这种股市博弈的驱动。

由于这时期太多的兼并活动实质上是混合兼并，行业内的集中趋势相对发展缓慢。也就是说，兼并没有很大地改变个别行业内竞争企业的数量。这与前两个时期的兼并活动大大加强了行业的集中形成了对比。

20世纪70年代的一个重要发展

20世纪70年代以前，敌意接管被视为不道德的。声誉好的大公司一般不进行敌意收购。如果某一大公司的善意收购计划被目标公司董事会拒绝，大公司通常就会放弃。而且，知名的投资银行不会为敌意收购提供融资服务。

一切都随着1974年的一起收购案而改变了。ESB，这个世界上最大的电池制造商被总部位于多伦多市的International Nickel公司（INCO）收购，收购方得到了摩根士丹利（Morgan Stanley）的赞助，摩根士丹利可能是当时最有声望的投资银行。

① 寡头垄断是指行业由少数几家大公司控制（与垄断不同，垄断行业只有一个公司）。汽车行业就是寡头垄断。

这次交易和其他几次兼并交易使得敌意接管成为可接受的战略。[1]

第四次浪潮:(1982—1990)和第五次浪潮(1992—)

强强联合与全球化。兼并活动的步伐在20世纪70年代一度放缓,紧接着又恢复了活力,然后在1991—1992年短暂的经济衰退中降入低谷,从而被认为第四次浪潮结束。这次危机过后,兼并浪潮更加强大,但是出现了两次中断:

"9·11":2001年9月11日发生恐怖袭击后,兼并浪潮迅速衰落,但是几年后又重新繁荣起来。一些评论员认为这次崩盘是第五次浪潮的结束和第六次浪潮的开始。但是,多数人认为这只是由于一个非正常、不幸的、极具破坏性的事件引起的短暂的下降。

2008年金融危机:毫无疑问,在金融危机中,兼并活动事实上已经搁浅了,紧接着就陷入衰退。这是因为2008年中期以后企业难以融资以及衰退的心理影响。但是,进入2009年后,兼并又显示出复苏的迹象,只是不知能否持久。

最近的兼并活动规模巨大,经常涉及行业领导者。

接下来我们会讨论第四次和第五次兼并浪潮几个显著的特点,应注意到这些特点显示的趋势已经持续了近30年。

规模。大型兼并越来越普遍,通常会涉及各行业的领导企业。强强联合经常表示行业巨头之间的合并。例如:

企业	时间	行业	规模(美元)
Citicorp and Travelers	1998	金融	1400亿
MCI and WorldCom	1998	通信	370亿
Daimler-Benz and Chrysler	1998	汽车	750亿
America Online and Time Warner	2000	传媒娱乐	3500亿
Hewlett-Packard and Compaq	2001	计算机制造	250亿

全球化。在全球化的影响下,主要的兼并都涉及大型的跨国公司,组成了有巨大影响力的公司。例如,1998年德国的Daimler-Benz和Mercedes-Benz收购了美国第三大汽车制造商Chrysler[2]。

在第四次浪潮向第五次演进中,国际兼并数量越来越多,一个重大的变化是参与者的公民身份变化。在第五次浪潮的初期,多数的国际兼并的参与者在美国都有企业。第五次浪潮最大的特点是出现了完全是其他国家公司参与的兼并。另外,涉及的地区越来越广,重要的有英国、欧洲、加拿大、日本以及亚太地区。

横向兼并与反托拉斯法。回想兼并最大的原因是追求协同效应以实现成本降低,因此兼并经常发生在相同或类似的企业当中以消除相同的费用。例如,两个车间合二为一,销售中心出售两家公司的产品,采购中心购买所有的原材料等。这种协同来源于横向兼并,通常发生在竞争者之间,结果就会导致行业竞争的减少。

以前,执行反托拉斯法,最高法院以及各州类似的部门都十分仔细的检查横向兼并,不允许出现反竞争结果的兼并。但是,自2000～2008年,执政的共和党放松了态度,批准了一些以前不可能通过的横向兼并。

---

① 关于20世纪70年代的重要发展,详见Patrick A. Gaughan, Mergers and Acquisitions (New York: Harper Collins), 1991。

② 就像很多其他兼并,Daimler Chrysler并没有实现在合并时预期的协同效应和利益。随着将Chrysler出售给纽约一家以接管问题公司而闻名的私人公司——Cerberus资本管理公司,兼并宣告失败。

例如，在2006年批准家用器材生产商Whirlpool收购著名的Maytag，尽管合并后的公司预期的全美市场份额大约是洗碗机的一半，洗衣机与干燥机的70%。[①] 这次交易明显地取消了一个市场参与者，减少了竞争。类似的兼并在前任政府是不可能被批准的。

新世纪初，最高法院宽松的姿态无疑导致了兼并数量的激增。

但是在2009年期中出现了变化。因为民主党赢得了2008年大选，政府的反托拉斯政策可能会逆转。迹象显示，最高法院正在考虑采取更加有力和强硬的立场反对被认为是反竞争的兼并。这在一定程度上抑制了兼并活动。

融资。持续到2008的第四次和第五次兼并浪潮的一个主要的推动因素是，这一时期的长期借款利息一直保持在历史低水平。这使得借款融资用来收购其他公司不仅可行而且有利可图。另外，金融机构资金充实，不用担心风险。这使得他们更愿意贷出足够的资金促使兼并发生。

当然，随着金融危机以及随后的信贷紧缩，这些都改变了。2009年中期以后，美联储开始使银行贷款利率降至史无前例的低水平，但这并不能对企业轻易借到资金起到实质性的帮助。但是，如果一直持续这种低水平，那么将会导致兼并的重新繁荣。

敌意。敌意自20世纪70年代态度改变后，敌意接管变得非常普遍。虽然其比例还很小，但有所增加。更重要的是敌意接管的威胁已渗透到企业生活中去，大公司的最高管理层在做决策时很少有不考虑接管威胁的。

袭击者。公司袭击者是出现在金融高端的新型玩家。袭击者是理财家，通过融资购买一家公司大量的股票(通常至少是15%)，然后行使投票权推行措施使股价上涨。这可能会导致高管离职，业务停滞，公司破产以及失业。

防御。防御措施是随着敌意收购活动的盛行而出现的新领域。面临敌意收购的目标公司可以通过采取防御措施避免失去控制权。我们以后再详细讨论。

顾问。投资银行和律师极大地扩展了他们作为投资顾问的角色，并在收购过程中赚取高额费用。实际上，他们可能需要为鼓动当今大量兼并活动负责。他们在为收购方提供咨询的同时，也为不愿被收购的目标公司提供防御方面的建议。

社会、经济以及政治影响

最近的兼并浪潮中的大规模兼并有社会的和经济的干扰因素，是关于权力和影响力的集中问题。大规模兼并往往会涉及有影响的大公司，而且是一个行业内两个或更多这样公司的合并。即使不考虑这种合并的反竞争性，也很难争辩说兼并没有把经济实力集中到少数人手里，使少数人有了过多的影响社会方向的力量。

最近的大规模兼并还有一个更细微的特点，就是相关行业的领导企业联合趋势。比如说，1995年，迪斯尼公司收购了美国广播公司(ABC)。迪斯尼公司制作电影(除了经营主题公园外)，美国广播公司是主要的电视网络。虽然这些公司并没有直接竞争，但它们都可以影响呈现给公众的视觉资料。因此，兼并将影响舆论的权力交于管理合并后公司的经理手中。

我们还不清楚今天的大规模兼并的长远经济和政治影响。一方面，有争论说兼并产生的有实力的大公司比兼并前各公司运作加总更有效，因此能更好地在日益全球化的市场上竞争。另一方面，大量经济实力的积累也可能改变经济的开放性和竞争性。在相当长的一段时

① Dennis K. Berman and Jason Singer, "Blizzard of Deals Heralds and Era of Megamergers," *The Wall Street Journal*, (June 27, 2006): A1, A16; www.consumeraffairs.com/news04/2006/03/whirpool_maytag_approvar.html.

间里，我们不会知道底线会是什么。

17.1.6 兼并分析和价格增溢

任何兼并都会很快涉及价格问题。换句话说，收购方愿意支付的收购价格是多少？这个问题可以通过兼并分析得到答案。兼并分析试图确定对兼并方来说，兼并产生的价值是多少。

理论上，兼并分析就是一个简单的资本预算训练。兼并方预测目标公司预期产生的永续现金流量，然后进行标准的资本预算分析来判定，兼并项目是否有正的净现值。

任何资本预算分析都有两个方面需要估计。第一，预测项目的现金流量；第二，选择适当的折现率。

预测兼并现金流量

预测兼并现金流量应该是一项简单的关于目标公司的财务计划训练，但有两个例外。第一个例外是在分析时要考虑预期由兼并产生的所有的协同效应，第二个例外是要求收购方确认的现金流量不应包括为企业成长的再投资。这些就是自由现金流量，我们在第 3 章对这个定义做出过介绍。我们一会将举例加以介绍。

然而在实践中，预测兼并现金流量是非常困难的。记得我们在以前几章所介绍的关于财务计划的准确性(第 4 章)和现金流量预测(第 11、12 章)，我们得出结论，由于未来固有的不确定性和人们做决策时的主观偏见，财务报表是很难预测的。

这些问题在兼并中尤为突出。兼并方必须进行分析，但它通常没有便利渠道获取有关目标公司未来前景或过去历史的详细信息。在善意兼并中，目标公司的管理层往往热衷于抬高价格，于是，与潜在兼并方所分享的信息就会偏于乐观。而在敌意兼并中，管理层根本不会让他人分享任何内部信息。

> 计算兼并价格是一个资本预算过程，但是现金流量很难估计，通常会出现高估价格。

这些情况并不少见，从而使现金流量的预测极不准确，往往会夸大目标公司的价值。预测错误可以将兼并变成一场财务灾难，因为收购方支付价格过高。当然，同样情况对于目标公司是天上掉馅饼，股东以极不现实的高价出售了股票。

适当的折现率

因为收购是一种权益交易，所以应当用反映权益资金成本的折现率进行估价，而且应该使用目标公司的权益报酬率作为折现率，而不是收购公司的。这是由于从收购方角度，项目的风险实质就是目标公司的风险。

收购方的价值和每股价格

收购方通过分析得出目标公司的总价值，即购买目标公司的股票后从目标公司获得未来预期现金流量的净现值。每股价格就是用总价值除以目标公司发行在外的股票份数。

总价值或者每股价格的估计值就是收购方愿意向目标公司支付的最高价格。任何低于该价格的交易都代表收购方及其股东获得了利益；任何高于该价格的交易都表示收购方股东的利益流向了目标公司的股东。

当然，目标公司的管理层会运用同样的方法得出同样的估计数字。在他们眼中，这是最低成交价。兼并谈判中会以评估的金额成交，这就是兼并价格。

必须明白我们所讨论的估价是非常主观的。换句话说，它会受到评估者的观念和偏见的影响。没有人知道计算目标企业净现值的未来现金流量和适用的折现率到底是多少。在兼并谈判中，购买方和出售方会有很多的辩论。

价格增溢

不论是善意收购还是敌意收购，对目标公司股东所报的收购价通常要高于股票市价，认识到这一点非常重要。为了理解这一点，假设某公司股东总是拥有以市价卖掉股票的期权，但在特定时间内，只有小部分股东卖掉了股票，大多数股东并没有在规定日卖出股票，他们认为股票市价小于股票的实际价值。

在收购中，收购公司支付的价格要能使目标公司多数股东能立即卖出股票。显然，这一价格高于当前市价。在还未宣布收购前，所报收购价与股票市价之差叫作溢价或增溢(premium)。收购的关键是要选择一个价格，既能吸引大多数目标公司的股东，又不能过高。过高的价格对于收购方是一种浪费。

所以我们应该清楚，从兼并的财务意义上说，兼并方支付的收购价必须高于目标公司当时的股票市价。

对市价的影响。为收购目标公司股份支付的溢价创造了一个投机机会。如果投资者购买即将被收购的公司的股票，与收购相联系的溢价可以确保他们快速获得利润。

> 多数收购都会使价值增溢，更多的投机机会使得股价上涨。

公司成为收购目标这一事实一经公开后，投机机会使公司股价迅速上涨，这种现象被称为目标公司入戏(in Play)，收购公司明智的做法是保持兼并谈判秘密进行。

还有两点也是很重要的。第一，人们利用与兼并谈判有关的方式从价格上涨中获得短期利润，这属于违法的内部交易。会涉及的人员包括涉入的公司经理，以及提供兼并咨询的像投资银行和律师这样的外围玩家(peripheral players)。

> 内部人员利用谈判机会获得短期利润是违法的。

第二，购买可能会成为收购目标公司的股票已成为一种投资战略，而不需要了解特殊的兼并动机。投资者运用这种战略，并希望他们持股的一些公司在不久入戏。

谈判要点。如果对于收购公司来说目标公司的实际价值远高于市场价值，就会产生兼并收益，其大小依据实际价值与市场价值之差的大小而定。兼并谈判包括确定兼并收益怎样在收购公司股东和目标公司股东之间进行分配。

目标公司的股东可以以溢价出售股票形式迅速得到属于他们的那部分收益。剩余部分则包括收购公司的价位中，自然增加了其股东收益。

这意味着在敌意兼并中，谈判主要是将收益在双方股东间进行分配，而在敌意兼并中，收购公司对收益进行预测，以要约收购形式将部分收益分配给目标公司股东。

CFO 经验谈

有点要记住，就是兼并利得是很难预测的，而且极易被高估。

计算价格和后续价值问题

从收购方的角度，兼并分析就是用第 10 章介绍的净现值法所做的一个资本预算训练。回想公式(10-1)净现值的定义，

$$NPV = C_0 + C_1[PVF_{k,1}] + C_2[PVF_{k,2}] + \cdots + C_n[PVF_{k,n}] \quad (10.1)$$

简单地说，项目的净现值就是由 C_0、C_1、$C_2 \cdots C_n$ 代表的所有的现金流量的现值之和。C_0 是项目的初始现金流出量。作为一项流出，它是负值。接下来的 C_1、$C_2 \cdots C_n$ 一般是正的现金流量，代表以后 n 年内项目的现金流入量。(用 $(1+k)^i$ 这一因子除得到每期现金流量的现值。)

在兼并分析中，C_0 是收购方为收购目标公司股票支付的全部价款，C_1、$C_2 \cdots C_n$ 是分别预期由目标公司和兼并协同效应产生的各年现金流量之和。

项目只有在具有正的净现值时才有可行性。在兼并过程中，这意味着 C_0 必须小于其余各期现金流量现值之和。因此，这个和就是收购公司愿意为目标公司股票所支付的最高价格，用这个价格除以目标公司发行在外的股票份数就得到收购方愿意支付的最高每股价格。

概念链接　例 17-1

基本兼并分析

Alpha 公司正在分析其是否应该收购 Beta 公司。Alpha 确定了分析中使用的适当折现率为 12%。Beta 有 12 000 股发行在外的股票，未来三年包括协同效应在内所产生的现金流量如下：（单位：千美元）

年份	1	2	3
现金流量	200	220	250

Alpha 管理层相当保守，认为现金流量预测期不应超过三年。管理层相信任何比这更加乐观的预测都会过于冒险，缺乏可靠性。那么，Alpha 愿意为每股 Beta 股票支付的最高价格是多少？

解答：Beta 公司的正现金流量的现值计算如下（单位：美元）

年	现金流量	$PVF_{12,i}$	现值
1	200 000	0.892 9	178 580
2	220 000	0.797 2	175 384
3	250 000	0.711 8	177 950
			531 914

因此，Alpha 愿意支付的最高价格是 531 914 美元，它等于净现值公式中的初始支出（C_0），此时净现值为 0，Alpha 对是否进行收购不感兴趣。

用该价格除以股票数量就得到 Alpha 愿意支付的最高每股价格。

$$最高收购价=531\ 914/12\ 000=44.33$$

注意到在例 17-1 中，收购方的管理层在财务上相当的保守，仅根据三年的预测现金流量计算目标公司的价值。不幸的是，收购方在财务上并不保守，而是愿意以长期预测作为计算目标公司价值的基础，这样就产生了终值问题。

在兼并分析过程中，通常是详细预测有限年份的现金流量，一般是 3～5 年。但多数兼并分析假设现金流量是永续的，于是在详细预测了 3～5 年的现金流量后，往往会预测这之后无限持续的现金流量序列，这常常会使分析结果强烈支持收购。问题是，这些结果的真实性有多少？我们用一个更实际（因此也更复杂）的举例把这些问题搞清楚。

概念链接　例 17-2

运用终值进行兼并分析

Aldebron Motor 公司正考虑收购 Arcturus Gear Works 公司，并且已经编制了三年的预计财务报表包括下面的收入和利润预测。0 时期为当年，不包括在预测范围内。数字单位是百万美元。

年份	0	1	2	3
收入	1 500	1 650	1 815	2 000
税后利润	95	106	117	130

Aldebron预期协同效应每年产生的税后净利润为1 000万美元，还预期相当于折旧的现金会被再投资，以保持Arcturus的厂房设备更有效地运转。剩余的经营现金流量的60%需要投资于增长机会，要不然资产负债表会相对保持不变。

三年之后的情况就很难详细预测，Aldebron的计划中只是简单假设三年后目标公司的所有项目年增长率都为6%。

当前90天国债收益率为8%，股市平均报酬率13%。Arcturus的β系数1.8，有2 000万美元发行在外的股票，前一天的收盘价是每股19美元。

Aldebron愿意为Arcturus的股票支付多少呢？并讨论一下预测的质量。

解答：首先求出计算现值的适当折现率。回想一下，目标公司的权益报酬率可作为适当的折现率，通过资本资产定价模型（见第9章）来求出。证券市场线（SML）计算结果如下：

$$\begin{aligned} k_x &= k_{RF} + (k_M - k_{RF})b_x \\ &= 7\% + (13\% - 8\%) \times 1.8 \\ &= 16\% \end{aligned}$$

接下来，运用下面所给的资料可以大体预测出目标公司头三年的现金流量。

Arcturus Gear Works 公司的预测现金流量（单位：百万美元）

年　　份	0	1	2	3
收入	1 500	1 650	1 815	2 000
税后利润（兼并前）	95	106	117	130
协同效益	10	10	10	10
税后利润/现金流量（兼并后）*	105	116	127	140
在投资（60%）	(63)	(70)	(76)	84
流向的现金	42	46	51	56

* 我们没有加回折旧，因为前面假设相当于折旧的部分已在投资于厂房设备

明确预测期以后的现金流量通常是通过终值假设加以概括。在本例中Aldebron假设第三年现金流量为5 600万美元，并将以6%的年增长率无限增长下去。已知增长率，那么明确的预测期末的价值就可以用我们第8章学过的固定增长（Gordon）股票估价模型求出。回忆公式（8-10）。

$$P_0 = \frac{D_0(1+g)}{k+g}$$

在应用时，我们用终值（TV）代替P_0，C_3代替D_0，代表第三年的现金流量，已经计算出折现率k，g是假设三年后的年增长率。

$$TV = \frac{C_3(1+g)}{k-g} = \frac{56 \times (1+0.06)}{0.16-0.06} = 5.94（亿美元）$$

因此，资本预算中的现金流量序列如下：(单位：百万美元)

年	1	2	3
经营现金流量	46	51	56
后续价值			594
合计	46	51	650

注意到终值与三个年现金流量相比是很大的。这种情况很常见。接下来我们用以前计算出的折现率来求现金流量的现值。为了一会说明方便，我们把三年的预测值和终值分开来算。

$$\begin{aligned}PV &= 46[PVF_{16,1}]+51[PVF_{16,2}]+56[PVF_{16,3}]+594[PVF_{16,3}]\\ &= 46\times 0.8621+51\times 0.7432+56\times 0.6407+594\times 0.6407\\ &= 113+381\\ &= 494(\text{美元})\end{aligned}$$

这个计算过程表明，对于 Aldebron，Arcturus 价值 4.94 亿美元。注意到它几乎等于终值的 3/4。换句话说，如果有 2 000 万股发行在外的股票，Aldebron 应该考虑支付给 Arcturus 的最高价格为 4.94 亿美元，每股 24.70 美元。如果当前股价为 19 美元，则表明支付价格有 30%的溢价，计算如下：

$$(24.70-19.00)/19.00=30.0\%$$

CFO 经验谈

预测的质量。认识到我们刚才估价过程有很大的主观性是很重要的，特别是在终值的计算上。虽然它代表了我们知之甚少的时期(遥远的将来)，但终值仍占了最后计算结果的 3/4。这意味着，我们的预测对基于长远未来的假设是高度敏感的。换句话说，那些假设微小的变化都会使最终结果产生很大的差异。

假设一个更为乐观的人做了预测并认为，8%的长期增长率对于 Arcturus 来说更合适。在这种假设下，终值为 7.56 亿美元，其现值为 4.84 美元。最后的总现值为

$$PV=113+484=587(\text{美元})$$

注意到在这个更大胆却仍合理的假设下，终值占了总现值的 81%。对目标公司股票的每股收购价为 29.85(597/20)美元，这样一来，相当于 57.1%[(29.85－19)/19]的溢价。

这表明，像这样的收购中，我们可以计算出一系列的收购价。因此，我们需要进行审慎的判断分析，以免在数百万美元的交易中支付过高价格。

虽然在近年的一些大的比较复杂的收购中，收购方支付了很高的溢价，但仍很难令人相信，一个公司价值真的能高于市价[①]那么多。弦外之音就是，一定还有别的原因在推动兼并交易。许多观察家将之归于收购公司经理纯粹的利己主义。

支付收购款：垃圾债券市场

收购一家公司包括收购目标公司股东的股票。支付方式可以是现金、股票、债务融资，也

① 在 20 世纪八九十年代可以看到很多公司更高的溢价，接近于市价的 100%。但是，现在的实务中已经温和了很多。据报告称，21 世纪初的溢价在 20%左右。详见 Berman and Singer. Blizzard of Deals Heralds an Era of Megamergers. The Wall Street Journal,(June 27, 2006)：A1.

可以是这几种的组合。

例如，举例中的公司同意以每股 25 美元的价格收购 Arcturus 的股票。同时，假设 Aldebron 的股票市价是每股 10 美元。下面是为收购 Arcturus 的 100 股股票的几种支付方式组合。（单位：美元）

现金	Aldebron 的股票	债券
2 500	—	—
—	250	—
1 000	50	1 000
1 500	100	—

当以现金支付时，收购方必须拥有或能筹集到足够的现金。投资银行在最近的兼并浪潮中起了重要作用，它帮助公司筹集收购资金，特别是垃圾债券市场就是这一时期的产物。

垃圾债是融资能力弱的公司发行的高利率债券，通常被偏好高风险的基金购买。

垃圾货券是一种低级别、高收益的债券，因为发行公司风险性很大。20 世纪 80 年代以前，不管其债券利率是多少，小的风险性公司都是不可能筹集到资金的。

然而那期间，投资银行将风险债券组合起来形成基金。他们称风险性公司的失败率只是略高于那些声名卓著的公司。于是有人争论说，如果风险性公司的失败率只比那些稳定公司高于 1%～2%，但其债券收益率高于 5%～6%，投资者投资于这样的公司比购买稳定公司的债券拥有更多的财富。

投资者接受了风险投资公司的这一建议，于是高风险公司突然筹集到了巨额资金。这些资金主要用在了风险性收购中，用来收购目标公司的股票。也就是说，收购公司发行垃圾债券，并用筹集的资金用来收购。

实务观察

流行的软饮料怎样造成了麦片巨人 Quaker Oats 价值 14 亿美元的“消化不良”？

1997 年 3 月 28 日，《华尔街日报》在头版头条刊登了“Quaker Oats 要卖掉 Snapple”。这篇文章宣告了一个故事的终结，这个故事可能是最令人震惊的支付过高的收购案例。

两年半以前，Quaker 以 17 亿美元的价格收购了 Snapple。Snapple 是新时代软饮料行业的领导者。《华尔街日报》这篇文章称，Snapple 仅卖了 3 亿美元，Quaker 为此损失了 14 亿美元。

每股 Quaker 股票相当于损失 8.4 美元。为了说明其损失程度之大，报纸强调，一年前的同一季度，Quaker 约每股盈余约为 0.23 美元，这意味着由于 Snapple 上的重大失误，Quaker 赔进去约 36(8.40/0.23) 个季度，或 9 年的利润。

Snapple 在 20 世纪 90 年代早期开始流行，销售额也从 1991 年的 9 500 万美元增加到 1993 年的 5.16 亿美元。飞速的增长吸引了 Quaker 的眼球，可能也正是这个原因使 Quaker 愿意支付相当于 20 倍利润的收购价，也是其他饮料公司市盈率的两倍。而且，Quaker 已经卖掉 Gatorade，加上对 Snapple 的收购，可能预期会产生大的协同效应。

但是从开始就存在一个问题，Quaker 理应预料到的。首先，饮料行业的长期增长率仅为 3%，这意味 Snapple 的超常增长不可能永远持续。其次，其他一些公司包括可口可乐，百事可乐都已积极进入了新时代的市场。到 Quaker 收购时，Snapple 的增长已经基本停滞，利润预测正大幅下降。

很难想象 Quaker 怎么会犯这么大一个错误。Snapple 1993 年的利润约为 6 800 万美元。Quaker 可能是利用了例 17-2 的方法得出应选用的增长率假设，从而计算出 17 亿美元收购价这个结果。比方说，如果 Quaker 收购的必要报酬率仅为 15%，就应该用 11%的增长率预测，并认为 Snapple 会以 11%的增长率永远增长下去，从而得出收购价 17 亿美元。当整个饮料市场都仅以 3%的增长率增长时，而且有像可口可乐和百事可乐这样的巨人参与竞争，Quaker 的假设就显得过于乐观。

但为什么 Quaker 愿意为 Snapple 支付如此高的价格呢？很难说清楚。《商业周刊》6 个月前就有一篇文章注意到，一些投资者认为它可能与"轰动性交易带来的振奋"有关。

(2001 年，Quaker 被百事可乐收购)

资料来源：The Wall Street Journal (28 March, 1997)；Business Week (23 September 1996)

可是事实证明，垃圾债券市场建立的前提并不正确。只有在经济景气时期，风险公司的失败率才比高级别的公司略高。在经济不佳时，风险公司失败率相当高。在 20 世纪 80 年代末期经济衰退到来时，垃圾债券市场崩溃了。

开拓垃圾债券市场的先锋是一个叫迈克尔·米尔肯(Michael Milken)的人，他任职于德雷克塞尔公司(Drexel Burnham Lambert)。这家公司后来倒闭了。米尔肯为他在这一时期的行为被判入狱。

以资本结构为论据证明高溢价是正确的

回想一下我们在第 14 章得出的结论，资本结构可以影响股价。特别是我们提到公司在很少或没有负债时，用负债来替换权益资产有时可以引起股价的上扬。

当通过借款筹集收购目标公司股票的价款时，得到的结果通常是一个更高财务杠杆的公司和它的新主人。如果这导致公司市场价值增加，这个增加值可有力地证明用高溢价收购股票是正确的。

即使是这样，对于一个理智的人，也很难接受超出市价约 50%的溢价。

支付过多的影响

收购公司以股票或现金方式支付过多时，会使财富从本公司股东向目标公司股东转移。这违反了收购方管理层的目标：使股东利益最大化，但还不致引起更大的问题。

另一方面，当以负债融资方式支付过多时，会导致公司债务及相关利息支付负担过重，从而使合并后的公司业绩不佳或面临倒闭的风险。

在例 17-2 中，如果 Aldebron 借款筹集 5.92 亿美元来收购 Arcturus，而且 Arcturus 的现金流量比预期的要少，那么 Aldebron 就不会有足够的资金来偿还债务，从而导致破产。

17.1.7 防御战略

防御战略是管理层采取的防止公司被收购的战略，分为两类：一类是在接管尝试开始后实施的战略，另一类是在预期会发生接管时实施的战略。

目标公司的管理层可以运用防御战略避免被收购。

接管行动开始后的战略

在收购公司宣布收购意图后，目标公司的管理层可采取如下行动。

挑战收购价。依靠这一战略，管理层试图使股东相信收购方的报价过低。通常的做法是宣称市场暂时低估了股价，股东若持有股票直至股价高于收购价，会获得更多的财富。

宣称违反了反托拉斯法。管理层与司法部联系，称兼并具有反竞争性，希望政府出面干预。

发行债券回购股票。这通常会抬升股价，减少收购方所报收购价的吸引力。同时还会增加公司的杠杆，从资本结构角度看，降低了目标公司的吸引力。

> 白色骑士是指管理层选择的一个对待目标公司管理层有较好声誉的收购方。

寻找白色骑士。有些收购公司是极其不受欢迎的，因为它们有着不善待被收购公司管理层及员工的历史。目标公司的管理层有时会试图另寻一个有较好声誉的收购方，这样的收购方被称为白色骑士。

绿色邮件。有时一个强大的团体持有公司大量股份，但仍居少数股权地位，这会激发其获得公司绝对控制权的欲望，并进而通过兼并以达到目的。目标公司的管理层从该团体手中溢价购回大量股份来消除被收购风险。实质上，这种用公司的钱去收买"袭击者"的做法就叫作"绿色邮件交易"。

预料到接管时的战略

有些事项可以写进公司章程，使收购在没有目标公司管理层的合作下变得极为困难。

错开董事会选举。公司由董事会来管理，董事会通常是在每年的股东大会上选举产生。每年的董事会选举暗示了如果一个外部团体持有绝对控制权的股票，那么就可以选举新董事会，并很快地开始管理公司。然而，如果将董事会的选举错开，比方说，每年只选举 1/3 的董事会成员，那么即使这个外部团体已经获得了新的控股权，也要等很长时间才能接管董事会，进而实现对公司的控制，因此减少了收购的吸引力。

超级多数条款。兼并必须通过多数股份的通过，公司章程规定了这个多数的比例。当控制权变化时，要超级多数，比方说 80%的股东通过才行，使收购方控制企业更加困难。

毒丸防御。毒丸计划是公司章程中制定一律措施，用来使外部人员在没有管理层支持下取得控制权代价极为昂贵。从概念上看，就是收购方将目标公司连同毒丸一并吞下，自杀了，当然是财务意义上的。

毒丸计划有许多种，但也有不确定性。有些计划可能是违法的，所以不具备法律效力。还有一些计划会因缺乏公允而损害某类股东的利益，或者表现为对公司资源的一种不负责任的浪费。这种情况下，批准这些计划的董事会有可能被气愤的股东起诉。下面是一些更为常见的毒丸计划。

> 金色降落伞是指目标公司管理层索要的一笔巨额安置费。

金色降落伞。它是公司和其高级管理人员签订的合约，保证公司在被收购后，如果这些公司人员被解雇，可以得到一笔巨额安置费。这笔资金流出，除了可以增加管理人员财富外，也可以削弱公司实力。

加速负债。公司可以在其债务合同中加上一项条款，即如果公司被接管，公司必须立即偿还其到期债务本金。大多数公司并没有足够的现金来偿还，于是接管会使公司处于违约地位。如果真是这样，收购完成后债权人就会强迫收购方拿出足够的现金来偿还被收购公司所有的债务，这通常是令收购方所反感的。

认股权计划(SRPS)。认股权计划(share rights plans, SRPS)比较复杂，它是发放证券给股东，这些证券给予持有者一定的权力，使他们在接管后能以折扣价购买合并以后的公司股票。这意味收购公司不仅要购买目标公司的股票，还要将自己的股票，比方说，以半价出售给目标公司股东。尽管这种方法不能阻止收购的进行，但会使收购方付出极大的代价。

17.2 其他形式的接管：杠杆收购和委托书争夺战

到目前为止，我们一直把接管同一家公司对另一家公司的收购联系在一起。然而，所有权和控制权的变更也可以独立于企业间合并之外。

17.2.1 杠杆收购

杠杆收购(LBO)是指一群投资者通过协议或发出要约的方式购买公众持股公司的股票，于是该公司就不再上市，而是变成私人控制的或少数股东控制的公司，这群投资者一般是公司的管理人员。

在杠杆收购中，投资者通过借款购买目标公司的股票使其私有化。

这群投资者通过负债融资，加少量自有资金购买股份。负债可高达购买价格的95%以上，因此才会有杠杆收购之称。公司的借款通常以其资产做抵押。

杠杆收购的风险较高，因为所有权变更后，公司债务负担沉重。举例来说，假设某一公司没有负债，只有1亿美元的权益，按账面价值出售。也就是说，股票的市场价值也是1亿美元。现在假设管理人员以账面价值购买股票，其中500万美元是自有资金，其余的依靠负债融资。公司杠杆收购前后资本结构如下：(单位：百万美元)

	LBO前	LBO后
债务	0	95
权益	100	5
总资本	100	100

杠杆收购前后与公司经营获利能力有关的各方面并没有任何变化，认识到这一点是很重要的。然而，杠杆收购后的公司要为9 500万美元的债务支付利息，成为一个风险性的公司。

注意到杠杆收购是一种接管而非兼并，公司被一群投资者接管，并没有被其他公司兼并。

专门的杠杆收购公司把杠杆收购集中起来，帮助收购者筹集所需资金。最为知名的是科尔伯格—克拉维斯—罗伯斯公司(Kohlberg, Kravis & Roberts, KKR)，因1988年收购RJR纳贝斯克公司(Nabisco)而一举成名，RJR纳贝斯克是一家合并后的烟草和食品生产企业。杠杆收购前，公司股价为每股55美元。最终确定的收购价格每股106美元，收购总额高达250多亿美元。

杠杆收购完成后，公司的首要目标就是尽快减少负债，有时可以通过出售资产或部门，用所得的收入来偿还债务。

杠杆收购有时也被看作受利润驱动的一种财务操纵，可以毁掉一个健全的企业，因此受到了批判。我们举例中的数字可以很好地说明这点。杠杆收购之前，公司采取保守的融资策略，而且可能有很好的经营前景(要不然收购团体不会感兴趣)。杠杆收购后，还是同样的公司，却因负债过高而临破产风险。

如今，杠杆收购已不像20世纪80年代中期那样普遍了，可能是债务负担过重的原因，许多杠杆收购后的公司都倒闭了。

概念链接　例17-3

杠杆收购(LBO)

Scott Motors公司管理层计划杠杆收购本公司。公司拥有500万股流通在外的普通股，每股 8 美元。股东权益账面价值 3 000 万美元，长期负债的账面价值是 1 000 万美元。流动资产 1 000 万美元，其余的是固定资产，有一部分为借款做了抵押。假设这些资产的可收回金额等于账面价值。借款以外的负债是 1 500 万美元。管理层拥有 1 500 万美元现金，并认为可以用 25％的价值增溢获得股票市场的股票。Scott 目前债务利率是 10％，杠杆收购后因风险增加，债务利率上升至 12％。

a. 管理层的借款是多少？

b. 为了使交易成功，管理层需要向借款人贷款的金额占固定资产账面价值的比例是多少？

c. 比较杠杆收购前后 Scott 的资本结构与产权比率。

d. 比较杠杆收购前后 Scott 承担的利息。

e. 总结。

解答：

a. 购买股票需要

$$500\text{万}\times 8\times 1.25=5\,000(\text{万美元})$$

管理层有现金 1 500 万美元，所以需要借

$$5\,000-1\,500=3\,500(\text{万美元})$$

b. 首先计算出 Scott 杠杆收购前的资产负债表，如下：其他负债，借款，股东权益合计 5 500 万美元。因为流动资产是 1 000 万美元，所以固定资产是 4 500 万美元。见下表。（单位：百万美元）

流动资产	10	其他负债	15
固定资产	45	借款	10
		所有者权益	30
资产	55	负债及所有者权益	55

因为需要借款 3 500 万美元，所以贷款的金额占固定资产账面价值的比例是 77.8％（3 500/4 500）。

c. 在杠杆收购中，管理层为获取股票需要支付 5 000 万美元，其中 1 500 万美元成为所有者权益。杠杆收购后将会新增借款 3 500 万美元，加上原有的 1 000 万美元，借款总计是 4 500 万美元。（单位：百万美元）

	LBO 前	LBO 后
债务	10	45
权益	30	15
产权比率	1∶3	3∶1

d. 杠杆收购前，Scott 的年利息是

$$1\,000\text{万}\times 0.10=100(\text{万美元})$$

杠杆收购后，Scott 的年利息是

$$\begin{aligned}1\,000\text{万}\times 0.10&=100(\text{万美元})\\+3\,500\text{万}\times 0.12&=\underline{420}(\text{万美元})\\&\quad 520(\text{万美元})\end{aligned}$$

e. 首先，杠杆收购不一定易于完成，因为银行也许不乐意借出相当于固定资产账面价值 80％的款项，一旦失败，银行很难收回借款。另外，杠杆收购使 Scott 成为一个风险非常高的企业，产权比率急剧上升，债务利息负担涨了 5 倍。这意味着，一点微小的经济不景气都有可能摧毁这家企业。

17.2.2 委托书争夺战(proxy fights)

委托书是一种法律文件,是给予一个人代表另一个人某方面的利益而从事某种活动的权利。当公司选举董事会时,管理层通常会争取股东授予的委托书来投票选举董事会成员。换句话说,管理层从股东那里争取委托权,投票选举管理层提名的董事会成员。一般这种做法不会遭到反对,大多数股东愿意授予管理层委托权。

委托书争夺战是指不同的团体在董事会选举时争夺股东的授权。

然而有时候,有些股东对管理层不满,并寻求控制董事会。这些持异议的股东也会为了董事会的选举向其他股东争取委托权。如果持异议团体获胜,他们就可以选举其代表出任董事会成员,以达到控制公司的目的。

当两个或两个以上的团体同时向股东争取委托书,委托书争夺战不可避免。如果持异议团体获胜,则称发生了接管。

注意到委托书争夺战并未引起所有权的改变,争夺前后,公司的股东不变,但董事会的控制权发生了变更。

17.3 剥离

剥离与收购相反。公司认为,出于某种原因,在没有某一产品、部门或子公司后,公司的价值会增加,于是公司会将这一产品、部门或子公司用某种方法除去。

17.3.1 剥离的原因

剥离有几种原因。

获取现金

出售最简单的原因就是对现金的需要。公司售出不重要的部分,因为它需要钱去换取别的东西。

公司出售业务部门是为了获取现金,或者因为业绩不佳以及战略性适应。

杠杆收购后,公司一般会有巨额的债务负担,有时就通过出售资产或非关键的业务部门获取现金以偿还部分债务。

收购的目标公司有时会有一些收购方并不想要,但在兼并完成前,又不能从所需资源中分离出去的业务。于是,将不想要的部门在兼并后剥离,用所得的资金减少最初接管发生的费用,这种现象相对普遍。

战略性适应

有时公司会有一些部门或子公司不能适应公司的长期发展战略,特别是在战略思想发生改变后,这种情况尤为突出。

业绩不佳

有些业务从来就未达到企业的盈利标准,到最后,即使是最有耐心的管理人员也会想法将其剥离。

17.3.2 剥离的方法

基本上有三种方法:出售(sale),分立(spinoff)和清算(liquidation)。

出售

可以将某项业务出售给另一个公司或投资团体,前者是一种善意收购,后者则是杠杆收购。

分立

当公司的两部分战略上不能相互协调,但公司又不想失去任何一部分,这时就会发生分立。换句话说,管理层相信,同时保留这两部分最大限度地维护了股东利益;但从经营角度上,最好将其完全分开。分立是使剥离出的业务部门形成一个独立的新公司,并将新公司的股份按比例分配给公司股东。

分立后,两个公司确切的说是由相同的股东所有,股东可以自由地分别交易这两种股票。在相对短的时间内,两个公司的所有权就不同了。

假设一个稳定的公司进行收购,并形成了几个更具风险性的部门。几年之后,公司呈现出截然不同的两面。保守性的一面和风险性的一面。然而,许多老股东投资于公司是看中了它的稳定,他们不能适应公司风险性的一面。这时,就应该将风险部门分立出去,让不愉快的股东卖掉手中的风险性股票,而继续保留或增持稳定性的股票。

清算

简单地说清算就是公司倒闭,将其资产零碎地而不是作为整体出售。它通常是处置经营极其失败的企业的最后一个手段。

17.4 破产和失败企业的再造

失败是企业生命中不快的经历,但又是一个实实在在的事实。每年都有50 000多家企业经历失败的痛苦,其中也包括一些大公司。在开始这一部分前,我们先来给失败下一个确切定义。

17.4.1 失败与无偿债能力

企业失败可以从长期的经济角度定义,也可以从眼前的商业角度定义。我们这里主要研究失败的商业概念和含义,但是理解其经济含义以及经济含义与商业含义的区别,也是很重要的。

如果企业不能为所有者提供足够的回报,那么企业就是经济意义上的失败。举例来说,假设一家公司一贯能够偿清债务并赚取利润,但从未能给予股东超过1%或2%的报酬。过了一段时间,投资者就会撤出投资,企业就会经营失败而停业。

我们刚才描述的经济上的失败是企业和所有者之间的问题,而商业意义上的失败则是企业与债权人之间的问题。当企业不能偿还到期债务时,就称为商业意义上的失败,有一个术语叫作"无偿债能力(insolvent)"。当公司不能清偿短期到期债务时,就称为技术上的无偿债能力,当公司资不抵债时,则称为法律上的无偿债能力。

> 公司如果不能清偿到期债务,就是无偿债能力或者商业失败。

商业失败通常也是经济失败,但企业在未发生法律或商业失败时,也可以有经济失败。

债权人对无偿债能力公司的潜在行动

假设一个无偿债能力的公司有许多债权人,再假设一个债权人起诉并设法获得公司资产以抵偿债务。

这种情况对这个起诉的债权人是有好处的,但对于牵涉的其他人则是不利的。如果无偿债能力的公司失去生产设备,可能会立即停产。在大多数情况下,这意味着所有员工都会失去工作,股东投资受损。而且,由于公司丧失了获得收入的能力,其他债权人可能什么也得不到了。

在大多数情况下,使公司能继续经营,并用收益逐渐偿还债务,这是再好不过的了。这意味着,债权人必须立即停止任何可能会导致公司失去偿债能力的活动。问题在于,每个债权人都从自身利益出发,并且想比其他债权人优先受偿。

17.4.2 破产:概念与目的

破产是一种法律程序,用来防止上述情况的出现。当一个无偿债能力的公司宣布破产时,法院会保护它免于债权人的起诉,同时由法院来裁决公司是应继续经营还是关门停产。

> 破产程序保护失败企业避免债权人的起诉,由法院决定停产清算还是继续经营。

企业失去偿债能力是因为经营不善陷入失败境地,或是负债过多。第一种情况下,在亏损更多之前最好将公司关闭,以挽回尽可能多的资产以偿还债务。第二种情况下,如果给予公司足够的时间,它有可能会还清债务。如果导致失去偿债能力的因素可能会发生变化,最好让公司保持运营。当然,如果上述两种情况兼而有之,判断和决策就非常困难。

如果无偿债能力的公司重新振作,其价值有可能超过资产价值,那么公司可以在法院监督和保护下进行再造,包括债务重组和一个尽可能公平对待每个受偿人的方案。

如果法院裁定公司失败已不可挽回,消失比存续更有价值,就会宣布开始清算。清算中,公司资产在法院的监督下变卖,所得根据破产法中规定的优先受偿权来偿还债权人。

总之,破产是一种联邦法律程序,用来尽可能减少公司失败的痛苦和损失。直到向法院提交了破产申请,企业才算是破产或处于破产过程中,在这之前,还只是无偿债能力。在经历了公司再造,即债权人同意就债务问题达成某些和解后,企业摆脱了破产危机。

17.4.3 破产程序:再造,重组,清算

可以由无偿债能力的公司,也可以由债权人提出破产申请。债务人提交破产申请称为自愿破产,由债权人提出破产申请称为非自愿破产。只需要三个债权总额达 5 000 美元的无担保的债权人就可将公司置于非自愿破产。一旦提交了破产申请,法院就可以保护公司不受债权人有关债务的进一步法律行动的影响,直至破产案件受理完毕。

> 清算人监督破产企业的经营以保护债权人的利益。

一般的,允许破产中的公司继续经营,因为如果不这样,通常会造成上一节所描述的种种损失。然而,我们仍然存在顾虑。一个顾虑是公司管理人员在破产过程中可能会使公司财务状况进一步恶化。另一个是破产中企业的资产会被拿走处置掉,从而企业只剩下一个空壳。为了防范这些风险,法院会委派一个清算人(trustee)去监督公司在破产过程中的经营状况。

> 再造是一项企业方案,允许公司继续经营并清偿债务。

再造

再造是一项企业方案,允许公司继续经营并清偿债务。与清算相比,管理层和公司股东一直更加支持再造。因为清算后,分配给股东的剩余财产通常很少,甚至没有。提交了破产申请后,管理层有 120 天时间制定一项可接受的再造方案。

再造方案依据两个通用标准来考核:公平性和可行性。公平意味着根据破产法中规定的优先顺序来满足偿还要求。我们一会儿再讨论那些优先权。可行性是指计划实现的可能性。如第 4 章所讨论过的,再造方案是一项商业/财务方案,认识到这一点很重要,它也是

基于一系列可能实际也可能不切实际的假设。法院仍会批准一项基于不切实际假设的方案。

再造方案能被接受，不仅要得到破产审理法庭的批准，还要获得企业债权人和股东的通过。一旦再造方案被接受，企业就可以走出破产境地。接下来是法院委派的清算人的责任，由他来监督方案的实施。

债务重组是一种妥协，债权人减少无偿债能力企业的债务，使其能够继续经营。

债务重组

大多数再造方案的核心是企业的债务重组。要记住，无偿债能力公司之所以破产，是因为他们不能偿还债务。因此他们不可能在破产申请提交前的债务偿还条件下只凭自己而走出困境。给予其债务某种形式的减少就很有必要，债务重组使这种减少成为可能。

债务重组有两种方式。最简单的是债务展期。债权人同意推迟债务偿还日期。暂时的本金延期有时再加上债息的延期都是很普遍的做法。第二种方式是债务和解，债权人同意减少债务人的债务。

理解破产案件中债权人的地位是很重要的。如果债权人要求立即偿还所有债务，破产公司会陷入失败境地，债权人也只能收回欠款的一小部分。另一方面，如果债权人同意债务和解或展期，长远来看，能给他们带来更多的财富，这成为债权人采取折中和让步态度的一个动力。

展期、和解、债转股是债务重组的三种常见方式。

完成债务重组的一个普遍方法是债转股。债权人放弃债权（贷款、债券、应收账款），来换取破产公司的股权。这种做法可以立即减轻困境公司的债务偿还负担，并使现金流量问题得到缓解（假设公司不必为新股支付股利）。

债转股完成后，债权人成为困境公司的股东。尽管最初这些股票价值很低，但如果公司生存下来并重新盈利，从长远看，这些权益资产价值会大大超过放弃的债权价值。注意到在转换中，困境公司原有股东会因债务得到减免而受益，代价则是所有权的稀释。

概念链接　例 17-4

破产企业的债务重组

Adcock Company 有 50 000 股发行在外的普通股，以账面值每股 40 美元的价格出售，债务利率 10%，具体见下面给出的财务信息。

Adcock Company 部分财务信息　　（单位：千美元）

收入和现金流量		资本	
息税前利润	200	债务	6 000
利息	600	权益	2 000
税前利润	(400)	总资本	8 000
所得税	—		
税后利润	(400)		
折旧	200		
偿还本金	(100)		
现金流量	(300)		

注意到公司的税息前利润虽然为正，但仍不足以支付利息，更不用说按期偿还本金了。没有某种形式的帮助，它很快就会陷入财务失败。请制订一套包括债转股的债务和解决方案，使

公司渡过难关。

解答：假设债权人（可能是许多债券持有者）愿意将300万美元债权以每股40美元的账面价值转换成股权，公司因此需要发行75 000股新股。其财务状况变化如下：

Adcock Company 部分财务信息 （单位：千美元）

收入和现金流量		资本	
息税前利润	200	债务	3 000
利息	300	权益	5 000
税前利润	(100)	总资本	8 000
所得税			
税后利润	(100)		
折旧	200		
偿还本金	(50)		
现金流量	50		

注意到公司现在开始有少量的正现金流量，至少从理论上，能无限存续下去了。然而，债权人现在拥有对公司的控制权。

实务观察

破产是不是太容易了？——2005年的破产修正案

长久以来，很多人，尤其是债权人认为破产不道德、不公平和太容易。自有破产法开始，这个问题就出现了。下面引用一段法国著名作家Honore de Balzac在176年前写的话：

“爸爸，什么是破产？”Eugenie问。

“破产”父亲回道，“就是不道德的人做的不道德的耻辱的事……破产……就是不幸被法律保护的小偷……破产简直不如拦路抢劫的响马……”

事实上，那些向企业借款的人认为破产抢掠他们的财富，Eugenie的父亲就是其中一个。直到今天，众多的债权人仍持相似的观点。债务人应当努力工作，尽力清偿债务，破产使债权人可以逃离这种责任，债权人认为这是非常不公平的。长久以来，债权人责难破产为债务人提供方便并指导债务人通过法律程序逃脱债务。他们认为破产已经成为一种财务工具。换句话说，破产是打着正当理由的幌子获取额外信用的合法小偷。

这无疑是破产中的一个伦理问题。允许人们或公司完全逃避巨额债务的偿还并免于惩罚，这种做法正确吗？债权人认为这完全是错误的，多年以来。他们一直游说国会加强破产法的力度。

经过债权人多年的努力，国会在2005年通过了破产修正案，即防止滥用破产和消费者保护法案（BAPCPA）。关键词是预防滥用破产；法案意在防止故意滥用破产以避免债务偿还，首当其冲的是个人而不是法人的破产。

新法律使得判定清算更加困难了，因为清算是以破产当事人全部资产偿还债务，不足清偿的债务也一笔勾销了。这对债务人是个好消息，因为他们通常根本没有多少资产。

该法律推动破产走向再造，债务人要承担比前几年更多的清偿责任。只有在他们完成再造责任之后，清偿工作才算完成。这是一个比简单快捷的清算更加痛苦的过程。

这项法律也增加了律师工作的难度。他们现在必须声明他们客户的利润和资产都是真实的，如果客户破产，他们也会受到惩戒和罚款。这意味着律师很可能要雇用调查员以确认客户的财务报告，这使得破产企业法律代表的工作成本更加的高昂。

消费者团体强烈反对新法律，他们认为这项法律最大的拥护者就是信用卡商，因为严重透支的持卡人破产将使他们利益受损。他们指出，信用卡商发行成千上万的信用卡而没有相应的检查，出现问题是商家自己的问题。另外，他们更进一步指控信用卡商以低利率诱惑消费者，当错过或稍晚还款时，商家又索取过高的费用。这些不道德的条款使得一个不应受怀疑的人因不能偿还巨额债务陷入破产的境地。

所以，哪种观点是对，那种又是错的？破产是太困难还是太简单了？笼罩在全国人民头上的债务愁云是肮脏的不道德的借款人造成的吗？这些罪恶的借款人应得到惩戒吗？还有……增加的破产难度，政府做的是对还是错呢？

金融危机中，破产法修正案逆袭银行

改革破产法的初衷是保护债权人的利益，声称原来的法律太容易使债务人法律责任。但是这项新法案实施出现了始料未及的结果，它使银行和其他抵押借款人陷入更加不利的境地。

区别于 2005 年的修正案，破产法通常将人们的房屋置于第 7 章的清算条款之下。这意味着破产个人可以摆脱他的其他多数的债务，但是可以保留房屋(和抵押物)，这为其省去了一大笔房屋租金。在很多情况下，这使得避免不可赎回出现了可能。

但是新法案使适用第 7 章条款变得更加困难，强调更多的适用第 13 章条款，这需要为偿付所有的债务，因而只能为抵押物留下少许资金。这意味着破产的人们只能离家出走而不是努力赎回抵押物所有权。当然，这使银行产生坏账，并且房屋很可能无法变现。

资料来源：Christopher Farrell, "Bankruptcy Reform Bites Back," Business Week, (October 29, 2007).

清算

当法院裁定破产企业不值得再存续下去，就宣布清算，包括变卖企业资产并用所得偿还尽可能多的债务。从概念上看，这一过程很简单，但也涉及行政因素。

> 清算涉及关闭问题企业，出售资产。

清算由法院委派的清算人来完成，他先是寻找，试图找回破产申请提交这段时间内任何未经批准就擅自转移出公司的财产。这是很重要的一步。当企业所有者预料到破产时，他们经常将公司资产转移并处置掉。这样做是违法的，因为那些资产是用来偿还债权人的。找到并收回这些财产是清算人的职责。

接下来，清算人监督企业资产的变卖工作，并将变卖收入集中以偿还债权人。最后，清算人将这些资金分配给不同的求偿者。

> 破产企业未经授权的资产转移会被清算人收回。

求偿者并不仅仅是传统意义上的贷款人，认识到这一点很重要。他们包括供应商(赊销给企业货物)，员工(应发放给员工工资)，客户(降低了商品存货)，政府(应向政府纳税)以及作为破产诉讼程序一部分的人和组织。这最后一部分人包括律师和法院，他们为受理破产案件收取费用。除此之外，公司股东也是求偿者，在对其他求偿者清偿恰完毕后，股东分配到剩余财产。

分配优先权

破产中财产的分配遵循破产法所制定的优先顺序，这个顺序用来决定清算时的清偿顺序并作为评估再造方案公平性的基础。优先准则实际上表明了在法律眼中，每个求偿者并不是平等的。

理解准则中所包含的这层意义是很重要的。清算时可供分配的资金通常只是应偿还的一部分。举例来说,公司应偿还的债务总值达 100 万美元,而清算时可供分配的可能只有 300 000 美元。在优先准则下,不是所有求偿者的每一美元债权都能分得 0.3 美元。有人得的多,有人得的少。

有担保的债权人拥有抵押资产变现的优先求偿权。

有担保的债务

债权人之间的第一个区别是分为有担保的债权人和无担保的债权人。有担保的债务是由某一项特定资产作为抵押。举例说,有人借款购买小汽车,他得到的贷款通常是用购买的汽车作抵押。这意味着如果债务少、不能按期还贷,小汽车就会被卖掉,所得首先用来还贷。无担保的债务不需要特定资产作抵押,仅仅依靠借款人自身的信用。

有担保的债务在清算资金集中之前,已经从相应的资产变卖收入中偿还了。若有担保的债务多于抵押品的价值,差额作为无担保债务。若少于抵押品价值,差额作为清算分配资金。这取决于债务数额与资产价值孰大。

清偿的优先顺序

在所有有担保债务偿还之后,无担保的求偿依据以下顺序用剩余资金偿还。

1. 破产诉讼中的管理费用。
2. 提交破产申请后发生的某些经营费用。[①]
3. 应付未付的职工工资。
4. 应付职工福利款项。
5. 消费者储备金。[②]
6. 应交税金。
7. 无担保的债权人。
8. 优先股股东。
9. 普通股股东。

显然,普通股股东在其他清偿义务履行完毕后,才能得到剩余的资产。而这时,通常已经没有资产了。

术语: 破产法第 7 章和第 11 章。

联邦破产法有很多章,重组属于第 11 章,清算是第 7 章。

人们经常将重组中的公司称为"在第 11 章"。当公司自愿破产时,通常称公司"宣布第 11 章"或"进入第 11 章"。其他章节并不如此经常出现在日常用语中。

概念链接

例 17-1　兼并基本分析

例 17-2　运用后续价值进行兼并分析

① 给予破产申请提交后费用很大的受偿优先权,是为了保证破产企业继续经营,直到破产诉讼程序完成。没有这一条,没有人愿意在事先不能完全受偿情况下和破产公司做生意。

② 第 3～5 条清楚地反映了立法的宗旨,即保护个人在前,公司其次。

例 17-3　杠杆收购

例 17-4　破产企业的债务重组

讨论

1. Highland Instrument 公司年收入约为 3 亿美元。管理层对扩张到一新产品生产领域很感兴趣。这一领域的主要生产商是 Lowland Gauge 公司，年销售额约 2 亿美元。两个公司都是上市公司，而且股权分散，也就是说，没有哪个单一股东持股比例很大。请描述一下适合两个公司的企业结合方式，包括的要点是兼并，合并，还是收购？是善意收购，还是敌意的？Highland 的管理层应如何着手？两个公司的规模对可能发生的结合有什么影响？

2. 敌意收购会激起收购公司和目标公司的股东之间的敌对情绪，请分析这种说法是否正确。

3. 请给出纵向兼并、横向兼并和混合兼并的定义，并描述每一种兼并带来的经济影响。

4. A 行业由 10 家大公司控制，每一家的年销售额约为 5 亿美元。一项合并其中两家公司的提议在被认定未违反反托拉斯法后，获司法部的通过。B 行业属区域性行业，规模也较小，由 3 个小公司控制，其年销售额约为 5 000 万美元。根据反托拉斯法，禁止其中两家公司的合并。请解释一下为什么两个年销售额 5 亿美元的大公司合并可以得到法律通过，而两个小公司的相对不起眼的兼并却遭到了禁止。

5. 假设某一行业由三家公司控制，其中一家规模是另外两家规模相当的公司的两倍。那么，两个小公司的兼并会不会增加行业内的竞争？

6. Clarington 公司的一个部门业绩一直不错，但不能再适应公司长期战略方案。请描述剥离该部门的方法。

7. Blivitt 公司近来一直亏损，而且遇到了严重的现金流量问题。主要问题是公司为购买计算机而向第一国民银行举借了大笔债务。这些计算机现在已经过时了。公司的所有者 Bill Blivitt 宣布了他的意图——破产来使公司摆脱债务。他预期在几个星期后申请破产、进行重组，重组后的公司与原来本质上是相同的，唯一的不同是重组后的公司没有了负债。写一封短信给 Bill，向他解释破产的程序，以及为什么对他来说，破产是一个不切实际的方法。

分析

1. Cranston 公司打算收购 Lamont 公司，但其以友好姿态的提议遭到了目标公司管理层的断然拒绝。Lamont 45%的股份由五个发起人股东持有，而且继续活跃在管理层。Cranston 公司开发经理 Charlie Hardnose 建议不经过 Lamont 的管理层，直接进行敌意收购。这一提议是否可行，在目前的情况下，能否算是一个好建议？

2. 你是一个有经验的财务经理，最近刚刚担任 Pilaster 公司的财务总监。两年来，公司的财务状况一直居同业标准之下，目前刚刚摆脱这种局面。公司没有失败的危险，但很明显，利润和增长率应该更好一些。Pilaster 的股价反映了这种平淡的业绩，当前股价为每股 32 美元，比起两年前 48 美元的顶峰，下跌了许多。（市场在过去两年一直比较稳定。）

几个观察家将业绩的平淡归咎于公司的 CEO，Gerald Beanweather 和他的主要助手们。这个团队几年前引进了一些新技术和管理方法，但是未见成效。最近，他们一直在考虑恢复那些旧的，经历时间检验的老方法，因为大部分人觉得这些老方法会使公司业绩恢复到原有水平。实际上，任用你也是彻底改变平淡局面的努力之一。

现在是星期一，早上7点钟，2月的一个寒冷阴沉的早晨。前一天晚上，CEO的秘书打电话通知全体经理今天早晨召开紧急会议。目前人员已到齐，等待着会议的开始。

7:01，Gerry走进会议室，带着明显的焦虑不安。他说昨天下午，他接到Marble公司的CEO Harvey Highroller的电话。Marble是该行业的领导企业。Marble对收购Pilaster很感兴趣，并愿意以每股37美元的价格，相当于超过15%的增溢，收购Pilaster的股份。Marble有着敌意和善意收购的历史。

a. Marble提出的是何种类型的合并？

b. 如果Pilaster管理层拒绝了Marble的收购要求，结果会怎样？

c. 如果遭到管理层的反对，Marble会成功吗？

d. 为什么Gerry本人如此焦虑不安？

e. 你个人是否觉得不安？

f. Marble的收购报价对Pilaster的股东来说，是一笔好交易吗？

g. Pilaster，应该怎样来避免Marble的收购？

h. 如果Plaster采取防御措施，你认为Marble的敌意收购会成功吗？

i. 如果Marble没有成功，Beanweather团队应怎样做以减少未来再面临被收购风险的可能？

3. Blue Tag公司和Pink Label公司都生产包装和贴标签的设备。以下是一些相关事实。

- 两家公司采用相同的生产和销售方式。
- Pink Label多年来一直亏损，而Blue Tag一直并预期继续盈利。
- 标签制作的费用很高。
- 该行业由Yellow Marker公司控制，公司规模较大，而且凭借规模优势使其他公司难以与之竞争。

两个公司的管理层正考虑合并，那些论据可否支持合并的进行？

4. Phlanders Flange公司近来经营得相当不错，它想加快在能源行业的增长率。Harry Flatiron公司的CEO对于通过收购加快增长率很感兴趣，因为商业报道中经常会有关于这方面的令人振奋的消息。他尤其对善意收购Framingham Flange工厂感兴趣。Harry与该公司的总经理Jack Daniels(也是Framingham的一个主要股东)熟识。

经过Harry自己简要的分析，他决定迅速采取行动。他的直觉一向很准，而且这种凭直觉做事的风格还从未出过什么大错，Harry依据Framingham预测的未来现金流量和长期增长率，以及他和Jack估计兼并带来的协同效应，预测出Framingham公司的价值，从而拟定了最终方案：以高于Framingham公司股票市价60%的溢价收购其股东的股份。

你是Phlanders的财务总监，但Harry一直按自己的意愿行事。他准备向Framingham公司的管理层发出口头报价，让你检查一下他的各项预测值。数字运算是没有问题的，但你担心他的假设的有效性。

为Harry准备一个备忘录，扼要说明兼并中与价值预测相关的风险，以及错误所带来的后果，要包括如何继续进行的意见。

5. 你是Littleton Lighting公司的财务总监。公司董事长Joan Brightway找了你和公司其他几位高级经理，她提议通过LBO使公司私有。她说，现在是个好时机，因为经济前景不稳定，而且公司股价一直低迷，所以这时收购成本很小。你对萧条的前景压制了股价表示赞同，但不能肯定它可以作为此时LBO的理由。你还怀疑一些导致对公司产品需求减少的重要因素正在形成。

某些LBO的成功近来引发了大量相关的支持性报道，但你担心Joan和其他非财务经理可能未理解这个过程中存在的风险。请准备一个备忘录，扼要说明LBO包括哪些内容，为什么这一战略具有风险性。对于LBO之前应进行哪些方面的分析，提出你的建议。

习题

兼并基本分析: 例17-1的概念链接

1. 某收购的目标是每年产生800万美元的现金流量，风险相当于16%的权益报酬率。

a. 在定价时如果收购方不考虑5年以后的未来收益，它愿意支付的收购价是多少？

b. 如果目标公司有300 000股流通在外的普通股，每股的收购价是多少？

c. 假设收购方打算以股票方式支付兼并款，当前股价每股36美元，收购方的多少股票可以换目标公司1股？

2. Grandma's Cookies公司正考虑收购Mother's Baked Goods公司。在分析了收购带来的所有好处、协同效应、税收影响后，Grandma（以前主修财务）预测，15年内收购产生的年增量现金流量约为150 000美元。（Grandma在财务上很保守，不愿将决策基于对更远的将来的收益预测上。）她还估计适当的风险调整折现率为12%。

Mother's是一家私人控制的公司，有20 000股发行在外的股票。Grandma相信，股东会以每股不低于50美元的价格出售股票。Grandma应该收购Mother's吗？

3. Moser Materials正在考虑收购Newkirk Products，Newkirk的一些产品将增强Moser的生产线。去年，Newkirk报告显示亏损3 000万美元。Moser估计Newkirk在收购四年后就会破产，改进措施将在这四年里进行。假设决定该项收购不仅仅是税收原因，以12%的折现率计算未来4年税收抵免带来的收益的现值。假设Moser公司有足够的税前利润，所得税税率是40%。

运用终值进行兼并分析: 例17-2的概念链接

4. Harrison公司正考虑收购Pugs International公司。Pugs公司去年的现金流量是1 500万美元，有250万股流通在外的普通股，每股股价29美元。分析用的折现率是14%。

a. 如果Pugs的增长不明显，管理层认为预测用的未来现金流量不得超过10年，Harrison公司愿意支付的收购总价和每股单价是多少？

b. 假设管理层认为未来现金流量是永续的，重新计算上题。

c. 假设管理层非常激进，估计Pugs的未来现金流量的年增长率是3%，重新计算a。

d. 评价a、b、c的结果。

5. Johnson Machine Tool公司正考虑收购Lansing Gear works公司。Lansing是一个稳定的公司，每年可产生525 000美元的现金流量，这个数值预期近期不会有变化，且预期收购不会带来协同效应。Johnson的管理层预测用来估价的适当的风险调整折现率为15%。Lansing有200 000股流通在外的普通股。

a. 如果管理层采取保守的财务策略，并且坚持说必须要能够证明收购在十年内都会对公司有积极的影响，那么 Johnson 愿意为收购 Lansing 支付的最高价格是多少？

b. 如果管理层财务上采取一种更激进的态度，认为 Lansing 的现金流量是永续的，那么 Johnson 愿意支付的总价和每股价格分别是多少？（提示：一开始就把对 Lansing 的估价作为永续年金问题来计算。）

c. 如果 Johnson 公司的经理采取激进的财务策略，假设他们的管理层会使 Lansing 变得更好，以 3%的年增长率无限增长下去，那么收购的总价和每股价格是多少？

d. 简要分析一下 a、b、c 三道问题答案之间的区别。

6. Sourdough Mills 公司正在考虑采取扩张战略，计划收购 Mrs. Baird's Bakery 公司。Mrs. Baird's Bakery 去年产生了 5 300 000 美元的现金流量，在可预见的未来现金流量每年增长 4%，公司有 1 300 000 股流通在外的普通股，预计适用的折现率是 11%。

a. 如果 Sourdough 的管理层认为当前水平上的现金流量是永续的，公司愿意为收购 Mrs. Baird's Bakery 支付的每股单价是多少？

b. 如果 Sourdough 希望该投资仅考虑 5 年现金流量，公司愿意支付的最高每股收购价格是多少？

c. 如果考虑 10 年呢？

d. 如果 Mrs. Baird's Bakery 的股票售价是每股 35 美元，Sourdough 应该收购吗？

7. Hirschler Motors 正考虑接管 Richard's Auto Superstores。Richard's 有 800 000 股流通在外的普通股，每股股价 18 美元。Richard's 去年产生 2 500 000 美元的现金流量，预期在未来十年每年增长 6%。假设适用的折现率是 12%。如果管理层认为考虑 10 年的现金流量是合适的，Hirschler 愿意接受的股票溢价是多少？9 年呢？8 年呢？

8. Benson' Market 是一家拥有 5 家分店的地区连锁超市，通过采用现代管理手段和分销技术取得了不俗的业绩。Benson 的竞争对手是 Foodland 公司，一个拥有 10 家分店的更大的连锁店。然而，Foodland 没有跟上技术和营销发展的脚步，最近开始亏损。Foodland 的所有者有意退出，并开始与 Benson 公司接触，打算以 5 000 万美元的价格卖掉 Foodland。两个连锁店各自分店的经营业绩相同。下面是每个公司中的一个分店的主要数据。

Benson 和 Foodland 超市单个分店的主要数据(单位：千美元)

	Benson	Foodland
收入	45 000	38 000
产品成本	38 500	33 500
管理费用：折旧	400	300
其他	4 600	4 700
税前收益	1 500	(500)
所得税	600	—
税后收益	900	(500)

如果 Benson 收购了 Foodland，它会立即关闭 Foodland 的三个距离自己市场比较近的分店，并以每店 100 万美元的价格卖掉。留下的店铺保持当前亏损状态继续经营两年，这期间 Benson 公司会对其升级以达到 Benson 的经营标准，每个店铺的升级成本为 300 万美元。这之后，被收购的店铺会有和 Benson 其他店铺相同的经营业绩，Benson 的财务总监认为，这一行动的适当的风险调整折现率为 12%。Benson 的所得税率是 40%。

a. 假设收购对 Benson 原有的 5 家分店没有影响，计算对于 Benson 公司，收购价值是多少？假设收购带来的增量现金流量是永续的，Benson 是否应按 Foodland 的定价支付？

b.（无须计算，给出分析即可。）除了通过几部分的计算，还有没有其他原因支持收购？（提示：从两方面来考虑竞争情况，第一，如果 Benson 不收购 Foodland，会怎样？第二，收购对 Benson 原有的分店产生什么影响。）

c. b部分的分析能否作为调整 a 部分计算结果的依据？请你自己预测一下上述分析对 Benson 愿意支付的价格的影响。

9. Frozen North Outfitters 公司为冬季运动和户外工作生产保暖衣。它正考虑收购 Downhill Fashion 公司，该公司生产和销售滑雪服。Downhill 的规模只有 Frozen 的 1/4，在科罗拉多山顶一个租来的工厂里生产，全套生产线都在这里。公司每年的经营费用约为 100 万美元。Frozen 的生产地点位于一个不是很浪漫，但更为实际的南方地区，其生产至少超负荷 50%。Frozen 计划收购 Downhill，然后把两个公司的生产集中到它南部的工厂，但在管理上是分开的。

Downhill 的 β 系数为 2，当前国债收益率为 5%，标准普尔 500 种股票指数收益率 9%，两个公司联邦和州的综合边际所得税率都为 40%。由于 Downhill 将不再维修自己的生产设备，只需再投资最少量资金以保持设备现状并支持将来的发展，估计每年的再投资为 100 000 美元。下面是挑选的一些有关 Downhill 的财务信息。

收入	12 500 000 美元
税后收益	1 300 000 美元
折旧	600 000 美元

a. 计算对收购 Downhill 估价所用的适当的折现率。

b. 如果进行了收购，计算 Frozen 预期产生的年现金流量（不要忘记协同效应）。

c. 假设收购带来的好处可以持续（1）5 年，（2）10 年，（3）15 年，计算收购对 Frozen 的价值。

d. Downhill 有 250 000 股流通在外的股票。计算在 c 中三个假设下 Frozen 收购公司所愿意支付的每股最高价格。

e. 如果 Frozen 假定收购 Downhill 的获益将会是持续不断的，而且不会增长，Frozen 将会支付的每股价格。

10. 在练习题 9 中，假设 Downhill 收购的现金流量一年后在其初始价值基础上增长了 10%，以后按 5%增长（从第三年开始）。计算公司的价值和在以上条件下隐含的股票价格。在开始以 5%增长使用终值计算。如果 Downhill 当前的股票价格是每股 62 美元，则隐含的价格溢价是多少？评论在本题和上一题结果中的价值范围。

11. Lattig 公司去年产生 200 万美元的现金流量，预计未来 5 年每年增长 20 万美元（达到 300 万美元），之后，公司预计每年以 6%的增长率永续增长。假设折现率是 12%。

a. 5 年后产生现金流量的终值占公司总现值的百分比是多少？

b. 如果预测的永续增长是 7%，重新计算 a 的结果。然后再以 8%重新计算。

c. 在收购时，每个人都应考虑的与终值相关的其他因素有哪些？（简述即可）

杠杆收购：例 17-3 的概念链接

12. Integrity 集团在风险投资家的帮助下，考虑杠杆收购一家经营有方的高科技公司，即

Schrag 公司。Schrag 公司的长期借款的账面价值是 1 500 万美元，产权比率是 1/10，公司股票最近的市价是其账面价值的 120%。Integrity 有 2 500 美元的资金用于收购，预计为达成交易公司需要支付比市价高出 25%的溢价。评估杠杆收购后 Schrag 的资本结构。

破产债务重组：例 17-4 的概念链接

13. Lee & Long 是一家服装生产企业，正考虑破产。公司的息税前利润是 140 万美元，长期借款 4 000 万美元，利率是 8.5%。公司固定资产原值是 6 000 万美元，年折旧额是原值的 5%。长期借款在 20 年后到期。

a. 计算 Lee & Long 的现金流量。

b. 假设公司的管理层说服债权人把 25%的债务以账面价值转换成公司刚发行的股票。计算公司债务重组后的现金流量。

14. Carwood Industries 公司已经寻求了破产保护，并且很可能清算。公司的部分资产负债表如下：(单位：百万美元)

流动资产	6.5	流动负债	8.5
固定资产	30.8	长期借款	16.5
		所有者权益	12.3
资产	37.3	负债及所有者权益	37.3

清算时发生管理成本是 160 万美元。流动资产按账面价值的 60%变现，固定资产按 25%变现。长期借款的 20%是有担保的，剩余的无担保。假设没有其他的成本。无担保债权人(包括商业客户)的受偿金额占无担保债务的百分比是多少？

15. Hamilton 公司有 35 000 股流通在外的普通股，账面价值为每股 20 美元。该公司欠债权人 150 万美元，利率 12%，财务状况如下：(单位：美元)

收益和现金流量		资　本	
EBIT	80 000	债务	1 500 000
利息	180 000	权益	700 000
EBT	(100 000)		2 200 000
税	0		
EAT	(100 000)		
折旧	50 000		
偿还本金	(75 000)		
现金流量	(125 000)		

假设债权人同意以账面价值将 2/3 债权转为所有者权益，试对上述财务内容进行重组。假设 Hamilton 在企业重组后以收益的 15%交纳税金，并且与债务成比例地减少偿还的本金，谁将会控制公司且重组后的差额有多大？

第18章

国际市场与财务

本章概要

世界范围内的国际商务量呈稳步增长趋势。

在过去的50年中，企业经营越来越全球化。[①] 这一变化从两个不同方面表现出来。第一，我们与其他国家的交易比以前更多了。20 世纪 60 年代，进口与出口分别占国内生产总值(GDP)的 3%和 4%。到 2005 年，进口约占 GDP 的 13%，出口约占 7%。

第二，国际商务的本质发生了变化。20 世纪 60 年代，与外国做生意通常仅包括进口和出口货物。现在，国际商务往往指在国外对设备的直接投资和对国外企业的全面经营。在国外有分支机构或子公司的公司被称为跨国公司，简称 MNC。

国际商务从进口、出口已经转变为对国外企业的全面经营。

金融市场也在逐渐国际化。50 年前，投资者购买外国股票是很罕见的，而如今，人们进行投资组合，随时随地投资购买外国股票和债券。

在美国，国际商务在商业活动中所占比重正逐渐增加。实际上，几乎所有的公司，无论规模大小，都会有一些国际性交易。因此，了解一些如何与外国公司做生意的基本原则显然是很重要的。这种生意往来有着国内贸易所具有的所有问题和挑战，同时还包括一些特有的困难和风险。我们先详细地从汇率谈起。

18.1 货币兑换

在其他国家新建一个企业属于直接投资，而购买外国证券属于投资组合。

公司进行交易并希望被支付本国货币，这意味着任何想从另一个国家的公司购买商品的人首先需要持有那一国家的货币。举例来说，如果一个经营百货商店的美国公司想从一英国生产商那里购买昂贵的羊毛衫，它必须支付英镑而不是美元。但美国公司只有美元，没有英镑，为了购买，它必须将美元兑换成英镑，也可以说用美元购买英镑。

18.1.1 外汇市场

货币兑换在外汇市场上进行。

外币的购买是在外汇市场上完成的，外汇市场是专门为兑换货币而组织起来的。[②] 它与其他金融市场运作基本相似，但不像股票交易所那样有特定的交易场所。外汇市场是由世界各国金融中心的经纪人和银行所组成的网络。大多数商业银行可以进入外汇市场并向客户提供兑换业务。

18.1.2 汇率

货币按照汇率来交易，汇率实际上是以一种货币表示另一种货币的价格。在上面的举例中，美国公司需要知道 1 美元可以购买多少英镑，从而计算出为支付给英国公司英镑，需要多少美元。

汇率是指一种货币表示另一种货币的价格。

外汇市场实质上就是一个汇率表，如表 18-1 所示。表中所示的两种汇率是不同货币和美元之间相互表示的对方价格。我们暂不考虑某些货币的远期汇率，远期汇率在后边会讲到。第一栏的汇率叫作直接标价，表示购买 1 单位外国货币需要多少美元。第二栏的汇率叫作间接标价，与直接标价相反，它代表了购买 1 美元需要多少外币。直接标价和间接标价是一种双向表示。

---

① “全球化”通常用来描述企业现在的国际特征，我们将在稍后的章节中继续讨论全球化的广义概念。

② “外汇”一词也可以作为名词指代外国货币本身。我们称一个想购买外国商品的国家需要外汇。

概念链接 例 18-1

汇 率

假设美国公司想进口 500 件总价值为 35 000 英镑的羊毛衫，记作£35 000(£的用法与 U.S. $符号相同)。从汇率表可以看出，£1＝$1.650 4，美国公司需要兑换

£35 000×$1.650 4/pound＝$57 764

支付购买羊毛衫的价款。换句话说，预期的购买成本为$57 764。我们也可以用£35 000 除以 0.605 9 英镑/美元得到同样的结果。(有误差)

表 18-1 2009 年 9 月 16 日的汇率

	直接标价 (1 单位外国货币＝？美元)	间接标价 (1 美元＝？国外货币)
阿根廷(比索)	0.261 2	3.828 5
澳大利亚(元)	0.874 8	1.143 1
巴西(约尔)	0.556 5	1.796 9
⋮		
加拿大(元)	0.939 0	1.065 0
一个月远期	0.939 1	1.064 8
三个月远期	0.939 2	1.064 7
六个月远期	0.939 2	1.064 7
⋮		
丹麦(克朗)	0.198 0	5.050 5
欧元	1.473 1	0.678 8
以色列(塞克尔)	0.266 7	3.749 5
⋮		
日本(元)	0.011 012	90.81
一个月远期	0.011 014	90.79
三个月远期	0.011 019	90.75
六个月远期	0.011 03	90.66
⋮		
中国(元)	0.146 5	6.825 2
墨西哥(比索)	0.075 9	13.177 0
⋮		
英国(英镑)	1.650 4	0.605 9
一个月远期	1.650 2	0.606 0
三个月远期	1.650 3	0.606 0
六个月远期	1.650 8	0.605 8

资料来源：The Wall Street Joural, www.wsj.com/mdc/public/page/2_3021-forex.html; and www.xe.com.

汇率对价格和数量的影响

汇率对一个进口外国商品的公司来说构成了产品成本的一部分，注意到这一点是很重要的。为了说明，我们沿用羊毛衫为例。在订货时，每件羊毛衫的预期成本为

$$\$57\ 764/500=\$115.53$$

对进口公司来说，汇率构成了产品成本的一部分。

再加上装运费。因此，合理的零售价约为 $230（假设零售的成本加成率为 100%）

但如果汇率变得不利会怎样呢？比如说，假设直接标价为£1＝$2.00，预期的购买成本就是

$$£35\ 000\times\$2.000\ 0/\text{pound}=\$70\ 000$$

每件羊毛衫的成本为

$$\$70\ 000/500=\$140.00$$

每件羊毛衫的合理零售价约为 $280。

汇率的变化会导致进口国家对外国商品需求量的变化。

换句话说，汇率影响进口商品的国内价格。对于美国购买者来说，不管该商品在原产国的成本如何，花费的外币越多，外国的商品就越昂贵。

当商品变得更加昂贵时，人们会减少购买，这是一条基本的经济原理。对于外国商品，这意味着由于汇率因素变得不利而导致的更高价格造成进口减少。我们的例子中，£1＝$2.00 暗示了每件羊毛衫的零售价增加了 $50。美国进口商可能会觉得以这个价格羊毛衫是卖不出去的，于是会减少订货或放弃全部订货。相反，更有利的汇率使外国商品在美国变得便宜，从而导致需求大量增加而使进口增加。

交叉汇率

知道了汇率表提供的信息，可以得出任意两种非美元货币之间的汇率，这个汇率叫作交叉汇率。

概念链接　例 18-2

交叉汇率

巴西约尔（reals）和英镑（pound）之间的汇率可以通过表 18-1 直接标价一栏计算如下：

$$\frac{\$1.650\ 4/\text{pound}}{\$0.556\ 5/\text{real}}=2.965\ 7\text{reals/pound}$$

我们也可以用倒数计算一单位约尔可兑换的英镑 1÷2.965 7＝£0.337 2。

汇率表

很多网站都会提供汇率表，然而，不同网站所提供的汇率表，格式会有些差异。有些网站给出的交叉汇率表，将不同的币种分别排列在表的首行和左侧。左侧一列对应首行任一币种，给出兑换的直接标价和间接标价。

使用网页浏览器，搜索“货币”、“外汇”或“汇率”来查找汇率表。有些网站需要订阅，但汇率表是免费的。可以登录 www.bloomberg.com，点击“货币”可以找到八种主要货币的交叉汇率表，就可以快速了解到汇率表的作用。长期以来，提供汇率表的主要媒介是报纸，现在只能在上一营业日结束前，提供有限的信息。

术语：汇率标价

美元汇率标价时，通常对欧元和英镑的汇率采用直接标价法，对其他货币采用间接标价法。例如，在 2009 年 9 月 16 日，我们可以说 1 英镑可以兑换 $1.650 4，1 欧元可以兑换

＄1.473 1。对于其他货币，我们可以说＄1可以兑换丹麦克朗 kr5.050 5。（kr 的用法与 U.S.＄符合相同）

18.1.3 变动的汇率和汇率风险

> 汇率风险是指在国际贸易中发生的会因为汇率变动而导致的盈利或损失。

汇率总是在变化，有时变化迅速且幅度很大。我们就来研究一下为什么汇率会不断变化，但首先，了解一下与汇率变动有关的内容是很重要的。

汇率变动导致汇率风险，这是国际商务中很重要的一个方面。汇率风险意味着公司在国际贸易中除了自身的经营因素外，还会受汇率变动的影响而赚钱或亏钱。

假设我们前面提到的美国公司在2009年9月16日订购了500件羊毛衫，此时汇率为￡1＝＄1.650 4。已经计算出预期的购买成本为＄57 764，同时假设合同要求买方在发出订单后三个月付款。

当美国公司在订货三个月后再回到外汇市场上，汇率已经发生了变化。为了说明，假设直接标价法下英镑对美元的汇率升到￡1＝＄2.000 0，这意味着支付￡35 000，需要

￡35 000×＄2.000 0/pound＝＄70 000

比我们在订货时预期的多＄12 236，也暗示了美国公司销售羊毛衫的利润由于汇率波动而减少了＄12 236。

当然，汇率也可以向反方向运动。如果这样的话，美国公司就会赚取比预期更好的利润。关键是汇率变动使美国公司的贸易活动面临着潜在的风险，这是国内贸易中不存在的。

遭受汇率风险的交易以及从事这种交易的公司都可称为有汇率风险（exchange rate exposure）。

即期汇率和远期汇率（Spot and Forward rates）

> 远期汇率标价是为了未来货币的交割。

到目前为止，我们所说的汇率都是即期汇率，即它们适用于即期交易。[①] 注意到，主要货币通常还有期限为一个月、三个月或六个月的远期汇率标价，这些远期汇率标价是为了在未来约定月份办理货币交割。还要注意，它与即期汇率多少有些不同，这一不同反映了外汇经纪人所预期的两种货币之间关系的运动。

举例来说，表18-1显示2009年9月16日预期英镑对美元在未来六个月会稍微升值。为了说明这一点，注意到直接标价从￡1＝＄1.650 4上升到￡1＝＄1.650 8，也就是说未来购买￡1所花的美元会稍微多一些。间接标价法下是美元兑英镑的汇率，同理，它表明＄1可以购买的英镑变少，因为间接标价从＄1＝￡0.605 9下降到＄1＝￡0.605 8。

当预期外币在未来会升值时，如上例，称为远期货币升水（premium）。相反，当未来＄1比现在的＄1购买的外币多时，称为远期货币贴水（discount）。

汇率变动的术语。当一种以美元表示的货币已经或预期会升值时，我们称之美元更加坚挺或上涨，或者说美元对该外币疲软或下跌，两种说法意思相同。2009年9月16日，预期英镑对美元坚挺，即美元有所疲软。

利用远期汇率套期保值

我们曾多次说过，人们在任何时候都会设法避免风险，汇率风险也不例外。大多数公司更乐于在没有汇率风险的情况下经营，并愿意为此支付溢价。

---

① 即期交易的交割在两天之内完成。

通过套期保值合同可以消除汇率风险。

远期市场为国际交易提供了一种消除外汇风险的办法，通过套期保值来实现。[①] 如果公司知道自己在未来某一时候会需要外币，它可以与银行签订合约，以某一适当的远期汇率在未来办理交割，从而锁定汇率。

假设美国公司在订货六个月后再回到外汇市场上，可以在订货时和银行签订一个为期六个月的远期合约。六个月的远期汇率是£1＝＄1.650 8，比即期汇率稍微高些（并不经常如此，往往是远期汇率较低一些），所以美国公司这批货的成本为

$$£35\ 000 \times \$1.650\ 8/\text{pound} = \$57\ 778$$

一旦远期合同签订，£35 000 英镑在六个月以后会以＄57 778 交割，交易中的汇率风险被消除了，这时称公司通过远期市场上的套期保值给交易上了保险（cover its obligation）。远期合约中可以包括任意两种货币，任意数量及任意的期限（通常为两年内）。然而，远期合约会产生一项成本，因为经纪人和银行会收取服务费。

远期市场使公司将外汇风险转移到专门承担此类风险的专业人士身上。

18.1.4 21世纪的欧洲货币：欧元

2002 年 1 月 1 日，12 个欧洲国家正式采用了统一货币——欧元（€）。预期这种单一货币能帮助西欧国家形成强势经济力量，从而更好地与美日抗衡，它会促进欧元区国家的贸易发展，这些国家间的商品交易不再受汇率波动的影响。

最初的 12 个加入国分别是奥地利、比利时、爱尔兰、意大利、芬兰、法国、德国、希腊、卢森堡、荷兰、葡萄牙和西班牙。很多欧洲小国家也从此逐渐加入了欧元区。英国的未加盟十分引人注意，它还没有采用欧元的打算。

18.1.5 供给与需求：汇率变动的根源

简单地说，汇率是 1 单位外国货币的价格。例如，表 18-1 告诉我们，2009 年 9 月 16 日英镑的价格是＄1.650 4。

我们可以把英镑看成是在自由市场上可供出售的商品。它的价格和任何商品一样，是由供给和需求的相互作用决定的，传统上由供给和需求曲线表示，如图 18-1(a)所示。两条曲线的交点决定了商品的市场价格，在这里就是直接标价法下的汇率。

图 18-1(b)中的供给和需求曲线表示的是站在英国这一边，以美元为商品，用英镑购买。交点是间接标价法下的汇率，即＄1 等于多少英镑。

外汇供需的起源

任意两个国家间对外汇的供需主要源于国家间的贸易和投资资本流动。首先，我们来看一下贸易。

当美国公司想从另一个国家，比方说英国，购买（进口）商品，美国公司需要购买英镑来支付货款，这就形成了对英镑的需求。同时，英国公司想购买美国商品，就必须用英镑来购买美元，形成了对英镑的供给。

现在来看图 18-1(a)，当纵轴上直接汇率越高，即以美元表示的£1 越昂贵，英国商品在美国就越昂贵，从而导致美国消费者对那些商品的需求数量减少，进而引起对英镑的需求下降。

① “套期保值”是一个通用术语，指减少或避免风险的办法。

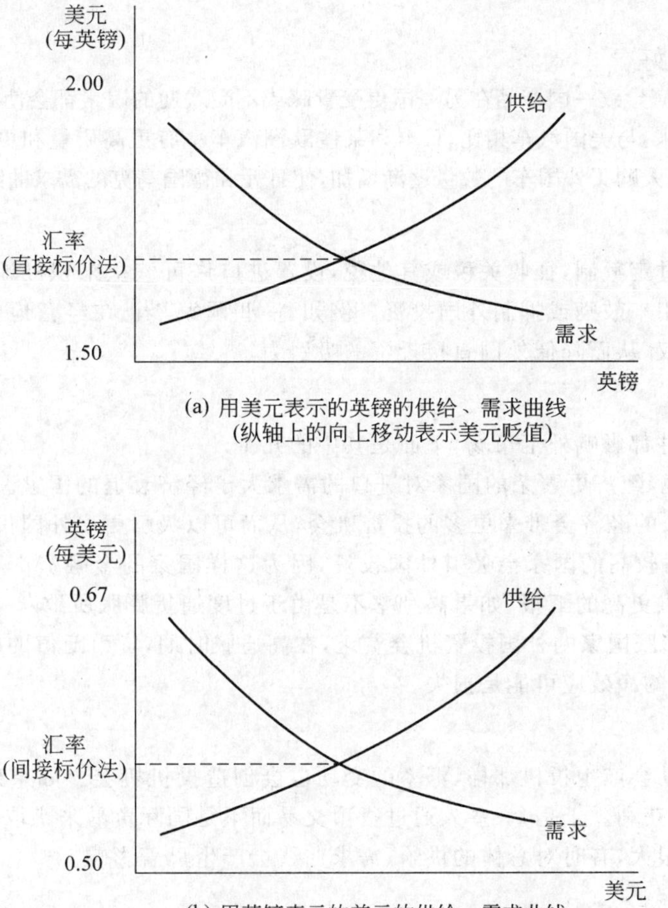

(a) 用美元表示的英镑的供给、需求曲线
(纵轴上的向上移动表示美元贬值)

(b) 用英镑表示的美元的供给、需求曲线
(纵轴上的向上移动表示美元升值)

图 18-1　外汇：美元和英镑

这一关系可以从图中向下倾斜的需求曲线中反映出来。

同时，图 18-1(a)纵轴上的向上移动也意味着£1 可以购买更多的美元，使美国商品在英国更加便宜，人们购买的美国商品就更多。因此，英国进口商愿意用英镑去购买更多的美元，使对英镑的供给增加。这一关系可以从向上倾斜的供给曲线中表现出来。

> 外汇的需求和供给是由一个国家对另一个国家的商品和投资需求决定的。

资本流动对外汇供需的影响同理。美元坚挺使得对英国的投资更加便宜，于是人们会增加对英国的投资，导致对英镑的需求增加。美元疲软对英国人来说，对美国的投资变得更加便宜，导致对更多美元的需求和更多英镑的供给。

总之，确定汇率的供给、需求曲线是从一个国家对另一个国家商品和投资的需求中推导出来的。

为什么汇率会变动

汇率变动来源于外汇供给和需求曲线的移动。因为这些曲线主要是从一国对它国产品和投资的需求中产生的，所以任何能改变这些需求的因素都会影响这些曲线。我们来讨论几个这样的因素。

汇率随着两国之间进口需求的变化而变动。

消费偏好

任何导致一国产品在另一国更受青睐或不受欢迎的因素都会使曲线移动。例如，很多年以来，与美国汽车相比，日本和某些欧洲汽车享有更高质量和更低成本的美誉。于是，美国人购买外国车的数量逐渐增加，使日元和德国马克的需求曲线向右移动。

政府政策

政府可以通过定额制，征收关税或其他税，设置进口许可壁垒来积极地鼓励或抑制进口。这些方法也可以用来鼓励或抑制外国投资。例如，一些国家禁止在经营地位于本国的外国投资者享有多数股权，从而降低外国直接投资的吸引力。

经济条件

许多经济条件都影响外汇市场，下面是其中的几个。

(1) 一般来说，经济更繁荣的国家对进口的需求大于经济衰退的国家。

(2) 快速增长的经济会带来更多的投资机会，从而可以吸引更多外国投资。

(3) 利率相对较高的国家会吸引外国投资，因为这样国家的金融资产可以比其他国家类似的金融资产提供更高的汇报(如果高利率不是由于过度通货膨胀所致)。

(4) 高通货膨胀国家的外国投资机会贫乏，在高通胀时期，货币贬值的幅度大于投资带来的汇报，因此投资的净效应可能是损失。

投机

正如股价变动会产生投机那样，汇率的变动也会创造投机机会。如果外币对美元愈发坚挺，持有外币则会获利。于是，一些人通过货币交易而不是国际贸易来赚取利润。投机商所做的交易规模可以很大，有时对总体的供给、需求曲线会产生显著影响。

政府直接干预

政府有时会买卖本国货币以使汇率保持在所希望的水平或幅度上。我们一会儿会讨论这一行为背后的动机。

当今世界中，引起汇率变动的因素总在变化。因此，外汇的供给、需求曲线也在不断移动，同样，它们的交点和汇率也总处于变动之中。

18.1.6 政府和国际货币体系

回想一下早些时候我们说过，汇率影响进口商品在国内的价格。接下来让我们更深入地研究一下这个问题。

货币坚挺可以使进口商品更便宜，但由于会减少出口，因此对就业有消极影响。

假设一国货币相比其他国家的货币突然变得坚挺。我们用美元来说明，但结论对任何一种货币都适用。美元的升值带来的既有好事也有坏事。首先，进口商品变得便宜，因为\$1可以买更多外币，由此可以购买更多外国商品。对消费者来说这是一件好事，人们喜欢这样的事发生。

可是同时，美国的出口品在其他国家变得更贵了，那意味着商品销售量以及对美国出口品的需求都会减少，从而导致美国工业活动减少，最终后果是大量工人失业。这当然是件坏事。

相反，如果美元疲软，外国商品在美国变得更贵，导致美国生活水平的普遍降低。然而，美国商品在外国变得更便宜，导致美国出口增加，进而创造了更多的就业机会。

总之，可以说汇率通过两股相反的力量影响国内经济，这两股力量是进口商品的成本和生产出口商品所带来的就业机会。

政府对汇率的影响

认识到这些相反的作用力应处于均衡状态是很重要的。换句话说，汇率偏向哪一边太多都不是件好事。廉价的进口品抵消不了过度失业的损失，低失业率也不如更高的生活水平。因此，政府有时会对外汇市场进行干预，将汇率保持在他们认为合理的范围内。

政府通过在外汇市场上买卖本国货币进行干预。举例来说，如果美元疲软，财政部会买进美元。这一举动增加了对美元的需求，推动图 18-1(b)中的美元需求曲线右移，使外币表示的美元的汇率升高（间接标价法）。

政府这样支撑疲软货币的能力是有限的，必须动用黄金或外汇储备来购买本币，而一国的黄金和外汇储备的规模很显然是有限的。

相反，如果一国货币过于坚挺，政府会出售本国货币，这种做法增加了供给，降低了以外币表示的本币成本。

国际货币体系

> 在浮动汇率体系中，汇率由市场决定，政府虽有干预，但干预不多。

国际货币体系是一套规则，各个国家遵照它共同管理货币的兑换。我们一直描述的，如今采用的货币体系被称为浮动汇率体系。这意味汇率实质上是由自由市场的力量所决定。虽然仍有政府干预，但并不是很多，而且通常是以几个国家共同签署协议的形式来维持经济的稳定。

自 20 世纪 70 年代初就开始实行浮动汇率制了。第二次世界大战结束（1945 年）和 20 世纪 70 年代初的这段时期，采用的是固定汇率制，汇率根据国际公约被固定，由国际货币基金组织（简称 IMF，至今仍然存在）管理。

在固定汇率制下，市场力量仍像浮动汇率制那样影响汇率，但每个国家都有责任保持本国货币对美元的汇率基本固定。美元价值与黄金挂钩，被定为 1 盎司＝＄35。如上节所述，各国通过在外汇市场上买卖，来维持其本币对美元的价值。

随着第二次世界大战后各国经济实力对比发生了变化，有时再保持某些汇率固定不变几乎是不可能的。当汇率变动时，国家可以通过法定升值提高本币对美元的价值，或通过法定贬值降低本币对美元的价值。随着西德经济的逐渐强大，西德在 20 世纪 60 年代经历了两次货币升值，而英镑却在 1967 年贬值了。

到了 20 世纪 70 年代，黄金的市场价格已经涨到了 1 盎司＄100 多，[①]再保持黄金的固定价格，即 1 盎司＝＄35 已不太现实了。这时，固定汇率体系金本位制被一并抛弃了。浮动汇率体系建立了。

可兑换性

> 一些货币在市场决定的汇率水平下不能兑换成其他货币。

并不是所有的货币都是可自由兑换的，也就是说，许多货币不能像本章所描述的那样被兑换成其他货币。为了使货币可以自由兑换，国家必须允许本国货币在外汇市场交易，并愿意接受交易所确定的货币价格。俄罗斯和中国的货币按惯例是不可自由兑换的，但近些年正逐步走向完全可兑换。

---

① 黄金的价格波动很大，有时会超过 1 盎司＄1 000。

不可兑换并不意味没有汇率。如果你想购买不能自由兑换货币国家的商品，该国政府会很高兴以官方汇率卖给你所需数量的货币。然而，这一体系只是单向的发挥作用，通常没有人愿意将持有的本币以该国政府制定的汇率兑换成美元或其他主要货币。

不可兑换是国际贸易的一个主要障碍。假设美国公司在不可自由兑换货币国家建立了一个分支机构，并且盈利。由于当地货币不可自由兑换，所以很难将利润带回美国。为了将利润带走，通常需要用赚取的当地货币来购买当地商品，并出口到美国销售。不幸的是，拥有不可兑换货币的国家往往没有太多它国消费者想要的东西。

贸易差额

让我们重新回到图 18-1 的供给、需求曲线上来。不像其他商品，外汇的供给、需求曲线代表了一种双向关系。也就是说，站在美国人的角度，其他国家的货币供给取决于那一国家对美元的需求。换句话说，你只有在英国才能得到英镑，只有英国人购买了美元，你才会有英镑。

> 当对一国的进口超过出口，就称存在贸易逆差，货币就会在那个国家逐渐累积。

国家间的全部货币流包括贸易，投资活动及政府间的直接支付。最后一项包括贷款，贷款的本息偿还和外国援助。

两国间贸易产生的净货币流被称为贸易差额。如果美国的进口大于出口，就称美国存在贸易逆差；如果美国出口大于进口，则存在贸易顺差。

如果逆差或顺差被两国间的其他财务流所抵消，或者是顺差国家愿意积累逆差国家的货币，那么一个国家经常性的贸易顺差或逆差可以持续很长时间。当发生这种积累时，逆差国家货币的集中往往会使货币贬值。如图 18-1(b)所示，货币集中推动供给曲线右移，降低了间接汇率，使逆差国家的出口商品比顺差国家的更便宜，于是贸易重新回到均衡水平。然而，如果顺差国家人为地限制来自逆差国家的进口，这一均衡趋势就不会出现。

20 世纪 70 年代、80 年代和 90 年代初的美日贸易就是如此。美国的贸易逆差很大程度是因为日本对从美国进口的限制。那期间，美元兑日元下跌了约 60%。而且，日本的美元盈余及相伴的低汇率使日本人在美国大量地投资于房地产和提高生产能力。为此，许多人开始担心日本对美国的经济控制程度。

20 世纪 90 年代中期以后这个问题有所缓解，在美国政府的压力下，日本多少放宽了进口限制。然而更重要的是，日本经济在 20 世纪 90 年代中期经历了一系列的金融危机，大大削弱了日本的国际地位，使两国贸易关系开始正常化。

尽管如此，日本至今在许多美国市场上仍占据着稳固的地位，这是以美国厂商的利益为代价的，表现最明显的是在汽车业和电子行业。这种日本获利、美国受损的现象从几十年前就可以追溯到货币及贸易均衡问题上。

当前存在的和中国及中国货币之间的问题，与上述情况类似，我们将在本章稍后讨论。

18.2 国际资本市场

如今，企业或个人在国外投资是很普遍的。我们已经介绍过在它国进行设施上的直接投资，或者在投资组合中投资于其他国家的企业债券，也可以投资于它国的政府债券。这些投资活动需要国家间的资本流动，而且现在已经出现了帮助国家间资本流动的机构。在先了解过美元的地位之后，我们再来简要地介绍欧洲美元市场和国际债券。

18.2.1 美元的独特地位

自第二次世界大战以来，美元就是世界的主导货币。从某种意义上讲，它发挥着国际货币的作用。美元这种地位的形成是因为人们对美元的持续价值比对其他国家的货币有着更多的信心。这种信心无疑来自于美国在军事和经济方面超级大国的地位。

> 美元是世界的主导货币，从某种意义上讲，它发挥着国际货币的作用。

无论怎么样，大多数国际商人愿意在贸易中使用美元，他们相信任何时候都可以将美元兑换成本国货币，而且美元不会突然贬值。（此时仍然需要由汇率决定需要多少用外币标价的美元。）实际上，美元比他们本国货币更好使用，因为本国货币不如美元稳定。

许多国际合约都是以美元为货币单位，即使合约双方都不是美国人。

从另一方面来说，数年来，美元都是主要的世界储备货币。储备货币作为外汇储备的一部分被它国政府所持有，而外汇储备作为一种价值储藏手段，是它国政府保有的以外币表示的债券。主要的储备货币通常被用来给国际贸易中的商品，如石油、黄金定价。举例来说，在全球范围内，一桶石油的价格以美元来定价。世界上大约64%的外汇储备持有美元，排在第二位的是欧元，大约为26%。

> 储备货币被很多国家储备。

回忆一下我们之前说过的，有时一些政府为了使本国货币的汇率保持在可接受的范围内，从而干预外汇市场。政府动用外汇储备，买卖本国的货币来达到干预的目的。

对美元的信心下滑

近来，美元的主导地位受到质疑。美元对其他货币来说，在过去10年里严重疲软，并且在短期内没有恢复的迹象，导致它国对美元的价值储备减少。一些财政部长提议把储备货币更换为其他货币，欧元是最受支持的候选货币。

但是，主要储备货币的改变不只是宣布出来这么简单，必须经过其他国家集体观念的转变，由它们选择储备何种货币，但这不可能轻易改变。

2008年的经济危机，进一步削弱了世界各国对美元的信心。信心的削弱主要来源于美国联邦政府令人震惊的赤字，即美国政府年年入不敷出，收入支出差额（赤字）必须依靠借债来弥补，使国债积累的越来越多。庞大的国债削弱了对美国财政稳定性的信心，因而丧失了对美元的信心。

> 软通货价值不稳，不易兑换。

美国赤字激增主要是由于2008年对财政部投入大量金钱，以避免经济崩溃；对伊拉克和阿富汗战争大量的物资消耗；以及不断投入资金来刺激经济。

虽然，短期之内美元的主导地位不会改变，但长此以往，美元的国际地位必定会被取代。

术语

硬通货是被全球广泛接受用于贸易支付的货币，币值稳定，价值储藏可靠。与硬通货相对的是软通货，它币值不稳，不易兑换为其他货币。

如今，硬通货主要包括美元、欧元、英镑、加拿大元、澳元和日元。

18.2.2 欧洲美元市场

> 欧洲美元是指将美元存在美国境外银行，在欧洲美元市场中贷款给国际性企业。

欧洲美元是在美国境外银行的美元存款。人们把钱存在外国银行，是因为那里的美元存款利率比本国银行的稍微高些。

外国银行通过向国际性企业和需要美元的外国政府贷款创造了欧洲美元市

场。对于借款方，欧洲美元可以用在很多地方，包括购买美国出口品，投资组合中投资于美国股票和债券，或作为不想以本国货币交易的双方的兑换中介。

欧洲美元存款不一定局限于欧洲银行，它可以存在于世界各地，被称为欧洲美元仅仅是因为这一业务始于欧洲。比较典型的欧洲美元存款是定期的，期限可以为 1 天到大约 5 年，而且存款金额较大，最少约为 500 000 美元。

18.2.3 国际债券市场

在以前的章节，我们讨论过美国国内公司发行的债券在国内出售的情况。（要记住出售债券意味着发行公司向债券购买者借款。）然而，公司通过在本国以外销售债券进行国际性借款也是有可能的。由外国或国际性借款者发行的债券叫作国际债券。

> 国际债券是由借款者在本国以外发行的债券。

国际债券也带来一个问题就是，应采用何种货币为债券的面值计价。国际债券可以以发行公司所在国的货币为面值计价，也可以用销售市场所在国的货币计价，或者其他第三方货币。

> 由外国借款人发行，以所在国的货币为计价货币的债券叫作外国债券。

由外国债券发行人发行的以销售市场所在国的货币为计价货币的债券叫作外国债券。举例来说，日本一家像本田、丰田这样的汽车生产厂商想在美国开一个装配厂，并以借款方式筹集部分资金。它可以在美国发行以美元计价的债券，同时在美国证券交易委员会(SEC)注册，然后通过美国的金融市场出售这些债券。对于购买者，外国债券除了发行公司的总部所在地与国内发行公司不同，其他方面基本相同。更重要的是，发行这种债券同样要遵守美国证券法的注册和信息披露要求，而且这些要求一般要比其他国家的更为严格。

> 由外国借款人发行，以所在国以外的货币为计价货币的债券叫作欧洲债券。

由外国借款人发行的以销售市场所在国以外国家的货币计价的债券叫作欧洲债券(Eurobond)。例如，本田可以在美国或其他任何国家销售以日元计价的债券。在此提到，“欧洲”这个词只是沿用下来的一个叫法，并不代表发行公司是欧洲公司。实际上，大部分欧洲债券都是以美元计价，出售给其他国家投资者。

欧洲债券有几个明显的特点。第一，大多数国家的证券法规对欧洲债券的信息披露要求比对国内或外国债券低很多。相比国内和外国债券，这大大降低了欧洲债券的发行成本。第二，欧洲债券属于无记名债券，券面上不须注明债权人姓名。第三，大多数政府在欧洲债券支付利息时不预扣所得税。第二点和第三点使得欧洲债券对某些投资者（可能是那些注重个人隐私或想逃避本国税收的投资者）有很大的吸引力。

18.3 政治风险

当资本被投资到另一个国家，特别是以直接投资方式，那么资本就要受那个国家政府管辖。政治风险指对外国的投资，主要受外国政府的政治行为影响而贬值的可能性。

> 政治风险是指外国政府征用财产或恐怖分子破坏财产的可能性。

每一个国家都有一套特有的权利，叫作主权。主权是不能由公司和下级政府分享的，不论它们规模有多大。极端地说，主权国家可以无偿地、无条件地夺取认的生命和没收国界内的财产。当财产被外国政府夺取时，被称为征用。

征用通常是政治风险中最严重、最不利的一种。它很少发生，但许多欠发达的国家包括智利、玻利维亚、古巴、利比亚、伊拉克和伊朗曾经发生过征用事件。

还有一些行为，虽然不及征用严重，但也会大大减少外国风险投资的价值。这些行为表现为对企业经营和所有权强行施加一些规则和条例。例如，东道国政府可以：

- 提高对企业的各项征税。
- 以直接的或控制货币兑换的方式限制流出本国的利润数额。
- 要求外国投资者以东道国政府强行规定的价格从本国的供应商那里购买关键的生产投入。
- 限制产品在国内的售价。
- 要求由东道国投资者享有企业的部分所有权，强制外国投资者以极不合理的低价出售持有的企业股份。

政治风险还包括恐怖集团出于政治目的的行动所造成的潜在损失。在过去，这包括对财产的破坏和轰炸活动，以及谋杀和绑架以勒索赎金。

在与美国有着良好关系的工业国家中，像西欧国家、日本和澳大利亚，政治风险很小。而亚洲、非洲和南美的某些第三世界国家，以及东盟国家政治气候不稳定或自由资本仍属于新兴事物的国家，政治风险就很大。

实务观察

外国腐败法案（Foreign Corrupt Practices Act）——美国公司陷入法律/伦理两难

政府腐败是自有历史记载以来就存在的一个世界性问题。每个国家都有腐败现象，但在一些欠发达国家，包括非洲、亚洲和南美的许多国家，腐败尤为猖獗。

国际商务中，当政府官员在选择外国公司从事某项工作方面拥有控制权，而且这种选择会受贿赂的影响时，最容易出现腐败问题。实际上，所有的国家都制定了禁止官员受贿的法律。但在欠发达国家，这些法律常常被忽视。事实上，在许多欠发达国家，行贿受贿很平常，谁都了解这是怎么回事，也都希望收取贿赂。

1977 年，美国国会站在伦理道德的立场上反对腐败，通过了外国腐败处理法令，从而使美国公司以行贿来影响外国政府决策的制定属于违法行为。如果违反了这一法令，可以对公司处以罚款或判处经理人员监禁。

然而，有的工业化国家没有相似的法律，对于试图与来自这类国家的企业竞争的美国公司来说，这一法令给它们带来了一个大问题。如果那些企业行贿，而美国公司却没有，那么这项工程很可能就被其他企业得到了。有些工业化国家的政策实际上是支持行贿受贿的，例如，直到 2000 年，法国允许企业从税务中扣除“佣金”的部分，“佣金”是为了确保交易而支付，使达到国际合同价值的 7.5%。

20 世纪 80 年代和 90 年代初，美国是唯一有反对贿赂法令（FCPA）的国家。那时候，由于此项法规没有积极地推动实施，并没有给美国带来严重的损失。然而，国际反对贿赂声势不断壮大，最终在 1997 年，许多工业化国家同意颁布法令反对贿赂。自此，颁布此法规的国家增多，至今有 38 个国家批准了这项法规。

法令通过后，执法程度仍然参差不齐。2001 年安然公司不道德、不合法的公司行为受到了国际舆论的广泛关注。美国国会做出反映，在 2002 年，通过了萨班斯法案。同时，拿出尘封已久的 FCPA，开始着手调查有受贿嫌疑的公司。到 2009 年中期，至少 120 家公司受到审查。

当今，一些国家也同美国一样积极反对贿赂。德国、法国和瑞士已经审查出了某些大型跨国贿赂案件。最著名的案件要数美国对德国西门子公司贿赂起诉，西门子公司被判处在美国和德国分别被罚款8亿美元。

但是，会有其他问题出现。如果有上述法令国家的跨国企业，不支付欠发达地区官方所期望的贿赂，那么在那些国家的投资就会变得很困难。或者说，没有批准上述法令国家的企业将得到这个交易。也就意味着，相比没有上述法令的国家，我们会有损失。

资料来源：David Crawford，"French Firm Scrutinized in Global Bribe Probe，"The Wall Street Journal(May 6，2008)：A1，A8；Dionne Searcey，"U. S. Cracks Down on Corporate Bribes."The Wall Street Journal(May 26，2009)：A1，A4；Dionne Searcey，"IN Antibribery Law，Some Fear Inadvertent Chill on Business."The Wall Street Journal(August 6，2009)：A9.

18.4 交易和折算风险

前面，我们把汇率风险定义为国际交易中，在合约签订与交易完成这段时间内由于汇率变动所带来的潜在利得或损失。这种风险也叫作交易风险，来自交易过程中。交易利得或损失有着真实的利润和现金流量影响，是以现金形式实现的。鉴于这一点，它们属于应税项目。

> 财务报表中，将外币换算成母国货币，会引起折算损益。

然而，汇率还会产生另外一种损益。折算风险是指合并会计报表时，将外国子公司[①]的财务报表(特别是资产负债表)以外币表示的项目换算成以母国货币表示的项目所带来的潜在利得或损失。[②]

假设一个美国公司花费＄200万在英国建造了一个工厂，这时汇率为￡1＝＄2(直接标价法是￡1＝＄2，间接标价法下是＄1＝￡0.5)。工厂刚刚竣工时，美国子公司的资产负债表显示以厂房为代表的资产类项目价值￡100万和同样价值的股东权益。母公司的资产负债表上是＄200万的资产，代表对外国子公司的投资。

当母公司完成用美元表示的合并会计报表后，英国工厂的价值实际就代替了投资国外子公司的账户。[③] 当汇率保持在￡1＝＄2时，英国工厂账簿上的￡100万正好折算成＄200万，投资账户上列示＄200万，都没有问题。

如果汇率在工厂建好之后，合并会计报表之前发生了变化，那这两个账户就不能完全相等了。

---

① 回忆一下，子公司所从属的公司，我们称为母公司。

② 一个公司拥有一家子公司时要具有三套财务报表：母公司的财务报表，子公司的财务报表，合并财务报表。母公司资产负债表中有一项资产是对子公司的投资，反映了对子公司的所有权。该账户余额等于子公司权益类账户余额。

当母公司和子公司资产负债表合并时，资产和负债分别是子公司和母公司的加总，而母公司账簿上对子公司的投资(借方)与子公司的权益(贷方)合并。通常两个账户的数额相等，于是相互抵消，使合并后的报表看上去如同一个大公司。

③ 在这个简化的举例中，子公司只有一项资产，没有负债，因此汇率变动对资产的影响会通过权益类账户反映出来。

概念链接　例 18-3

交易利得与损失

假设合并财务报表已经完成，美元升值，£1 现在只相当于＄1.75（间接标价法下＄1＝£0.57）。英国子公司的账簿上工厂价值仍为£100 万（不考虑折旧），然而以新汇率折算成的美元价值变成

$$£1\ 000\ 000 \times \$1.75/£ = \$1\ 750\ 000$$

但母公司投资账户的余额仍是＄200 万，二者的差额暗示了工厂以美元表示的价值减少了＄250 000，这一损失必须在合并报表过程中予以确认，称为折算损失。

换句话说，由于工厂价值在英国以英镑列示，英镑对美元贬值，工厂也随之贬值，这一损失可以从公司的整体合并报表中反映出来。当然，如果英镑对美元升值，公司就会获得折算收益。

折算损益的相关内容

注意到折算损益不是真实的损益，它只反映在纸上。在我们的举例中，不管工厂用英镑表示的价值是多少，美国公司都拥有这个英国工厂，实际上什么都没有改变。只要公司不卖掉工厂并把收入带回美国，这一损失就不会以现金形式实现，某种意义上只是一个抽象概念。

认识到这一点，有关合并国际子公司的会计准则规定，折算损益不包括在合并的收益表中，而是累计记入一个备抵账户，增加或抵减股东权益。因为权益是未实现的，所以不属于应税项目。

18.5 当前国际贸易问题：全球化、外包、移民、中国货币政策

我们已经讲过，当今国际经营越来越国际化，数量上也比以往要多。全球化是指跨国贸易的迅速扩张以及随之而来的意料之外的社会和政治问题。我们先简单了解一下全球化背景，再来讨论这个问题。

18.5.1 背景：自由贸易、比较优势理论和贸易保护主义

各个国家会站在不同的立场上支持或反对国际贸易。最极端的两个例子是自由贸易和贸易保护主义。为了说明，我们假设有两个国家，A 国和 B 国。它们都只有种植小麦和炼钢这两个行业，即都只有小麦种植商和钢铁生产商。

自由贸易是指，两个国家之间都允许自己的商品在它国和本国销售，使商品自由进出口。[①] 另一个极端的例子是其中一个或两个国家都推行贸易保护主义，颁布法令限制或禁止商品进口和外国企业所有权。[②] 这时，我们要提出一个问题，为什么国家要限制或禁止进口？

① 也可以自由地对其他国家进行直接投资，组织企业经营活动，我们就不在本例中扩展了。

② 主要以关税的形式限制进口，对进口商品在入境时征税。关税提高了进口商品的价格，进而减少了对出口国商品的需求。

为了了解这一动机，我们假设你在A国做钢铁生意，这时B国发生了一些变化(也许是B国人工费率降低或有更便宜的原材料来源)使B国比A国的钢铁更便宜。如果是自由贸易，在两国的钢铁市场上，B国的钢铁都要比A国的价格低，这样会迫使A国的钢铁行业退出市场。

这对钢铁厂的股东和工人来说都是一个坏消息，因为他们面临着投资损失和失业问题。明白了这一点，他们找到当地政府部门，要求制定法律保护A国钢铁产业，禁止低成本进口。A国立法者很可能为了继续得到拥护和担心失业会损害经济而制定相关法律。①

A国政府也可以基于战略原因保护本国的钢铁产业。比如，如果A国后来与B国打仗将会怎么样？A国如果没有钢铁产业来制造武器，在战争中将会陷入糟糕的境况。出于这种战略考虑，政府会保护这些重点行业不受外国竞争的影响。那些与A国情况相似的政府因为担心被外国过多的影响和控制，就会限制或禁止外国企业所有权。

A国贸易保护主义立法的负面影响是钢铁会比之前价格更高。这是一个大问题，可能会导致由刚制造的所有产品都会涨价，使A国人民的生活水平普遍降低。

由于积极影响和消极影响的抵消，A国采取贸易保护或自由贸易政策在短期内来看是否明智，目前尚不清楚。当然，没有必要选择极端的政策，大多数国家的政策中都包含两者。

比较优势理论

实际上，经济学家和财务学者们一致支持自由贸易。他们的论据来自于19世纪早期的英国经济学家大卫李嘉图提出的比较优势理论这一经济学基本原理。

我们以A国和B国为例来解释这个理论。我们之前说过，这两个国家都生产小麦和制造钢铁。假设A国相对于炼铁更擅长种植小麦，B国相对于种植小麦更擅长炼铁。我们就说，每个国家都有一种对于其他商品来说具有比较优势的商品。

这个理论认为，如果每个国家都集中生产并出口其最具有优势的产品，相对劣势的产品从它国进口，这样两国社会的整体经济状况将会改善。也就是说，如果A国只种植小麦，从B国进口钢铁，而B国只炼钢，从A国进口小麦，那么就会产生更多的价值。即使一个国家的两个行业对其他国家来说都具有比较优势，这个理论也是适用的。

从长期来看，比较优势理论是支持自由贸易很有说服力的论据，因为会使总生产增加。然而，从短期看，会导致A国钢铁厂失业的工人有很大的经济负担。随之而来的问题是，到底要多久才能通过“短期”到达令人愉悦的“长期”呢？经济学家定义长期为劣势行业生产要素投入转变完成所花费的时间。在本例中，长期是A国钢铁厂的资本和劳动力资源在小麦种植行业的重新分配所花费的时间。实际上，可能会经历一代或两代人，至少要20年甚至40年、50年的时间。在那期间，A国钢铁厂失业的下岗工人和投资者会因为失去工作及投资价值萎缩而遭受很大的经济创痛。

比较优势理论也存在一些技术问题。虽然在自由贸易的条件下由于专门化生产，更多的产品被生产出来，但是额外价值如何在A国和B国的人民中分配，这一点尚不清楚。实际上，在现实世界中，一些国家自由贸易之下的利润只有很少一部分分配到工人阶级那里，导致非常富有的人和非常贫困的人之间的贫富差距越来越大。

---

① 对于立法的第二个理由通常有相反的观点，认为失业工人只要去别的国家工作就可以了。然而，这很难甚至不可能实现。

18.5.2 全球化

全球化是一个广义概念，是指由于国际贸易水平的显著提高，世界经济普遍向自由贸易方向发展运动。一些观察家说这一趋势至少已经持续了200年，而另一些人认为第二次世界大战以后这一趋势才凸显出来。不管怎样，多数人认为在过去二三十年内全球化发展加快，技术始终是使进程不断加速的推动力量。

还存在另一个问题，全球化是否是由于政府政策偏好于自由贸易而出现，或者说全球化是资本主义自由企业制度的必然结果。但是，即使全球化在长期内无法避免，政府政策无疑还是推动了全球化的发展进程。政府促进自由贸易最突出的行为包括组织成员国以减少或消除它们之间的贸易壁垒。最好的例子是欧盟(EU)，它由27个国家组成，宣称它们联合起来是为了鼓励自由贸易和国家间的劳动力流动。欧盟到目前为止采用了一种通用货币，欧元。[①]另一个重要的例子是北美自由贸易协会(NAFTA)，成员国为美国、加拿大和墨西哥，它们之间消除了大多数的贸易限制。

全球化的支持者们很大程度上是立足于比较优势理论，理论认为比起贸易限制自由贸易会得到更多的商品，会使参与其中的每个人生活更美好，生活水平不断提高。

18.5.3 反全球化

虽然很少有人会认为自由贸易比较优势的好处是不真实的，但不是所有人都会觉得全球化是件好事。

在我们的例子中涉及炼钢和种植小麦两个行业，产品从母国运出，自由贸易仅仅是指跨国界销售。然而，在当今世界自由贸易也指在它国设立工厂生产产品，到世界各地销售。全球化的这个方面，受到了最严厉的批评。

对那些看到阴暗面的人来说，全球化仅仅意味着利用可以得到的最廉价的劳动力，而不管这些劳动力位于哪个国家。换一种说法，批评者认为，它意味着找到世界上最贫穷的国家，支付工人可维持生活的最低工资，并令其在极其恶劣的条件下工作，然后从那些工人生产出的产品上得到巨额利润。他们说，这种行为相当于是对不发达国家的剥削。

18.5.4 外包：就业岗位的转移

当公司把产品生产转移到国外，在母国做这项工作的工人就会失业。第二次世界大战结束后在英国发生了此类事情。产品生产经常会转移到世界上劳动力最便宜的地区。第二次世界大战一结束工作就被转移到了日本，然后是韩国和中国台湾，接着是太平洋沿岸地区。最近，已经转移到了中国大陆。

多年来，工作上的大批转移主要集中在技术含量很低的制造行业。这确实造成了美国的失业问题，这一问题被认为是在长期可以控制的，但美国必须改变其工业经济的性质，转变角色，从为了维持生计依靠繁重体力劳动的制造商转变为有越来越多脑力劳动者的国家，这些劳动者应擅长调查、创新，设计和信息管理。基本上是这种情况，由于制造业的就业机会转移到其他国家，我们必须要对员工进行重新培训，使其成为知识型的劳动力。清楚的是，这并非适用于任何人。很难想象对在工厂工作30年的老工人进行再培训，使其胜任如计算机编程之

---

① 不是所有的欧盟成员都使用欧元，最突出的一个例子是英国。

类的工作。尽管如此，这一观念作为国家整体的长期战略而被广泛接受。

但是，与此同时出现了另一种现象叫作外包，外包和专业化相关。公司早就认识到对于运营公司的每项工作，并非都要亲力亲为。通常可以把一些工作交给别的公司，他们对这项工作既很专业，又能做的更好，价格也便宜。举个例子，大多数学院或大学都不经营餐厅，他们雇佣食品服务公司，由他们的员工给学校准备和提供食物。

习惯上，企业会把一部分工作外包给本国附近或国内的专家，这样外包就业岗位就不会被转移到很远的地方。那些关键的、知识密集型工作例如设计与工程不会外包，这也是事实。

将制造业转移到低劳动成本国家形成外包生产劳动，注意到这一点是很重要的。当谈及外包活动，一些术语如离岸、离岸外包境外生产等会被广泛使用。

以知识为基础的工作外包

20 世纪 90 年代，外包出乎意料地发展起来。目前，这个现象引起了人们对美国就业形势的极大担忧。为了明白这一现象，重要的是要理解在这个世界上有一些相对不发达的国家，工资很低，但是其中一部分人口受到了非常良好的教育。最好的例子就是印度，几十年来为美国和西欧国家，输出了很多杰出人才如工程师、数学家和学者。

从 20 世纪 90 年代至今，由于计算机和信息传播技术的飞速发展，使以知识为基础的工作外包成为可能，这些工作曾被认为是美国的支柱产业。

有一个卫生保健行业的例子，假设你得了内科疾病，你的医生要求你做个 X 光。而你的 X 光片通常由一个放射科医师来分析（专门分析 X 光片的医生），然后再将分析报告交到你的医生手里。放射科医师没有亲自见到你本人，而你的医生也没有见到 X 光片。如今，将放射科医师的工作通过发送 X 光外包给印度成为可能，X 光经过完全能胜任此工作的印度医师分析后，再将报告以电子方式传送回去。由于印度的劳动力都很便宜，相比之下外包节约了成本。但是，这一活动很可能会破坏放射科医师在美国的就业市场。

专业级外包在全国范围内广泛发生。信息技术（IT）服务在基于工程和通信为主导功能的业务来说是尤其脆弱的。这些突然的、广泛发生的外包现象使中产阶级强烈呼吁政府阻止公司将工作外包，到目前为止政府尚未采取行动。

18.5.5 劳动力转移和非法移民

全球化的另外一个重要影响方面是人员的国际间流动，在收入水平很低或者技术不发达的国家尤为明显。发达国家经常面临的情况是缺少愿意做一些低端工作的劳动人员，例如收割庄稼、家庭和办公室的清洁工作等。然而在临近的不发达国家却存在大量的只支付他们较低工资也愿意来做这些工作的劳动人员，这种情况促使了大量的劳动力向较为发达的国家转移。

发达国家经常不愿意承认这批大量的外籍工人以及他们的家人，因为这会使国家社会支持的基础设施资源变得紧张，例如公共教育资源、医疗保障以及社会福利等。

对于这种情况，其中一种解决办法就是引入一项所谓的客工计划（Y 签证），这个计划允许外籍员工在一段时间内可以在发达国家工作但在那之后就必须离开。在欧洲，客工计划已经存在一段时间了。

劳动力转移问题在美国尤为严重，因为相对来说进入美国较为容易并且可以非法居住（没有政府的批准）很多年。2008 年，美国估计大约有 1 200 万的非法移民，他们中的大多数都来自墨西哥。批评者说他们干了原本美国人自己应该干的工作却并不上交用来支付他们消费的公共服务费用的税收。争论的另一方面则是美国人不希望这些非法移民的工人来做大部分的工作，但是事实上美国的大部分工业却要依靠他们来完成。

在 2009 年，整个国家在这个问题上产生了严重的分歧。一些人要求驱逐这些非法移民，而另外一些则支持这些人留下来并且最终取得公民身份。

18.5.6 与中国的贸易差额和不可兑换货币

在第二次世界大战末期与 20 世纪 80 年代之间，中国严格意义上是一个经济落后的共产主义国家，尽管具备庞大的人口规模，却与世界其他地方的贸易往来相对较少。可是，在最近 30 年左右的时间里，中国在坚持自己的政治制度的同时，以惊人的速度转变为市场经济体。

然而大部分的发展归功于中国政府的货币政策。到 2009 年中期的时候，中国政府拒绝使人民币依国际货币市场浮动，而是保持人民币对美元的严重低估。这与中国较低的劳动力价格联系在一起使得他们在美国的产品极其低廉。情况确实如此，据估计他们比美国制造商至少拥有 40%的价格优势。当然这有竞争力地淘汰了一些美国的公司。有些工厂的头儿们大喊不公，还乞求政府提高对中国的进口关税来促使公平竞争，但是到目前为止他们的请求却无人理会。与此同时，我们每年与中国的贸易赤字约为 2 500 亿美元。

坚决拥护自由贸易的保守者们认为，我们不应该采用保护贸易论的政策。眼下充斥着零售架的低廉中国产品是有益于美国人的。如果政府还不对汇率做出明显的调整，那么利益的冲突将会促使立法对中国进口商品征收高额的关税。这个争议是全球化遗留的一个难题。

18.6 2008 年经济危机的国际影响

本次金融危机始发于美国的次贷危机。银行及其他抵押贷款机构使抵押债务证券化，通过将抵押债务集中起来，再部分地出售给机构投资人，向投资者出售的债券称为债务抵押债券（CDO）。机构投资者喜欢债务抵押债券，潜在的住宅抵押贷款似乎能安全地提供一个相对较高的收益率。

同样的，这些年不断变化的房地产市场，也是导致了这场危机的原因。为了创造更多的证券化贷款，抵押贷款行业以次级抵押贷款的形式向财力弱的借款人按浮动利率贷款，这使得债务抵押债券风险很大，然而在那时也几乎没有人意识到这一点。

当利率真正开始上升，大量的次级抵押贷款违约，债务抵押债券的风险才被意识到。这迫使机构投资人调低自己的资产负债表价值。调低金额之多以致于这些机构被带到了破产的边缘。

18.6.1 危机遍布全球

危机迅速扩散到其他国家的直接原因是不仅只有美国一个国家的金融机构投资于 CDO。的确，这种证券渗透在全世界的资产负债表中。于是，当 CDO 的弱点暴露，外国的金融机构也不得不记下这项资产损失。其结果是，全世界都用同样的方式由政府出面解救他们的银行系统，就像美国政府所做的那样。

这就造成了一些国家对美国产生某种敌意，它们认为，这次危机是由于美国政府对美国的金融系统监管不力所引发。这使得人们对美国的金融系统失去信心，同样对美元作为世界上主要的储备货币也失去了信心。

18.6.2 危机后的经济衰退

2008年经济危机以后美国经济活动放缓主要有两个原因。第一，贷款危机，银行开始担心会产生坏账。由于对此极其担忧，没多久就全部禁止贷款。这意味着，对企业和人们来说，在这场危机之前以债务融资方式来购置所需物品的资金不能再继续借到了。

除了贷款问题，人们由于害怕经济衰退和失业带来的阴霾，开始削减支出，只购置必需品。这使得人们对商品的需求减少，反过来意味着工厂和零售商需要的工人变少，这会导致裁员和失业率的攀升，使人们的支出进一步缩减，最终产生恶性循环。

当美国发生了这种事情，所带的结果必定是全球性的，因为美国的消费很大程度是依靠进口，美国消费的减少会导致进口减少，从而使出口这些商品的生产减少，使得其他国家和美国一样经济放缓。

18.6.3 保护主义增强

20世纪90年代到21世纪早期的快速全球化趋势，已在金融危机发生之前就受到保护主义的抵制。众所周知的是，从长远来看全球化进程会产出更多产品，但是，包括顶级经济学家在内的越来越多的人们认识到，短期内失业所付出的代价也许是得不偿失的。

例如，在2007年3月《华尔街日报》的一篇文章中刊登了普林斯顿大学经济学家艾伦·布林德已经转变的观点，他经历了从彻头彻尾的自由贸易支持者到美国贸易保护主义拥护者身份的转变。(他对征收关税一直持反对态度。)布林德博士估计，在未来10～20年内，美国可能流失的工作岗位高达4 000万个之多。

危机后的经济衰退加剧了贸易保护主义的抵制，并且这种贸易保护已经得到了美国政府的共识。在2009年9月发表的一篇论文中，一个名叫“全球贸易警钟”的独立分析小组，汇总了不同国家的130条有计划的贸易保护措施，并且预测2008年到2009年的全球贸易总额将会下降10%。

18.6.4 美国全球经济领袖地位降低

2009年初秋，美国政府预计2009年15 800亿美元赤字。这是2008年4 550亿美元赤字的3.5倍。在未来十年中，预计赤字总额高达9万亿美元。

这些数据所反映的支出增加，是由于美国联邦政府开始采取一些经济措施支持经济发展，以度过经济危机和衰退。尽管如此，猛增的赤字、美元的疲软以及美国经济系统引发的这场经济危机都使美国威望受损，同样对美国的经济领导地位也失去了信心。

概念链接

例18-1 汇率
汇率变动与汇率变动风险
例18-2 交叉汇率
例18-3 交易利得与损失

讨论

1. 描述一下在过去50年中,国际商务在哪些方面发生了变化,包括跨国公司和不同类型外国投资的概念。

2. 第二次世界大战后,美国是世界上居于主导地位的经济强国。如今,美国的经济仍然是最强大的,但是世界上其他国家发展势头强劲。在某些领域,美国已经丧失了主导地位。例如,家电行业的主要生产基地在远东。这一趋势对美国来说是好事还是坏事?请解释。

3. 当你想从另一个国家购买东西,你必须找到一个愿意接受美元的卖主,这并不是一件难事,因为美元是被普遍接受的。请对这一表述加以评论。

4. 两种非美元的货币兑换交易必须要先将一种货币换成美元,再将美元兑换成另一种货币。这一过程很必要,因为汇率表中给出的都是其他货币与美元这一世界主导货币之间的转换。这种表述是否正确,为什么?如果不正确,应如何进行货币兑换?

5. 什么因素会产生对外汇的供给和需求?为什么供给和需求曲线是这样的?什么因素导致供给、需求曲线以及汇率发生变动?

6. 为什么政府有时会对影响汇率感兴趣?它如何使汇率变动?

7. 描述浮动汇率制和固定汇率制的区别。

8. 什么是贸易逆差,为什么对另一个国家经常性的贸易逆差会带来危害?

9. 美元的独特地位表现在哪些方面,为什么会处于这种独特地位?

10. 一个英国进口商要支付美国进口商品的价款,但汇率暂时对英国进口商不利。描述一下欧洲美元市场并解释它可以怎样帮助进口商。

11. 广义定义全球化和描述全球化的影响。

12. 中国政府拒绝使人民币依国际货币市场浮动,为什么对美国来这说是个问题?

分析

1. 你是Warm Wear公司的财务主管。公司从世界各地进口羊毛衫。Kreploc是位于Slobodia乡下的一个公司,生产一种你的营销部门想要的产品,而且Kreploc要求在交货后90天付款。不幸的是,Slobodian Blivit在短短的三个月中,价值往往能变动高达30%。汇率风险使你不愿意和Kreploc做生意。营销部门不能理解你的顾虑。请准备一份包括例证的简要解释,来说明你的顾虑。

2. 你是Overseas Sprocket公司的CFO,该公司从欧洲和远东进口大量商品,且一直面临空白合约带来的汇率风险。公司采购部经理Harry Byrite指定了一个避免汇率损失的方案。他建议,公司从银行借来足够的钱,购买六个月的外汇供应。不用时,这些外汇就放在保险箱中。"我们不会再有未曾料到的汇率损失了",Harry说。请准备一份对Harry方案的礼貌答复,解释一下为什么你赞成或不赞成这一方案,并给出你认为合适的建议。

3. 你是Kraknee Roller Skate公司的CFO。公司在世界范围内销售滑冰鞋,并建造和经营溜冰场。前不久,国际营销部经理Archie Speedo提议在俄罗斯销售滑冰鞋。人们都认为他疯了，但事实证明，这个想法非常成功。Archie 找到了一个很有才干的俄罗斯进口商，这个进口商成功地卖出了尽可能多的滑冰鞋，数量之多超出了所有人的预期。现在，Archie 提议在俄进行一项新的风险投资。他想在莫斯科开一家溜冰场。他说自从苏联解体后，俄国人对西方的娱乐很感兴趣。首都的溜冰场会带来高额利润。基于他以前在俄罗斯的成功，经理团队的其他人都支持这个提议，而你有一些顾虑。请写一个备忘录，解释向俄出口滑冰鞋与在俄开溜冰场有什么不同。即使风险投资与销售滑冰鞋一样取得了商业上的成功，还可能会出现什么问题，还有什么其他可能的风险？假设俄罗斯卢布不能自由兑换。

4. 你的朋友 James 是来于自不发达国家的交换生。他的家庭是对政府很有影响力的特权家庭，他所在的国家中大部分人民都非常贫穷，尽管他们勤俭节约并努力工作。James 是一个充满理想的年轻人，他打算毕业后回国，并投身于改善祖国和人民经济条件的事业中。昨天午饭后你见到他，发现他异乎寻常的兴奋。他说，他选修了一门理论经济学课程，并学习了李嘉图的比较优势理论，他认为这个理论可以很好地解决他们国家的问题。他打算回国，坚决主张自由贸易并尽力说服政府打开国门，接受对境外生产有兴趣的跨国公司的投资。对此，给 James 写一份简短的建议，讨论全球化，并解释当政府参与国际贸易时，为什么应当谨慎。

习题

汇率：例 18-1 的概念链接

1. 一个美国进口商欠卖方数额如下：

a. 140 560 加拿大元

b. 392 000 澳大利亚元

c. 1 362 000 墨西哥比索

d. 680 540 英镑

e. 14 673 欧元

用美元表示每笔负债。

2. 一个日本进口商欠美国出口商 450 520 美元。

a. 如果她立即支付，用日元表示的账单是多少？

b. 如果进口商想在今天锁定汇率，但在三个月后付款，则三个月后账单是多少？

3. 通过网络在货币兑换网站上查找习题 1 中货币的汇率。用今天的汇率解答问题，分析自 2009 年 9 月 16 日至今汇率是如何变动的。

4. 以下是今天在现货市场上找到的直接标价汇率：

a. 欧元：0.934 7 美元

b. 以色列谢克尔：0.258 6 美元

c. 英镑：1.654 4 美元

d. 日元：0.009 423 美元

计算以其他货币表示的美元价格，即间接标价。

5. 学校批准了 Bob 和 Chris 到德国做调研的申请，学校在 5 月 31 日支付他们住宿和膳食费

2 000 美元，当日欧元价值 0.779 80 美元。他们在 7 月花这些钱，这时欧元价值 0.785 97 美元。

a. 在 5 月，他们能得到多少欧元？

b. 欧元汇率的变化对他们来说是好事还是坏事，汇率损益是多少？

汇率变动与汇率风险

6. Steve Harris 是 Alston 混凝土制造公司的 CFO。目前公司正在对购买一台创新机器进行评估。这台机器用来检测混凝土的强度，并且只在英国出售，制造商给出的价格是 60 天内售价£52 500。Steve 得知在未来两个月预测英镑对美元坚挺 15%。目前 1 欧元价值 \$1.88。如果 Steve 相信这一预测是准确的，Alston 应该现在买这台机器还是在报价期满前买呢？这个决定会产生多少以美元表示的差额呢？

7. Cline 一家 2009 年去欧洲旅行。他们以当地货币支付了住宿、娱乐和交通方面的费用，数额如下：

英国	£855
法国	£1 462
德国	£2 753
丹麦	kr6 280

他们欧洲之行以美元表示的费用是多少？用表 18-1 中的汇率回答。

8. 假设日本一家汽车制造商在 20 世纪 80 年代中期生产成本为 200 万日元，销往美国的汽车的成本加成率为 25%。那时候 1 美元等于 250 日元。假设今天汽车的日元成本和成本加成率不变，汇率变为 1 美元等于 100 日元。

a. 20 世纪 80 年代中期日本车的美元价格是多少？

b. 现在是多少？

9. Greenbay Motor 公司以每个 DM15 000(DM 德国马克标记)的价格订了 6 个德国制造的发动机，这是直接标价法下的汇率为 DM1＝\$1.250 0。公司决定不通过远期合约来支付。当三个月后付款时，汇率为 DM1＝\$1.150 0。Greenbay 的边际税率为 40%。

a. 交易中的汇率损益是多少？

b. 它属于哪一种汇率损益？

c. 税收会带来什么影响？

交叉汇率：例 18-2 的概念链接

10. Hampshire Motors 公司是一家英国制造公司，想购买一台英国买不到的生产设备。一个美国公司和一个法国公司生产这种产品。美国公司一台设备的报价是 \$175 000，法国公司为£192 000。它们分别用英镑表示的价格是多少？计算欧元对英镑的交叉汇率，说出法国报价用英镑表示的价格。使用表 18-1 中的汇率。

交易利得与损失：例 18-3 的概念链接

11. Latimore 公司在意大利投资 850 万美元建造了一个新工厂，这时汇率为 1 美元等于 1.15 欧元。到了年底，汇率为 1 美元等于 1.2 欧元。

a. Latimore 有没有因汇率变动带来的损益？如果有，是多少？

b. 它属于哪种汇率损益？

c. 税收会带来什么影响？

12. 几年前 Hanover Inc. 耗资£1 150 万在英国建造了一个工厂，当时 1 英镑等于 1.55 美元。当英国的子公司开始生产和出售 Hanover 的产品时，这个工厂才开始经营，并在两国之间分配利润。Hanover 在 2009 的会计年度年 9 月 16 日完成了合并报表。（许多公司会计年度和日历年度不一致。）美国的税率是 40%，英国的税率是 45%。

a. 由于建厂以来汇率的变化给 Hanover 的英国工厂的价值带来了多少损益？使用表 18-1 中的汇率。

b. 解释税收对损益的影响？

c. 在 Hanover 的财务报表中，损益在哪里披露？为什么在 2009 年和以前年度不进行披露？

译　后　记

本书作者多年来从事财务管理方面的实践工作，具有丰富的实际操作经验，因此，其教材风格具有很强的实践性，也因此，本教材在同类教材中能够脱颖而出，在国外具有良好的声誉，被多所大学采用为教学用书。本教材自出版伊始便颇受广大师生的欢迎，其务实的风格、精致的结构以及丰富的案例使得学习个人理财成为一种愉悦的过程。本书的翻译同样也是愉悦的，我们从中学到了很多国内教材缺乏的内容，为我们以后的教学可以提供很大的帮助。

本书由胡茜茜、朱永祥主译，对术语、结构、文风进行了整体的把握，并最终通审了全稿。参与本书翻译的还有仝云卫、李道兴、刘萌、王颂、于祥、于鹏飞、张玉霞、刘庆海、郭小莉、苏天斌、元琳琳、于希五、元士根、卢海风、刘瑞敏、芦海荣、原卫涛、原卫德、李国庆、张爱霞、周运涛、张海霞、何筱毓、周翔、杜静静、范艳丽、封盼盼、冯发展、韩利涛、李新兰、李指途、李宗云、刘冬琼、刘学波、孟德鑫、聂春朵、聂彦利、宋士军、孙亚欣、吴书蕊、郑新生、卢艳利、牛阳巍、宋银龙、张卫丽、牛金金、张结妮、宋廷币、宋铁庄、宋志龙、宋海得、李玲玉、宋永毫、王文可、王秀菊、牛金辉、宋松涛、程红霞、宋心开、宋凤仙、司秀清、牛留群、宋继南、杨明辉、方纯之、郭杨然、胡明敏、李艳利、牛婧婧、王丽芳、王新征、王子燕、肖斌、徐国海、许四海、杨春霞、余永杰、张家佳、张强、张亮、李苗、付聪、谭明武、周水银、闫一晨、邱光华。他们都是我的学生，分别作了相应的工作。

教学支持服务

圣智学习出版公司（Cengage Learning）作为为终身教育提供全方位信息服务的全球知名教育出版公司，为秉承其在全球对教材产品的一贯教学支持服务，对采用其教材的每位老师提供教学辅助资料。任何一位通过 Cengage Learning 北京代表处注册的老师都可直接下载所有在线提供的、最为丰富的教学辅助资料，包括教师用书、PPT、习题库等。

鉴于部分资源仅适用于老师教学使用，烦请索取的老师配合填写如下情况说明表。

教学辅助资料索取证明

兹证明__________大学________系/院________学年（学期）开设的________名学生□主修 □选修的________课程，采用如下教材作为□主要教材 或□参考教材：

书名：________________

作者：________________ □英文影印版 □中文翻译版

出版社：________________

学生类型：□本科 1/2 年级 □本科 3/4 年级 □研究生 □MBA □EMBA □在职培训

任课教师姓名：________________

职称/职务：________________

电话：________________

E-mail：________________

通信地址：________________

邮编：________________

对本教材建议：________________

系/院主任：__________（签字）

（系/院办公室章）

______年______月______日

---

* 相关教辅资源事宜敬请联络圣智学习出版公司北京代表处。

Tsinghua University Press
清华大学出版社
北京市海淀区清华园学研大厦 B 座 506 室
邮编：100084
Tel：8610-62770175-4506
Fax：8610-62775511
E-mail：xuyy@tup. tsinghua. edu. cn

Cengage Learning Beijing Office
圣智学习出版公司北京代表处
北京市海淀区科学院南路 2 号融科资讯中心 C 座南楼 12 层 1201 室 邮编：100190
Tel：(8610) 8286 2095/96/97 Fax：(8610) 8286 2089
E-mail：asia. infochina@cengage. com
www. cengageasia. com